D1751158

Die Nestbeschmutzerin

Covertext: aus Elfriede Jelineks „In den Waldheimen und auf den Haidern"
(Rede zur Verleihung des Heinrich-Böll-Preises der Stadt Köln 1986)
Umschlag Rückseite: Fotos: Gottfried Hüngsberg (1), Martin Vukovits (2),
www.sonjapriller.com (1); Karikatur: Ironimus (Die Presse, 12.11.1999)

© 2002 Jung und Jung, Salzburg und Wien
Alle Rechte vorbehalten
Grafik: ?land Baurecker www.wieland.cc
Druck: Friedrich Pustet, Regensburg
ISBN: 3-902144-41-6

Pia Janke (Hg.)

Die Nestbeschmutzerin

Jelinek & Österreich

JUNG
UND
JUNG

Die MitarbeiterInnen dieses Buches

Das vorliegende Buch ist im Rahmen eines Projekts am Institut für Germanistik der Universität Wien entstanden. Das Proseminar im Wintersemester 2001/02 mit dem Titel „Staatskünstlerin oder Nestbeschmutzerin? – Elfriede Jelinek und Österreich" wurde als ein großes Recherche-Unternehmen aufgezogen. 52 StudentInnen nahmen am Proseminar teil und arbeiteten mit Begeisterung und Engagement am Buch mit. 20 von ihnen machten auch nach Ende des Proseminar mit vollem Einsatz weiter und übernahmen Aufgaben bis hin zu den letzten Korrekturen.

← Vorwort Seite 7

- Harald Hermann Albrecht
- Marta Allegria
- Caroline Arrouas
- Susanne Berndl
- Silke Billisics
- Peter Clar
- Florian Danhel
- Melanie Dobernig
- Heidemarie Farokhnia
- Nada Fuskova
- Rupert Gaderer
- Barbara Grasböck
- Christina Gschwendtner
- Alexander Hammer
- Stephanie Hartleben-Reidinger
- Katarina Hlubikova
- Eva Hörmanseder
- Edith Hojas
- Ute Huber
- Stefanie Kaplan
- Christoph Kepplinger
- Ursula Kiener
- Ursula Knoll
- Philine Kowalski
- Margit Lugauer
- Biljana Marjanovic
- Petra Meischel
- Eva Morocutti
- Petra Niederberger
- Linda Oberndorfer
- Alexander Pöll
- Claudia Prieler
- Jakob Pumberger
- Ursula Raberger
- Romana Radlwimmer
- Magdalena Reinberg
- Melanie Reiner
- Christian Schenkermayr
- Christine Scheucher
- Lucia Schöllhuber
- Elisabeth Sezemsky
- Gerald Siegler
- Susanne Stadlmayr
- Natalie Swoboda
- Angela Szivatz
- Iris Thalhammer
- Veronika Thiel
- Eirini Vezdrevani
- Pamela-Sarah Weinberger
- Gernot Wimmer
- Stefan Winterstein
- Eva Wolf

Inhalt

Vorwort 7

Position 11
68er-Bewegung 12
KPÖ 20
Statements 28
EU-Debatte 29

Intervention 31
Der „Gespenst"-Skandal 32
Kunst & Staat 34
„Umzug der Maroden" 1.7.1998 37
Verhandlungen mit Morak 40
Österreichische AutorInnen 42

Konfrontation 49
Waldheim-Affäre 50
Böll-Preis-Rede 54
„Die Österreicher als Herren der Toten" 61
Jörg Haider 67

Aktion 71
Demonstration 8.11.1991 72
Ausländervolksbegehren 73
Asylgesetz 78
Radio AGORA 80
Frauensolidarität 81
Sozialdienst für Mädchen 83
kosmos.frauenraum 84
Frauendemo 4.5.2000 86

Agitation 87
FPÖ-Wahlkampf 1995 88
„Ein Volk. Ein Fest" 94
Oberwart 98
„Neue Kronen Zeitung" 104
Boykott 1996 111

Kulmination 117
Nationalratswahl 1999 118
Demonstration 12.11.1999 122
Regierungsbildung 2000 126
FPÖ-Kulturpolitik 130

Debatten	132
Aufführungsverbot 2000	138
Schlingensief-Aktion	144
„Das Lebewohl"	147
VolxTheaterKarawane	153
Kundgebung 16.3.2001	154
„In den Alpen"	156

Rezeption 159
„Die Ramsau am Dachstein" 160
Vom ORF (Ö1) gesendete Hörspiele 164
In Österreich aufgeführte Werke Elfriede Jelineks 166
„Was geschah, nachdem Nora ihren Mann verlassen hatte" 168
„Clara S." 169
„Burgtheater" 171
„Erlkönigin" 183
„Raststätte" 186
„Ein Sportstück" 199
„Gier" 203

Präsentation 207
Österreichische Preise und Stipendien für Elfriede Jelinek 208
„Echos und Masken" 213
Salzburg-Schwerpunkt 1998 219
Styling 226

Bibliographie 235
I. Kleine Texte Elfriede Jelineks mit Österreich-Bezug 236
   1. Essays 236
   2. Gastkommentare und Leserbriefe 238
   3. Offene Briefe 240
   4. Demo-Reden 241
   5. Reden und vorgetragene Texte 241
   6. Stellungnahmen, Zitate und Umfragen 242
II. Interviews mit Elfriede Jelinek zu Österreich 244
   1. Über die österreichische Politik 244
   2. Über die österreichische Mentalität 245
   3. Über die österreichische Kultur- und Medienszene 245
   4. Über eigene Werke und deren Rezeption in Österreich 245
III. Schwerpunkt-Bibliographie zu Elfriede Jelineks „Burgtheater" . 246
   1. Die Chronologie des Skandals 246
   2. Sekundärliteratur 248
IV. Sekundärliteratur zum Thema *Elfriede Jelinek und Österreich* . 249
   1. Monographien und Sammelbände 249
   2. Beiträge in Zeitschriften und Sammelbänden 249

Dank 251
Nachweise 252

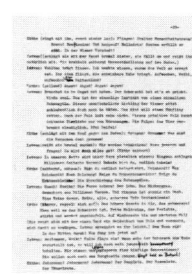

Vorwort

Keine andere Autorin Österreichs ist in der Öffentlichkeit so umstritten wie Elfriede Jelinek. Sie, die in ihren Texten immer neu die österreichische Gesellschaft und Mentalität kritisch befragt und sich in der Öffentlichkeit immer neu zu Wort meldet, um sich politisch zu exponieren, ist eine Reizfigur ersten Ranges. Seit der Uraufführung ihres Theaterstücks „Burgtheater" (1985) wird Jelinek in Österreich als „Nestbeschmutzerin" diffamiert, als „Kommunistin" geschmäht, als „Pornographin" denunziert. Politische und mediale Hetze, an der sich ganz Österreich – gleichgültig ob man Jelineks Texte gelesen hat oder nicht – lustvoll beteiligt, bestimmt seit den achtziger Jahren den Umgang mit der Autorin. Die öffentliche Wahrnehmung von Jelinek läuft dabei völlig unabhängig von der wissenschaftlichen Auseinandersetzung, die sich darum bemüht, substantielle Überlegungen zu Jelineks politischer Sprachanalyse und ihren Verfahren anzustellen. Öffentliche Skandalisierung und Personalisierung erzeugen Bilder der Autorin, hinter denen ihre Texte verschwinden.

Es ist höchste Zeit, die Mechanismen, die diesem Umgang mit einer der wichtigsten zeitgenössischen Autorinnen überhaupt zugrunde liegen, transparent zu machen. Eine Dokumentation der Reibungen, Debatten und Skandale, die es in Zusammenhang mit Elfriede Jelinek in Österreich gegeben hat, wird so auch zu einer Präsentation der Verfaßtheit der österreichischen Öffentlichkeit, des Niveaus des öffentlichen Diskurses wie der Mentalität dieses Landes. Im Aufzeigen des Verhältnisses zwischen Jelinek und Österreich wird der Umgang mit kritischen KünstlerInnen im aktuellen Österreich sichtbar.

Das vorliegende Buch versammelt ausschließlich Primärmaterialien. Öffentliches Material – also Material, das den öffentlichen Diskurs geprägt hat – wird, gegliedert nach bestimmten Bereichen, in lakonischer Form präsentiert, Zusatzinformationen bringen nur Fakten, die die Orientierung erleichtern und die Kontexte erhellen. Anliegen ist es, die unterschiedlichen öffentlichen „Stimmen" selbst sprechen zu lassen und auf diese Weise den öffentlichen Diskurs über Jelinek in Österreich in seiner Gesamtheit hör- und sichtbar zu machen. Es geht nicht nur darum, das, was aus vergangenen öffentlichen Konflikten nur noch bruchstückhaft in Erinnerung ist, wieder ins Bewußtsein zu holen und in seiner ganzen Wucht und Brutalität auszustellen, sondern auch darum, die öffentliche „Sprache" Österreichs wahrnehmbar zu machen. Diese öffentliche „Sprache", an der PolitikerInnen, JournalistInnen, Tages- und Wochenzeitungen, Rundfunk und Fernsehen, Intellektuelle, Theaterleute, politische AktivistInnen, Kirchenvertreter und LeserbriefschreiberInnen teilhaben, scheint zwar viele, auch gegensätzliche „Stimmen" zu haben. Enggeführt, so wie diese „Stimmen" im Buch neben- und miteinander präsentiert werden, offenbaren sich jedoch die Interferenzen, Überlagerungen und Gemeinsamkeiten einer „Sprache", die – und das ist der erschreckende Befund des Buches – vom Ressentiment und nicht von der Reflexion, von der Emotion und nicht von der Analyse, vom Vorurteil und nicht von der differenzierten Auseinandersetzung geprägt ist. So bestätigt das Buch letztlich auch einen Befund Elfriede Jelineks: Es ist das „gesunde Volksempfinden", das Österreichs Öffentlichkeit bestimmt.

Die Kontexte von Elfriede Jelineks Texten werden also gezeigt – und Elfriede Jelineks Texte selbst in diese Kontexte gestellt. In der Kombination von öffentlicher „Sprache" und diesen Texten wird Jelineks politisch-literarischer Anspruch deutlich: die öffentliche „Sprache" Österreichs wird von ihr als Material benutzt, das durch seine Bearbeitung so zur Kenntlichkeit entstellt wird, daß die in ihr verborgene Ideologiehaltigkeit, die Machtverhältnisse, Gewaltstrukturen und Ausgrenzungsmechanismen zum Vorschein kommen. Indem das Buch zum ersten Mal eine Auswahl von Jelineks politischen Texten zu Österreich in deren Kontexte stellt, zeigt es Jelineks umfassendes tagespolitisches Engagement, ihr permanentes Eingreifen und Wider-Sprechen und macht darüber hinaus auch Jelineks grundlegenden sprachkritischen Ansatz bewußt, der Sprachanalyse immer auch als Mittel der Gesellschaftskritik begreift. Jelineks „kleine Texte" zu Österreich, ihre Essays, (Demo-)Reden, Gastkommentare, offenen Briefe, Leserbriefe und Stellungnahmen, die im Buch aufscheinen, sind nur auf den ersten Blick ausschließlich von tagesaktueller Bedeutung. Bei genauerer Betrachtung zeigt sich, daß sie nicht nur in ihrer Thematik und Motivik, sondern auch in ihren grundlegenden sprachlichen Strategien auf Jelineks Theaterstücke und Romane verweisen und substantielle Auseinandersetzungen mit Österreich und dessen Verfaßtheiten darstellen. Deutlich wird, daß Jelineks Texte nicht primär durch Gattungskategorien erfaß- und systematisierbar sind, sondern eine gemeinsame große Textur bilden, deren einzelne Elemente sich voneinander ausschließlich durch den Grad der Verdichtung des konkreten, vorgegebenen Sprachmaterials unterscheiden.

Das Buch setzt sich aus Materialien zusammen, die es aufzuspüren und zu recherchieren galt. Durch eine Groß-Recherche ergab sich eine solche Fülle an Material, daß die größte Arbeit darin bestand, dieses zu systematisieren, zu kategorisieren und – schlicht aus Platzgründen – zu reduzieren: nur ca. 20 Prozent des gesamtrecherchierten Materials fanden auf den (vorgegebenen) 252 Seiten Platz. Die Recherche bestätigte den Verdacht: das Thema „Elfriede Jelinek und Österreich" ist ein so umfassender Komplex, der (auch in der Spiegelung der österreichischen Zeitgeschichte) aus einer solchen Fülle von Aspekten besteht, daß bei einer strategisch geplanten Groß-Recherche auch Unmengen von Materialien zum Vorschein kommen. Diese Unmengen wurden für das Buch so reduziert und kombiniert, die Texte so ausgewählt oder gekürzt, daß auf zentrale Geschehnisse, Debatten und Skandale fokussiert wurde. Grundlegende Tendenzen sollten sichtbar werden, bestimmte Ereignisse beispielhaft für andere stehen. Bezüge sollten klar, Strukturen transparent, Debatten und Skandale in ihren Entwicklungen nachvollziehbar werden.

Im Sinne einer Übersichtlichkeit ist das Buch nach chronologischen und thematischen Gesichtspunkten gegliedert, wobei einige Aspekte inhaltlich zusammengefaßt sind. In acht Kapiteln werden bestimmte Zeitphasen vorgestellt bzw. Bereiche zusammengeführt. Durch ein an websites orientiertes Verweissystem von „links" (→) werden Bezüge zu anderen Abschnitten des Buches hergestellt und Vernetzungen bewußt gemacht. Kapitel eins (*Position*) dokumentiert Jelineks politische Prägungen und Haltungen, Kapitel zwei (*Intervention*) ihren Einsatz für staatliche Kunstförderung und ihre Unterstützung von KollegInnen, Kapitel drei (*Konfrontation*) die politischen Auseinandersetzungen der achtziger Jahre, an denen Jelinek beteiligt war, Kapitel vier (*Aktion*) Jelineks gesellschaftspolitisches Engagement für bestimmte Gruppen und Initiativen, Kapitel fünf (*Agitation*) die Verschärfung der politischen und medialen Konflikte in Zusammenhang mit Jelinek in den neunziger Jahren, Kapitel sechs (*Kulmination*) die Geschehnisse anläßlich der „Wende", in die Jelinek involviert war. Kapitel sieben (*Rezeption*) zeigt anhand ausgewählter Beispiele die Skandalisierung von Jelineks Werken in Österreich, Kapitel acht (*Präsentation*) die öffentliche Wahrnehmung und die (punktuellen) Würdigungen der Autorin. Eine umfassende Bibliographie schließt das Buch ab. Zum ersten Mal wurden in einer hochkomplizierten und akribischen Recherche alle essayistischen und publizistischen Texte Jelineks, die einen Österreich-Bezug aufweisen, bibliographisch erfaßt – eine philologische Grundlagenarbeit, die die Basis für eine intensive Auseinandersetzung mit dieser auch von der Jelinek-Forschung bislang übersehenen Textsorte legt. Eine Auswahl-Bibliographie aller Jelinek-Interviews zu Österreich, eine Schwerpunkt-Bibliographie zu Jelineks „Burgtheater", dem Stück also, das Jelineks Ruf als österreichische „Nestbeschmutzerin" begründete, und eine Auflistung der wissenschaftlichen Sekundärliteratur zum Thema „Elfriede Jelinek und Österreich" runden die Bibliographie ab.

Die grafische Gestaltung des Buches versucht dem Material gerecht zu werden. Es handelt sich um Material mit tagesaktuellem Wert, das seine Aussage häufig primär aus seiner optischen Aufbereitung bezieht. Es galt deshalb, bei jedem Element zu entscheiden, ob es ins Buch in eingetippter oder eingescannter Form, ausschnittweise oder vollständig aufgenommen werden soll. Oft war es sinnvoll, das Material eins zu eins abzubilden, um das Medium selbst „sprechen" zu lassen und dadurch die medialen Verkürzungen, Oberflächlichkeiten und Skandalisierungen unmittelbar auszustellen. Anliegen war es hier, die Machart des öffentlichen Materials, das zwar vergänglich zu sein scheint, jedoch diskurs- und mentalitätsprägend ist, bewußt zu machen. Bei allen Texten wurde die originale Schreibweise beibehalten, Tipp- und Grammatikfehler werden durch [sic] ausgewiesen. In der Arbeit mit dem Grafiker Wieland Baurecker, der mit mir zusammen durch Wochen hindurch in den verschiedensten Kaffeehäusern Wiens jede Seite einzeln am Laptop gebaut und durch sein grafisches Grundkonzept und seine originellen Einfälle alle Entwürfe und Pläne möglich gemacht hat, ging es also darum, das, was sonst nicht wahrgenommen wird, sichtbar zu machen.

Entstanden ist das Buch im Rahmen eines Projekts am Institut für Germanistik der Universität Wien. Ein Experiment wurde von mir gewagt: Das Proseminar zum Thema „Staatskünstlerin oder Nestbeschmutzerin? – Elfriede Jelinek und Österreich", das ich im Wintersemester 2001/02 abhielt, wurde von mir als ein großes Recherche-Unternehmen aufgezogen. Die 52 StudentInnen, die nach harten Kämpfen einen Platz im Proseminar ergattert hatten, übernahmen in Kleingruppen Themenbereiche, die es zu recherchieren und zu bearbeiten galt. Mit umwerfendem Elan und Engagement, mit ungeheurer Begeisterung und Intensität gingen die StudentInnen an die Arbeit – und blieben bis zuletzt dabei. Sämtliche Jelinek-Texte wurden, nach Gattungen aufgeteilt, hinsichtlich ihrer Österreich-Thematik durchleuchtet, Motiv-Indices wurden erstellt, Zitate gefiltert, Rezensionen gesammelt, Sekundärliteratur bibliographiert. Die inflationären Jelinek-Interviews wurden zusammengeführt, nach Österreich-Bezügen durchgesehen und motivisch kategorisiert. Jelineks publizistische und essayistische Texte samt allen öffentlichen politischen Äußerungen bis hin zu den knappsten Statements wurden über Monate hindurch mit kriminalistischer Akribie aufgespürt, nach Textsorten systematisiert, nach ihren Anlässen erfaßt und mit den jeweilgen Bezugstexten kontextualisiert. Mit unglaublicher Beharrlichkeit wurden sämtliche Institutionen des In- und Auslandes, die man verdächtigte, Materialien von und über Jelinek zu haben, kontaktiert. Schüchtern oder mutig wurde ganz Österreich inklusive aller relevanten Parteien, Ministerien, politischen Initiativen, Medien, Rundfunk- und Fernsehanstalten, Zeitungs- und Zeitschriftenarchive, Theater, Festivals, Literaturhäuser, literarischen Gesellschaften, Schriftstellerverbände, Bibliotheken, Archive, Verlage nach allen nur erdenklichen Materialen durchforstet. Darüber hinaus wurden Einzelpersonen, MitstreiterInnen, FreundInnen und GegnerInnen Jelineks, ausgekundschaftet und mit Briefen, mails, Telefonaten und persönlichen Besuchen traktiert, um von ihnen Materialien jeder Art zu erhalten.

Das Recherche-Ergebnis war enorm. Schachteln, Mappen, Ordner, Säcke, Tonbänder, Kassetten, Videos, Disketten, CD-Roms türmten sich, Stöße von Originalen und Kopien machten einen eigenen Raum nötig, in dem alles gesammelt werden konnte – um dann in wochenlanger Arbeit gesichtet und für das Buch ausgewählt zu werden.

Das Projekt war nicht mit dem Abschluß des Proseminars zu Ende. Von Anfang Februar bis Mitte Juni 2002 arbeiteten 20 StudentInnen mit vollem Einsatz weiter, bis hin zu den letzten Korrekturen am Buch. Jetzt wurden Restrecherchen erledigt, die aktuellen Entwicklungen rund um Jelinek weiterverfolgt, Fotorechte abgeklärt, die Bibliographien vereinheitlicht, fehlende Nachweise ergänzt, Texte eingetippt und korrekturgelesen und – trotz aller Hindernisse – die nötigen Originale in diversen Institutionen und Bibliotheken vor Ort mit einem Laptop und Scanner eingescannt.

Für dieses Großprojekt war eine Großorganisation mit einer umfassenden Logistik nötig. Detaillierte Organisations- und Zeitpläne mit immer neuen Aufgabenverteilungen wurden von mir erstellt, Arbeitsberichte und Protokolle begleiteten die Treffen. In unzähligen mails und Telefonaten, in täglichen Einzel- und Gruppengesprächen und im wöchentlich stattfindenden Plenum wurden Ergebnisse besprochen, Probleme diskutiert und über das weitere Vorgehen beraten. Das Buchprojekt war so auch eine große Gemeinschaftsarbeit, ein intensives Miteinander, das für alle nicht nur enorme Arbeit bedeutete, sondern allen auch riesigen Spaß machte.

So hat dieses Buchprojekt auch Modellcharakter. Es zeigt, daß Lehrveranstaltungen an der Universität nicht nur Stunden abstrakter Wissensvermittlung sein müssen, sondern zu kollektiven Aktionen werden können, die – neben einem nicht zu überbietenden Lerneffekt – die Grenzen zwischen Wissenschaft und Praxis sprengen, den Blick über die universitären Grenzen hinaus öffnen und ein konkretes Produkt, an dem alle Anteil haben, zum Ergebnis haben, das wiederum in die Öffentlichkeit wirkt.

Abschließend möchte ich ganz herzlich Elfriede Jelinek danken. Sie hat nicht nur durch ihre Zustimmung, ihre essayistischen und publizistischen Texte verwenden zu dürfen, das Buch erst möglich gemacht, sondern sie hat darüber hinaus auch ihr gesamtes Archiv für das Buchprojekt zur Verfügung gestellt, was wirklich außerordentlich ist und für das Buch von unschätzbarem Wert war. Manuskripte, Typoskripte, aber auch Dokumente, Arbeitsunterlagen und Materialien aus Elfriede Jelineks unmittelbarem Besitz konnten so gesichtet, geordnet, ausgewertet und ins Buch aufgenommen werden. Durch ausgewählte Typoskripte kann so im Buch auch der eigentliche schriftstellerische Arbeitsprozeß dokumentiert werden, durch Schriftstücke und Entwürfe können bislang unbekannte Bereiche (wie z. B. Jelineks Aktivitäten in der 68er-Bewegung) erschlossen, durch Dokumente und Materialien bestimmte Aspekte noch genauer dargestellt werden. Trotz des für sie sicherlich schmerzhaften Aufrollens von Verletzungen, die ihr in den letzten zwei Jahrzehnten in Österreich zugefügt wurden, hat Elfriede Jelinek mit Aufmerksamkeit und Herzlichkeit die Nachforschungen unterstützt und sich stets geduldig bemüht, bei Fragen, Unklarheiten und Problemen weiterzuhelfen.

So konnte das Buch zu einer Dokumentation werden, die zum ersten Mal einen riesigen Themenkomplex zur Anschauung bringt und versucht, durch das Ausstellen dessen, was passiert ist, einen Bewußtseinsprozeß zu initiieren. Anliegen ist es, mit diesem Buch eine Reflexion über den öffentlichen Diskurs in Österreich in Gang zu setzen, für einen verantwortungsvolleren Umgang mit KünstlerInnen zu plädieren – und eine ernsthaftere, niveauvollere und substanziellere Auseinandersetzung mit Elfriede Jelinek einzufordern.

Wien, Juni 2002　　　　　　　　　　　　Pia Janke

Elfriede Jelineks politische Haltung wird wesentlich von der 68er-Bewegung geprägt. Der Anspruch, durch das Schreiben die Mechanismen von Gewalt, Ausbeutung und Ausgrenzung transparent zu machen und das Bewußtsein für gesellschaftliche Prozesse zu schärfen, stammt aus dieser Zeit. Jelinek formuliert diesen Anspruch bereits damals nicht nur in ihren Texten, sondern beteiligt sich auch selbst an Aktionen und Protesten. Ihre Mitgliedschaft in der Kommunistischen Partei Österreichs (KPÖ) von 1974 bis 1991 ergibt sich aus diesem Selbstverständnis und auch aus dem Anliegen, im konservativen Österreich eine politische Partei zu unterstützen, die die Interessen der Arbeiterschaft vertritt. Das Selbstverständnis als politische Autorin veranlaßt sie auch, sich in Österreich immer wieder öffentlich zu Parteien und PolitikerInnen zu äußern und Stellung zu beziehen, wenn es um die internationale Positionierung Österreichs geht – wie zum Beispiel bei den Debatten über einen Beitritt Österreichs zur EU.

Position

68er-Bewegung

Ab 1969 engagiert sich Elfriede Jelinek in der Studentenbewegung. Sie nimmt an Teach-ins, Arbeitskreisen und Demonstrationen teil und lebt kurze Zeit mit Leander Kaiser und Robert Schindel in einer Wohngemeinschaft. Mit dem Komponisten Wilhelm Zobl plant sie politisch-künstlerische Aktionen. Es entsteht das Aktionsstück „rotwäsche", das die Mitwirkung des Malers Aramis und Jelineks vorsieht und von einer Tonbandcollage begleitet werden soll. Das Projekt bleibt jedoch unrealisiert.

Aber als wir [Elfriede Jelinek und Wilhelm Zobl] sofort Freunde fürs Leben wurden, beschlossen wir als erstes, aus politischen Gründen die Menschen mit unserer Kunst terrorisieren zu müssen, um sie aus ihrer Lethargie zu reißen. Das war damals so üblich. Wir entwarfen (zusammen mit dem bildenden Künstler Aramis, von dem ich nicht weiß, wo er heute steckt) zu diesem Zweck ausgeklügelt gemeine Aktionsstücke, die sich von denen der Wiener Aktionisten darin unterschieden, daß sie einen sehr präzisen politischen Zweck erfüllen sollten. Diese Aktionen wollten wir an Orten, an die uns die Internationale der Studentenbewegung geführt hatte, wie Kirchheim an der Teck, realisieren. Eins sollte eine Art Rotwäsche werden: Wäschestücke sollten in roter Farbe statt mit Waschmittel gewaschen werden, dazu Musik und Text aus unserer vielseitigen Werkstatt. Das Publikum würde dazu eingeschlossen werden und von uns zu allem, auch zu Gefängnis Entschlossenen mit Buttersäure traktiert. Wir selber hätten selbstverständlich Gasmasken getragen. Es ist dann nicht dazu gekommen, ich glaube, weil ich zu feig war, er hätte es gemacht.

aus: Elfriede Jelinek: Über einen toten Freund. Informationen der Gesellschaft der Musikfreunde in Wien, Mai/Juni 1991

```
aramis x i x x ädyeni
ordner aus tübingen mitbringen (1o)

kennzeichnung der ordner: armbinden  handschuhe sturzhelme ledermäntel
ein opfer impublikum ist eingeweiht und spielt den erschreckten und
ängstlichen wenn er nach verkündung eines fiktiven paragrafen hinaus
geworfen wird.
leere bühne mit requisiten. waschkugel.
requisiten: waschpulverpakete mit staubfarbe (rot) behälter mit wasser
bürsten schwämme besen etc. tennisbälle hautkrem mehl  mehl zucker salz
weissbrot reis kreide unterwäsche papier zeitungen bücher pudding
verbände sanitäre gegenstände watte damenbinden waffen österr. fahne
milch obers bettwäsche daunenpolster toilettepapier 1 komplettes menü
filmleinwand spritzpistolen. präservative


beatmusik
aramis & elfriede sind im zuschauerraum und machen mit den leuten
konversation. harmlos. die ordner verteilen sich besetzen den ausgang
bewachen die bühne. akustischer wechsel von beat zu text. abruptes
abbrechen der unterhaltung. aramis und elfriede begeben sich auf die
bühne. sofort besetzen 2 adjustrierte ordner den einzigen aufgang zur
bühne und lassen in der folge keinen heran. beginn der aktion.
a und e verbarrikadieren die bühne gegen das publikum mit einem
stacheldrahtverhau. xxnnäxxziekenxsiehxzunaxnnx aramis und elfriede
bereiten deutlich sichtbar aus waschmittelpaketen und wasser eine
rote farblauge die waschkugel wird mit roter lauge gefüllt. a und e
ziehen sich aus und füllen die waschkugel mit ihren kleidern. in der
folge drehen sie abwechselnd die trommel. beide waschen einander und
spritzen einander rot an. beide waschen einander mit schwämmen. wäsche
des podiums und der requisiten. das publikum wird beworfen. aramis
kriegt eine damenbinde übe. die augen elfriede spritzt sie mit roter
farbe voll. sie wird ins publikum geworfen. ein präservativ wird gefüllt
und gefüllt ins publikum geschleudert. buch und zeitung werden vorgelesen
gewaschen und ebenfalls ins publikum geworfen. das menü wird rot bespritzt
von a und e gekostet und dem publikum weitergereicht. (und zwar so dass
aus dem publikum von a oder e einer bezeichnet wird dem der ordner das essen
bringt und ihn zwingt es zu essen!) papierfahnen werden gewaschen und
verteilt. wenn der film läuft wird auch die filmleinwand auch gefärbt.
```

„rotwäsche" – Typoskript

Position 68er-Bewegung

bisher öde kunst gemacht zu haben.
bisher öde literatur gemacht zu haben.
die notwendigkeit eines *bekenntnisses*.
meine literatur wird nicht mehr für literaten & künstler gemacht werden können.
meine literatur wird nicht mehr für literaturmanager gemacht werden dürfen.
meine literatur wird ihre isolation aufzugeben haben.
meine literatur wird heiss werden müssen wie eine explosion wie in einem rauchpilz wird das sein.
wie napalm.
es war mein irrtum in blindwütiger solidarisierungsabsicht literatur nur für jene klasse produzieren zu wollen die ausser ihrer arbeitskraft nichts besitzt.
ausgebeuteter für ausgebeuteten.
ich als literaturproduzent habe klassenbewusstsein zu entwickeln. ich als literaturproduzent habe die KOMMUNIKATION mit jenen gruppen zu fördern zu denen ich selbst gehöre (vordringlich gehöre) & die von ihrer position aus die revolutionäre veränderung der grundlagen dieser gesellschaft vorbereiten können: zum beispiel für studenten und intellektuelle kampfmaterial hervorbringen. ich als kunstproduzent muss die wirkung eines kampfgases besitzen. [...]

Elfriede Jelinek: bisher öde kunst gemacht zu haben (1970). In: Renate Matthaei (Hg.): Grenzverschiebung. Neue Tendenzen in der deutschen Literatur der 60er Jahre. Köln, Berlin: Kiepenheuer & Witsch 1970, S.215

„rotwäsche" – Typoskript

**Position
68er-Bewegung**

1969 wird Leander Kaiser verhaftet, nachdem er in „frontal", der Zeitschrift des Verbunds Sozialistischer Mittelschüler, einen Artikel zum Thema „Die Kirche und die Sexualität" veröffentlicht hat. SPÖ-Vorsitzender Bruno Kreisky distanziert sich von dem Text und veranlaßt für die nächste Ausgabe der Zeitschrift eine „Gegendarstellung eines jungen Katholiken". Wegen der Abbildung „zweier unbekleideter Personen männlichen und weiblichen Geschlechts in Geschlechtsverkehrspose [...], die geeignet ist, die sittliche und gesundheitliche Entwicklung jugendlicher Personen durch Reizung der Lüsternheit oder Irreleitung des Geschlechtstriebes zu gefährden", wird Anklage gegen Kaiser erhoben. Kaiser wird zu drei Monaten Arrest verurteilt. Elfriede Jelinek verfaßt dazu einen Text mit dem Titel „der fall des leander kaiser".

```
der fall des leander kaiser

es ist einer verurteilt worden.
es ist wieder mal einer verurteilt worden in österreich. eines
"deliktes" wegen wofür ihn höchstens nur die gerichte der prominenten
diktaturen dieser welt abgeurteilt hätten. wobei hier nicht der eindruck
erweckt werden soll es handle sich beim staat österreich um keine
diktatur: der unterschied liegt ausschliesslich im grad der
"popularität". es muss aber gesagt werden dass jene bedeutung österreichs
auf polizeidiktatorischem gebiet stark im steigen begriffen ist.
die verurteilung erfolgte zu drei monaten unbedingt. wegen sogenannter
beleidigung des oberhauptes der katolischen römischen kirche genannt
papst wohnhaft in rom (italien). die "schmähung" erfolgte anlässlich
des umfassenden und vieldiskutierten werkes über die geburtenregelung als
dessen alleiniger verfasser jener papst zeichnet. eine literatenfehde.
ein streit zwischen zwei intellektuellen der westlichen welt noch dazu
ein rein akademisch literarisch ausgetragener. zu bemerken bleibt noch
dass es sich beim zweiten intellektuellen um den sogenannten heiligen
geist handeln soll.
genosse kaiser hat die lehren und einrichtungen der institution genannt
kirche die vom staat österreich gesetzlich anerkannt wird sowie deren
alleinigen und ausschliesslichen leiter papst verspottet und herabge
würdigt. er hat ausserdem ein dem "spiegel" entnommenes foto eines
koitierenden paares beiderlei geschlechts in unbekleidetem zustand (dessen
unterteil oder wie soll man sonst dazu sagen mit schwarzem streifen
kaschiert war) in jener sozialistischen schülerzeitung "frontal" ab
gebildet in der auch der gerichtlich beanstandete artikel erschienen ist.
in einer schülerzeitung für schüler ab dem 16. lebensjahr (6. bis 8.
mittelschulklasse) an die aber nachweisbar auch jüngere schüler heran
kommen können wenn sie sich nur dementsprechend anstrengen. da aber
schüler und jugendliche ab 16 bekanntlich wissen dürfen was mann und
frau miteinander tun müssen wenn sie nichts anhaben kinder vor dem
16. lebensjahr in dieser beziehung völlig ahnungslos zu sein haben
(was wiederum gesetzlich verankert und also rechtens ist) war ein straf
barer tatbestand gegeben. einwandfrei.
und mit der kirche hat man sich als staatsbürger nicht anzulegen weder
in einer zeitschrift für angehende höhere beamte (lehrer richter poli
tiker) und vorgesetzte noch sonstwo. ein absolutes regime bedarf zu
seiner aufrechterhaltung des andren gleichartigen systems.
```

Elfriede Jelinek: „der fall des leander kaiser" – erste Seite des Typoskripts

[...]
7.
ICH KLAGE DIESE JUSTIZ AN, DIE ÖSTERREICHISCHEN SYMBOLE HERABZUWÜRDIGEN, DENN dazu MUSS FAHNE UND BUNDESWAPPEN HERHALTEN !!!
ICH KLAGE DIESE JUSTIZ AN, DEN WILLEN DES GESETZGEBERS ZU MISSACHTEN ODER ZUMINDEST GESETZMÄSSIG ZU MISSVERSTEHEN - DENN WELCHES VOLK WILL für sich SOLCHE GESETZE - UND
ICH KLAGE DIESE ZEITUNGEN AN, WEIL SIE ALS MASSENVERDUNKELUNGSMEDIEN DAFÜR SORGEN, DASS DIE STAATSANGEWALTEN IM NAMEN DES VOLKES, DER REPUBLIK, UNGEHINDERT VORGEHEN KÖNNEN GEGEN DIESES, GEGEN DIESE !!!!
8.
Ich klage an, nicht bei denen, die mich klagen können, sondern, wo gesungen wurde: Eiapoppeia, wer raschelt im Strohohoh.
9.
Es ist sowohl nicht erlaubt, Flugblätter, in denen die Emporung als Mein/ung sich unmittelbar formuliert zu verfassen, als es auch vorboten ist, Kritik überhaupt s o zu üben, daß sie im Sinne der Kritik wirksam wird.
Die freie Mein/ung ist schlechthin die Meinung der Freien über die Meinung der Beherrschten – und diese Mein/ung der Freien be-stimmt, was noch frei/e Mei/nung und was schon wirksame Kritik ist, sondern gwirksame Kritik ist keine Kritik, aber be-stimmt Schmähung, aber be-stimmt Verleumdung, aber be-stimmt Ehre/nbeleidigung oder überhaps irgendwen des ööööffentlichen Spott-es aussetzen.
10.
Michael Genner ist irgendwer. Wir sind alle irgendwelche. Langsam lernen wir alle noch, was IHR da so vorhabt und so fort mit uns macht, wenn IHR es für not/wendig halt/et. Beim TWEN-SHOOO-OPOP haben wir viel/leicht bemerkt: Beim Geld hört das Recht auf, vielmehr im Geld <u>ist es</u> ver-

Position 68er-Bewegung

TWENSHOP-REVOLTE

Dienstag, 4. November, 20 Uhr.
PRÜGELNDE ORDNER, POLIZEITERROR.
Bilanz: Mehrere Verletzte, 2 Verhaftete.

DAS WAHRE GESICHT DES TWENSHOPS.

HABT IHR NOCH IMMER NICHT VERSTANDEN?

ENTWEDER IHR KOMMT GAR NICHT MEHR ZUM TWENSHOP,
ODER IHR KOMMT **BEWAFFNET**.

ORGANISIERT EUCH!
SCHLIESST EUCH ZUSAMMEN!!

VERTEIDIGT EUCH!

UNSER KONTAKTMANN:

JEDERZEIT IM KRITISCHEN KLUB,
WIEN 7., MUSEUMSTRASSE 7.
(5 MINUTEN VOM TWENSHOP, HINTERM VOLKSTHEATER)

Eigentümer, Herausgeber, Verleger und Vervielfältiger:
Aktionskomitee gegen Twenshop und Polizeiterror.
Für den Inhalt verantwortlich: Michael Genner.
Alle: 1070 Wien, Museumstraße 7.

Flugblatt zum „Twen-Shop", verfaßt von Michael Genner. Für dieses Flugblatt wurde er verhaftet

schwunden. Wir wissen, viel Geld <u>ist</u> es. Viel Geld ist nicht irgendwer. Viel Geld <u>sind</u> einig/e Wenige. ÖSTERREICH IST EINE FREIE DEMOKRATISCHE REPUBLIK. ALLE RECHTE GEHEN VON SICH AUS, gelt? DIE WENIGEN GEHEN VON SICH AUS, gelt? LANG-SAM GEHEN DIE RECHTE IMMER WIEDER-UM AUS DEM VOLKE HE-RAUS! gilt!
11.
Laßt den Genner „frei", damit es wenigstens so aussieht als ließet Ihr mit Euch reden, indes in Wahrheit Ihr über uns bloß handeln und verhandeln könnt.

aus: Robert Schindel: Was schiert den Michael Genner Eis und Matsch in dieser Stadt (Flugblatt)

ZERSCHLAGEN WIR DEN TWEN-SHOP   ZERSCHLAGEN WIR DEN TWEN-SHOP   ZERSCHLAGEN WIR

denn wir haben kapiert:
- eine Gesellschaft die uns nur nach ihren Marktgesetzen beurteilt die scheißt auf unsere Hobbies, auf unsere Musik, unsere Mode. Die will unser Geld und sonst nichts. Die will nur, daß wir kaufen: ihre junge Mode, ihre jungen Platten etc., daß wir den ganzen superjungen Markt aufkaufen. Sie lehren uns sparen, damit unser Geld für sie arbeitet, damit sie aber unsere eigene Unterdrückung finanzieren. Sie schenken uns billigen Beat zu dem wir masturbieren dürfen, sonst aber lieber nichts. Tun wir die Gummizelle in unserem Kopf die sie bauen? Aber wir fühlen den riesigen Hohlraum den sie uns verschweigen, weil er ihnen gefährlich werden könnte! Den Raum für neue Programme, für eine Veränderung, die sie von ihren Vorgesetztenpositionen stoßen würden. Überlegen wir - wir Jungwähler, wir Jungsparer und Präsenzdiener! Wir Minimädchen! Diese Veranstaltung steht unter der Patronanz der mächtigen Vaterfigur einer Zeitung, eines offiziellen Kontrollorgans also. Menschlich gesehen sollten wir daher: SOFORT ALLES KLAUEN, BESCHMIEREN, ZERSTÖREN, WAS VON DIESEN VATERLÄNDISCHEN KRIEGERN KOMMT. TUN WIR ES! TUN WIR ES JETZT SOFORT! Diese Unterhaltungsindustrie, die in ihren Diensten steht folgt nur scheinbar unserer demokratischen Nachfrage, in Wirklichkeit will sie aber unseren Geschmack mit voller Absicht auf einem für sie ungefährlichen Niveau halten. Es ist jetzt aber nicht an der Zeit sich zu unterhalten, sich belügen und dumm machen zu lassen, sondern sich dagegen zu wehren! Wir würden doch jetzt viel lieber ficken, das macht mehr Spaß als zu tanzen! Versuchen wir es mal! Dann ist es gleich zu Ende mit unserer Freiheit! Unsere Freiheitsillusion liefert uns ihren Terror aus. Sie entfernt uns von jenen die außer ihrer Arbeitskraft keinerlei Freiheit besitzen. Die dort fürchten sich nämlich vor einer starken schlagkräftigen Aktion. Die dort speisen uns mit Bill Ramsey und Co, mit Modeschauen und Werbung ab. Wir jungen fröhlichen Leute, die wir auf Nebengeleise geführt worden sind und es nicht merken: Wir helfen mit, diese Gesellschaft des Kapitals so kompakt zu erhalten, in der Faschismus, Militarismus und Unterdrückung immanent wohnen. Wir sollen unsere Aggressionen im gesunden Konkurrenzkampf unserer gesunden Wirtschaft oder unseres Militärs auslassen. Damit dienen wir dem "Staat", damit sind wir den Besitzern von Mitteln und Macht bequem, damit sind wir unschädliche Kinder. Vergessen wir aber nicht: daß die dort auch sofort zuschlagen würden, wenn wir diese hübschen Veranstaltungen mit eigener Strategie zu notwendiger politischer Aktion umwandelten. Wenn wir nur einen Funken unserer völligen Harmlosigkeit verlieren würden.

Aufruf: Kotzen wir ihnen hin auf ihre Schallplatten, ihre Disc-Jockeys, ihre Supermode, ihre alkoholfreien Getränke etc.; auf diese ganze Pseudo-Unterhaltung und Augenauswischerei, auf dieses ganz von ihnen beherrschte Scheinparadies des Konsums!

Wir sollten das endlich merken: diese unmittelbare Gefahr, daß die uns unser Geld abnehmen und keinen harmlosen Spaß dafür liefern, sondern Unterdrückung, Terror und psychisches Elend.

Wir können jetzt gehen und weitertanzen, aber wir können dann nicht behaupten, wir hätten von nichts gewußt.

ZERSCHLAGEN WIR DEN TWEN-SHOP   ZERSCHLAGEN WIR DEN TWEN-SHOP   ZERSCHLAGEN WIR

Aktionskomitee Twen-Shop

Flugblatt zum „Twen-Shop", verfaßt von Elfriede Jelinek

Im November 1969 veranstalten der „Kurier" und die ÖVP-nahe Österreichische Jungarbeiterbewegung den „Twen-Shop", eine Jugendmesse im Wiener Messepalast, mit der jugendliche KonsumentInnen angesprochen werden sollen. Es gibt Proteste von Seiten der Studentenbewegung. Elfriede Jelinek beteiligt sich an den Protesten und verfaßt den Text zu einem Flugblatt. Ein weiteres Flugblatt fällt der Polizei in die Hände. Michael Genner, Mitbegründer des Sozialistischen Österreichischen Studentenbundes, wird als Verfasser ausfindig gemacht und in Untersuchungshaft genommen. Im Prozeß wird Genner von der Anklage der versuchten Verleitung zum Aufstand freigesprochen, aber wegen des Vergehens der Aufwiegelung zu einem Monat Arrest verurteilt. Robert Schindel, der auch an der „Twen-Shop-Revolte" teilnimmt, schreibt nach Genners Verhaftung einen Aufruf. Elfriede Jelinek erwähnt Genners Verhaftung in ihrem Text über Leander Kaiser.

16 Position
68er-Bewegung

1969 startet das „Neue Forum" ein Volksbegehren gegen das Österreichische Bundesheer. Elfriede Jelinek liest bei einer Benefizveranstaltung für das Volksbegehren am 4.6.1970 im Studentenhaus Münzgraben aus ihrem Roman „wir sind lockvögel baby!". Dieser Roman ist dem Österreichischen Bundesheer gewidmet. Als amnesty international 1993 den Wehr- und Zivildienstverweigerer Helmut Hejtmanek als politischen Gefangenen registriert, schreibt Jelinek für den „Standard" einen Beitrag über die Notwendigkeit einer „Friedensgesellschaft".

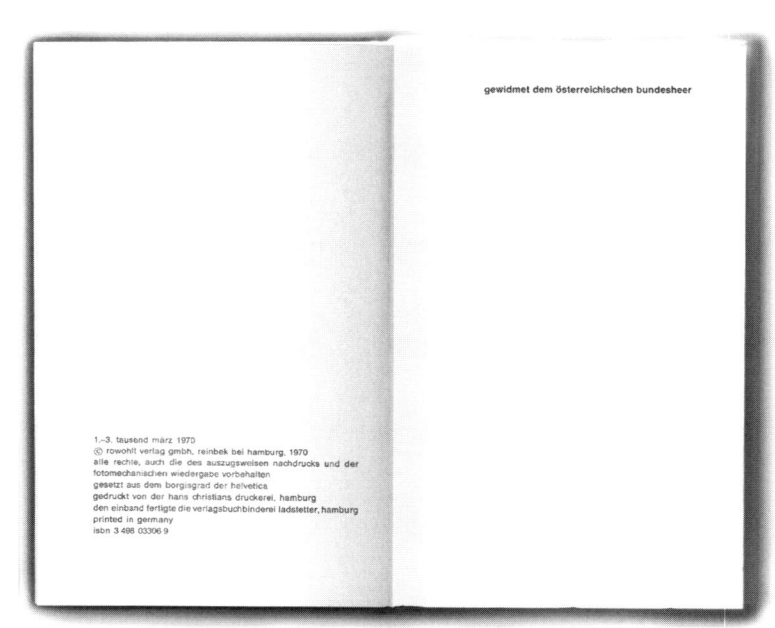

Elfriede Jelinek: wir sind lockvögel baby! Reinbek: Rowohlt 1970, S. 4 und 5

Welche geschichtlichen Gestalten verachten Sie am meisten?
Hitler, Ferdinand I. von Österreich.
Welche militärischen Leistungen bewundern Sie am meisten?
Frühjahr 550 n. Chr. zwischen Gepiden und Langobarden. Beide Heere flohen, bevor sie auf Sichtweite waren. (Die Anführer blieben zurück.)

aus: Fragebogen. Elfriede Jelinek.
Frankfurter Allgemeine Zeitung, 13.7.1984

Plakat der Benefizveranstaltung am 4.6.1970

Kriegsbeute des Männerwahns

Für die Entkriminalisierung des „Totalverweigerers" Helmut Hejtmanek

Helmut Hejtmanek verweigert seit nunmehr zehn Jahren aus politischer Überzeugung den Militär- und Zivildienst. Am 1. Februar 1993 ist er zu sechs Monaten unbedingter Haft verurteilt worden. amnesty international adoptierte ihn mit einer „urgent action" als Gewissensgefangenen. Wenn Helmut Hejtmanek nicht vorzeitig entlassen wird, wird Österreich im Juni 1993, während in Wien die UNO-Menschenrechtskonferenz stattfindet, einen anerkannten politischen Gefangenen haben.

Elfriede Jelinek

Ich möchte vorausschicken, daß ich nicht in allen Punkten mit dem Totalverweigerer Helmut Hejtmanek übereinstimme. Ich werde aber jederzeit dafür eintreten, daß Menschen wie er die Möglichkeit bekommen, ihrem Gewissen zu folgen.

Angesichts der derzeitigen Ereignisse im ehemaligen Jugoslawien – und an vielen anderen Orten in der Welt – ist es keineswegs abwegig, die Gedankengänge Hejtmaneks unvoreingenommen zu prüfen und sie sich zu eigen zu machen: Kriegerische Auseinandersetzungen allerorten, deren erste Opfer immer die Unschuldigsten und Schwächsten sind, Kinder, Frauen, alte Leute.

Das ist die Kriegsbeute, die von einem aus dem Ruder laufenden, vollkommen irregeleiteten Männerwahn zu erwarten ist. Es muß Menschen geben dürfen, die sich dieser streng hierarchischen Männer-Zwangsgemeinschaft „Militär" um jeden Preis entziehen zu müssen glauben.

Es ist nicht abwegig, sondern logisch, wenn Hejtmanek den Zivildienst, wie er derzeit gehandhabt wird, als bloßes Negativ, als Kehrseite dieses „positiven" Männerbildes „Militär" sieht. Eine Gesellschaft, der ernsthaft an der Betreuung ihrer Schwächsten läge, hätte längst andere Anstrengungen unternommen, diesen Menschen zu helfen. Sie wäre nicht auf die normalen Kriegsdienstverweigerer angewiesen. Sie würde auch Totalverweigerern Möglichkeiten anbieten, sich kreativ an der Schaffung einer friedlicheren Gesellschaft zu beteiligen, statt sie völlig sinnloserweise zu kriminalisieren.

KOMMENTAR DER ANDEREN

Für Elfriede Jelinek hat „Totalverweigerung" Sinn und Berechtigung, weil sie uns dem Ziel einer humanen Friedensgesellschaft näherbringt: „Die brutalen Kriegsereignisse so dicht an unseren Grenzen sollten uns lehren, Menschen wie Hejtmanek zu ihrem Recht zu verhelfen, das das Recht von uns allen sein sollte." Foto: Newald

Ich sehe in Hejtmanek ein sehr positives Lebenszeichen einer humaneren, noch utopischen Gesellschaft: Es bedarf unser aller Anstrengungen, um auch Menschen wie ihn sich an der notwendigen Konversion in eine unumgänglich zu schaffende Friedensgesellschaft beteiligen zu lassen.

Gerade Österreich und Deutschland hätten es bitter nötig, hier Vorreiter in Europa zu sein. Auch die brutalen Kriegsereignisse so dicht an unseren Grenzen sollten uns lehren, Menschen wie Hejtmanek zu ihrem Recht zu verhelfen, das das Recht von uns allen sein sollte: Einfach eine Stufe weiterzukommen auf dem Weg in eine Gemeinschaft, in der das Friedliche als höherer Wert über das Kriegerische siegen muß.

Elfriede Jelinek ist Schriftstellerin („Lust", „Totenauberg").

Der Standard, 31.3.1993

Wien (APA) – Der „Aufruf zur Nichtbefolgung von Militärgesetzen" der Gruppe für Totalverweigerung – veröffentlicht in der Zeitschrift „Falter" Nr. 43/1992 – wird keine weiteren gerichtliche [sic] Folgen haben. Das teilte Montag die Gruppe in einer Aussendung mit: Die Verfahren gegen 50 Unterzeichner – die Staatsanwaltschaft hatte bereits Strafantrag gestellt – wurden durch einen Entscheid von Presserichter Bruno Weis eingestellt. Weis bezeichnet den Aufruf als „Akt des zivilen Ungehorsams" und verweist dabei ausdrücklich auf das Grundrecht der freien Meinungsäußerung. Eine „Aufforderung zu mit Strafe bedrohten Handlungen" sei der Aufruf nicht. Erst wenn diese Handlung tatsächlich begangen werde, sei dies der Fall.

Unterzeichnet haben den Aufruf unter anderem: die Grüne Klubchefin Madeleine Petrovic und Bundessprecher Peter Pilz, die Schriftsteller Elfriede Jelinek und Peter Turrini, der Zukunftsforscher und ehemalige Grüne Präsidentschaftskandidat Robert Jungk und „Ostbahn Kurti" Willi Resetarits. Der Aufruf wurde – als bezahlte Anzeige – auch in der Tageszeitung „AZ" und im „Falter" abgedruckt. [...]

APA0298, 28.3.1994

Position
68er-Bewegung

1969 wird in der Literaturzeitschrift „manuskripte" eine Debatte über die Funktion von Kunst geführt. Neben Michael Scharang, Peter Handke, Klaus Hoffer und dem „manuskripte"-Herausgeber Alfred Kolleritsch beteiligen sich auch Elfriede Jelinek und Wilhelm Zobl an dieser Debatte. Als 1997 Alfred Kolleritsch das Österreichische Ehrenkreuz für Wissenschaft und Kunst I. Klasse verliehen wird, hält Jelinek die Laudatio.

←
„manuskripte"-Preis 2000
für Elfriede Jelinek
Seite 212

Die Diskussion um die Funktion der Literatur unserer Zeit hat Formen angenommen, die selbst ein kritisches Kennzeichen dieser Zeit sind. Die Kämpfenden benutzen zum Großteil die Mittel der Bekämpften. Sie sprechen vom Tod der Literatur und veröffentlichen ihre Todesanzeigen gut honoriert dort, von wo die Gefahr der toleranten Assimilation droht. [...]
Die Literatur, die jetzt nur mehr politisch agitatorisch sein soll, wird zu leichtfertig politisch angreifbar gemacht, verliert ihre notwendige Differenziertheit gegenüber der gleichgeschalteten Dummheit, und gibt so die Aktion einer begründbaren Bewußtseinsveränderung auf.

aus: Alfred Kolleritsch: o.T.
manuskripte 25 (1969)

Denn für Dich, so fürchte ich weiter, ist Kampf eher eine idealistische denn eine materialistische Angelegenheit.
Die idealistische Position ist genau die, die das spätkapitalistische System für die Intellektuellen und die sonstigen Überbauproduzenten vorsieht. Auch deren Tätigkeitsbereich wird vom System genau abgezirkelt: Schreiben, Zeitschriften herausgeben, Diskussionen und Lesungen machen usw. [...]
Wohl oder übel werden es doch wir, die Literaturproduzenten, sein müssen, die jemanden wegfegen. Wenn wir die Notwendigkeit dessen eingesehen haben, müssen wir noch einige Dinge einsehen: daß wir unseren Kampf nur organisiert aufnehmen können, daß wir uns in unserem Kampf nicht isolieren dürfen von Gruppen, die den Kampf gegens System an anderen Stellen bereits aufgenommen haben; und – was für uns sehr wichtig ist – daß wir unseren realen Kampf nicht abgetrennt von dem, was wir produzieren, führen dürfen.

aus: Michael Scharang: Offener Brief. manuskripte 26 (1969)

Es waren ja fast nur die Künstler, die in diesem Jahrhundert opponiert haben. Rechtfertigt das Versagen das Ende der Kunst? Die Gegner aber bleiben die Gegner: nur ihres bitteren Feindes entledigt.

Ich bin nicht so illusionär zu glauben, daß Deine und die notwendigen revolutionären Absichten anderer den Gegner besser treffen. Sie könnte aus der repressiven Toleranz gelockt, die Kunst dort haben wo sie sie haben wollen: in der Selbstaufgabe. [...]
Das hat Peter Handke auf Deinen Brief in einem Brief erwidert: [...] Wenn Scharang nachprüfbare Änderungen sehen will, ist es sicher am besten, er hört auf, Literatur zu machen, auch solche Polemiken, die wieder nichts als öde Literatur sind. Eine Revolution ist wohl nötig, aber keine, behüte, von fruchtlosen ehemaligen Literaten.

aus: Alfred Kolleritsch: Erwiderung. manuskripte 26 (1969)

Kolleritsch. Du schreibst eine sogenannte Erwiderung auf Scharangs Stellungnahme zu Deiner Marginalie (in den 25. Manuskripten). [...] Es fällt uns (Einem jungen Komponisten und mir. Wir arbeiteten diesen Brief mehr zufällig zusammen. Es soll ja keine Literatenfehde werden!) schwer, einige Punkte, einige Angriffsflächen zu finden, die Scharang Dir noch nicht sachlich fundiert widerlegt hätte. Außerdem: die Gefährlichkeit Deines Briefes (und auch die der Marginalie) liegt in seiner vagen, ungenauen, zum Teil mythischen Formulierung. die ihn fast unangreifbar zu machen scheint. [...]
Du wirst (und auch diesen Punkt hat Dir Scharang schon deutlich auseinandergesetzt) endlich zur Kenntnis nehmen müssen, daß durch Kunst NICHTS verändert werden kann, weder das Bewußtsein noch sonstwas. Du willst also die Kunst aus der soziologischen Wirklichkeit heraus schneiden um Deine eigene (Deine eigene) Kunst - Pseudorevolution zu machen und rechtzufertigen. Die Kunst hat nicht versagt, da hast Du recht. Aber die Künstler, die unreflektierten Künstler wie Du und Deinesgleichen. [...]
Aus dieser Konfusion, die Du uns übermittelst, glauben wir Dir gern, daß Du lieber mit dem Peter Handke oder dem Ossi Wiener mitmarschierst. Sollte es aber wider Dein Erwarten doch zu einer revolutionären Erhebung kommen, so wirst Du nicht (und das prophezeien wir Dir!) aus der Reihe tanzen. (Siehe Dein letzter Absatz.)
Nun zu Dir, Peter Handke:
Das schlimmste, das Dir passieren könnte, wäre, Deinen Brief unverändert nochmals abzudrucken. Er spricht nämlich für sich und das noch dazu sehr unsachlich. So ein empfindliches Zeug! Verlangst Du Empfindlichkeit und Sensibilität für Revolutionäre? Du willst von einer Strategie zu Ergebnissen kommen statt von Ergebnissen zur Strategie. Ganz was Neues. Dazu freilich sind Sensibilität und Empfindsam-

keit dringendst nötig! Wir glauben Dir übrigens gerne, daß Du von Schiller mehr verstehst als von jenen Theorien, die in diesem Jahrhundert der kapitalistischen Gesellschaft mehr Schaden zufügten als Du dies mit all Deinen Arbeiten je könntest. [...]
Deine hauptsächlichen Erfahrungen (welche sind es denn speziell?) mit dieser kapitalistischen Mini-Theorie, die Du hier deutlich und unmißverständlich lieferst, scheinen in einer beträchtlichen Steigerung Deines Einkommens zu liegen. Aber Hauptsache, Du selber machst die Erfahrungen! [...]
Eine Revolution ist wohl nötig. Aber keine, behüte, vom derzeitigen Erfolgsautor. (Der ja ohnehin keine will.)

aus: Elfriede Jelinek, Wilhelm Zobl: Offener Brief an Alfred Kolleritsch und Peter Handke. manuskripte 27 (1969)

Was Elfriede Jelinek geschrieben hat, zeigt deutlich die Hybris. Man nennt sich revolutionärer Schriftsteller, betreibt seine Revolutionsetüden und lebt von dem Geschäft, das man kritisiert und übersieht vielleicht doch den Einwand, den ich schon gegen Scharang erhoben habe: daß die durchaus einsehbare Theorie für die Veränderung der österreichischen Wirklichkeit zu früh bemüht wird, weil sie sich über die bittere Praxis hinausreflektiert, und das wiederum, indem sie nur dort kritisch einsetzt, wo wenigstens noch ein Schimmer von kritischem Fortschritt vorhanden war.

aus: Alfred Kolleritsch: o.T. manuskripte 27 (1969)

„ Wir haben damals noch geglaubt, daß man die Revolution in der Literatur, im Schreiben machen könnte, was natürlich längst obsolet geworden ist. Und wir haben dann gegen Handke, der damals schon ein reines Schreiben um seiner selbst willen vertreten hat, so eine kleine Kontroverse gemacht. Und Kolleritsch hat das zugelassen. Das ist ihm auch hoch anzurechnen. Er hat diese Diskussion zugelassen, obwohl er sicher auf Handkes Seite und nicht auf unserer gestanden ist. Ich find es heute eigentlich rührend, wenn ich das lese; unsere kindliche Naivität, daß wir das wirklich glauben konnten. Aber das war halt der Aufschwung dieser späten 60er Jahre. Inzwischen weiß man, daß das ja alles nichts gebracht hat. "

Elfriede Jelinek (in: Ernst Grohotolsky [Hg.]: Provinz, sozusagen. Graz: Droschl 1995, S.66)

ALFRED KOLLERITSCH (Bild), Herausgeber der Grazer Literaturzeitschrift „manuskripte" und einer der wichtigsten Schriftsteller unseres Landes, wurde gestern in Wien mit dem Österreichischen Ehrenkreuz für Wissenschaft und Kunst I. Klasse geehrt. Die bekannte österreichische Autorin und Dramatikerin Elfriede Jelinek, Kolleritsch seit Jahren freundschaftlich verbunden, hielt die Laudatio. „Keine Ehrungen sind für ihn angemessen, da immer er uns geehrt hat", sagte Jelinek. Die Autorin bezeichnete Kolleritsch als einen der größten Essayisten, der als Mitbegründer des Forum Stadtpark „Bettelarbeit" geleistet habe, ohne jemals Zugeständnisse zu machen. Eine seiner größten Leistungen, auch in seiner Arbeit, sei sein Zögern. Als Schriftsteller-Promotor und Leiter der „munuskripte" sei er ein Schriftsteller, „der uns garantiert zu nichts zwingt, aber uns alles zeigt". Die Werke Alfred Kolleritschs sind im Salzburger Residenzverlag erschienen.

(Foto: Lohr)

Neue Zeit, 3.4.1997

Am 17.1.1974 tritt Elfriede Jelinek der Kommunistischen Partei Österreichs bei. Sie engagiert sich in der Parteiarbeit, nimmt an Parteiveranstaltungen teil und verfaßt Beiträge für das Kulturpolitische Forum der KPÖ. Sie unterstützt die KPÖ im Wahlkampf und verfaßt Wahlaufrufe für sie. Bei Kulturveranstaltungen liest sie aus ihren Werken, so vor allem im KPÖ-Kulturzentrum „Rotpunkt": Am 5.9.1976 liest sie zum ersten Mal am Volksstimme-Fest, an dem sie auch in den folgenden Jahren wiederholt teilnimmt.

Arbeiterkampf: *Du gehörst zur 68er-Generation, nach eigener Darstellung auch zur maoistischen Linken Wiens. 1974 bist du der KPÖ beigetreten. Was hat dich dazu veranlaßt?*
Elfriede Jelinek (lacht): Ich bin ja eine der Wenigen, die das gemacht haben und auch lange von den ehemaligen Genossen sehr angefeindet worden. Das hat sich jetzt gelegt. Jetzt sind sie aber auch nicht mehr im „Kommunistischen Bund". (lacht) Es ging einfach darum, diese Existenz einer freischwebenden Linken, die so für sich entscheidet, zu welchen Dingen sie sich politisch äußern will, zu welchen nicht, sich sozusagen auf sehr elitäre Weise die Strategie zurechtlegt, aufzuheben. Ich wollte wirklich ganz bewußt eine Demutsgeste machen. Brecht hat ja sehr gegen sowas Stellung genommen. Leider habe ich damals seine Position nicht gekannt. Ein Schriftsteller solle in keine Partei eintreten, hat er gesagt, damit er möglichst schnell reagieren kann. Wenn ich das gewußt hätte, wäre ich nicht eingetreten. Ich würde auch heute übrigens nicht mehr eintreten, aber ich würde auch nicht austreten.

Ich wollte auch in eine wirklich proletarische Partei gehen, und in Österreich gibt es nur eine, die wirklich die Interessen der Arbeiterklasse vertritt. Das ist die KPÖ. Mit ihren innenpolitischen Zielen bin ich fast immer einverstanden, während ich bei den außenpolitischen Einschätzungen nicht immer konform gehe. Ich bin ein sehr kritisches Mitglied, und ich sag das auch, und ich werde es in Zukunft auch in der Öffentlichkeit sagen. Bisher habe ich das nicht getan. Inzwischen habe ich da auch etwas zugelernt. In Angelegenheiten, die mir wichtig erscheinen, z.B. politische Gefangene in sozialistischen Ländern, werde ich nicht mehr schweigen, sondern auch öffentlich meine Meinung aussprechen. Das hat ja übrigens auf dem PEN-Kongreß der Hermlin jetzt auch getan. Das ist sensationell, aber kaum beachtet worden.

Was meinst du mit „proletarische Partei"?
Eine Partei, die sich ausschließlich für die Interessen der Arbeiter einsetzt. Das ist die KPÖ ganz

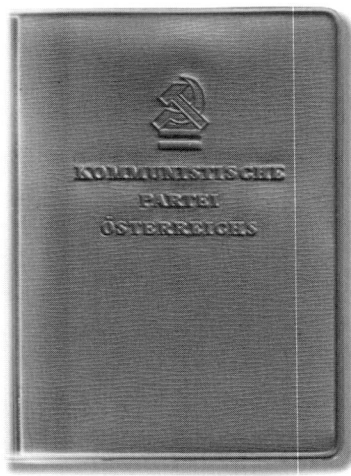

Elfriede Jelineks KPÖ-Mitgliedsausweis

zweifellos. Und zwar die einzige in Österreich. Es gibt sicher noch Splittergruppen, die das tun, aber die vernachlässige ich jetzt mal. Auch die KPÖ ist ja letztlich schon fast eine vernachlässigbare Größe, statistisch gesehen. Aber daß die KPÖ eine proletarische Politik macht, kann man wohl nicht leugnen.

Hast du Kontakt mit Schriftstellerinnen oder Schriftstellern aus der DDR oder UdSSR oder anderen Ländern der Art?
Überhaupt nicht. Ich hab auch hier wenig Kontakt. Andere haben diesen Kontakt, obwohl sie nicht einmal in der Partei sind. Das ist meine persönliche Pathologie, daß ich sehr einzelgängerisch bin. Vielleicht habe ich mich auch gerade deshalb in die politische Bewegung begeben, sozusagen um dieses elitäre Zurückziehen irgendwie pädagogisch zu bekämpfen. Es war eine Demuts- und Bußübung, die ich wohl aus meiner katholischen Erziehung noch übrig behalten habe, also einfach der Wunsch, mich in einem großen Zusammenhang aufgehoben zu fühlen und mich auch äußerlich

sichtbar mit der Arbeiterklasse zu solidarisieren. [...]
Welches sind deine konkreten Kritikpunkte an der KPÖ?
Das ist erstens fast immer der Umgang mit der Kultur, um die sie sich immer dann, wenn sie sie für die Öffentlichkeit gebrauchen, bemühen, die aber innerhalb der Partei kein großes Ansehen genießt. Die Kulturschaffenden sind immer die letzten. Man hat eigentlich Angst vor ihnen, weil sie sich in der Vergangenheit – und das muß auch so sein – immer als erste als aufmüpfig erwiesen haben. Da hat die KPÖ nun ja auch schlechte Erfahrung gemacht, aber das führt leider zu einer gewissen Erstarrung, einem großen Mißtrauen und einer großen Verachtung, obwohl sie immer von ihrer Achtung den Künstlern gegenüber sprechen. Aber sie zeigen sie nicht.
Das andere ist die zu starke Ausrichtung nach dem realsozialistischen Block, den man viel zu wenig wagt zu kritisieren, obwohl man das meiner Meinung nach sehr wohl riskieren könnte. Es ist im Gegenteil so, daß diese Länder sich selbst und untereinander heftiger kritisieren als sie von uns kritisiert werden. – Ich bin übrigens nicht unbedingt eine Anhängerin des Eurokommunismus – ich spreche da als interessierter Laie – aber es kommt mir vor, daß er dort, wo er praktiziert wird, letztlich doch auf Sozialdemokratismus hinausläuft. Es läuft nie auf wirkliche Systemveränderung hinaus. [...]

Elfriede Jelineks KPÖ-Mitgliedsausweis

Marie-Thérèse Kerschbaumer: *Bist du Marxistin?*
Elfriede Jelinek: Ja.
Warum?
Warum fragst du nicht, weshalb ich essen und trinken muß? Der Marxismus ist die einzige Möglichkeit, eine Gesellschaft zu erreichen, wo es nicht Ausbeuter und Ausgebeutete gibt, sondern Kommunikation unter Gleichen. Dies ist natürlich ein utopisches Ideal. Die Probleme des intellektuellen Überbauproduzenten zu denen der industriellen Basis sind aber zu vielschichtig und kompliziert, um hier näher ausgeführt zu werden.

Aus einem Gespräch mit Elfriede Jelinek (1971). In: Marie-Thérèse Kerschbaumer: Für mich hat Lesen etwas mit Fließen zu tun. Wien: Wiener Frauenverlag 1989, S. 146

Bist du irgendwie praktisch in die Parteiarbeit eingebunden?
Ich mache Friedensarbeit im Friedensrat. Wenn sie es von mir wollen, dann äußere ich mich auch zu Fragen wie Südafrika, manchmal zu kulturellen Fragen. Das ist sehr kompliziert. Die Partei arbeitet im Grunde mit meiner Position, die ich mir im bürgerlichen Kulturbetrieb erworben habe. Sie haben dem keine eigenständige kommunistische Kulturarbeit entgegenzusetzen. Ich zerbreche daran nicht, aber ich kenne Kollegen, die daran zerbrochen sind. Sie haben sich darauf geworfen, sich damit im bürgerlichen Kulturbetrieb jede Chance verbaut, haben dann aber auch da keinen wirklichen Weg. Das gilt ja für mich auch. Wenn ich nicht Parteimitglied wäre, hätte ich natürlich ganz andere Möglichkeiten. Aber gottseidank ist es so, wie es ist. Ich möchte gar keine Staatsdichterin sein, kein Grass, kein Böll. So möchte ich gar nicht werden.

aus: Kai Ehlers: Über höhere Kulturstufen – Gespräch mit Böll-Preisträgerin Elfriede Jelinek, Teil 2. Arbeiterkampf, 9.2.1987

Lesung im „Rotpunkt" mit Elfriede Jelinek (2. von links)
Foto: Heidi Heide

KPÖ-Veranstaltung am 1.5.1979 mit Elfriede Jelinek (Bildmitte mit Geige)

Volksstimme: *Warum liest du eigentlich am Volksstimme-Fest?*
Elfriede Jelinek: Es ist für mich keineswegs ein Auftritt wie jeder andere auch. Ich bin da vielleicht etwas sentimental. Meine schönste Lesung, die ich überhaupt je gehabt habe, war die im „Rotpunkt" gemeinsam mit anderen fortschrittlichen Autoren. Es ist einfach wahnsinnig schön, wenn man einmal mit den Leuten beisammen ist, für die man eigentlich schreibt und mit denen man was tun will.
Nimmst du die Gelegenheit wahr, um gewissermaßen deine Arbeit zu überprüfen? An sich kommen ja fortschrittliche Autoren meist schwer an das Publikum heran, das sie ansprechen wollen.
Einerseits gibt es natürlich das Problem der Leseschranke. Andererseits habe ich aber in der Partei die Erfahrung gemacht, daß organisierte Arbeiter wesentlich mehr lesen als andere und kulturell sehr interessiert sind. Daher habe ich das Gefühl, daß ich meine Arbeit am Volksstimme-Fest überprüfen und dabei lernen kann. Das heißt natürlich nicht, daß in ästhetischer Hinsicht Konzessionen erforderlich wären. Ich bin vielmehr der Ansicht, daß das Beste gerade gut genug ist für die Arbeitenden. Ich will mich mit meiner Arbeit nicht anbiedern, sondern etwas machen, das mit dem von mir erarbeiteten literarischen Standard in Einklang steht, aber gleichzeitig seine politische Wirkung hat.

aus: N. N.: Das Beste gerade gut genug. Romanautorin Elfriede Jelinek.
Volksstimme, 5.9.1976

Position KPÖ 23

Volksstimme-Fest Ende der 70er Jahre mit Elfriede Jelinek (3. von links), Foto: Heidi Heide

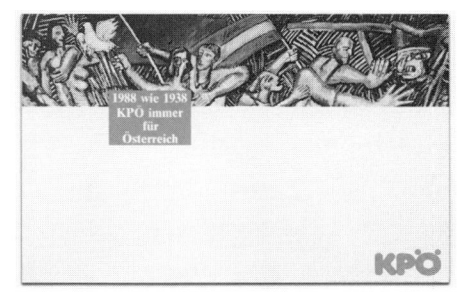

Plakat des Volksstimme-Festes 1988

Lesung beim Volksstimme-Fest Ende der 70er Jahre mit Elfriede Jelinek und Marie-Thérèse Kerschbaumer
Foto: Heidi Heide

> Ich mache eigentlich überhaupt keine Lesungen, ich nehme auch keine Einladungen ins Ausland an. Die einzigen, die ich überhaupt mache, sind die auf dem Volksstimme-Fest. Auch wenn es manchmal hart ist, gegen den Obstler und gegen die Essiggurken anzukämpfen. Das ist schon eine wichtige Demonstration der Einheit der linken Intelligenz in Österreich, das würde ich auch nicht missen wollen.

Elfriede Jelinek (in: Volksstimme, 24.8.1986)

„Linkes Wort" für den Frieden

Helmut Zenker (linkes Bild), Elfriede Jelinek (Mitte) und Peter Turrini (rechts) sind mit dabei bei der großen Lesung „Linkes Wort" die auch heuer an beiden Tagen des Volksstimme-Festes (3. und 4. September) stattfindet. Auch diesmal werden junge Kollegen gemeinsam mit älteren, neue Talente gemeinsam mit Prominenten wieder einen eindrucksvollen Querschnitt durch die fortschrittliche Literaturproduktion Österreichs auf der Jura-Soyfer-Bühne zu Gehör bringen. Hauptthema des „Linkes Wortes" ist heuer geradezu selbstverständlich der Frieden. Bisher angemeldet sind neben den drei Obgenannten der Arbeitskreis schreibender Frauen, Elfriede Awadalla, Georg Biron, Uwe Bolius, Manfred Chobot, Erika Danneberg, Gerald Grassl, Heidi Heide, Werner Herbst, Josef Haiterer, Marie-Therese Kerschbaumer, Käthe Kratz, Thomas Northoff, Gerhard Ruiss, Hermann K. Stuppäck, Arthur West und Joseph Wimmer.
Photos: Franz Hausner

Volksstimme, 14.8.1983

Volksstimme, 1.11.1986

Elfriede Jelinek:

Freuen Sie sich darauf!

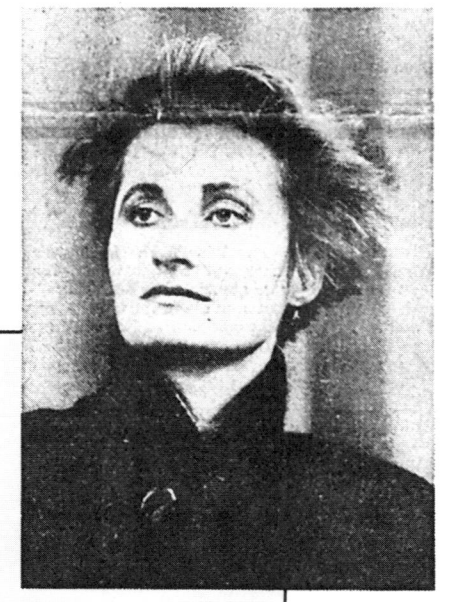

Bald werden sie wieder zusammenarbeiten. Bald werden sie Österreichs Probleme „gemeinsam" lösen. Die smarten Entstaatlicher werden Hand in Hand an der Privatisierung arbeiten. Wen die eine Hand nicht wäscht, der nimmt mit der anderen.

Entscheidungen werden von überdimensionalen Wänden, riesigen Fernsehbildschirmen, auf denen sie ihre Lügen erzählen werden, wieviele Arbeiter heuer und wieviele erst nächstes Jahr entlassen werden müssen, vor unseren längst nicht mehr staunenden Gesichtern verborgen werden. Was man uns erzählen wird, wird nicht stimmen, und was stimmen wird, wird man uns nicht erzählen. Wir werden es erst am eigenen Leib erfahreh, wenn es schon zu spät ist.

Die Grünen werden so sehr damit beschäftigt sein, „Kommunisten, links von der KPÖ" in ihren eigenen Reihen zu jagen, daß die Großparteien die übrigen Kommunisten jagen können, wo immer sie welche zu finden glauben, in der Presse oder in den übrigen Medien. Sie werden sich gewiß der romantischen Wälder annehmen, die Grünen, aber auch der ungesunden Luft in Wiener und Linzer Arbeiterbezirken, denn die Besitzer der Wälder wie die Bewohner der Gemeindewohnungen in Simmering haben ja alle dasselbe Ziel im Auge: die Natur zu schützen.

Die einen schützen sich natürlich selber, die anderen müssen vor sich selber geschützt werden, damit sie keine politischen Forderungen an die anderen stellen. Und falls die Deutschnationalen kein warmes Plätzchen, direkt neben dem warmen Ofen finden, in den sie immer noch gerne ein paar Juden (gäbe es sie noch) oder „Nestbeschmutzer" wie Thomas Bernhard oder Peter Turrini stopfen würden, wenn sie könnten, so wird ihnen in ihren gut mit Posten und Pöstchen gepolsterten Nischen bestimmt niemand das Maul stopfen, wenn sie von dort herauskläffen, sei es als „Opposition", sei es als Mitglied eines sogenannten „Bürgerblocks", den es ja vielleicht auch noch geben könnte, wenn wir es nicht verhindern.

Freuen Sie sich darauf oder wählen Sie die KPÖ!

Mit meiner Literatur versuche ich – so wie es Brecht verlangt hat – nicht einfach neue Inhalte in alte Schläuche zu füllen; ich möchte eine fortschrittlichen Inhalten adäquate ästhetische Form finden. Sprache soll nicht nur als Vehikel politischer Inhalte dienen, sondern sich selbst mit den Inhalten verändern.
Ich glaube nicht, daß sich Künstler zu Parteien bekennen sollten; ich habe das zwar selbst getan, indem ich für die KPÖ geworben habe, aber es ist fragwürdig. Mein literarisches Engagement gilt auf jeden Fall nicht einer bestimmten Partei. D.h., wenn sich Scharang im „Charly Traktor" explizit für eine Partei engagiert, dann ist das aufgrund seiner realistischen Schreibweise vielleicht richtig. Meine Art zu schreiben, nämlich immer nur Teilaspekte der Wirklichkeit abzubilden und sie dadurch zu verschieben, zu verfremden, ist sozusagen „überrealistisch" und eignet sich jedenfalls nicht für irgendwelche literarischen Brandreden als Propaganda für die KPÖ. Das liegt meiner Literatur völlig fern. Wenn ich also z.B. ein Theaterstück schreiben würde, in dem ich für den Eintritt in die KPÖ werbe, wäre das sicher schlechte Literatur. So etwas könnte ich mir gar nicht vorstellen.
Ich glaube nicht an Parteiliteratur. Literatur als Kunst sollte sich raushalten, der Literat dagegen absolut engagieren. Engagement soll die Literatur nur in dem Sinn zeigen, als sie in jeder Form aufklärerisch wirken soll. Daß sich im übrigen eigentlich nur linke Literaten politisch engagieren, wundert mich wenig: Die rechten Schriftsteller sind so unbedeutend, daß man auf sie vergessen kann. Es hat eigentlich rechts noch nie eine namhafte Intelligenz gegeben und kann's auch nicht geben.

Elfriede Jelinek: o. T. Bio-Technik, Mai 1983

Zentrale Kundgebung der KPÖ

Mittwoch, 4. Juli 1990, Treffpunkt Wielandplatz, 17 Uhr

Die Wielandschule ist kein Spekulationsobjekt!
- für Maßnahmen gegen Wohnungsnot, Bauspekulation und soziale Ausgrenzung;
- für Überlassung leerstehender Bundes- und Gemeindegebäude für autonome Jugend-, Frauen- und Kulturprojekte;
- für linken Dialog ohne Druck und Erpressung;
- für einen breiten Dialog über alternative Projekte im Haus der KPÖ, Wielandschule, nach Beendigung der Besetzung.

Volksstimme, 4.7.1990

Wiener KommunistInnen zur Besetzung der Wielandschule
Politische Lösung wird befürwortet

Mehr als vier Stunden lang diskutierten Wiener Kommunistinnen und Kommunisten am Montagabend über die Besetzung der Wielandschule in Wien-Favoriten und über Wege aus der gegenwärtigen Lage. Dabei wurde unterstrichen, daß die KPÖ einerseits sich das Gebäude nicht nehmen lasse, weil sie es für ihren politischen Kampf brauche, und sie andererseits aber weiter eine politische Lösung des Konflikts anstrebe.

Daß eine Chance besteht, in dieser Richtung diesem Ziel in einer vermeintlichen Pattsituation näherzukommen, ist der Initiative der Schriftstellerinnen Elfriede Jelinek, Peter Turrini und Michael Scharang zu verdanken. Sie haben angeboten, eine Vermittlerrolle zu übernehmen.

Wieder verhandeln

Michael Scharang kam auf der Beratung zu Wort. Nach seinem Dank für das Rederecht als Nicht-Parteimitglied hat diese Angebot, und Parteivorsitzender Silbermayr hat es ausdrücklich angenommen.

In diesem Sinne nahmen auch Diskussionsteilnehmer aus dem Verhandlungskomitee und Augenzeugen der gewaltsamen Aneignung der oberen Stockwerke Stellung. Sie sagten, daß es nicht möglich sei, unter Linken über ein gemeinsames Projekt „mit dem Messer an der Brust" zu verhandeln. Bei der Ausweitung der Besetzung sei größere Gewalt nur mühsam verhindert worden. Es sei der Besonnenheit der „KPÖ"-Mitglieder zu danken, daß nicht die Polizei gerufen.

men. Die gut besuchte Mitgliederversammlung sprach sich gegen jede Gewaltlösung stellen werde.

Die ganze Veranstaltung wurde mit einem Bericht der KPÖ-Landessekretärin Claudia Kriegelsteiner über die Chronik der Ereignisse und einer Analyse der politischen Zusammenhänge von der Wiener Parteivorsitzenden Waltraud Stiefsohn eingeleitet. Beide betonten die Verhandlungsbereitschaft der Partei an Beginn der Besetzung. Eine völlig neue Situation habe sich ergeben, als in der Nacht auf Donnerstag der Vorwoche die oberen Stockwerke des Parteigebäudes, das die KPÖ für ihren Kampf brauche und mit Ausnahme des Theatersaales schon immer genutzt hat, gestürmt worden seien.

Unterstrichen wurde unter anderem, daß die Besetzer in einer zum Teil verzweifelten Lage seien und manche gar nicht wußten, welches Gebäude sie besetzt hätten. Ein Genosse berichtete davon, daß er im Verlauf der ersten Besetzungstage erstmals hautnah mit den Problemen obdachloser Jugendlicher konfrontiert worden sei. Einige Genossinnen und Genossen kündigten an, eine Grundorganisation „Ernst Kirchweger" mit Sitz in der Wielandschule soll sie der Auseinandersetzung mit den Besetzern solidarisierten und zum Teil aktiv an dieser Aktion mitwirken.

Ohne Messer an der Brust

fen, und dadurch ein Chaos der Gewalt verhindert wurde.

Kein Schwarzweißschema

Die anfangs gespannte Situation löste sich im Verlauf der Konferenz, als klar wurde, daß den Vorgang mit einem eindimensionalen Schwarzweißschema der und der Fahndung nach Schuldigen in den eigenen Reihen nicht gerecht zu werden ist.

Mehrere Rednerinnen bedankten sich bei den fortschrittlichen Schriftstellerinnen für das Vermittlungsangebot. Denn darüber waren die Versammlungsteilnehmer sich ziemlich einig, daß die Initiative der Schriftsteller und der Versuch einer friedlichen politischen Lösung unterstützt werden müssen.

Ohne eine „Verschwörungstheorie" zu konstruieren, wurde in mehreren Diskussionsbeiträgen herausgearbeitet, daß es in Zusammenhang mit der Besetzung auch divergierende Interessen von Personen aus der etablierten linken Szene gäbe, die die Aktion zum Teil inspirieren und zum Teil die jetzige Pattsituation manövriert hätten.

Lutz Holzinger

„Um politische Lösung bemüht:" Im Vordergrund Marie-Thérèse Kerschbaumer und Michael Scharang. Im Hintergrund Rosemarie Atzenhofer, Elfriede Jelinek, Susanne Sohn und Walter Silbermayr.
Photos: Hausner

Volksstimme, 4.7.1990

Ernst-Kirchweger-Haus
Neue Etappe in Sicht?

WIEN. Die von der Verhandlungsgruppe des ZK der KPÖ mit den vermittelnden Schriftstellern und den BesetzerInnen ausgehandelte — als „Provisorium" bezeichnete — Etappe geht ihrem Ende zu. Sowohl ZK-Arbeitsgruppe als auch Scharang, Jelinek, Turrini sehen ihre bisherige Funktion als beendet an, sind aber teilweise bereit, an der Suche nach weiteren Lösungen mitzuarbeiten.

In einer vorläufig letzten, zeitweise nervös verlaufenen Gesprächsrunde wurden von beiden Seiten nochmals die Positionen auf den Tisch gelegt, die Gegenstand von Verhandlungen über längerfristige Nutzungsverträge sein sollen. Dabei zeigte sich in vielen Punkten, vor allem was die gemeinsame Nutzung des Theaterbereiches und der weiteren Veranstaltungsräumlichkeiten anlangt, eine starke Tendenz zur Annäherung.

Strittig ist nach wie vor das Ausmaß des Anspruchs der Mitbenützer/BesetzerInnen auf Wohnraum und weitere exklusiv und autonom von ihnen beanspruchte Räume (Büros, Werkstätten).

In einer Sitzung des Zentralkomitees am 28. August im Ernst-Kirchweger-Haus sollen Schlußfolgerungen aus den bisherigen Verhandlungen gezogen sowie über die weitere Vorgangsweise beraten werden.

Das Prekariat (Bittleihe) ist so lange weiter aufrecht, als die KPÖ als Leihgeberin und Eigentümerin des Gebäudes die Vereinbarung darüber nicht widerruft. Allerdings läuft der mit 25. August befristete Räumungsverzicht aus.

Vermittler: Scharang, Jelinek, Turrini. *Photo: Hausner*

Volksstimme, 25.8.1990

Von Juni bis Oktober 1990 wird in Wien die „Wielandschule", die der KPÖ gehört und in der Parteiveranstaltungen und -sitzungen stattfinden, von einer autonomen Gruppierung um die Zeitschrift „Tatblatt" besetzt.

Am 4.7.1990 findet vor dem Gebäude, das von den AktivistInnen „Ernst-Kirchweger-Haus" (EKH) genannt wird, eine zentrale Kundgebung der KPÖ statt, an der neben Michael Scharang und Peter Turrini auch Elfriede Jelinek teilnimmt. Scharang, Turrini und Jelinek übernehmen eine Vermittlerrolle zwischen den BesetzerInnen und dem Zentralkomitee der KPÖ. Ein Teil der Partei solidarisiert sich mit den BesetzerInnen.

→
Peter Turrini über Elfriede Jelinek
Seite 93

26 Position
KPÖ

Nach dem Zusammenbruch des Ostblocks tritt Elfriede Jelinek am 15.3.1991 aus der KPÖ aus.
1998 kommentiert Jelinek ihre KPÖ-Mitgliedschaft in einem Beitrag für den „Falter" mit dem Titel „Wir waren nützliche Idioten".

„ Ich habe verloren. Wir haben verloren. Ich stehe nach wie vor auf der richtigen Seite, aber sie ist die Seite der Verlierer. Die Geschichte beweist, daß es so kommen mußte, denn die Geschichte hat immer recht. Da es nicht bestehen konnte, war es wohl nicht wert zu bestehen. "

Elfriede Jelinek
(in: Basta, April 1990)

ELFRIEDE JELINEK
WIR HABEN VERLOREN,
DAS STEHT FEST

Als die SED noch regierte, feuerte Elfriede Jelinek, KP-Mitglied und Österreichs Autorin Nummer 1, via BASTA ihr Bekenntnis zum „real existierenden Sozialismus" ab. Anläßlich der Volkstheater-Premiere ihres neuen Stückes „Krankheit oder Moderne Frau en" (ab 22. 4.) trafen wir sie wieder. Eine Bilanz ohne Wen dehalsigkeit.

Basta, April 1990

Meine Hochachtung für die selbstkritische und niveauvolle [sic] Art, in der Elfriede Jelinek eigene Fehler einbekennt.
Hier hat inmitten der allgemeinen Auflösungserscheinungen jemand kühlen Kopf bewahrt. Frauen wie sie werden dafür sorgen, daß der Kapitalismus nicht so einfach den Endsieg davonträgt.

Luzia Hammerl
1010 Wien

Leserbrief, Basta, Mai 1990

In den Wind gereimt

So mancher Kommunist im Osten
verliert heut seinen fetten Posten.
Bei uns im Westen allerdings ist
es noch recht nützlich, wenn man links ist.
Ist man zum Beispiel Schreiberin,
bringt Marx noch Kapitalgewinn.
So lebt Elfriede Jelinek
als wie die Made in dem Speck.
Sie ist als Kummerl so exotisch,
so int'ressant pervers-erotisch
und schöpft sogar aus ihrem Frust
der Auflagzahlen höchste Lust.

Wolf Martin

Neue Kronen Zeitung, 17.12.1989

→ Wolf-Martin-Gedichte
Seite 112

Mir kommen die Tränen. Noch vor ein paar Monaten hat Frau Jelinek den real existierenden Sozialismus für die Heilsreligion gehalten. Jetzt steht sie vor den Trümmern dieser Illusion. Der Katzenjammer ist allgemein, aber nicht stark genug, daß Frau J. nicht noch immer unterzündet. In Leipzig und Bukarest haben sie das Gesindel zum Teufel gejagt. Aber bei uns unterstützt Frau J. jene Herrschaften die zum Opernball randalieren und genau jene Zustände einführen wollen, die im Osten endgültig vorbei sind. Man kann nicht einmal mehr sagen, die Dame soll nach Moskau gehen. Dort gibt es so etwas bald nicht mehr.

Franz Kreuz
1170 Wien

Leserbrief, Basta, Mai 1990

„Wir waren nützliche Idioten" – *Elfriede Jelinek*

Ich bin 1974 in die KPÖ eingetreten, sogar ganz bewußt nach 68, obwohl da wirklich was dazugehört, weil ich nicht in diese studentischen K-Gruppen wollte, die mir sehr elitär erschienen sind. Ich wollte also eine Art Demutsgeste setzen, um mit der Arbeiterklasse in einer Arbeiterpartei verbunden zu sein. Außerdem habe ich gedacht, daß Österreich ein paar kommunistische Abgeordnete im Parlament vertragen könnte, wenn sogar Japan so was aushält. An die geschichtsbildende Kraft der Arbeiterklasse wollte ich gerne glauben, habe aber nie daran geglaubt und glaube auch heute nicht daran. Die Geschichte ist und bleibt ungebildet. Aber natürlich habe ich rasch gemerkt, daß Leute wie ich (es waren etliche meiner Kollegen mehr oder weniger vorübergehend in der Partei) nichts als nützliche Idioten gewesen sind, um Sympathisanten für die Wahlen zu werben. Man ist uns mit Mißtrauen und unverhohlener Abneigung begegnet. (Natürlich gab es immer Ausnahmen, es hat wunderbare Leute in der Partei gegeben, die ich auch heute noch geradezu verehre, denn sie haben alles, was sie gelitten haben, buchstäblich für nichts gelitten. Das ist furchbar.) Man hat aber nie auf uns gehört, wir waren lächerliche Idioten für die Parteiführung. Das könnte ich mit vielen Beispielen belegen. Inzwischen sehe ich sogar die vielen Opfer, die die Partei im Widerstand gegen die Nazis erbracht hat, mit anderen Augen. Ich habe ja viele alte KP-Mitglieder in meiner eigenen Familie, und was sie erzählen, wie viele mutwillig geopfert wurden, hat mir endgültig die Augen geöffnet, die natürlich schon viel früher offen hätten sein können. Idealismus ist auch etwas Entsetzliches, wie ich jetzt weiß. Das ändert aber nichts daran, daß ich glaube, in Österreich müßte es endlich eine PDS geben, eine linkssozialistische Partei, die den Vorteil hätte, hier nicht mit Stasi-Spitzeln durchsetzt zu sein (hoffentlich!). Der KPÖ gebe ich keine Chance (mehr), und sie verdient auch keine, so wie sie sich mir darstellt.

Falter 42/1998

Salto: *Sind Sie immer noch Kommunistin?*
Elfriede Jelinek: Ja, jedoch total parteiungebunden. Kommunistin sein bedeutet für mich nicht mehr oder weniger, als daß ich eine Gegnerin des Kapitalismus bin – ein menschenverachtendes System – und glaube, daß wir eine andere Gesellschaftsform brauchen. Ich weiß heute um die Greuel des Stalinismus, die genauso verheerend waren wie die des Faschismus, obwohl ich das nicht gleichsetze.
Was ist mit der Idee des Kommunismus?
Die Idee zählt immer noch. Heute wollen sie uns nicht einmal die Idee erlauben. Die Position, daß ich als Linke alles sanktioniere, was im Namen des Kommunismus real geschehen ist, kann ich nicht akzeptieren. Das kommt oft von Leuten, die nie in ihrem Leben irgend etwas aufs Spiel gesetzt haben.

aus: Eva Brenner: Die Toten kommen zurück. Salto, 19.2.1993

Elfriede Jelineks Austrittsschreiben an das ZK der KPÖ vom 15.3.1991

Position Statements

Immer wieder äußert sich Elfriede Jelinek in der Öffentlichkeit zu den politischen Parteien und zu PolitikerInnen. Sie unterstützt einzelne Persönlichkeiten, gibt kritische Statements zu KulturpolitikerInnen ab, spricht sich für oder gegen bestimmte Personalbesetzungen aus und antwortet auf Umfragen hinsichtlich ihrer persönlichen Wahlentscheidung.

Zitat des Tages.
Kärntner Tageszeitung, 6.11.1999

Nachrichten Zitat.
Oberösterreichische Nachrichten, 3.3.1997

Elfriede Jelinek, Autorin.
News, 1.2.2001

Elfriede Jelinek.
Nummer Sicher: SPÖ.
News, 23.9.1999

Elfriede Jelinek, Schriftstellerin.
Basta, September 1993

Soll Charly Blecha gehen?
Der neue Express, 5.3.1987

ZITATE DES TAGES

Es wäre ein Zeichen von Größe, Heide Schmidt einen Ministerposten anzubieten. Das wird aber niemand tun.
Autorin Elfriede Jelinek

Nachrichten ZITAT

„Wenn man eine Frau wie Pasterk hat und sich dann einen Mann wie Wittmann nimmt, dann ist das ein Schlag ins Gesicht der Kultur."

ELFRIEDE JELINEK
in einer „profil"-Umfrage zur Person des neuen Kunst-Staatssekretärs.

ELFRIEDE JELINEK, AUTORIN

„Keine schlechte Arbeit, aber Eiertänze der Verbindlichkeit. Wünsche mir SP-Stadtrat."

ELFRIEDE JELINEK, Nummer Sicher: SPÖ

Nach den Vorarlberger Wahlen würde ich eher auf Nummer Sicher gehen und die SPÖ wählen. Jetzt kann man nichts mehr riskieren, auch wenn einem beim Wählen die Hand abfällt. Ich halte einen Erdrutsch nach rechts für möglich. Wünschen würde ich mir als Koalition nach den Wahlen die Ampel. Ich könnte mir auch eine SP-Minderheitsregierung – eventuell mit Van der Bellen, Kier, Schmidt und Stoisits – vorstellen. Man muß aber schon froh sein, wenn die Große Koalition weitergeht. Was die „besten Köpfe" angeht: Ich bin gegen sogenannte „charismatische" Politiker. Köpfe interessieren mich nicht. Meine Hauptforderung wäre eine zivilisierte Streitkultur, die lang vom Obrigkeitsdenken und vom systemimmanenten Klerikalfaschismus verhindert wurde. Der wird jetzt offenbar vom moderneren Nationalfaschismus abgelöst.

ELFRIEDE JELINEK, SCHRIFTSTELLERIN

Ich verabscheue Thomas Klestils Vorgangsweise, spätestens seit er in seiner Wahlkampfrede gesagt hat, daß er sich die Kriegsgeneration nicht schlechtmachen läßt. Die Machtposition, die Klestil anstrebt, kann demokratiegefährdend sein.

ELFRIEDE JELINEK, Literatin: „Blecha ist eine meiner größten politischen Enttäuschungen. Er wollte sich offenbar als Musterschüler von Strauß profilieren und bayrische Methoden importieren. Ich bin der Meinung, daß jemand, der so etwas verantwortet, zurücktreten müßte. Aber solange keine Frau die Polizei leitet, wird wohl nichts Besseres nachkommen."

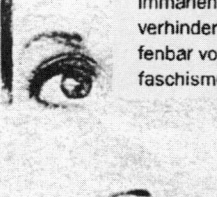

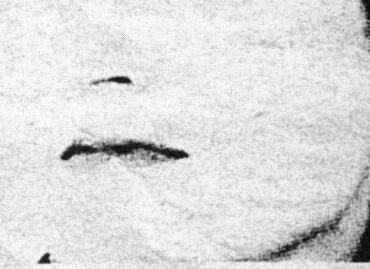

Künstler gegen EG-Brief

Unter großem Beifall des Publikums wurde am Sonntagvormittag bei der Friedensmatinee im Wiener Volkstheater ein von Elfriede Jelinek verfaßter offener Brief an Bundeskanzler Vranitzky und Außenminister Mock verlesen, in dem auf die Gefahren für die heimische Kultur nach einem EG-Beitritt hingewiesen wird. Der Text soll Anlaß für eine Unterschriftenaktion österreichischer Künstler gegen einen EG-Beitritt werden.

„Die unterzeichneten Künstlerinnen und Künstler wollen auf die Problematik eines Beitritts zur Europäischen Gemeinschaft hinweisen. Wir warnen vor voreiligen Schritten in Richtung EG, bevor überhaupt noch klar ist, wie dieser europäische Binnenmarkt überhaupt aussehen wird.

Österreichs Bedeutung in Vergangenheit und Gegenwart beruht in erster Linie auf den wissenschaftlichen und künstlerischen Leistungen der Menschen dieses Landes. Diese Leistungen, wurden sie auch zum Teil im Land selbst nicht anerkannt oder in der von den Nazi erzwungenen Emigration erbracht, gehören doch zu den bedeutenden Errungenschaften nicht nur Österreichs, sondern der Kultur aller Menschen, nicht nur in Europa.

Eine erzwungene EG-„Einheitskultur", ein ungenießbarer Brei aus Euro-Fernsehspielen und Euro-Medien-Fertiggerichten würde vernichten, was unser größter Reichtum ist: unsere kulturelle Identität, die wir in fruchtbarem Nebeneinander der Kulturen des Westens und des Ostens entwickelt haben. Unsere geographische Lage unterstützt unsere vielzitierte Mittlerrolle, unsere immerwährende Neutralität ist ein Kapital, dessen Zinsen wir nicht zuletzt als internationaler Tagungs- und Begegnungsort genießen können.

Die umfassende Entropie, die fortschreitende Vereinheitlichung würde zum Wärmetod, zur absoluten gesichts- und geistlosen Verflachung unserer Kultur führen. Ein stillerer, „modernerer", aber letztlich beinahe schrecklicherer „Anschluß" als der, den Österreich schon einmal so unselig erleben mußte, wäre vollzogen.

Nur die Vielfalt von sich nebeneinander und aneinander entwickelnder kultureller Identitäten kann Europas Geist bewahren, kann vor Vereinheitlichung schützen.

Es gilt, die ohnehin brüchige und in der Vergangenheit (und von manchen Politikern auch in der Gegenwart) so oft in Frage gestellte österreichische Identität auf kulturellem Gebiet in jeder Weise zu stärken anstatt sie preiszugeben!

Der EG-Anschluß Österreichs muß zu unserem eigenen Besten verhindert werden!

Die Chance Österreichs als internationales Kultur- und Begegnungszentrum darf nicht leichtfertig aufs Spiel gesetzt werden. Der sogenannte Brief nach Brüssel darf nicht abgeschickt werden."

Elfriede Jelinek. Photo: Schuh

Volksstimme, 25.4.1985

EU-Debatte

„Mit einem Kopfsprung nach Europa"

Ein Gespräch mit der Schriftstellerin Elfriede Jelinek – Wolf Scheller

Stuttgarter Zeitung: *Frau Jelinek, was versprechen Sie sich von Europa, wenn Österreich am 12. Juni der Europäischen Union beitreten sollte?*
Elfriede Jelinek: Ich bin nicht euphorisch. Aber ich bin jemand, der eine Entscheidung für den Beitritt mit stiller Vernunft willkommen heißen würde. Einfach auch wegen der historischen Situation, die unsere Neutralität vielleicht nicht mehr so notwendig macht wie zu dem Zeitpunkt, als es die Machtblöcke noch gegeben hat.
Was würde sich in der Kulturlandschaft Österreichs verändern, etwa in der Arbeit der Schriftsteller?
Die sozialen Leistungen für uns würden sich verbessern, etwa die Alterssicherung. Jetzt wird einem das alles noch wie ein Brocken einem alten Hund vorgeworfen. Wir könnten Schluß machen mit der Bittstellerposition. Noch wichtiger erscheint mir aber das Gefühl, bei einem Beitritt zur Europäischen Union in einem größeren Zusammenhang aufgehoben zu sein.
Befürchten Sie nicht, daß die Österreicher in eine stärkere Abhängigkeit von Deutschland geraten würden?
Nein, größer kann die Abhängigkeit ohnehin nicht werden. Ich habe zu einem Zeitpunkt zu schreiben begonnen, als es in Österreich keine Literaturverlage gab oder nur solche, die Klassiker druckten. Für mich war damals nur der Weg in ein deutsches Verlagshaus offen.
Der Maler Friedensreich Hundertwasser hat vom „EU-Wahn" gesprochen und von der „größten Vergewaltigung der Geschichte".
Ich finde diese Kritik abwitzig und lächerlich und kann die Hysterie nicht begreifen. Ich denke, man kann die Probleme von heute – etwa die Flüchtlingsfrage,

Am 17.7.1989 stellt Österreich den Antrag auf Aufnahme in die Europäische Gemeinschaft. Im Februar 1993 beginnen die Verhandlungen, am 1.1.1995 erfolgt der Beitritt. 1988 formiert sich die Initiative „Österreich und Europa", deren Anliegen es ist, Alternativen zu einem EG-Beitritt zur Diskussion zu stellen. Elfriede Jelinek ist Mitglied dieser Initiative. Bei einer Friedensmatinee am 23.4.1989 im Wiener Volkstheater verliest sie einen offenen Brief an Bundeskanzler Franz Vranitzky und Außenminister Alois Mock, in dem die Unterzeichneten ihre ablehnende Haltung gegenüber einem EG-Beitritt Österreichs argumentieren. Als Österreich 1995 der EU beitritt, begrüßt Jelinek den Beitritt „mit stiller Vernunft". Als 1997 über eine Mitgliedschaft bei der NATO diskutiert wird, spricht sie sich dagegen aus und unterstützt den Aufruf zu einer Volksbefragung.

auch die Umweltpolitik – nur in diesem größeren Zusammenhang in den Griff bekommen. Das gilt gerade für Länder wie Deutschland und Österreich, für die es gut ist, wenn sie an die Kandare von echteren Demokratien genommen werden und mit England oder Frankreich zwei „Leitwölfinnen" haben.

Begreifen Sie denn die Europaidee mehr kulturell oder eher ökonomisch?
Wenn ich nachdenke, was Europa von anderen Kontinenten unterscheidet, dann ist es das kulturelle Erbe. Es ist vor allem die klassische Musik, ihre Komponisten, die uns gehören. Da fühle ich mich der europäischen Kultur zugehörig.

Aber woher rührt dann das Mißtrauen vieler Kollegen gegen einen EU-Beitritt?
Das kommt aus dieser „Wir-sind-wir"-Mentalität. Diese Mentalität dehnt auch das Fremdeln, die Xenophobie, auf das Zusammenleben mit anderen aus. Das ist gefährlich: Man hat Angst vor dem Großen, weil man sich davor fürchtet, darin aufzugehen. Aber die wirkliche Niedertracht besteht darin, die Fremden, die Armen als etwas Bedrohliches zu begreifen. Wenn sich die rechtsradikalen Vorfälle häufen, finde ich schon, daß wir an die Kandare genommen werden müssen. Österreich hat sich früher immer aus der Geschichte herausmogeln können. So ist es uns früh gelungen, uns als Opfer des Faschismus hinzustellen, obwohl wir eindeutig nicht nur Mittäter, sondern vielleicht sogar Vortäter waren. Hitler war politisch ein fertiger Mensch, als er nach Deutschland gegangen ist. Dieses Mal soll es uns nicht gelingen, uns aus der Geschichte zu stehlen, indem wir sagen: Wir haben mit den anderen nichts zu tun.

Fremdenfeindlichkeit ist ja nicht nur ein Problem der Österreicher.
Leider findet man rassistische Ausschreitungen auch in anderen europäischen Ländern, etwa in England, wobei das wohl mehr etwas mit dessen kolonialen [sic] Vergangenheit zu tun hat. Aber das hat dort nicht zu den schrecklichen Folgen geführt wie in Deutschland oder in Österreich, und ich finde: Die Schuld unserer beiden Länder ist nicht getilgt. Deswegen müssen wir – gewissermaßen im Verbund – lernen, mit den anderen auszukommen. Andererseits darf man aber auch nicht zu optimistisch sein, wenn man sich ansieht, was in Italien geschieht. Ich muß gestehen, daß mir das angst macht.

Erklärt sich die Identität der Österreicher nicht auch aus dem Gegensatz zu Deutschland?
Natürlich, obwohl wir uns einmal so jubelnd diesem Deutschland angeschlossen haben. Ich glaube jedoch nicht, daß das ein neuer Anschluß wird. Ein Grund für Europa ist eben auch jener, den Gegnern Europas zuzuhören. Dann wird man sich mit einem Kopfsprung hineinflüchten.

Was bringt das Land Mozarts kulturell mit nach Europa?
Leute wie mich zum Beispiel, die auf ihre Weise versuchen, die Geschichte ihres Landes aufzuarbeiten. Ich habe überhaupt keine Angst, plötzlich meine Themen zu verlieren. Gerade in diesem größeren Zusammenhang Europa werde ich wirklich Luft holen können.

Stuttgarter Zeitung, 11.6.1994

Wien (APA) – Rund 300 Personen unterstützen mit ihren Unterschriften das „Personenkomitee Volksbefragung", das für die Beibehaltung der Neutralität und gegen einen NATO-Beitritt eintritt.[...]
Ab dem nächsten Jahr werde man an jedem zweiten Dienstag im Monat in der Mariahilferstraße gegenüber der Stiftskaserne auch eine Mahnwache halten, kündigte Informationskoordinator Herbert Peherstorfer am Montag bei einer Pressekonferenz an. „Wir sehen es als unsere Aufgabe, die Bevölkerung vielseitig zu informieren", so Peherstorfer. Dadurch wolle man eine ausgewogenere Berichterstattung erreichen und einen Meinungsbildungsprozeß in Gang setzen. Anstelle eines NATO-Beitritts will der Geschäftsführer der IG-Autoren, Gerhard Ruiss, „eine aktive Friedenspolitik, ohne militärische Bewaffnung und Bedrohung". Er gehe davon aus, daß sich „noch eine vielstimmige Autorenschar zu diesem Thema melden wird."
Bereits unterschrieben haben die Autoren Elfriede Jelinek, Josef Haslinger, H.C. Hartmann [sic] und der Komponist Ott [sic] M. Zykan.

aus: APA0221, 15.12.1997

Seit den achtziger Jahren engagiert sich Elfriede Jelinek verstärkt für ungeschützte Kunst und KünstlerInnen in Österreich. Sie nimmt nicht nur Stellung, wenn es um die Freiheit der Kunst und um das Recht auf freie Meinungsäußerung geht – so zum Beispiel anläßlich des Verbots von Herbert Achternbuschs Film „Das Gespenst" (1983/84) –, sie „interveniert" auch dann, wenn die soziale Situation der KünstlerInnen zur Debatte steht. Das Verhältnis von Kunst und Staat, staatliche Repression und Zensur sind ebenso Themen ihrer Stellungnahmen wie die (unzulängliche) Förderung und Unterstützung zeitgenössischer KünstlerInnen. In Essays, offenen Briefen, Demo-Reden und in konkreten Aktionen engagiert sie sich darüber hinaus auch für eine adäquate Künstlersozialversicherung, die die Lage der KünstlerInnen verbessern soll. Mit der österreichischen Kunst selbst, insbesondere mit der österreichischen Schreibtradition, setzt sich Jelinek immer neu auseinander. So beschäftigt sie sich nicht nur mit der Frage nach dem spezifisch „Österreichischen" in der Literatur, sondern thematisiert auch das Abarbeiten österreichischer SchriftstellerInnen an ihrer Heimat, deren Bezogenheit auf Österreich bzw. deren Fremdsein im eigenen Land. Und sie setzt sich für KollegInnen ein, die von der österreichischen Politik, den Medien und der Gesellschaft diffamiert werden, wie zum Beispiel für H. C. Artmann.

Intervention

Intervention "Gespenst"-Skandal

Der "Gespenst"-Skandal

Herbert Achternbuschs Film "Das Gespenst" wird am 18.11.1983 von der Staatsanwaltschaft Graz beschlagnahmt. Wegen "Herabwürdigung religiöser Lehren" und "Verächtlichmachung der Eucharistie" wird eine Aufführung des Films in Österreich verboten. Die IG Autoren, die Österreichische Hochschülerschaft und die Zeitschrift "Wiener" veranstalten am 16.1.1984 unter der Leitung von Gerhard Ruiss im Auditorium Maximum der Universität Wien eine Podiumsdiskussion über den Film, bei der auch der verbotene Film gezeigt wird. Elfriede Jelinek nimmt an der Diskussion teil. Gerhard Ruiss wird am 24.8.1984 in Wien zu einer Geldstrafe von 7.500 Schilling verurteilt. Anläßlich der Podiumsdiskussion schreibt Jelinek einen Essay mit dem Titel "Über einen Fall von Zensur", der am 29.1.1984 in der "Volksstimme" veröffentlicht wird.

Über einen Fall von Zensur – *Elfriede Jelinek*

Durch einen Akt der Willkür ist der notwendige Kreislauf von Produktion und Rezeption von Kunst unterbrochen worden. Das Faszinosum der Kunst, daß an ihr gesellschaftliche Veränderungen abzulesen sind, ich denke da zum Beispiel an die Orestie des Aischylos, in der sich der Übergang vom Mutterrecht zum Vaterrecht spiegelt, es wird uns in einer Aktion quasi polizeistaatlicher Willkür entzogen. Wir können den Film "Das Gespenst" nicht im Kino sehen.

Was ist uns damit geschehen? Erst wenn die Kunst darauf verzichtet, nur innerhalb ihrer Institutionen kritisch wirksam zu werden und zur Selbstkritik wird, also sich selbst als Institution in Frage stellt, wie es in der historischen Avantgarde geschehen ist (und wie es meiner Ansicht nach auch im Film "Das Gespenst" geschieht), wird uns das "objektive Verständnis" der Entwicklung vergangener Kunstepochen überhaupt möglich.

Selbstkritik der Kunst kann aber erst wirksam werden, wenn ein dialektischer Prozeß abläuft, und zwar zwischen der Abgehobenheit des Kunstwerks von der täglichen Lebenspraxis und dem politischen Gehalt der Werke.

Das wird unmöglich, wenn die Herrschenden es für nützlich halten, die Kunst in ihren Dienst zu nehmen, wie es zuletzt so beispiellos im Faschismus geschehen ist, da man den "gesunden Volkskörper" vor Zersetzung und Fäulnis zu schützen trachtete. Und gerade die Avantgarde, ebenso wie die engagierte Kunst, hat als "entartet" Opfer bringen müssen, denn der Faschismus hat keineswegs nur Menschen zerstört.

In unserer Kunsttradition klafft ein tiefer Riß, und postdadaistische Bewegungen, wie beispielsweise die Wiener Gruppe in den fünfziger Jahren, die an die Moderne anzuknüpfen suchten, wurden mit beispielloser Hetze eingedeckt. Einer hat sich umgebracht, andere mußten emigrieren.

Es ist oft passiert, daß die Künstler wegen des Verstoßes ihrer Werke gegen "Moral und Sittlichkeit" zur Verantwortung gezogen wurden. Ich selbst mußte in einem Film Zitate aus der "Geschichte des Auges" von Bataille nachsynchronisieren. Im Fall Achternbusch soll es um Blasphemie, Störung religiöser Gefühle und ähnliches gehen. Ich erinnere mich, daß in den sechziger Jahren hier die Zeitschrift "pardon" beschlagnahmt wurde, weil sie einen gekreuzigten Osterhasen abgebildet hatte. Wie aber, wenn gerade an diesem verbotenen Film bewiesen werden könnte, daß Achternbusch einen außerordentlich religiösen Film gedreht hat?

Beim jungen Marx wird am Beispiel der Religion der Doppelcharakter von Ideologie faßbar (zitiert nach Peter Bürger: "Theorie der Avantgarde"). Marx unterscheidet zwischen der Lüge, der Illusion, der Täuschung in der Religion, daß nämlich der Mensch in den Himmel projiziert, was er auf Erden verwirklicht sehen möchte. Zugleich aber wohnt in der Religion ein Moment der Wahrheit, ist sie doch "der Ausdruck des wirklichen Elendes". Die bloß ideelle Verwirklichung von Humanität im Himmel beweist den realen Mangel an Humanität in der menschlichen Gesellschaft. Also ist Religion neben der Lüge auch Protest gegen das reale Elend in der Welt, sie zeigt einen Maßstab dessen, was in der Wirklichkeit zu geschehen hätte, um das Elend zu beseitigen.

Überträgt man nun dieses Modell, diese wechselseitige Wirkung von Wahrheit oder Unwahrheit (Ausdruck von Elend und illusionäre Hoffnung) auf den Bereich der Kunst und der Kunstkritik, so könnte man sagen: Kritik nimmt nicht nur passiv Vorgegebenes auf, sie produziert auch Erkenntnisse. Im ideellen Gehalt von Religion ist der Wahrheitsmoment zwar vorhanden, aber erst durch die Kritik an der Religion und ihrer Praxis – Achternbusch hat sie meiner Meinung nach in diesem Film geleistet – wird diese Wahrheit freigelegt. Also: Achternbusch hat nicht das geistige Gebiet der Religion zerstört, vielmehr hat er dessen historische Wahrheit erst zutage gefördert.

Kunst antwortet – ähnlich wie die Religion – auf eine unzulängliche Wirklichkeit, in der die Möglichkeit von humaner Entfaltung verwehrt ist. In der Kritik, die aber natürlich nur möglich ist, wenn das Werk zugänglich ist, wird der Zusammenhang zwischen Werk und gesellschaftlicher Wirklichkeit, der das Werk ja seine Entstehung verdankt, als dialektische Wechselwirkung faßbar. Eine solche fruchtbare Auseinandersetzung ist jetzt gewaltsam abgebrochen worden. Ich meine, daß unserer Gesellschaft damit unübersehbarer Schaden zugefügt worden ist.

Volksstimme, 29.1.1984

The Germanic Review: *Wird in Ihrem Land Literaturzensur ausgeübt? Wenn ja, in welcher Form (z.B. Selbstzensur, staatliche oder juristische Zensur) und in welchem Ausmaß?*

Elfriede Jelinek: Die Zensur äußert sich in Österreich vorwiegend in der öffentlichen Beschimpfung kritischer, fortschrittlicher Künstler. Der einzige Fall eines ausgesprochenen Verbots war in den letzten Jahren der Fall Achternbusch: der Film „Das Gespenst" wurde wegen „Verletzung religiöser Gefühle" in Österreich verboten. Als während einer geschlossenen Universitätsveranstaltung zum Thema Zensur der Film trotzdem gezeigt wurde, wurden die Verantwortlichen gerichtlich verfolgt. Drei künstlerische Themen scheinen in Österreich besonders zensuranfällig: die katholische Kirche (in Österreich Staatsreligion), die Sexualität, linke, gesellschaftskritische Auffassungen. Der Antikommunismus hat in Österreich eine lange, unselige Tradition.

aus: Literary Censorship in the German-Speaking Countries.
The Germanic Review, Spring 1990

Achternbusch am Montag an der Uni

Für 16. Jänner hat die Interessengemeinschaft der Autoren gemeinsam mit der Österreichischen Hochschülerschaft ins Auditorium maximum geladen: Herbert Achternbusch. Motto „Die Kunst ist...

Die Presse, 13.1.1984

Ferkel unter sich
VON FRANZ ENDLER

Herbert Achternbuschs Film „Das Gespenst" steht längst nicht mehr zur Debatte, vor allem freilich nicht mehr, seit er entgegen allen Regeln in Form eines eklatanten und eingeplanten Rechtsvergehens an der Wiener Universität vorgeführt worden ist – seither weiß man nämlich auch, wie unwichtig er in Wahrheit ist und wie frivol oder dumm alle diejenigen argumentieren, die ihn mit zu des Kaisers Zeiten der Zensur zum Opfer gefallener Weltliteratur in einem Atem nennen.

Zur Debatte steht seit Montag aber, und das Wort scheint doch falsch gewählt, denn eigentlich dürfte es darüber keine Debatte geben, bekämpft werden muß, was am Montag werden, daß ... schulboden kein Vertreter der Veranstalter mehr imstande scheint, im besten Fall blödsinnige, in der Realität jedoch viel eher vollsinnig destruktive Schreier zur Ordnung zu rufen oder aus dem Saal zu weisen. Aber die Vertreter der Veranstalter waren gar nicht willens, das zu tun, standen offensichtlich nicht über den Meinungen oder auf dem Boden des Gesetzes, sondern in gieriger Hoffnungshaltung: Ihnen waren diejenigen, die „Scheiß auf die Verfassung" schrien, willkommene Diskutanten, die man mindestens so bebot wie einen liberalen...

SPÖ das Parlament passierten. Daß unleugbar die Interessengemeinschaft österreichischer Autoren sich als solche deklassiert hat, indem sie der Öffentlichkeit weit mehr bot als eine Diskussion über die Freiheit der Kunst – wie argumentiert ein Dachverband seriös für Gleichsetzung und Besserstellung seiner Mitglieder vor dem Gesetz, wenn er zur gleichen Zeit genüßlich zeigt, daß er vom Gesetz nichts hält?

Die Österreichische Hochschülerschaft hat diese nicht mehr ungustiöse, sondern ungenießbare Suppe mitgekocht und wird sie nun auch mit auszulöffeln haben. Die Verantwortlichen sollten nicht ungeschoren davonkommen, nicht darauf hoffen, daß man ihnen in einigen ... verklärt nachrühmen ..., stadtbekannte Strotter als ...skussionsredner im Auditorium maximum zugelassen zu haben. Ihre Lust an der Provokation kann man jugendlich nennen, ihre ungezügelte Freude daran, öffentlich Verbotenes zu

tun und wohlwollende Warner niederplärren zu lassen, muß Folgen haben.

Symptomatisch ist, wie die Politiker diesmal agierten und reagierten. Die Cleveren entschuldigten sich schon vor dem Unfest. Die Vifen verließen den Hochschulboden, als es einerseits langweilig und andererseits heiß zu werden drohte. Sie hatten scheinbar populäre Phrasen, nein, Statements abgegeben und hüllten sich in Schweigen, als man zur Tat überging.

Mit aller gebotenen Deutlichkeit die Erfahrungen aus den Ereignissen: Herbert Achternbusch scheint ein Ferkel zu sein. Sein Erzeugnis hätte ohne Intervention keinen Hahn zum Krähen gebracht. Statt über das „Gespenst" diskutierte man gestern abend in Club 2 über Umweltverschmutzung – welch beziehungsvolle Programmänderung! Den von der IG Autoren und der Hochschülerschaft unterstützten Schreiern aber ist dem Mund zu stopfen. Die einschlägigen Gesetze dafür gibt es ohne Zweifel, und keines von ihnen verstößt gegen die Freiheit der Kunst.

Die Presse, 18.1.1984

profil, 9.1.1984

Der Wiener Publizist Prof. Kurt Dieman forderte in seinem von Zwischenrufen und Buhschreien mehrfach unterbrochenen Diskussionsbeitrag „Freiheit für die Kunst, aber keine Freiheit für Schweinerei. [sic] Als „unmöglich" und als „Skandal" wertete dagegen die SPÖ-Kultursprecherin, Abg. z. NR. Elfriede [eigtl.: Hilde, Anm.] Hawlicek, die Beschlagnahme des anschließend gezeigten Filmes und des während der Diskussion unter dem Tisch gehandelten Buches. Die Schriftstellerin Elfriede Jelinek sprach sogar von einem „unübersehbaren Schaden für die österreichische Gesellschaft", der ihr durch das Abwürgen einer „fruchtbaren Diskussion" über diesen Film zugestossen sei.

Aus dem Bericht der „Kathpress" über die „Gespenst"-Diskussion im Auditorium Maximum, 17.1.1984

Kunst & Staat

In einem Gastkommentar für „Die Presse" vom 17.11.1995 bezeichnet Hans Landesmann die österreichische Gesellschaft als kunst- und künstlerfeindlich: Zeitgenössische KünstlerInnen würden von der österreichischen Öffentlichkeit angefeindet und beschimpft, Kunstprodukte würden, ohne daß man sie kenne, abwertend beurteilt. Er stellt fest, daß Österreich seine KünstlerInnen in unsicheren und schwierigen finanziellen Verhältnissen verkommen lasse. Als Reaktion auf Landesmanns Kommentar veröffentlicht Elfriede Jelinek in der „Presse" am 1.12.1995 einen Beitrag, in dem sie auf die Situation der Komponistin Olga Neuwirth aufmerksam macht.

Elfriede Jelinek und Olga Neuwirth
Foto: Martin Vukovits

←
Aufführungen von Werken Elfriede Jelineks und Olga Neuwirths in Österreich: Aufführungsverzeichnis
Seite 167

**Rund, handlich, einfach zum Reinbeißen –
so will man hierzulande Mozart** – *Elfriede Jelinek*

Ich kann Hans Landesmann nur danken, daß er die triste Lage zeitgenössischer Komponistinnen und Komponisten aufs Tapet gebracht hat, und ihm in seinen Einschätzungen nur beipflichten. Österreich ist überall, wenn überhaupt, als Land der Musik bekannt. Doch die Situation der Künstler gleicht einer kernfaulen Mozartkugel, und wahrscheinlich hätte man auch Mozart heute am liebsten so: rund, handlich, EINFACH. Einfach zum Reinbeißen und leicht verkäuflich. Für jeden etwas, für manche aber: so gut wie nichts. Am Beispiel einer der wohl wichtigsten – und übrigens auch international bereits, trotz ihres jugendlichen Alters von 27 Jahren, renommiertesten Komponistinnen, Olga Neuwirth, deren Entwicklung ich seit Jahren nicht nur interessiert begleite, sondern mit der ich auch intensiv zusammenarbeite, läßt sich das sehr gut darstellen.
Zuvor noch kurze Angaben zur Person Olga Neuwirth: Auftragsarbeiten für: Donaueschingen, Fondation Royaumont, Paris, Süddeutscher Rundfunk Stuttgart, ars musica, Brüssel, Kestner-Gesellschaft zusammen mit dem Sprengel-Museum, Porträtkonzert Bremen, Aufführungen bei den diesjährigen Salzburger Festspielen, Konzerte mit dem Klangforum Wien, vor allem, natürlich, im Ausland. Soviel zur Exportlage.
Olga Neuwirth und ich planen, seit etwa drei Jahren bereits, eine Oper (nach Leonora Carringtons Stück „Das Fest des Lamms") – „Baehlamms Fest". Das Libretto ist seit zwei Jahren fertig. Ich selbst habe übrigens vollkommen gratis gearbeitet und würde das für diese Künstlerin auch sofort wieder tun, aber um mich geht es hier nicht. Wir hatten eine Zusage von den Wiener Festwochen für diese Produktion, unter der Bedingung, daß ein Co-Partner gefunden würde. Aufgrund des Weggangs des Festwochenintendanten, der über 1996 hinaus keine Verträge mehr unterschreiben darf, hängt dieses Projekt „in der Luft", wahrscheinlich bis es schwarz geworden ist.
Olga Neuwirth hat keine Stellung an einer Musikhochschule, sie hat keine finanziellen Rücklagen, keine vermögenden Eltern, sie bekommt auch kein Staatsstipendium, obwohl sie seit Jahren dafür einreicht. Ein solches Stipendium ist wirklich jeder, jedem zu gönnen, auch wenn er eine gute Stellung hat. Aber vielleicht sollte man doch zuerst einmal jene vorziehen, auf die das (noch) nicht zutrifft.
[...] Am Beispiel Olga Neuwirth bin ich übrigens sogar in der Lage, mit konkreten, im wahrsten Sinne des Wortes: dürren Zahlen, was ihre soziale Lage betrifft, aufzuwarten, vielleicht interessiert es ja jemanden, den es angehen würde. Ein Auftrag: Wien Modern 1996, das Werk ist für drei Schlagwerker und Live-Elektronik. Von den 55.000,- öS Honorar muß die Komponistin sechs Monate arbeiten, und zwar rund zehn Stunden täglich, um ein so komplexes Werk fertigzustellen. Das bedeutet: 9170,- öS pro Monat, was einen Stundenlohn von 33,- öS ergibt. Dem gegenüber stehen an monatlichen Ausgaben: Miete 6000,- öS, Stromkosten 700,- öS, Telephon 1800,- öS, ergibt summa summarum, und zwar ohne Lebenshaltungskosten, 8500,- öS. Vielleicht muß Frau Neuwirth aber auch nicht essen, nach dem Vorbild vieler asketischer Künstler, die dem genießenden Bürger-

tum so angenehm gruslig immer wieder vorgeführt worden sind.

Dazu kommt, daß Komponisten keine Sozialversicherung haben und keine Pensionsversicherung. Um ihre Lebenshaltungskosten decken zu können, muß diese Komponistin faktisch ununterbrochen arbeiten, mehrere Stückaufträge im Jahr annehmen. Sie steht unter ungeheurem existentiellen Druck, da sie ja nie Ferien machen kann und immer buchstäblich von der Hand in den Mund lebt. Österreich vergibt auch, im Gegensatz zu den meisten anderen Ländern, nur *ein* Auslandsstipendium an Komponisten.

Zurück zu den Festwochen: Die Komponistin kann nicht Opern zu schreiben beginnen, bevor sie eine feste Zusage (und natürlich einen Vorschuß) für ihre Arbeit hat. Wir sind hier nämlich nicht in La Bohème, in die die Opernbesucher strömen, vor allem, wenn ihre Lieblingsstars singen, wir sind hier leider im wirklichen Leben, in dem sich Frauen große Werke am besten verkneifen (abschminken ist wahrscheinlich das passendere Wort) sollten. [...]

Ich weiß nicht, aber ich glaube, es ist eine wesentliche Aufgabe dieses Staates, gerade ungesicherte neue Kunst zu fördern. Es geht ja nicht um Almosen, die man den Künstlerinnen und Künstlern zuwirft wie dressierten Seehunden, es geht nur um einen Anstoß. Fahren können sie dann schon von allein. Es muß ihnen überhaupt erst ermöglicht werden, ihr Werk zu schaffen. Zum Beispiel könnte der Staat einen Vorschuß auszahlen. Man muß den Leuten ja nichts schenken, obwohl es natürlich schön wäre, täte man es. Ich weiß nicht, ob ich recht habe, aber der Ruf unseres Landes beruht wohl weniger auf den Qualitäten seiner Fußballspieler und Politiker, sondern in erster Linie doch auf den Künstlerinnen und Künstlern und dem, was sie hervorbringen.

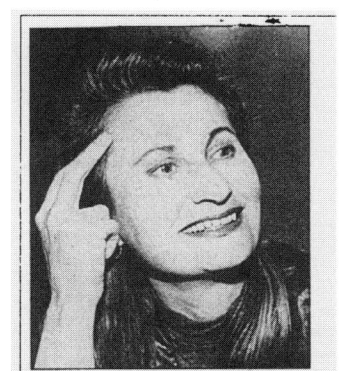

Die Presse, 1.12.1995

Elfriede Jelinek Photo: Hofmeister

Sehr geehrte Frau Jelinek!

Zum Artikel von Elfriede Jelinek „Rund, handlich, etc." vom 1. Dezember

Abgesehen von Werbung in eigener Sache (Sie haben ein Libretto und möchten, daß es vertont wird), fordern Sie in Ihrem Artikel vom 1. 12. eine stärkere Förderung der KünstlerInnen durch den Staat. Ihrem Artikel entnehme ich, daß die aufgewendete Arbeitszeit ein wesentliches Kriterium darstellen soll.

Als Insider frage ich Sie: sollen alle KünstlerInnen gefördert werden? Wenn ja, gäbe es in Österreich bald nur noch KünstlerInnen bzw. KontrollorInnen, die deren Arbeitszeit überprüfen.

Wenn nein: Wer trennt nach welchen Kriterien die glücklichen staatlich Geförderten von den Unglücklichen, die in die Hölle der Marktwirtschaft hinabgestoßen werden?

Franz Blaimschein
Perchtoldsdorf, NÖ

Die Presse, 9.12.1995

> Meine sehr geehrten Damen und Herren! Nicht zuletzt beklagt auch Elfriede Jelinek die derzeitige Situation der Kunstschaffenden sowie die Kunstförderungspolitik in Österreich. Sie führt aus, daß die Situation der Künstler einer ‚kernfaulingen Mozartkugel' gleicht. Ich bin weit davon entfernt, Künstler herabzusetzen. Dieses Zitat bezieht sich offensichtlich – und ich trete diesem Zitat bei – auf die Situation der Bundeskunstförderung. Elfriede Jelinek führt weiters aus, daß die steuerlichen Anreize ja alles andere als optimal sind. Meine sehr geehrten Damen und Herren! Wir von den Freiheitlichen vertreten seit geraumer Zeit die Auffassung, daß wir uns vom Bundeskunstmonopol des Staates langsam zumindest zum Teil wegbewegen sollten in Richtung Anerkennung von Ausgaben für zeitgenössische Kunst als Sonderausgaben. *(Beifall bei den Freiheitlichen.)* Meine sehr geehrten Damen und Herren! Nur dadurch wird es zu einer entsprechenden Verbreitung des Kunstangebotes und einer breiteren Palette von Geschmacksrichtungen kommen.

Abgeordneter Michael Krüger (FPÖ) in der Nationalratssitzung am 28.2.1996 (aus dem stenographischen Protokoll)

Bundesrat Ram (F) begründet seine Ablehnung des Kunstberichtes 1997, der einen guten Überblick über die Kunstpolitik des Bundes gibt, mit der Auffassung, die Bundesregierung konzentriere sich in der Kunstförderung auf ihre „politisch korrekten" Freunde wie Peter Turrini und Elfriede Jelinek und betreibe eine politisch motivierte Subventionspolitik. Entschieden wendet sich Ram auch gegen die Förderung Hermann Nitschs, da der Förderung von Kunst und der Verwendung von Steuergeldern Grenzen gesetzt seien, wo Gewalt verherrlicht sowie Moral und der Schutz von Leben mit Füssen getreten werden. Für unverständlich hält Ram auch die Zuerkennung von Literaturförderungen an das Dokumentationsarchiv des österreichischen Widerstandes, das er für eine parteipolitische Vorfeldorganisation hält. Als weiteren Grund für die Ablehnung des Kunstberichts nennt Ram die Förderung des Kärntner Künstlers Cornelius Kolig.

aus: Parlamentskorrespondenz, 14.1.1999

Intervention
Kunst & Staat

Autoren-Existenz durch Sozialversicherungspflicht gefährdet?
Milch unfrommer Denkungsart

Im Herbst 1997 wird ein Entwurf für ein Arbeits- und Sozialrechtsänderungsgesetz vorgelegt, der eine Sozialversicherungspflicht für KünstlerInnen vorsieht.

Die Interessensvertretung der KünstlerInnen protestiert gegen diesen Entwurf, weil er viele bisher Nichtversicherte betreffen würde, die nun hohe Beiträge bei geringem Einkommen zu zahlen hätten. Die Interessensvertretung fordert vom Ministerrat einen „Künstlersozialversicherungsgipfel". Elfriede Jelinek veröffentlicht am 22.10.1997 im „Standard" einen offenen Brief an Sozialministerin Eleonore Hostasch mit dem Titel „Milch unfrommer Denkungsart".

Der Standard, 22.10.1997

Die renommierte Autorin Elfriede Jelinek, deren Stück „Stecken, Stab und Stangl" derzeit in Wien gezeigt wird, appelliert an Sozialministerin Lore Hostasch, die Sozialversicherungspflicht für Autoren und Übersetzer nochmals zu überdenken.

KOMMENTAR DER ANDEREN

Die Autorin Elfriede Jelinek, 1996 in Deutschland zur „Dramatikerin des Jahres" gekürt, fragt sich, ob Österreich in seinen Künstlern nur einen Schmuck erblickt, „den man beliebig versetzen kann".
Foto: L. Nekula

Sehr geehrte Frau Bundesministerin Hostasch! Es ist uns, Künstlern und literarischen Übersetzern, oft geraten worden, uns in Geduld zu fassen. Jetzt haben wir endlich ein bisserl die Geduld gefaßt, aber vielleicht ist es für Geduld schon zu spät. Was wir allerdings nicht fassen können, ist, daß nun sehr rasch, über unsere Köpfe hinweg und ohne auf unsere Bitten um Kontaktaufnahme überhaupt einzugehen, etwas beschlossen werden könnte, das immerhin viele von uns die Berufsausübungsmöglichkeit kosten würde.

Wenn die neue Sozialversicherungspflicht für unsere Berufsgruppen beschlossen wird, werden viele von uns einsehen müssen, daß es ein Fehler war, diesen Beruf überhaupt gewählt zu haben (da die meisten der Kollegen am Existenzminimum leben, wird ihnen das ohnedies manchmal gedämmert sein), obwohl der Staat sich gern mit seinen Künstlern brüstet und sie auch im Ausland gerne vorzeigt, zumindest jene, die er für vorzeigbar hält. Allerdings können derzeit auch unsere Fußballer wieder der staunenden Öffentlichkeit gezeigt werden, und vielleicht vergißt man jetzt uns über dieser so erfreulichen Tatsache.

Ecken und Kanten

Ich möchte Sie, sehr verehrte Frau Ministerin, daran erinnern, daß es möglicherweise unklug sein könnte, die Künstler dieses Landes, die ihrem Beruf unter großen Opfern nachgehen und zum Beispiel allein von ihren Büchern nicht (von literarischen Übersetzungen schon gar nicht) leben können – übrigens ist es auch mir, trotz größten Bemühungen in dieser Richtung, bislang nicht gelungen, meine Existenz ausschließlich aus meinen Büchern zu bestreiten –, vollkommen in die Ecke zu drängen, denn aus der Ecke können dann viele nicht mehr herauskommen, vor allem diejenigen, deren Werke selber schon besonders viele Ecken und Kanten haben und daher, das kann ich Ihnen versichern, von besonderer Bedeutung für diese Gesellschaft sind. Auch wenn man das weder von den Bilanzen noch der Gesellschaft auf den ersten Blick ablesen kann.

Ich habe immer gedacht, daß in der sogenannten freien Marktwirtschaft die Vertreter der sogenannten freien Berufe, jene Tapfersten der Tap-feren, frei wenigstens seien zu wählen, wie sie selbst für sich und ihre Zukunft vorsorgen wollen. Nun will offenbar der Staat (bei der Verstaatlichten ist es ja schon mal schiefgegangen, vielleicht lassen sich die Künstler leichter verwalten, indem man ihnen, ohne Ausnahme, ein Drittel ihrer Einkünfte – bei Übersetzern auch den Arbeitgeberanteil, bei Schriftstellern wird das auch bald so sein, denn die Sozialkassen sind angeblich leer – einfach wegnimmt, ohne Ausnahme) diese Vorsorge an unsrer Stelle übernehmen.

Erblickt er uns als Schmuck, den man beliebig versetzen kann? Erblickt er uns als Melkkühe, denen er die Milch unfrommer Denkungsart trotzdem immerhin noch abzapfen kann? Selbst von einem Minimum kann man noch ein Drittel abziehen, von nichts kommt dann allerdings gar nichts mehr. Und diejenigen, die bisher schon privat vorgesorgt haben, können, selbstverständlich unter Verlusten, aber das ist Ihrem Ministerium offenkundig egal, ihre Privatversicherung jederzeit kündigen, ist ja klar.

Bitte, sehr verehrte Frau Ministerin, vielleicht können Sie dem Herrn Kunstminister Klima, dessen Angelegenheiten wir Künstler ja inzwischen geworden sind, einen Termin geben, daß er diese unsere Angelegenheiten auch ordentlich wahrnehmen kann. Wir scheinen es selbst bislang jedenfalls nicht gekonnt zu haben, und so müssen wir uns vertrauensvoll an unseren Kunstminister oder wenigstens seinen Abgesandten, Herrn Wittmann, wenden, damit wir auf unsere Probleme wenigstens aufmerksam machen können.

Mit Dank für die Geduld, die Sie mit uns bis jetzt nicht gehabt haben, aber vielleicht noch aufbringen werden, bevor wir selbst noch wirklich aufgebracht sind, und hochachtungsvoll
Elfriede Jelinek
1140 Wien

Nicht nur Autoren, auch freischaffende Musiker sind Gefesselte, liebe Elfriede Jelinek. Mit der Abgabe eines Drittels unseres Einkommens für Krankenkasse (= *freiwillige* Pflichtversicherung) und Pensionsbeitrag – insgesamt 32,7 Prozent –, sind wir existentiell gefährdet. Wir zahlen Arbeitgeber- und Arbeitnehmerbeitrag in einer Person.

Die kulturfreundliche Politik von rechtsaußen wird bereits jahrelang von S/ÖVP stillschweigend an den lobbylosen Künstlern trotz massiver Proteste der „Musikergilde" exekutiert und vorgelebt. Glauben Sie, daß Klima, Wittmann, Hostasch die Schrift an der Wand zu deuten vermögen … oder warten, bis wir ihnen heimgeigen … oder ihnen sonst der Marsch geblasen wird?

Herwig Strobl
4060 Leonding

Leserbrief, Der Standard, 25.10.1997

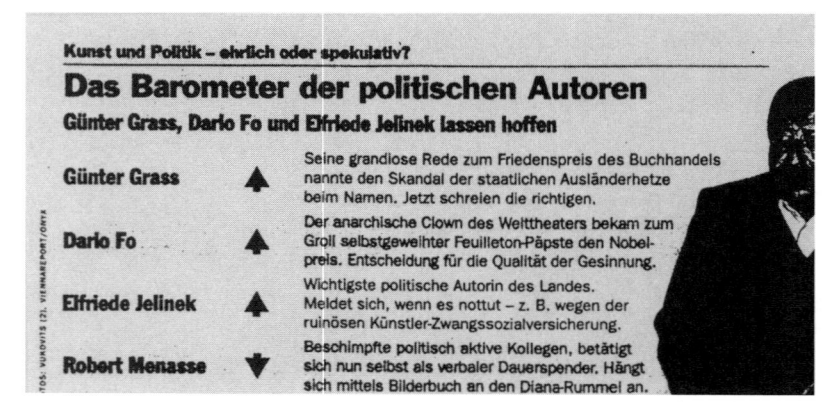

Kunst und Politik – ehrlich oder spekulativ?
Das Barometer der politischen Autoren
Günter Grass, Dario Fo und Elfriede Jelinek lassen hoffen

Günter Grass	▲	Seine grandiose Rede zum Friedenspreis des Buchhandels nannte den Skandal der staatlichen Ausländerhetze beim Namen. Jetzt schreien die richtigen.
Dario Fo	▲	Der anarchische Clown des Welttheaters bekam zum Groll selbstgeweihter Feuilleton-Päpste den Nobelpreis. Entscheidung für die Qualität der Gesinnung.
Elfriede Jelinek	▲	Wichtigste politische Autorin des Landes. Meldet sich, wenn es nottut – z. B. wegen der ruinösen Künstler-Zwangssozialversicherung.
Robert Menasse	▼	Beschimpft politisch aktive Kollegen, betätigt sich nun selbst als verbaler Dauerspender. Hängt sich mittels Bilderbuch an den Diana-Rummel an.

News, 30.10.1997

„Umzug der Maroden" 1.7.1998

Perfid verhöhnt
– Die Rede von Elfriede Jelinek auf dem Ballhausplatz

Ich stehe hier als einer der wenigen österreichischen Autoren, der von seiner Arbeit leben kann.
Die soziale Lage der Schriftstellerinnen und Schriftsteller in diesem Land, übrigens auch die der literarischen Übersetzer und andrer künstlerischer Berufsgruppen, ist bekannt desolat, Untersuchungen darüber gibt es seit Jahren.
Doch es liegt nicht nur an den Künstlern, daß ihre Lage so ist: Dankenswerterweise wurden zwar kürzlich Preise und Stipendien steuerfrei gestellt, sodaß diejenigen, die darauf angewiesen sind, wenigstens die Hand ruhig im Mund behalten und notfalls dran nagen können, allerdings hindert z.B. ein für Autorinnen und Autoren oft ruinöses Steuer- und bald auch Abgabensystem jene daran, anstatt der skelettierten Hand nach dem berühmten grünen Zweig zu greifen, könnten sie denn endlich einmal auf diesen kommen.
Ich möchte gern versuchen, das zu erklären.
Wir arbeiten an größeren Werken fast immer jahrelang. Das Werk braucht also lang, die Steuer kommt aber pünktlich jedes Jahr, und sie behandelt die Einkünfte der Arbeit von drei Jahren, als hätten wir sie in einem Jahr erwirtschaftet. So wird zwar jeder Freiberufler behandelt, doch die eigentliche Ungerechtigkeit gegenüber uns Schriftstellern besteht darin, daß wir kaum die Möglichkeit haben, Verluste vorzutragen, um sie dann mit unseren Gewinnen gegenzurechnen, wie es jedem Unternehmer möglich ist.
Durch welche Investitionen könnten wir denn unsere Produktivität erhöhen? Zwei Tonnen Hirn-

---

Kunst erschöpft sich nicht in der Traditions- und Denkmalpflege, auch mit der Erhaltung einiger Repräsentationskünstler ist es nicht getan. Kunst ist kein Luxus! Wird sie es dennoch, dann brechen harte Zeiten an – für alle, nicht nur für die Künstler. Noch ist die Kunst nicht tot, sondern nur Patient. Ein Patient mit vielen Namen:
Patient Künstlersozialversicherung
Patient Film-, Kunst- & Architekturaufträge
Patient Kunstförderungsbudget
Patient ORF-Kulturauftrag
Patient Freie-Radio-Finanzierung
Patient Ausgliederungen
Patient Auslandskultur
Patient Kunstankäufe
Patient Staatsateliers
Patient Theaterspielstätten
Patient Kunstministerium
Patient Mediengesetze
Zur Heilung dieser Erkrankungen braucht es viel frische Luft und eine kultivierte Umgebung. Beides ist auf der Kulturmeile zwischen Oper, Burgtheater und dem Ballhausplatz in reichem Maß vorhanden.
Marode aller Kunstsparten in Verletzungskostümen sind nicht nur erlaubt, sondern erwünscht. Egal, ob mit Krücken oder in Bandagen, wer noch gehen kann – Achtung, Steuer-, Werkvertrags- und Förderungsinvalide! –, geht mit. Die Intensivpatienten „Literatur", „Bildende Kunst", „Film", „Darstellende Kunst" und „Musik" werden in Spitalsbetten mitgeführt. Die originellsten Krankheitsbilder werden publiziert. Geben wir den Bild-, Musik- und Wortredaktionen Stoff!
Einzelne Politiker und Beamte haben das Problem sehr wohl erkannt und treten für die Erhaltung von Kunst und Kultur ein. Regierung und Parlament insgesamt aber können oder wollen nicht aktiv werden, sondern träumen weiter von der Kulturgroßmacht Österreich.
Wir müssen sie aufwecken. Am ersten Juli.

*Aus dem Aufruf zum „Umzug der Maroden", 15.6.1998.
Autorensolidarität 3/1998*

Fotos: Jacqueline Godany

Am 1.7.1998 findet auf der Wiener Ringstraße der „Umzug der Maroden" statt. Dabei handelt es sich um eine von insgesamt 34 Organisationen veranstaltete Demonstration österreichischer KünstlerInnen, die auf ihre Lebens- und Arbeitsbedingungen aufmerksam machen und gegen die Konstruktion eines Kunststaatssekretariats protestieren. Gefordert wird von ihnen eine verstärkte Berücksichtigung der Gegenwartskunst, eine finanzierbare Künstlersozialversicherung, eine Nachjustierung der österreichischen Urheber- und Leistungsschutzrechte und eine Aufstockung des Kunstbudgets. Elfriede Jelinek nimmt an der Demonstration teil und hält bei der abschließenden Kundgebung auf dem Ballhausplatz eine Rede.

Intervention „Umzug der Maroden"

> „Ich verstehe nicht, warum man von Maroden spricht. Die einfache Billa-Verkäuferin kann auch nicht hinausgehen und sagen, sie ist marod, sie braucht eine eigene Sozialversicherung."
>
> Andreas Mailath-Pokorny, Kunstsektionsleiter im Bundeskanzleramt, 18.6.1998 (in: Autorensolidarität 3/1998)

schmalz? Oder: Wie soll bei einem Schriftsteller z.B. die Grenze zwischen Berufsausübung und Privatleben gezogen werden? Auf der Bank, wo er den schönen Sonnenuntergang bewundert? Und wie gehts weiter, wenn er seinen Gedichtband, seinen Roman darüber vollendet hat?

Kaum sehen wir in einem Jahr den Lohn für drei Jahre Arbeit, schon wird uns, da wir ja etwas mehr als üblich, vielleicht sogar recht viel, verdient haben, zu einem hohen Satz weggenommen, was uns in dem Jahr, da wir endlich Einkünfte beziehen, leider meist alle auf einmal und immer zu spät, gutgeschrieben wurde (auch wenn wir die Kohle noch gar nicht erhalten haben, denn die Verlage überweisen ja nicht pünktlich am letzten Tag des Jahres, da wollen sie lieber ihre Profite feiern). Die Vorauszahlungen auf das kommende Jahr nehmen uns dann den Rest.

Auf diese Weise wird es uns paradoxerweise auch unmöglich gemacht, unsere Arbeit weiterzuführen, wenn sie endlich, meist nach vielen Jahren, halbwegs profitabel geworden ist. Es ist uns nämlich niemals möglich, all die Jahre finanziell durchzustehen, die wir dann auf die Hervorbringung der nächsten Arbeit verwenden müßten.

Dazu noch die Sozialversicherungsabgaben: Kommt es nicht zur Einrichtung einer Künstler-Sozialkasse nach deutschem Vorbild, die ja angeblich geplant sein soll, obwohl nichts oder so gut wie nichts bisher in diese Richtung unternommen worden zu sein scheint, na, warten wir halt noch die versprochenen zwei Jahre, wir hams ja, so würde uns die strenge Kammer der gewerblichen Wirtschaft, die mich pflichtversichern will und mir alle vierzehn Tage ein Brieferl schickt, in dem sie

Autorensolidarität 3/1998

mich auffordert, meinen „künstlerischen Werdegang" darzustellen – ich schreibe aber lieber Stücke für Darsteller, anstatt selbst etwas darzustellen – etwa ein Drittel unsrer Einkünfte wegnehmen. Jedem von uns. Darf ich aber darauf hinweisen, daß zwei Drittel von fast nichts immer noch: weniger als fast nichts ist. Leben kann man davon nicht mehr. Das wäre auf jeden Fall das Ende für viele meiner Kolleginnen und Kollegen, möglicherweise sogar für die meisten von ihnen.

Ich möchte gern noch auf eine besonders perfide Verhöhnung meiner schlechter verdienenden Kolleginnen und Kollegen hinweisen: die sogenannte Liebhabereiverordnung. Falls sie einem Nebenerwerb nachgehen, weil ihr Schreiben auf absehbare Zeit keinen Gewinn verspricht, dann ist das Schreiben ihr Privatvergnügen, Verluste aus diesem (manche Vergnügen kosten halt was!) können nicht mehr geltend gemacht werden. Fallen die Einkünfte dieser Künstler unter eine bestimmte Grenze, und das kann schnell passieren, so wird ihnen demnach das einzige, was sie noch haben, ihre Berufsbezeichnung, ihr Selbstverständnis als Künstler abgesprochen.

Seit uns der heimische Fußball – hochbezahlte Profis selbstverständlich! – soviel Vergnügen bereitet, daß es kaum noch auszuhalten ist, sollen offenkundig auch die Künstler ihre Freud haben und ihren Beruf zum Spaß ausüben dürfen.

Ich konnte hier nur wenige Punkte aufzählen, aber ich möchte doch auf das hohe Prestige hinweisen, das dieses Land durch seine Künstler einspielt und immer wieder mit großer Schnelligkeit auch wieder verspielt, denn es wirft deren Leistungen verächtlich wie Haus-Jetons, von denen man jede Menge vorrätig hat, auf seinen mit Filz überzogenen Tisch.

Ein kleines Land wie Irland hat eine große Menge

bedeutender Schriftstellerinnen und Schriftsteller aus ganz Europa, auch Österreicher, zum Kommen und Bleiben eingeladen, indem es alle Schriftsteller mutig steuerfrei gestellt hat, und ich habe noch nie gehört, daß die Iren dagegen protestiert hätten. Die scheinen zu wissen, daß sie mehr gewonnen haben als sie verlieren könnten. Österreich ist auch ein kleines Land. Es brüstet sich gern mit uns, wenns nichts kostet. Mehr als klein scheint es nicht werden zu wollen. Doch zum Abschluß möchte ich auch einen konstruktiven Vorschlag machen: Da ja auch wir unseren Beitrag leisten wollen und sollen, könnte ich mir eine Steuerpauschalierung der Schriftsteller vorstellen, wie es sie für Landwirte bereits gibt. Vielleicht könnte aus diesem Vorschlag etwas Fruchtbringendes entstehen, wer weiß ...

Autorensolidarität 3/1998

Die Künstler fühlen sich nicht gut

Mit dem „Umzug der Maroden" wiesen Künstler in Wien auf Mißstände in der Kulturpolitik hin.

WIEN (SN, APA). 34 Künstlerorganisationen hatten für Mittwoch in Wien zum „Umzug der Maroden" aufgerufen und „die maroden Künstler" kamen: Rund 1.000 (nach Angaben der Veranstalter 1.500 bis 2.000, laut Polizei 800) Demo-Teilnehmer zogen, teils mit Krückstöcken in der Hand, mit blutigen Wundverbänden oder in Krankenanstaltskleidung über den Ring. Im Schlepptau fanden sich Krankenbetten, den „Patienten Bildende Kunst, Film, Literatur und Theater" gewidmet.

Unter den „Maroden" fanden sich auch prominente Künstler wie die Autorin Elfriede Jelinek, der Filmregisseur Andreas Gruber oder Secessions-Präsident Werner Wurtinger. Am Ende des Protestzuges zogen zwei Pferde einen Katafalk. In den Sarg hatte sich der bildende Künstler Roland Angelo Baumgarten gelegt. Den Katafalk zierte die Aufschrift „Nur ein toter ist ein guter Künstler".

In einer Petition, welche die Künstler zu Mittag an Bundeskanzler Viktor Klima überreichen wollten, fordern „die Maroden" vor allem „ein neues Verständnis für Kunst und Kultur in der Politik". Und stellen fest: Die Konstruktion eines „Mehrsparten-Staatssekretariats", anstelle eines eigenen Ministeriums für Kunst habe sich „klar und eindeutig als Fehlkonstruktion herausgestellt".

Sowohl im Bereich der Bundeskunstverwaltung als auch im Bereich der Gesetzgebung fehle „die dringend benötigte politische Präsenz, die verhindert, daß sich Österreich zu einer europäischen Kunst-, Kultur- und Medienprovinz entwickelt". Verlangt wird daher die „Wiedererrichtung eines österreichischen Kunstministeriums".

Weitere Forderungen der Künstler lauten: eine rechtzeitige und für die Künstler finanzierbare Sozialversicherungslösung, die Berücksichtigung der Gegenwartskunst und Gegenwartskultur in allen gesetzlichen und rechtlichen Zusammenhängen, die Nachjustierung der österreichischen Urheber- und Leistungsschutzrechte, eine zeitgemäße Dotierung des Kunstförderungsbudgets sowie die Vorrangigkeit öffentlicher Investitionen für Produktionen und Produktionsstrukturen und nicht für die Verwertung.

Die Künstlerverbände verstehen die Demonstration auch als ersten Schritt einer Initiative zur Schaffung einer neuen Einrichtung, und zwar des „Österreichischen Kulturrates" (Art Council Austria). Dieser solle „über die Wechselfälle jeweiliger Regierungs- und Ressortkonstellationen hinaus für die notwendige Kontinuität in der österreichischen Kunst- und Kulturpolitik sorgen".

Geplant ist die Gründung dieses Kulturrates für Sommer 1999 im Zug des „Ersten österreichischen Kunst- und Kulturkongresses". Bei dem Kongreß sollen Perspektiven für die weitere Behandlung des Themenkomplexes Kunst, Kultur und Medien vorgegeben werden. Denn heutzutage, so stellten die Künstler am Mittwoch fest, sei die „Kulturnation Österreich am Rückweg in die fünfziger Jahre".

Beim „Umzug der Maroden" marschierte mit anderen prominenten Künstlern auch die Schriftstellerin Elfriede Jelinek mit. Bild: SN/APA

Salzburger Nachrichten, 2.7.1998

40 | Intervention
Verhandlungen mit Morak

Der Brief an den Kanzler

Autor Michael Scharang schrieb an Kanzler Schüssel einen Brief, in dem er den schwarzen Staatssekretär Franz Morak über den grünen Klee lobt. Elfriede Jelinek geht auf Distanz.

Im Jahr 2000, nach der Angelobung der ÖVP-FPÖ-Regierung, führt eine Schriftstellerdelegation, an der Michael Scharang, Peter Turrini und Elfriede Jelinek beteiligt sind, mit Kunststaatssekretär Franz Morak ein Gespräch über das Literaturbudget und die soziale Lage der SchriftstellerInnen. **Bei einem zweiten Treffen ist Jelinek nicht mehr dabei.** Michael Scharang beglückwünscht danach in einem Brief Bundeskanzler Schüssel zur Ernennung Moraks zum Kunststaatssekretär. In diesem Brief erwähnt er auch Turrini und Jelinek. Auf Anfrage von „Format" sendet Scharang eine Kopie des Briefes, in der er die Namen der anderen unkenntlich macht, per Fax an das Nachrichtenmagazin. Trotz Scharangs Bitte, Turrini und Jelinek nicht zu erwähnen, werden die Namen veröffentlicht.

← Debatten nach der „Wende"
Seite 132

FRANZ MORAK: Hat rasch zwanzig Millionen für die Literatur aufgetrieben, die sein Vorgänger abgezweigt hat – lobt Scharang.

Auch die Vorschläge von Scharang und Co zur Künstlersozialversicherung und zum Steuersplitting habe Morak „zu 99 Prozent" akzeptiert. Scharang: „Ich habe nie Interessenpolitik betrieben, bin aber jetzt durch das Fehlverhalten unserer Vertretung dazu gezwungen worden. Auch für Jelinek und Turrini ist das neu, aber wir bereuen es nicht, das getan zu haben. Denn einfach zu warten, bis eine andere Regierung da ist, kann niemand verantworten."

Und Scharang abschließend: „Ich habe den Brief an Schüssel auch geschrieben, weil ich in der Zeitung gelesen habe, daß Morak da völlig vereinsamt in seinem Büro sitzt. Und darüber kann man sich nur totlachen. Als wir reinkamen, sind gerade acht Kulturmenschen rausgekommen. Und als wir rausgegangen sind, ist schon der Operndirektor Holender auf und ab spaziert. Hätten wir nicht gehandelt, wären die Literaten als große Trottel übergeblieben."

„SCHOCKIERT". Elfriede Jelinek, von FORMAT zu Scharangs Brief befragt, erklärt, daß sie von der Existenz dieses „wohl völlig privaten Schreibens" nichts wisse und über dessen Veröffentlichung „entsetzt und schockiert" ist. Jelinek: „Beim ersten Treffen mit Morak ging es um soziale Probleme der Kollegen. Man weiß ja, daß die meisten Schriftsteller nichts zum Fressen haben. Wir sind hingegangen, um für die Literatur zu retten, was zu retten ist, um uns für die Kollegen einzusetzen, die nicht so bekannt sind. Ich war einmal dabei, weil ich mir gedacht habe, man kann nicht die ganzen Literatur- und Kulturagenden zum Erliegen bringen, weil man mit der Regierung nicht einverstanden ist."

„Beim zweiten Treffen", schränkt Jelinek ein, „war ich allerdings nicht mehr dabei. Ich hatte kein gutes Gefühl. Zu einem freiheitlichen Minister wäre ich überhaupt nicht gegangen. Bei Morak dachte ich mir, bevor das Geld der Literatur weggenommen und umverteilt wird, darf ich mir nicht zu fein sein, meine Hände sozusagen schmutzig zu machen. Da es um Kollegen geht, bin ich über meinen Schatten gesprungen. Aber ein zweites Mal habe ich es nicht fertiggebracht, weil Morak mit der FPÖ kooperiert."

– CH. HIRSCHMANN, E. HIRSCHMANN

DER BRIEF

„Morak ist uneitel und umgänglich"

Was Michael Scharang in seinem Brief an Kanzler Wolfgang Schüssel schrieb.

An den „lieben Herrn Bundeskanzler" schrieb Autor Michael Scharang jüngst einen privaten Brief, in dem er die kompetente Zusammenarbeit von Kunststaatssekretär Franz Morak lobt: „Nachdem Interessenvertreter der Schriftsteller verkündet haben, daß sie mit dieser Regierung nicht sprechen, kamen Elfriede Jelinek, Peter Turrini und ich zu dem Schluß, daß diese Haltung falsch ist."

Und weiter heißt es in dem Brief, Morak sei „umgänglich, uneitel, sachkundig und, vor allem, der ihm anvertrauten Sache ergeben".

Michael Scharang:
„Daß Morak einsam in seinem Büro sitzt, ist lachhaft."

Format, 31.7.2000

Mir liegt sehr an einer Richtigstellung in folgender Sache: Ich werde in Format mit einer Bemerkung zitiert, die aus dem Zusammenhang gerissen wurde. Wenn ich im Zusammenhang mit den Verhandlungen mit Staatssekretär Morak, betreffend die Situation der Schriftstellerinnen und Schriftsteller, die Metapher der „schmutzigen Hände" gebraucht habe, so habe ich schon damals nicht damit gemeint, daß Herr Morak Blut oder sonstwas an den Händen hätte, sondern vielmehr, daß arrivierte Künstler die Aufgabe haben, solange dies irgendwie vertretbar ist, beim Einsatz für die Anliegen ihrer Kollegen den Purismus, den sie in eigener Sache praktizieren mögen (ich selbst werde dafür oft genug gescholten!), hintanzustellen.

Elfriede Jelinek
via E-Mail

Leserbrief, Format, 4.12.2000

In den Wind gereimt

Es machte jüngst Frau Jelinek
sich zu Herrn Morak auf den Weg
(Staatssekretär für die Kultur).
Sie tat, so sprach sie, dieses nur,
damit am Ende er das Geld
den Schriftstellern nicht vorenthält.
Und dabei sprach sie noch – wie putzig! –,
sie mache sich „die Hände schmutzig",
weil dieser Morak – Schweinerei! –
bekanntlich doch ein Schwarzer sei.
Zu Blauen wär mit dem Verlangen
sie überhaupt erst nicht gegangen.
Auch Herr Turrini war dabei,
von unsrer Staatsschriftstellerei,
der hat den Morak hochgelobt.
Da hat Frau Jelinek getobt!

Wolf Martin

Neue Kronen Zeitung, 6.8.2000

STATEMENTS

DORON RABINOVICI:
„Wenn ein Schriftsteller einem Regierungschef einen Dankesbrief schreibt wegen der Bestellung eines Kulturstaatssekretärs, dann ist das, egal wie man sonst zu den politischen Entwicklungen stehen möchte, eine sehr merkwürdige und eigentlich würdelose Veranstaltung. Ein Dankesbrief von Scharang an Klima hätte Gelächterstürme hervorgerufen, ein Brief an Schüssel und die schwarz-blaue Koalition entsetzt."

HELMUT ZENKER:
„Michael Scharang verfolgt seit langer Zeit die Enzensberger-Methode. Wenn er Essays, Artikel oder Briefe schreibt, entwickelt er zu jedem Thema, zu jeder Tendenz die totale Gegenmeinung. Und die verteidigt er dann mit Haut und Haaren. Oder mit Hand und Fuß. Ich würde so einen Brieferl nicht schreiben, es bringt ja nix. Aber das rasche Entsetzen von Elfriede Jelinek über den Brief halte ich für eine Pose, die zu erwarten war."

GERHARD RUISS:
„Österreichs Autoren sind notorische Staatsgegner. Das ist doch eine Rufgeschichte, das gilt auch für Michael Scharang, der sich noch Mitte der neunziger Jahre bei jeder Gelegenheit vom Staat distanziert hat, Texte darüber schrieb, daß der Staat nichts in der Literatur verloren hätte und sich doch ausmischen möge. Derselbe Scharang wirft sich jetzt dem Staat an die Brust?"

ROBERT SCHINDEL:
„Es ist sicher nicht die Aufgabe eines Schriftstellers, mit dem Bundeskanzler zu korrespondieren. Eine gewisse Staatsferne tut jedem gut. Ich hätte so einen Brief nie geschrieben. Ich halte das für eine ungeschickte, aber nicht besonders beschämende Vorgangsweise. Aber das muß jeder Autor halten, wie er es für richtig hält. Ich bin auch in diesen Fragen gegen jede Art von Gesinnungsterror."

MARLENE STREERUWITZ: „Michael Scharang hat doch immer einen kreativen Zugang zur Politik gehabt. Und er kann Briefe schreiben, soviel er will. Das sind alles ein bißl ‚Häuslnachrichten'. Ich finde es ja reizend von der österreichischen Politik, daß sie das ernst nimmt, ob Künstler Sympathien zeigen. Es zeigt aber die prinzipielle Situation des Mangels in Fragen von Kultur und so."

Format, 7.8.2000

Elfriede Jelinek war bei einer Sitzung mit Morak dabei. Sie befand sich von vornherein in einer anderen Position als zum Beispiel ich. Jelinek wurde von der FPÖ etwas angetan, das nach der Nazizeit keiner Künstlerin, keinem Künstler in diesem Land widerfuhr, sie wurde auf einem Riesenplakat öffentlich an den Pranger gestellt. Die Künstlerschaft wirkte damals wie weggezaubert. Keine Aussendung, kein Aufschrei. Erst nachdem Peter Turrini eine Rede über diese Niedertracht in das peinliche Schweigen gedonnert hatte, lösten sich die Zungen zu den üblichen peinlichen Wortmeldungen. Die solidarischsten kamen um Jahre verspätet. Für Elfriede Jelinek ist nach dieser traumatischen Erfahrung Franz Morak primär nicht wie für mich Kunststaatssekretär, sondern ein ÖVP-Politiker, der mit der FPÖ in einer Regierung sitzt. Wer das nicht respektiert, wer nicht begreift, daß Menschen auf Grund ihrer verschiedenen Erfahrungen verschieden reagieren und doch einander respektieren, ja lieben können, der verhält sich nicht viel anders als jenes Plakat, das auf Auslöschung zielt.

aus: Michael Scharang: Wie ich als Bundeskanzler einen Lähmungsanschlag verübte, der gründlich vorbeigelang. Die Presse, 8.8.2000

→
Michael Scharang über Elfriede Jelinek
Seite 44, 58, 212

FPÖ-Wahlkampf 1995
Seite 88

Wolf-Martin-Gedichte
Seite 112

Österreichische AutorInnen

Der Einzige und wir, sein Eigentum
– Elfriede Jelinek

Der Gigant ist tot. Der Fels des Anstoßes, an dem niemand vorbeigekommen ist. Er hat seinen kranken Körper geschrieben und sich in ihm festgeschrieben, als ob er seinen Atem, um den der Kranke immer schon hat kämpfen müssen, in der Fabrik seines Leibes jeden Tag hätte wieder neu herstellen müssen. Es ist ja kein Zufall, daß dieser Dichter ein Dichter des Sprechens (nicht des Schreibens) war. Die Erfahrung des in früher Jugend schon Lungenkranken hat ihm die großen Tiraden seines Werkes abgerungen: Ich spreche, also bin ich. Und solange ich spreche, bin ich nicht tot.

Seine Freunde berichten, daß er Stunden und Stunden, oft mehr als zehn, ununterbrochen sprechen konnte und auf die Bitte, endlich aufzuhören, weil man nicht mehr zuhören könne, um noch zwei weitere Stunden des Sprechendürfens gebeten hat. Und um den Schrecken nicht zu Ende denken zu müssen, hat der ausgebildete Musiker eine eigene Technik der Wiederholung entwickelt, aber in rhythmischer Gliederung, ähnlich einer ununterbrochenen Sinusschwingung, deren musikalischer Gesetzmäßigkeit sich niemand entziehen konnte, selbst wenn alles schon hundertmal gesagt war.

So hat die Erfahrung des Zuwenig-Luft-Kriegens den wüsten flammenden Atem des Um-sein-Leben-Sprechenden erzeugt. Der österreichische Mief, diese schlechte Luft, sein Leben lang hat es ihm ausgereicht, dieses Lüfterl, sich an ihm zu entzünden. Von der Atemnot im Pavillon Hermann (oder wie die Krankenverwahrungskojen auch immer geheißen haben mögen, wo die „Kranken, von den Gesunden aus gesehen, kein Recht mehr haben") zu einer Literatur der endlosen Suaden. Von den entmündigten Patienten, die nur „das Gnadenbrot der Gesunden zu essen haben", zum Mund Österreichs, der die Wahrheit sagt über dieses Land, was „von den Gesunden immer als ein Akt der absoluten Ungehörigkeit" empfunden worden ist.

Platz für die Kranken! Und Platz für die Dichter, aber wehe, sie drängen sich, wie die ihrer Krankheit wegen von der Gesellschaft Ausgesonderten, in einen Bereich hinein, in dem sie nichts zu suchen haben: in die politische Wirklichkeit des Landes, in der nur die Politiker etwas zu suchen haben, nämlich ihren Vorteil vor der Steuer oder das Steuer selber, das nur sie halten dürfen und sonst keiner! Und zurück mit dem Dichter ins Spital, nur diesmal nicht auf die Lungenstation, sondern gleich in die Psychiatrie! Dort wird man sich schon kümmern um ihn, damit er nicht mehr so schnell zurückkommt zum gesunden Volkskörper.

Ich glaube, es sind die frühen Krankheitserfahrungen des lebenslang kranken Thomas Bernhard, die ihm den Blick geschliffen haben, die ihn trotzig auf seinen Platz haben beharren lassen, nur damit ihn kein andrer besetzen kann. „Der Vorgang ist weltweit bekannt: Der Kranke geht und ist weg, und die Gesunden nehmen sofort seinen Platz ein und nehmen diesen Platz tatsächlich in Besitz und auf einmal kommt der Kranke, der nicht gestorben ist wie angenommen, zurück und will wieder seinen Platz einnehmen, in Besitz nehmen, was die Gesunden aufbringt." Mit größter Rücksichtslosigkeit muß der Atemlose, der Dichter, die Wirklichkeit neu immer wieder in Besitz nehmen. Er stopft sie sich, gierig wie ein Kind seine Torte, in den Mund, er drängt die Gesunden weg, er verdrängt sie, er würde sie auch töten, nur um seinen Platz einzunehmen und Die Wahrheit Zu Sprechen.

Der Kranke ist der Hellsichtige, und dieser ehemals Kranke und jetzt Tote war ein Lamm Gottes, das die Sünden der Welt auf sich genommen hat, nicht unbedingt, um jemanden zu befreien, sondern damit sich viele Unberufene (toi, toi, toi, Hauptsache gesund!) endlich berufen fühlen konnten, sich über Literatur zu

---

Elfriede Jelinek setzt sich nicht nur in Interviews mit der spezifisch österreichischen Schreibtradition auseinander, sie nimmt auch in ihren Texten Bezug auf österreichische SchriftstellerInnen. In Essays und Rezensionen zu Werken ihrer KollegInnen arbeitet sie vor allem auch die Österreich-Bezüge heraus. Anläßlich des Todes von Thomas Bernhard im Februar 1989 veröffentlicht sie in „profil" einen Nachruf, in dem sie Bernhards Verhältnis zu Österreich thematisiert.

äußern, wie sie ihre Hunde äußerln führen gehen. So rast ihnen die Sprache an der Leine ihrer Gedanken herum und zerrt die Gedanken die meiste Zeit hinter sich her. Da könnte ja ein jeder daherkommen! Denn was jeder zu verstehen meint, darüber darf er keinesfalls schweigen! Darüber kann jeder doch mindestens so gut wie der Dichter und viel besser noch reden! Und doch wieder war die Bernhardsche Kritik auf vertrackte Weise die Kritik von jedermann an jedermann, die Kritik des Räsoneurs, der gerade in dieser Rolle die Kritik allein für sich usurpiert. Die Gesellschaft muß sich fortwährend suggerieren, die einzig mögliche von allen zu sein, sie muß ihre Veränderbarkeit geradezu ausschließen, eine andere als sie darf nicht einmal denkmöglich werden, worüber könnte der Dichter sonst schreiben? Daher hat sie auch nur Platz für einen einzigen Kritiker, den Prototyp des Kritikers gewissermaßen, der, als ihr zorniger Beobachter, zu ihrem, der Gesellschaft Eigentum wird, und dessen Geisel sie wiederum werden muß. Und jetzt hat er in seinem Testament uns aufs nachhaltigste ausgeschlossen. Keine Gnade mehr möglich vor dieser einen, einzigen, letzten Entscheidung!

All die gehässigen Leserbriefe gegen einen einzelnen Künstler, all dieser Abschaum der gesunden Volksmeinung, haben oft den Eindruck erweckt, wir alle wären in Bernhards Hand. Und wie sehr war er doch in unserer, als Kranker noch gezerrt vor den Burgtheater-Vorhang, damit man ihn leibhaftig anschauen konnte!

Wie kein anderer hat dieser zornige Mann an sie, diese österreichische Gesellschaft, geglaubt, wie der Kranke ja auch mit verzweifelterer Wut zu den Gesunden hinüber möchte, gerade weil sie ihm dauernd das Gefühl geben, nicht mehr zu ihnen zu gehören und ihn, diese schreckliche Möglichkeit ihres eigenen Seins, abzustoßen suchen. So affirmiert Bernhard die Gesellschaft in seiner Rolle als Kritiker, als Schablone des Kritikers schlechthin, gerade indem er sie kritisiert, die doch längst sein Lebensinhalt geworden ist.

Der auch schon gestorbene Dichter Reinhard Prießnitz hat Bernhard einen „Herrn" genannt, und das sei seine Rolle gewesen. Der junge Thomas Bernhard schon hat diese sogenannte gute Gesellschaft leidenschaftlich studiert, um zu ihr gehören zu dürfen, und je mehr er tatsächlich zu ihr gehört hat, um so mehr hat sie ihm gehört, und er hat sie schütteln, zerreißen dürfen, nur um letztlich von ihren Klauen zerrissen zu werden.

Denn wer zu verzweifelt zu ihr zu gehören sucht, den stößt sie zuallererst aus. Diese Söhne und Töchter der Provinz, unter der Peitsche römisch-katholischen Terrors und der Nazi-Stammtische, immer schon haben sie die komplizierten Rituale der herrschenden Klasse Wiens studiert: beim Knize oder bei den Grabenjuwelieren einkaufen und auf dem Kohlmarkt spazierengehen! Als dürfte man, wenn man nur die Regeln gut genug kennt, auch wirklich am Ort seiner Wahl unbehelligt existieren.

Aber bei der Preisverleihung sitzt der Dichter unerkannt mitten im Publikum, und der Herr Mitglied der Akademie hat Mühe, ihn inmitten der vollbesetzten Reihen zu erreichen. Und da alle so gemütlich sitzen, müssen sie aufstehen, um den Laureaten herauszulassen, wobei sie giftige, durchbohrende Blicke auf ihn richten, weil sie ja aufstehen müssen, ihn durchzulassen: „Ich selbst hatte mich in den Käfig gesperrt."

Wem fällt da nicht die zweite große Dichterin aus der Provinz ein, die Bachmann, der Thomas Bernhard in der „Auslöschung" ein schönes Denkmal gesetzt hat? Nur hat die Bachmann, eine Frau, von der Gesellschaft als dem allergrößten Mordschauplatz gesprochen, in der die „Todesarten" variieren mögen, aber entkommen kann keiner. Eine Frau kann das gar nicht anders wahrnehmen. Thomas Bernhard war verurteilt, als seine Heimstätte ansehen zu müssen, was er doch endlos verachten mußte.

Die beiden Artikel im profil über Thomas Bernhard ragen hinaus über alles, was anläßlich seines Todes geschrieben wurde, ausgenommen Franz Schuhs Nachruf im „Falter". Zentnerschwer Elfriede Jelineks Satz über Bernhard: „Es ist von den Dingen die Rede, aber sie sind es nicht!", tonnenschwer der Satz von Sigrid Löffler: „Er empörte und amüsierte mit folgenlosen Aufreizungen – und bestätigte damit die schlechten Verhältnisse in ihrer Verächtlichkeit", eine ebenso harte wie richtige Einsicht: Der Staatsfeind Bernhard, maßgeschneidert für die Bedürfnisse dieses Staates, der Moralist Bernhard, ununterbrochen angefeuert von der herrschenden Moral. Dennoch: Die meisten Schriftsteller bringen es nicht einmal dazu.

Michael Scharang
Wien

Leserbrief, profil, 6.3.1989

Die Bachmann hat sich den Ort, an dem sie hätte wohnen können, zum Schluß mit ihrer verbrannten Hand nicht einmal mehr imaginieren können. Thomas Bernhard hat den seinen mit Leblosigkeiten angefüllt, mit Junggesellenmaschinen, auch mit den Bruchstücken alter Tassen, die, ihres ursprünglich philosophischen Inhalts längst entleert, nur mehr zu bloßen Hülsen von Philosophen und Philosophien taugen, bis zum letzten Fetisch, dem Denken selbst. Es ist von den Dingen die Rede, aber sie sind es nicht! Ähnlich den berühmten Hitchcockschen Mac Buffins, jenen Gebilden (auch Denkmodellen), die in den Filmen Hitchcocks niemals näher erklärt werden, aber doch den Angelpunkt der Handlung jeweils ausmachen, bevölkern riesige Kegel den dunklen Wahn von Bernhards literarischen Welten, nie geschriebene Biographien von Komponisten, weitverzweigte Abhandlungen, die ihre Verfasser am Leben erhalten, solange er schreibt, auch wenn keiner weiß, worum es in ihnen geht, intrikate Krankengeschichten oder auch nur das virtuose, unerreichbare Spiel eines großen Meisters des Klaviers, überhaupt dieser männliche Fetisch schlechthin: die Meisterleistung, das Höchste, Größte, Einzigartige, das man nie wird einholen können. Und doch: Die Akademie, die dem Dichter ihren Preis verliehen hat, hat ihn mitten im Publikum, wo er gesessen ist, gar nicht erkannt. Die Ministerin hat während der Verleihungszeremonie laut schnarchend geschlafen. Nachher hat sie plötzlich gerufen: Wo ist denn der Dichterling? Die Bachmann ist verbrannt. Thomas Bernhard ist sein Leben lang erstickt.

profil, 20.2.1989

Ein junger Komponist soll zu Johannes Brahms gekommen sein, um ihm einen Trauermarsch aus Anlaß des Todes des Komponisten X zur Ansicht vorzulegen. Nachdem der Meister das Werk geprüft hatte, knurrte er den jungen Mann an: „Mir wär's lieber, Sie wären gestorben, und X hätte den Trauermarsch geschrieben." An diese Anekdote hat vielleicht so mancher beim Lesen von Elfriede Jelineks Nachruf auf Thomas Bernhard gedacht.

Inge Marko
Wien

Leserbrief, profil, 27.2.1989

Elfriede Jelinek: [...] In Österreich sind die Reaktionen auf meine Arbeit entweder Verachtung, Auslöschung oder Nicht-Wahrnehmung.
profil: *Aber nicht, weil Sie eine Frau sind – das riskiert hierzulande jeder provokante Künstler, ob Mann, ob Frau.*
Aber als Frau bin ich dem österreichischen Literaturbetrieb nicht einmal eine Auseinandersetzung wert. Der Thomas Bernhard wurde zwar angespuckt und beschimpft, aber seine Stücke werden aufgeführt und in einer verdienten Weise sehr, sehr ernst genommen. Aber ich habe in Österreich nie das Gefühl, auch nur ernst genommen zu werden. Wenn ich dem Peymann vorhalte, daß er unpolitisch ist, dann schmettert er diesen Vorwurf mit einer Verachtung ab, wie man eine Fliege erschlägt.
Wundert Sie das? Den Leuten ist ein radikaler Anspruch unheimlich. Macht denn nicht jede Art von Radikalität angst?
Inzwischen mir selbst auch. Als profil meinen Nachruf auf Thomas Bernhard veröffentlicht hatte, erschien im folgenden Heft ein Leserbrief. Da schrieb eine Frau sinngemäß, es wäre ihr lieber, ich wäre gestorben und Bernhard hätte den Nachruf geschrieben. Das heißt doch eindeutig, daß die Schreiberin mir den Tod wünscht. Als ich das las, ist mir wirklich elend geworden – vor derart krasser Aggressivität. Das hat mich wirklich schockiert. Das ist ja keine Kritik, das ist ein Vernichtungswunsch.

aus: Sigrid Löffler: Ich mag Männer nicht, aber ich bin sexuell auf sie angewiesen. profil, 28.3.1989

Emma, Februar 1991

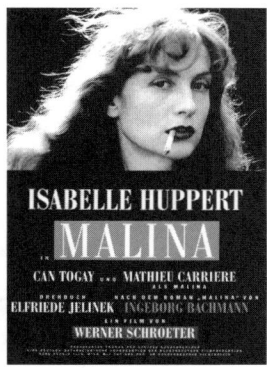

„Malina" – Plakat des Films
(Kuchenreuther Filmproduktion)

Der Krieg mit anderen Mitteln – *Elfriede Jelinek*
[...] Der Ausgangsort der Dichterin ist Kärnten, jenes österreichische Bundesland, das wie ein Katapult auch schon andere Dichter und Denker von sich geschleudert hat. Es muß auch von Ortlosigkeit die Rede sein. Nicht von Heimatlosigkeit, denn das Wort Heimat ist schon besetzt, es wird am liebsten von jenen (wie auf einer riesigen Weinkost) genießerisch im Mund herumgewälzt, die – gewiß rein „daitsche" Kärntner – den alles Bestehende verewigenden unsichtbaren Gamsbarthut wie einen Heiligenschein um den Kopf schweben haben, während sie anläßlich des alljährlichen Bachmannwettbewerbs der neuen Preisträgerin die sogenannte Sinnfrage stellen. Kärnten, das Bundesland, das seinen slowenischen Bürgern immer noch die ihnen zustehenden Rechte verweigert. Laut Aussage von Altbundeskanzler Kreisky hat er in Kärnten die größte Nazi-Demonstration nach dem Krieg erlebt.
Ingeborg Bachmann hat den Einmarsch von Hitlers Truppen als die größte Katastrophe, als das „Entsetzliche" schlechthin in Klagenfurt erlebt, als einen „zu frühen Schmerz", wie sie ihn „in dieser Stärke später überhaupt nicht mehr hatte." Sie hat diese größte nicht nur Menschen-, sondern Kulturvernichtungsmaschinerie und ihr brutales „Brüllen, Singen, Marschieren" als Aufkommen erster Todesangst erfahren.
Was die Dichterin aus dieser zerstörten Kultur, aus der daraus resultierenden „Unkultur" zu retten versucht hat, ist ihre Zunge. Eine der wenigen geretteten österreichischen Zungen, die auf den verbohrten Provinzialismus von „Musikantenstadln" mit schöner Weltläufigkeit geantwortet haben, darin etwa einer Djuna Barnes (auch eine mit altösterreichischen Wurzeln) ähnlich. Als Bewohnerin eines Grenzlandes, mit der benachbarten italienischen und der slowenischen Sprache (aus der sie zum Teil selbst herkam), schrieb sie als eine der wenigen schon in den fünfziger Jahren eine Art kosmopolitischer Literatur. [...]

Die schwarze Botin 21 (1983)

[...] Ja, und was liest jetzt der Herr Bayerische Kultusminister, der was G. F. den Jean-Paul-Preis verliehen hat? Die „Dachauer Hefte", Friedrich Torberg und ähnliches liest er, laut Umfrage der Münchner *Abendzeitung*. Und wem hat G. F. ihren Preis gestiftet? Der Manès-Sperber-Stiftung hat sie ihn gestiftet. Brav. Wenn ich so etwas in noch so winzigen, geradezu homöopathischen Dosen eingeflößt bekomme, kann ich schon sehr viel mehr kotzen, als ich heute gegessen habe.

Elfriede Jelinek
Wien

Leserbrief, die tageszeitung, 26.11.1993

Intervention Österr. AutorInnen

Auch mit Ingeborg Bachmann und ihrem Verhältnis zu Österreich setzt sich Elfriede Jelinek wiederholt auseinander. 1983 schreibt sie für „Die schwarze Botin" einen Essay über Bachmann, den sie 1991 für die „Emma" überarbeitet.
1990 verfaßt sie auch das Drehbuch zu Werner Schroeters Bachmann-Verfilmung „Malina".
Zu einer anderen österreichischen Schriftstellerin äußert sich Jelinek kritisch. Als Gertrud Fussenegger, die dem Nationalsozialismus nahestand, am 26.10.1993 in München vom bayrischen Kultusminister den Jean-Paul-Preis erhält, nimmt Jelinek in einem Leserbrief an die „tageszeitung" dazu Stellung.

46 Intervention
Österr. AutorInnen

Zur österreichischen Schriftstellerin Elfriede Gerstl hat Jelinek eine besonders enge Beziehung. Gerstl ist in Sachen Mode eine Ansprechperson, aber auch Gerstls Biographie, die Verhinderung ihres Heimisch-Werdens in Österreich, ist für Jelinek ein Thema. Jelinek nimmt darauf Bezug in ihrem Beitrag über Gerstl für die „Frankfurter Anthologie" der „Frankfurter Allgemeinen Zeitung" im Juni 1993 mit dem Titel „Ein- und Aussperrung". Auch in ihrer Laudatio für Elfriede Gerstl anläßlich der Verleihung des Erich Fried Preises, den sie ihr als alleinige Jurorin 1999 zuspricht, geht sie darauf ein. Den Dichter Erich Fried selbst würdigt Jelinek anläßlich seines Todes im November 1988 in einem Statement für die „Arbeiter Zeitung".

←
Elfriede Gerstl über
Elfriede Jelinek
Seite 56

Wer ist denn schon
– *Elfriede Gerstl*

wer ist denn schon bei sich
wer ist denn schon zu hause
wer ist denn schon zu hause bei sich
wer ist denn schon zu hause
wenn er bei sich ist
wer ist denn schon bei sich
wenn er zu hause ist
wer ist denn schon bei sich
wenn er zu hause bei sich ist
wer denn

Falter 24/1992

Elfriede Jelinek und Elfriede Gerstl
Foto: Herbert J. Wimmer

Ein- und Aussperrung – *Elfriede Jelinek*
Sie bezweifeln nie, daß sie zu Hause sind, denn dort haben sie sich ihr Essen gekocht. Wo die Knochen auf den Boden gefallen sind, diesen bedeckend bis zu den Knöcheln in glänzenden Schuhen, dort, wissen sie, ist der heimische Herd, in dem sie immer wieder andere verheizt haben. Daher gehört ihnen alles mehr als den anderen. Sie sind mehr bei sich, denn nirgends ist es schöner als bei sich, um in sich bei sich zu sein, also doppelt zu sein. Das Eigene müssen sie nicht lernen, denn sie, nur sie haben es ja selbst hergestellt. Und daß sie dieses Eigene vor den Fremden behüten, macht sie, so denken sie, um so heimischer. Je mehr sie das denken, um so fester sitzen sie in sich, wie festgewachsen. Dieses Land, das der Dichterin das Heimischwerden so lang versagt hat, sie um den Preis ihres Lebens aus dem Boden reißen wollte, ruht so besonders gut in seiner Geschichte, breit thront es da, eingegraben, eingebraten wie Erdäpfel, oder dieser eingeborene Sohn Gottes, auf den es sich fortwährend zornig beruft, denn es hat sich immer schon in sein geschichtliches Wesen gefunden, das Land, indem es dieses Wesen verleugnet, verdrängt hat.

Daß die Gerstl, die 1932 in Wien geboren wurde, mit dem, was sie seit langem und immer wieder sagt, hier nicht heimisch werden durfte, daß ihr jahrzehntelang niemand die Möglichkeit zum Sprechen gegeben hat, bis sie ihr eigenes Sagen nur mehr als Ver-Sagen zu begreifen gezwungen war, machen das Land und seine Kulturbetriebsamen damit gut, daß sie auch jetzt nicht heimisch werden darf, daß sie in der Öffentlichkeit als Sprechende nicht zählt, wo doch nur die Gebührenzahler der öffentlich rechtlichen Verunstalter, zur Gebührlichkeit verzerrt, von den Bildschirmen herunter niemanden als sich selbst anglotzen; aber wenigstens in sich, da darf sie brav ruhen, die Gerstl, solang sie ruhig ist. Gehören tut das Land den Machern, den Schaffenden, die in ihm zu Hause sein dürfen, weil sie es unaufhörlich wieder in Besitz nehmen, in einer ununterbrochenen Aktion Landnahme mittels Landwurst und Landpomeranzen, für die auf den papierverklebten Scheiben der Supermärkte geworben wird, nur damit man nicht nach drinnen sehen kann, wo die Waren hocken, diese persönlichsten aller Erlebnisse, die den Ländlern geboten werden können.

Das Draußen, das Aus-sich-Herausgehen ist der Dichterin nicht gestattet gewesen, das jüdische Kind Elfriede Gerstl hat sich in einem abgedunkelten Raum jahrelang vor den Nazis verstecken müssen. Die Wirklichkeit ein Riß in der Verdunkelungsgardine. Das war das einzige Bei-sich-Sein, das ermöglicht war, bei Strafe der Entheimung. Die Bajonette haben hinter dem Kohlehaufen im Keller nach ihr gestochert; sie ist damals doch noch davongekommen. Ist ihre Stimme gerettet worden, nur damit später jeder behaupten kann, er hätte sie nicht gehört? Was für ein geschicktes Vaterland, das die einen in die Geschichte hineinschickt, damit sie verschwinden, nur ja nicht wieder zurückkehren, und die anderen, damit sie immer wieder aufs neue Geschichte zu machen versuchen, in der immer andre umkommen. Das Leben der Dichterin ist eh nur geborgt von damals, wo sie es vor diesen Unguts-Herren verwirkt hatte. Die Türen der Heimat öffnen sich weit und lassen die Darsteller, die sich selbst darstellen und sonst nichts, heraus und verschlucken das Dargestellte, das nicht nur sich selbst meint, weil es kein Selbst sein durfte und darf. Nur das Dargestellte, das sich selbst meint, darf vorgezeigt werden auf den Festspielen in Salzburg und sonstwo, wo nicht jedermann hin darf.

Hier weist die Heimat sich vor und verlangt, daß man sie kaufe. Es gibt sie nicht, die Dichterin, und es gibt, obwohl einige kleine Bände mit Gedichten und Prosa erschienen sind, auch ihr Werk nicht, da es sie einmal schon nicht geben durfte. Was nützt es denn, im Werk zu wohnen, wenn man selbst am Herkunftsort, in Wien also, als unbekannt registriert ist? Hier sind nur die Strick- und Wirkwaren, die wir aus unserer Geschichte hergestellt haben, bekannt, denn sie sitzen fest in uns und auf uns. Die Gerstls dürfen in ihrem Grund, der uns gehört, nicht zu Hause sein. Sie ist wohl nicht ganz bei sich, wenn sie glaubt, sie kann hier was mieten.

Frankfurter Allgemeine Zeitung, 26.6.1993

Plakat des Erich Fried Symposiums und Preises 1999

Arbeiter Zeitung, 24.11.1988

Elfriede Jelinek, Schriftstellerin
Ich habe Erich Fried sehr verehrt. Einerseits war er jemand, der immer für Versöhnung eingetreten ist. Andererseits hat er etwa bei der Eröffnung des Brucknerfestes in Linz sehr klare und deutliche Worte gegen Bundespräsident Waldheim gefunden. Bei aller Bereitschaft zur Versöhnung war er doch nicht korrumpierbar, war versöhnend, aber nicht versöhnlerisch. Außerdem hat Erich Fried mitgeholfen, die Lyrik populär zu machen.

Fried und die zwei Elfrieden

Im Akademietheater bekam die Wiener Dichterin Elfriede Gerstl am Sonntag den Erich-Fried-Preis. Die Jury: Elfriede Jelinek allein.

Ein literarisches Familienfest, wie Wien es schon lang nicht mehr gesehen hat. Zwei Büchnerpreis-Träger im Publikum: Ernst Jandl, Arnold Stadler. Eine Büchnerpreis-Gewinnerin am Rednerpult: Elfriede Jelinek. Sie hat (laut Statut) in Alleinverantwortung den mit 200.000 Schilling dotierten Erich-Fried-Preis der verehrten Freundin Elfriede Gerstl zugesprochen.

Auch die auf Lyrik spezialisierte Salzburger Trakl-Preis-Jury erinnerte sich erst heuer, sehr spät also, der 1932 geborenen Dichterin, die als jüdisches Kind in einem finsteren Wiener Versteck die Verfolgung überlebt hat. Später Lorbeer für ein literarisches Schaffen, das in den bitterarmen Nachkriegsjahren begann und noch heute verläßlicher materieller Subsidien enträt. Elfriede Gerstls Nebengewerbe ist der Altkleiderhandel, freilich schon mit vielen nostalgischen Schmocks als Kunden. Während Elfriede Jelinek ihre Laudatio sprach, „Super-Gedichte, scharfe Essays" lobte sowie „die unheimlich präzise Fragmenthaftigkeit" ihrer Texte, lief auf einer Video-Wand eine Modenschau mit Models und Fetzen aus den dreißiger, fünfziger Jahren.

Die Jelinek spielte als Lobrednerin virtuos und betroffen mit dem Gedanken ans Sterben, an den Tod, sie lenkte die Zuhörer an ihrer Sprachleine in die Ferne, wo kein Hauch von Heimat weht – und zurück ins bedrohliche Wien. Hier wollen beide nur „das Flüchtigste". „Ein auf Füßen gehendes Gedicht" nannte sich die fragile Elfriede Gerstl und fragte: „Wer ist denn schon zu Hause bei sich?" Kein Kunstkanzler, Kunststaatssekretär ließ sich blicken. Ein Literaturbeamter überreichte den Preis und warnte vor dem Faschismus gestern, heute, morgen. h.

Die Presse, 29.11.1999

48 | Intervention
Österr. AutorInnen

Am 23.6.1995 beanstandet der Kultursprecher der FPÖ Michael Krüger im Parlament, daß die Kunstabteilung unter Leitung von Rudolf Scholten 314.000 Schilling Steuerschulden von H. C. Artmann mit öffentlichen Geldern getilgt habe. Die Steuerschulden waren durch eine rückwirkende Besteuerung einer staatlichen Ehrenpension entstanden. In seiner Rede an die Nation vom 30.6.1995 kritisiert Jörg Haider, daß „die Steuerzahler Schriftstellern und Staatskünstlern, die zu Steuerschuldnern werden, aus der Bredouille helfen müssen, weil sie alles beim Branntweiner gelassen haben" (zitiert nach: Die Presse, 7.7.1995). Aus Solidarität mit dem Schriftsteller veranstaltet das „Komitee für H. C. Artmann" am 7.7.1995 im Wiener Literaturhaus ein „Fest für und mit H. C. Artmann". Elfriede Jelinek, die dem Komitee angehört, nimmt daran teil.

Foto: Martin Vukovits

Elfriede Jelinek mit Peter Turrini, Rudolf Scholten, Robert Schindel und H. C. Artmann beim „Fest für H. C. Artmann" im Wiener Literaturhaus am 7.7.1995

„Warum ich H. C. Artmann liebe"
Das „Fest für und mit H. C. Artmann" war eine poetisch-politische Solidaritätskundgebung

„Wer Artmann eine Grube gräbt, fällt selbst herein", ließ Gerhard Rühm grüßen. Freunde, Kollegen, Politiker – Sympathisanten im wahrsten Wortsinn – waren Freitag abend ins überfüllte Wiener Literaturhaus gekommen, um ihre Solidarität mit H. C. Artmann zu bekunden.

Und nicht nur die Solidarität. Liebe, Verehrung, Respekt und Dank sprachen aus den kurzen Wortspenden, die im Beisein des sichtlich gerührten Dichters beim „Fest mit und für H. C. Artmann" abgegeben wurden. Inszeniert wurde es als Zeichen gegen Jörg Haiders Angriffe auf den prominenten Dichter.

„Warum ich H. C. Artmann liebe" erklärte ein poetisch angewandter Minister Scholten. „Warum ich ohne Artmann nicht leben kann" erläuterte Peter Turrini, und Elfriede Jelinek erwies „einem der bedeutendsten Dichter unserer Sprache, der seit den 50er Jahren von Leuten angepinkelt wird, die ihm nicht bis zum Knie reichen", ihre Verehrung. Dem Wunsch aller Anwesenden gab Peter Rosei Ausdruck: „Ich hoffe, daß Haider mit dieser Schweinerei einen riesigen Fehler gemacht hat und das der Beginn einer Trendwende ist."

Mit den Worten „Die Ehrenbürgerschaft sollte dort landen, wo sich die Ehre schon befindet" stellte Peter Pilz dem Wiener Dichter diese Auszeichnung für den Herbst in Aussicht. Der dann selbst als „erste männliche Glücksfee" in der „1. Literaturpreistombola" fungierte. Aus einem Topf mit den Namen von 58 Autoren unter 35, die in den letzten zwei Jahren mindestens ein literarisches Buch publiziert hatten, zog er einen. Die Tirolerin Stefanie Holzer erhielt so den 1. „Artmannschen Vagantenpreis" in der Höhe von 50.000 Schilling „aus Steuergeldern".

Anita Pollak

Kurier, 8.7.1995

[...] So hat es erst unlängst einen grandiosen Akt von österreichischer Verpackungskunst abgesetzt, als sich die De-facto-Staatskünstler Peter Turrini und Elfriede Jelinek vom Bochumer Ignorantenstadel des Burgtheaterchefs Peymann in schier unwandelbarer Nibelungentreue hinter ihren Spießgesellen Scholten und dessen nobler Begleichung von mehrjährigen Steuerschulden für einen wohlgelittenen Schriftsteller gestellt haben. Wenn die Herrschaften dabei aus eigenen Taschen zusammengesteuert hätten, um die drei-, vierhunderttausend Schilling Steuerschulden des H. C. Artmann zu regeln, dann wäre das gewiß eine feine Tat von Solidarität gewesen. Sie haben aber nur den Theaterdonner vollführt – während sie die Begleichung der Rechnung den Steuerzahlern überlassen haben. Das ist dann jene Verpackungs- und Vernebelungskunst, wie sie bei uns daheim so gern und oft betrieben wird.

aus: Staberl: Verhüllungskunst in Österreich. Neue Kronen Zeitung, 12.7.1995

In den Wind gereimt
Der Club der geist'gen Landsverräter,
die Väter linker Attentäter,
die Jelinek-Turrini-Gilde,
die heben nun auf ihre Schilde
den Artmann, Nestor der Poeten,
weil ihn die Haider-Leute schmähten.
Sonst hätten s' ihn beinah vergessen,
doch jetzt geht's um das Jörgl-Fressen!
Aus diesem Grunde kam der Beste
nun endlich auch zu seinem Feste.
Wolf Martin

Neue Kronen Zeitung, 10.7.1995

→
Wolf-Martin-Gedichte
Seite 112

„In den Waldheimen und auf den Haidern" – so nennt Elfriede Jelinek 1986 ihre Rede zur Verleihung des Heinrich-Böll-Preises, in der sie sich kritisch mit Österreich auseinandersetzt. Das Österreich der achtziger und der beginnenden neunziger Jahre wird von zwei Ereignissen geprägt: von der Wahl Kurt Waldheims zum österreichischen Bundespräsidenten (und den sich daraus ergebenden Debatten über den Umgang Österreichs mit seiner Vergangenheit) und dem Aufstieg Jörg Haiders zum Parteichef der FPÖ. Jelinek verarbeitet in ihren Texten diese Ereignisse: so die Wahl Waldheims in ihrem Theatertext „Präsident Abendwind" (1987), so Österreichs „kollektiven Willen zur endlosen Unschuldigkeit" in ihrem Essay „Die Österreicher als Herren der Toten" (1991). Während „Präsident Abendwind" erst 1992 in Österreich wahrgenommen wird, werden Jelineks Essays unmittelbar nach ihrem Erscheinen in der Öffentlichkeit heftig diskutiert. JournalistInnen, Intellektuelle und PolitikerInnen melden sich zu Wort, um Jelinek zu attackieren oder aber zu verteidigen.

Konfrontation

Waldheim-Affäre

Wie andere österreichische KünstlerInnen und Intellektuelle protestiert auch Elfriede Jelinek gegen die Wahl Kurt Waldheims zum österreichischen Bundespräsidenten.
Am Vortag seiner Inauguration (8.7.1986) findet unter dem Motto „Waldheim ist nicht unser Bundespräsident" eine Demonstration statt. Elfriede Jelinek richtet in diesem Zusammenhang eine Grußadresse an Waldheim. Beim „steirischen herbst" 1986 verfaßt Jelinek gemeinsam mit der Regisseurin Ulrike Ottinger, die Jelineks „Begierde und Fahrerlaubnis" inszeniert, einen offenen Brief an Kurt Waldheim. Der Bundespräsident wird darin aufgefordert, der Eröffnung des „steirischen herbstes" fernzubleiben. Dieser Brief wird von 20 AutorInnen aus verschiedenen Ländern mitunterzeichnet.

←
„Begierde und Fahrerlaubnis" in Österreich: Aufführungsverzeichnis
Seite 166

Basta: *Womit hat dich das Jahrzehnt am meisten erfreut?*
Elfriede Jelinek: Mit der internationalen Ächtung Waldheims. Ich erinnere mich an das Geschrei der ÖVP-Politiker: „Das wird sich alles beruhigen, in 14 Tagen redet keiner mehr davon." Und der Mann ist bis zum heutigen Tag wie ein faules Ei, das niemand in die Nähe seiner Nase bringen will. Wenn man das jüdische Museum in Amsterdam besucht, findet man am Schluß der Liste der Geächteten den Namen Waldheim. Das hat mich am meisten gefreut.

aus: Heinz Sichrovsky: Watchlist der Verachtung.
Basta, Dezember 1989

Künstler des steirischen herbstes protestieren gegen Waldheim

Einige Künstler des steirischen herbstes haben in einem Brief Bundespräsident Kurt Waldheim aufgefordert, nicht an der Eröffnung des Festivals teilzunehmen. Unterzeichner sind Gert Jonke, Peter Waterhouse, Ingeborg Podehl, Ulrike Ottinger, Jürg Laederach und Elfriede Jelinek.

Wörtlich heißt es in dem Schreiben: „Sie haben ihre Vergangenheit vergessen. Wir würden gern vergessen, daß Sie der österreichische Bundespräsident sind."

Die Presse, 18.9.1986

Die innerösterreichische Debatte um Waldheims Glaubwürdigkeit dürfte sich mit seiner Amtseinführung keineswegs erledigt haben, ebensowenig wie die Auseinandersetzung um Österreichs Rolle im Dritten Reich, um die gescheiterte und verschlampte Entnazifizierung und um das Verhältnis zur alten österreichischen Krankheit des Antisemitismus. Diese österreichische Selbstbefragung hat sich an der Figur des Wahlkämpfers Waldheim entzündet. Sie verstummt nicht, bloß weil der Wahlkämpfer sein Ziel erreicht hat. Im übrigen ist Waldheim tatsächlich, wie eine Wiener Zeitung schrieb, ein „Präsident auf Bewährung".
Vieles war bei der Angelobung dieses Bundespräsidenten anders als bei allen vergleichbaren Gelegenheiten in der Zweiten Republik. Nicht nur war es zum erstenmal eine „Amtsübergabe unter Lebenden" – bis auf Rudolf Kirchschläger sind alle österreichischen Bundespräsidenten seit 1945 im Amt verstorben; nicht nur hatten sich die Sozialisten damit abzufinden, daß zum erstenmal ein Kandidat in dieses Amt eingeführt wurde, den nicht sie dafür vorgesehen hatten. Vor allem ist Kurt Waldheim der erste Bundespräsident, gegen den eine starke Minderheit im Lande, darunter viele Künstler und Intellektuelle, schwere Vorbehalte hat und diese auch deutlich äußert.
Schon am Vorabend von Waldheims Inauguration fand vor der Parteizentrale der Volkspartei (ÖVP) eine Demonstration gegen Waldheims international notorische Geschichtsvergeßlichkeit statt.
Die Schriftstellerin Elfriede Jelinek hatte dem neuen Staatsoberhaupt eine sarkastische Grußadresse gewidmet:
„Wir glauben keineswegs, daß Sie je ein Nazi waren, aber wir sehen, daß Sie sich während Ihres Wahlkampfes fortwährend zu einem gemacht haben. Je mehr Sie zugeben, desto mehr haben Sie sich entlarvt als Kumpel der antisemitischen Stammtischgröler, der augenzwinkernden Judenhasser, der renommiersüchtigen alten Kriegshelden, die ihrer schönsten Zeit als Eindringlinge in fremde Erde immer noch nachtrauern. Diese Pflichterfüller, zu denen wollen Sie gerne gehören, zu denen gehören Sie jetzt. Für immer."

aus: Sigrid Löffler: Ein Holzroß auf dem Stephansplatz. Die Zeit, 18.7.1986

Krieg und Lieben
Über den „steirischen herbst '86"
– Peter von Becker

[...] *2. Akt, Schauspielhaus innen:* Vor dem geschlossenen Vorhang steht ein Rednerpult, die ganze Bühne ist von oben höllisch rot angestrahlt – auswärtige Beobachter halten das möglicherweise für höhere Ironie, während Einheimische darin den vorherrschenden Ton der Landesfarben erkennen. Vom Dritten Rang, in dem insbesondere Schriftsteller und andere Künstler untergebracht sind, ist ferner zu erkennen, daß etwa ein Viertel der knapp 600 Plätze des Hauses leer bleiben. Wie ich die Künstler, unter ihnen Elfriede Jelinek und noch einige Absender des Offenen Briefes, auf das Höllenpodest in der Tiefe herabblicken sehe, scheint mir, Österreichs unbeirrbarer Präsident werde hier wohl für eine Rolle in der neuen Thomas-Bernhard-Komödie „Die Masochisten" vorsprechen. Zunächst freilich tritt der stellvertretende steirische Landeshauptmann (= Vizepräsident) als Schirmherr des Festivals auf – wie Morpheus aus der Unterwelt. Bei ersten Grußworten an den Höchst-Umstrittenen noch leichtes Getöse, dann gnädiges Gedöse. Bis zum nächsten Auftritt:
Aus der Kulisse, von links Der Präsident. Kein Mucks im Haus. Waldheim adressiert die anwesenden Honoratioren, ein scheinbar zerstreutes Zögern nur bei der Erwähnung des „Herrn Intendanten ... äh" dieses Festivals, grad so, als könne er sich nach den Namen all der anwesenden Politiker nicht auch noch den Herrn Dr. Dingsda merken, der bloß für den künstlerischen Anlaß als zuständig gilt. Eine meisterhafte kleine Absenz des großen Erinnerungskünstlers, die dem betroffenen Festivalintendanten Peter Vuijca und allen anderen wahrhaft eine Lehr-Sekunde über Politik und Kultur, über Hofherren und Hofnarren beschert.
Und Waldheim, schon mit seinem Eröffnungszug in Führung gegangen, setzt sofort nach: In Österreich, das werde ja im In- und Ausland von modernen Zeitgenossen häufig nur mit Verwunderung festgestellt, „legt man offenbar besonders großen Wert auf die Vergangenheit" – an dieser Stelle verschlägt's nun selbst den ersten Lachern den Atem. Aber Waldheim beherrscht auch diesen kühnsten Coup, meint, dieses Land schaue eben nicht nur zurück, sondern auch entschlossen in die Zukunft, und schon mit der nächsten Volte hat sich das selbst so genannte Staatsoberhaupt an die Spitze zugleich der Tradition und des Fortschritts gesetzt. [...]

Theater heute 11/1986

Im Juni 1987, ein Jahr nach der Wahl Waldheims zum Bundespräsidenten, halten österreichische Intellektuelle eine Mahnwache vor dem O5-Zeichen – dem Symbol für österreichischen Widerstand in der NS-Zeit – am Wiener Stephansdom ab.

„Wir können nicht wissen, wie wir uns damals verhalten hätten, aber wir wissen, wie wir uns verhalten hätten sollen. Wir ehren die Helden des österreichischen Widerstandes, wir gedenken der Opfer", steht auf dem Flugblatt, das Elfriede Jelinek an Passanten verteilt. „Darum stehen wir hier, vor dem Zeichen O5 am Stephansdom, einem Symbol des Widerstandes." Die Schriftstellerin zählt zu den vielen antifaschistischen Künstlerinnen und Künstlern, die die Mahnwache rund um die Uhr bereits aktiv unterstützt haben.
Photo: Newald

Volksstimme, 23.6.1987

Konfrontation
Waldheim-Affäre

Anläßlich der Wahl Kurt Waldheims zum österreichischen Bundespräsidenten im Jahr 1986 verfaßt Elfriede Jelinek das Dramolett „Präsident Abendwind". Das Stück, das im Juli 1987 im Berliner Literaturhaus uraufgeführt wird, ist eine Paraphrase auf Johann Nestroys Posse „Häuptling Abendwind". Eine weitere Inszenierung findet 1988 in Bonn statt. In Österreich ist „Präsident Abendwind" erst am 20.11.1992 am Tiroler Landestheater in Innsbruck zu sehen. Eine Hörspielfassung des Stücks (Regie: Gerd Krogmann), bei der Jelinek als „Reporterin" die Regieanweisungen liest, wird am 30.11.1992 auf Bayern 2 gesendet. Im Juni 1993 ist dieses Hörspiel erstmals auch in Österreich auf Ö1 zu hören.

←
„Präsident Abendwind"
in Österreich:
Aufführungsverzeichnis
Seite 166

Elfriede Jelineks Hörspiele
im ORF
Seite 164

Jelineks Waldheim-Drama
KURT W.
der Kannibale

Seine Unsterblichkeit ist zwar längst gewährleistet. Doch tut Elfriede Jelinek gern ein übriges und widmet Kurt Waldheim ein Dramolett nach Nestroy. Lesen Sie alles über „Präsident Abendwind", den Kannibalenhäuptling von Großjuhu.

FOTOS: TERRY LENNOX

Basta, Mai 1988

2. Akt

Abendwind auf einem Podium. Vor ihm ein Fernsehapparat, mit dem Bildschirm zu Abendwind gewendet. In einiger Entfernung einige Wilde mit Transparenten, auf denen wenig Schmeichelhaftes für Abendwind steht. Ottilie sitzt neben ihrem Vater.

Abendwind: Werte Mitbürger, ich bins, euer zukünftiger Präsident. (*Gejohle vom Fernsehapparat*) Und darf ich vorstellen: die Früchte sind reif.
Ottilie: Grüß Gott! Die Kornkammern sind voll. Die Wahl is a gmahte Wiesn. Wo anders is das Essen teurer. (*Gejohle vom Fernsehapparat*)
Abendwind: Ich spreche jetzt zu euch, liebe Inselbewohner, doch habe ich vergessen, was ich ursprünglich sagen wollte. (*Gejohle*)
Ottilie: (*leise*) Du wolltest sogn, Pappa, daß du ein Präsident für alle Großjuhuer sein wirst! Groß und klein, alle seind dein! Gonz egal, wie der einzelne schmecken tut.
Abendwind: (*laut*) Ich mechte ein Präsident sein für alle Großjuhuer … (*furchtbares Gejohle, Pfeifen*) Mein Volk will mir nicht zuhörn. Es is schier unbelehrbar. Ich lass es gleich verarbeitn und bestell mir ausm Katalog ein neuches von einer Nachbarinsel. De seind nicht so renitent. Lossn si leichter regirn.
Ottilie: Erscht holst du sie aus die Wälder. Und hernach hauns dich dafür in die Goschn.
Abendwind: Ohne mich tatns sich gegenseitig als ein Roher auffressn. Durch mein Wurstimperium werns immerhin zu ana Paschtetn nach Pariser Art verkocht. Zu was brächte ich denn die scheensten Opfer? (*Gejohle*)
Ottilie: Pappa, vielleicht zürnt dir dein Volk, daß du so viele gute fleißige Menschen in Dosen exportiert hast.
Abendwind: Das hab ich schier vergessen.
Ottilie: Wenn du es vergessen hast, dann hab ichs auch vergessn, Pappa. (*Gejohle*)
Abendwind: Die wern scho lernen, was ein Präsident is. Mir Wilden haben auch unsare Kultur.
Ottilie: Ich fürchte, sie hören dir nicht zu, Pappa.
Abendwind: Aber des Redenhalten is a alte indianische Gewohnheit. Und wie ich hör machens uns die Zivilisierten scho nach! (*Gejohle*)
Ottilie: Bravo, Papsch! Nur keine Angst nicht! Zuerscht fressen mir jetzt die Ausländer. Und nach der Wahl kommen dann die Inländer dran, die was du in deiner Kämpäin so scheen gemästet hast, damits dich ordentlich wähln tan. (*Gejohle*)
Abendwind: Nutzt aber nix! Mir scheints, die wollen mich nicht. Dabei hab ich mein Volk doch zum Fressen gern! Ka Nacht kann i mehr schlafn, weil ich sinnieren tu, wie ich sie am besten einkochen kenntat.
Ottilie: Was machen mir jetzat?
Abendwind: Ich habs vergessen.
Ottilie: Also i habs scho gfressn die Leit, die was dauernd was zum ausstallieren ham.
Abenwind: (*singt*)
Präsident sein das wär gut und fein

Ein Präsident ist nie allein?
Hab mein ganzes Volk gefressen
Und dann hab ich es vergessen
Kommt ein Gscherter übers Meer
Freß ich ihn, das ist nicht schwer.
Doch leichter noch als jedes Fressen
Fällt euerm Präsidenten das Vergessen
Ottilie: *(fällt in den Refrain ein)*
Doch leichter noch als jedes Fressen
Fällt euerm Präsidenten das Vergessen. *(wütendes Gejohle vom Fernseher)*
Abendwind: Ich bin ratlos, Töchterl.
Ottilie: Se seind undonkbor.
Abendwind: Dos seind fremde Elemente. So ein Fleisch konn man nur noch weghaun.
Ottilie: Seind gewiß hauptsächlich Ausländer in dieser Hetzmeute. Packens mirs ein für später? *(singt)*
die Sänge meiner Kindheit gib mir wieder
der Haimat siaße Lieder!
(sie jodelt ein bißchen)
Abendwind: I leid nix Fremds mehr! So a Bartholomäusnocht wär fein!
Ottilie: Ja, wer die Wahl hat, hat die Qual.
Abendwind: Mein Volk, grüß Gott, ich verspreche enk jeden Tag eine warme Mahlzeit aus unerwinschte Personen, die was aus dem Ausland zu uns kommen tan. *(Gejohle)* Mir lösen die Nahrungsfrage elegant, indem daß wir nicht fragen, wo die Nahrung her is.
Ottilie: *(schreit)* Seids doch gscheit, Leutln! *(Es fliegen Wurfgeschosse auf die beiden, die sich hinters Rednerpult ducken)*
Abendwind: Net indiskret sein! Tuts net herumstierln! Tuts mi net ärgern, sonst schmeckt mer nacher der bladeste Inländer nicht mehr!
Ottilie: Wo gehobelt wird, dort fallen Späne.
Abendwind: Wie man in den Wald hineinspricht, so hallt es von dorten wieder zurick. *(Gejohle)*
Ottilie: Bagage elendige!
Abendwind: Was wollte ich noch sagen? Ich habs schier vergessn. Gleich tu ich euch mit Mann und Maus ausrottn!
Ottilie: Saupattln elendige! *(Das Gejohle und Geschmeiße wird so schlimm, daß Abendwind samt Tochter flüchten muß. Sie rennen davon.)*

Elfriede Jelinek: Präsident Abendwind, Beginn des 2. Aktes.
Text + Kritik 117 (1993), S.8-10

Konfrontation
Waldheim-Affäre | 53

Der Standard, 23.11.1992

Jelineks Waldheim-Satire spät, aber doch auf der Bühne

Gewählt ist gewählt

"Präsident Abendwind" als kabarettistischer Ulk im Treibhaus Innsbruck

"Außerdem herrscht eine solche Angst davor, sich mit den Mächtigen anzulegen. Das rührt auch von dieser Subventionsvergabe her. Es gab zum Beispiel ein Waldheim-Dramulett [sic] von mir, das könnte man angesichts einer drohenden zweiten Wahlperiode spielen. Das war fertig als Waldheim Bundespräsident wurde. Natürlich spielte niemand es in Österreich. Es wurde in Berlin aufgeführt, wo man es gar nicht versteht. Das Stück ist eine Art Paraphrase auf ‚Häuptling Abendwind' von Nestroy. Daraus machte ich ‚Präsident Abendwind', ein Waldheim-Stück. Ich hab's dem Gratzer vorgeschlagen, aber das war ihm zuerst zu riskant, dann sagte er, es sei nicht mehr aktuell. Wer soll sich das trauen, wenn nicht ein kleines Theater. Aber die kleinen Theater haben wieder Angst, keine Subventionen mehr zu bekommen, wenn sie sich über das Staatsoberhaupt lustig machen."

Elfriede Jelinek (in: Die Bühne, Mai 1991)

zu erkennen als nur eine "Kämpäin". Und man wird es als programmatisch verstehen dürfen, daß es just Johann Nestroy ist, dessen dramatische und rhetorische Argumentationsmuster Elfriede Jelinek höchst kunstvoll adaptiert.

Grundierung

Anna Liebeneiner freilich in Innsbruck Regie schien dem nicht recht zu wollen, setzte mit beliebigen Accessoires einen und noch einen, löste schließlich scheinbar anachronistisch Jelineks in Fresco-Zucken auf. Ergebnis, daß Jelineks Biß und mit einem drollig Kabarett-Bilderbogen mehr nicht: zwar Oberflächentiefst österreichische Verstrung verlorengegangen, es kommt nun tatsächlich

Herles

Mit seinem "Gewählt ist gewählt" stammelt sich "Präsident Abendwind" durch das Lustreich des Opernballs. *Foto: R. Larl*

Böll-Preis-Rede

Am 2.12.1986 erhält Elfriede Jelinek den Heinrich-Böll-Preis der Stadt Köln. Die Urkunde wird ihr vom Kölner Oberbürgermeister Norbert Burger überreicht, die Laudatio hält Hellmuth Karasek. In österreichischen Medien erfolgen heftige Reaktionen auf Jelineks Dankes-Rede, die den Titel „In den Waldheimen und auf den Haidern" hat. Österreichische Intellektuelle melden sich zu Wort, um Jelinek zu verteidigen und gegen die Diffamierungen zu protestieren.

In den Waldheimen und auf den Haidern
– Elfriede Jelinek

Ich komme aus einem Land, von dem Sie sich sicher ein Bild gemacht haben, denn es ist bildschön, wie es so daliegt inmitten seiner eigenen Landschaft, die ihm ganz gehört. Sicher haben Sie schon Bilder davon gesehen. Das Land ist klein aber mein, und seine Künstler dürfen in ihm wohnen, falls man sie läßt. Denn in Österreich wird kritischen Künstlern die Emigration nicht nur empfohlen, sie werden auch tatsächlich vertrieben, da sind wir gründlich. Ich erwähne nur Rühm, Wiener, Brus, die in den sechziger Jahren das Land verlassen haben. Ich erwähne nicht Jura Soyfer, der im KZ ermordet worden ist, denn das ist zu lang vergangen und daher zu lang schon vergessen und, vor allem, vergeben, denn uns verzeiht man einfach alles.
Und dem Thomas Bernhard hat der zuständige Minister (nicht der Gesundheitsminister) empfohlen, aus sich einen „Fall" für die Wissenschaft zu machen. Er hat nicht die Literaturwissenschaft gemeint. Gegenstände für die Hirnforschung sollen wir Künstler also werden, weil wir zuvielen schönen Dingen, die in Österreich passieren, entgegenstehen. Was hätte Heinrich Böll darüber geschrieben?
So haben Polizisten den Peter Handke aus einer Salzburger Telefonzelle gezerrt. So ist Achternbuschs Film „Das Gespenst" verboten worden. Heinrich Böll hätte gewiß etwas dazu gesagt.
In den Waldheimen und auf den Haidern dieses schönen Landes brennen die kleinen Lichter und geben einen schönen Schein ab, und der schönste Schein sind wir. Wir sind nichts, wir sind nur was wir scheinen: Land der Musik und der weißen Pferde. Tiere sehen dich an, sie sind weiß wie unsere Westen, und die Kärntneranzüge zahlreicher Bewohner und deren befreundeter Politiker sind braun und haben große Westentaschen, in die man viel hineinstecken kann. So sieht man sie in der Nacht nicht allzu deutlich, diese mit dem Geld befreundeten Politiker und deren Bewohner (das Wahlvolk, das Volk ihrer Wahl, das die Politiker in ihren Herzen herumtragen), wenn sie wieder einmal slowenische Ortstafeln demolieren gehen. Viele von ihnen würden, nach eigener Aussage, gern noch einmal nach Stalingrad gehen, wenn sie nicht die ganze Zeit damit beschäftigt wären, die Kommunisten im eigenen Land zu bekämpfen. Heinrich Böll hätte hier sehr viel gesagt, aber man hätte es ihm erst erlaubt, nachdem er den Nobelpreis bekommen hat. So wie sich kaum jemand ernsthaft bemüht hat, einen Elias Canetti nach Österreich zurückzuholen, denn Juden haben wir zwar so gut wie keine mehr, aber immer noch zuviele. Und ab und zu nehmen sich „ehrlose Gesellen vom jüdischen Weltkongreß" (Originalzitat aus einer Rede des Generalsekretärs der großen österreichischen Volkspartei) ihrer an, obwohl wir doch gar nichts tun außer fremde Betten für den Fremdenverkehr beziehen und daher auch niemals etwas getan haben.
Wir wollten doch nur ein bißchen in deutschen Betten liegen, wer hätte uns das nicht gönnen wollen? Aber wir sind es nicht gewesen, und daher hat man uns - im Jahre 1955 selbstverständlich oder wann dachten Sie denn? - auch ordnungsgemäß befreit! Wir sind überhaupt die Unschuldigsten und sind es daher auch immer gewesen. Jetzt ist ein Literaturstipendium nach Canetti benannt, Hauptsache, er selbst bleibt fort. Dann führen wir ihn sogar im Burgtheater auf, vorausgesetzt seine Stücke sind nicht zu lang. Grüß Gott.
Wir müssen uns nur im richtigen Moment klein machen, damit man uns nicht sieht, wie wir grade unsere Weine pantschen; wir müssen uns nur im richtigen Moment

noch kleiner machen, damit man uns nicht sieht und auch unsere Vergangenheit nicht, wenn wir Bundespräsident, also das Höchste was es gibt, werden wollen. Und wir müssen uns im richtigen Moment auch groß zu machen verstehen, damit wir in die Weltpresse hineinkommen, und zwar selbstverständlich positiv, denn wir leben ja wirklich in einem schönen Land, man kann es sich anschauen gehen, wann immer man will!

Auch ich gehe jetzt dorthin zurück, vorher bedanke ich mich aber noch sehr herzlich für meinen Preis und gedenke liebevoll und traurig dessen, nach dem er benannt ist. Ich wollte, ich könnte ihn - Heinrich Böll - mitnehmen, er hätte bei uns viel zu tun.

SPRÜCHE

„In Österreich wird kritischen Künstlern die Emigration nicht nur empfohlen, sie werden auch tatsächlich vertrieben – da sind wir gründlich."

Elfriede Jelinek, Trägerin des Heinrich-Böll-Preises, in ihrer Österreich-Rede bei der Verleihung in Bonn.

Kurier, 5.12.1986

Humbert Fink meint

Die Beschimpfung

Die Beschimpfung Österreichs gerade durch seine angesehensten Literaten geht weiter. Nach Thomas Bernhard, Peter Handke und Peter Turrini hat jetzt Elfriede Jelinek in ihrer Dankesrede für den ihr zuerkannten Heinrich-Böll-Preis in Köln einige Aussagen über den moralischen und kulturellen Zustand Österreichs gemacht, die wie Salz in offenen Wunden brennen. Von den braunen Trachtenanzügen der Österreicher und ihrer Politiker war die Rede. Und von den großen Taschen in diesen Anzügen, „in die man einiges hineinstecken kann". Und daß die Österreicher nichts sind, sondern nur das, was sie zu sein scheinen.

Natürlich hat diese Rede – wie zuvor schon die Angriffe Handkes, Bernhards und Turrinis – nicht nur in den Kulturseiten der großen deutschen Zeitungen ein dementsprechendes Echo gefunden. Die Österreichbeschimpfung hat immerhin seit längerem schon Konjunktur; und jede neue Nuance, jeder neue Angriff liefert den ausländischen Kommentatoren Material für ihre manchmal vernichtenden, manchmal mitleidigen Analysen eines Landes, das scheinbar hoffnungslos in Antisemitismus, Neofaschismus und dumpfe Phäakenhaftigkeit verstrickt ist.

Wodurch hat sich Österreich eine solche Beurteilung (Aburteilung) durch seine eigenen Poeten eigentlich verdient? Und wo bleiben die Gegenstimmen, die etwa davon sprechen, daß hier eine größere Meinungsvielfalt, eine umfassendere Meinungsfreiheit herrscht als in manchem westlichen Land? Sind wir tatsächlich so rückständig, vertrottelt und niederträchtig, wie das jene Autoren behaupten, die sich inmitten dieser Rückständigkeit, Vertrottelung und Niedertracht dem Anschein nach ganz wohl fühlen? Oder ist es einfach modisch und eines Applauses immer wert, sich bei dem Land, darin man geistig wurzelt, mit Prügel zu bedanken?

Neue Kronen Zeitung, 9.12.1986

Konfrontation
Böll-Preis-Rede

Dieser Humbert Fink, eine Leuchte des „kulturellen Österreich", ist nämlich nicht nur Chef der „Kärntner Krone", sondern einmal wöchentlich auch Kolumnist der gesamtösterreichischen „K.-Z.". Als solcher fühlt er sich natürlich von

BEFINKUNG

der angeblichen „Beschimpfung Österreichs" betroffen, weil er gemeint ist: „Nach Thomas Bernhard, Peter Handke und Peter Turrini hat jetzt Elfriede Jelinek in ihrer Dankesrede für den ihr zuerkannten Heinrich-Böll-Preis in Köln einige Aussagen über den moralischen und kulturellen Zustand Österreichs gemacht, die wie Salz in offenen Wunden brennen." Und was brennt da wie Salz in den offenen Wunden des Fink? Das: „Von den braunen Trachtenanzügen der Österreicher und ihrer Politiker war die Rede. Und von den großen Taschen, ‚in die man einiges hineinstecken kann'."

Wahrlich schlimm, so eine Pauschalbeschuldigung – wenn sie so ausgesprochen worden wäre. Elfriede Jelinek sagte aber wortwörtlich ganz anderes: „Land der Musik und der weißen Pferde. Tiere sehen dich an. Sie sind weiß wie unsere Westen. Und die Kärntner Anzüge zahlreicher Bewohner und ihnen zugehöriger Politiker sind braun und haben große Taschen, in die man einiges stecken kann." („Volksstimme", 4. Dezember 1986.)

Die Jelinek sprach also gar nicht von den „Trachtenanzügen der Österreicher" schlechthin, sondern ausdrücklich von jenen speziellen „Kärntner Anzügen", deren Farbe ja, laut Jörg Haider, das einzig Braune an Jörg Haider ist. Aber so präzise Aussagen sind dem berüchtigten Vielschreiber trivialer Gemeinplätze Humbert Fink wohl zu hoch. Also legt er noch ein denunziatorisches Schauferl nach und behauptet frech, die Jelinek hätte gesagt, „daß die Österreicher nichts sind, sondern nur das, was sie zu sein scheinen".

Auch das hat Elfriede Jelinek so nicht gesagt, wie der Fink es in seiner primitivierenden Entstellung darstellt, sondern: „In den Waldheimen und auf den Haidern dieses schönen Landes brennen die kleinen Lichter und geben einen schönen Schein ab. Und der schönste Schein sind wir. Wir sind nichts. Wir sind nur, was wir scheinen."

Der Juror und Zensor vom „Klagenfurter Legasthenikertreffen" ist also wieder einmal von der literarischen Satire überfordert.

aus: Kilian Hupka: Befinkung. Volksstimme, 19.1.1987

Konfrontation
Böll-Preis-Rede

Herzlichen Dank für Ihre vernünftigen Worte zu Elfriede Jelinek und „preisgekrönter" Literatur wie auch für Ihre sonst oft so wohltuenden Stellungnahmen. [...]

Philip Seidler
1100 Wien

Leserbrief, Kurier, 22.12.1986

Es ist primär nicht wichtig, was ich von Elfriede Jelinek halte. Aber die Art und Weise, wie Sie Kritik üben, ist unseriös und mieser Schmutzjournalismus.
Niemals kann man einem Werk gerecht werden, wenn man auszugsweise Stellen herausnimmt, aus dem Zusammenhang reißt und wahllos in den Raum stellt.
So kann man das beste Werk verunglimpfen…

Eva Pichler
1130 Wien

Leserbrief, Kurier, 22.12.1986

Ich habe und hatte nicht die Absicht, dem Werk der Elfriede Jelinek „gerecht" oder „ungerecht" zu werden. Ich bin kein Literaturkritiker.
Ich habe lediglich versucht, in ihren Büchern Anhaltspunkte für die Wesensart einer Frau zu finden, die pauschal ein ganzes Volk verunglimpft.
So fand ich Brechreiz, Gespeibsel, Pisse – was man gemeiniglich als „Schmutz" bezeichnet.
„Schmutz"-Journalismus? Natürlich, wenn man derlei beschreiben muß…

S[ebastian] L[eitner], Kurier 22.12.1986

SEBASTIAN LEITNER

MENSCHLICH GESEHEN

Die Österreicherin Elfriede Jelinek ist Anfang Dezember in Köln mit dem Heinrich-Böll-Preis geehrt worden – eine hohe, mit 175.000 Schilling dotierte literarische Auszeichnung.
Und dabei hielt sie eine Rede, in der sie wieder einmal auf Österreich losdrosch. Denn hier „wird kritischen Künstlern die stem Werk abgedruckt wurde. Es heißt „Oh Wildnis, oh Schutz" und ist (laut Löffler) „eine radikale Abrechnung mit dem natur- und naziverbundenen Österreich".
Ich probiere zu lesen: „Die Managerin steckt sich den Finger in den Hals. Das von der Försterin peinlich gepflegte Klobecken

Das Gespeibsel der Elfriede Jelinek

Emigration nicht nur empfohlen, sie werden auch tatsächlich vertrieben…"
So schlimm kann das nicht sein. Elfriede bleibt uns vorerst erhalten.
Von „vielen" unserer Mitbürger sagte sie in Köln, sie würden „gern noch einmal nach Stalingrad gehen, wenn sie nicht die ganze Zeit damit beschäftigt wären, die Kommunisten im eigenen Land aufzuspüren."
Womit sie den idiotischen Spruch eines einzelnen Haider-Anhängers zur angeblichen Volksverblödung verallgemeinerte: Von den 300.000 Soldaten in Stalingrad sind nämlich nur 9000 aus der Gefangenschaft zurückgekommen – wer will schon dort wieder hin?
Frau Jelinek schriftstellert mit Erfolg, und die „profil"-Kritikerin Sigrid Löffler nennt sie begeistert „die ingrimmigste und erbarmungsloseste Autorin, die Österreich je gegen sich aufgebracht hat".
Weshalb, gleich neben dieser „Kritik", eine Leseprobe von Jelineks neue- schlägt über ihren Kopf zusammen…"
„Sie hat Schweißflecken unter den Achseln der Seidenbluse, die sie seit zwei Tagen nicht gewechselt hat…"
„Ihre Speiseröhre kocht von der heißen heiligen Brechmasse…"
Oder: „Die Braven in ihren Maulwurfslöchern… Sie sondern träumerisch Sekrete ab, aber Taten sind von ihnen nicht zu verlangen… Sie stellen sich hinter die Sträucher und pissen vor sich hin, das heißt, sie zeigen endlich Flagge…"
Doch ist es die Flagge der „Dichterin", die hier gezeigt wird – der „Stoff", aus dem sich ihre Träume formen: „Die Klomuschel, der Brechreiz, ihr Gespeibsel, ihr saurer Achselschweiß und ihre Pisse – der Sado-Masochismus, die sie quält, der Ekel vor sich selbst.
Sie ist die typische Vertreterin einer Literatengeneration, die sich so mies fühlt, daß sie auch alles rundum mies machen muß.
Die Frau tut mir eigentlich leid.

Kurier, 12.12.1986

Ein Kolumnist des „Kurier", der auf „Spießig gesehen" spezialisiert ist, nahm die Verleihung eines großen bundesdeutschen Literaturpreises an Elfriede Jelinek zum Anlaß, aus ihrem umfangreichen, ironisch-kritischen Werk einige Stellen auszuwählen, um seiner Lesergemeinde vorzuführen, wie man etwas auf konservativ-polemische Weise nicht verstehen kann. In anprangernder Absicht sollte das „Gespeibsel der Elfriede Jelinek" („Kurier" vom 12. Dezember 1986) als gemüts- und nestbeschmutzend dargestellt werden.
Wie ein Oberpornojäger auch bei Joyce und anderer avancierter Lektüre immer nur seine Reizwörter, nämlich Unzüchtiges, ausmachen könnte, kann der Kolumnist nur seine Reizwörter wahrnehmen. Von Pisse, Schweißflecken und anderen Körperausscheidungen war die Rede, böse, drastische Wörter, wie er findet, die zensuriert gehörten. Wie eine altmodische Sozialisationsmethode Kinder anweist, nur das rechte „schöne" Handerl zu reichen und das linke „böse" zu verstecken, so möchte der Kolumnist in bekannter konservativer Borniertheit von den Literaten nicht das gesamte Spektrum der Erscheinungen unserer Welt thematisiert sehen, sondern nur das ihm schön erscheinende, was immer das sein mag.
Diese Weltsicht aus der Perspektive der „Senioren-Club"-Sendung wird ihm bei seiner Lesergemeinde gewiß Zustimmung gebracht haben, aber die hätten sowieso keine Jelinek gelesen, geschweige denn verstehen wollen. Gelobt sei also der Kolumnist: erstens für die Werbung, die er unfreiwillig betreibt, denn in österreichischen Tageszeitungen wird ernstzunehmende Literatur nur in Form von Skandalisierungen zur Kenntnis gebracht (auch vom rüstigen Kolumnisten der „Krone" wurde vor Jahren ein Gedicht von Gerhard Rühm abgedruckt, was nie geschehen wäre, wenn keine „unanständigen" Wörter drin vorgekommen wären), zweitens gehört er dafür gelobt, daß er so sicherer wie frühzeitiger Indikator dafür ist, wie die Literaturwelt ausschauen soll, wenn die konservativen Wunschvorstellungen Wirklichkeit werden. Während sich andere Redakteure des Kurier (z. B. der Literaturredakteur) zu fein und weltläufig fühlen, derlei konservativen Mief rauszulassen, haben sie im Spezialisten „Spießig gesehen" einen, der verläßlich die Dreckarbeit macht.

Elfriede Gerstl: Gelobt sei der Kolumnist. Falter 4/1987

Konfrontation
Böll-Preis-Rede

Daß die begabtesten Künstler Österreichs sich mit dem großkoalitionären Stillhaltemief, auf dessen Boden reaktionärste Haiderkräutlein um so smarter sprießen können, so gar nicht abfinden wollen, paßt den Konservativen so gar nicht ins Konzept. Daß sie — wie zuletzt Elfriede Jelinek mit dem Böll-Preis — auch noch im Ausland Gehör und Anerkennung finden, entlockte Sebastian Leitner im „Kurier" eine Glosse („Das Gespeibsel der Elfriede Jelinek"), in der er sich seinen illiteraten Kopf über Stoffwechselprozesse zerbrach.

Herr Leitner, Sie tun mir leid!

Da haben Sie wieder einmal die Gruft der beheimateten „Kulturkritik" geöffnet, Herr Sebastian. Gratuliere Ihnen zu Ihrem „menschlichen Sehen", Sie können wohl nicht anders. Jüngst haben Sie sich noch über Peter Turrinis Bemerkungen zum österreichischen Fremdenverkehr erbost, und jetzt hat es Ihnen Elfriede Jelinek, die Trägerin des Heinrich-Böll-Preises, angetan.

Was hat Sie diesmal so erbost, daß Sie schon wieder „menschlich sehen" (was wohl soviel wie rotsehen bedeutet?) Zuerst scheint es mir die Tatsache zu sein, daß Elfriede Jelinek einen Preis in der Höhe von 175.000 Schilling erhalten hat, denn das steht am Anfang Ihrer Kolumne. Aber es kann doch nicht der persönliche Besitzneid sein, der sich da über Ihr journalistisches Gewissen gelegt hat, immerhin schreiben Sie ja für eine stattliche Anzahl von Lesern, Herr Sebastian?

Ich lese weiter. Bravo, Herr Sebastian! Um gleich einmal Vertrautheit mit den Tatsachen zu zeigen, bezeichnen Sie die Schriftstellerin Elfriede Jelinek als „Elfriede". Diese Vertrautheit zieht zwar, ist aber nicht mehr „in". Überzeugen Sie sich doch einmal bei Ihrem Kollegen, dem Meisterrieder Jeannée, vom Konkurrenzblatt: Der hat die „Etikette" wiedergefunden und bewahrt die Umgangsformen.

Daß Sie mit Elfriede Jelineks Rede zur Preisverleihung nichts anfangen können, ist mir schon klar. Aber daß Sie so danebenhauen müssen...

Bis Stalingrad war es ein weiter Weg, und den gingen einige der von Elfriede Jelinek Angeführten ganz gerne noch einmal — und nicht nur Ihr „einzelner Haider-Anhänger", der übrigens nach Moskau und nicht nach Stalingrad will.

Aber so genau nehmen Sie es ja doch nicht, wie ich beim Weiterlesen bemerke. Das jüngste Buch der Elfriede Jelinek heißt „Oh Wildnis, oh Schutz vor ihr" und nicht „Oh Wildnis, oh Schutz". Wer Ihnen da wohl die diversen Zitate herausgesucht hat, mit denen Sie der Elfriede Jelinek „Ekel vor sich selbst" vorwerfen, wenn Sie nicht einmal den Titel gelesen haben? Oder haben Sie das doch wörtlich und nicht nur „menschlich" gemeint:

„Ich probiere zu lesen": Dem Redakteur ist nichts zu schwör — und ich verspreche Ihnen, wenn Sie fleißig weiterüben, schaffen Sie es noch bis zum Titel!

Elfriede Jelinek ist bei Ihnen „die typische Vertreterin einer Literatengeneration, die sich so mies fühlt, daß sie auch alles rundum mies machen muß". Sie, Herr Sebastian, sind der typische Vertreter einer Journalistengeneration, die — jetzt wirklich menschlich gesehen und vorsichtig formuliert — dem Zeitungsleser das Leben mies macht.

Mit den besten Grüßen
Gerhard Moser

Volksstimme, 14.12.1986

Elfriede Jelinek ist nur eine Giftspritze! Die Leute in der BRD schmatzen genüßlich und zahlen für jeden Dreck, den die Österreicherin Jelinek kübelweise über Österreich ausschüttet, satte Silberlinge!

Marion Hammer
Wien

Leserbrief, profil, 5.1.1987

Daß der Jelinek der Heinrich-Böll-Preis (er ist auch gut dotiert) zuerkannt wurde, wurmt manchen Menschlichseher in Österreich. Ist es der Neid oder was ist's? Vielleicht ist es die Sache mit dem „Burgtheater" — und auch die sonstige Linkslastigkeit der Literatin, die sie zur Buhfrau machten. Apodiktisch kann gesagt werden, daß die Juroren in der Angelegenheit Heinrich-Böll-Preis keine literarischen Tschapperln sind, sie wissen sicher, warum sie wen für was auszuzeichnen haben. Allerdings könnte zusätzlich auch die Überlegung mitgewirkt haben, im Sinne der politischen Intention H. Bölls zu handeln, nämlich für sozial engagierte, progressive, antinazistische Schriftsteller eine Präferenz zu haben. Gerade diese Attribute sind bei der Jelinek reichlich vorhanden.

Hans Anthofer
Wien

Leserbrief, profil, 12.1.1987

Herr Menschlichgesehen, der offensichtlich wie Dagobert Duck nur das liest, was er selber schreibt, muß schon zur Aufrechterhaltung seines Selbstwertgefühls gegen alle Phänomene der Welt wüten, die er nicht kennt. So präsentiert er uns unter dem Deckmantel einer sogenannten „Menschlichkeit" das, was in Wahrheit schon längst wieder (oder noch immer?) als entartet gilt. Jaja, man muß den Anfängen wehren, nicht, Herr Leitner? Lieber gleich heute ein paar fortschrittlichen Schriftstellern den Mühlstein um den Hals als morgen ein Pogrom!

Elfriede Czurda
Schriftstellerin
Berlin

Leserbrief, profil, 5.1.1987

Konfrontation
Böll-Preis-Rede

Im Rahmen seines Lebenswerks, der Dauerkolumne „Menschlich gesehen", nimmt Sebastian Leitner eine Neueinschätzung der österreichischen Literatur vor.

HERZBLUT CONTRA PISSE

Von Michael SCHARANG[1])

„Wer hat da wen entehrt?" („Menschlich gesehen" kontra Scharang). Richtig, wer wen? Kritische Kunst mußte sich zu allen Zeiten gefallen lassen, „öffentlich getadelt zu werden", und wenn es sein muß mit „Mühlsteinen": „Ich schrieb im voraus, was aus Deutschland dann wirklich wurde. Man rechnete es mir an, als hätte ich es selbst angerichtet." (Heinrich Mann an Karl Lemke, am 27. Mai 1949.) Geschichte wiederholt sich angeblich nicht. Aber sie holt uns ein. Oder ab. Das Leben ist menschlich genug.

Marie-Thérèse Kerschbaumer
Schriftstellerin
Wien

Leserbrief, profil, 5.1.1987

Herr Scharang irrt, wenn er meint, daß nur Sebastian Leitner die schriftstellerischen – ganz zu schweigen von dichterischen – Qualitäten der Frau Jelinek geringschätzt. Die angebliche Minderheit hinter Sebastian Leitner scheint nur deshalb eine solche zu sein, weil es eben zu den Wesensmerkmalen der schweigenden Mehrheit gehört, daß sie schweigt. Um eine Minderheit handelt es sich nur insofern, als die Mehrheit der Bevölkerung Frau Jelinek überhaupt nicht zur Kenntnis nimmt. Von ihrer intellektuellen Unredlichkeit konnte sich jedermann überzeugen, der den im profil abgedruckten Auszug ihrer Rede bei Verleihung des Böll-Preises gelesen hat. Wer behauptet, der Hörsaal-Scheißer Brus und andere seien aus Österreich „vertrieben" worden, macht sich schlichtweg verächtlich.

Dr. Josef Handl
Zürich

Leserbrief, profil, 12.1.1987

Hast du gelesen, fragte mich ein Freund, als wir nach dem Begräbnis unseres Kollegen Hermann Schürrer den Ausgang aus dem Zentralfriedhof suchten, hast du gelesen, was der Menschlichgesehen heute im „Kurier" geschrieben hat?

Der Menschlichgesehen! Ich hörte diese Formulierung nicht nur zum erstenmal, doch zum erstenmal von einem sprachempfindlichen Menschen; deshalb war ich mir sicher, diese Wortschöpfung befinde sich auf bestem Weg, Sprachgebrauch zu werden.

Es ist eine alte Erfahrung, daß man einem Großmaul am besten begegnet, indem man es durch Nachsicht beruhigt. Es hätte keinen Sinn gehabt, Alexander ausreden zu wollen, er sei groß – so nannte man ihn halt um des lieben Friedens willen Alexander den Großen. Es hätte auch keinen Sinn, Sebastian Leitner zu erklären, es übersteige die menschliche Fähigkeit, alles und jedes stets menschlich sehen zu wollen – so nennt man ihn halt: Sebastian den Menschlichgesehen.

Leitner weiß freilich die ironische Nachsicht nicht zu schätzen, und ich bin der letzte, der ihm das vorwirft. Ein Journalist, der sein Lebtag nicht über den Chronikteil hinauskommt, der die Welt nur betrachten kann als jemand, der ewig durch die Finger schaut, der sich aus eben diesen Fingern pausenlos rührselige Geschichten saugen muß, ein solcher Journalist kann mit der Zeit nur unnachsichtig werden und verbittert.

Was Leitner darüber hinaus zum tragischen Fall macht: daß er nicht nur die Kolumne füllen, sondern das Füllmaterial auch irgendwie „menschlich" verpacken muß.

Wie – Adorno zufolge – der Sinn Reißaus nimmt, sobald die Sinnfrage gestellt wird, so ergreift die Menschlichkeit die Flucht, wenn sie publizistisch zur Zwangsarbeit verpflichtet werden soll.

Für Sebastian Leitner bleibt nur die Karikatur der Menschlichkeit zurück: die gute Tat jener Frau, die mit dem Taschenschweißbrenner die Pfote des Hundes aus dem Kanalgitter befreit; der selbstlose Einsatz jenes Mannes, der die Taube aus dem Ordensgewirr des Würdenträgers rettet. Nach jeder dieser Vorstellungen, in denen der Kolumnist die kümmerlichste Freundlichkeit als Humanität auftreten läßt, wächst sein Zorn auf jene, die einen nicht-inszenierten Zugang zur Menschlichkeit suchen, auf Schriftsteller zum Beispiel.

Sein jüngstes Opfer ist Elfriede Jelinek. Alles, was sich aufgestaut hat, seit Leitner sich vor einiger Zeit an Peter Turrini abreagierte, bricht in einer gewaltigen Explosion aus ihm hervor. Der auslösende Funke: der Böll-Preis für Jelinek. Kriegt eine für ihre literarischen Schandtaten auch noch Geld, kriegt sie's endgültig mit der menschlichen Sicht zu tun: Sie ist Dichterin nur mehr in Anführungszeichen; eine positive Meinung über sie ist Kritik nur mehr in Anführungszeichen; außerdem schreibt sie gar nicht, sie „schriftstellert". Worüber? Natürlich über „ihre Pisse", was klar aus dem Text hervorgeht, in welchem von einigen Leuten die Rede ist, die sich hinter die Sträucher stellen und vor sich hin pissen; eindeutig, daß die Autorin damit sich selbst charakterisiert; kein Zweifel, daß die Autorin sich selbst charakterisiert, wenn sie schreibt: „Die Managerin steckt sich den Finger in den Hals"; zutiefst berechtigt deshalb, daß Leitner die Arbeit der Autorin in die Formel zusammenfaßt: „Das Gespeibsel der Elfriede Jelinek." Schade nur, daß er sich den Titel des Buches nicht merken konnte, in dem diese Sauereien vorkommen.

Leitner ist, indem er mit seinem Herzblut anschreibt gegen die Pisse einer Schriftstellerin, ein Meisterstück zeitgenössischer Diffamierungskunst gelungen: Was Künstler in den Menschen und in der Gesellschaft entdecken und unerschrocken aussprechen, hängt ihnen der erschrockene Spießer, um unbefleckt zu bleiben von Einsicht, haßerfüllt als Mühlstein um den Hals. Leitner verteidigt so zwar seinen ersten Platz auf der Weltrangliste der Anständigkeit, allerdings um den Preis des Anstands.

Elfriede Jelinek, erfahren wir noch, sei „die typische Vertreterin einer Literatengeneration, die sich so mies fühlt, daß sie auch alles rundum miesmachen muß". Dieser Satz funktioniert nach einer Logik, über die nur jene entmündigte Minderheit nicht lacht, welche Leitner als schweigende Mehrheit hinter sich glaubt; und zwar nach dieser Logik: Es gibt Leute, die fühlen sich durch die verpestete Umwelt so gefährdet, daß sie auch alles rundum gefährden müssen.

Daraus, daß für ihn rundum noch alles in Ordnung ist, bezieht Leitner den Mut, Jelinek mit dem Vornamen anzusprechen: „Elfriede bleibt uns vorerst erhalten." Vorerst! Das heißt, befristet. Eine Drohung? Sebastian der Menschlichgesehen, der sich so vortrefflich auf eine Schriftstellerin einzuschießen versteht, hat offenbar vor, an der Literaturfront zu bleiben, bis sie begradigt ist.

Dann wird's zwar eine Front, aber keine Literatur mehr geben. ■■

Elfriede Jelinek ist für den Menschlichgesehen nur mehr Dichterin in Anführungszeichen. Außerdem „schriftstellert" sie doch nur

Foto: Christiano Tekirdali

---

[1]) Michael Scharang ist Schriftsteller („Die List der Kunst") und lebt in Wien.

profil, 22.12.1986

SEBASTIAN LEITNER

MENSCHLICH GESEHEN

Die österreichische Dichterin Elfriede Jelinek bekam vor kurzem in Köln den Heinrich-Böll-Preis – sie lebe hoch!

In ihrer bei dieser Gelegenheit gehaltenen Ansprache jedoch hat sie das Land, in dem sie wohnt, in keiner Weise hochleben lassen – die Rede war von A bis Z eine infame Österreichbeschimpfung.

Ich hatte sie deshalb kritisiert, wobei ich, weil eben auch die Kunst der Hinterlist in Augenschein zu nehmen, mit der sich eine Gruppe angeblich „fortschrittlicher" Künstler zu profilieren versucht – im Klartext: sich wichtig und bekannt machen will.

Die Zeiten, da dies mühelos gelang, indem so einer die große Notdurft auf einem Uni-Katheder verrichtete, die sind ja leider schon vorbei.

Weshalb sich etwa Thomas Bernhard, Peter Turrini, Elfriede Jelinek einer neuen Masche bedienen: der möglichst wüsten, möglichst unterschiedslosen Pauschalbeleidigung einer möglichst großen Zahl von Mitbürgern als Spießer, Sumper, Huren, Alpintrottel und Neonazi.

Solchen Reklame-Aktionismus nennen sie dann die „Freiheit der Kunst".

Ganz richtig – sie können, sie sollen sie haben, diese Freiheit. Ich würde für sie streiten, falls jemand sie ihnen nehmen wollte.

Doch müssen sie sich ebenso gefallen lassen, daß sie dafür auch öffentlich getadelt werden – und daß man ihnen (wie mir Scharang vorwirft) die eigenen Worte „als Mühlstein um den Hals" hängt, denn ist es ihr Stein.

Sie dürfen nicht erwarten, daß ihre Hinterlist gottgleich geachtet wird – nur weil sie sich „Künstler" nennen.

Kurier, 23.12.1986

Die Kunst der Hinterlist

kein Poet, aus ihrem dichterischen Wortschatz Ausdrücke entlehnte, die möglicherweise ihren Horizont verraten – das „Klobecken" zum Beispiel, in das sie eine von ihr geschilderte Dame erbrechen läßt.

Weshalb mich jetzt, im jüngsten „profil", Herr Michael Scharang auf die Mistgabel nimmt: Mir sei damit „ein Meisterstück zeitgenössischer Diffamierung gelungen..."

Diffamieren heißt entehren, aber: Wer hat da wen entehrt?

Und Scharang schreibt weiter, ein wenig konfus, daß „Leitner so zwar seinen ersten Platz auf der Weltrangliste der Anständigkeit verteidigt, allerdings um den Preis des Anstands".

Herr Scharang sei Schriftsteller, entnehme ich einer „profil"-Fußnote, und habe „Die List der Kunst" geschrieben.

Schade, ich kenne sie nicht, diese „List". Der Titel aber verleitet mich, einmal

---

Wer sein Gesicht verloren hat, der sucht sich ein neues. In solchen Situationen besinnen sich Österreicher gern darauf, daß sie einer Kulturnation angehören. In der Image-Offensive wurden Sängerknaben und Lipizzaner vom Mythos der Jahrhundertwende verdrängt – egal, ob Kraus oder Wittgenstein, ob Schnitzler und Schönberg oder Klimt oder Schiele, Hauptsache: berühmt und tot.

Mit den Lebenden läßt sich nämlich kaum Staat machen, zumindest dieser nicht. Künstler und Intellektuelle, die Kritik an den Zuständen im Lande, an der österreichischen Lebenslüge, üben, werden in die Kategorie der Nestbeschmutzer abgeschoben. So geschah es unlängst erst Elfriede Jelinek nach ihrer Rede zur Verleihung des Heinrich-Böll-Preises. „Sie ist die typische Vertreterin einer Literatengeneration, die sich so mies fühlt, daß sie auch alles rundum miesmachen muß", diagnostizierte der Verfasser einer täglich erscheinenden Kolumne „Menschlich gesehen". Bald darauf sah er sich genötigt, seine Diagnose auf andere Schriftsteller wie Peter Turrini und Thomas Bernhard auszuweiten, die ihren Mitbürgern gleichfalls aus purer Reklamesucht am Zeug flicken. Es gilt von alters her als Echtheitszeichen aller Kunst, auch der Übertreibungskunst, daß sie, zumal wenn sie in Frage gestellt wird, trotzig verborgene Wahrheiten ans Licht zieht. „Das Schweigen dieses Volkes ist das Entsetzlichste", heißt es in Thomas Bernhards „Auslöschung", „dieses Schweigen ist noch entsetzlicher als die Verbrechen selbst." Kein Zweifel: Nicht die „menschlich Sehenden" werden den Ruf Österreichs über die Zeiten retten – sogar über Zeiten wie diese –, sondern die Miesmacher.

aus: u.we.: Miesmacher. Frankfurter Allgemeine Zeitung, 8.1.1987

Wie „menschlich" die Journaille Kunst und Künstler dieses Landes betrachtet, ist empörend. Sind wir wieder einmal soweit: Bücherverbrennung und Bildersturm! Künstler, seid wachsam und solidarisch!

Helmut Kurz Goldenstein
Maler und Graphiker
Wien

Leserbrief, profil, 5.1.1987

Ich lese mit Erstaunen im „Kurier", daß Sebastian Leitner es gewagt hat, Michael Scharangs beschwingte Verteidigung der großen Österreicherin Elfriede Jelinek mit dem Argument zurückzuweisen, er wisse gar nicht, wer Scharang sei. Als Österreicher, der in Deutschland geboren und in England aufgewachsen ist, in Amerika studiert und den größten Teil seines Berufslebens in England, Frankreich, Italien und Kanada verbracht hat, kann ich Herrn Leitner versichern, daß die Bücher, Zeitschriften und Zeitungen aller dieser Länder sehr wohl wissen, wer Michael Scharang ist – aber niemals habe ich im Ausland den Namen Sebastian Leitner gehört oder gelesen. Vielleicht ist es dieser muffige Provinzialismus, der Herrn Leitner den Ausblick auf Künstler vom internationalen Format einer Elfriede Jelinek und eines Michael Scharang versperrt. Gott helfe der Alpenrepublik, wenn ihr Ruf von den Sebastian Leitners abhinge!

Prof. Dr. Ernest Borneman
Scharten

Leserbrief, profil, 12.1.1987

Konfrontation
Böll-Preis-Rede

Die „braven Leute", denen die Staberln, wohl nicht ohne Affinität, nach dem Mund reden, worauf die sich durch gleichgestimmte Leserbriefe ihrerseits bestärkt fühlen, lassen ihren Sadismus und ihre Lustfeindlichkeit, ihren Ekel, Neid und Minderheitenhaß nicht ohne Grund mit Vorliebe an unangepaßten Künstlern aus. Dieser Grund ist: Wir alle tanzen auf einem vielkratrigen Vulkan, und es ist (nicht nur Österreichern) unangenehm, daran erinnert zu werden. Zum Schutz gegen dieses Memento haben wir vielerlei Lebenslügen, die wir so ziemlich als unser Kostbarstes hüten. Geradezu wie unseren zwar blinden Augapfel hüten wir die Illusion, daß es richtig ist, wie wir leben, und daß wir die klügsten und anständigsten Kumpel sind. Auch ich erschrak einst fürchterlich, als ich erkannte, daß ich dumm und schlecht bin. Wenn uns an dieses Dumm und Schlecht unseres Soseins und Solebens gelegentlich eine festliche Eminenz erinnert oder der Nobelchor reumütiger Atombastler, tragen wir es mit dicker Haut und dumpfem Muh, denn von so hoher Warte klein und häßlich zu sein, macht keine Komplexe. Auch ein gemütlich ohrenbeutelnder Humorist darf Krampus mit anschließendem Nikolaus spielen. Aber wehe, wenn so ein intellektueller Finsterling daherkommt und uns samt unserer Suhle, dem System, angeht, mit dem ernstlichen Wunsch, alles zu enthüllen und zu verändern. Da hilft nur, sich an die quasi schlechten Eigenschaften des Störenfrieds zu klammern: seine Parteisympathien, seine nicht apfelbäckige Gesundheit, seine Grobheit, sein Schweinigeln, seinen schockenden Federstrich, seine närrische Sprache. Die um so mehr, als wir irgendwo im ungelüfteten Stammhirn kapieren, daß auch sie eine Provokation zur Bewußtseinsveränderung ist. Und nur ja nichts verändern! Die von der Sprache, der Form her zu denken geben, werden auf dem nächsten Scheiterhaufen gerade so brennen, wie die von der Sache her aufrühren. Darum kann schon heute, im ersten Streichholzflackern, für die unangepaßten Intellektuellen, Schreibenden, Künstler, ob sie Realisten oder sonstwas sind, nur eines gelten: Solidarität.

Andreas Okopenko
Wien

Leserbrief, profil, 26.1.1987

```
GRAZER AUTORENVERSAMMLUNG
Schwertgasse 2/13
A-1010  W i e n
An den Chefredakteur
des KURIER, Dr. Günther WESSIG
Lindengasse 48-52
A-1070  W i e n                          Wien, den 24.Dezember 1986

Betrifft: "Menschlich gesehen" vom 23.Dezember 1986 in KURIER

Sehr geehrter Herr Chefredakteur!

Die Grazer Autorenversammlung protestiert entschieden gegen die
Verächtlichmachung von österreichischen Schriftstellern in der
Kolumne "Menschlich gesehen" vom 23.Dezember 1986.
Ein österreichischer Journalist, der einen Autor vom Range
Michael Scharangs nicht zu kennen vorgibt, müßte in einer ernst
zu nehmenden Medienlandschaft undenkbar sein. Das umfangreiche
Werk der Heinrich-Böll-Preisträgerin Elfriede Jelinek auf untypische
Stellen abzusuchen, decouvriert den Verfasser als in merkwürdiger
Weise auf die Thematik körperlicher Funktionen reduziert.
Mit dieser diffamierenden Häme bedient der Verfasser seine an
solche Kost gewöhnte Leserschaft. Seine journalistische Pflicht
zu Bildung und Information pervertiert er in der Verstärkung
weit verbreiteter Vorurteile.

                              Mit vorzüglicher Hochachtung
                              GRAZER AUTORENVERSAMMLUNG

Gleichlautend an: Chefredakteur des "PROFIL"
```

Protestbrief der Grazer Autorenversammlung an Günther Wessig, Chefredakteur des „Kurier", vom 24.12.1986

„Die Österreicher als Herren der Toten"

Die Österreicher als Herren der Toten
– Elfriede Jelinek

Die letzten Gemeinderatswahlen in Wien sind geschlagen. Sie haben gezeigt, daß wir, wieder einmal, gegen „die Anderen", die Fremden, gewonnen haben. Die rechtsradikale Freiheitliche Partei (FPÖ) hat ihre Stimmen, wie zuletzt auch schon in anderen österreichischen Bundesländern, verdreifachen können. Die Ausgrenzung hat funktioniert. Ein extrem populistischer, fremdenfeindlicher Wahlkampf hat Früchte getragen, die uns seit einiger Zeit schon verlockend vor dem Mund gehangen haben, jetzt dürfen wir sie endlich essen, wir und nur wir: So nah und doch so schwer zu fassen, weil wir auf Nichts gegründet sind, auf das Zunichtemachen von anderen. In den Staub unserer Volksmusik, unserer Mozartbeschwörungen und unserer walzertanzenden weißen Pferde sind wir endlos geworden. Unsere Identität beruht auf der Aufhebung fremder Identität. Und wenn wir nach ihr wühlen, wühlen in unseren beliebten Delikatessen, Sachertorte, Schlagobers, Apfelstrudel, finden wir immer nur: nichts, denn diese schönen Dinge, durch die wir uns von den anderen abzuheben trachten, sind in dem Augenblick in sich aufgehoben, fallen zu Null zusammen, da es den anderen durch unsere Schuld nicht mehr gibt: „aus Nichts ins Nichts. Hart zwischen Nichts und Nichts" (Kleist).

Der kollektive Wille zur endlosen Unschuldigkeit der Österreicher führt dazu, daß sie die Schuld – und sie muß, auf Natur und nichts sonst gegründet, eine Erbschuld sein, durch Geburt erworben – immerfort den anderen zuschieben, um sie ausgrenzen, vertreiben, vernichten zu können. Die Fremdenfeindlichkeit und der Antisemitismus, die beide in Österreich auf Natur zu gründen scheinen, mit solcher beinahe organischer Selbstverständlichkeit treten sie zutage, haben ein und dieselbe Wurzel. Sind Wiederholungen von etwas scheinbar feststehendem Gegebenen. Der österreichische Antisemitismus gründet ja vor allem im Katholizismus, in dieser österreichischen Staatsreligion (niemals habe ich in Österreich einen größeren Haß erlebt als damals beim Papstbesuch, als ein Betrunkener eine Flasche auf den Convoi des heiligen Reisenden geschleudert hatte), diesem allgemeinen Konsens, daß diese „Christusmörder" zu eliminieren seien, auch jetzt noch, da es so gut wie keine mehr gibt. Die neueste, soeben erschienene Studie zum österreichischen Antisemitismus hat das wieder einmal nachdrücklich bewiesen. Unter größten irrationalen Wutbezeugungen österreichischer Politiker, vor allem des Wiener Bürgermeisters, der kurz vor den Wahlen die Schändung jüdischer Gräber auf dem alten Wiener Zentralfriedhof als simplen „Lausbubenstreich" bezeichnet hat. Als wären diese Zerstörungsakte vergleichbar irgendwelchen juvenilen Aggressionsakten gegen Parkbänke oder andere öffentliche Anlagen. Zum Vergleich: In Frankreich ging, nach der Schändung des jüdischen Friedhofs von Carpentras, Staatspräsident Mitterrand an der Spitze des Demonstrationszuges.

Da wir unschuldig sind, müssen wir es auch immer gewesen sein. Das ist logisch. Die österreichische Staatsdoktrin, also eine Lüge, lautet: wir sind das erste von Hitler besetzte Land gewesen, und daher können nicht wir es gewesen sein, die dort auf dem Heldenplatz gejubelt haben, denn wir waren ja die ersten Opfer, und diejenigen, die von uns zu Opfern gemacht worden sind, die zählen nicht. Erst in diesem Jahr 1991 (!) hat Bundeskanzler Franz Vranitzky die österreichische Mitschuld an den deutschen Nazi-Verbrechen in einer Regierungserklärung offiziell zugegeben.

In Thomas Bernhards Theaterstück „Heldenplatz" hört die Mutter des jüdischen Mathematikprofessors, der sich aus dem Fenster gestürzt hat, die ganze Zeit über das

---

Im Auftrag der italienischen Tageszeitung „La Repubblica" schreibt Elfriede Jelinek im November 1991 einen Essay mit dem Titel „Infelix Austria". Dieser Essay erscheint auch in „The Guardian" und, unter dem Titel „De l'Autrichien comme seigneur de la mort", in „Libération". Der Text bezieht sich auf die Wiener Gemeinderatswahl vom 10.11.1991, bei der die FPÖ 22,5 Prozent der Stimmen erhält. In den folgenden Jahren überarbeitet Jelinek mehrmals den Text, der unter dem Titel „Die Österreicher als Herren der Toten" bzw. „Wir Herren der Toten" publiziert wird. Auf die Fassung von „Libération" reagiert in Österreich nicht nur die „Neue Kronen Zeitung", sondern auch die Frau des französischen Botschafters in Wien, die Schriftstellerin Catherine Clément. Auf Cléments Kommentar bezieht sich Jörg Haider in seiner „Erklärung anläßlich des Staatsfeiertages am 26.10.1993".

Infelix Austria

di ELFRIEDE JELINEK

La Repubblica, 14.11.1991

De l'Autrichien comme seigneur de la mort
PAR ELFRIEDE JELINEK

Libération, 2.12.1991

← Fassungen von „Die Österreicher als Herren der Toten": Bibliographie Seite 237

Geschrei der Massen unten, bis sie tot mit dem Gesicht in die Suppe fällt. Und da die Geschichtstragödie, aus der niemand etwas lernen wollte, sich ja unweigerlich als Farce wiederholen muß, haben die Menschen ein zweites Mal auf dem Heldenplatz geschrien, und zwar genauso laut: weil ein Schifahrer, Karl Schranz, von den Ausländern schlecht behandelt und auf der Olympiade disqualifiziert worden ist. Diese „Anderen", die wir nur in der sanktionierten Erscheinungsform des Touristen bei uns dulden können, haben unsere Unschuld nicht erkannt, und sie versuchen, uns fortwährend unsere Schuld vorzuhalten. Dafür müssen wir sie endlos wieder verjagen. Daß diese Anderen einfach da sind und bei uns bleiben wollen, macht sie schon zu Schuldigen. Wir ertragen eben nur uns selbst. Unendlich geht das weiter: wir vor den anderen, das Eigene vor dem Fremden. Das österreichische Bewußtsein, nie ein Einiges gewesen zu sein, sondern stets etwas Heterogenes, ein Völkergemisch, in dem immer das Deutsche das aggressivste Element gewesen ist (der große Sprach- und Kulturkritiker Karl Kraus hat schon zu Beginn der dreißiger Jahre darauf hingewiesen: daß die damals hauptsächlich sudetendeutschen Schreier unser aller Unglück sein würden), dieses Bewußtsein, dieser Wille zu einer Einheit, die es nie gebeben hat, hat zur totalen Abgrenzung gegen das Fremde geführt, das einfach nicht zu uns gehören darf. Und so hat ein grinsendes Bürschchen namens Jörg Haider, das angeblich besonders den Frauen gefällt und auf Volksmusikabenden wie in den Discos inmitten einer männerbündlerischen Schar von Komplicen ein paar gute Figuren abgibt, so hat dieser dumpf homoerotische Verein von gesunden Jungmännern mit gesunder Gesichtsfarbe und gesunden Ansichten, die ihnen wie Postkarten vor den Augen kleben (erst neulich hat er seinen Bodyguard zum Politiker gemacht), seine Stimmen gewonnen. Und vielleicht wird bald das ganze Land mit dieser Stimme, die man uns allen endgültig abgewonnen hat, sprechen. Der unselige Waldheim-Wahlkampf mit seinem „Wir sind Wir" und „Jetzt erst recht!" hat das möglich gemacht. Er war der entscheidende Schnitt in der österreichischen Nachkriegspolitik, ein Schnitt in einen schön braun gebackenen Kuchen. So soll das bloße Wohnen auf diesem Heimatboden als Zusammengehörigkeit all das ersetzen, was der Dichter Hugo von Hofmannsthal das „geistige Anhangen" nennt, durch das wir „zur Gemeinschaft verbunden sind". Jetzt genügt es also, daß wir einfach da sind, um die Anderen zu vertreiben. Und daß wir das schon einmal, und zwar in der brutalsten Katastrophe, die die Geschichte kennt, getan haben, spielt heute keine Rolle mehr. Wir sind wir, und wir bleiben da. Und am liebsten berufen sich diejenigen auf das Recht des Bodens, auf dem sie stehen, die diesen Boden den anderen verweigern. Die nicht einmal slawische Ortstafeln in Kärnten ertragen können, aber schon wieder gegen die „balkanesischen" Serben hetzen, die nicht mehr zu uns „Europäern" gehören. Die nackte Brutalität, die hinter diesem angemaßten Deutschtum und der verlogenen Solidarität mit den sogenannten „mitteleuropäischen" Slowenen steckt, die in Kärnten bis zur Ausmerzung ihrer Sprache und Kultur verfolgt wurden und werden, wird jedoch sehr schnell klar, wenn dem jungen Staat Slowenien das slawische Symbol des Fürstensteins auf seinen Geldscheinen unter lautem Gelärme verweigert wird, denn der Fürstenstein ist ja deutsch, wie wir alle immer gewesen sind und immer sein wollten, auch wenn wir die Sprache gar nicht beherrschen. Und wie schnell dieses neue kleine Land doch den deutsch-österreichischen Herrenmenschen gefolgt hat, so gehört es sich auch. Denen werden wir es schon zeigen! Peter Handke hat in seinem soeben erschienenen Essay „Abschied des Träumers vom Neunten Land" davon gesprochen, wie Ausgrenzung beginnt. Und wo sie endet.

So soll es diese deutsche Sprache sein, die die wenigsten in Österreich korrekt beherrschen, und je ungelenker sie sich ausdrücken, je gutturaler der ländliche Akzent zwischen den Lippen hervorstößt, um so gieriger krallen sie sich an diesem Deutschtum fest, als suchten sie, die Herren des Ungeists, im deutschen Geist ihre Rettung, auch wenn sie dazu in den Boden steigen müßten, wo die Toten liegen, die sie selber umgebracht haben. Aber es sind die Untoten, die dort liegen, und sie müssen immer wieder hervorgeholt werden, um mit ihnen sich selbst zum Leben zu erwecken. Als könnte diese vergötzte deutsche Sprache, indem man sie berührt, immer wieder ein neues Leben gewähren. „Die Sprache ist ein großes Totenreich, unauslotbar tief; darum empfangen wir aus ihr das höchste Leben" (Hofmannsthal). Und sind es die großen Toten, die eine Nation einigen, so sind es bei uns die Toten, die wir hergestellt haben, ist es die über slavische Felder gewehte Asche, sind es die Knochen der Ermordeten. Uns eint in Wahrheit das Nichts. Daher gehört uns ALLES.

Literaturmagazin 29 (1992)

Dieses Land hat in seiner Geschichte unablässig Tote produziert.
Autorin Elfriede Jelinek

Kärntner Tageszeitung, 27.6.1995

Unter der Überschrift „Elfriede Jelinek analysiert Haider" bringt eine Tageszeitung vom 13. 12. '91 einen Auszug aus der französischen linken Tageszeitung „Liberation" [sic] vom 2. 12. 1991. In diesem Artikel erlaubt sich Elfriede Jelinek, Dr. Jörg Haider als einen kleinen perversen Jungen mit erstarrtem Lächeln und seine Freunde als verdrängte homoerotische Gemeinschaft zu bezeichnen. Das erscheint mir als unerhörte Beschimpfung, der man entgegentreten muß.
Pervers wird lt. Duden mit geschlechtlich verkehrt, widernatürlich, verderbt und entartet empfindend definiert. Einer Sprachkünstlerin wie Elfriede Jelinek müßte diese Definition bekannt sein. Ist denn der Haß in linken Kreisen schon so groß, daß man als Österreicherin im Ausland das eigene Nest in solcher Weise beschmutzt? Mir erscheinen vielmehr die literarischen Werke von Elfriede Jelinek ganz diesem Genre zu entsprechen, ist es doch Mode geworden, daß uns diverse linksintellektuelle Künstler mit perversen Ergüssen beglücken.

Marlene Moser-Lanzenhofen
Klagenfurt

Leserbrief, Kleine Zeitung (Ausgabe Kärnten), 20.12.1991

Elfriede Jelinek analysiert Haider

Paris. – In den französischen Medien ist derzeit eine Kampagne gegen Österreich im Gange. Rundfunk und Zeitungen überbieten einander in grotesken Behauptungen. Seit Marie-Antoinette während der Französischen Revolution als „Österreicherin" unter der Guillotine sterben mußte, hat es so starke antiösterreichische Gefühle nicht mehr gegeben, stellen politische Beobachter fest.
Wie stets, wenn es gegen Österreich geht, wirken auch diesmal Österreicher kräftig mit. An der Spitze steht die österreichische Schriftstellerin Elfriede Jelinek.

Hier ein Auszug aus der linken Tageszeitung „Liberation" vom 2. Dezember 1991:
„Und so ist es einem kleinen, perversen Jungen mit erstarrtem Lächeln, der auf den Namen Jörg Haider hört, gelungen, österreichische Wählerstimmen zu gewinnen, weil er anscheinend der Damenwelt gefällt, der er bei Heimatabenden gut präsentiert und in Discotheken erscheint, umgeben von seinen Mannen, die einer verdrängten homoerotischen Gemeinschaft angehören, aber wie normale, junge Männer mit gesundem Gesichtsausdruck wirken."

Neue Kronen Zeitung, 13.12.1991

Elfriede Jelinek, eine österreichische Schriftstellerin und Jounalistin zeigt ihre Toleranz und liberale Einstellung, in dem [sic] sie Dr. Haider „pervers" bezeichnet. Weiters stellt sie seine männlichen Anhängern [sic] inden [sic] Dunstkreis von Homosexualität. Den Frauen, die sich zu seiner Politik bekennen, insistiert [sic] sie mangelnde Intelligenz, da diese sich offensichtlich nur nach der äußerlichen Erscheinung von Haider richten.
Als FPÖ-Landtagsabgeordnete, als Frau und als Kärntnerin protestiere ich gegen solche Äußerungen von Frau Jelinek („Liberation [sic], 2. Dezember, veröffentlicht u. a. in der „Kronen Zeitung" vom 13. Dezember 1991). Ich fordere eine öffentliche Entschuldigung von Frau Jelinek für diese diskriminierenden Aussagen, und von den österreichischen Repräsentanten der Politik erwarte ich eine entgegnende Stellungnahme!

Dr. Renate Wintermann
FP-Abgeordnete
zum Kärntner Landtag

Leserbrief, Kärntner Tageszeitung, 29.12.1991

64 Konfrontation
„Die Österreicher als Herren der Toten"

In der französischen Fassung von Jelineks Text „Die Österreicher als Herren der Toten", wie sie in „Libération" erscheint, wird Jörg Haider als „petit garçon pervers" bezeichnet. Die These, daß die FPÖ ein homoerotischer Männerbund sei, wird von Jelinek auch in weiteren Texten und Interviews vertreten.

Berliner Morgenpost: *Vereinfacht ausgedrückt, lautet die Gleichung von „Lust" und anderer Ihrer Werke Sexualität = Gewalt. Belegt Haider als Prototyp eines Machos genau diese These?*
Elfriede Jelinek: Na, so einfach ist es nicht. Herr-Knecht-Verhältnisse sind in ihrer äußersten Zuspitzung Gewaltverhältnisse, Gewalt kann sich ja auch still äußern, ohne Gebrüll oder Schläge. Außerdem ist Haider kein Macho, er wird auch nicht so empfunden. Frauen sind weder seine Wählerinnen, noch sind Frauen seine bevorzugten Kandidatinnen, mit wenigen Ausnahmen. Er ist der Führer eines homoerotischen Männerbunds und arbeitet bewusst mit homophilen Codes, natürlich ohne sich wirklich als homosexuell zu bekennen. Er lässt sich auf Nacktfotos veröffentlichen, und er spielt mit seiner sexuellen Ambivalenz. Ich glaube, dass das Phänomen Haider nicht zuletzt ein erotisches ist, denn er kann Mann und Frau zugleich sein, das gibt ihm das Schillernde, das die Massen „einfängt". Mit Hitler war es ähnlich, Heidegger hat von seinen schönen Händen und blauen Augen geschwärmt, obwohl man sich das heute kaum vorstellen kann.

aus: Volker Oesterreich: Ironie unter der Straßenwalze.
Berliner Morgenpost, 27.2.2000

profil: *Es gibt die hämische Pointe von Elfriede Jelinek, wonach die FPÖ ein stark homoerotisch angehauchter Männerbund sei.*
Jörg Haider: Na ja, die Jelinek liebt mich halt.
Wofür?
Dafür, dass sie ein Objekt ihrer Aggression hat. Wenn sich um sie herum keine skandalösen Diskussionen entwickeln, dann findet sie ja in Wirklichkeit nicht statt. Sie braucht die Inszenierung wie der Nitsch sein Blut. Aber ich glaube, dass die Phase, in der die Freiheitlichen Freiwild für die selbst ernannte kulturelle Elite waren, vorbei ist. Die Gegner werden sich schon etwas anderes einfallen lassen müssen. Mit billigen Aggressionsakten gegen die FPÖ wird's nicht mehr gehen. Die Tatsache, dass ich in Kärnten Kulturreferent bin, lässt auch die letzten Vorurteile der künstlerischen Kaste zusammenbrechen.
Ihr ganz persönliches Ätsch-Erlebnis …?
Genau. Jetzt sind sie wirklich blamiert. Am liebsten wäre ihnen ja gewesen, wenn ich höchstpersönlich den Kolig-Saal abmontiert hätte. Auch der Herr Pflegerl hat unter einem Landeshauptmann Haider nicht das Land verlassen, sondern arbeitet mit mir zusammen. Diese Woche eröffnen wir die Seebühne in Klagenfurt.
Trotzdem zurück zu Jelinek: Warum konnte sie gerade in der „freiheitlichen Homoerotik" einen intellektuellen Kitzel sehen? Offenbar lebt sie von der Provokation.
Fühlen Sie sich provoziert?
Nein, das hat sie schon vor fünfzehn Jahren gesagt.

aus: Sven Gächter, Ulla Schmid, Thomas Vašek: Diese Arroganz leiste ich mir. profil, 2.8.1999

← Die FPÖ als homoerotischer Männerbund: „Das Lebewohl" Seite 147

Nach dem Schock über den österreichischen Rechtsruck nahm sie [Elfriede Jelinek] jedoch die Gelegenheit wahr, um die FPÖ in einer Art und Weise zu attackieren, die man eher Jelineks reaktionären Gegnern zugetraut hätte. Jörg Haider sei der „Führer eines homoerotischen Männerbunds", tönte Jelinek in der *Berliner Morgenpost*, und dabei arbeite er „bewusst mit homophilen Codes, natürlich ohne sich wirklich als homosexuell zu bekennen". Mit ihren damaligen Äußerungen vermittelte Jelinek geradewegs den Eindruck, als wäre die mutmaßliche Homosexualität in der FPÖ das eigentliche Problem — und nicht etwa die ganz reale Fremdenfeindlichkeit in der Partei oder die rückwärtsgewandte Frauenpolitik. Freilich mag man Jelinek gerne abnehmen, dass sie gegenüber Homosexualität grundsätzlich kein Misstrauen hegt, und in der Zwischenzeit hat sie sich öffentlich für jede Form der rechtlichen Gleichstellung von Schwulen und Lesben ausgesprochen. Mit den Vermutungen über Haider und andere FPÖ-Mitglieder hatte sie offenbar darauf spekuliert, eine in weiten Teilen der Bevölkerung verbreitete Schwulenfeindlichkeit gegen die rechtsradikale Partei ausspielen zu können. Politisch erfolgreich war sie damit nicht. Stattdessen trug sie dazu bei, Homosexualität erneut einen anrüchigen Anstrich zu verleihen.

aus: Axel Krämer: Nazi = Homo.
die tageszeitung, 23.2.2002

Herr Strudl

„A gewisse Elfriede Jelinek hat die Wegbegleiter vom Haider als homoerotisch bezeichnet. Wann's nur solche Fraun wia die Jelinek gabert, wärn sie's vielleicht wirkli."

Neue Kronen Zeitung, 16.12.1991

REPORTAGE — Sonntag, 19. Jänner 1992
Seite 24

Mutige Stimme zum Thema Österreich-Beschimpfung

„Ich bin eine Intellektuelle aus Frankreich, jüdischer Herkunft und lebe seit fünf Monaten in Wien. Es vergeht kaum ein Tag, an dem ich nicht einen besorgten Anruf aus Frankreich erhalte: Ist es nicht schwierig in Wien, mit dem Antisemitismus? Traust du dich noch auf die Straße?"

Catherine Clément, Philosophin und Schriftstellerin, ist die Frau des französischen Botschafters in Österreich.
Foto: Privat

So beginnt Catherine Clément einen Artikel im „Standard". Sie ist, was nicht im „Standard" steht, die Frau des neuen französischen Botschafters in Österreich. Wir finden es erfreulich und mutig, daß Catherine Clément, eine bekannte Philosophin und Schriftstellerin, ihre Meinung so unabhängig von Vorurteilen, hervorgerufen durch falsche Berichterstattung, kundtut. Der Artikel verdient es, einem größeren Leserkreis mitgeteilt zu werden. Wir zitieren ihn deshalb.

★

„Die Anti-Österreich-Kampagne in Frankreich beginnt zu wirken: Endlich weiß die Öffentlichkeit, alle Österreicher sind Nazis! Woher hat sie das?

Es ist immer dieselbe Methode: Österreicher (wer? ich kenne sie nicht) geben der französischen Presse, vor allem ,Libération', einen Wink. Dann greift das Fernsehen die Sache auf. Beispiel: Die monströse Aussendung von Patrick de Carolis und Patrice Dutertre mit dem Titel Autriche Video-Nazie. Das französische Fernsehpublikum erfährt, daß der Minister für Unterricht und Kunst, unter dem Einfluß von Kurt Waldheim, aktiv die Verbreitung von Nazi-Videospielen propagiere. Rudolf Scholten wurde von einem der beiden Journalisten interviewt, doch zogen sie dann vor, das Gespräch nicht zu senden: Einem österreichischen Minister ist doch nicht zu trauen!

Scholten ist Sozialdemokrat und Antifaschist! Aber vor allem ist er Österreicher, oder? Also: ein Nazi.

Derartige Vorfälle gab es vergangenen Herbst fast ein halbes Dutzend. Ergebnisse einer Umfrage über Antisemitismus und Xenophobie in Österreich wurden in der österreichischen Presse veröffentlicht: 49 Prozent sind gegen Zigeuner, etwas weniger gegen Serben, Kroaten, Türken und 31 Prozent gegen Juden. Das ist tatsächlich beunruhigend; aber warum hat Agence-France-Presse in einer Agenturmeldung zwar die 31 Prozent Antisemiten genannt, nicht aber die gefährliche Ausmaße erreichende Feindseligkeit gegen Zigeuner?

Dafür gibt es eine Antwort. Weil, so hat man uns mitgeteilt, sich der ,österreichische Antisemitismus in Frankreich gut verkauft'.

Und wie steht es mit Frankreich?

Der öffentlichen Meinung Frankreichs kommt es in der Tat gelegen, in Österreich den Sündenbock Europas zu sehen. Warum nicht Deutschland? Das wäre politisch nicht mehr möglich. Und wie steht es mit Frankreich? Man tut sich schwer, über die antisemitische Kollaboration während des Zweiten Weltkriegs zu sprechen. Österreich kommt also dem kollektiven Erinnerungsvermögen Frankreichs sehr gelegen. Nach dem Wahlerfolg von Jörg Haider hat Elfriede Jelinek ihr großartiges schriftstellerisches Talent dafür verwendet, unter dem griffigen Titel „Die Österreicher als Herren der Toten" am 2. Dezember 1991 in ,Libération' zu veröffentlichen Artikel und damit der hinterhältigen Verbreitung von Lügen einen Dienst erwiesen. Eine verblüffende Demonstration von Selbsthaß, dessen Gefährlichkeit an anderer Stelle ausführlich zu untersuchen wäre. Ich möchte ihnen eine kurze Textprobe nicht vorenthalten: ,Die letzten Gemeinderatswahlen in Wien haben einen Schock ausgelöst … Stolz auf unsere verstaubte Volksmusik, unsere Mozartbeschwörungen, unsere weißen walzertanzenden Pferde, grenzen wir uns ewig aus. Unsere Identität beruht auf der Negierung der Identität, suchen, wühlen wir uns durch unsere geliebten Delikatessen, Sachertorten, Schlagobers, Apfelstrudel; und finden doch immer nur das Nichts.'

Wir finden doch immer nur das Nichts

Wie einfach ist es, diesen Text auf Frankreich zu übertragen: Die letzten Gemeinderatswahlen in Nizza haben einen Schock ausgelöst. Stolz auf unsere verstaubten Feierlichkeiten des 14. Juli, auf die Voltairebeschwörungen, stolz auf die schwarzen Pferde der Schule von Saumur, grenzen wir uns ewig aus. Unsere Identität beruht auf der Negierung der Identität des Fremden. Und während wir lamentierend nach ihr, dieser Identität, suchen, wühlen wir uns durch unser geliebtes Beefsteak mit Pommes frites, durch unsere Butterkipferl, unseren schwarzen Kaffee und Rotwein und finden doch immer nur das Nichts.

Wir sind es, die einen Jean-Marie Le Pen haben, der in Nizza und im Südosten Frankreichs die höchsten Ergebnisse bei Meinungsumfragen erzielt; wir sind es, die ,Front National', und wenn wir auch nicht die Tradition der Mythologie des Nichts eines Joseph Roth, Musil und Bernhard kennen, so befinden wir uns doch gerade jetzt in einer ,moralischen Krise', erleben ,den Tod der Ideologien' – vielen Dank. Abgesehen davon müssen wir uns, wie alle anderen Länder Europas auch, mit den Auswirkungen des untergegangenen Sowjetreichs auseinandersetzen. Bei uns gibt es Antisemitismus. Wie in Österreich, vielleicht sogar noch mehr. Was hat also Jelinek von dieser Zurschaustellung des Selbsthasses?

Der Literatur-Markt hat eigene Gesetze, und Elfriede Jelinek weiß, was sich gut verkauft. Wenn es sich aber ganz anders verhält? Wenn diese obskure politische Verleumdungskampagne andere Gründe und Hintergründe hätte? Wer sind die Österreicher, die hinter der Manipulation der öffentlichen Meinung in Frankreich stehen? Vor allem aber: was bezwecken sie?"

Neue Kronen Zeitung, 19.1.1992

Konfrontation — „Die Österreicher als Herren der Toten"

KOMMENTAR DER ANDEREN

Österreich als Sündenbock Europas?

„Selbsthasserische" Zurschaustellung der Republik treibt in Frankreich seltsame Blüten

Unter tatkräftiger Unterstützung österreichischer Intellektueller bemühen sich Frankreichs Medien, „Österreich als Hort des Antisemitismus" zu diffamieren. Catherine Clément, in Wien lebende Schriftstellerin aus Paris, fragt anläßlich eines in der französischen Tageszeitung „Libération" veröffentlichten Artikels von Elfriede Jelinek nach den Gründen und obskuren Absichten dieser Verleumdungskampagne."

Ich bin eine Intellektuelle aus Frankreich, jüdischer Herkunft, und lebe seit fünf Monaten in Wien. Es vergeht kaum ein Tag, an dem ich nicht einen besorgten Anruf aus Frankreich erhalte: Ist es nicht schwierig in Wien, mit dem Antisemitismus? Traust du dich noch auf die Straße?"

So beginnt Catherine Clément einen Artikel im „Standard". Sie ist, was nicht im „Standard" steht, die Frau des neuen französischen Botschafters in Österreich.

„Die Anti-Österreich-Kampagne in Frankreich beginnt zu wirken: Endlich weiß die Öffentlichkeit, alle Österreicher sind Nazis! Woher hat sie das?

Es ist immer dieselbe Methode: Österreicher (wer? ich kenne sie nicht) geben der französischen Presse, vor allem ,Libération', einen Wink. Dann greift das Fernsehen die Sache auf. (...)

Ergebnisse einer Umfrage über Antisemitismus und Xenophobie in Österreich wurden in der österreichischen Presse veröffentlicht: 49 Prozent sind gegen Zigeuner, etwas weniger gegen Serben, Kroaten, Türken und 31 Prozent gegen Juden. Das ist tatsächlich beunruhigend; aber warum hat Agence-France-Presse in einer Agenturmeldung zwar die 31 Prozent Antisemiten genannt, nicht aber die gefährliche Ausmaße erreichende Feindseligkeit gegen Zigeuner?

Dafür gibt es eine Antwort. Weil, so hat man uns mitgeteilt, sich der ,österreichische Antisemitismus in Frankreich gut verkauft'.

Der öffentlichen Meinung Frankreichs kommt es in der Tat gelegen, in Österreich den Sündenbock Europas zu sehen. Warum nicht Deutschland? Das wäre politisch nicht mehr möglich. Und wie steht es mit Frankreich? Man tut sich schwer, über die antisemitische Kollaboration während des Zweiten Weltkriegs zu sprechen. Österreich kommt also dem kollektiven Erinnerungsvermögen Frankreichs sehr gelegen. Nach dem Wahlerfolg von Jörg Haider hat Elfriede Jelinek ihr großartiges schriftstellerisches Talent dafür verwendet, unter dem griffigen Titel „Die Österreicher als Herren der Toten" am 2. Dezember 1991 in ,Libération' einen Artikel zu veröffentlichen und damit der hinterhältigen Verbreitung von Lügen einen Dienst erwiesen. Eine verblüffende Demonstration von Selbsthaß, dessen Gefährlichkeit an anderer Stelle ausführlich zu untersuchen wäre. Ich möchte Ihnen eine kurze Textprobe nicht vorenthalten: ,Die letzten Gemeinderatswahlen in Wien haben einen Schock ausgelöst. Stolz auf unsere verstaubte Volksmusik, unsere Mozartbeschwörungen, unsere weißen walzertanzenden Pferde, grenzen wir uns ewig aus. Unsere Identität beruht auf der Negierung der Identität des Fremden. Und während wir lamentierend nach ihr, dieser Identität, suchen, wühlen wir uns durch unser geliebtes Beefsteak mit Pommes frites, durch unsere Butterkipferl, unseren schwarzen Kaffee und Rotwein, und finden doch immer nur das Nichts.'

Wie einfach ist es, diesen Text auf Frankreich zu übertragen: Die letzten Gemeinderatswahlen in Nizza haben einen Schock ausgelöst. Stolz auf unsere verstaubten Feierlichkeiten des 14. Juli, auf die Voltairebeschwörungen, stolz auf die schwarzen Pferde der Schule von Saumur, grenzen wir uns ewig aus. Unsere Identität beruht auf der Negierung der Identität des Fremden. Und während wir lamentierend nach ihr, dieser Identität, suchen, wühlen wir uns durch unser geliebtes Beefsteak mit Pommes frites, durch unsere Butterkipferl, unseren schwarzen Kaffee und Rotwein und finden doch immer nur das Nichts.

Wir sind es, die einen Jean-Marie Le Pen haben, der in Nizza und im Südosten Frankreichs die höchsten Ergebnisse bei Meinungsumfragen erzielt; wir haben wir auch nicht die Tradition der Mythologie des Nichts eines Joseph Roth, Musil und Bernhard kennen, so befinden wir uns doch gerade jetzt in einer ,moralischen Krise', erleben ,den Tod der Ideologien' – vielen Dank. Abgesehen davon müssen wir uns, wie alle anderen Länder Europas auch, mit den Auswirkungen des untergegangenen Sowjetreichs auseinandersetzen. Bei uns gibt es Antisemitismus. Wie in Österreich, vielleicht sogar noch mehr. Was hat also Jelinek von dieser Zurschaustellung des Selbsthasses?

Der Literatur-Markt hat eigene Gesetze, und Elfriede Jelinek weiß, was sich gut verkauft. Wenn es sich aber ganz anders verhält? Wenn diese obskure politische Verleumdungskampagne andere Gründe und Hintergründe hätte? Wer sind die Österreicher, die hinter der Manipulation der öffentlichen Meinung in Frankreich stehen? Vor allem aber: was bezwecken sie?"

Catherine Clément ist Philosophin und Schriftstellerin
Übersetzung: Ulla Kleihs

Der Standard, 13.1.1992

Konfrontation
„Die Österreicher als Herren der Toten"

PRESSESCHAU

Am 13. 1. druckte der *Standard* auf seiner Seite „Kommentar der anderen" einen Beitrag von Catherine Clément ab, ihres Zeichens „in Wien lebende Schriftstellerin aus Paris". Titel: „Österreich als Sündenbock Europas?". Hier wird endlich einmal beschrieben, wie das häßliche Bild des Nazi-Österreichers im Ausland entsteht. „Österreicher (wer? ich kenne sie nicht) geben der französischen Presse...einen Wink." Die Auslandspresse verzerrt nun den Wink zum repräsentativen Bild, das von namhaften österreichischen Schriftstellern wie Elfriede Jelinek auch noch ergänzt wird. Diese hatte nämlich „ihr großartiges schriftstellerisches Talent dafür verwendet", in der *Libération* einen Artikel zu veröffentlichen, worin sie unsereinen nicht gerade freundlich schildert, und womit sie, so Catherine Clément, der „hinterhältigen Verbreitung von Lügen einen Dienst erwiesen" habe. Böse, böse Elfriede. Wo es doch in Frankreich „vielleicht sogar mehr" Antisemitismus gibt als in Österreich. Da haben wir es wahrhaftig nicht nötig, auf uns schimpfen zu lassen. „Wenn diese obskure politische Verleumdungskampagne andere Gründe und Hintergründe hätte? Wer sind die Österreicher, die hinter der Manipulation der öffentlichen Meinung in Frankreich stehen? Vor allem aber: was bezwecken sie?"

Das sind Fragen, die sonst vor allem die *Kronen Zeitung* in subtiler Manier behandelt. Ebendiese reagierte auf den Clément-Text unmittelbar und unerwartet simpel: Sie druckte ihn nach. Am 19. 1. erschien so der Kommentar unter dem Titel „Mutige Stimme zum Thema Österreich-Beschimpfung" ein zweites Mal innerhalb einer Woche. Die Redaktion begründet ihre Entscheidung in einem kurzen Vorspann folgendermaßen: „Wir finden es erfreulich und mutig, daß Catherine Clément, eine bekannte Philosophin und Schriftstellerin, ihre Meinung so unabhängig von Vorurteilen, hervorgerufen durch falsche Berichterstattung, kundtut."

Endlich wird also in der österreichischen Presselandschaft das Gemeinsame über das Trennende gestellt. Drum laßt uns einig rufen: Schweigt, Elfrieden, schweigt!
BIRGIT KELLNER

Falter 4/1992

Was ist das für eine österreichische Kulturgesellschaft, in der hochsubventionierte Künstler wie Elfriede Jelinek im Ausland nichts besseres zu tun haben, als Schmutz und Abfall über dieses Österreich zu gießen, sodaß sogar die Gattin des französischen Botschafters in Wien sich berufen fühlt, einen korrigierenden Artikel zugunsten Österreichs zu verfassen. Ist das das Kulturbekenntnis, welches wir haben wollen? [...]

Diese kulturelle und politische Hegemonie, die heute in Österreich existiert, führt letztlich dazu, daß über die Köpfe der Bürger hinweg Entscheidungen getroffen werden, die dieses Land nicht haben will. Die nicht dazu beitragen, dieses Österreich in seiner zukünftigen Entwicklung zu festigen. Dazu gehören auch ideelle Aussagen und Gewichtigungen. Dazu gehört auch die Verfaßtheit unserer Gesellschaft. Wer sind denn heute die Vorbilder in der österreichischen Gesellschaft? André Heller, Kurt Jürgens, Elfriede Jelinek, Jazz Gitti – sie alle sind also die Vorbilder des neuen Österreichs! Sie rangieren in den Zeitgeistmagazinen an erster Stelle, sie seien es, die dieses Österreich prägen. Ich bedanke mich dafür, daß Wehrdienstverweigerer, Steuerflüchtlinge und Österreichbeschimpfer unsere Vorbilder sind, daß aber die tüchtigen und fleißigen Leute, die aus diesem Österreich auch nach dem Kriege etwas gemacht haben, nicht zu Ehren kommen. Das ist es, was wir heute vermissen!

Ich sage das deshalb so pointiert, weil ich glaube, daß keine Zeit mehr vorhanden ist, um hinter vorgehaltener Hand über alles zu reden. Dieses Österreich muß mit sich ins Reine kommen. Die Bevölkerung soll erfahren, wo dieses Österreich wirklich steht. Die Menschen sollen auch erfahren dürfen, wie es zwischen Währungspolitik, Spekulation und kultureller Hegemonie der Linken in Österreich heute aussieht.

aus: Jörg Haider: Erklärung des Bundesparteiobmannes anläßlich des Staatsfeiertages am 26.10.1993. In: Freiheit und Verantwortung. Jahrbuch für politische Erneuerung 1994, S.175-176

Rundruf
Haider-Angst?

CHRISTIAN NIEDERMEYER
UNTERNEHMER

Haider in der Regierung wäre eine Katastrophe – ein Grund auszuwandern. Meine jüdischen Kinder haben den Antisemitismus hier schon jetzt erlebt.

ELFRIEDE JELINEK
SCHRIFTSTELLERIN

Für die Reputation Österreichs ist das jetzt schon katastrophal. Diesen Alpin-Faschismus habe ich immer gefürchtet: Norditalien, Bayern, Österreich.

KURT KRENN
BISCHOF

Ich habe keine Angst vor Haider. Schließlich kann nur regieren, wer die Mehrheit hat, und das ist gut so. Haider führt zu keiner sozialen Spannung.

News, 12.10.1995

Aschermittwoch à la Jörg: Wechselbad mit Drohungen

Vom Gleichklang der Gesinnung und von Scheinasylanten aus der eigenen Familie – Walter Kohl

RIED IM INNKREIS. Politischer Aschermittwoch mit Jörg Haider in Ried im Innkreis. Das bedeutet heuer: eine ausverkaufte Jahn-Turnhalle mit einem FP-Obmann, der in dem genau ausbalancierten Kraftakt einer gut einstündigen Rede versucht, aus den „heftigen Turbulenzen der vergangenen Wochen", sprich dem Abgang der Fünfer-Gruppe um Heide Schmidt und der Volksbegehrens-Enttäuschung, einen Erfolg zu machen.

Verpackt in ein Wechselbad von Attacken und Appellen zur Einigkeit beginnt Haider vorsichtig, der Basis den Wechsel von einer bürgerlichen zu einer rechten Arbeiterpartei schmackhaft zu machen. „Jeder Sozialist, der den Sprung von seiner Partei zu unserer getan hat, hat eine Mutprobe gemacht", ruft er.

Er spricht von seinem „Stolz, nicht nur im bürgerlichen Lager Anhänger zu haben". In der FPÖ wolle man nicht die Karrieretypen, die auf schnellen Erfolg aus seien und auf gutes Einkommen aus politischer Tätigkeit. Gefragt seien jene, die „ein Stückchen Idealismus" aufbringen. Das Publikum, großteils aus agrarischem und kleingewerblichem Milieu, applaudiert nur zögernd. [...]

Um einiges intensiver, und auf gewisse Art erleichtert, ist dann der Jubel bei Haiders Abrechnung mit den „Untreuen, die sich lieber an der Sonne der Macht wärmen", den „liberalen Flüchtlingen, denen der Judaslohn aus Steuergeld zugeteilt wird". Haider geißelt die Dissidenten als „Scheinasylanten in unserer Familie, die selber gegangen sind, bevor wir sie abgeschoben haben".

Parlamentspräsident Heinz Fischer bekommt das Etikett „brutaler Exekutor der Machtpolitik seiner Partei, der seine Einschulung als Demokrat in Moskau gemacht hat und seither nichts dazugelernt hat". Das Volksbegehren war ein Erfolg. Haider: „Bei der Lichterkette, da waren 200.000, davon die Hälfte Ausländer, bei uns waren es 417.000 Österreicher!"

Da steigt die Stimmung, auch als Haider Simon Wiesenthal (wegen dessen Museum der Toleranz in New York, Anm.) und die bei einer Gegenveranstaltung in Ried auftretende Schriftstellerin Elfriede Jelinek attackiert: „Diesen Mitbürgern, die uns im Ausland verächtlich machen, werden wir das Handwerk legen." [...]

Die Presse, 26.2.1993

Kultureller Aschermittwoch

Vier Kulturvereine der Region Ried/Innkreis zeichnen für die sehens- und hörenswerte Veranstaltung in der Rieder Messehalle 16 verantwortlich (heute ab 20 Uhr). Die Kulturmacher in und rund um die Bezirksstadt haben ihrem kulturellen Aschermittwoch das Motto „Kultur statt Fanatismus" vorangestellt. Und sie wissen, warum sie das tun: Das Innviertel sei, nicht zuletzt aufgrund seiner langen gemeinsamen Geschichte mit Bayern, seit jeher ein fruchtbarer Boden für eine national-liberale Denkungsart. Kultur, wie sie unabhängige Gruppen machen, könnte dabei schon unter die Räder kommen.

Den Programmteil gestalten die Schriftstellerin Elfriede Jelinek, die Kabarettisten Josef Hader, Rudi Klaffenböck und Jörn Pfennig. Denn Musikteil gestaltet die Wiener Tschuschenkapelle.

Starke Literatin: Elfriede Jelinek. Foto: Ohlbaum

Oberösterreichische Nachrichten, 24.2.1993

Seit Mitte der achtziger Jahre setzt sich Elfriede Jelinek in ihren Texten, Interviews und Statements mit dem Phänomen Jörg Haider und der FPÖ auseinander. VertreterInnen der FPÖ attackieren Jelinek in der Öffentlichkeit, so etwa Jörg Haider in seiner Aschermittwochrede am 24.3.1993 im oberösterreichischen Ried im Innkreis. Am selben Tag findet in der Rieder Messehalle unter dem Motto „Kultur statt Fanatismus" eine Kulturveranstaltung statt. Jelinek ist eine der ProgrammgestalterInnen.

→
FPÖ-Wahlkampf 1995
Seite 88

FPÖ-Kulturpolitik 2000
Seite 130

Ausländervolksbegehren
Seite 73

68 Konfrontation
Jörg Haider

ZITATE DES TAGES

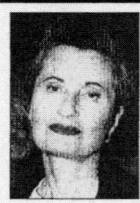

Haider wird manchmal Kreide essen, aber dann wird sie ihm wieder aus dem Mund fallen, weil er sich nicht einbremsen kann.
Autorin Elfriede Jelinek

Kärntner Tageszeitung, 8.2.2000

Haider ist der Führer, die Integrationsfigur, der Motor. Er lässt sich nicht einmal von einem fahrenden D-Zug beeindrucken.
Schriftstellerin Elfriede Jelinek

Kärntner Tageszeitung, 24.2.2000

„ Es gibt auch ein anders Österreich, jenes, das nicht das der Nieten und Nehmer, der steuerflüchtigen Subventionshaie wie Heller, Jelinek & Co. ist, jenes, in dem sich die anständigen Österreicher finden, die diesem Land dienen und nicht von ihm nehmen, die nicht als Steuerflüchtige in Monte Carlo oder sonstwo sitzen, und die Steuersubventionen aus der Heimat ungeniert einstecken. "

Jörg Haider am 5.9.1994
(in: Hubertus Czernin [Hg.]: Wofür ich mich meinetwegen entschuldige. Haider, beim Wort genommen. Wien: Czernin 2000, S.115-116)

zum Holster, um die Hüfte gewunden hat: sein Wahr-Zeichen, sein Schal! Lehmiges, träges Wasser rauscht da vor ihm und bedroht ihn mit Überflutung. Darauf hat er ja nur gewartet, der große Bub! Schelmisch taucht er einen Maßfuß in diese metallische Menschenfläche, das Wasser ist wie flüssiger Lehm, als wollte es seinerseits mit Menschen auf den Redner zurückwerfen, es ist zäh und brackig. Tritt unser Sprecher in den Matsch, aus dem die Treibgüter ragen und sich mühsam mit den Wirbeln drehn, die sie machen, dann teilt er sich, dieser Schlamm reicht dem Redner bis zur Hüfte; und gegen sein Geschlecht, das ~~sich~~ ein wenig unterhalb der schleimigen Oberfläche des Stroms ~~befindet~~ liegt, pochen die Menschenherzen mit Tausenden von Tentakeln, die aus dem flüssigen metallischen Brei nach IHM grapschen. Wo sind Helfer? Hier sind Helfer, Hebammen, die mit nervösen Fingern an SEINEM Reißverschluß fummeln, wer kriegt ihn zuerst auf? Jawohl! Funktionäre beim Fernsehstammtisch, die in unerbittlichen Ländlern und Polkas miteinander herumspringen und mit den bewaldeten Lenden aneinander Anstoß nehmen. Oder diese Frau hier mit ihren normalen Verhaltensweisen, die etwas Keckes hat, da sie sich hoch aus dem Wasser spannt, eine stählerne Brücke, von der man sich, gebunden einzig an ein Gummiband, werfen lassen kann. Das Gesicht dieser Frau habe ich doch erst kürzlich irgendwo gesehen! Egal. Der junge Führer fühlt sich wohl unter dieser Dunstglocke aus Menschen, aber es ist ihm gar nicht mehr recht, wenn die unzähligen Fischmäuler unter der hornigen Wasserfläche, die von keinem Sonnenlicht zum Funkeln gebracht werden kann, nach seinem Fleisch schnappen, Kannibalenfische, die ihre Schnauzen unter die italienische Hose schieben und an seinem Fleisch rütteln, ob etwas für sie abfällt. Eine schwärmige Gesinnungsgemeinschaft, halbe Kinder und doch schon Mitglieder; in bunten Badehosen, so spielen sie innerhalb ihrer Ufer, jetzt haben sie sich sogar einen Kahn genommen, mit dem sie sich, kaum daß sie losgestakt sind, in ihrem Nachbarn auf dieser unübersehbaren Wassermenge verhaken, mit einem hölzernen Knacken, das von den steilen Ufern

/Texte24/Tote9   -270-   Kinder der Toten

Elfriede Jelinek: „Die Kinder der Toten" – Typoskriptseite

widerhallt. Die Ufer werden für diese blonden jungen Leute (manche haben auch gar keine Haare, scheinbar grundlos, vielleicht damit sich auf ihrem Kopf nichts hält?) von 8 ~~Uhr~~ bis 17 Uhr offengehalten, dann macht der Bootsverleih dicht: Lauter junge Pausbacken, die Eis schlecken, an Worten nuckeln, Buben und Mädel, aber auch viele Alte, an Worten, die unserm großen Lausbuben von den Lippen quellen und ausgespuckt werden. Das Höchste, das ihnen gegönnt ist: einmal pro Tag eine lila Pause machen! Den Größeren unter ihnen, die, jeder mit einem Haupt voll Blut und Schulden, in den leergebauten Gerippen ihrer Einfamilienhäuser samt Garagen sitzen, ist es von ihrem Anführer gegönnt, sich in den Tennisclubs verschießen zu lassen und dann nach sich selber laufen zu dürfen: nur dafür rentiert es sich! Ihre Partei gibt eine Frischegarantie, ~~denn~~ die Kandidatenjünglinge werden rasch ausgewechselt, sobald sie zu riechen beginnen. Jeder von ihnen hat eine grellgeschminkte Packung Kekse, Waffeln oder sonst einem Schmarrn wie einen Mantel um sich gezogen, die Wasserflut, die sie alle gemeinsam geworden sind, steigt, und sie zittern um das ihnen Versprochene: daß sie noch ein wenig in der Packung bleiben und Schoko zu sich hereinschmelzen dürfen: Die Masse steht kniehoch in ihren Exkrementen! Dann werden die Leute, die IHN zum Anführer gewählt haben, umgepackt und als Köder neu ausgelegt. Oder sie kommen heraus aus einem vorgefertigten Tortenboden, na, diese Früchterln! Folgendes wurde erreicht: Das Kolorit-Fernsehen zeichnet heute ihr Trachten auf. Der Extrabub wartet nur, daß er sich endlich die Füße von der klebrigen Schlammflut abwischen kann. Die schrillen Menschenschreie schmerzen ihn langsam in den Ohren, ein paar von den Schreiern müssen weg, sonst hört man vielleicht Ihn nicht mehr. Dieser schnittige Mann will immer neues Fleisch, das alte wird, rasch ~~eh, die~~ als *können mit einer Geldübergabe* Zeitungen uns durch ihr lautes Raschein ~~noch~~ aufwecken, ~~mit einem Scheck~~ abgefertigt. Er springt, hechtet aus den trüben Wassermassen, den Köder umkrampfend, sein zuckend Herz, was wird er als nächstes fangen? Was sich seinem Flug entzieht, danach springen aus ihrem Unterstand die wie *Delphine* ~~Daphne~~

/Texte24/Tote9 -271- Kinder der Toten

Elfriede Jelinek: „Die Kinder der Toten" – Typoskriptseite

Konfrontation
Jörg Haider | **69**

„Sie leiden an Verfolgungswahn"

Rudolf Scholten und Jörg Haider über Kunst und Kulturpolitik, Elfriede Jelinek und Claus Peymann.

profil: *Kennen Sie die Bücher von Elfriede Jelinek?*
Jörg Haider: Ich kenne von Jelinek einige Bücher und muß sagen, daß ich mich mit ihr nicht identifizieren kann. Ich glaube, daß sie eine zutiefst frustrierte Frau ist, die sich ihren Seelenkummer vom Herzen schreibt. Das kann sie tun, das ist ihre künstlerische Freiheit. Aber wenn sie sich politisch einmischt und glaubt, daß sie nicht politisch gemessen werden darf, nur weil sie Künstlerin ist, dann hat sie sich getäuscht. In ihrem neuen Buch „Die Kinder der Toten" beschreibt Frau Jelinek einen jungen Führer „J. H." bzw. einen „Jörge". Und über die „Bubenpartie des Führers" schreibt sie: „ein Männerbund, verschwitzt, primitiv dunstend von verdrängter Homoerotik" … Hier werden ganz klar Leute mit Nazi-Diktion diskriminiert.

aus: „Sie leiden an Verfolgungswahn". Rudolf Scholten und Jörg Haider über Kunst und Kulturpolitik, Elfriede Jelinek und Claus Peymann. profil, 30.10.1995

Ich lege Wert auf die Feststellung, daß die in dem Gespräch zwischen Minister Scholten und Jörg Haider durch Anführungszeichen als wörtlich gekennzeichneten Zitate „Bubenpartie des ‚Führers'" und „ein Männerbund, verschwitzt, primitiv dunstend von verdrängter Homoerotik" nicht aus meinem Roman „Die Kinder der Toten" stammen.

Elfriede Jelinek

Leserbrief, profil, 6.11.1995

Konfrontation Jörg Haider

Im Juni 1991, nach Haiders Aussagen über eine ordentliche Beschäftigungspolitik im Dritten Reich, streben mehrere Kulturschaffende einen Musterprozeß gegen Jörg Haider an. Dem Aufruf André Hellers, wonach Jörg Haider „ein Jungnazi" sei (zitiert nach: APA, 24.6.1991), schließt sich neben Adolf Frohner, Alfred Hrdlicka, George Tabori und Peter Turrini auch Elfriede Jelinek an. Im Dezember 2000 ist Jelinek eine der UnterzeichnerInnen zweier Strafanzeigen. Die erste richtet sich gegen Jörg Haider, Herbert Scheibner und Hilmar Kabas wegen des Anti-Ausländer-Wahlkampfes der FPÖ im Jahr 1999, die zweite gegen Jörg Haider und Dieter Böhmdorfer wegen der Verharmlosung von NS-Gewaltverbrechen. Die beiden Strafanzeigen werden von der IG Autorinnen Autoren und einem unabhängigen Personenkomitee, dem auch Jelinek angehört, eingebracht.

Die IG Autorinnen Autoren und ein unabhängiges Personenkomitee haben am 5.12.2000 zwei Strafanzeigen wegen des Verdachts des Vergehens nach § 3 des Verbotsgesetzes (NS-Wiederbetätigung) eingebracht und bei einer Pressekonferenz im Presseclub Concordia der Öffentlichkeit vorgestellt [...].
Die Teilnehmer/innen an dieser Pressekonferenz bzw. Unterstützer/innen dieser Initiative:

Feliks BISTER (Liga für Menschenrechte)
Georg DANZER (SOS Mitmensch)
Alfred DORFER
Dr. Franz DANIMANN (Lagergemeinschaft Auschwitz)
Dr. Rudolf EITER (Welser gegen Faschismus)
Prof. Rudolf GELBARD (KZ-Überlebender)
Gerhard HADERER
Josef HASLINGER
Elfriede JELINEK
Fritz KLEINMANN (KZ-Überlebender)
Max KOCH (SOS Mitmensch)
Harald KRASSNITZER
Peter KREISKY
Hermann LEIN (Lagergemeinschaft Mauthausen)
Prof. Wolfgang NEUGEBAUER
Elisabeth ORTH (Aktion gegen Antisemitismus)
Dagmar OSTERMANN (KZ-Überlebende)
Univ.-Prof. Klaus OTTOMEYER
Univ.-Prof. Anton PELINKA
Doron RABINOVICI (Demokratische Offensive)
Gerhard ROTH
Werner SCHNEYDER
Karl STOJKA (KZ-Überlebender)
Irma TRKSAK (Lagergemeinschaft Ravensbrück)
Peter TURRINI
Univ.-Prof. Peter WEINBERGER
Univ.-Prof. Erika WEINZIERL
Oskar WIESFLECKER (KZ-Verband)
Univ.-Prof. Ruth WODAK
Dr. Leon ZELMAN

sowie RA Dr. Gabriel LANSKY als bevollmächtigter Rechtsvertreter der IG Autorinnen Autoren und des unabhängigen Personenkomitees

aus: Autorensolidarität 1/2001

1. Seite der Strafanzeige gegen Herbert Scheibner, Jörg Haider und Hilmar Kabas vom 5.12.2000

Seit den achtziger Jahren setzt sich Elfriede Jelinek in Österreich für gesellschaftspolitische Initiativen ein und exponiert sich damit in der Öffentlichkeit. Sie unterstützt Organisationen, die gegen Fremdenfeindlichkeit und Rassismus auftreten, und nimmt Stellung zur Ausländerfrage wie zur Asylgesetzgebung. Hält sie 1991 bei der Demonstration gegen Fremdenhaß eine Rede, so reagiert sie 1993 auf das „Ausländervolksbegehren" der FPÖ mit zwei Essays. Ihr Engagement gilt auch alternativen, gesellschaftskritischen Medien, und sie setzt sich für Intellektuelle, die für ihre Haltung suspendiert werden, ein. Als Feministin protestiert sie gegen Projekte, die Frauen und ihre Position in der österreichischen Öffentlichkeit zu schwächen drohen, und unterstützt Initiativen, die den Frauen mehr Öffentlichkeit verschaffen. So protestiert sie gegen den Plan eines verpflichtenden Sozialdienstes für Mädchen (1993), engagiert sich für das Projekt eines Frauenraums und hält im Mai 2000 beim ersten „Frauenauftakt" der Donnerstagsdemonstrationen eine Rede.

Aktion

Demonstration 8.11.1991

Am 8.11.1991 veranstaltet die „Plattform gegen Fremdenhaß", der unter anderen Caritas-Präsident Helmut Schüller, Oberrabbiner Paul Chaim Eisenberg und die Politologin Charlotte Teuber angehören, in Wien eine Demonstration gegen Fremdenhaß. Die Demonstration richtet sich gegen die fremdenfeindlichen und rassistischen Tendenzen im Wiener Wahlkampf. Anliegen der überparteilichen Plattform ist es, die „schweigende Mehrheit" in Wien zu mobilisieren. Elfriede Jelinek hält auf der Demonstration eine Rede, die unter dem Titel „An uns selbst haben wir nichts" veröffentlicht wird.

An uns selbst haben wir nichts
– Die Rede von Elfriede Jelinek bei der Demonstration gegen Fremdenhaß

Überlebende der KZ-Greuel haben nachher oft gesagt, das erste Anzeichen kommenden Entsetzens sei ihre sukzessive, mit mörderischer Gründlichkeit betriebene Ausgrenzung aus dem damals sogenannten „gesunden Volkskörper" gewesen. Als wären sie eine Krankheit gewesen. Und es waren doch die anderen, die krank gemacht worden waren: bis sie diesen Juden, diesen Zigeunern, diesen Anderen ins Gesicht schauen konnten und nicht mehr sich selbst in ihnen erkannt haben, sondern eben etwas Anderes, etwas, das, obwohl es aussah wie sie, nicht mehr war wie sie.
Die Ausgrenzung und Isolierung des Anderen, das man nicht mehr als ein Wesen wie man selbst eines ist, zu erkennen vermag, ist der erste Schritt in die Katastrophe totalitärer Herrschaft, die am Ende dann alle verschlingt, auch diejenigen, die am lautesten nach ihr geschrien haben. Die einen wie die anderen, die angeblich nicht so sind wie die Einen und daher Einzigen. Das Fremde, das da zu uns kommt, kann dann nicht mehr als Bereicherung unserer Kultur erkannt werden, sondern nur noch als Bedrohung unseres sogenannten Wohlstands, der uns doch nur kranker macht, unserer gesunden Kinder, die unser eigener Warenschutt fast schon erstickt hat, unserer lächerlichen Errungenschaften, die uns bis zum Hals in den Müll gesetzt haben. Und dort sitzen wir jetzt, schauen heraus und brüllen unausgesetzt, daß wir unseren Dreck alleine genießen wollen, teilen wollen wir nicht, nein, nein. Wir verfallen hartnäckig dem Irrglauben, der, die Fremde mache uns nicht reicher dadurch, daß er oder sie sich zu uns gesellt und eine von uns wird. Wir glauben, sie wegschicken zu müssen, bevor sie uns was wegtragen und vielleicht uns selbst dazu, Gott bewahre! Was haben wir denn schon...
Die Philosophin Hannah Arendt hat gezeigt, daß die drückende Übermacht des Ökonomischen, die Vergötzung dessen, was man hat, Hand in Hand mit der Entwertung von Menschenrechten, die Ausgrenzung von Flüchtlingen, von Armen, von nicht mehr Erwerbsfähigen, kurz: von denen, dir wir für anders halten als uns selbst, daß dies alles zur Verlassenheit des Menschen selbst führt, zu seiner Verfallenheit, bis er schließlich der Gleichschaltung, der totalen Herrschaft und der Vernichtung seiner selbst anheimfällt. Wenn wir glauben, das meiste, das es gibt, an uns selbst zu haben, so haben wir garnichts mehr.

Salto, 22.11.1991

GEGEN FREMDEN-HASS!
Demo am 8.11.91, 16³⁰ bei der Oper
Plattform gegen Fremdenhass Tel. 402 06 38

Der Standard, 6.11.1991

Demonstration gegen Fremdenhaß

Tausende demonstrierten am Freitag abend in Wien gegen Ausländerfeindlichkeit vor allem im Wiener Wahlkampf. Laut dem Veranstalter, der überparteilichen „Plattform gegen Fremdenhaß", nahmen rund 11.000, laut Polizei etwa 6000 Personen, an dem Protestmarsch teil. Caritas-Direktor Schüller warnte vor der „Angst vor Fremden". Foto: Fischer

Der Standard, 9.11.1991

Ausländervolksbegehren

Aktion Ausländervolksbegehren

„Hosenscheißen nutzt gar nichts!"
– Klaus Nüchtern, Thomas Vašek

Falter: Eigentlich sollte an dieser Diskussion auch Elfriede Jelinek teilnehmen. Sie hat abgesagt und uns ihre Gründe mitgeteilt (siehe Kasten): Es habe keinen Sinn, das Ausländerthema unter Intellektuellen und Künstlern zu diskutieren. Man müsse „hinausgehen" und mit den Hausmeistern reden, womöglich auch mit Skinheads ...
Günther Nenning: Sich mit dem Volk beschäftigen ist der Kern der Ausländerfrage. Eine Intelligentsia, die das Volk verachtet, wird nix reißen. Das sogenannte Ausländerproblem ist ja dort, wo wir Intellektuellen nicht sind.
Josef Haslinger: Wir sollten uns da keine falschen Voraussetzungen vorgeben lassen. Ich habe nicht das Gefühl, vom Volk isoliert zu sein. Es gibt allerdings Dinge, die wir nicht wissen, und darüber sollten wir uns informieren.
Seit einem Jahr besteht zum Beispiel eine Initiative des Helsinki-Komitees, in die ich involviert bin. Ziel ist es, eine umfassende Studie zum Thema Flüchtlinge in Österreich zu machen. Was in diesem Land wirklich vorgeht, weiß ja niemand – dazu ist eine solche Studie notwendig. Da können sich die Intellektuellen durchaus einbringen, da fahren sie in die Asylantenheime oder in Stadtteile, wo Ausländer leben.
Günther Nenning: Also daß zwischen dir und dem Volk kein Graben liegt, ist dein Privatmythos ...
Josef Haslinger: ... Dann hast aber du den Volksmythos.
Günther Nenning: Du redest vom Volke und bist schon wieder bei den Studien.

ELFRIEDE JELINEK

Ich habe nachgedacht, und leider kann ich an dieser Diskussion zum „Ausländer"-Volksbegehren nicht teilnehmen. Es ist sinnlos, das ganze unter Einsatz des gesamten zur Verfügung stehenden Distanzierungs- und Abscheuvokabulars unter Intellektuellen und Künstlern zu diskutieren: Die Wissenden und die Redlichen untereinander.

Wenn es uns nicht gelingt, andere zu überzeugen, dann nützen uns auch unsere Überzeugungen nichts. Deshalb glaube ich, daß wir hinausgehen und andere Leute erreichen müßten: Wir müssen mit den HausmeisterInnen reden, vielleicht sogar mit den Skins selber.

Ich weiß auch nicht, wie man das machen könnte, aber im nachhinein muß ich Erich Fried recht geben, der immer gesagt hat, man müsse mit den Rechten reden (und das auch getan hat). Damals habe ich ihn nicht verstanden. Heute sehe ich, daß es nur so geht.

Alle unsere Distanzierungen vom schiefmäulig Grinsenden haben ihn nur stärker gemacht, seine skandalösen Aussprüche haben ihn ins Parlament gehievt; dort zwingt er uns jetzt ständig, seine dumpfriechenden, halbverdauten Meinungsbrocken wegzuwischen, die er vor uns hinkotzt. Aufs Dreckputzen sollten wir uns aber nicht beschränken lassen, wir müssen ihn dazu zwingen, keinen Schmutz mehr zu machen. Und wenn er doch einmal muß, dann nur in den dumpfen Wirtshaussälen, wo sie miteinander hocken, unter sich. Nirgends sonst.

Falter 49/1992

Warum gehst nicht einfach hin? Das heißt, du brauchst einen Puffer zwischen dir und dem Volk ...
Da sitzen lauter Intellektuelle, und das erste, was herauskommt, ist: Wir tun eh was! Das ist der falsche Zugang. Wir tun viel zuwenig, und wir tun wahrscheinlich das Falsche.
Josef Haslinger: Was ist das Richtige? Sag' uns das einmal!
Günther Nenning: Daß man sich in die Ratlosigkeit hineinläßt, in das Angstgefühl, das wir alle haben. Die Angst ist anscheinend objektlos, aber ein tief menschliches Gefühl. Ein richtiger Zugang zur Ausländerproblematik ist auch, daß man die Inländer nicht ausgrenzt. [...]

Falter 49/1992

Unter dem Motto „Österreich zuerst" startet die FPÖ im November 1992 ein Volksbegehren, das unter anderem fordert, die Zuwanderung von AusländerInnen zu beschränken.
Die Eintragungsfrist dieses „Ausländervolksbegehrens" läuft vom 25.1. bis 1.2.1993. Als Reaktion auf das Volksbegehren wird im Dezember 1992 der Verein SOS-Mitmensch gegründet. SOS-Mitmensch organisiert am 23.1.1993 auf dem Wiener Heldenplatz eine Anti-Rassismus-Kundgebung, das „Lichtermeer", die bisher größte Kundgebung der Zweiten Republik, bei der mehr als 250.000 Menschen gegen Fremdenfeindlichkeit demonstrieren. Das „Ausländervolksbegehren" erhält 417.728 Unterschriften, die von der FPÖ prognostizierte Zahl von 1,5 Millionen Eintragungen wird damit bei weitem unterschritten. Im Dezember 1992 bringt der „Falter" eine Diskussion über das Volksbegehren. Elfriede Jelinek, die dabei sein soll, sagt ab.

Aktion Ausländervolksbegehren

Zum Volksbegehren schreibt Elfriede Jelinek einen Gastkommentar für „profil". Peter Sichrovsky reagiert auf diesen Kommentar mit einem Leserbrief.

profil, 25.1.1993

Volksvernichtungsbegehren – *Elfriede Jelinek*

Nach diesem Volksbegehren werde ich, obwohl ich es nicht will, einer hoffentlich nur geringfügigen Anzahl meiner Landsleute noch weiter entfremdet sein. Diese Leute werden bezeugt haben, daß sie als einzige hier sein dürfen. Sie, diese Trachtenpärchen-Flaschen (nichts gegen die köstliche Kräuterlimonade!), werden über ihren Köpfen die Sprache Deutsch hochhalten, ein gefährliches Gut, das sich schon zweimal in diesem Jahrhundert wie Asche über alles gelegt hat, oh, wie gern würden sie dieses Paket jemandem anderen über den Schädel schlagen! Solche Einpeitscherinnen und Peitscherlbuben werden Zeugnis ablegen und noch viele andere mit sich fortreißen. Ich bin mir nicht sicher, ob diese Tankstellenbesitzer und Gendarmen, diese Hausfrauen und Sekretärinnen immer nur gute Noten in dieser Sprache ins Zeugnis geschrieben bekommen haben. Ich werde gegen diese Vor- und Mitschreiber gewiß nicht Haß empfinden. Aber ich weiß genau, daß sie auch mir und meinesgleichen mit diesem zutiefst undemokratischen „Begehren" einen Haß bekunden (ich spüre, daß sie jemanden wie mich, der ihnen öffentlich entgegentritt, daß sie mein Sprechen am liebsten abtöten würden, wie sie ihre Zigaretten abtöten, fast nebenbei, ihre Sprache ist da sehr deutlich), gerichtet auf etwas, das ihnen nicht zugänglich ist: die Fähigkeit, etwas auszusprechen, und die Möglichkeit, das auch öffentlich zu tun. Man soll nur ihren Vorgesetzten hören und sie, seine Untersetzer. Die Geiferer über die „linken Medien" haben wir uns ja wirklich oft genug anhören müssen. Das alles macht ihnen in ihrer Stummheit die größte Angst und macht sie doch gefährlich, weil sie statt dessen etwas TUN wollen. Deshalb warten sie, bis sie zu mehreren sind, weil sie glauben, daß sie dann Geschichte machen können. Aber Geschichte machen die, denen die Sprache gegeben ist, nicht die Zupacker. Ich, ihre Gegnerin, könnte etwas bezeugen, weil ich sprechen kann, und weg mit mir und meinesgleichen! Vor dem Wort scheinen sie Furcht zu empfinden, und doch stehen sie fest auf den großen Tönen, den vielen Worten des ewigen Grinsers und Anführers, die zwar nichts sagen, aber eine ganze Menschenmaschinerie des Nichts antreiben wollen, in die die Habenichtse mit ihren Springerstiefeln hineintreten dürfen. Das ist einfacher, als einen deutschen Aufsatz schreiben. Jetzt ist es noch diese „linke Schickeria", gegen die der Tanzboden-Haxenschmeißer und flotte Discohecht nach Belieben hetzt, der sich so gern ins Volk einrührt, ohne von diesem je wirklich angerührt zu werden; und aus dem Szenelokal, in das er sich gedrängt hat, ist er von den Gästen wieder hinauskomplimentiert worden. Hat er da nicht gesagt (oder so ähnlich, ist ja egal bei ihm), er habe sich dabei „wie ein Jude" gefühlt? Weil er in einem Lokal nicht willkommen war.

Eine Partei, die sich (noch) liberal nennt, aber als Anhängerin der entgrenzten Marktwirtschaft eine deren ureigensten Mechanismen entsprechende Bewegungsform des Produktionsfaktors Arbeit nicht zulassen will: Die Arbeitsemigranten sollen dort nicht ihre Ware Arbeitskraft anbieten dürfen, wo sie etwas oder etwas mehr dafür erhalten. Daher will der Herr Parteichef also

> Die Entdeckung der Unanständigkeit scheint die Erkenntnis der neunziger Jahre zu werden. Sie verhilft einer gelangweilten, saturierten, aufgrund ihrer Geschäfte und Beziehungen fettgefressenen, dünnen, intellektuellen Oberschicht zu neuem Lebenssinn. Neuester Nährboden hiefür ist der sensationelle logistische Rösselsprung: Volksbegehren-Befürworter ist gleich Faschist – sein Gegner daher ein Antifaschist. Und was gibt es ehrenvolleres [sic] als ein solcher zu sein? Das Selbstverständnis der neuen Moralisten geht weiter in folgende Richtung: 1. Das Böse sitzt anderswo, nie bei seinesgleichen oder in der eigenen Vergangenheit. 2. Die Bedrohung kommt von anderswo. 3. Die „Unanständigen" sind anderswo. Folgedessen sind wir die „Anständigen", bedroht und bald wieder so verfolgt werden wie jene Bedauernswerten damals, wie Juden, Homosexuelle, Zigeuner und wie sie alle hießen, die damals so anders waren, wie wir heute anders sind. Zur

gesamteuropäische Lösungen verhindern! Denn dieses kleine Land wird in der EG in dieser Hinsicht gewiß keine Extrawurst gebraten bekommen, auch wenn die Würsteln in dieser Partei sich das noch so sehr wünschen mögen. So richtig bekanntgeworden ist dieser ewig junge Parteiführer, der so jung auch nicht mehr ist, auch wenn er mit diesem Jungsammafeschsamma gern Fangerl spielt oder auf die Berg' kraxelt (und der Tod ist inzwischen nicht mehr ein Meister, er ist „ein Lehrling" aus Deutschland – und Österreich!, wie Klaus Theweleit sagt), mit seinem „Sager" von der hervorragenden Beschäftigungspolitik im Dritten Reich. Diese Vernichtungspolitik durch Arbeit hat sich bezeichnenderweise auf die massenweise Beschäftigung von Zwangs- und Fremdarbeitern und -arbeiterinnen gestützt, auf Sklavenarbeit, auf KZ-Fabriken, in denen die Arbeit Menschen von ihren Leben befreite in der äußersten Pervertierung von „Arbeit macht frei".

Das, was dieses Volksbegehren uns als Ziel einreden möchte und worauf es sich zu stützen vorgibt, ist nichts als eine aufgepickte Pappnase auf dem Nichtgesicht dessen, der nichts wissen WILL, ist nur ein oberflächlicher Anlaß, mit dem diese Parteianhänger ihren Wunsch, andere, die sie für stärker, mächtiger, einflußreicher halten als sich selbst, zu vernichten oder wenigstens zu vertreiben, um sich (endlich) an deren Stelle zu setzen und wieder einmal zu Herren der Geschichte zu machen: Die nicht enden wollende, auch mir zu komplexe Fachdiskussion in Deutschland (vormals BRD) über die ökonomischen Wirkungen der Gastarbeiterbeschäftigung, die auf hohem wissenschaftlichen Niveau geführt wird, hat mit ihren völlig divergierenden Resultaten nur die Erkenntnis gebracht, daß eine derart allgemeine Aussage über die gesamtwirtschaftlichen Effekte der Ausländerbeschäftigung, wie sie dieses Volksvernichtungsbegehren suggeriert, gar nicht getroffen werden kann, nicht möglich ist. Daß diese Umvolkungsbegehrenden nicht wissen KÖNNEN, was sie doch genau zu wissen vorgeben und was sie in Wahrheit doch gar nicht wissen wollen. Daß alles, was sie sagen, auf Treibsand gegründet ist. Ich kann nur hoffen, daß nicht zu viele drauf stehen, sonst zieht es uns noch alle hinunter.

profil, 25.1.1993

profil, 1.2.1993

neuentdeckten Unanständigkeit gehört vor allem die Angst davor. Elfriede Jelinek drückte das am bisher interessantesten aus und gab damit eine Visitenkarte ihrer stalinistisch-faschistoiden Denkweise ab: Sie zittert vor allem vor Tankstellenbesitzern, Gendarmen, Hausfrauen und Sekretärinnen. War sie nicht jahrzehntelang Mitglied einer Partei, die sich die Befreiung der Genannten (außer den Tankstellenbesitzern) zum Ziel gesetzt hat? Sie denunziert die Befürworter des Volksbegehrens mit Worten, die sie unter jene reiht, vor denen sie vorgibt, bedroht zu werden. Es quält sie, daß in der Demokratie Menschen den Mund aufmachen, obwohl sie „dumm" sind, nicht „Deutsch" können und sie „wie eine Zigarette abtöten wollen". Wer sich mit einem Glimmstengel vergleicht, darf sich allerdings nicht wundern, daß er auch von alleine verbrennt. Mit Jelinek zittert ein ganzes Heer von „Anständigen" vor der Macht einer Minderheit, weil sie Mehrheit werden könnte. 20 Prozent erreichte die FPÖ bisher im Durchschnitt bei Wahlen. Aber die 80prozentige Mehrheit macht nicht Mut, im Gegenteil. Die „Anständigen" lieben es, vom Anfang des Endes zu sprechen. Sie nehmen für sich in Anspruch, mit politischem Röntgenblick weiter zu sehen als die Dummen im Land, bis hin zum Endsieg des Bösen. Ein larmoyantes Gesabber verbreitet sich in Österreich, grundlos, und nur vom schlechten Gewissen der Jammernden zeugend. Zwei Jahrzehnte hatten sie Zeit, die „Anständigen" in diesem Land, auf der Basis ihrer Machtpositionen dieses Land moralisch zu verändern. 20 Jahre erfolgreicher Marsch durch die Institutionen hinterließ eine Spur von Postenschacherei, die kaum noch einem „Anders-Denkenden" eine Chance gab, in pädagogischen, medialen und kulturellen Institutionen unterzukommen. [...] Die Ausgrenzung der Andersdenkenden ist und bleibt ein faschistoides Verhalten. Die Kriminalisierung des politischen Gegners unter dem Vorwand, die Demokratie zu schützen, ist ein moralischer Schritt zurück und nicht einer in eine sichere Zukunft. Eine stabile Demokratie zeigt ihre Standfestigkeit auch durch eine gewisse Gelassenheit gegenüber (angeblichen) Angriffen. Ist unsere Demokratie wirklich so gefährdet, wie uns manche Jammerlappen weismachen wollen, so liegt die Schuld nicht bei jenen, die sie (angeblich) bekämpfen, sonder jenen, die die letzten Jahrzehnte nützten, ihre eigenen Machtpositionen zu stabilisieren und nicht die Demokratie.

Peter Sichrovsky
Wien

Leserbrief, profil, 1.2.1993

++ 31.12.1988: E. J. Mitglied des „Solidaritätskomitees Dr. Ingrid Strobl", das vom Außenministerium diplomatische Interventionen für die inhaftierte Journalistin fordert

Aktion Ausländervolksbegehren

Für die Inszenierung ihres Stücks „Wolken.Heim." am Wiener Volkstheater im April 1993 verfaßt Elfriede Jelinek als Epilog den Text „An den, den's angeht". Dieser Text nimmt Bezug auf das Ausländervolksbegehren. Für eine „Wolken. Heim."-Lesung am 26.10.1999, also am österreichischen Nationalfeiertag, wird dieser Text mit einer kleinen Abänderung als Vorrede noch einmal gelesen. Nun, wenige Wochen nach der Nationalratswahl 1999, trägt er den Titel „Vom Volksbegehren zum Volk der Wahl. Rechthaben und Spaßhaben".

← Jelinek-Aufführungen am Wiener Volkstheater: Aufführungsverzeichnis Seite 166

Nationalratswahl 1999 Seite 118

An den, den's angeht – *Elfriede Jelinek*

Wie Bäche vereinigen sich jetzt die Reden, rinnen von den Bergen runter. Die Trachtenpärchen-Flaschen tanzen am Strom, es grinst das geschnitzte Geländer, an das sie sich lehnen. Schräglage für alle: Schifahrer, Marsch, ins Gelände, wo ihr gewiegt werdet von der Mutter Heimat, die euch die Stiefel mit wildem Menschenwuchs einfettet! Wie es sich an den Grenzen staut! Das geht uns glatt runter! Sie wachsen uns ja zu und sollen doch Wachs sein in unseren Händen, wenn wir ihre Formen der Natur wieder zurückgeben, vom Feuer zu Brotwecken gebacken, ist ja rasch getan, in ein paar Minuten! Frech heben die Lehrlinge die Köpfe, weils unter ihnen knattert, knistert von Bränden, die sie in diesem Alter schon schleudern dürfen, jeder von ihnen ein kleiner Gott, dessen Hirn ein Krieg entspringt. Keine Göttin käme ihnen auch nur auf Surfbrettlänge in die Nähe. Die Eierschalen reißen sie sich unbekümmert vom Kopf, die Schier von den Füßen. Brauchen sie jetzt auch nicht mehr, wo sie doch schon aufrecht stehen können hinter den Theken und zehn Deka Wurst verkaufen an Würstchen, die zu fest in ihren Hosen stecken, als daß sie ihre eigene Größe noch richtig abschätzen könnten. So ein schöner Leerplatz, wo man auch tanzen kann! Ja, der Fels gibt jedem seine Tritte auf Wunsch zurück, oder er wirft sie den ewig Unbehausten ins Kreuz. Es kann sie auch der Jörgl in seiner Pfeife rauchen, der zieht sie sich glatt rein, und dann geht er nach Haus in sein stilles Tal. Lacht, bis er sich einen Blitz fängt. Damit spielen die blonden Burschen in seinem Büro herum, mit der Naturkraft, die sie, als Waschmittel für die Vergangenheit, ins Zimmer gelassen haben. Sie besorgen es sich gegenseitig, ihr Haus, ein Fremder würde da nur den Betrieb stören. Buben, es brennt! Rein ins wilde Zimmer, damit ihr euch ausgiebig verfeuern könnt! So jung und schon aufgeregte Stimmen über den Lenkern der Mopeds, als gäbe es was in der Höhe, das euch bald gehören wird, nur ein paar Raten und ein bissel Gären noch! Und ein kleines Trinkgeld an die Geschichte zahlen, das ist für euch zum Leben zuwenig, für andre zum Sterben genug! Die Zeit hat nämlich ihr Haus über euch gestülpt, damit sie beobachten kann, für welchen Schund ihre Schuldner ihr Geld rausschmeißen, diese Knallkörper! Sind ja noch Schulbuben! Können sich ja kaum selber in die Läufe der Gewehre stopfen, aber sich gegen andre kehren, als Waffen, das könnten sie schon! Wie diese jungen Stimmen sich beuteln beim Tanzen und bündeln zum Volksbegehren, kaum daß sie sprechen und T-Shirts auswählen gelernt haben. Es hört etwas auf sie, auf unsre Jugend – etwas, das sich mühsam erhebt, ein Echo, für das es das erste Mal längst gegeben hat. Und die Stimme wird fremd wie von einem andren Unwesen, das es schamlos mit jedem treibt. Mit jedem, der das Eigene hoch über den Kopf hält, um es dem anderen über den Zaun zu schmettern. Und nichts wie ein Kleintier, vom Nachbarn mühsam gebändigt und angeleint, ist dann hin. Und ein gut erzogenes Blumenbeet noch dazu! Da wird der Vater aber schimpfen! Und seinen großen Schluck trinken von den Schuldigen, den Schulkindern, die er auf seinem Grund und Boden gezüchtigt hat. Jetzt wird brav abgezahlt, Bub, jetzt schlagen wir los, denn wir haben es damals nicht zu Ende führen können. Jetzt machen wirs in Heimarbeit, zuhaus, wo wir heute als Jäger zusammengetreten sind. Denn man weiß nicht: Warum sind diese Fremden, die sich selber mitsamt den Wurzeln ausgerissen haben, überhaupt da? Sollen in ihr Glied zurücktreten, bevor wir es tun. Und die Reihen schließen! Kommen sie uns in den Blick, diese Späne, die aus dem Aug gehobelt werden müssen, bevor uns die Tränen kommen, dann werden sie weggewischt. Erst in fünfzig Jahren frühestens wollen wir wieder weinen! Es ertrinkt unser Land im deutschen Beispiel, das heißt, wir wollen selber mit dem Eigenen fangerlspielen, um das Große in uns noch schnell zu erwischen, bevor es auf die kleine Seite geht. Irgendwo in uns und unsrer Zeit muß es ja versteckt sein. Wir brauchen jetzt kein Vorbild mehr, das uns in die Stiefeln hilft. Wir sind selber groß genug. Und da ist schon einer, ein Vorsitzender, der was uns jetzt aufsammelt, zumindest die, die er brauchen kann. Der was vom Berg gekraxelt ist und sich uns in der Futterkrippe vorlegt, ein guter Bissen für die Nachgeborenen, die auch möglichst schnell blutig werden wollen. Da muß man erst die eigene Nachgeburt fressen. Es tropft uns vom Kinn, das Fett. Wir prasseln auf die Tanzböden, wir schmeißen die Haxen in der Disco herum, wo wir Früchterln geschüttelt werden und vor uns hinfallen: Auf diese Mahlzeit haben wir uns geeinigt, diesen Schluck haben wir uns genehmigt, wir jungen Kompottesser im Kompost der Hinterzimmer in den Gaststuben. Die sind für Fremde gesperrt, aufgepaßt, wir Deutschen müssen endlich einmal Laut werden dürfen, der in die Zukunft weist. Wir müssen einmal auch für uns offen sein dürfen, damit man sieht, was in uns steckt: zornige Gedanken, die, wie Türen, jetzt aufgesperrt sind. Wir fallen mit der Tür ins Freie hinaus. Und alles wird bald wie wir sein und am gedeckten Tisch Platz nehmen: Gast und Gastgeber, Wein und Weinheber. Genug, aber mit Genuß beim Henderlessen, denn die meisten Tiere sind besser als der Mensch, den man nicht kennt. Und der sich dann ängstlich in den Sitz drückt, im Zuge dessen, daß er seine Heimkunft längst ausgeschlossen hat. Im Zug nach Osten. Wohin er auch kommt, wir werden sofort das Schloß auswechseln, mit dem unsere Handschellen an ihm hängen, den wir nicht anschauen wollen. Er könnte ja sein wie wir! Ja, wenn wir bis zum Äußersten gehen wollen, dann schauen wir in den Spiegel, endlich allein.

wespennest 91 (1993)

Der Standard, 27.10.1999

„Wir sind bei uns zuhaus"

Jelinek-Texte im Volkstheater, passend zum Staatsfeiertag

Wien – Der Staatsfeiertag hatte auch Intelligentes zu bieten: die szenische Volkstheater-Lesung eines Stückes, das über Nation und Patriotismus nachdenkt – Elfriede Jelineks Wolken.Heim.
Hier wird das Wir-Gefühl militant gegen „Andere", gegen Ausländer, gedreht: ein kluger Einfall des Dramaturgen Karl Baratta, die Matinee mit der Bundeshymne beginnen zu lassen (wobei eine witzige Uneinigkeit im Publikum bestand, ob sie jetzt – nach diesen Wahlen – dazu aufstehen sollten oder nicht).
Schrecklich aktuell ist das 1988 in Bonn uraufgeführte Stück geblieben. In seiner analytischen Kraft viel tiefschürfender als journalistische Tageskommentare, weil Jelinek hier nach den Grundlagen des Feinddenkens und der Selbststilisierung von Staaten fragt und es in der Mischung aus staatsgläubigem deutschem Idealismus (Hegel, Fichte) und österreichischer Heimattümelei findet: „Wir sind bei uns zuhaus" zieht sich als Leerformel durch, wobei der Ball von den drei Schauspielerinnen (Babette Arens, Franziska Srna, Chris Pichler) den Männern zugespielt wird (Michael Rastl, Erwin Steinhauer, Thomas Stolzetti). Herausragend Steinhauer, der schon in seinen Kraus-Lesungen bewies wie Phrasen sich verkörpern.
Abschließend noch ein (aktualisierter) Jelinek-Text, Vom Volksbegehren vom Volk der Wahl – Ideologiekritik auch an naiv marxistischen Positionen: Viel Hoffnung ist verloren gegangen in einer Zeit, in der die FPÖ ihre Stimmen bei Arbeitern und Lehrlingen ebenso fischt wie bei den Yuppies: „Wie diese jungen Stimmen sich beuteln beim Tanzen und bündeln zum Volk, kaum dass sie sprechen und T-Shirts auswählen gelernt haben." Ja. (rire)

Format, 1.11.1999

Programmzettel des Wiener Volkstheaters, 26.10.1999

Asylgesetz

Am 1.6.1992 tritt ein neues Asylgesetz in Kraft. Zentraler Punkt ist die sogenannte Drittlandklausel, nach der ein Asylantrag abzulehnen ist, wenn der Flüchtling bereits in einem anderen Staat Sicherheit gefunden hätte. Als Abschluß der Reform des Einwanderungsgesetzes tritt am 1.7.1993 das Aufenthaltsgesetz in Kraft, das ein noch strikteres Verfahren für ImmigrantInnen vorsieht. Ein Jahr nach dem Inkrafttreten des Aufenthaltsgesetzes und zwei Jahre nach dem des Asylgesetzes findet am 1.7.1994 ein „Trauermarsch zum Asyl- und Aufenthaltsgesetz" statt. Initiiert wird dieser Trauermarsch von der „Initiative Minderheitenjahr", dem „Antifa Komitee" und weiteren 56 Organisationen. Elfriede Jelinek ist eine der UnterstützerInnen der „Initiative Minderheitenjahr". In einem Statement nimmt sie zur Asyl- und Aufenthaltsgesetzgebung Stellung.

Wien (APA) – Eine Bürgerinitiative startet nun eine Unterschriftenaktion für eine Reform der Ausländergesetzgebung. Die von Grünen, SOS-Mitmensch und Caritas-Präsident Helmut Schüller unterstützte Aktion verlangt in einer zehn Punkte umfassenden Petition eine umfassende Neuordnung, weil sich die Ausländergesetze bisher nicht als Instrument der Integration, der Aufnahme von Flüchtlingen und der geordneten Zuwanderung erwiesen hätten. [...]
In der Petition wird verlangt, daß jene Ausländer nicht abgeschoben werden dürften, die bisher ein Aufenthaltsrecht in Österreich hatten und hier integriert sind. Familienzusammenführung dürfe nicht in die Gastarbeiterquoten eingerechnet werden, die geltende „Sippenhaftung im Aufenthaltsrecht" sei abzustellen. [...]
Die Petition wurde bisher u.a. von den Schauspielerinnen Maria Bill und Dolores Schmiedinger [sic], dem Maler Paul Flora, den Schriftstellern Elfriede Jelinek und Christoph Ransmayr, dem Ökonomen Alexander van der Bellen, dem Neurologen Ernst Berger und dem Unfallchirurgen Johannes Poigenfürst unterzeichnet.

APA0023, 12.9.1993

Wien (APA) – Menschen, die aufgrund eines Merkmals, für das sie nichts können oder auf das sie ein Recht haben, diskriminiert oder benachteiligt werden, stehen im Mittelpunkt des österreichischen „Jahres der Minderheiten" 1994. Mit Absicht sei eine so weite Definition gewählt worden, um neben den autochtonen [sic] Minderheiten auch Zuwanderer, Asylbewerber und Homosexuelle sowie religiöse Gruppen und Behinderte miteinbeziehen zu können, erklärte der Vorsitzende der „Initiative Minderheitenjahr" (IMJ), der Innsbrucker Physiker Michael Oertl, Mittwoch in einer Pressekonferenz. Zahlreiche Aktionen und Veranstaltungen sollen 1994 durch mehr Kenntnis und Verständnis ein „minderheitenfreundliches Klima" schaffen. In mehreren Symposien soll ein Forderungskatalog an die österreichische Politik entstehen.
Unterstützt wird das „Jahr der Minderheiten" von einem Personenkomitee, dem neben Simon Wiesenthal und Andre Heller auch die Historikerin Erika Weinzierl, der Psychoanalytiker Erwin Ringel, der Politologe Anton Pelinka, die Schriftsteller Josef Haslinger und Elfriede Jelinek, der Journalist Peter Huemer, sowie die SPÖ-Abg. Hilde Hawlicek und die Grüne Gemeinderätin Friedrun Huemer angehören. [...]

APA0277, 3.11.1993

MINDERHEITENJAHR
Zielsetzung

– Aufwertung des Begriffs „Minderheit" durch verstärkte mediale Information, dadurch Schaffung eines „minderheitenfreundlichen" Klimas in Österreich.
– Kampf für die Durchsetzung der Minderheitenrechte als Menschenrechte, die IMJ sieht sich also sehr wohl als politische (wenn auch parteiferne) Organisation.
– Anregung und Koordination der zahllosen bestehenden und teilweise parallellaufenden Initiativen in Österreich.
– Förderung des Verständnisses von Minderheiten untereinander

Falter 47/1993

+ + seit 1993: E.J. österreichische Delegierte des Internationalen Schriftstellerparlaments + + seit 1993: E. J. Ehrenpräsidentin der Österreichischen Dramatiker-Vereinigung

Die Zeit, da der Literat, die Literatin, wie es ihre Aufgabe ist, die Dinge hübsch umschreiben durfte, ist vorbei. Man hat immer alles sagen dürfen, aber der Blick konnte gleichzeitig an dem Fremden abgleiten, man durfte zu Boden schauen und zu seinen Füßen Bilder suchen für das, was man nicht aussprechen konnte. Wir Künstler haben immer eine Scheu gehabt vor diesem allzu deutlichen Aussprechen, wir haben die Dinge lieber großräumig umschifft, umfahren und dann noch nett eingerahmt. Diese Zeit ist vorbei. Ist das, was unser Sehen so oft hat abgleiten lassen, ein Fehler im Denken gewesen? Oder haben wir, indem wir dieses Unglaubliche, das hier seit einem Jahr geschieht, diese Abschiebungen von Gefährdeten, die Unduldsamkeit gegenüber Armen, Fremden, auf unseren Schutz angewiesenen, geschehen ließen, das Denken überhaupt vermieden? In Wahrheit hätten wir keinen Satz mehr aussprechen dürfen, der nicht sagt: Dieses Asylgesetz ist unrecht. Jetzt darf da nicht mehr drum herumgeredet werden. Sonst machen wir uns der Komplizenschaft schuldig und haben kein Eigenes mehr, das wir bewahren dürften, indem wir diejenigen, die auf uns angewiesen sind, davon ausschließen. Wir haben es den Verantwortlichen jeden Tag begreiflich zu machen, daß dieses Unsrige, mit dem wir die zahlungskräftigeren Fremden anlocken, diese stampfenden Musikantenställe, diese tanzenden Pferde, diese singenden Nervensägen auf dem Bildschirm, all diese Gespenster, die ihr Grinsen, das Grinsen des Berufspolitikers krampfhaft auf den Gesichtern festhalten wie Regenschirme, die jeden Moment davonfliegen können, daß dieses Unsrige also uns schon nicht mehr gehört, wenn wir nicht imstande sind, es mit anderen zu teilen, die gar nichts haben. Wenn wir Künstlerinnen und Künstler in unseren Arbeiten die Moral vergessen, die Verpflichtung, die wir den Fremden gegenüber haben, die sich zu uns geflüchtet haben, dann wird sich unser scharfer Blick letztlich trüben und wir werden überhaupt nichts mehr sagen können, was wahr wäre. Es gibt genügend Totenstimmen von Kolleginnen und Kollegen, die aus unserem Land vertrieben worden sind und sich nach dem Krieg kein Gehör mehr verschaffen konnten. Die Stimmen derer, die es sich immer schon gerichtet haben, waren lauter als die der Toten. Jetzt haben wir noch eine letzte Chance bekommen: Es ist unsere Aufgabe, für diejenigen zu sprechen, für die kein anderer spricht. Denn auch unsere künstlerischen Werke werden uns nicht retten, wenn wir uns abschließen gegen diejenigen, die sich aus ihrer Bedrohung heraus zu uns gerettet haben.

Elfriede Jelinek: Stellungnahme zur Asyl- und Aufenthaltsgesetzgebung in Österreich. In: Broschüre zum Trauermarsch zum Asyl- und Aufenthaltsgesetz

Broschüre zum Trauermarsch

Der Standard, 17.6.1994

++ Februar 1993: E. J. gestaltet mit Josef Hader, Rudi Klaffenböck und anderen den Programmteil der kulturellen Aschermittwochveranstaltung „Kultur statt Fanatismus" in

Radio AGORA

1989 wird der Verein AGORA zum Zweck der Einrichtung eines interkulturellen Lokalradios in Südkärnten gegründet. Ende November 1997, nach mehrmaligen Ablehnungen und Beschwerden, wird das Ansuchen auf Erteilung einer Regionalradio-Lizenz bewilligt. 1998 startet Radio AGORA sein Sendeprogramm als nichtkommerzielles, zweisprachiges Regionalradio mit Empfangsgebiet in Süd- und Ostkärnten. Die Lizenz-Erteilung wird von Attacken der FPÖ Kärnten begleitet. Im Mai 1998 unterstützt Elfriede Jelinek die SenderbetreiberInnen bei der Aktion „Frischluft für Kärnten" mit einem Text, der auf einer Dose abgedruckt wird. Gegen eine Spende von 500 Schilling, die zugleich als Jahresbeitrag für das AGORA-HörerInnen-Forum gilt, kann man die Dose erwerben und damit das Radio unterstützen.

Es wird etwas Luft über Österreich zur Verfügung gestellt, damit, was niemandem gehört: Schallwellen darauf herumfahren und manchmal sogar ordentlich schaukeln können.

Diese Wellen sollen aber offenkundig, wenn man manche heimischen, unheimlichen Zeitungen so liest, nur so und so lang sein dürfen. Sie gehen zu weit, wenn sie bis zu einer slowenischsprachigen Minderheit gehen. Dann müssen sie wieder zurückgepfiffen oder gleich ganz geglättet werden, am besten schon bevor sie ausgesandt werden.

Es ist ein zweisprachiges Lokalradio schon aus dem Grund zu unterstützen, weil es so etwas bisher noch nicht gegeben hat und daher endlich geben muß. Damit sich alle dort zu Hause fühlen können, wo sie sprechen und daher: sind.

Elfriede Jelineks Text auf der Dose zur Aktion „Frischluft für Kärnten" im Mai 1998

Kärntner Politiker ließen sich austricksen:

Steuermillionen für „Slowenen-Radio"

Das Slowenen-Radio für Kärnten soll von Bund, Land und Gemeinden mit Millionen gefördert werden: So will es zumindest der 49-Prozent-Teilhaber „Agora", ein Verein, dessen Geschäftsführer in Eisenkappel, Lobnik 16, residiert. Das ist auch der Sitz der als linksextrem eingestuften Organisation Longo-Mai.

Die Kärntner Politiker ließen sich in Sachen Slowenen-Radio wieder einmal ordentlich austricksen.

Denn einer der Teilhaber, der Verein „Agora", listet in einem geheimen Akt im Bundeskanzleramt auf, was er sich erwartet: „Subventionen aus verschiedenen Förderungstöpfen wie Medien-, Kultur-, Schul-, Wissenschafts- und Jugendbudgets von Bund, Land und Gemeinden."

Landeskulturreferent Michael Ausserwinkler habe entsprechende Unterstützung bereits zugesagt.

„Agora" erwartet sich aber auch finanzielle Beteiligung von Kooperationspartnern, wie beispielsweise „Kontrapunkt", UNIKUM, Kärntner „Kulturinitiative IKK", Grüne Bildungswerkstatt ... Alles Organisationen, die selbst Steuersubventionen in Anspruch nehmen.

Darunter sind auch Vereine, die zuletzt Kärnten auf der Frankfurter Buchmesse durch steuergeldsubventionierte (!) Hakenkreuz-Broschüren einmal mehr zum „Nazi-Land" abzustempeln versucht haben. Der Geschäftsführer von „Agora" residiert in der Longo-Mai-Zentrale in Eisenkappel, eine so weit links operierende Gruppierung, daß sich die Staatspolizei und der militärischer Geheimdienst mit ihr beschäftigen.

Im Bundeskanzler-Akt befinden sich auch Schreiben von Kärntner Organisationen, die ohne ihr Wissen auf den „Agora"-Antrag kamen und deshalb heftig protestieren. Ein Beispiel: der Verein „Südkärntner Bauern".

Die FP will nun die erfolgte Lizenzerteilung mit allen rechtlichen Mitteln bekämpfen. VP und SP hatten der Lizenzvergabe zugestimmt.

Neue Kronen Zeitung (Ausgabe Kärnten), 25.11.1997

Foto: www.sonjapriller.com

Frauensolidarität

Sigrid Löffler, eine der bedeutendsten KulturpublizistInnen des Landes und Staatspreisträgerin für Publizistik, ist von ihrer Chefredaktion mit sofortiger Wirkung gekündigt worden. Darüberhinaus wurde ihr für die Dauer eines Jahres untersagt, bei irgendeinem anderen Printmedium des In- oder Auslands zu arbeiten. Das kommt, bei einer Frau in Sigrid Löfflers Alter, einer Existenzvernichtung gleich.

Es muß hier nicht besonders auf die Verdienste dieser Journalistin hingewiesen werden, sie sind weit über die Grenzen dieses Landes hinaus bekannt. Es wäre aber gut, sich jetzt daran zu erinnern, was Löfflers Schreiben für die österreichische Kultur geleistet hat, denn, tun wir es nicht, werden wir von einem neuen jungen *profil* daran erinnert. Dieses neue *profil* könnte möglicherweise einmal versuchen sich umzudrehen. Dann wird es dort nicht finden, was hingehört, nämlich ein Rückgrat. Ich persönlich nehme diese Kündigung einer engagierten Kollegin nicht hin. Ich fordere alle, die denken wie ich, auf, ihr *profil*-Abonnement mit sofortiger Wirkung zu kündigen. Meine Kolleginnen und Kollegen Schriftsteller fordere ich auf, keine Beiträge mehr für das *profil* zu verfassen.

Elfriede Jelinek: o. T. Der Standard, 24.12.1993

Presse

Stunde der Wichtelmänner

Die österreichische Schriftstellerin Elfriede Jelinek, 47, („Lust") über die Entlassung von Sigrid Löffler, 51, bisher Literaturkritikerin und stellvertretende Chefredakteurin beim Wiener Nachrichtenmagazin Profil

Löffler — Jelinek

SPIEGEL: Sie haben zum Boykott von *Profil* aufgerufen. Warum?
Jelinek: Sigrid Löffler zählt zu den wenigen, die in Österreich noch journalistische Unabhängigkeit garantieren. Mit ihrer Kündigung geht bei uns, was Wochenzeitschriften betrifft, ein Hort der Pressefreiheit verloren.
SPIEGEL: Der *Profil*-Herausgeber hat Sigrid Löffler „übermäßige Nebentätigkeiten" vorgeworfen.
Jelinek: Absurd! Wenn man weiß, was etwa Werbezeiten im Fernsehen kosten – jeder Auftritt war Werbung für das *Profil* –, dann hätten sie ihr die Füße küssen müssen. Außerdem ist sie eine brillante Schreiberin.
SPIEGEL: War die Mitstreiterin beim „Literarischen Quartett" für *Profil* zu profiliert?
Jelinek: Offenbar. Die jungen Wichtelmänner, die *Profil* jetzt machen, können es wohl nicht ertragen, daß ausgerechnet eine Frau mit Autorität spricht.
SPIEGEL: Ist der Rauswurf ein Symptom?
Jelinek: Ja. Überall gibt es die Neigung, einen stromlinienförmigen, reibungsfreien Journalismus zu installieren. Das ist in Deutschland nicht anders.

Der Spiegel, 3.1.1994

Im Dezember 1993 wird die Kulturjournalistin und stellvertretende Chefredakteurin des Nachrichtenmagazin „profil", Sigrid Löffler, vom Herausgeber Hubertus Czernin gekündigt.

Elfriede Jelinek engagiert sich für Löffler und fordert die „profil"-LeserInnen auf, ihr Abo zu kündigen.

Sigrid Löffler begleitet seit Jahren als Journalistin und Rezensentin Jelineks Schreiben, immer wieder führt sie mit ihr auch Interviews. Vor allem Jelineks Verhältnis zu Österreich wird von Löffler thematisiert.

→
Beiträge von Sigrid Löffler über Elfriede Jelinek und Interviews
Seite 44, 50, 89, 92, 113, 173, 187, 230

Elfriede Jelinek und Sigrid Löffler
Foto: Heidi Heide

---

von Militärgesetzen" + + Juni 1994: E. J. kündigt am „Tag des Flüchtlings" ein europaweites Bürgerforum an, das für Deserteure Asylrecht fordert + + März 1995: E. J. unter-

Aktion
Frauensolidarität

Am 7.7.1986 wird der Antrag auf Weiterbestellung von Neda Bei, die seit 1978 Assistentin am Institut für Staats- und Verwaltungsrecht der Universität Wien ist, von der zuständigen Personalkommission aufgrund angeblich nicht vorhandener „wissenschaftlicher Eignung" (zitiert nach: Falter 12/1987) einstimmig abgelehnt. Beis Berufung gegen diesen Bescheid wird abgewiesen. Hinter dieser Entlassung steht ein Konflikt Beis mit ihrem unmittelbaren Dienstvorgesetzten Felix Ermacora, Professor an der Juristischen Fakultät, Mitglied der Europäischen Menschenrechtskommission, ÖVP-Funktionär und Inhaber eines Nationalratsmandats. Elfriede Jelinek veröffentlicht im März 1987 im „Falter" einen Essay, in dem sie sich für Bei einsetzt.

Elfriede Jelinek:
Wehr spricht?

Der recht und einer seiner größten Vertreter auf der Erde, in seine eigene Institut, hat, weil er es darf, einen seiner Äpfel vom Baum der Institution fallen lassen, aber nur ein kleines: eine Assistentin in die Rechtshaus ist gefeuert worden. Neda Bei ist ihrer Stelle als Universitätsassistentin von Prof. Dr. Ermacora verlustig gegangen. Ist für sie nicht lustig und wäre es für den recht auch nicht, wenn der recht auch plötzlich arbeitslos wäre. Denn: Wo ginge der recht dann hin und wo kämen wir alle her, wenn der recht sich auf einmal um die Probleme von eine mindere Mehrheit (Frau) und eine mindere Minderheit (schwul) zu kümmern müssen würde glauben. Anstatt der vielen kleinen rechten, die heran gewachsen sind, die Macht fest zu stärken, damit endlich Mehrheit werden! Aber, was Hermann Cora sagt: nur ethnische Minderheiten sind auch ethische Minderheiten und sind würdig des Herrn Schutz.

Neda Bei ist nicht fähig zu der Wissenschaft, denn: Frauen im allgemeinen sind nicht fähig über den recht und die Gesetz zu denken. Was geschieht in eine Priester Orden, wenn die Unordnung auftritt. Kurz: die Frau ist nicht Gott. Und der Neda ist nicht recht beim recht.

„In der Restitution der phallisch-jungfräulichen Einheit winkt die Gratifikation durch eine besondere Allmachtsphantasie: die kanonische Interpretation verheißt die Gottesebenbildlichkeit des Menschen als phallische Omnipotenz und Omnipräsenz unter expliziter Verneinung der Gottesebenbildlichkeit der Frau." (Neda Bei, aber nicht bei die Wissenschaft, weil sie sich nicht beherrscht!)

In diese Beispiel Fall ist der Vertreter von dem recht gleichzeitig auch Vertreter von die Rechts Partei, was mit dazu gehört, und die Assistentin gehört ihm auf und er kann weghauen, wenn nicht mehr für die rechte zum brauchen. Kann gleich handeln wie Gott, kann wegmachen, Wege für die rechten machen, und auch herholen. Alles stammt ja von Gott, also stammt alles von Adam. Der Mensch ist Mann (was soll heißen: ist seine eigene Herr), und Wissen ist wer Macht hat. Wissen macht aber nur denen mächtig, dem es gehört in die Institution von dem Herren recht. Und diese Frau (Bei) hat nicht das recht! Und von die Schwulen wollen wir schweigen, was Neda Bei hat nicht gewollt. Das war falsch. Und gehört auch nicht in die Wissenschaft. Was nicht hergehört, soll sich dauernd verneigen oder wird verneint. Die Frau als Mutter, Gattin oder Jungfrau ist eigentlich sehr hoch, sagt der recht, aber sie soll kein Wissen einkaufen und einkaufen gehen in die Einsiedelasln, sie soll es nicht herumtragen unter die Leute und soll das Wissen auch nicht weitergeben, sondern nur das Ergebnis von die kleine Embryo, so steht in dem modernen recht. Sie soll außerdem nichts sein, so sagt die Kirchen. Und aus für Bei. Denn was der Kirchen sagt, ist für uns jeden gut genug zu glauben und einfach zu behalten.

Und der Herr recht sagt, sie war nie da in ihrer bescheidenen Kammer, die Bei, die war nie dabei. War nie wo sie hingehört vor die Ofen von ihre Heim. Und wo gehört der Herr recht rechtens hin, richtig, zum Bei Spiel zu die Angelobigungen von die präsenten Diener von seine Partei: Wenn sie dem Staat beeiden, daß er noch da ist. Denn sie stehen auf seiner Ordnung oben darauf, und die Frauen stehen neben ihnen in der Unordnung. Und *er* sitzet zur rechten in die Parlamenten. Und *er* schreibt Gastkolumnen für die Magazin „Newsweek", nachdem beinahe in Afghanistan herumgereist, wo die Russen treten gegen die Widerstandskämpfer, und dann tritt *er* hervor und auf die Menschen rechte ein.

Aber Gott muß nicht anwesen um zu wissen, was vor ihm geht. Er sieht es schon von fern her leuchten in die Haus von dem recht, weil dort hat wieder einmal niemand das Licht abgedreht.

Elfriede Jelinek

Falter 12/1987

„Wehr spricht?" lautete Deine Frage. Ich frage: „Wer versteht?" Denn das, was unter Deinem Namen zwei Spalten füllte, ist weniger Sprache als Gestammel.

Sollte es den Vertretern minderheitlicher Mehrheitsparteien, die die Regierung, welche derzeit dem Volk opponiert, schon gelungen sein, Dich zu demoralisieren, daß Du nur mehr stammeln kannst!? Dann wird sich der Univ.Prof.Dr.Funktionär der mehrheitlichen Minderheitspartei aber freuen, daß es einer Vertreterin minderer Mehrund Minderheiten nicht einmal mehr gelingt, ihn und sein Treiben sprachlich zu erfassen und dingfest zu machen!

– Und dann werden auch alle jene jubeln, die sich doch längst wünschen, Frauen mögen in die Sprachlosigkeit vergangener Zeiten zurückfallen. Mit Begeisterung werden sie diesen Falter-Artikel auf ihre Fahnen heften und ihn als Signal herumzeigen, das ihnen als Beweis für die Wende dienen wird, hat sich doch eine einst Wortgewaltige im Gschichterl-Erfinden verausgabt und sich augenscheinlich an den häuslichen Herd der Gerüchteküche zurückgezogen, mit einem Wort: Sie hat keinen Biß mehr!

Giselher Smekal
Wien 15

Leserbrief, Falter 13/1987

Sozialdienst für Mädchen

Ich möchte nur zum Aspekt des sogenannten verpflichtenden Sozialdienstes für Frauen kurz Stellung nehmen: Die Arbeit von Frauen im Haushalt sieht man nicht und soll man nicht sehen, man soll nur ihre Ergebnisse, die Abwesenheit von Schmutz und die Anwesenheit von möglichst gesunden Kindern wahrnehmen. Die Arbeit der Hausfrau verschwindet im Sog eines schwarzen Lochs, sie ist das Selbstverständliche schlechthin, über das man nicht spricht, denn diese Arbeit umgibt uns überall, ohne irgendwo als Reichtum des Landes aufzuscheinen. Würde diese Arbeit nicht geleistet – es würde alles zusammenbrechen. Gleichzeitig ist die Mutter die einzige gesellschaftlich sanktionierte, ja von der Gesellschaft vergötzte Erscheinungsform der Frau (daß die Mutter gleichzeitig wieder verachtet und, hat sie zum Beispiel keine Ernährer, unter die Armutsgrenze gedrückt wird, steht auf einem anderen Blatt).

Jetzt will man also die Frauen zusätzlich darauf verpflichten, ihre ansonsten gratis ohnedies geleisteten pflegerischen und betreuerischen Dienste, als soziale Reservearmee gewissermaßen, dem Staat zur Verfügung zu stellen, dem sie diese Arbeiten, die Aufzucht der Kinder, die Pflege der Alten und Kranken, die Regeneration des Mannes (der generell im Berufsleben natürlich immer noch mehr verdient als die Frau!) ohnedies immer schon zur Verfügung gestellt haben. Nur soll ihnen jetzt zusätzlich noch ein wenig Lebenszeit genommen werden, den Frauen, die haben sie ja, wie jedes Witzblatt weiß, im Überfluß zu vergeben, nein: zu verschenken! Und diese Zeit ist auch das einzige, das man den Frauen noch nehmen kann, nachdem unsre Kultur sie bisher erfolgreich daran gehindert hat, ihre besten Fähigkeiten öffentlich geschätzt und anerkannt zu sehen. Für die Frauen ist Zeit eben nicht Geld, wie für die Männer, für die Frauen ist Zeit Leben. Und dieses Letzte, das sie haben, wird man von ihnen nicht verlangen dürfen! Das, endlich, werden sie, werden wir hoffentlich nicht dulden.

Elfriede Jelinek: Gastkommentar. Wiener Revue, Mai/Juni 1994

Sozialdienst für Mädchen: „Pfeifkonzert"

Schrille Schreie gab's gestern gegen alle Pläne, einen Sozialdienst für Mädchen zu diskutieren.

WIEN (hws/ag). Die positive Umfrage in Wien für einen sechsmonatigen Sozialdienst für Mädchen ist gestern auf die erwartete schrille Kritik gestoßen. Wie berichtet, hatte Bürgermeister Zilk die Umfrage am Dienstag präsentiert.

„Unter keinen Umständen" komme so etwas in Frage, ließ gestern Frauenministerin Johanna Dohnal wissen. Darauf Parteifreund Helmut Zilk: „Es hätte mich gewundert, wenn Dohnal nicht grundsätzlich zu allem Nein sagen würde, was nicht in ihr vorgefaßtes politisches Schema paßt."

„Eine gute freiheitliche Idee" findet hingegen FP-Bundesobmannstellvertreterin Edith Haller. „Junge Mädchen würden einen persönlichen Gewinn daraus ziehen, Alten zu helfen."

Dagegen ist VP-Frauenchefin Bauer: „Neun Monate Schwangerschaft sind genug!"

Der Kärntner SPÖ-Abg. Walter Posch meinte, Zilks Vorschlag gehöre in den „Dinosaurier-Park". Und Zilk darauf: „Mickymaus-Aussage!" *Seite 11*

Die Presse, 4.11.1993

Breite Ablehnung gegen Sozialdienst für Mädchen

Kurier, 4.11.1993

1993 gibt der Wiener Bürgermeister Helmut Zilk eine österreichweite IFES-Umfrage in Auftrag. Das Ergebnis wird am 2.11.1993 präsentiert: Zwei Drittel der ÖsterreicherInnen fänden einen allgemeinen Sozialdienst für Mädchen gerechtfertigt. Zilk schlägt vor, daß Mädchen als Ersatz für den Präsenzdienst zu einem sechsmonatigen Dienst in Bereichen wie der Krankenpflege, der Pflege älterer Menschen, als Hilfe bei kinderreichen Familien und im Umweltschutz eingesetzt werden sollen. Alle politischen Parteien, mit Ausnahme der FPÖ, sprechen sich gegen den Vorschlag aus. Elfriede Jelinek veröffentlicht 1994 in der Mai/Juni-Ausgabe der „Wiener Revue" einen Beitrag zur Idee eines Sozialdienstes für Mädchen.

Homosexuellen + + 21.11.1996: E. J. unterzeichnet mit anderen heimischen KünstlerInnen ein Schreiben an den Wiener Bürgermeister Michael Häupl, in dem die Übernahme

kosmos.frauenraum

1998 soll im Rondell, einem ehemaligen Pornokino in Wien, ein Kulturzentrum für Frauen eröffnet werden. Dieses Projekt eines „LINK.*-FrauenRaums" wird vom Kleinkunst-Verein „Bunte Bühne" unter der Leitung von Barbara Klein initiiert. Mit der Begründung, daß die Organisatorinnen nicht fähig seien, das Rondell zu führen, und unter dem Hinweis auf eine nicht erfolgte Sicherung der Restfinanzierung wird die Lokalität dem Jazzclub „Porgy & Bess" zuerkannt. Das Rondell wird daraufhin von den Organisatorinnen besetzt. Elfriede Jelinek unterzeichnet eine Solidaritätserklärung. Nach der behördlichen Schließung des besetzten Rondells gehen die Proteste auf der Straße weiter. Im Frühjahr 2000 beschließen Kunstsektion, Frauenministerium, Kulturamt und MA 57, das Vorhaben doch zu finanzieren. Als Ort wird nun das ehemalige Kosmos-Kino gewählt. Der neue kosmos.frauenraum wird am 15.5.2000 eröffnet, Jelinek hält die Eröffnungsrede.

LINK* - FrauenRaum im ehem. Rondell

Kunst braucht Spielraum. Frauen brauchen Raum. Wir ersuchen Kunstkanzler Mag. Klima und Kulturstadtrat Dr. Marboe dringend, eine Entscheidung zugunsten LINK* zu treffen.

Irene Agstner, Programmiererin, Heidi Ambrosch, Frauensprecherin d. KPÖ, Romana Bartl, Marketingfachfrau, Bolzano & Maleh, Kabarettistinnen, Sylvia Bra, Regisseurin, Kurt Brazda, Regisseur, Edith Breyer, techn. Ang., Nicole Delle Karth, Regisseurin, Petra Dobetsberger, Regisseurin, Marie-Therese Escribano, Sängerin, Grüne Frauen Tirol, Grüne Frauen Wien, Margit Hahn, Schriftstellerin, Elfriede Hammerl, Autorin, Siegfried Hetz, Schriftsteller, Elisabeth Holzer, Erwachsenenbildnerin, Elfriede Jelinek, Autorin, Ina Karrer, Studentin, Helene Klaar, Rechtsanwältin, Erich Ledersberger, Autor, Ulrike Lunacek, Frauensprecherin der Grünen, Miki Malör, Künstlerin, Eva Mayer, Puppenspielerin, Charlotte Müller-Neumayer, Kulturarbeiterin, Felix W. Niederhauser, Dipl. Kfm., Sabine Perthold, Kulturmanagerin, Linde Prelog, Schauspielerin, Hans Henning Scharsach, Journalist/Autor, Dieter Schrage, Museum mod. Kunst, Theater Rampe-Stuttgart, Gerhard Ruiss, Autor, Elena Schreiber, Sängerin, Edith Stohl, Redakteurin, Terezija Stoisits, Abgeordnete, Isolde Ultsch, Lyrik-Malerin, V & Z Unternehmensführung GmbH, Verein österr. Juristinnen, Eveline Weber, Lehrerin, Susanne Zimmermann, Kindergärtnerin

bez. Anzeige

Inserat, Der Standard, 5.5.1998

Es sieht ganz so aus, als könnte und wollte dieser Raum des ehemaligen Pornokinos, der ja lange von der Präsentation von Frauenfleisch gelebt hat, auch im nachhinein, da Frauenfleisch gemütlich zu Hause aus dem Videorecorder kommt, Frauen in bekleidetem oder gar denkendem und arbeitendem Zustand nicht ertragen können. Aber der Raum selbst ist unschuldig. Seine Besitzer und Verwalter aber sind es nicht.

Elfriede Jelinek (in: Link.*-FrauenRaum-Konzept, Juni 1998)

kosmos.frauenraum

Frauenraum - *Die Rede von Elfriede Jelinek anläßlich der Eröffnung des kosmos.frauenraums*

Ich frage mich, wie es möglich ist, daß Personen immer noch für ihre Anliegen auf die Straße gehen müssen, demonstrieren müssen, Druck machen müssen, nur aufgrund ihres Seins, aufgrund der biologischen Tatsache, daß sie Frauen sind. Es flößt mir ein gewisses Entsetzen ein, daß wir für etwas vorbestimmt sein sollen, das uns zu Zurückgesetzten macht, die um alles und jedes kämpfen sollen, und das gerade in Zeiten, in denen die Not eigentlich darin besteht, daß keine besteht, wie die Philosophen sagen würden. Aber wieso sind gerade so viele Frauen von dieser Not betroffen, die es doch angeblich gar nicht gibt oder nicht geben sollte? Weil sie sind was sie sind und wofür sie nichts können? Es scheint aber auch nicht zu genügen, daß man an sich Frau ist, und auch nicht, daß man sie für etwas ist, einen Mann, ein Kind, einen Pflegebefohlenen, die Gesellschaft. Man muß immer noch etwas darüber hinaus drauf häufen, um da sein, sich artikulieren, auf seine Rechte pochen zu dürfen. Es ist, als ob man sich selbst für sich erkämpfen müßte, um überhaupt sein zu dürfen was man schon ist. Man darf ja offenbar nicht einmal in die eigene Haut hineinschlüpfen, auch darum soll man schon kämpfen müssen. Daß man ein Für Sich sein darf und nicht einfach nur an und für sich einfach existieren. Denn daß Frauen ein Für Anderes sein müssen, ist sowieso klar. Jetzt kämpfen sie also darum, daß sie etwas sagen dürfen, um den berühmten Raum für sie selbst, für sich allein. Schon Virginia Woolf hat dafür gekämpft, um einen sehr kleinen wenigstens, in dem die Frau etwas würde aufschreiben können. Tisch, Sessel, Lampe, mehr braucht man dazu ja nicht. Jetzt haben sie also ihren Raum, die Frauen, in dem sie reden oder schweigen dürfen oder was auch immer, es soll ihnen ja überlassen sein, was sie damit machen, aber damit, daß ihnen dieser Raum gegeben ist, kann es ja nicht getan sein. Aber die Sache scheint damit bereits abgetan zu sein. Man braucht Frauen ja nur einen Raum zu übergeben, sie werden ihn dann, das haben sie ja geübt, schon besenrein machen, einrichten, herrichten, bis sie sich zugrundegerichtet haben werden. Das sind sie ja gewöhnt. Hier bitte ist dieser Raum, aber besser, er bleibt verborgen wie die Leistungen der Frau, die das Obszöne schlechthin sind, denn sie sind da, aber man sieht sie nicht, und man soll sie nicht sehen. Man soll nur ihre Ergebnisse sehen, nicht wie es zu ihnen gekommen ist. Sie tauchen im Bruttoinlandsprodukt eines Landes nicht auf, diese Arbeiten der Frauen. Sie, diese Leistungen, sind das, was verdeckt stattzufinden hat, so wie ja auch die Genitalien der Frau glücklicherweise verdeckt sind und nach innen führen, nicht repräsentationsfähig sind, auch nicht kunstfähig, wie Freud sagt, der nur das Flechten und das Weben als originär weibliche Kulturtechniken gelten lassen wollte, ja, das Flechten und das Weben, das ham sie uns gegeben. Das Schreiben und das Lesen ist stets der Männer Fach gewesen. Da haben sich die Frauen also ihre Wiese, ihre Lichtung, freigesprengt, unter immensem Druck von Meißeln, Hämmern und Worten im öffentlichen Raum, der ihnen ja auch nie gehört hat und den sie sich erst haben erkämpfen müssen, und dann lichtet sich erst mal gar nichts. Kein Vorhang kann hochgehen, nur der Hut kann einem hochgehen dabei, denn was den Frauen da gegeben worden ist, soll ihnen gleichzeitig vorenthalten werden, aber nicht damit es länger vorhält, im Gegenteil, sondern damit es gleichzeitig da ist und weg ist. Also das Offene bleibt sowieso verweigert, denn die Frau ist zu dem, was sich im öffentlichen Raum abspielt, nicht zugehörig, daher muß sie immer auf sich verweisen, indem sie dauernd an sich selbst zurückverwiesen wird, vielleicht kann man sagen zurückgeworfen. Im Fall des Raums, den sie da bekommen und schon wieder beinahe genommen bekommen hat, wenn nicht ein Wunder geschieht, kann man auch sagen: hinausgeworfen, enteignet. Man läßt der Frau ihre mehr oder weniger schöne Erscheinung, je schöner, desto erwünschter, denn die kann man auf die Seiten fünf bis sieben drucken, aber man läßt sie sonst nicht und nirgends erscheinen. Aber damit nimmt man ihr auch die meisten Entscheidungsmöglichkeiten. [...]

Es hat eine Gründung von einem Frauenraum stattgefunden, aber das hat nichts begründet, und man kann es den Frauen auch wieder nehmen, was sie da bekommen haben oder noch gar nicht wirklich bekommen haben, ohne Begründung. Zuerst zeigt man es ihnen, dann nimmt man es ihnen wieder weg. Vom Nichts ins Nichts. Von nichts kommt nichts. Aber wenn man jahrelang um etwas kämpft, glaubt, es endlich zu haben, und dann hat man es doch wieder nicht, das ist schlimmer als nichts zu haben. Das ist, als ob man sich selber ständig aufbrauchen würde, wie ein Feuer, das sich selbst verzehrt und dann zusammenfällt, weil es keine Nahrung mehr bekommt auf diesem sauberen Fußboden.

kosmos frauen.schrift, Mai 2000

Eröffnungsfest des kosmos.frauenraums

Fotos: Manuela Schreibmaier

Aktion Frauendemo 4.5.2000

Frauendemo 4.5.2000

Am 4.5.2000 findet zum ersten Mal vor der wöchentlich stattfindenden regierungskritischen Donnerstagsdemonstration ein „Frauenauftakt" statt.
Vor der „Wächterin", einer Marmorskulptur von Ulrike Truger vor dem Wiener Burgtheater, treffen sich Frauen, um gegen die ÖVP-FPÖ-Regierung zu protestieren. Ab nun soll an jedem ersten Donnerstag des Monats dieser „Frauen-Treffpunkt" stattfinden. Elfriede Jelinek hält beim ersten Treffen am 4.5. eine Rede.

←
Elfriede Jelinek bei den Donnerstagsdemos: „Das Lebewohl"
Seite 147

Bulletin des Republikanischen Clubs Neues Österreich, Mai 2000

Frauen
– Die Rede von Elfriede Jelinek vor der „Wächterin"
Wir gehen jetzt hier herum, weil wir sind, was wir sind: Frauen. Wir gehen also aufgrund unseres biologischen Seins, denn wer fragt danach, wer oder was wir wirklich sind. Wir sind eine Gruppe, die ihre Interessen durchsetzen muß gegen eine Regierung, die ihr Rechte nehmen oder gar nicht erst gewähren will. Auch Rassisten gründen ihre Vorurteile ja auf Biologisches. Sie sind gegen bestimmte Menschen, weil die sind was sie sind, wofür sie natürlich nichts können. Nicht durch Leistung können sie sich in die Gunst der Rassisten hineinschmuggeln, nur manchmal durch Schönheit, wie schwarze Models beweisen, so ziemlich das einzige gesellschaftlich sanktionierte Auftreten, das ihnen zugestanden wird. Für uns scheint, außer Schönheit, noch die Mutterschaft übrig zu bleiben, „familienfreundlich" nennt sich die neue Politik. Die Frau ist ihre Familie. Doch sie wird einerseits, als Mutter, fetischisiert, andrerseits verachtet, mit Almosen abgespeist und vom Arbeitsmarkt möglichst ferngehalten. Also unser Sein als Frau wird vorausgesetzt, es gehört sozusagen zu unserem Seinkönnen in der Welt, und sonst bleibt uns nichts, wenn wir es uns nicht eigens erkämpfen. Mir scheint da, zwischen dem weiblichen Sein und dem des Künstlers, der Künstlerin, genau diese Parallele zu bestehen: einerseits fetischisiert, von der Öffentlichkeit als „prominent" vergötzt (man zehrt auch gern vom Ruhm, den „unsere" Künstler, am besten im Ausland, möglichst weit weg, erwerben), andrerseits als Staatskünstler diffamiert, als Gutmenschen verachtet, als political correctness-Fanatiker lächerlich gemacht. Da oszilliert man also zwischen zwei Formen des Existierens, die beide eigentlich irreal sind. Der Grund eines anderen, einfach nur: zu sein, wird von Leuten in Frage gestellt, die auch nichts anderes sind als der, dem sie seine bloße Existenz nicht zugestehen mögen. Den nennen sie „anders", und daher soll er nicht sein, zumindest nicht bei uns. Der Grund, einfach nur: zu sein, wird also in Frage gestellt. Er darf zwar für uns arbeiten, aber sein wie er ist, das darf er nicht. Er soll anders sein, dann wäre er wie wir. Nein, dann wäre er immer noch nicht wie wir. Er wird nie sein wie wir, egal was er tut. Wir definieren ihn, das ist unsere Macht, wir sind sein Maß. Es wird ihm, ihr keine Voraussetzung zu sein ermöglicht, weil sie immer ein Dazwischen bleiben müssen, die Frauen, die KünstlerInnen UND die Fremden, die am gefährdetsten sind. Sozusagen zwischen sich und sich in der Luft hängend sind sie alle. Als wären sie unentdeckte Kontinente, die erst erschlossen werden müßten, damit man ihre eigene Wahrheit versteht. Aber an der scheint im Moment niemand interessiert zu sein. So werden wir uns wohl weiter endlos sorgen müssen, um Kindergartenplätze, um Arbeitsstipendien, um Räume, unsere Kunst vorzuzeigen, und so weiter, und nur in der Sorge um etwas werden wir sein können. Ein Negativ im Negativ. Es ist seltsam, daß man entschlossen sein und kämpfen muß, nur damit man da sein darf, und das Da Sein will, da schließt sich der Kreis, der Rassist dem Anderen, jedem Anderen, nicht gönnen. Deshalb gehen wir jetzt halt los und schauen mal, wo wir ankommen werden. Dann werden wir weiter sehen.

> *Frauen-Treffpunkt: jeden ersten Donnerstag im Monat um 18.30 vor dem Burgtheater*

In den neunziger Jahren attackiert die FPÖ massiv linke KünstlerInnen. Elfriede Jelinek, die in ihren Texten Jörg Haider und seine Bewegung kritisch beleuchtet, ist eine ihrer HauptgegnerInnen. Im Wahlkampf 1995 scheint Jelineks Name auf einem FPÖ-Wahlplakat auf, das Teil eines Kulturkampfes ist. In Essays und Theatertexten dieser Zeit verarbeitet Jelinek die aktuellen fremdenfeindlichen und rechtsextremen Tendenzen in Österreich. Die Roma-Morde in Oberwart 1995 werden darin ebenso zur Sprache gebracht wie Österreichs Verdrängungsmechanismen im Umgang mit der Vergangenheit. Aber auch das „gesunde Volksempfinden", so wie es sich in der auflagenstärksten österreichischen Tageszeitung, der „Neuen Kronen Zeitung", manifestiert, wird von Jelinek einer kritischen Analyse unterzogen. Jelinek, die permanenten Attacken der „Neuen Kronen Zeitung" ausgesetzt ist, zeigt in ihren Texten, wie Politik und Alltagsfaschismus zusammenhängen. Als Reaktion auf die massiven Angriffe von Politik und Medien, denen sie ausgesetzt ist, beschließt Jelinek 1996 einen Aufführungsboykott für ihre Stücke in Österreich, den sie aber bald wieder aufhebt.

Agitation

| Agitation
| FPÖ-Wahlkampf 1995

FPÖ-Wahlkampf 1995

Deshalb ist die Regierung in Budgetnot:

- Konsum-Pleite
- HTM-Pleite
- DDSG-Pleite
- Verstaatlichten-Pleite
- Verschwendung und Sozialmißbrauch
- Enorme tatsächliche EU-Beitritts- und Folgekosten

Unsere Sparvorschläge

Im Herbst 1995 affichiert die FPÖ für die im Frühling 1996 stattfindende Wiener Gemeinderatswahl ein Plakat, das den Text „Lieben Sie Scholten, Jelinek, Häupl, Peymann, Pasterk... oder Kunst und Kultur?" trägt. Als für den 17.12.1995 vorgezogene Nationalratswahlen angesetzt werden, gewinnt das Plakat an politischer Brisanz. Österreichische Intellektuelle und JournalistInnen reagieren kritisch auf die Diffamierungen und den Kulturkampf der FPÖ, größere Proteste bleiben jedoch aus.

Die Freimütigkeit, mit der der fröhliche Rumpold die Absichten hinter dem Jelinek-Peymann-Plakat erläutert, verblüfft: „Wir wollten halt ein bisserl Stimmung machen und die Bürgerlichen ansprechen, die sind ja auch nicht so begeistert von der Burg." Die Abfolge der Namen, die habe er sich so ausgedacht, um es denen, die immer die FPÖ kritisieren, einmal zurückzugeben – „Wir haben schon immer die witzigsten Plakate gemacht." Daß dieses ein solcher „Erfolg" würde, habe er, Rumpold, nicht zu träumen gewagt. „Das schlimmste für einen Werber ist, wenn du ignoriert wirst."

aus: Roland Koberg: Stillstand in Erregung. Die Zeit, 24.11.1995

- Kleinere Regierung: statt zwanzig Regierungsmitglieder nur sieben.
- Aufnahmestopp für Beamte, bis der Personalstand um ein Drittel verringert ist.
- Weniger Dienstautos und Dienstreisen (Ministerialbürokratie verbraucht hunderte Millionen Schilling für Reisetätigkeit, z.B. Österreichs EU-Delegationen sind zweimal größer als die anderer Staaten).
- Abbau der Politikerprivilegien (700 Mio.), Abschaffung der Politikerpensionen und -abfertigungen.
- Keine Familienbeihilfe für im Ausland lebende Kinder nicht österreichischer Staatsbürger.
- Bekämpfung des Mißbrauches von Sozialleistungen (laut Sozialministerium werden alleine für Arbeitsunwillige pro Jahr 7 Milliarden Schilling ausgegeben).
- Kürzung der Subventionen, z.B. durch Abschaffung der Presseförderung (öS 300 Mio.), Halbierung der Parteienförderung (öS 300 Mio.).
- Keine Subventionen für „Österreichbeschimpfer" (z.B. Peymann, Roth, Turrini, Jelinek)..
- Kein Geld für Terroristenzeitungen und gewaltbereite Vereine.
- Beendigung der rechtswidrigen Steuerfreiheit des ÖGB; dieser hat für den Verkauf der BAWAG-Anteile in der Höhe von 2 Milliarden Schilling keine Steuern bezahlt.

FPÖ-Folder zur Wahl 1995

Wien (APA) – Budgetsanierung durch Einsparungen und nicht durch Steuererhöhungen, Bekämpfung der Arbeitslosigkeit und der Kriminalität, die Ausländerfrage und die Auseinandersetzung mit der „linken Kulturschickeria" sind die Themenschwerpunkte der Wiener Freiheitlichen im Wahlkampf für die Nationalratswahl am 17. Dezember. [...]
Die Wiener Freiheitlichen wollen laut Pawkowicz im Wahlkampf auch nicht die Auseinandersetzung im Kulturbereich mit „Staatskünstlern bzw. subventionierten Künstlern" scheuen. „Wir meinen, daß die Kulturhauptstadt Wien nicht das letzte Paradies für realsozialistische und kommunistische Künstler sein kann", sagte er in Richtung Peter Turrini und Elfriede Jelinek. Auch den Freiheitliche [sic] gehe es „um die Freiheit der Kunst, aber sie muß auch kritisiert werden dürfen". Pawkowicz zufolge handelt es sich um eine „kleine Clique, die den Markt beherrscht, wodurch es für die vielen kleinen Künstler fast keine Entfaltungsmöglichkeiten mehr gibt". [...]

APA0161, 4.11.1995

FPÖ-Plakat im Wahlkampf 1995, Foto: Gottfried Hüngsberg

Die Woche: *Wie fühlt man sich als Schriftstellerin, wenn man sich plötzlich als Wahlkampfthema plakatiert findet – also im Mittelpunkt der politischen Aufmerksamkeit?*
Elfriede Jelinek: Das Gefühl war ein absolutes Erschrecken, weil die Plakate so riesig waren. Es war das Gefühl angeprangert zu sein – mit Namen. Ich stehe auf diesem Plakat als Künstlerin ja allein mit meinem Namen. Die Politiker stehen als Politiker drauf, und Claus Peymann steht in seiner Funktion als Burgtheater-Direktor drauf, nicht als Regisseur. Nur ich falle da völlig heraus. Ich habe ja keine Funktion, ich habe nur meinen guten Namen, den ich mir allein gemacht habe.
Wie haben Ihre Schriftsteller-Kollegen darauf reagiert?
Mein eigentlicher Schreck war, als ich sah, daß es keine Solidarität gibt. Einzig Peter Turrini hat auf der Frankfurter Buchmesse gegen eine solche Existenzbedrohung von Künstlern protestiert. Und der Dichter Robert Schindel rief mich privat an. Aber von den Schriftsteller-Vereinigungen, denen ich so lange, teils sogar im Vorstand, angehört habe, war kein einziges Wort des Protestes zu hören.
Wie erklären Sie sich das?
Zugetragen wurde mir die Begründung, jede öffentliche Solidarisierung mit mir würde nur weitere Werbung für Haider bedeuten.

aus: Sigrid Löffler: Vom Gefühl, am Pranger zu stehen.
Die Woche, 15.12.1995

Wenn sich jemand mit der multikulturellen Totalverblödung nicht anfreunden will, bedeutet das noch lang nicht, daß er ein Neonazi, Antisemit oder Fremdenhasser ist! Wer an der Schickeria der Scholten, Peymann, Turrini, Jelinek oder Roth nichts Besonderes findet, ist noch lang kein Kulturbanause!

Stefan Hechenbichler
6200 Wiesing

Leserbrief, Neue Kronen Zeitung, 19.12.1995

Agitation
FPÖ-Wahlkampf 1995 | **89**

„Falter"-Inserat der Wiener SPÖ

Karikatur von Jean Veenenbos.
Der Standard, 24.10.1995

profil: *Der Slogan auf dem Plakat lautet: „Lieben Sie Scholten, Jelinek, Häupl, Peymann, Pasterk... oder Kunst und Kultur?" Herr Haider, was haben die Genannten Ihrer Ansicht nach gemeinsam, und woran denken Sie, wenn Sie von „Kunst und Kultur" reden?*
Jörg Haider: Die Gemeinsamkeit besteht darin, daß sie die Kunst als Instrument für die Durchsetzung ihrer Ideologie mißbrauchen, während für mich Kunst mit einer wirklichen Freiheit verbunden ist, die auch nicht durch die Mächtigen in den Regierungsämtern domestiziert werden kann. Man soll die Kunst nicht dafür mißbrauchen, daß der Herr Peymann im Burgtheater mit der Deckung des Herrn Minister Politik gegen die Freiheitlichen macht.
Worin konkret sehen Sie den Mißbrauch?
Ich glaube, daß es eine Gruppe von Leuten gibt, die sich um den Minister scharen und in eindeutiger Weise gegen die Normalisierung in Österreich auftreten – dagegen, daß es endlich eine vernünftige Auseinandersetzung zwischen Regierung und Opposition gibt. Jahrzehntelang hat es das ja nicht gegeben.

aus: „Sie leiden an Verfolgungswahn". Rudolf Scholten und Jörg Haider über Kunst und Kulturpolitik, Elfriede Jelinek und Claus Peymann. profil, 30.10.1995

→
Jörg Haider
Seite 67, 147

Reizthema Kunst

Ein Plakat... Debatte... der Kuns... oder Kan...

Neue Freie Zeitung, 20.12.1995

Lieben Sie Kunst, oder lieben Sie...?

Titel einer regelmäßigen „Aula"-Kolumne

„Lieben Sie Scholten, Jelinek, Häupl, Peymann, Pasterk... oder Kunst und Kultur? Freiheit der Kunst statt sozialistischer Staatskünstler." Dieses Plakat der Wiener Freiheitlichen sorgt nach wie vor für Aufregung – sowohl in der Kunst- als auch in der politischen Szene. Die Freiheitlichen wollten einen neuen Kulturkampf entfesseln, heißt es, und der Vergleich mit Hitlers Unterscheidung in entartete und nicht entartete Kunst wird wieder einmal hervorgezerrt. Denn auf dem Spiel stehe nichts Geringeres als die Freiheit der Kunst.

Tatsächlich ist es genau diese Freiheit, um die es geht. Diese Freiheit, die in den letzten Jahren immer mehr zum Schlagwort geworden ist, zur unhinterfragbaren Größe. Diese Freiheit, die allzu oft Künstlern als Schutzschild dient, hinter dem sie sich auch außerhalb ihrer Kunst verschanzen können. Eine Freiheit, die unter der Ägide der österreichischen Künstlerelite zur plakativen Begrifflichkeit verkommt, deren eigentliche Inhalte aber mehr und mehr ausgehöhlt und reduziert werden.

„Für uns gilt die Freiheit der Kunst als Grundrecht", betont daher der freiheitliche Kultursprecher Michael Krüger. [...] „In Österreich hat jeder das Recht der freien Meinungsäußerung", so Krüger: „Dieses Recht gilt selbstverständlich auch für die Künstler, aber wenn sie sich derart massiv politisch äußern, dann dürfen sie sich nicht wundern, daß sie auch in die Diskussion gezogen werden."

Diese „politischen" Äußerungen aus der Kunstszene häufen sich in Österreich in der letzten Zeit. Gemeinsam ist diesen Aussagen ihre erschreckende „Qualität". Ob es nun Peter Turrini ist, der Österreich als Mörderrepublik sieht („Diese Republik ist buchstäblich auf Mord gegründet worden") oder der Schriftsteller Gerhard Roth, der in seinem Roman „Der See" über einen Attentatsversuch auf einen rechtspopulistischen Führer schrieb – und danach erklärte, es sei kein Fehler, in diesem Führer Jörg Haider zu erkennen, denn wenn die Demokratie in Gefahr sei, sei es legitim, über ein Attentat nachzudenken. [...]

Besonders hervorgetan haben sich jene Künstler, die das freiheitliche Plakat namentlich nennt: Elfriede Jelinek, die von einer „dumpfen, homoerotischen Clique" sprach, und Claus Peymann, der die Freiheitlichen mit den Briefbomben in direkten Zusammenhang gebracht hat.

aus: bi.: Reizthema Kunst. Neue Freie Zeitung, 20.12.1995

Herr Landesmann schreibt von den „schamlosen Plakaten", die unsere Stadt schmücken. Nein, er meint nicht die Affichen einer italienischen Textilfirma, auch nicht die Kondom-Propaganda auf den Plakatwänden, die manche in der Tat als schamlos – soll heißen: unter Verzicht auf Schamgefühl – bezeichnen könnten, auch nicht (siehe Freiheit der Kunst) Poster, die auf Litfaßsäulen Geschlechtsteile demonstrieren, eine Art allgemein zugänglicher „künstlerischer" Voyeurismus, der die Grenze zum Exhibitionismus längst überschritten hat.

Und schließlich – wie oft ist das schon gesagt worden? – geht es offenbar auch nicht um jene Ankündigungen, die als Blickfang karikierte Priester, Bischöfe oder den Papst verwenden. Wobei stets die Frage bleibt, ob man Ähnliches mit Vertretern der jüdischen, islamischen, buddhistischen oder was immer für einer Religion wagen würde. Nein, offenbar sind Wahlplakate gemeint, die vor SPÖ-Stimmen warnen, weil man damit auch Kulturpolitiker wie Scholten, Pasterk und Genossen „einkaufe". Das ist schamlos. Das treibt jene auf die Barrikaden, denen die Freiheit, die sie meinen, heilig ist und die Freiheit allfälliger Andersdenkender nichts.

Künstler als Freiwild? Was gilt dann erst für Politiker? Herrscht in Österreich ein politikfeindliches, ein politikerfeindliches Klima, weil Politik und Politiker so oft hart angegangen werden? Kunst und Künstler mögen zurecht einen Freibrief haben, das Motto „Ja, derfen's denn des?" gilt ebenfalls zu Recht als Symbol eines sich absolutistisch fühlenden Regimes, sei es der öffentlichen Meinung. Dasselbe „Ja, derfen's denn des?" wird aber auch von denen, die meinen, die Wahrheit gepachtet zu haben, auf die Andersdenkenden angewandt. Jawohl, sie derfen's. Es gibt nicht nur einen Kulturterrorismus, es gibt auch einen Kulturtotalitarismus. Er will die schweigende Mehrheit beherrschen. Es ist notwendig, darauf aufmerksam zu machen.

aus: Thomas Chorherr: Schüren die Medien Angst vor der Kunst? Einspruch, Euer Ehren! Die Presse, 18.11.1995

Wirtschaftswoche, 19.10.1995

KOMMENTAR

Zwischen den Fronten

Der eben begonnene Wahlkampf wird auch als Kulturkampf geführt werden. In der Hitze des Gefechts darf nicht übersehen werden, daß Reformen im Bereich der Kunstförderung tatsächlich überfällig sind.

Lieben Sie Scholten, Jelinek, Häupl, Peymann, Pasterk ... oder Kunst und Kultur?" Seit kurzem sorgt eine in Wien großflächig affichierte Frage für Verwirrung unter arglosen Passanten. So mancher, der Elfriede Jelinek für eine große Schriftstellerin, Ursula Pasterk aber für eine wenig begabte Künstlerin hält, fühlt sich ratlos. Andere grübeln darüber nach, ob sie nun ihr Konzerthaus-Abo zurückgeben sollen, bloß weil sie Michael Häupl für einen guten Bürgermeister halten. Und jene, die sich ohne Kopfzerbrechen zum Kleingedruckten durchgekämpft haben, scheitern unweigerlich an den dort dargebotenen Tücken der Grammatik: „Freiheit der Kunst statt sozialistischer Staatskünstler". Wer oder was gibt da wem die Freiheit? Oder spricht wem die Freiheit ab?

Der Wahlkampf hat bereits begonnen. Auch wenn das rätselhafte Plakat schon vor dem Neuwahlbeschluß gehängt wurde, ist klar, daß die kommenden Auseinandersetzungen an Vehemenz nichts zu wünschen (oder zu fürchten) übriglassen werden. Nun ist er da, der von Jörg Haider lange angekündigte Kulturkampf, und die Spontan-Rede Peter Turrinis in der Frankfurter Oper, in der er auf ebenjenes Plakat verwies, zeigt, daß sich hüben wie drüben die Fronten formieren. Natürlich heißt die Alternative nicht „Freiheit der Kunst" oder „Sozialistische Staatskunst", und auch Jörg Haiders „Freiheit, die ich meine" hat seine ganz spezifischen Ausprägungen, die mit Kunst nichts und mit Freiheit nur wenig zu tun haben. Aber sie heißt auch nicht „Fortbestand des Förderungssystems" oder „Untergang des Abendlandes".

Es wäre gefährlich, wenn man anläßlich des zu erwartenden Schulterschlusses unter den Kulturschaffenden, vom Dichter zum Theaterdirektor, vom Maler zur Komponistin, übersehen würde, daß das gewachsene System der Kulturförderung in Österreich sehr wohl reformbedürftig ist. Nicht nur angesichts notwendiger Sparmaßnahmen, die in Zukunft auch vor dem Kunstbereich nicht Halt machen werden, sondern auch aufgrund krasser Strukturschwächen. Die haben aber viel weniger mit Ideologie als mit Bürokratie zu tun (und auch Haider hat sich stets schwergetan, vom System benachteiligte rechts-konservative Künstler namhaft zu machen).

Notwendig ist nicht nur ein klares Bekenntnis zur öffentlichen Förderung von Kunstgattungen, die nicht nach Marktmechanismen bestehen können, sondern auch eine deutliche Trennung von jenen Spektakeln, die bestenfalls als Tourismusförderung verbucht werden dürften. Das Abschaffen der Degradierung von Künstlern zu Bittstellern muß ebenso ein Ziel sein wie die Beseitigung extremer finanzieller Ungleichgewichte zwischen den einzelnen Sparten. Daß es nämlich auch anders geht, haben gerade die letzten Monate bewiesen: Am 11. November wird das Burgtheater nach seiner Renovierung wiedereröffnet. Wem ist eigentlich aufgefallen, daß es geschlossen war?

Wolfgang Huber-Lang

Wiener Zeitung, 24.10.1995

Peymann und Heller über Haider

Unter dem Schlagwort „Halali an der Donau" befaßte sich am Sonntag das ARD-Kulturmagazin mit den „Kultur"-Plakaten der Wiener F gegen „Scholten, Jelinek, Häupl, Peymann, Pasterk". Befragt wurde auch Claus Peymann, ob er dies als „neue Adressen für Briefbomben" auffasse. „Es ist schon ein Zielscheibengefühl, was man hat", meinte der Burgtheaterdirektor. Österreich sei jetzt an einem Punkt, „wo es kippen könnte". Haider sei „eine politische Begabung, aber wirklich eine Brandgefahr".

Bedroht sieht sich auch Elfriede Jelinek: „Ich falle doch in viele der Haßgruppen dieser sogenannten Bajuwarischen Befreiungsarmee, als Frau, als Feministin, Linke und nicht reine Arierin."

André Heller sieht einen Geist walten, der „vom Trachtenbegriff geprägt ist, der der Niedertracht-Begriff ist". Heller über Haider: „Das ist ein Unkulturmensch, als solcher muß er alles aus dem Land heraustreiben, was ihn stört, wenn er an der Macht ist."

Wien (APA) - Vor dem Hintergrund eines neuen Klimas, in dem Künstler und Intellektuelle in Österreich „wieder zum politischen Feindbild geworden sind", hat die Interessengemeinschaft der österreichischen Autorinnen und Autoren auf ihrer jüngsten Generalversammlung einen „Ehrenrat der IG Autoren" eingerichtet. Der Ehrenrat sei „parteipolitisch und von staatlichen Behörden und Einrichtungen verfolgten Schriftstellerinnen und Schriftstellern vorbehalten", heißt es im Beschlußprotokoll der Generalversammlung. Die IG Autoren wird demgegenüber die „Verpflichtung übernehmen, alles in ihrer Macht stehende [sic] zum Schutz und für die Wiederherstellung der öffentlichen Reputation der Personen dieses Ehrenrates der IG Autoren zu unternehmen".

„Seit Monaten sehen sich österreichische AutorInnen, darunter H. C. Artmann, Elfriede Jelinek, Gerhard Roth, Peter Wagner und Peter Turrini, systematischen Verleumdungskampagnen vor allem durch Jörg Haider und die Freiheitlichen ausgesetzt. Alle bisherigen Richtigstellungen haben nicht verhindert, daß der Rufmord an der österreichischen Literatur und an österreichischen AutorInnen weiter vorangetrieben wird. Es zählt zum ständigen Repertoire der Freiheitlichen um Jörg Haider und diverser Printmedien, die Glaubwürdigkeit der österreichischen Literatur und österreichischer AutorInnen durch ständiges Wiederholen erlogener Korruptionsverdächtigungen und Abhängigkeitsbehauptungen zu untergraben.", stellte die Generalversammlung fest. „Mit der Ausgrenzung von Kunstschaffenden geht nicht nur die Anmaßung einer, Kunst zu definieren, sondern auch die neuerliche Stigmatisierung unbequemer Kunst als entartete Kunst. Solche Gegenwart hat Vergangenheit", heißt es in dem Protokoll. [...]

APA0364, 7.12.1995

Künstler-Hatz

Nach dem gescheiterten Versuch, sich mit Hilfe von Künstlern zu profilieren, setzen die Freiheitlichen wieder auf ihre Ausgrenzung. Von WOLFGANG REITER

profil, 30.10.1995

Bomben und Plakate
– Sigrid Löffler

In Österreich werden Briefbomben verschickt und Plakate geklebt. Was haben die beiden Vorgänge miteinander gemein?
Nur dieses: beides bezweckt die Einschüchterung bestimmter Gruppen, die zu Feindbildern erklärt wurden. Durch die Briefbomben sollen jene Leute eingeschüchtert werden, die sich für eine humane Asyl- und Ausländerpolitik einsetzen oder selber Ausländer sind, die sich in Österreich niedergelassen haben. Durch die Plakate sollen jene Künstler und Kulturpolitiker eingeschüchtert und der Bevölkerung als Feindbilder eingeprägt werden, um die seit langem in der Öffentlichkeit ein Kulturkampf tobt, einträchtig angeheizt von der Freiheitlichen Partei des Rechtspopulisten Jörg Haider sowie von österreichischen Medien, die es als Marktchance erkannt haben, Quotenjagd als Künstler-Hatz zu betreiben. Wobei die Namen austauschbar sind: mal geht es gegen Schriftsteller wie Jelinek, Turrini, Menasse, Scharang, Roth oder Artmann, mal gegen bildende Künstler wie Nitsch oder Mühl, mal gegen Intendanten wie Peymann oder Mortier.

Auf den Wahl-Plakaten, mit denen die Wiener Freiheitlichen in der ganzen Stadt, vor allem aber in den Arbeiterbezirken, derzeit Stimmungsmache betreiben, wird die demagogische Frage gestellt: „Lieben Sie Scholten, Jelinek, Peymann, Pasterk... oder Kunst und Kultur? Freiheit der Kunst statt sozialistischer Staatskünstler." Allen Lesern der Kronen-Zeitung, des fast schon allmächtigen Boulevard-Blatts und Zentralorgan aller übleren Instinkte der österreichischen Seele, muß der unterstellte Zusammenhang augenblicklich klar sein. Schließlich werden ihnen die Dramatikerin Elfriede Jelinek und der Burgtheater-Direktor Claus Peymann seit Jahren als Feindbilder ebenso eingehämmert wie der Kulturminister Rudolf Scholten, der Peymanns Vertrag verlängert hat und von der Krone permanent zur Zielscheibe unflätiger, auch antisemitischer Anwürfe gemacht wird. Auch die Wiener Kulturstadträtin Ursula Pasterk gilt als Befürworterin des Burg-Chefs.

Die Perfidie des Plakats liegt darin, daß hier kritische, engagierte, auch provokante Künstler als „sozialistische Staatskünstler" diffamiert und gemeinsam mit liberalen, fortschrittlichen Kulturpolitikern zu Volksfeinden erklärt werden, deren Kopplung mit dem Namen des sozialdemokratischen Wiener Bürgermeisters Michael Häupl auch diesen im Wahlkampf diskreditieren soll. Zwar ist es absurd, ausgerechnet die Jelinek als „Staatskünstlerin" zu denunzieren, die jahrelang in Österreich links liegengelassen wurde, deren Bücher in Deutschland verlegt und deren Theaterstücke immer noch hauptsächlich in Deutschland aufgeführt werden, aber um Fakten-Wahrheit geht es im gegenwärtigen österreichischen Kulturkampf ja gar nicht.

Es geht vielmehr um Skandalisierung von Kunst und Künstlern als Selbstzweck. Es geht um die Aktivierung aller kunstfeindlichen Ressentiments und die Ausbeutung aller anti-intellektuellen Vorurteile, die von der Haider-Partei seit langem in regelrechten Künstlerdiffamierungskampagnen systematisch geschürt werden – mit Hilfe der Krone, aber unter eifriger Mitwirkung auch anderer Medien. Es geht, wie der Dramatiker Peter Turrini bei der Frankfurter Buchmesse formulierte, um „versuchte Existenz- und Menschenvernichtung". Es geht um die Herstellung eines Kulturklimas, in dem die verborgensten Aversionen der Leute angesprochen und ihre Neid-Instinkte gegen angeblich gut verdienende oder angeblich vom Staat schmarotzende Künstler mobilisiert werden sollen.

Indem Jörg Haider, den man laut höchstgerichtlichem Urteil einen „Ziehvater des rechten Terrors" nennen darf, die „linke Kulturschickeria" als Haßobjekt an den Pranger stellt, bewirkt er mehrerlei. Er macht sich das latente Unbehagen der Leute über die moderne Kunst schlechthin zunutze, ermutigt ihr Unverständnis für deren Sperrigkeit, Schwerverständlichkeit und deren Strategien des Tabubruchs und verurteilt die Moderne pauschal als „Zeichen einer fortgeschrittenen Dekadenz der westlichen Gesellschaften" – wörtlich nachzulesen in Haiders „Plädoyer für die Dritte Republik". Der Antikunst-Feldzug des Kärntners erinnert auch insofern an den Nazi-Kreuzzug gegen „entartete Kunst", als er unterstellt, was die Banausie immer schon geglaubt hat – daß die Moderne auf einer Verschwörung von Schlaumeiern, Schmarotzern, Scharlatanen und Schurken beruhe, die den Bürger für dumm verkaufen und ihr Geschäft mit dem Ausverkauf des Gutenwahrenundschönen betreiben. Fremdenangst, Neid auf Berühmtheiten, Ohnmachts- und Unterlegenheitsgefühle werden von der Haider-Partei geschickt instrumentalisiert und umgelenkt auf Kunsthaß und auf Wut gegen sogenannte Nestbeschmutzer, die unter dem Siegel „Freiheit der Kunst" angeblich die Heimat beschimpfen und „das ästhetische Grundempfinden von Menschen verhöhnen" (so Jörg Haider in: „Die Freiheit, die ich meine"). Wenn Haider dann auch noch ankündigt, im Falle eines Wahlsiegs würde er die staatliche Kunstförderung drastisch reduzieren, so kann er der Zustimmung all jener sicher sein, die sich die wahre ökonomische Realität einer heutigen Künstler-Existenz in Österreich gar nicht vorstellen können (und gewiß keinen Moment bereit wären, eine solche Existenz zu führen). [...]

Süddeutsche Zeitung, 25.10.1995

UTE NYSSEN & J. BANSEMER THEATERVERLAG KÖLN

Theaterverlag Ute Nyssen & J. Bansemer · Merowingerstraße 21 · 50677 Köln

Offener Brief an Herrn Haider

Auf einem Plakat Ihrer Partei, das sich "Kunst und Kultur" zum Wahlkampfthema nimmt, wird die österreichische Dramatikerin Elfriede Jelinek zur unerwünschten Person stilisiert. Wir haben die Ehre, Elfriede Jelinek in unserem Theaterverlag zu vertreten, und so dürfen wir folgendes richtigstellen. Die Frage: "Wollt ihr Jelinek..." wird allein vom Theaterpublikum beantwortet. Elfriede Jelinek ist keine Amtsperson, keine gewählte oder bestellte Funktionärin und steht in keinem Dienstverhältnis zu irgendeiner durch Steuermittel finanzierten öffentlichen, politischen oder staatlichen Institution, wie es die Reihung der Namen auf Ihrem Plakat suggeriert. Sie ist als freie Autorin vielmehr eine selbständige Unternehmerin. Da im allgemeinen wenig Kenntnis darüber besteht, wie ein Dramatiker seinen Lebensunterhalt verdient, erlauben wir uns darauf aufmerksam zu machen, daß Sie mit Frau Jelinek eigentlich das freie Unternehmertum angreifen, das dem Risiko von Angebot und Nachfrage, von Erfolg und Nichterfolg ausgesetzt ist. Ein Bühnenautor erhält für sein Stück nur soviel, wie sein Anteil (in Österreich 14 Prozent) aus dem Verkauf der Eintrittskarten ausmacht. Er partizipiert insofern nicht an den Steuermitteln, aus denen die anderen (insbesondere übrigens alle Politiker) bezahlt werden. Ist sein Stück schlecht besucht, berührt das nicht das Einkommen der übrigen direkt oder indirekt für die Produktion Verantwortlichen, wohl aber hat der Autor den Mißerfolg auszubaden. Und einzig und allein die Besucher, die wohl auch in Österreich freiwillig ins Theater gehen, entscheiden über seinen Verbleib auf dem Spielplan – im Falle Jelinek übrigens recht positiv. Diese Aufklärung scheint uns notwendig, solange die Prämissen einer freien Marktwirtschaft – jemand bietet an, ein anderer kauft – erhalten bleiben sollen – oder sollen sie das nicht?

THEATERVERLAG NYSSEN & BANSEMER Köln

Offener Brief des Theaterverlags Nyssen & Bansemer an Jörg Haider

„Versuchte Existenz- und Menschenvernichtung"

Peter Turrini

Die ihm am Mittwoch bei der Österreich-Soirée in der Alten Oper Frankfurt zur Verfügung stehende Zeit nutzte Peter Turrini für die folgende Rede.

Verzeihen Sie, wenn ich meine Lese-Minuten dazu nutze, von etwas ganz Aktuellem zu reden. Ich habe mir diese Wortmeldung hin- und herüberlegt, aber Fritz Muliar, mit dem ich (...) in dieser Sache die Überzeugung teile, hat mich bestärkt.

Seit zwei Tagen hängen in Wien Plakate, affichiert von den Freiheitlichen, einer Bewegung, die von bald einem Drittel der Österreicher gewählt wird und deren Führer man als Wegbereiter des Rechtsradikalismus bezeichnen kann. Auf den Plakaten werden meine Freundin, die Dichterin Elfriede Jelinek, der Theaterdirektor Claus Peymann und engagierte Kulturpolitiker (...) denunziert und zum Abschuß freigegeben.

Wenn dies eine Feierstunde der österreichischen Literatur ist, dann muß man auch davon reden, wie sehr diese Literatur im eigenen Lande zunehmend beschimpft und denunziert wird. Ich rede nicht von übertriebener Beurteilung literarischer Texte. Ich rede von versuchter Existenz- und Menschenvernichtung.

Ich weiß genau, wie problematisch solche Wortmeldungen sind. Sie sind in hohem Maße unzeitgemäß. Sie können als Österreich-Beschimpfung mißverstanden werden und sind doch das Gegenteil: ein Versuch, Österreich, auch sein Ansehen im Ausland, vor seinen wahren Beschimpfern zu schützen, und außerdem hätte es mir mehr Freude gemacht, Ihnen etwas Literarisches vorzulesen.

Ich danke für's Zuhören.

Der Standard, 14.10.1995

Titel „Keine Allianz mit der Niedertracht und dem Rechtsradikalismus", in dem gefordert wird, keine Koalition mit der FPÖ einzugehen + + Jänner 2001: E. J. unterzeichnet

94 | Agitation
„Ein Volk. Ein Fest"

„Ein Volk. Ein Fest"

FPÖ-Kritik an „Hetzschrift" von Jelinek

Ein Programmheft-Text von Elfriede Jelinek ärgert die Salzburger FPÖ. „Es ist für mich unverständlich, daß eine Institution wie die Festspiele auf diesen Zug der Diffamierung aufspringt und ein Programmheft zum Instrument der politischen Agitation und Beschimpfung verkommen lässt." So schreibt in einem offenen Brief die Klubvorsitzende der Salzburger Gemeinderats-FPÖ, Doris Tazl, an Festspielpräsidentin Helga Rabl-Stadler. Es geht um einen Jelinek-Text im Programmheft zu Horváths „Zur schönen Aussicht", in dem die FPÖ „Partei der Hodengreifer und Machtgrapscher" genannt wird. Rabl-Stadler dazu: Die FPÖ solle die Festspiele nicht in den Wahlkampf ziehen.

Die Presse, 1.9.1999

Anläßlich der Kärntner Landtagswahl vom 7.3.1999, bei der die FPÖ 42 Prozent der Stimmen erhält, schreibt Elfriede Jelinek den Essay „Ein Volk. Ein Fest".
In diesem Essay, der in der „Zeit" publiziert wird, geht Jelinek auch noch einmal auf die FPÖ-Wahlkampagne von 1995 ein. „Ein Volk. Ein Fest" wird auch im Programmheft zur Neuinszenierung von Ödön von Horváths „Zur schönen Aussicht" (Regie: Christoph Marthaler) bei den Salzburger Festspielen 1999 abgedruckt. Doris Tazl, die freiheitliche Clubchefin im Salzburger Gemeinderat, protestiert in einem offenen Brief an Festspielpräsidentin Helga Rabl-Stadler gegen das Programmheft.

←
FPÖ-Kulturpolitik 2000
Seite 130

Ein Volk. Ein Fest
– Elfriede Jelinek

So, jetzt steht es schön bunt, wie sich's gehört, an der Wand, das Menetekel, und was wir uns immer schon gewünscht und wofür wir gearbeitet haben: gewogen und für zu leicht befunden worden zu sein, das ist doch nett, weil wir unser Gewicht um jeden Preis halten und vielleicht sogar verbessern wollen, wir sind ja Sportler! Wir haben es also wieder bekommen, wir haben sogar eine zweite Chance bekommen, denn beim erstenmal ist es ja leider schiefgegangen, gescheitert am Sprecher, nein, am Sager der „ordentlichen Beschäftigungspolitik" der Nazis. Es war, zumindest in Kärnten, der Wählerwille, aber die Schrift haben gefällige Himmelsboten aus einem Flugzeug heraus auch in Wien bereits ans Firmament gesprayt. Sie sagen zwar dauernd, wir sollen firm sein gegen den jungen Führer, manche Journalisten, oft die besten des Landes, Erzieher des Volkes, sagen es jeden Tag, wo sie es dürfen, aber der ist trotzdem wieder einmal voll da und mischt die Karten fürs große Bauernschnapsen.

Mit fast fünfzig schaut der ja noch wie ein Firmling aus, jünger als seine Töchter. Der hat sich überhaupt noch nicht abgenutzt! Das Alte, das soll jetzt doch endlich abgelöst werden, wir gehen jetzt alle lieber ein bisserl auf die Clubbings der Buben von Kärntner Bratwurstkönigen. Und nur ein kleines bisserl böse möchten sie auch sein, die feschen Söhne der Alpen auf ihren leichtgebauten Skatebahnen, oh, wie gern wär' ich noch dabei, ich wäre außerdem die einzige Frau dort, wie angenehm. Das Braune, das einmal da war, ist jetzt in den Gesichtern und kommt von den Sonnenbänken, dort, wo die Sonne sich immer hinsetzen und ausruhen darf von ihrem Dienst am Fremdenverkehr, aber natürlich auch von den echten Sonnenbankerln an den Hängen der österreichischen Berge. Wenn einmal eine Lawine abgeht, weil die Natur es so will und wir nicht auf sie gebaut haben, sondern auf den falschen, den gefährdeten Hängen, werden wir alle ganz weiß, und darunter waren wir's sowieso immer: sauber geschrubbt. Das Braune wird im Mund herumgetragen wie eine Beute von einem Tier, und wenn wir etwas Besseres, ein knusprig paniertes Schnitzerl zum Beispiel, zu fressen bekommen, spucken wir's vorher aus, das Braune.

Aber während wir noch an den Stammtischen sitzen, wo die *Krone* das Sagen hat, und es muß stimmen, denn der Bomber Franz, der Fuchs aus Gralla, Steiermark, sagt es ja auch, wenn auch manchmal mit andren Worten, nehmen wir das Ausgespuckte schon wieder vom Boden auf. Danach müssen Frauen mit Fetzen herumgehen und alles wieder abwischen. Mit wir meine ich nicht: Wir!, rufe ich nun ein paar intellektuellen Kollegen zu, denn ich will nicht verallgemeinern, weil man das nicht darf. So etwas sagen mir die Intellektuellen hier seit Jahren, und ich folge ihnen auch heute wieder geduldig in das von ihnen immer wieder beschworene „stinknormale" Land, weil ich durch Folgsamkeit punkten und verhindern will, daß man sich über mich lustig macht. Ich halte mich für fein, mache meine Ich-Übungen, um nicht ein weiteres Mal Staatskünstlerin genannt zu werden, und halte mich raus. Denn immer wenn ich mich nicht rausgehalten habe, bin ich reingezogen worden und sogar auf Plakaten gelandet. Welche Ehre! Sie wollten nicht mich, die Plakatkleber, sie wollten mehr als einer jemals schaffen kann, sie wollten Kunst und Kultur! Ohne Fäkalien! Lieber unverdaut! Jetzt werden wir sie bekommen, ihre Kunst und ihre Kultur, und zwar weil wir sie bereits haben, es ist die liebe Volkskultur, und bitte beachten Sie das alles, wenn Sie nach Kärnten fahren, denn spätestens beim Bachmann-Wettbewerb werden Sie es wissen müssen: Kunst und Kultur sind Bergschi, Talschi, Wasserschi und fünftausend urige Gasthäuser als Sammellager für die Tränen der Sportversehrten. Wenn Sie hier bereits leben, wissen Sie das eh. Denn selbst wenn sie schlafen, schlafen sie nicht, sondern gehen in die Bierzelte und Discos, dort möchte ich nicht unter ihnen sein, aber sie gewinnen offenbar immer, egal was sie tun, und so bin ich halt wieder einmal nicht bei den Gewinnenden mit ihren Brettln und ihrem gefügigen Schnee, das heißt, wenn der Schnee nicht gerade betonhart geworden, weil er abgestürzt ist. Die aber stürzen nicht ab! Ich weiß auch nicht, warum, außer daß die andren sie nicht abstürzen lassen. Ich weiß nicht, warum. Sie sagen, wer gehen soll, wer springen, fahren oder gleiten soll. Sie machen Ausländervolksbegehren, weil sie begehren, daß alle außer ihnen weg sein sollen. Gleichzeitig sagen sie: Hereinspaziert! Die nassen Biere fliegen herbei. Man sieht und hört immer nur sie. Und man sieht ihre aufgespreizten Mäuler, wenn der Villacher Fasching sie ins Gnack (ins Genick) gehaut hat, die Menschen vom Bundeskanzler abwärts, aber sehr tief geht's nicht hinunter, ich meine: nur die Oberen sind der Untergriffe überhaupt würdig. Nach den Unteren ist schon längst gegriffen worden. Das ist nur gerecht. Und dann fahren sie alle wieder nach Wien zurück und lassen sich woanders fotografieren für die *Krone*: die ist, was wir alle gern auf dem Kopf hätten, aber es war leider eine Butterfahrt, und jetzt schmilzt das Zeugs auch noch. Der Herr Kanzler und die Herren Minister fahren, wenn alles vorbei ist, vom Villacher Fasching also wieder weg, und dann fahren sie mit ihren Gattinen zum Opernball, und am Aschermittwoch wird man sie mit einem Hering im Mund fotografieren, damit sie wenigstens einmal einen guten Grund haben, nichts zu sagen.

Ein Gefühl soll man für Schnee, für die Natur und für den Wettbewerb haben, aber wirklich groß ist man, wenn man kein Gefühl hat. „Empfindsamkeiten machen klein", sagt Robert Walser, der größte, der sich immer nur klein gemacht hat. Was soll man noch zu diesem Politiker, ich will seinen Namen nicht sagen, nachdem ich gerade den Namen Robert Walser geschrieben habe, aber ich muß, was soll ich hier über Jörg Haider sagen,

Kultur-Alarm
Kommen harte Zeiten für Nitsch, Kolig, Jelinek?

News, 22.4.1999

> Eine linke kleine Clique versucht, dieses schöne Land mit seinen schönen Kulturgütern in eine Richtung zu treiben, wo man nur noch mit Abartigem Aufsehen erregt. Es ist unsere gesellschaftspolitische Aufgabe, hier den Regierenden ins Gewissen zu reden: Stellt doch bitte das Schöne, für das Österreich steht, in den Vordergrund!

Peter Westenthaler (in: profil, 17.8.1998)

„Mobbing"

O-Ton. Elfriede Jelinek über den Kulturkampf der FPÖ

Dieser Kulturkampf hat ja eine unselige Tradition in Österreich, schon seit dem Brecht-Boykott und dem Kampf gegen Gottfried von Einem, seit Torberg und Weigel. Jetzt geht es mit der „Kronen Zeitung" zusammen also wieder gegen die Künstler, in denen sie wohl Verschwörer sehen, Abzocker, Schmarotzer und Besserwisser. Der Haß auf etwas, das man nicht versteht, weil man zu träge ist, um sich damit zu beschäftigen, und der Neid auf jene, von denen sie glauben, daß der Staat sie finanziert, obwohl sie es nicht verdienen (Sie rexen ja Scheisse in Dosen ein!), und die noch dazu berühmt sind – was die Kleinbürger ja besonders wütend macht, denn sie wären es gern selber! – erzeugen ein explosives Gemisch, das jetzt bereits in Mobbing ausartet.

Der Neid wird instrumentalisiert und in Haß verwandelt. Es ist immer gefährlich, wenn einzelne herausgepickt und öffentlich angepinkelt werden, derzeit eben Nitsch und Koing, aber im Grunde sind die Namen austauschbar, es kann jede, jeden von uns treffen. Wohin diese schleichende Faschisierung der Öffentlichkeit in Österreich führt, also der Sieg des sogenannten gesunden Volksempfindens, das natürlich täglich von der „Kronen Zeitung" veröffentlicht wird, sieht man bereits z. B. im französischen Vitrolles, wo Le Pens Front National die Mehrheit hat – aber in Frankreich gibt es Proteste dagegen, die von der Mehrheit der KünstlerInnen getragen werden. Bei uns gibt es gar nichts, das ist eine Schande. Im Grunde wissen die Freiheitlichen genau, daß sie rechtlich überhaupt nichts gegen diese Kunstler unternehmen können, aber es gelingt ihnen immer wieder, mit ihrer Hetze gegen kritische KünstlerInnen öffentlich zu punkten und politisch Profit zu machen, auch wenn sie bereits so dick Dreck am Stecken haben, daß sie eigentlich längst untergegangen sein müßten.

profil, 17.8.1998

über den seit Jahrzehnten jetzt schon alles Tausende Male gesagt worden ist?

Von diesen Seen, wo die milliardenschweren Menschen mit ihren Steuerschonern an den Schienbeinen und dem Privatstiftungsrecht direkt in ihrem Rücken, mit ihren kostbaren Kindern und ihren kostbaren reinkärntnerischen Frauen in ihren kostbaren gepanzerten Raubritterburgen sitzen, vor denen die Touristen staunend stünden, ließe man sie auch nur annähernd so nahe wie den Schlingensief an Exkanzler Kohls Urlaubsdomizil heran. Sonst steigen die Abfangjäger auf, die zum Glück noch fliegen können. Man läßt die Gewöhnlichen nicht einmal so nahe an dieses großartige betonierte Vorhängeschloß (also davor muß einfach alles verstummen!), die neue Flicksche Festung, heran, daß sie einen Stein schmeißen könnten, aber kommen können sie ja trotzdem und alles von ferne bewundern, es ist ja so schön am Wörthersee, wo die Hotels aus dem Fernsehen ihre eigene Pension in Ruhe verzehren und wo die Waffen-SS als eine Organisation der Braven und Anständigen vom jetzt sarggnagelneu gewählten Politiker einst ausdrücklich belobigt worden ist. Der glaubt, die Waffen-SS war anständiger, als es die meisten Österreicher heute sind. Jedenfalls sind die Anständigen alle für ihn! Über keinen ist, gefragt wie ungefragt, so viel gesagt worden wie über diesen Politiker (ein berühmter Journalist hat ihn ungestraft zweimal einen „Nazibuam" nennen dürfen, obwohl der Politiker sonst alle und jeden klagt, das Klagen ist überhaupt sein liebstes Hobby) und über seine Partei der Hodengreifer und der Machtgrapscher (sie hupfen nach der Macht wie beim Bratwurstschnappen, alles ein großer Spaß, ob sie sie nun erwischen oder nicht).

Bald kommt jetzt auch der gütige Defraudant Rosen-

E. J. unterstützt das Volksbegehren „Sozialstaat Österreich" + + 2002: E. J. engagiert sich als Gründungsmitglied für das „Institut pour la Culture autrichienne" in Nantes ++

stingl, der mit den Lachfältchen und der blonden jungen Freundin, blond, nicht braun, sind stets deren Frau!, wieder zu uns nach Haus zurück, egal was er sagen wird, auch das wird nichts ändern. Die erotisch aufgeladenen und zum ewigen Männerbund zusammengeschmiedeten Feschaks, ihre bleichen ausgeronnenen Gefährtinnen an den Hüften hängend wie Pistolen, zu denen man greift, wenn man sie mal braucht, die dürfen jetzt endlich legal nach ihrem Burschi greifen und „Jörgi! Jörgi!" schreien bei der Siegesfeier. Kein Wunder, daß sie sich freuen, wenn sie vor die Kamera dürfen, was sie immer dürfen, denn sie bringen Spiel, Unterhaltung und Spaß in die Politik. Und immer was Hartes im Mund führen, notfalls einen deutschen Spruch, sonst sprengt ein Sprengmeister auf seinem weißen germanischen Roß (leider ohne eine Brünhilde) daher und sprengt dann wirklich und bekommt dafür lebenslänglich Irrenhaus. Jeder weiß, wofür, keiner weiß, warum. Die Geschworenen waren sich völlig einig. Wenigstens mit Kanzler Klima ist der Fuchs jetzt zufrieden, weil „der noch mit der Lederhose aufgewachsen ist". Der Vorhang zu und keine Fragen offen.
Ja, der Bajuware hat gesagt, was viele sagen im Grenzland, nur in besserem Deutsch, darauf war er stolz. Allerdings hat er dann gemacht, was man nicht macht. Man darf es höchstens in der Zeitung schreiben. Der Führer hat schon alles richtig gemacht, aber so viele Leute hätt' er auch wieder nicht umbringen müssen. Der Sprengmeister hat auch nur gesagt, was alle sagen. Wenn ich alle sage, meine ich natürlich nicht alle, bitte nicht schimpfen mit mir, ich meine selbstverständlich eine kleine Minderheit, zu der wir nicht gehören, nur 42 Prozent von uns Kärntnern, das ist doch fast gar nichts. Nein, selbstverständlich sind das nicht alles Nazis, das sind nur Protestierer, gefangen wie Blumen im Bukett in ihrer Protestpartei, viele einzelne, verstreute Leute, die sich zusammengefunden haben und wie Herbstobst dem Führer in die Hände fallen. Wenn wir (und mit wir meine ich nicht: wir) zur Abendzeit unter den Linden uns finden, dann finden wir ja auch nicht uns, sondern jeder findet immer nur sich, und das findet er ursuper! Gemütlich. Wir sind ein gemütliches Volk, keine Sorge, kommen Sie nur her ins Schloßhotel am Wörthersee, und es sind auch sonst noch überall Zimmer frei, damit wir, und mit wir meine ich nicht wir, nicht merken, daß wir leider besetzt sind und die übrigen alle draußen bleiben müssen. Wir zahlen dafür, aber wir sind es nicht, die zahlen müssen, die zahlenden Gäste sind es, die dafür da sind. Wir sind einfach nur so da, wir haben ja nichts gemacht. Die anderen, auch die andren Parteien, haben es gemacht, daß der Bub jetzt von 42 Prozent Kärntnern gewählt worden ist.

Die Zeit, 18.3.1999

Franz Morak: Die FPÖ nimmt die Kunst nur in den Mund, wenn es um die pressemäßig relevante Skandalisierung über das gesunde Volksempfinden geht, um von der eigenen Inkompetenz und den eigenen Problemen abzulenken. Wenn Haider ein Problem mit seiner Wohnung hat, ist Nitsch schuld, und wenn Rosenstingl mit 250 Millionen durchgeht, war es der Artmann. So, und jetzt stellt sich Herr Mölzer gleich in seinem ersten Interview mit dem Satz vor: „Die Kunst ist eine Hure." Das sagt ein sozusagen angesehener Schriftsteller, der nicht an Logorrhöe laborieren sollte. Kunst kommt bei der FPÖ immer im Zusammenhang mit Blut, Urin und Sperma vor. Ich erinnere mich an Auftritte von Herrn Stadler, die dem Mann richtige Erleichterung verschafft haben, wie eine Ejakulation. Die Ferkelphantasie dieser Partei, in Tateinheit mit Voyeurismus, hat zur selektiven Wahrnehmung geführt.
Andreas Mölzer: Erstens haben Sie mein Zitat falsch gebracht. Ich habe gesagt: „Die Kunst hat sich von der sozialistischen Bildungs- und Kulturpolitik in Kärnten zur Hure machen lassen."
Franz Morak: Gut, dann nennen Sie die Huren: Elfriede Jelinek? Friederike Mayröcker? Hans Hollein?

aus: H. Sichrovsky, A. Pascher, A. Stroh: Kultur-Alarm. Kommen harte Zeiten für Nitsch, Kolig, Jelinek? News, 22.4.1999

Oberwart

Am 4.2.1995 werden bei einem Rohrbombenanschlag in Oberwart (Burgenland) vier Roma beim Versuch getötet, eine Tafel mit der Aufschrift „ROMA zurück nach INDIEN!" zu entfernen. Der Anschlag steht in einer Reihe von Rohr- und Briefbombenattentaten, zu denen es Bekennerschreiben der „Bajuwarischen Befreiungsarmee" gibt. Burgtheaterdirektor Claus Peymann kritisiert Nachlässigkeit bei den polizeilichen Ermittlungen. Im März 1999 wird Franz Fuchs als Einzeltäter zu lebenslanger Haft verurteilt. Auf den Vorwurf, die KünstlerInnen würden zum Oberwarter Anschlag – wie auch zu Jörg Haiders Ausländerpolitik – schweigen, reagiert Elfriede Jelinek mit einem Beitrag im „Standard". In ihrem Theaterstück „Stecken, Stab und Stangl" thematisiert sie den Mord an den Roma. Das Stück hat einen Ausspruch Jörg Haiders als Motto.

←
Elfriede Jelineks Engagement für Sigrid Löffler
Seite 81

Eines ist jedenfalls sicher: Die Linke wird durch einen Bundeskanzler Haider nicht besser. Denn würde sie das, hätte sie längst Gelegenheit gehabt, das zu beweisen. Aber ihre Intellektuellen, ihre Künstler und Philosophen reagieren nur, und sie reagieren meistens auf das Falsche, auf das wenig Relevante, auf das Ungefährlichere (wenn etwa eine Journalistin von einem Nachrichtenmagazin gekündigt wird, puhh, da setzts aber was). Aber zwei Jahre nach dem Lichtermeer hat man keine linke Prominenz (außer Willi Resetarits) mehr über die gehaßte österreichische Ausländerpolitik aufmucken sehen, und wenn doch, habe ich gerade geblinzelt und es verpaßt.

aus: Doris Knecht: Grüß Gott, Herr Haider! Falter 6/1995

Die Schweigenden – *Elfriede Jelinek*

So, jetzt höre ich seit Tagen, daß den Künstlerinnen und Künstlern dieses Landes nichts zu der Oberwarter Katastrophe einfalle (ich verweigere jedes Adjektiv des Schreckens, denn die Worte entsetzlich, grauenhaft, abscheuerregend haben inzwischen zu viele Leute im Mund gehabt, mir graust schon vom Zusehen. Zu viele Leute also haben diese Worte leichtfertig abgenutzt, als daß sie den Schrecken, der mich, uns befallen hat, noch beschreiben könnten, ja: dürften). Und es wäre in diesem Zusammenhang vielleicht sogar ehrenhaft, daß einem nichts einfällt, ein größerer Analytiker dieser österreichischen Gesellschaft hat uns das zu Anfang der dreißiger Jahre ja schon vorgemacht. Und dann ist ihm eben doch sehr viel dazu eingefallen. Ich schaue lieber hinter den blauen Weihrauchdunst, durch den sich die Fernsehscheinwerfer fräsen, um die Honoratioren zu zeigen, welche sich auf den Bänken spreizen. Wenigstens die F-Partei ist nicht mit in die Kirche gekommen, die verehren keinen ans Kreuz genagelten loser, und anerkennen auch keinen anderen Herrn als sich selbst, die sie darauf brennen, anderen endlich den Herren zeigen zu dürfen.

Und doch ist etwas anzumerken: Es waren einzig und allein die Künstlerinnen und Künstler (abgesehen natürlich von etlichen ehrenwerten Publizisten und Wissenschaftern!), die immer gesagt haben, was ihnen zu Österreich eingefallen ist. So viele, die Bleibendes gesagt haben, obwohl man sie hier nicht bleiben lassen wollte, die sogenannten Nestbeschmutzer. Das Wort habe ich weiß Gott oft genug gehört, als daß ich noch für ein Nest halten könnte, worin ich sitze. Sie, wir haben an den lebendigen Verhältnissen gezeigt, daß es einmal so kommen würde, wie es gekommen ist, wenn sie sich, wir uns auch nicht wirklich hätten vorstellen können, wie von Bomben zerfetzte Körper, wie zerrissene Hände aussehen. Und für ihr Sagen und Schreiben sind diese Schriftstellerinnen und Schriftsteller stereotyp verunglimpft worden, denn der Boden, der Grund des Bodens, auf dem die Politiker stehen, ist natürlich immer der tragfähigere, und sie haben ja nie das Gefühl, daß sie damit einmal durchbrechen könnten, zum Grund der Wahrheit, der in Österreich das schiere Nichts ist, denn die Wahrheit ist nie gesagt worden, und auf dem Nichts begründet Österreich seine Identität: Auf den Toten, die es dort hinterlassen hat, wo andere Länder die großen Helden ihrer Geschichte aufstellen. Ja, Denkmäler gibt es auch bei uns, wir leben gut von ihnen, sogar wenn sie einmal Menschen waren und Mozart oder Schubert geheißen haben, aber einen Ehrenbürger Hitler hatten ein paar Orte bis vor ganz kurzer Zeit auch noch, damit sich die Denkmäler schön im Gleichgewicht halten. Denkmäler: Aber denken sollen wir nicht, wenn wir sie sehen. Es wird vielleicht auch Thomas Bernhard ein Denkmal bekommen, wenn er nur lang genug tot ist, daß ihn keiner mehr liest. Er ist übrigens erst nach seinem Tod seliggesprochen wor-

den, vorher nicht. [...]
Von einer Journalistin zum Beispiel, die im *Falter* über die sogenannte „Kaffeehauslinke" daherschwatzt (wahrscheinlich begegnet die Schreiberin dort der linkslinken Schickeria eines Herrn H., der aber leider schon wieder aufgebrochen ist, in eine neue Disco oder in ein neues Szenelokal) und sich darüber giftet, daß man sich einmal für eine gekündigte Journalistin eingesetzt hat, welche übrigens, nebenbei bemerkt, einen der wichtigsten und frühesten Leitartikel („Die Verhaiderung Österreichs") zu dem Thema geschrieben hat.

Es hat alles nicht anders kommen können. Aber viele meiner Kolleginnen und Kollegen haben ihr Leben lang dagegen angeschrieben, das ist hier festzuhalten. Denn viele von ihnen sind tot und können nicht mehr für sich sprechen. Sie haben über das Kommende geschrieben, und plötzlich war es da, und es war zugleich das Gewesene, das wir, die nach dem Krieg Geborenen, aber auch eine Ilse Aichinger, deren Großmutter deportiert und umgebracht worden ist, was sie keinen Tag ihres Lebens vergessen durfte, weil man es sie nie vergessen ließ, das wir immer wieder aussprechen mußten. [...]

Der Standard, 16.2.1995

Provinz

Woher kommen die Bombenattentäter? Elfriede Jelinek weiß es: Aus der Provinz! Nur die Provinz bringt solche Verbrecher hervor. So steht es jedenfalls im „profil". Vor allem natürlich in Graz herrsche die „miefige" Atmosphäre, in sich Briefbomben basteln lassen.
Wer unsere Bundesländer herabsetzend Provinz nennt, der will damit sagen, daß dort kulturelles Dunkel herrscht, Abgeschiedenheit von der Welt, etwa von Wien. Der Ausdruck Provinz kommt aus dem Römischen. Tiefstes Hinterland, weit weg von Rom, wurde so bezeichnet.
Untrügliches Kennzeichen des Provinzlers: Er mag die Stücke von der Jelinek nicht. Cato

Neue Kronen Zeitung, 28.6.1995

profil-Cover 25/95
Das Phantom
Wer ist die „Bajuwarische Befreiungsarmee"?

Es ist eine Sache (und völlig in Ordnung, ja unbedingt nötig!), die Unfähigkeit der Staatspolizei anzuprangern, aber dieser Respekt vor diesen feigen, miesen selbsternannten Rettern des Abendlands ist fehl am Platze. Es wäre viel wichtiger, sich über diese miefigen Altherren-Weisheiten (wahrscheinlich sind die Täter Alte Herren in irgend so einer blöden Burschenschaft, irgendwo in der Provinz, wahrscheinlich in Graz) gehörig lustig zu machen! Bitte nicht diese respektvolle Anerkennung für diese hausgemachten Geschichtsklitterungen dieser Deppen! Man muß den Schrecken und den Schmerz, den sehr realen Schmerz, den diese Verbrecher verursachen, immer wieder beschreiben, aber man darf, meiner Meinung nach, sie selbst nicht heroisieren, indem man ihre „Intelligenz" dauernd bewundert, das feuert sie nur an. Die Tatsache, daß die Polizei zu blöd für diese Täter zu sein scheint, bedeutet noch nicht, daß sie selber intelligent wären.

Elfriede Jelinek
Wien

Leserbrief von Elfriede Jelinek zur „profil"-Coverstory „Das Phantom". profil, 26.6.1995

Staberl

Späte Liebe zu den Bullen

Die Bombenanschläge im Burgenland? Die waren doch ganz leicht vorhersehbar. Das haben die Autoren Thomas Bernhard, Elfriede Jelinek oder André Heller in ihren Darbietungen längst vorhergesagt. Aber die österreichische Polizei und die Sicherheitsbehörden – offenbar durch und durch neonazistisch und faschistisch verseucht – wollten solche Warnungen ja wohlweislich nicht zur Kenntnis nehmen.

Mit solchen und vielen weiteren Schwachsinnigkeiten ist uns am Montag der in den Fernsehnachrichten als Stargast präsentierte Burgtheaterdirektor Claus Peymann dahergekommen, dessen unerträgliche geistige Niedertracht bei diesem Auftritt auch in physischer Hinsicht eine ebenso unappetitliche Entsprechung fand: Der Bochumer Wahrer des österreichischen Kulturlebens schwitzte bei seinem Auftritt noch weit ärger, als es noch vor dem Boxeraufstand gemeinhin den chinesischen Pumpenkulis nachgesagt worden ist. Ob der Schweiß der unfrommen Denkungsart geflossen sein mochte, oder ob der gewohnheitsmäßige Verunglimpfer Österreichs nur vom ganz gewöhnlichen Angstschweiß heimgesucht worden sein mochte, muß offen bleiben.

Wir wissen es aber nicht erst seit Claus Peymann, wie arg rechtsradikal versucht doch in diesem überhaupt so faschistischen Österreich insbesondere auch die Polizei sei, für deren Angehörigen ja von fortschrittlicher Seite längst schon das preußische Vokabel „Bullen" entdeckt worden ist. Doch jetzt dürfen wir mehr oder weniger belustigt Zeugen werden, wie die ehedem so geschmähten Bullen von der linksprogressiven Schickeria barsch aufgefordert werden, sich doch endlich im antifaschistischen Sinn zu betätigen und jeden Angehörigen unserer Minderheiten wirksam zu schützen. Wer da etwa das weinerliche Verlangen der grünen Abgeordneten Terezija Stoisits nach mehr „Warnung" der hiesigen Bevölkerung durch die Sicherheitsbehörden verfolgt und die lebhaften Klagen der wild gestikulierenden Volksvertretern gehört hat, weiß auch die Delikatesse gebührend zu schätzen, wie jetzt in weiten Teilen der selbsternannten Elite von Österreich eine späte Liebe zu den bisher doch so arg geschmähten Bullen erwachet. Während noch die Willkürakte der Sicherheitskräfte und deren angebliche Eingriffe in die Rechte aufrechter Bürger so emsig bejammert worden sind, werden die nämlichen „Bullen" nach einer mit affenartiger Behendigkeit vollführten Kehrtwendung sogar zu umfassenden „Lauschangriffen" gegen alles ermuntert, was von den Peymanns und Genossen gerade als faschistisch, reaktionär und antifaschistisch denunziert wird.

Daß uns dergleichen Gewäsch bei der Suche nach den Bombenattentätern nicht weiterbringt, ist freilich klar. Aber vielleicht sollte endlich einmal der Burgtheaterkasperl Peymann im Verein mit seinen Kampfgenossen Jelinek und Heller mit der Fahndung betraut werden. Wer über solch prophetische Gaben verfügt, müßte ja auch die Bombenleger im Handumdrehen fassen können.

Neue Kronen Zeitung, 12.2.1995

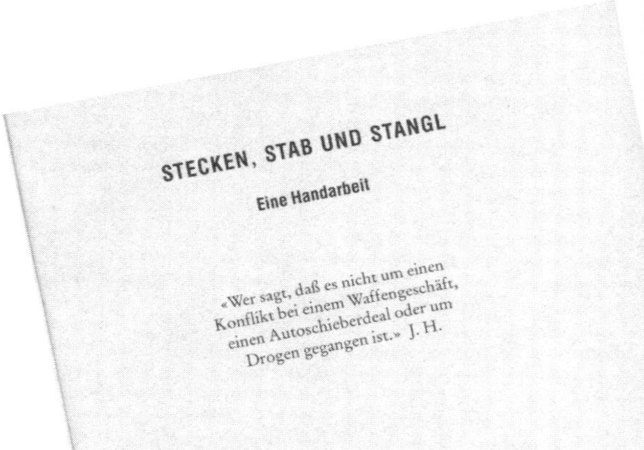

Agitation
Oberwart

STECKEN, STAB UND STANGL
Eine Handarbeit

»Wer sagt, daß es nicht um einen Konflikt bei einem Waffengeschäft, einen Autoschieberdeal oder um Drogen gegangen ist.« J. H.

> Wer sagt, daß es da nicht um einen Konflikt bei einem Waffengeschäft, einem Auto-Schieber-Deal oder um Drogen gegangen ist. Warum gehen die dann gemordeten Roma plötzlich in der Nacht aus dem Gasthaus, wo sie Karten gespielt haben, zu einem weit weg liegenden Treffpunkt. Wen wollte man treffen. Hat das damit zu tun, daß ihre Abwesenheit nach dem Bombenanschlag so viele Stunden niemandem unter den Angehörigen sonderbar vorgekommen ist? Insgesamt sind bei Oberwart sehr viele neue Fragen aufgetaucht, von der Frage, ob der Tatort nach der Explosion verändert wurde, bis zur Frage, warum bestimmte bekannte Personen als erste am Tatort aufgetaucht sind. Doch da soll man noch schweigen.

Jörg Haider (in: Kärntner Nachrichten, 27.7.1995)

Elfriede Jelinek: Stecken, Stab und Stangl.
Reinbek: Rowohlt 1997, S.15

Seite 10 — **LOKALES** — Montag, 6. Februar 1995

Unfall oder heimtückischer Mordanschlag? ● Kriminalrätsel in Oberwart ● Neben

Vier Tote bei Bombenexplosion

Vier Todesopfer forderte eine mysteriöse Bombenexplosion am Stadtrand von Oberwart (Burgenland). Völlig unklar ist, ob die vier Angehörigen der Roma-Volksgruppe den Anschlag auf eine Blechtafel mit einem ausländerfeindlichen Text selbst durchführten und dabei ums Leben kamen. Oder ob die Männer im Alter zwischen 18 und 40 Jahren in eine Falle gelockt wurden und einem heimtückischen Mordkomplott zum Opfer fielen.

Bei den Toten handelt es sich um Josef Simon (40), Peter Sarközi (27) sowie die Brüder Karl (22) und Erwin Horvath (18). Angehörige der Roma, einer Volksgruppe der Zigeuner, die in einer Siedlung am Stadtrand von Oberwart lebten.

„Kurz vor Mitternacht hat es plötzlich geknallt und die Scheiben haben gezittert. Ich habe geglaubt, irgendwo ist ein Heizkessel in die Luft geflogen.", erzählt Gottfried Horvath (31), dessen Bruder am Morgen gegen 7.30 Uhr die Toten entdeckte.

Leichen lagen auf der Straße

Einige hundert Meter weit von der Siedlung entfernt, mitten auf der Zufahrtsstraße, lagen die Leichen. Daneben die Reste einer Rohrbombe und ein Blechschild mit der Aufschrift „ROMA zurück nach INDIEN!".

Zuerst wurde angenommen, daß die vier Männer den Sprengkörper selbst hergestellt hatten und die Tafel

VON REINHARD KAUFMANN

mit dem provokanten Text in die Luft jagen wollten. Und dabei getötet wurden, weil die Höllenmaschine zu früh explodierte.

Bei der Einvernahme von Verwandten kamen die ersten Zweifel. Gottfried Horvath: „Ich war mit allen vier Männern häufig zusammen. Zwei davon sind ja meine Neffen. Wenn sie Sprengstoff gehabt hätten, wäre mir das sicher aufgefallen. Außerdem hat vor der Explosion niemand von uns die Blechtafel mit der ,Anti-Roma-Aufschrift' gesehen.

Daher ist es durchaus

▲ Auf der Zufahrtsstraße zur Roma-Siedlung in Oberwart wurden Sonntag früh die vier Toten entdeckt. Daneben lag dieses Blechschild. ▼

Josef Simon (40)
Peter Sarközi (27)
Karl Horvath (22)
Erwin Horvath (18)

Mochovce-Betreibergesellschaft zerfällt

Bayern erwägen

Nicht nur der slowakische Schrottmeiler zerbröckelt, auch die Mochovce-Betreibergesellschaft: Nach Preussen-Elektra, das wegen massiver Sicherheitsbedenken ausgestiegen ist, erwägen jetzt die Bayernwerke ebenfalls einen Rückzug. Peinlich für die französischen Mehrheitseigentümer, die plötzlich ohne westliche Partner auf dem Todesreaktor sitzenbleiben könnten.

Über den Ausstieg des ursprünglich fix geplanten Mochovce-Teilhabers Bayernwerke wird in unserem Nachbarland bereits laut

VON GERHARD WALTER UND CHRISTOPH MATZL

nachgedacht. Experten meinen, daß die Wahrscheinlichkeit für eine Beteiligung bereits deutlich unter 50 Prozent gesunken ist.

Der absehbare Totalrückzieher der deutschen Atomlobby, die seit dem Aus für Wackersdorf sehr verunsichert und vom Widerstand in Österreich schwer beeindruckt ist, wäre ein gewaltiger Tiefschlag für die Mochovce-Betreiber. Die schwerstverschuldete französische Energiegesellschaft EdF – sie ist mit 400 Milliarden Schilling in der Kreide – stünde mit ihrem bankrotten slowakischen Minderheitspartner allein im Regen. Über dem Todesreaktor kreisen also die Pleitegeier.

Außerdem könnte ein Mochovce-Ausstieg die Haltung der deutschen Bundesregierung innerhalb der Ost-

Neue Kronen Zeitung, 6.2.1995

DER FLEISCHER:
[...] Diese vier wie Papierpackeln über dem eigenen Essen aufgerissenen Leiber, ich sehe sie jetzt vor mir, Mikadostäbe um den Pfahl mit der Tafel herum, hingeworfen, langsam um die eigene Achse rotierend, wie keine Leuchtreklame es je könnte: Roma, zurück nach Indien, kein Wort mehr, keins weniger, wer war das, der das geschrieben hat? Der das war, soll sich sofort bei mir melden, er kann aber auch anrufen. Was, Sie wollen nicht? Wer will mich? War da was? Keine Bewegung, kein Wort, aber einen Augenblick später klingelt es tatsächlich, und wir treten gleich selbst herein. Denn wir werden auf jeden Fall dabeigewesen sein wollen. Wir winken im Takt zur Wettervorhersage. [...]

EIN ANDERER KUNDE:
[...] Werte Tote, ja, reden wir heute einmal vom Tod, das ist heute unser Thema. Ab sofort können Sie wieder bei uns im Studio anrufen. Es gab auf die Tafel, obwohl ihr Inhalt ein für Ihre Sippschaft prinzipiell abweisender gewesen ist, einen gewissen Andrang, von vier Personen, und auch noch von allen auf einmal! Wieso ist denn dann der Fremdenstrom bei uns so zurückgegangen? Da müssen wir doch glatt auf die Fremdesten unter uns zurückgreifen. Ja, Sie, liebe Tote, waren die Adressaten und wurden gleichzeitig abgeschickt, gerade noch rechtzeitig. Die Ewigkeit stellt immer ein, zwei Wagen für Zufallsgäste zur Verfügung, die im letzten Moment daherkommen und noch gar nicht dran gewesen wären. Ich stelle mir vor: Vier Personen versuchen gleichzeitig, diese Tafel aus dem Boden zu reißen, das kann ja nicht gut ausgehn. Oder haben Sie nicht lesen können, was drauf gestanden ist? Wenns nur einer probiert hätte, wär auch nur einer von Ihnen dran gewesen.
Liebe Zuschauer, gehen Sie doch beiseite! Wir wollen auch noch hinein! Wir haben uns eine Eintrittskarte für die Besichtigung dieser Toten gekauft. Bitte nicht drängen, es hat gar keinen Zweck, wenn Sie drängen! Nur oben ist noch ein gewisser Platz frei. Bis in die letzte Ecke sind wir besetzt, so sprechen wir in der angemaßten Rolle von ein paar Millionen Schaffnern, Buschauffeuren, Gas-, Strom- und Wasserablesern zu diesen vier Männern, doch zu spät! Sie haben sich schon vorgedrängt und müssen daher jetzt unsere Verantwortung auch noch tragen. Zu blöd. Wir hätten einen Kofferkuli dafür gehabt. Warum haben die nicht warten können? So, dieses Problem wäre also gelöst. Nur der Gedenkstein für Ihre Verfolgung muß nun für die nächsten tausend Jahre von uns überwacht werden, meine Herren Tote.
Wer waren Sie überhaupt? Wir werden nie mehr wissen, was Sie waren, denn wir können Sie, sogar nach Ihrem Tod noch, nur als eine Gruppe von vier Männern wahrnehmen, in Ihren von Leichentüchern verhüllten Gestalten, in die wir den Stachel unserer Geschichtlichkeit hineingebohrt haben. Zum Beweis, daß unser Gift völlig ungiftig und biologisch abbaubar gewesen wäre. Besetzt, sagt der Schaffner. Wir sind komplett. Wir bleiben in diesem Boden. Bitte niemand mehr zusteigen!

Elfriede Jelinek: Stecken, Stab und Stangl.
Reinbek: Rowohlt 1997, S.31, 36-37

→
„Stecken, Stab und Stangl"
in Österreich:
Aufführungsverzeichnis
Seite 166

Metzger-Land
Die neue böse Österreich-Diagnose der Autorin

Elfriede Jelinek schrieb ein Stück über „Staberl" und die Morde von Oberwart. Wir bringen den Vorabdruck des brisanten Werks.

News, 16.11.1995

Freiheit der Kunst – aber für wen?
Maria Zittrauer und Elfriede Jelinek

von Walter MARINOVIC

Beide sind Frauen, beide stammen aus Österreich. Beide schreiben, eine von ihnen dichtet sogar. Sie heißt Maria Zittrauer, und kaum jemand kennt sie. Die andere fabriziert einen jämmerlichen Schmarrn, aber sie ist preisgekrönte Staatskünstlerin: Elfriede Jelinek.

Maria Zittrauers Gedichte sind Poesie: musikalische Sprache, glühende Bilder, eine Aussage, die uns das Herz rührt. In früheren Jahren ehrte man die Dichterin, die aus Badgastein stammt, mit dem Georg-Trakl-Preis. Nun hat sie eine unverzeihliche Sünde begangen: sie bewarb sich um den Dr. Rose Eller-Preis. Was ist so Schlimmes daran? Oberinquisitor Neugebauer schnüffelte heraus, die Stifterin Dr. Eller habe eine Schrift über Wiens Türkenbelagerung verfaßt und einmal einen Vortrag über Martin Luther gehalten. Außerdem sei sie als Lehrerin 1945 – wie übrigens tausende andere auch – einige Zeit außer Dienst gestellt worden, ergo: eine Rechtsextremistin. Daher ist sie im „Handbuch des Rechtsextremismus" an den Pranger gestellt. Solche Menschen dürfen keine Preise stiften. Und verfemt ist, wer einen solchen Preis annimmt.

Neugebauer bedrohte Frau Zittrauer, man werde „die Leute in Badgastein und Umgebung aufklären, was sie da tut, welche Leute ihr das verleihen..." Sie ließ sich nicht einschüchtern und nahm den Preis an. Ein ORF-Reporter verfolgte sie mit seinem Mikrophon, fabulierte von Hitler, Nazis und Auschwitz, aber die Dichterin blieb ungerührt und entgegnete dem naseweisen Besserwisser in urwüchsiger Mundart: „Des is jo ka Nazipreis!" Politisches kommt in ihren Gedichten nicht vor. Kurz später hätte sie bei den Rauriser Kulturtagen geehrt werden sollen. Aber man lud sie aus. Sie hatte ja den „Nazipreis" angenommen! Maria Zittrauer ging trotzdem hin. Aber man verbot ihr, dort etwas aus ihren Werken zu lesen.

Die Roma von Oberwart, über deren Todesursache man bis heute nichts weiß, sind für Staatskünstler aber das Dauerthema. Es garantiert ihnen Preise und Medienrummel. Elfriede Jelinek hat man unter anderem für ihren Roman „Lust" den Hasenclever-Preis mit der kuriosen Begründung zu Füßen gelegt, sie beziehe „eine antifaschistische Position". Gemeint ist damit möglicherweise, daß sie auf 255 Seiten die Gewaltakte eines Mannes gegen eine Frau in den dreckigsten Einzelheiten beschreibt. In ihren „Kindern der Toten" rinnt einem weiblichen Wesen „der Estrich, der Anstrich der Lebens heraus", es „fährt ge der Bohrer in das Woher des zahnlosen Mundes". Von ähnlicher Sprachqualität ist ihr neuestes Machwerk „Stecken, Stab und Stangl", das außerdem noch mit obligater Österreichbeschimpfung garniert wird. Ein „Metzgerland" sei das, in dem man sogar die Nägel mit Totenköpfen macht... Freiheit der Kunst? Niemand will der Jelinek untersagen, ihre Texte drucken und aufführen zu lassen. Aber dann darf man auch einer wirklichen Dichterin nicht verbieten, ihre Gedichte zu lesen. Und Literaturpreise sind nicht für „antifaschistische Positionen" zu vergeben, sondern für die Beherrschung der Sprache und die Qualität des Wortes. Freiheit der Kunst darf nicht zum Privileg für dilettantische „Antifaschisten" verkommen.

Junge Freiheit, 3.5.1996

Stefanie Carp: *Ich glaube, es ist das erste Mal, daß Sie ein Stück geschrieben haben, dessen Text sich so direkt auf ein aktuelles Ereignis bezieht. Haben Sie das Gefühl, daß Sie anders geschrieben haben, war Ihr Impuls ein anderer?*

Elfriede Jelinek: Die Methode des Schreibens ist keine andere als in anderen Texten. Aber ich würde sagen, daß meine Betroffenheit größer ist. Für mich ist die Ermordung der Roma das katastrophalste Ereignis der Zweiten Republik. Ein Meuchelmord an vier unschuldigen und unbeteiligten Männern, die ohnehin schon ein unglaubliches Maß an Verfolgungen in diesem Land haben hinnehmen müssen. Die Leute, die sie damals verfolgt haben, sind immer noch da. Zum Beispiel der SS-Oberführer und Blutordensträger Tobias Portschy, der immer noch im Burgenland unangefochten lebt und sogar Landeshauptmann war. Ich bin immer, auch wenn ich über Frauenthemen schreibe (oder überhaupt, wenn ich für das Theater schreibe), emotional sehr beteiligt. Ich bin im Grunde beim Schreiben eine Triebtäterin. In diesem Fall war ich nicht nur empört. Ich hatte den Wunsch, einer so unterdrückten Minderheit, die unter unglaublichen Umständen lebt, deren Kinder alle automatisch in Sonderschulen abgeschoben werden, die also gar keine Möglichkeit zur Bildung bekommen, diesen Menschen das Äußerste, was ich mir in meiner Kunst erarbeitet habe, zur Verfügung zu stellen: Für die, die sprachlos sind oder deren Sprache wir nicht verstehen, zu sprechen, das war mir sehr wichtig. [...]

Was bedeutet der Titel „Stecken, Stab und Stangl"?

„Stecken und Stab" ist ja klar, aus den Psalmen Davids. „Staberl" als Name ist einer der Kolumnisten der Kronen-Zeitung, der an der Verschärfung des Klimas in Österreich großen Anteil hat; an der „Verhausmeisterung", wie die Sigrid Löffler das einmal genannt hat: „Housemaster's voice" – so wie Bruno Walter den Anschluß Nazi-Deutschlands an Österreich einmal die „Verlederhosung" Österreichs nannte. Damit ist

gemeint: die Herrschaft des Pöbels und eigentlich auch des Ländlichen. Denn das Haider-Phänomen läßt sich eigentlich nur durch die Herrschaft des ländlichen Pöbels erklären, dem die stark multikulturell gemischte, schnelle, undurchschaubare Kultur der Großstadt fremd geblieben ist. Dieses gesunde Volksempfinden macht mir große Angst. Wenn es durch die Macht, die es jetzt schon in der Medienlandschaft hat, wieder die Herrschaft über die Menschen übernimmt, dann passiert es ganz schnell, daß wieder eine neue Ära der Brutalität beginnt. Ich sehe das übrigens im Kleinen jetzt schon an den Reaktionen auf Handkes Essay über Serbien – das betrifft in diesem Fall Deutschland. [...]
Es wird alles unter den Teppich gekehrt, so wie die österreichische Geschichte ja auch unter dem Boden liegt. [...] Und in meinem Stück ist der Boden eben als äußerste Parodie, die mir eingefallen ist, eine Häkeldecke aus gestricktem und gehäkeltem Stoff, der natürlich jederzeit aufzutrennen und zu zerreißen ist. Denn diese Decke über unserer Geschichte wird immer wieder aufreißen, so lange, bis wir diese Herausforderung wirklich annehmen und uns ihr stellen. [...]
Zum Schluß des Stückes schlägt Herr Stab mit einer umhäkelten Stange alles kaputt. Er schlägt in gewisser Weise das Stück kaputt. Weil das Schreiben letztendlich eine schreckliche Waffe ist und weil ein Herr Staberl mit seinen Artikeln in der Kronen-Zeitung gewalttätig ist, wenn er zum Beispiel schreibt, daß doch die wenigsten Juden durch Gas gestorben, sondern anderweitig im KZ umgekommen seien, und er kommt durch mit solchen Sätzen (die Jüdische Gemeinde hat zwar geklagt, die Klage wurde aber aus formaljuristischen Gründen abgewiesen). Daß das eine Art von Gewalttätigkeit und ungeheurer Brutalität ist, das ist ja wohl nicht zu leugnen. Ständig wird geschrieben, daß Turrini oder ich oder andere schreibende Kollegen Wegbereiter linken Terrors seien, Straftaten werden uns unterstellt. Ich wehre mich jetzt mit dem einzigen, was ich habe. Das ist natürlich eine sehr schwache Öffentlichkeit: das Theater irgendwo in Hamburg im Vergleich zu einer 2,7 Millionen-Auflage in Wien. Aber es ist die einzige Möglichkeit, die ich habe, dem entgegenzutreten, in der Verkommenheit, die hier herrscht, die ja auch schon andere Schriftsteller in die Emigration getrieben hat. Handke ist weg, Bernhard ist tot. Die Leute gehen weg oder ziehen sich, wie der Turrini oder ich, in eine innere Emigration zurück und äußern sich kaum noch. Die Staberls hört man aber immer. [...]

Welche Art Menschen stellen Sie sich da vor, die in Ihrem Stück reden und unter Umständen häkeln?

Das ist diese Pseudo-Humanität. Da gibt es zum Beispiel die eine Szene, die sich auf eine Kronen-Zeitungs-Kolumne bezieht, in der darüber lamentiert wird, daß eine Frau, die einen alten Mann betreut, nicht vorgelassen wird an der Fleischtheke, und das nennt sich dann „Menschlich gesehen". Und im Namen dieses „Menschlich gesehen" wird eine bodenlose Unmenschlichkeit verdeckt. Der gleiche, der sich darüber mokiert, daß man diese Heimhilfe nicht vorläßt, der wird sich dann darüber mokieren, daß ein Jugoslawe auf die Straße spuckt oder daß da schon wieder drei Schwarzarbeiter sich in ihren Löhnen gegenseitig unterbieten oder daß die tschechischen Arbeiter noch von den bosnischen unterboten werden und die Österreicher deshalb arbeitslos sind.

aus: Stefanie Carp: „Ich bin im Grunde ständig tobsüchtig über die Verharmlosung". Programmheft des Deutschen Schauspielhauses Hamburg zu „Stecken, Stab und Stangl", 1996

Neue Kronen Zeitung, 14.2.1995

Agitation "Neue Kronen Zeitung"

"Neue Kronen Zeitung"

Am 10.5.1992 erscheint in der "Neuen Kronen Zeitung" ein Kommentar Staberls (eigtl. Richard Nimmerrichter) zu Auschwitz. Der von Paul Grosz, dem Präsidenten der Israelitischen Kultusgemeinde (IKG), angerufene Presserat verurteilt Nimmerrichter am 20.5.1992 einstimmig.

Die IKG erstattet auch Strafanzeige gegen Nimmerrichter. Ihre Ansicht, der Artikel erfülle den Tatbestand der Verharmlosung von NS-Verbrechen, untermauert sie mit einem geschichts- sowie zwei sprachwissenschaftlichen Gutachten. Die Anzeige durch die IKG wird im Februar 1993 von der Staatsanwaltschaft Wien mit der Begründung zurückgelegt, der Artikel verharmlose zwar den nationalsozialistischen Völkermord, tue dies aber nicht "gröblich". In ihrem Theatertext "Stecken, Stab und Stangl", dessen Titel bereits auf Staberl Bezug nimmt, verarbeitet Elfriede Jelinek Nimmerrichters Kommentar.

Nimmerrichters Perfidie liegt darin, daß er mit keinem Wort die Nationalsozialisten vom Massenmord an den europäischen Juden freispricht.

Er will bloß Auschwitz zu einem halbwegs normalen Kriegsgefangenenlager machen, mit viel Leid, mit vielen Toten. Das sei zwar barbarisch, suggeriert er, aber im Krieg ist das eben so.

Er operiert mit scheinbar vernünftigen Fragen ("Warum also hätten sich die Nazis bei der Ausrottung der jüdischen Häftlinge die Komplikation antun sollen, alle Juden zu vergasen – wenn es doch so leicht war, sie auf andere, einfachere Weise umzubringen?").

Er beruft sich auf "so manche Fachleute" (die es natürlich nicht gibt), die "nachweisen könnten, daß das Töten so vieler Menschen mit Gas rein technisch eine Unmöglichkeit gewesen wäre".

Er appelliert, aber das ist bei Nimmerrichter ja selbstverständlich, an die übelsten Instinkte (nur die "weniger begüterten Juden" seien Opfer des Hitlerregimes geworden, "die wohlhabenderen konnten sich ja zumeist durch Emigration retten, nicht selten auch bei den Nazis loskaufen").

Zum Schluß weckt er auch noch den religiösen Antisemitismus (der Kreuzigungstod Jesu Christi sei "wohl noch barbarischer" gewesen als die "Märtyrer-Saga" von der Massenvergasung).

Was heißen soll: Selbst wenn Millionen Juden ins Gas geschickt worden wären – was in Nimmerrichters Augen aber ohnehin nicht passiert ist –, dann wäre das noch immer nicht so "barbarisch" wie die Kreuzigung Christi. Und dieser, weiß ja jeder, wurde von Juden ans Kreuz geschlagen. Die Nazis, ist damit jedem "Krone"-Leser klar, gingen also in jedem Fall mit Juden humaner um als diese mit Jesus Christus.

So sehen die Methoden eines Massenblatts aus.

aus: Hubertus Czernin: Methoden eines Massenblatts.
profil, 18.5.1992

Staberl

Methoden eines Massenmordes

Wenn in einem halbwegs zivilisierten Staat ein Mordprozeß abläuft, dann geht es klarerweise vor allem darum, ob der Angeklagte die ihm zur Last gelegte Tat begangen hat. Als weniger wichtig wird angesehen werden, ob der Mörder sein Opfer erwürgt, erschossen, erschlagen oder erstochen hat.

In der großen Politik ist das offenbar anders. Bei dem vor einem halben Jahrhundert begangenen Mordverbrechen des Hitlerregimes an den weniger begüterten Juden – die wohlhabenderen konnten sich ja zumeist durch Emigration retten, nicht selten auch bei den Nazis loskaufen – geht es heute anscheinend weniger darum, ob das Verbrechen begangen worden ist; sondern um die von den Nazis angewendete Tötungsart. Hier hat nur eine Annahme zu gelten: daß die Juden unter Hitler vergast worden sind. Zuwiderhandelnde kommen in Sachen "Auschwitz-Lüge" vor Gericht.

Weil ich kurz nach dem Krieg bei einer großen amerikanischen Nachrichtenagentur gearbeitet habe, verfüge ich hier über gewisse persönliche Erfahrungen. Als damals in einigen Konzentrationslagern Vergasungseinrichtungen gefunden worden sind, deren Existenz auch mit handfesten Beweisen nachgewiesen werden konnte, ist es in den Zeitungen der Welt auch bald zur vereinfachenden journalistischen Manier geworden, pauschal von der "Vergasung" der jüdischen Opfer Hitlers zu schreiben.

Seither haben so manche Fachleute nachweisen können, daß das Töten so vieler Menschen mit Gas rein technisch eine Unmöglichkeit gewesen wäre. Und für manche alte Nazis war es von da nur ein kleiner Schritt zu der unsinnigen Behauptung, daß die Nazis doch überhaupt keine Juden umgebracht hätten.

Die Wahrheit ist wohl einfach. Nur verhältnismäßig wenige der jüdischen Opfer sind vergast worden. Die anderen sind verhungert oder erschlagen worden; durch Fleckfieber, Ruhr und Typhus umgekommen, weil man ihnen ärztliche Hilfe verweigert hat; erfroren oder an Entkräftung gestorben.

In den KZs der Nazis und den Kriegsgefangenenlagern der Russen ist es laut Aussagen von Überlebenden beider Gruppen verzweifelt ähnlich zugegangen. Nachdem ich am 28. Juni 1944 – am selben Tag wie der Nobelpreisträger Konrad Lorenz übrigens – in Gefangenschaft geraten war, mußte ich im darauffolgenden Winter erleben, daß im Lager Tambow von etwa 7000 Gefangenen mehr als 2000 verhungert oder an Seuchen gestorben sind. Warum also hätten sich die Nazis bei der Ausrottung der jüdischen Häftlinge die Komplikation antun sollen, alle Juden zu vergasen – wenn es doch so leicht war, sie auf andere, einfachere Weise umzubringen?

Die dritte Generation überlebender Juden mag die Märtyrer-Saga der so barbarisch vergasten Opfer Hitlers auf ähnliche Weise brauchen, wie die Christen seit 2000 Jahren das Andenken an den – wohl noch barbarischeren – Kreuzigungstod Jesu Christi pflegen. Nüchterne Tatsache ist aber wohl, daß die Nazis die große Mehrheit ihrer jüdischen Gefangenen auf andere Weise umgebracht haben. Gewiß um kein Haar weniger barbarisch!

Neue Kronen Zeitung, 10.5.1992

verschiedenen Fleischwaren die Hüllen, die sie
gerade häkeln, sorgfältig anpassen, als wären
die Würste Menschen oder Tiere, die ein Dackerl
kriegen sollen, abwechselnd)

Zwei Männer (abwechselnd): Die dritte Generation
überlebender Juden mag die Märtyrer-Saga der so

(ein Kinderchor singt aus dem off nur das eine
Wort: barbarisch! barbarisch! barbarisch!)

vergasten Opfer Hitlers auf ähnliche Weise brauchen, wie die
Christen seit 2000 Jahren das Andenken an den -

(Kinderchor wie oben (off!) die drei Wörter:
wohl noch barbarischeren wohl noch
barbarischeren wohl noch barbarischeren etc.) -

Kreuzigungstod Jesu Christi pflegen. Nüchterne Tatsache ist
aber wohl, daß die Nazis die große Mehrheit ihrer jüdischen
Gefangenen auf andere Weise umgebracht haben. Gewiß um
kein Haar weniger

(Kinderchor wie oben, in den höchsten Tönen
jubilierend: barbarisch! barbarisch! barbarisch!
etc.)

(Stimme aus dem off: Sie hörten die Wiener
Sängerknaben.)

Der Fleischer:

(seine Häkelarbeit tuend, auch sein Beil ist
ummantelt, im Stil eines Festredners)

Lieber Herr Horvath, lieber Herr Horvath, lieber Herrr
Sarközi, lieber Herr Simon, jetzt wirds ernst! Begeben Sie sich
zum Abflugschalter! Ich persönlich glaube ja überhaupt, daß
der Tod als Ereignis jenseits jeder Handlung steht und als
pures Widerfahrnis nicht mehr Akt des Lebens ist. Wie können
wir den Tod verstehen? Na, Sie verstehen ihn jetzt vielleicht,
meine Herren Verstorbenen!, aber ich, der ich einmal beinahe
unterschätzt worden wäre, aber später nie wieder, versteh den
Tod, den ich da herstelle, immer noch nicht. Die bloße Masse

Stecken, Stab und Stangl (20.10.95) -33-   Elfriede Jelinek

Elfriede Jelinek: „Stecken, Stab und Stangl" – Typoskriptseite

> „Wir von der ‚Krone' sind es gewohnt, daß von uns Bilder ohne Ähnlichkeit gemacht werden. Ein so weithin sichtbarer Erfolg wie der unsere ist nun einmal Wind und Wetter ausgesetzt; auch auf Bühnen kann man Wind erzeugen."

Hans Dichand (in: News, 11.4.1996)

Der Stil des Artikels weist jene spezifische Andeutungs- und Verschleierungstaktik von Behauptung und Gegenbehauptung auf, deren sich auch neonazistische Schriften bedienen, die den Kampf gegen das, was sie die „Auschwitz-Lüge" nennen, propagieren. Er kann im Sinne taktischer Legalität und nur formaler Distanzierung sogar als Beweis subjektiver Tatabsicht gelten.
Insgesamt handelt es sich bei diesem Nimmerrichter-Text aus geschichtswissenschaftlicher Sicht um eine absichtliche, grobe Verharmlosung des nationalsozialistischen Genozids.

aus: Gerhard Botz: „Staberl"-Gutachten. Die „Auschwitz-Lüge" in der Neuen Kronen-Zeitung. Forum, Juli 1993

Agitation
„Neue Kronen Zeitung"

Elfriede Jelinek wird von der „Neuen Kronen Zeitung" – in Staberl-Kolumnen, Wolf-Martin-Gedichten und Leserbriefen – immer wieder attackiert.
Im August 1995 wird in „News" Gerhard Roth mit dem Satz zitiert, daß mehr als 50 Prozent der Österreicher verkappte Nazis seien. Als Staberl in der „Neuen Kronen Zeitung" gegen Roth polemisiert, nimmt Jelinek in „News" zu Staberl und der „Neuen Kronen Zeitung" Stellung.

Seit geraumer Zeit schon sind sich in Österreich Beobachter aller politischen Richtungen zumindest in einem Punkt völlig einig: Die Zeiten der absoluten Mehrheiten sind in unserem Land vorbei. Die Übermacht der Großparteien SPÖ und ÖVP ist ja im Lauf der Jahre und Jahrzehnte ganz erheblich geschrumpft, neue Parteien sind gekommen. Keiner Partei wird es daher auf absehbare Zeit gelingen, jemals wieder die heißersehnte Hürde von mehr als 50 Prozent hiesiger Wählerstimmen zu überspringen.
Jetzt hat uns aber ein Landsmann, auf den wir freilich nicht übermäßig stolz sein müssen, eines ganz anderen belehrt. Der Mann ist, mit Recht freilich, einer großen Mehrheit der hiesigen Bürger ganz unbekannt, heißt Gerhard Roth und ist ein Schriftsteller von mäßigem Erfolg. Wenn es allerdings darum geht, Österreich zu Hause und im Ausland als einziges Nest von lauter Nazis, Antisemiten, Faschisten und Ausländerhassern niederzumachen, bläst er sich im Stil eines Ochsenfrosches zu ungeahnter Größe auf. Da stellt er sogar noch seine bekannteren Gesinnungsgenossen Peter Turrini und Elfriede Jelinek glattweg in den Schatten; und das will ja bei Gott etwas heißen.

aus: Staberl: Österreichs absolute Mehrheit.
Neue Kronen Zeitung 13.8.1995

Elfriede Jelinek: „Staberl-verkleistertes Land"

Roths Diagnose, mehr als 50 % der Österreicher seien Nazis, begründet sich auf Umfragen, denen zufolge eine schreckenerregend große Zahl von Menschen dieses Landes nicht neben einem Juden oder einem Ausländer leben will. Ausländerhaß und Fremdenfeindlichkeit sind in diesem Land Realität. Bedrohlicherweise gilt das vor allem für junge Leute.
Was die Kommentatoren der „Kronen Zeitung" an Gerhard Roths Äußerungen in so große Wut versetzt, ist leicht zu erklären: Literatur ist ein Stück Anarchie, das sie nicht bestimmen können, während sie das, was in der „Kronen Zeitung" steht, sehr wohl und mit bösen Folgen bestimmen können.
Die Hälfte der scheinbar lesefähigen Bevölkerung dieses Landes wird mit „Staberl" zugekleistert. Ich sage absichtlich „scheinbar" – denn zu glauben, was in der „Kronen Zeitung" steht, hat mit Lesefähigkeit im engeren Sinn noch nicht viel zu tun. Diese Gläubigkeit ist die eigentliche Gefahr des Populismus und schlimm für das Land.

News, 17.8.1995

Die Verunglimpfungen eines großen Teils der österreichischen Bevölkerung durch Jelinek, Roth, Turrini und andere Zwangs-Betroffomanen fänden seit Jahren unter Ausschluß der Öffentlichkeit statt, wenn man nicht über deren intellektuell mehr als zweifelhafte Ergüsse immer wieder berichtete. Wesentlich entscheidender erscheint mir die Tatsache, daß im Ausland kein Interesse an derartigen Österreich-Beschimpfungen existiert. Wer in der Welt herumkommt, erkennt zweifelsfrei, daß Österreichs Image nicht gelitten hat. Man bedenke auch, daß das antiösterreichische Gekeife langsam an Frische einbüßt. Jede Beschimpfung schaut ähnlich fad aus wie ein Bild von Nitsch. „Skandalmeldungen" eines Gerhard Roth, wonach mehr als 50% der Österreicher latente Nazis seien, entlocken mir nur noch ein verhaltenes Gähnen – wenn überhaupt.

Dr. Rudolf Öller
Bregenz

Leserbrief, Neue Kronen Zeitung, 29.8.1995

Ihre Kolumne „Österreichs absolute Mehrheit" über die Behauptung des Herrn Gerhard Roth, daß über 50 % aller Österreicher lauter Nazis seien, war mir aus dem Herzen geschrieben. Leute wie Roth, Jelinek, Turrini und all die anderen Beschimpfer Österreichs wären ja nicht gezwungen, in dem ihnen so verhaßten Land zu bleiben. Aber nur hier werden sie ja von den linken Möchtegernpolitikern so hoch subventioniert.

Reinhard Foidl
6384 Waidring

Leserbrief, Neue Kronen Zeitung, 29.8.1995

Hier sitz' ich, forme ein Menschenpaket nach meinem Bilde – *Elfriede Jelinek*

Nach Hannah Arendt sind totalitäre Bewegungen überall dort möglich, wo Massen existieren, die aus gleich welchen Gründen nach politischer Organisation verlangen. Die eine Hälfte der eh schon sehr kleinen Masse der Österreicher verlangt was für sich, sie wollen sich als kleine Münzen zurückbekommen, damit sie nach Mehr aussehen, und sie bekommen es auch immer, damit diese Hälfte weiß, dass sie es gewollt hat und was die andre macht, die andre Hälfte. Das heißt das, was sie bekommt, wird zu dem, was sie verlangt, diese Landmasse mit den kompakten Bergerln und feste Tritte verabreichenden Talsohlen von Vibram, nur anders verbrämt: Sie scheint nach einer, der Kronenzeitung zu verlangen.

Die Menschen halten sich für gescheit, obwohl sie nicht immer ganz gescheit sind, und sie wollen sich wenigstens beim Lesen so gescheit fühlen wie sie sind. Das wird ihnen also zugeteilt. Es wird ihnen ihr Futter zugeteilt, das sie fressen müssen, und sie sollen glauben, sie bekämen das, was sie so gescheit macht, wie sie ohnedies schon zu sein glauben.

Ich will mich keinesfalls über diese Menschen erheben, ich habe keinen Grund dazu, ich bin für mich genügend intelligent, aber für keinen sonst, und ich selber bin schon ziemlich anspruchslos. Die andern sind's hoffentlich auch, denn sie betreffen sich selbst und alles andre soll auch nur sie selbst betreffen. In meinen Augen werden diese Menschen aber, die zur Lese in den Bierberg der Krone getrieben werden, indem sie bekommen, was sie nicht verdient haben, für das sie aber trotzdem gearbeitet haben, von diesem Blatt bedient, bis sie wirklich bedient sind, ohne es zu ahnen. Die Massen lesen die Kronenzeitung, das heißt, sie hören sich selber beim Denken zu, ohne zu ahnen, dass man ihnen nur gibt, was sie je, immer schon gedacht haben, im Gegenteil, sie freuen sich, dass es welche gibt, die sagen, was sie immer schon gesagt haben, nur besser, schneller, schwärzer, und damit wird der Prozess des Denkens abgebrochen, noch ehe er beginnen kann.

Eine Agentur des gesunden Volksempfindens sagt es ihnen mit klingendem Fröhlichkeitsspiel, mit dröhnenden Publikumsspielen, mit Geistlichen, die ihren Mief verbreiten, mit Titten, die einem ihre Gesundheit wie Milch ins Gesicht spritzen, dass man grad nur den Mund zumachen kann, sonst regnet's einem ins Hirn, auf Seite drei, glaub ich zumindest, nein, es ist die Seite sieben (in der Gratisversion für U-Bahn-Fahrer auf Seite 1) oder so geschieht das jeden Tag, der greise Herausgeber selbst sucht die Nackerten aus, die sich ihm und seinem Beifall beugen wie alle, nein, nichts Krankes gibt es hier.

Er wird die nächste Regierung aussuchen (bei der letzten hat es noch nicht ganz geklappt, und jetzt ist er böse deswegen), er wird die nächsten Politiker aussuchen, und er wird die passenden Haustiere und Frauen dazu aussuchen, er hat ja auch selber einen lieben Hund, und wie der folgt! Was der kann, können die Politiker schon lang, man muss ihnen halt ein bissel helfen, bis ihre Waden nach vorne schauen, wo es vorwärts geht, denn wir müssen zurück. Da werden wir uns alle aber freuen! Und es gibt eben diesen greisen Herausgeber, dem es ein Leichtes ist zu sprechen, und er spricht ja immer zu der halben Bevölkerung. Es spricht ja auch immer die halbe Bevölkerung aus ihm und zu ihm zurück. So was nennt man Echo, falls eine feste Burg in der Nähe ist oder ein Fels.

So und so ähnlich ist das bei uns daheim. Die Österreicherwelt beruht auf keinen Parteien, sie beruht auf der Kronenzeitung und dem Villacher Fasching, vielleicht beruht sogar der Villacher Fasching auf der Krone, die einem die Zähne ausschlägt, bevor man noch das Fass an die Lippen setzen konnte.

Die Krone übernimmt das Sagen, weil sie es hat, indem sie den Menschen mit ihrem unaufhörlichen Sprechen

---

Im März 2002 verfaßt Elfriede Jelinek für die „Süddeutsche Zeitung" einen Essay über die „Neue Kronen Zeitung". Unmittelbarer Anlaß ist das von der FPÖ initiierte Volksbegehren gegen das tschechische Atomkraftwerk Temelín. Dieses Volksbegehren wird von der „Neuen Kronen Zeitung", an der der Verlag der Westdeutschen Allgemeinen (WAZ) 50 Prozent hält, massiv unterstützt. In der „Neuen Kronen Zeitung" reagieren Günther Nenning und Wolf Martin auf Jelineks Essay, Herausgeber Hans Dichand äußert sich dazu in einem Interview.

den Mund schließt. Wenn die Krone für sie zu sprechen scheint, müssen sie das nicht mehr tun, obwohl sie es immer schon gesagt haben. Sie lädt die Menschen, indem sie ihnen ihre politischen Interessen, von denen sie unaufhörlich spricht, gleichzeitig nimmt, sie also politisch enteignet, mit Sinn auf, die Krone, mit Sinn, der aus ihnen förmlich zu quellen scheint, und gleichzeitig apathisiert sie sie.

Gerade die Uninteressierten, die Mehrheit also, wird hier zu einer Horde, einer Meute, einer Hetzmeute von Uninteressierten (das schönste Anliegen der Menschen: uninteressiert sein, aber bereit, die Finger in die Sinn-Steckdose zu stecken, bis ihnen die Haare zu Berge stehn), aufgegeben von der Politik und gleichzeitig von ihr umworben, aber es ist nicht Politik, was sie umwirbt, es ist eine Zeitung, die Politik macht, Politik IST, indem sie die Unpolitischen auf ihr Zeitungsaugenmaß zurechtklopft. Bis die Leser bereit sind, diese Propaganda als ihre eigene zu akzeptieren, ich meine die, die sie selber propagieren und die nur ihnen nützt. Sie haben ja nur sich und halten sich daher für das Wichtigste, geeignet überall versprüht und verbreitet zu werden wie das neueste Sonderangebot vom Drogeriemarkt.

Die Kronenzeitung sagt, Politik verdirbt die Menschen, sie brauchen sich jetzt aber gar nicht mehr um diese Politik zu kümmern, das übernimmt diese liebe gute Zeitung ja für sie, sie nimmt ihnen das Politische ab. Nicht indem sie Politik für sie macht, sondern indem sie Politik an ihrer statt und daher (angeblich) ganz besonders und ganz allein nur für sie macht.

Gegen diesen in der westlichen Welt einmaligen Grad an Pressekonzentration, der die Menschen verdorben hat, bevor sie noch reif gewesen wären, selber zu bestimmen, was sie anbauen wollen und wo sie sich, indem sie so lange bearbeitet wurden, bis sie ihre eigenen Interessen, die sie ja ohnedies jeden Tag vom Kleinblatt ablesen konnten, gut vertreten sahen, ohne dass sie je irgendwo wirklich vertreten worden wären, die Zeitung also als Einheitspartei für alle und alles, egal was die andren Parteien sagen oder für wen sie sich einsetzen.

Das ist das Ende der Demokratie, zumindest für die eine Hälfte der Bevölkerung eines Landes, indem es das Ende der Verpflichtung der Bürger ist, ihre Interessen wahrzunehmen (oder an ihre Vertretungen zu delegieren), es ist der Beginn der Herrschaft der indifferenten Masse, die alles bekommt, was sie ausmacht, indem sie nichts bekommt, und das scheint niemand etwas auszumachen. Diese Masse kann jetzt hierhin und dorthin geschoben werden, ganz wie es dem Spieler am grünen Tisch, dem Herausgeber gefällt.

Er hat ein kompaktes Menschenpaket aus der halben Bevölkerung geformt, ein wahres Prachtstück, einen Humpen Mensch, aus dem er säuft, ihren Beifall braucht er nicht, er fürchtet sich vor keinem Gespräch, denn Gespräche führt er nicht, er spricht mit sich selbst, und mit sich spricht er zu allen und streichelt seinen Hund dazu. Nein, Macht will er nicht, die hat er ja schon. Er kennt keine Gruppen mehr, er kennt keine Hierarchien, keine Interessen, keine Klassen oder Schichten, er kennt nur mehr die Masse, die er selber zum Teig gerührt hat, und er ist sie, diese Masse, er ist er selbst in ihr, er hat sie seit Jahrzehnten geformt nach seinem Ebenbild. Und deswegen rührt er schon wieder den Kuchen an, er hat ja immer geschmeckt, das Rezept hat sich bewährt. Er ist Gott, er könnte daher andre rühren, und deswegen darf Gott auch mit seinem Kosenamen Christianus zu uns sprechen. Gott spricht in seinem Sinn, sonst hätte das Herausgeben ja gar keinen Sinn, wenn ein andrer einfach was andres herausgeben dürfte.

Zweiter Teile [sic] und herrsche: Die Deutschen. Die Anteilseigner. Die die Hälfte besitzen. Die WAZ. Jetzt sind Sie dran!

Aber da sind welche, die partizipieren daran, das heißt, sie verdienen gut daran. Und zu denen komme ich jetzt auf meinen leichten Laufschuhen, ganz recht, es ist der deutsche WAZ-Konzern, und der ist eine Agentur der

Kolonialisierung des Nachbarlandes Österreich. Und auf diese Leute will ich jetzt mit dem Finger zeigen, und die will ich anklagen, und wenn es das letzte ist, was ich tue. Das ist das einzige, was ich bisher gegen die Kronenzeitung noch nicht unternommen habe. Diese Herrn Unternehmer Schumann und Grotkamp oder wie sie alle heißen, die sind unternehmungslustiger als ich, und sie haben auch Grund, allein immer nur lustig zu sein, sie haben diese schäumenden, hartgespülten Pferde, die über uns hinwegtrampeln, diese temperamentvollen Tiere, die haben sie mit eingespannt. Ihnen gehört die Hälfte, den Herren von der *Westdeutschen Allgemeinen Zeitung*.
Sie sind die Hälfteeigner der Kronenzeitung, und sie sind mit schuld, ob es ihnen gefällt oder nicht, aber es gefällt ihnen natürlich, denn sie verdienen viel Geld damit, dass die Hetze unerbittlich weiter vorangetrieben wird gegen das andre Nachbarland Tschechien, das wir ja schon einmal verwüstet haben. Warum sollen wir es nicht noch einmal fertig machen, bevor es uns mit dem Atom fertigmacht? Sie sind die Profiteure der Volksverdummung, der Entdemokratisierung, der fortschreitenden Entropisierung eines ganzen Landes, die WAZ-ler. Und sie wollen weitermachen. Bis alles und jedes Kronenzeitung ist, das Maß der Unordnung das größte Ausmaß erreicht hat. Bis die Unordnung in der Ordnung herrscht.
Das alles kann all diese Jahre nicht wider Willen geschehen sein, und die deutsche Öffentlichkeit mit ihrer vielfältigen Meinungs- und Zeitungsvielfalt soll es von mir aus hier noch einmal erfahren. Jetzt gibt es schon Kaffee, Orangensaft und Bananen von Transfair, nun sollen sie vielleicht einmal fair auch zu Österreich sein, das kann man verlangen, auch wenn's nichts bringen mag. Auch wenn nur noch der heilige Nikolaus was bringt und eventuell der Osterhase.
Die WAZ hat nicht kämpfen müssen, um uns zu kolonialisieren und geistig zu unterjochen, sie hat nur kaufen müssen, eine internationale Leidenschaft, und die Deutschen sind politisch schwach, aber reich, auch meinungstechnisch reich, aber nein, die Hälfte der Krone haben sie gekauft, das ist ein ziemlich risikoloser Profit, Presseförderung kriegt sie vom Staat auch noch, aber mit dem Finger auf andre zeigen, die angeblich etwas vom Staat bekommen, das ihnen nicht zusteht, darin sind sie groß.
Jede Gegnerschaft zur Krone wird zur schalen, billigen Entrüstung, wird lächerlich, gutmenschenhaft. Jeder Kampf gegen diese Zeitung, wie ehrlich und herzbluthaft er auch geführt werden mag, verliert sich auf seinem Weg, verliert sich selbst, denn dieser Krake duldet eben keine Hinterfragung, einfach deshalb, weil er sie nicht braucht. Und was er nicht braucht, das braucht er auch gar nicht erst zu dulden. Das ist halt da, aber es stört ihn nicht weiter, weil es ihn nicht zu stören braucht. Es ist, als wäre das die Macht Gottes als die Macht des höchsten Seienden.
Dichand ist Gott, das sagt nicht Christianus, der das nur denkt, das sage ich, die das weiß, aber nicht lenkt. Und die WAZ ist seine Mitprofiteurin, die Mitspielerin, und ich klage sie hier an. Spaß macht mir das keinen, aber ich muss. Was soll ich denn retten, was will ich retten? Ich weiß es nicht, da ja nichts zu retten ist, wo alles mit Schleim überzogen worden ist, seit langem, wie in einem Sci-Fiction-Film, der Schleim von Aliens, aber fremd sind die nicht, die sind ja wie wir, also im Film sind sie oft wie wir, aber sie sind nicht wir.
Egal, sie sagen uns, sie sind wir, und wir fallen drauf rein. Dann schlagen wir eine Zeitung auf und finden Worte, die angeblich von uns sind, aber wir kennen sie plötzlich nicht mehr. Es kann uns bewiesen werden, dass sie trotzdem von uns sind und jederzeit gegen uns verwendet werden können, aber zum Glück wollen wir sie genauso haben, wie sie sind. Wir könnten uns in ihnen ja sonst nicht wiedererkennen.
Nein, dämonisieren will ich Dichand nicht. Er ist schon

ein Dämon. Es geht ja gerade darum zu versichern, dass der Dämon ein ganz normaler alter Mann ist, über achtzig, wie viele, die auch alt geworden sind, er muss ja nichts andres sein, denn er ist, wie gesagt, für die österreichische Öffentlichkeit kein geringerer als Gott. Er ist, der er ist. Er kann sagen, dieser Kelch soll an ihm vorübergehen, aber der Kelch ist nun einmal da, weil er ihn gefüllt hat, und jetzt müssen wir das saufen. Und wir müssen ihm zuhören, ob wir wollen oder nicht, denn daneben kann nichts sein und nichts werden. Dieser Mann muss in sein eigenes Zentrum vordringen, in dem immer die Ruhe vor dem Orkan herrscht, den er gleich selbst entfachen wird, nur in ihm ist Ruhe und Ordnung, er stellt sie her und er verkörpert sie auch.

Und die WAZ ist sein Prophet, und die letzten Unversöhnlichen, die letzten Gegner werden unter ihn, unter sein Joch gezwungen, als Gegner, weil es nur ihn allein geben darf. Weil wir das alles schon tausendmal gehört haben, nun, einmal mehr geht noch, hier zum Beispiel, an dieser Stelle, die ich gern hätte, angeblich soll sie ja noch frei sein; diese Macht ersetzt das Völkerrecht, die Demokratie, die Meinungsfreiheit, sie suggeriert anderen, dass ja eigentlich sie es sind, die die Macht hätten, es gibt kein Rechtsmittel gegen sie (Kartellrecht?? Hugo, sofort her da, spielen kannst du später, da haben wir was für dich! Recht solo? Mir auch recht, soll das Recht halt Recht bleiben, das Recht müssen wir nicht einmal zurückweisen oder gar brechen, wir brechen irgendwas vom Zaun, da fällt uns keine Latte aus der Krone!), kein Einspruchsrecht, keine Berufung, denn die Kronenzeitung ist unberufen die mächtigste Instanz in diesem Land, und die WAZ ist ihr Prophet. Es passt mir gut in den Kram, dass von diesem Herrn kolportiert wird, er sei nicht so ganz glücklich gewesen mit diesem Temelin-Begehren, na, das passt doch. Er ist vielleicht nicht zufrieden, aber er muss zufrieden sein, in Deutschland hat ihn niemand zur Rede gestellt, was gehen uns die öden Ösis an, wenn die so blöd sind und sich das gefallen lassen, und er hat wie immer gut verdient, der Herr WAZ. Diese Zeitungsmacht kann nicht und muss nicht bestimmt werden, nicht definiert (obwohl ich das ja die ganze Zeit versuche), na, ich kann sie noch irgendwie fassen und bestimmen, andre könnten das besser, haben es auch viel besser schon gemacht, oft, aber jetzt mache halt ich es auch, gut oder nicht, es muss einmal noch gemacht werden, bevor in diesem schrecklichen nahrhaften Brei des Kleinformats, der uns vorgekaut wurde, alles verschwindet, bevor auch ich verschwinde (vielleicht ist es ja genau das, was ich verdiene, weil ich in dieser Sache nichts zustandegebracht habe, in dieser schrecklichen Willkür, unter deren Peitsche wir uns alle ducken müssen, verschwinden muss, nicht einmal als Gegnerin anerkannt oder gar gewürdigt, verschwinden muss als eine, auf die man nicht hört).

Also bevor mein Verschwinden als Sprechende nicht einfach nur meiner Gegnerschaft, meiner Feindschaft diesem Blatt gegenüber geschuldet ist, sondern bevor mein Verschwinden das tiefste überhaupt wird: dass ich einfach nicht nötig bin, dass wir alle nicht nötig sind. Die Macht kann uns nehmen oder auslassen oder lassen oder, das natürlich am liebsten: ausgelassen sein lassen. Auf den Skipisten und Rennbahnen, in Gameshows und Gewinnspielen. Das ist die Möglichkeit der unbeschränkten Unterwerfung der Menschen, sie ist da, und einer, der Herr Dichand, mithilfe der WAZ als dem Kolonialherren, hat sie bereits ergriffen. Es darf nur sein, was die Krone machen kann oder gemacht hat. Es kann nur sein, was Herrgott Dichand gemacht hat. Sogar die Herstellbarkeit dieser zentral gesteuerten Öffentlichkeit verschwindet, denn sie ist längst hergestellt: Sie ist. Sie muss nicht mehr geplant werden. Sie ist. Am Anfang war das Wort, und das Wort war bei Herrn Dichand. Und bei Herrn Schumann und Herrn Grotkamp. Vielen Dank, dass ich es einen Augenblick ergreifen und mir wenigstens anschauen durfte. Vielen Dank, dass Sie, Gott, Menschenmaterial gemacht haben, das Sie jeden Tag mit armen geschundenen Kolporteuren in die Straßen der Städte verschicken oder in einsame Ständer am Wegesrand stopfen! Danke, dass Sie uns alle gemacht haben, ohne uns überhaupt planen zu müssen. Jetzt wissen wir wenigstens, dass wir ersetzbar sind durch jeden anderen, denn die Kronenzeitung hat alle gleich gemacht, und gleich wird er sie zunichte machen, der Herr Kronenzeitungchef. Nicht einmal ganz wie er will, ohne es zu wollen, er braucht nichts zu wollen. Er ist. Er ist Gott, bei dem das Wort ist. Und dort bleibt es auch.

Süddeutsche Zeitung, 9.3.2002

In dem ausführlichen Interview kam auch Dichands Verhältnis zu Bundeskanzler Wolfgang Schüssel zur Sprache. Von ihm habe er „keine schlechte Meinung", es sei nur so, daß „wir in gewissen Themen eine andere Meinung haben." Etwa in der Frage Temelín. „Es herrscht aber keine Feindseligkeit zwischen uns – wir begrüßen uns, wenn wir uns sehen."
Auch gegen die kontroversielle Schriftstellerin Elfriede Jelinek habe er nichts. Diese hatte kürzlich in der „Süddeutschen Zeitung" einen kritischen Text veröffentlicht, in dem sie Dichand unter anderem sarkastisch als „Gott" bezeichnete. Diesen Text hatte Dichand beim Interview „zufällig da liegen" – und zitierte die Passage.
„Das ist grotesk, wenn ich so etwas lese", so Dichand. „So kann man mit Gott nicht umgehen."
Die Macht habe er nicht, weil er sie wolle, sondern „einfach durch die Auflage der Krone". „Ich gebrauche sie aber nicht für mich, sondern für den Leser." Diese Macht sei auch notwendig, da es in Österreich so eine Opposition (wie die Krone, Anm.) gar nicht gebe.

aus: bau: Hans Dichand zementiert seinen Sohn Christoph als „Krone"-Nachfolger ein. In einem Interview im „Krone Hitradio" äußerte sich der Krone-Chef Hans Dichand zu Wolfgang Schüssel, Elfriede Jelinek und seinem ehemaligen Partner Kurt Falk. Die Presse, 2.4.2002

Anders gesehen
VON GÜNTHER NENNING

Liebe Elfriede Jelinek! Jetzt sag einmal, was ist dir denn da eingefallen, jetzt bist du am Ende und spürst es selbst. Du schreibst selber von deinem „Verschwinden als Sprechende", und bevor dein „Verschwinden das tiefste überhaupt wird", möchtest du halt noch einmal auf Hans Dichand und sein Blatt losgehen (in der „Süddeutschen Zeitung" von diesem Samstag). Und schuld an deinem „tiefsten Verschwinden" sei die „Krone"! „Mein Ver-

Das ist ja eine gewissermaßen liebenswerte Eigenschaft von dir. Kaum ruft dich wer an und sagt, geh schreib doch was gegen den oder die, schon setzt du dich hin und tust es.
Jetzt also: Was ist das für ein Sparren von dir, dass der Hans Dichand der liebe Gott ist, dein böser Gott. Was für ein Teufel reitet dich, wenn du schreibst: „Es darf nur sein, was die ‚Krone' machen kann oder gemacht hat. Es kann nur sein, was Herrgott Dichand gemacht hat... Er braucht

Liebe Elfriede!

schwinden als Sprechende", schreibst du wörtlich, sei „meiner Feindschaft diesem Blatt gegenüber geschuldet."
Wenn eine große Autorin untergehen will, und dass du untergehen willst, bemerke ich schon lange in deinem Schreiben und Sprechen, so kann man sie tragischerweise nicht aufhalten. Untergehen ist ja auch eine durchaus würdige Beschäftigung für die literarisch Großen. Aber dass du wegen der „Krone" untergehen willst, dass sie schuld sein soll an deinem Untergang, sie und dein gehasster Gott Dichand – das halt ich schon für einen Wahnsinn.
Mit meiner Zuneigung für österreichische Gelassenheit würde ich sagen: Jetzt bist du wahnsinnig geworden! – Ich sag's aber nicht, nämlich aus Respekt vor dir, denn so wie der Untergang ist auch der Wahnsinn eine von altersher ehrwürdige Beschäftigung für große Autoren. Aber bitte, aus lauter Wut über eine Zeitung geht man doch nicht unter!
Jetzt setz dich einmal ruhig hin und denk nach oder fühl nach. Ohne dass dir gleich wieder wer was in die Ohren bläst.

nichts zu wollen, er ist. Er ist Gott, bei dem das Wort ist."
Hans Dichand als dein Gott, der schuld ist an deinem tiefsten Verschwinden: Gotteslästerung wird ja verziehen (Markus 3,28), aber das Johannes-Evangelium umschreiben in ein Dichand-Evangelium? „Im Anfang war das Wort, und das Wort war bei Dichand, und Dichand war das Wort. Dasselbige war im Anfang bei Dichand."
Man könnte sagen: dass du Hans Dichand für Gott hältst, ist nur ein Wortspiel, nur Satire. Aber dafür ist dein Hass zu tief, zu abgründig die Verknüpfung mit deiner ureigenen Verzweiflung. Nein, du meinst es ernst.
Was oder wer steckt dahinter, dass du Gott und Dichand verwechselst? Wer kennt sich aus bei den großen Schriftstellern, wer kennt sich aus bei den Frauen? – Steckt vielleicht hinter dem Dichand-Hass eine unerfüllte, frustrierte Liebe, und welcher Art sollte die sein?
Ich bin traurig über deine Verzweiflung. Du bist so verzweifelt, dass es schon wurscht ist, worüber du verzweifelt bist. Das ist deiner unwürdig.

guenther.nenning@kronenzeitung.at

Neue Kronen Zeitung, 10.3.2002

Gott- und Frauenkenner Nenning öffnet uns die Augen. Nicht um Medien und Macht geht es da, sondern um wahrhaft Tragisches: Autorin im Liebeswahnsinn – Opfer streichelt lieber seinen Hund.

aus: Günter Traxler: Wer kennt sich aus bei den Frauen? Der Standard, 12.3.2002

112 Agitation
„Neue Kronen Zeitung"

Neue Kronen Zeitung

1: 12.3.2002
2: 24.10.1999
3: 18.6.2000
4: 6.8.2000
5: 14.7.2000
6: 10.7.1995
7: 20.1.1998
8: 12.4.1996
9: 26.10.1999
10: 17.12.1989
11: 9.6.1996
12: 14.3.2002
13: 17.4.1996
14: 10.11.1995
15: 26.3.2002
16: 28.9.1998
17: 14.10.1997
18: 12.11.1999
19: 9.11.1994
20: 12.11.1994
21: 15.2.1998
22: 16.3.2002

Boykott 1996

Hamburg/Wien (dpa) – Die österreichische Schriftstellerin Elfriede Jelinek will sich künftig aus der Öffentlichkeit zurückziehen. Ihre Stücke will sie zudem – wie Thomas Bernhard (1931-1989) – nicht mehr in ihrer Heimat aufführen lassen. Die 49jährige Autorin sagte der dpa am Mittwoch: „Ich gehe in die innere Emigration. Als öffentliche Person ist das Leben hier in Österreich nicht auszuhalten." Elfriede Jelinek, deren neues Theaterstück „Stecken, Stab und Stangl" am 12. April am Deutschen Schauspielhaus in Hamburg uraufgeführt wird, sagte: „Ich bin sehr froh, daß das Stück nicht in Österreich herauskommt. Das nimmt den großen Druck der Öffentlichkeit von mir." Die Schriftstellerin will künftig auch keine Interviews mehr in ihrem Heimatland geben. In einem am Mittwoch auszugsweise vorab veröffentlichten Interview der österreichischen Zeitschrift „News" sagte außerdem sie [sic]: „Der Haß, der mir hier entgegenschlägt, ist nicht ertragbar." [...]

Brita Janssen: Elfriede Jelinek: „Ich gehe in die innere Emigration". dpa, 3.4.1996

GASTKOMMENTAR

„Stecken, Stab und Stangl"

VON SIGRID LÖFFLER

Elfriede Jelinek wird in Österreich entweder totgeschwiegen oder auf Wahlplakaten als Haßfigur angeprangert. Warum das so ist, hat mit der Volksseele, der „Krone" und den „Seitenblicken" zu tun.

Sigrid Löffler, Kulturpublizistin, ist ständiges Mitglied des „Literarischen Quartetts" im TV.

Aus deutschen, nicht aus österreichischen Zeitungen konnte man erstens erfahren, daß es Elfriede Jelinek sehr recht ist, wenn ihr neuestes Theaterstück „Stecken, Stab und Stangl – Eine Handarbeit" jetzt in Hamburg, nicht aber in Österreich herauskommt, und zweitens, daß sich die Dramatikerin und Romanautorin derzeit aus der österreichischen Öffentlichkeit zurückziehen möchte, weil sie „das Gegeifere der Presse an dem Ort, an dem ich lebe, nicht ertragen" und den „Haß, der mir hier entgegenschlägt", nicht mehr aushalten könne: „Ich möchte dem nur noch aus dem Weg gehen. Ich habe keine Lust mehr, mich damit auseinanderzusetzen".

Diese dpa-Meldung, unterfüttert mit einem großen Jelinek-Interview, das im Magazin des Hamburger Schauspielhauses erschienen ist, sorgte in der deutschen Presse – die sofort die (nicht gerechtfertigte) Parallele zu Thomas Bernhards Bannfluch gegen Österreich zog – für einiges Aufsehen, während sie in Österreich so gut wie ignoriert wurde. Wie kommt das? Wieso besitzt Österreichs prominenteste Schriftstellerin der mittleren Generation im Ausland alles Medien-Interesse, während sie im Inland totgeschwiegen oder jenseits des Feuilletons angefeindet, ja auf Wahlplakaten der F-Bewegung als Haßfigur namentlich angeprangert wird?

Aufs Stammbuch geschrieben ist ihr diese Verteidigungsbereitschaft nicht: Der Untertitel „Eine Handarbeit" gibt die Handschrift zu erkennen – Jelineks, fast schon obsessives, Begehren, die Niedertracht der österreichischen Vergangenheit. Das Stück handelt von den österreichischen Sehstörungen gen auf dem rechten Auge. Zum Beweis zitiert es Original-Töne von Staberl-Kolumnen bis zu Prozeß-Aussagen Franz Stangls, des KZ-Chefs von Treblinka. Das Stück ist jenen vier Roma gewidmet, die in Oberwart dem Attentat von Rechtsterroristen zum Opfer gefallen sind.

Das Thema ist, wie immer bei der Jelinek, die Sprachkritik. Sprachkritisch vorgeführt wird, wie manche Medien, etwa die „Krone" und namentlich Staberl, den rechten Terror verleugnen und verharmlosen – vom Mord an den Juden bis zu den Morden von Oberwart. Als Motto dient ein Ausspruch Jörg Haiders, der den Roma selbst die Schuld an ihrer Ermordung gab: „Wer sagt, daß es nicht um einen Konflikt mit einem Waffengeschäft, einen Autoschieberdeal oder um Drogen gegangen ist?"

Man sieht also: Dieses Stück ist Österreich ins Stammbuch geschrieben, genauso wie die Posse „Burgtheater". Es müßte eigentlich in Wien aufgeführt werden, denn hier trifft es den Nerv. Und deshalb will man hier von solchen Stücken nichts wissen, und von seiner Autorin erst recht nichts. Künstler-Treffpunkt ist hierzulande die Sendung „Seitenblicke", bitteschön; dort trifft man sich, und nicht am politischen Nerv, der bei Berührung auszuckt.

In einem Land, in dem es nicht einmal der Bundeskanzler wagt, sich mit dem mächtigen Boulevardblatt anzulegen, und in dem ein Vizekanzler, der es doch geschafft hat, die längste Zeit Vizekanzler gewesen ist – da muß eine Künstlerin wie Jelinek als Paria gelten: als Feministin, Buhfrau, Tabubrecherin, Pornographin, Kommunistin, Staatsfeindin. Wie halt eine selbstbewußte und engagierte Künstlerin hier etikettiert wird, die sich mit den herrschenden Mächten anlegt – und dies auch noch in einer Machtsprache, nämlich einer (manchmal zotigen) Männersprache. Also: auf nach Hamburg!

Die Presse, 12.4.1996

Im April 1996 spricht Elfriede Jelinek ein österreichweites Aufführungsverbot ihrer Theaterstücke aus.

Sie begründet den Boykott mit den Reaktionen auf die Uraufführung ihres Stücks „Raststätte" am Wiener Burgtheater im November 1994 und der ausgebliebenen Solidarität bei der FPÖ-Wahlkampagne 1995. Ihr neues Stück „Stecken, Stab und Stangl" wird am 12.4.1996 in Hamburg uraufgeführt. Nach Aufgabe des Aufführungsboykotts erfolgt die österreichische Erstaufführung am 20.9.1997 in der Inszenierung von George Tabori im Kasino am Schwarzenbergplatz, einer Dependance des Wiener Burgtheaters.

→
Reaktionen auf „Raststätte"
Seite 186

Aufführungsverbot 2000
Seite 138

Agitation Boykott 1996

KOMMENTAR

CLAUDIUS BAUMANN

Bleiben Sie, Frau Jelinek!

*I*hre Androhung der „inneren Emigration" (ein blödes Wort aus den Zeiten der Ratlosigkeit deutscher Intellektueller während des Baader-Meinhof-Terrors Ende der 70er Jahre) ist hoffentlich etwas mehr als das „Ein-bißchen-Angespeist-Sein" darüber, wie die Öffentlichkeit in Österreich mit Ihnen umgeht. Der Einzige, der sich Ihnen gegenüber scheiße verhalten halten hat (um in einer common-sense-Terminologie zu verbleiben), war Ihr letzter Uraufführungsregisseur Claus Peymann.

Sie werden doch bitte nicht, Frau Jelinek, vor all diesen selbsternannten Doberkläffis und Kettenhündis, die zum Teil nicht mehr sind als irgendwelche senil-inkontinenten Schwätzer, denen der reaktionäre Speichel von den Lefzen tropft, die Patschen strecken.

*B*leiben Sie, und leisten Sie Widerstand. Gegen den Zeitgeist der Reaktion braucht es mehr als nur ein paar schöngeistige Nebelwortkapselwerfer wie Heller. Bleiben Sie, und kämpfen Sie. Trotz Ihrer 50 Jahre.

←
Tod von Claudius Baumann
Seite 201

Neue Vorarlberger Tageszeitung, 4.4.1996

Elfriede Jelinek *gab via NEWS ihren Rückzug aus Österreich bekannt. Am Freitag wird in Hamburg ihr österreichischstes Stück uraufgeführt.*

Die Emigrantin
Jelinek im Interview: „Deshalb sage ich adieu."

News, 11.4.1996

Endlich ein Lichtblick

„Echos und Masken", ein Symposion des „steirischen herbsts", erklärte uns endlich die tiefschürfende Aussage von Elfriede Jelineks Texten – „was Faschismuskritik oder Feminismus betrifft" – mit den lichtvollen Worten, daß „die vielen Intertextualitäten und Polysemien jede Aneignung des Werks notwendig zu einer unvollständigen geraten lassen, welche Rezeption als den prekären Punkt einer Vermittlung von fremd und eigen sichtbar macht."

Da also nach dieser fachkundigen Deutung jede Aneignung ihres Werks „notwendig zu einer unvollständigen gerät", hat die große Dichterin zu ihrem 50. Geburtstag sich und damit auch uns ein Geschenk gemacht. Denn im Teletext vom 20. Oktober auf Seite 111 las man ergriffen: „Unter Berufung auf das schlechte Klima in Österreich verhängte sie heuer ein Aufführungsverbot ihrer Stücke."

Danke, Elfriede! Hoffentlich bleibt es dabei! Hoffentlich!

Aula, November 1996

Herr Strudl

„Die Jelinek wü ihr neues Stück net in Österreich aufführn lassn. Danke, Elfi!"

Neue Kronen Zeitung, 26.6.1996

Herr Strudl

„Die Jelinek laßt ihre Stücke scho lang nimmer in Österreich aufführn. Und trotzdem leiden die meisten von uns no immer net an Entzugserscheinungen."

Neue Kronen Zeitung, 11.2.1997

Gerd Leitgeb Fenstergucker

Österreich-Beschimpfung: Grüße aus Hamburg

Unsere Bundeshymne wird man bald ein „Nostalgie-Liedl" nennen, denn die Textzeile *„Heimat bist Du großer Söhne, Volk begnadet für das Schöne"* hatte zwar vor Jahrzehnten ihre Richtigkeit, heutzutage sieht's aber punkto „großer Söhne", also begnadeter Künstler, recht düster aus.

Hierzulande haben wir es ja jetzt fast nur noch mit sogenannten „Staatskünstlern" zu tun, deren zum Teil recht üble Machwerke im mit Steuergeldern subventionierten Burgtheater aufgeführt werden. Öffentliche Aufmerksamkeit erlangen die „Werke" dieser Subventionsempfänger auch keineswegs wegen ihrer Qualität, sondern wegen der Skandale, die sie auslösen: Denn diese Bühnenstückeln beschränken sich im wesentlichen stets auf die Beschimpfung unseres Landes.

Besonders hervorgetan hat sich dabei immer wieder eine Frau Elfriede Jelinek, die uns ja kürzlich auch ein plumpes Theaterstückl vorsetzte, das den Titel „Raststätte" trug und auf einem Autobahn-Klo spielt.

Weil ihre angeblichen Kunstwerke hierzulande mit immer miserableren Kritiken bedacht wurden, gab Frau Jelinek nun ihren „Rückzug aus Österreich" bekannt und untersagt zudem fürderhin Aufführungen ihrer neuesten Stücke auf österreichischen Bühnen.

Es wird nun kaum irgendjemanden geben, der Frau Jelinek eine Bahnsteigträne nachweint – und ihre „Kunstwerke" wird man hierzulande auch nicht vermissen.

Eines davon hat heute in Hamburg Premiere. Es trägt den Titel *„Stecken, Stab und Stangl"* und beschränkt sich inhaltlich (dreimal darf geraten werden) freilich auf die Beschimpfung der – jetzt Jelinek im Originalton – „verkommenen und kaputten österreichischen Öffentlichkeit".

Ob die Hamburger damit Freude haben werden, weiß ich nicht: Wir jedoch können von Glück reden, dieses Machwerk nicht neuerlich per Burgtheater-Subvention mit Steuergeldern fördern zu müssen.

Täglich Alles, 12.4.1996

Vorarlberger Nachrichten: *„Der Haß, der mir hier entgegenschlägt, ist nicht ertragbar"*, hat Jelinek erklärt. Ist es wirklich so schlimm, oder spielt sich Jelinek nur auf?
Michael Köhlmeier: Elfriede Jelinek hat wirklich Angst, auch körperlich Angst. Sie ist sehr angefeindet. Dazu beigetragen haben nicht zuletzt auch FPÖ-Plakate. „Lieben Sie Scholten, Jelinek, Häupl, Peymann, Pasterk... oder Kunst und Kultur?" hieß es da. Daraufhin nahm sich jeder x-beliebige Mensch heraus, Jelinek zu beschimpfen, anzupöbeln und zu bedrohen – auf offener Straße oder etwa wenn sie in einem Kaffeehaus saß.
Immer mehr Künstler und Schriftsteller kehren Österreich den Rücken.
Ja, das ist besorgniserregend. Ich bedaure es sehr, wenn solche Leute wie Jelinek mit Österreich nichts mehr zu tun haben wollen. Gerade jetzt sollte sie Unterstützung bekommen – auch von offiziellen Stellen, etwa von Rudolf Scholten oder vom Autorenverband.

aus: Gerhard Thoma: Eine Schriftstellerin auf der Flucht. Vorarlberger Nachrichten, 5.4.1996

In den Wind gereimt

Frau Jelinek war grantig sehr:
Sie schreibe nur fürs Ausland mehr,
denn grauslich sei man hierzuland,
wo lauter Nazis, wie sie fand.
Sie fühle weiters sich betrogen
von jenen, die ihr sonst gewogen,
da ihre Stücke selbst die Linken
bisweilen schon mißlungen dünken.
Sie führte also flugs darauf
in Hamburg ihren Humbug auf.
Doch ach! Selbst dort hat ohn' Gewissen
sie grausam die Kritik verrissen.
Man hört, daß mit dem Schicksal hadert
die Frau, die gern ihr Land vernadert.

Wolf Martin

Neue Kronen Zeitung, 17.4.1996

Genau solcherart kulturelle Emigration wie die von Elfriede Jelinek, Peter Handke usw. macht es Menschen wie Staberl und Konsorten leichter, eine journalistische Hegemonie, die als Phänomen nicht unterschätzt werden darf, aufrechtzuerhalten. Hier muß die Feigheit überwunden werden und ein Appell an alle, die mit ihrer Meinung zurückbleiben wollen oder gar woanders – vielleicht aus purer Bequemlichkeit – vortreten, gerichtet werden, sich den Problemen zu stellen. Wer was zu sagen hat, stelle sich nach vor und nehme die Konsequenzen in Kauf; für eine kulturpolitische Diskussion, die dieses Land, das es immer so schön geschafft hat, einzelne Themen zu tabuisieren, so dringend nötig hat. Hier ist Österreich und hier springe!!!

Stefan Zwickl
Wien 17

Leserbrief, Falter 16/1996

In den Wind gereimt

Schon wieder wirft Frau Jelinek
in einem Stück auf Öst'reich Dreck.
Doch weil sie auch noch feige ist,
gibt's nur im Ausland diesen Mist.
Wär' der Charakter ein Gewand,
sie liefe nackt herum im Land.

Wolf Martin

Neue Kronen Zeitung, 12.4.1996

→
Wolf-Martin-Gedichte
Seite 112

Agitation
Boykott 1996

Wien (APA) – Elfriede Jelinek, die im April 1996 bekanntgegeben hatte, sich für lange Zeit aus dem österreichischen Kulturleben zurückzuziehen zu wollen [sic] und keine Stücke mehr aufführen zu lassen, beendet schon heuer ihre Österreich-Pause: Im September soll das Stück „Stecken, Stab und Stangl" im Kasino am Schwarzenbergplatz seine österreichische Erstaufführung erleben. Das gab das Burgtheater am Mittwoch in einer Aussendung bekannt. Die Probenarbeit habe bereits begonnen. [...]

APA0295, 7.5.1997

Zuschauer: In „Stecken, Stab und Stangl" geht es um das Thema Fremdenfeindlichkeit, eingebunden in das heikle, politische Thema Holocaust. Ich hatte den Eindruck, daß Sie, Frau Jelinek und Sie, Herr Tabori, die Meinung vertreten, daß man sich diesem Thema nur noch ironisch annähern kann.

Elfriede Jelinek: Man kann sich auf unzählige Arten dem Thema annähern, nur glaube ich, kann man nicht sich ihm nicht annähern. Das berühmte Adornosche Diktum würde ich umformulieren: Es darf kein Kunstwerk geben, in dem die Shoah nicht ist. Sie ist wie ein Raster, unsichtbar, liegt über allem, was wir schreiben, auch wenn wir scheinbar völlig unpolitische Texte schreiben. Natürlich muß man das Thema nicht ständig provozieren, aber man muß sich ihm stellen … Für mich selbst ist es schwer vorstellbar, mich einem Thema nicht ironisch zu nähern. Ironie schafft Distanz und ist daher eine sehr brauchbare ästhetische Methode. Pathos fiele mir sicherlich schwer.

Aus dem Publikumsgespräch im Anschluß an die Wiener Aufführung von „Stecken, Stab und Stangl" am 17.11.1997
(Hermann Beil, Jutta Ferbers, Claus Peymann, Rita Thiele [Hgg.]: Weltkomödie Österreich. 13 Jahre Burgtheater 1986-1999. Band II. Chronik. Wien 1999, S.400)

Schlaglicht

Elfriede Jelineks „Stecken, Stab und Stangl", von George Tabori scheußlich inszeniert, vom ORF und pressegeförderten Zeitungen bombastisch bejubelt, ist seit 20. September in einer der Minibühnen von Peymanns Burgtheater zu sehen. Die darin enthaltenen Attacken gegen die „Kronen-Zeitung" waren von Anfang an Rohrkrepierer, denn die „Krone" ist jetzt ein Jubelblatt für Klima & Co. Nun ist aber kurz nach der Premiere auch das „Bombenhirn" gefaßt worden, das alles andere als ein „Rechtsextremist" ist. Dadurch erhalten die auf der Bühne geschmacklos aufgepflanzten vier Särge von Oberwart eine entgegengesetzte Tendenz. Damit erweist es sich wieder, daß Peymann, Jelinek und die ganze linke Kulturclique von vorgestern sind.

Aula, November 1997

Avantgarde

Stecken, Stab und Stangl
von Elfriede Jelinek
Regie: George Tabori
Premiere: 20. Sept.,
„Burg"-Kasino

Der/Die Künstler	Elfriede Jelinek (o. l.) wollte nach schwachsinnigen Verrissen in Österreich nie wieder gespielt werden – Peymann zuliebe gestattet sie es nun doch. George Tabori (o.) als Regisseur beweist, welchen Stellenwert die Produktion einnimmt. Anja Kirchlechner, Manfred Karge und Martin Brambach spielen.
Das Stück	Es geht, in sprachlich höchst kunstvoller und verschlüsselter Form, um die Roma-Morde von Oberwart und ihre Ursachen: „Stecken" steht für den katholischen Hirtenstab, „Stab" für den „Krone"-Kolumnisten Staberl und „Stangl" für den Kommandanten des KZ Treblinka.
Small talk	Elfriede Jelinek ist die große literarische Persönlichkeit dieser Saison: Ihr „Sport-Stück" wird unter Einar Schleef an der „Burg" uraufgeführt, bei den Salzburger Festspielen 1998 ist sie „Author in residence". Österreich holt sich um die Große, die es eben erst vertrieben hat.
Prestige	Eine Aufführung von höchstem Prestige, Zeichen der Neubewertung des „Kasino" Schwarzenbergplatz, wo in weiterer Folge auch Peymann inszenieren wird. „Stecken, Stab und Stangl" war bei der Uraufführung bei Frank Baumbauer in Hamburg ein höchstbeachtetes Ereignis.
Flop oder Top	Vielleicht endlich das wirklich radikale, verstörende Ereignis, nach dem Peymann seit „Heldenplatz" sucht.
Fazit Die Punktewertung bezieht sich nicht auf die Qualität, sondern auf Prestige und Aufmerksamkeitsgrad der Aufführung.	● Der Endsieg der Idioten ist noch nicht ● ausgemacht, solange Leute wie Jelinek, ● Tabori und Peymann zusammenhalten. ● ●

News, 4.9.1997

Als die FPÖ bei der österreichischen Nationalratswahl im Oktober 1999 zweitstärkste Partei wird und sich eine FPÖ-Regierungsbeteiligung abzeichnet, reagiert Elfriede Jelinek nicht nur mit kritischen Essays, die in in- und ausländischen Zeitungen publiziert werden. Sie nimmt auch an Demonstrationen teil und unterzeichnet Aufrufe und Petitionen. Nach der Angelobung der neuen ÖVP-FPÖ-Regierung im Februar 2000 verhängt sie ein Aufführungsverbot für ihre Stücke in Österreich. Trotz dieses scheinbaren Rückzugs ist sie im „Widerstand" gegen die neue Regierung aktiv, äußert sich öffentlich in Form von Interviews und Zeitungskommentaren und beteiligt sich an der regierungskritischen Aktion Christoph Schlingensiefs „Bitte liebt Österreich!" bei den Wiener Festwochen 2000. Jörg Haiders Rückzug als FPÖ-Parteiobmann verarbeitet sie in ihrem Theatertext „Das Lebewohl", der im Juni 2000 vor einer der wöchentlichen Donnerstagsdemonstrationen auf dem Wiener Ballhausplatz uraufgeführt wird. Als im Sommer 2000 in Genua Mitglieder der österreichischen Theatergruppe „VolxTheaterKarawane" verhaftet werden, nimmt sie Stellung gegen Außenministerin Benita Ferrero-Waldner. Ihr Aufführungsverbot für die österreichischen Staatstheater hebt sie erst allmählich auf: Für die Spielzeit 2002/03 kündigt das Wiener Burgtheater die Uraufführung von Jelineks Theaterstück „Das Werk" an, dem letzten Teil der Trilogie „In den Alpen".

Kulmination

Nationalratswahl 1999

Kulmination Nationalratswahl 1999

Bei der Nationalratswahl am 3.10.1999 wird die FPÖ erstmals zweitstärkste Partei. Die SPÖ erhält 33,15 Prozent, die FPÖ (mit 1,244.087 Stimmen) und die ÖVP (mit 1,243.672 Stimmen) jeweils 26,91 Prozent der Stimmen. In der „Süddeutschen Zeitung" kritisiert Uwe Mattheiss das Schweigen der österreichischen Intellektuellen angesichts des Wahlerfolgs der FPÖ. Elfriede Jelinek reagiert auf Mattheiss' Kommentar mit dem Essay „Moment! Aufnahme! 5.10.99", der im „Falter" publiziert wird. Sie ist auch eine der UnterzeichnerInnen eines offenen Briefs, in dem ÖVP-Chef Wolfgang Schüssel aufgefordert wird, nicht mit der FPÖ zu koalieren.

Moment! Aufnahme! 5.10.99 – *Elfriede Jelinek*
Es wird mir soeben von einem Journalisten in der *Süddeutschen*, und dann von einem anderen, woanders, gesagt, ich und meine Kolleginnen und Kollegen, Künstler und Intellektuelle seien an diesem verheerenden Stimmenzuwachs der extremen Rechten in Österreich mit Schuld, denn man habe von uns seit Jahren bereits nichts mehr gegen Haider gehört. Ich in meiner politischen Anteilslosigkeit oder soll ich sagen: Teilnahmslosigkeit (Robert Walser hätte gesagt: Unanteilnahme) habe geschrieben und geschrieben, andere haben das auch getan, mal besser, mal schlechter, manche haben ihre ganze literarische Produktionspalette umgestellt auf Haider Schwarz Anmalen, wie praktisch, die anderen Farben brauchen wir jetzt eh nicht mehr, die braucht alle das Fernsehn.
Es ist sinnlos geworden, dieses Anrennen, wie soll ich es erklären, ich glaube, es ist deshalb sinnlos, weil wir Sprechenden, und zwar genau deshalb, *weil* wir sprechen (na, die anderen sprechen ja auch, ununterbrochen, der Kandidat Prinzhorn z.B. über die Härte des Holzes beim Hacken), nichts sind in den Augen der smarten jungen Pistenhelden, im stiebenden Schnee der Nachtbars, im gleißenden Flutlicht der Nachtslaloms; es ist überall so hell, und alle haben Spaß, mit sich und mit anderen, meist mit anderen, denn mit sich möchten sie nicht so gern alleine bleiben. Sieh an, sie befinden sich praktischerweise bereits in einer Gesinnungsgemeinschaft, die keine Partei mehr ist, aber trotzdem parteilich, und zwar für die Inländer, die ohnedies alle zusammengehören. Das ist eine Gemeinschaft, die immer wieder gern gewählt wird, diesmal sogar ganz besonders. Die Gemeinschaft der Anständigen (fast so anständig wie die Waffen-SS, da müssen wir halt noch ein bisserl üben, bis wir können, was die damals gekonnt haben!) hat sich angeboten, fast ein Drittel der Wähler hat sie sich genommen, diese Partei, denn so wie die wollen wir alle sein. Jung, fesch und sportlich. Die Welt steht allen offen, und wer sich das größte Stück von ihr nimmt, der hat halt auch mehr von ihr. Logisch. Das ist fast überall so, die Leute wollen ihren Spaß, aber weshalb ist es bei uns so ganz besonders so? Warum wollen sie bei uns immer alle anderen vom Spaß ausschließen? Weshalb sieht man dem Geschaffenen hier niemals an, dass Menschen es gemacht haben, weshalb ist es so, als wäre es einfach immer schon da gewesen und müsse so sein, als gäbe es, mit dem Geschaffenen, das niemand gemacht hat, auch diese dumme Geschichte nicht, die eben auch niemand gemacht hat? Weil die Geschichte so war, dass niemand es gewesen sein durfte, der sie gemacht hat? Ist diese lange Verleugnung vergangener Verbrechen (wie oft sind

Das Erschreckende am Wahlsieg des Jörg Haider ist – auf den zweiten Blick – das Schweigen seiner Gegner. Die öffentliche Meinung Österreichs hat sich längst damit abgefunden, dass die FPÖ, eine offen rassistisch agierende Rechtspartei, maßgeblichen politischen Einfluss hat – und sei es dadurch, dass sie aus der Opposition heraus die Themen vorgibt. Seit Jörg Haider wieder Landeshauptmann in Kärnten werden konnte, herrscht eine Art von resignierender Normalität. [...]
In den vergangenen Jahren wurde schon bei weit geringeren Anlässen Alarm geschlagen. Einst kostete den FPÖ-Führer seine Sympathie für die nationalsozialistische Beschäftigungspolitik den Regierungsposten in Kärnten. Bis Mitte der 90er Jahre erregte Haider regelmäßig Protestaktionen von österreichischen Künstlern – von Gerhard Roth, Peter Turrini und Elfriede Jelinek, die angesichts des öffentlichen Umgangs der FPÖ mit der Kunst damals laut übers Auswandern nachdachte.
Wo bleibt die kritische Intelligenz jetzt? Zu Haider fällt ihnen nichts ein. Ist denn, um es noch weiter mit Karl Kraus zu sagen, was hier dem Geist geschieht, noch Sache des Geistes?

aus: Uwe Mattheiss: Haider weiter. Österreichs Intelligenzija schweigt und leidet. Süddeutsche Zeitung, 5.10.1999

die „Gutmenschen" von allen Seiten darauf hingewiesen worden, dass das nun wirklich vorbei sei, Österreich „ein stinknormales Land" und ihre pathetischen Reden öde und überflüssig) wirklich die Ursache, dass nichts mehr angefertigt wird, damit die Untaten nicht mehr in allem, was vorhanden ist, aufzuspüren sind, sondern dass alles je schon fertig ist, immer wieder neu oder wie neu?

Dieser Wahlsieg der extremen Rechten, und ein Sieg ist es, ist das Ende nicht nur der bisher praktizierten Sozialpartnerschaft der Zweiten Republik, er ist vielleicht das Ende des Politischen überhaupt. Ja, das wollen wir jetzt offenkundig möglichst rasch hinter uns bringen, das Politische, das darin besteht, dass Menschen sich über etwas verständigen, einander zuhören, Vorschläge einbringen, diskutieren, und dann wird abgestimmt. Dieses Prinzip der Rede und des Dagegenredens, woraus ein Drittes entsteht, also die Einrichtung der Wahrheit in die Wirklichkeit, vielleicht auch das Schaffen von etwas, wie die meisten es tun, tun müssen – außer sie wären Ausländer, die tun natürlich gar nichts, essen unsere gesunden Hormone und vergiften unsere Jugend mit ungesundem Rauschgift –, die Offenheit für etwas und das Abwägen und Verwerfen oder Annehmen: vorbei.

Ein tritt das Bild, das liebe, das unschuldige, und ab tritt die Zivilisation, nicht nur in dem Sinn, dass nach dem Zivilisationsbruch der Nazis die jahrzehntelang gültige Übereinkunft, so etwas dürfe „nie wieder" geschehen, ja nicht einmal gedacht werden, gerade in Deutschland und Österreich nicht!, aufgekündigt wurde, das hat, eleganter, schon Walser, der andere, nicht verwandt und nicht verschwägert, getan, als er, ebenso elegant, der Faschismuskeule auswich, der Glückliche, wie freue ich mich für ihn, dass er jetzt im Gasthof zur Traube oder wo immer er in Ruhe seine Viertele trinkt, nicht mehr von dieser Keule getroffen werden kann, weil er der gemeinen Keule das jetzt einfach nicht mehr erlauben will und Schluss. Er ist ja immerhin Privatmann, dem sein Gedächtnis und sein Gewissen, jedes, mit Mottenkugeln, in seinem eigenen Fach, ganz alleine gehören. Sondern in dem ganz neuen Sinn, dass da, bei uns in Österreich, nichts, jedenfalls keine Übereinkünfte, aufzukündigen waren, denn die haben sowieso nie etwas gegolten. Das hat man uns jetzt gesagt.

Die Wahrheit als ein Streit zwischen dem, was uns erhellend klargemacht wurde, und dem, was wir zu verbergen haben? Aber da ist doch nicht einmal etwas, das wir zu verbergen hätten! Was denn, was soll denn das gewesen sein? War da was? Wir können ganz offen

ELFRIEDE JELINEK
Das Volk will nach rechts

Ich finde das Wahlergebnis, obwohl erwartet, doch niederschmetternd. Wir haben jetzt die stärkste rechtsextreme Partei Europas. Obwohl Klima mit der Regierungsbildung beauftragt werden wird und obwohl die ÖVP ihren Stimmenanteil halten konnte, kann ich beim besten Willen nicht sehen, dass die bisherige große Koalition (jetzt wäre das ja beinahe schon keine mehr, denn wir haben ja drei annähernd gleich starke Parteien) dem Wählerwillen entsprechen würde. Die Wähler wollen den Wandel nach rechts, vor allem jene, die zuallererst dadurch unter die Räder kommen würden, die so genannten kleinen Leute, während die Papierbarone natürlich davon profitieren werden. Die Ursache? Lustlosigkeit bei der SPÖ, Hass auf den „Obrigkeitsstaat", historisch bedingt durch die österreichische Staatsideologie, den ständestaatlichen Klerikalfaschismus, den das Land nie abgelegt hat und der die Leute offenbar dazu bringt, es „denen da oben", dem Staat, der ja immer die Obrigkeit ist, niemals man selbst, bei jeder Gelegenheit heimzuzahlen (Denkzettelwahl, aber Denkzettel wofür? Das könnten die so genannten Protestwähler meist gar nicht beantworten), ein aggressiver Boulevard, der als Agent des so genannten gesunden Volksempfindens agiert, und eine zerstrittene Intelligenz, die sich in Paradoxien und Extravaganzen gefällt und als erstes Ziel die „Gutmenschen", die „politisch Korrekten" bekämpft anstatt des politischen Abenteurertums der Rechten.

Falter 40/1999

Kulmination
Nationalratswahl 1999

im Fernsehn auftreten, hinter uns der Schnee, wo wir unsre Sterne reißen, hinter uns der Fels, die Disco überall um uns, vor uns die Marken, die unsere Schier tragen, und die Schi tragen schwerer daran als wir, die wir überhaupt nichts mehr zu tragen haben. Endlich. Diese ganzen Politiker wollen uns immer, was von unserer Last noch übrig ist, erklären, aber in Wirklichkeit wollen sie uns immer nur neue Lasten aufbürden. Wir sind auf einmal ganz bedrückt gewesen und haben den jungen Führer geholt, damit das mit der Last besser wird. Vielleicht ist er ja Jesus, besser angezogen als der ist er auf alle Fälle, und nimmt die Last ganz alleine auf sich? Jawohl, ich sehe, er nimmt sie uns ab, nur wählen müssen wir ihn noch, dann macht er es.

So ist es halt geschehen. Wir haben unserem Herrn Führer damit einen guten Dienst erwiesen, und jetzt kann er uns die Dienste erweisen, die er uns versprochen hat. Kinderschecks satt, aber nur bis zum zweiten Kind, das gefälligst woanders satt werden soll, denn es kriegt nur mehr die Hälfte, Strom billig, Pensionen rauf und stabil, Ausländer raus oder tot, Mieten: runter! Es hört sich dann auf, dass das politische Leben aus dem Streit, der Debatte, dem Gespräch entsteht, das die Wirklichkeit öffnet, damit über Sieg oder Niederlage, Herrschaft oder Knechtschaft, den Wert von Arbeit bzw. derjenigen, die sie machen müssen, entschieden wird, und, egal ob Papierbaron mitsamt seinem Hobby, der Kettensäge, oder die Arbeiter mit ihrem Hobby, dem Wählen von Sportlern des Jahres, nein, nicht einmal das dürfen sie, das dürfen leider nur die Sportjournalisten, also wirklich!, dafür wollen wir aber etwas anderes dürfen! Der Jörg wird schon dafür sorgen, dass wir es bekommen.

Wir alle machen einmal das eine, dann wieder das andere, jedem das Seine, uns aber jedenfalls mehr als bisher, egal wovon und woher wir es nehmen, es wurde uns jedenfalls versprochen, und das soll uns nur ja keiner wegnehmen, bevor wir es gehabt haben werden. Es wird jetzt alles, was da ist, unter uns aufgeteilt, und hoffentlich bleiben wir, wenn wir es haben, auch noch so fesch, gesund und fröhlich wie bisher; es ist also nicht mehr der Streit, in dem über die politische Wirklichkeit entschieden wird, sondern, ohne Not, ohne Notwendigkeit ist alles plötzlich einfach da, kampflos uns zugefallen, oder nein, wir haben es uns genommen, aber indem es, ganz Bild (sie passen ja nirgendwohin besser als auf den Bildschirm, diese „Freiheitlichen", oder auf Fotos, auf denen ihr Führer fast ganz nackt, aber er kann es sich leisten bei seiner Figur! sakra!, zu sehen ist, sehen lassen kann er sich doch, oder? Wir alle können uns jetzt endlich sehen lassen, nicht weil wir eine Schuld abgebüßt hätten, sondern weil wir, wie gesagt, nie schuld an irgendetwas gewesen sind, und wenn, dann ist das jetzt auch egal), plötzlich in dieser Maßlosigkeit, die das Maß aber nicht einmal mehr kennt, zum Maßstab geworden ist, und die Notwendigkeit von Maßhalten und Verantwortung des Einzelnen verfallen ist, erlauben wir, dass das alles jetzt der Führer an unsrer statt machen darf. Indem eben alles außer Streit gestellt ist, denn der Führer entscheidet ja, über seine eigenen Leute, die engsten Mitarbeiter, sofern sie nicht ohnedies schon im Gefängnis oder in der Verbannung an den fernsten Orten des Reiches sitzen, wie über uns alle, und er wird uns schon sagen, was er diesmal beschlossen hat, es ist ja dauernd etwas anderes, das er beschließt, und manchmal muss er gar nicht mehr sagen, was er entschieden hat, es genügt, wenn man ihn wählt, er wird es dann schon rechtzeitig bekannt geben. Indem auf diese Weise der Streit also ein für allemal beendet ist, gehören die Menschen auf fundamentale Weise nicht mehr zusammen, denn am stärksten gehören sie zusammen, wenn sie etwas miteinander

---

Vorweg: Ich bin bekennender Fan von Elfriede Jelinek und ihrem literarischen Werk. Allerdings wird ihre Aussage, wonach fast ein Drittel der Wähler der Haider-FPÖ ihre Stimme gegeben haben, nicht der Kritik der zitierten Presse gerecht, die eine inhaltliche Auseinandersetzung der österreichischen Intellektuellen zum Thema einfordert. Der Unterschied zwischen fast einem Drittel der gültigen Wählerstimmen und einem Fünftel der wahlberechtigten Österreicher ist zu groß, um negiert zu werden. Was ist ehrlich an einem Herrn Prinzhorn, der gegen staatliche Stützung von Unternehmern auftritt, ohne dieselbe aber selbst am Bettelstab oder gar im Gefängnis gelandet wäre. Die Herausforderung an die Intelligenz dieses Landes besteht jetzt darin, aufzudecken, dass es sich bei der FPÖ um eine Partei der Lügner, Gauner und Angsthasen handelt, und das in intelligenter Art und Weise so, dass es die F-Wähler auch kapieren. Bei allem Genuss, den mir das Lesen dieses Beitrages beschert hat, ein Beitrag zur intelligenten politischen Veränderung war es leider nicht.

C. G. Alth
Wien 3

Leserbrief, Falter 44/1999

ausmachen, diskutieren, meinetwegen auch auskämpfen. Das Führerprinzip zerreißt jedenfalls die Welt, und dort, wo die Wahrheit sich grade, müde, hinsetzen hat wollen, auf diese Bank, gerade dort hat sich dieser Riss jetzt aufgetan. Und die Lega Nord und der Herr Stoiber aus Bayern finden das auch gut, unter uns Älplern, na, dann machen wir es doch, es ist ja egal, wir sind doch alle Menschen, soll er es doch probieren, der Haider, sollen unsre Leute doch ruhig mit ihm zusammengehen, sollen sie sich doch mit der Braut, schwarzbraun wie die Haselnuss, aber von der Höhensonne, ins Bett legen, er hat seine Chance verdient, der Führer, schon lange. Was soll sein? Nichts wird sein. Und morgen wird auch der Herr Stoiber wieder etwas anderes sagen, wenn er merkt, dass zu vielen Leuten nicht gefällt, was er gestern gesagt hat. Wir haben jedenfalls unsere kuscheligen Wärmebildkameras und eilen damit an unsere Grenzen, wo die Schemen der so genannten Illegalen auftauchen, das gibt ein lustiges Scheibenschießen, wie sie da auftauchen aus dem Nebel, und reingehen, direkt in die TV-Kameras. Oder wir setzen uns aufs Trainingsrad und gehen gleich ganz über uns hinaus, damit wir fit sind, wenn man uns braucht. Dann treten wir, weil außer uns niemand mehr da ist, in die anderen hinein, bis die Handschellen einschnappen. Dann sind wieder wir total eingeschnappt, weil man uns im Ausland nicht mehr so zu schätzen weiß, wie wir es verdienen würden. Und der Herr Stoiber aus Bayern, der hat uns gestern noch lieb gehabt, aber heute wird er das schon nicht mehr tun. Warum? Warum nicht? Wir sind schließlich das Allerletzte. Aber vielleicht sind wir auch bald wieder die Ersten. Ist doch egal.

Falter 42/1999

WAHL '99

WOHIN GEHT ÖSTERREICH? Prominente aus Politik, Kunst und Wirtschaft über die Folgen des 3. Oktober.

ELFRIEDE JELINEK, Schriftstellerin und Feministin

Die FPÖ ist nicht aufzuhalten – der Wähler will die Wende nach rechts

Wien (APA) – Künstler und Intellektuelle fordern in einem Offenen Brief an ÖVP-Chef Wolfgang Schüssel, nicht mit der FPÖ eine Koalition einzugehen: „Keine Allianz mit der Niedertracht und dem Rechtsradikalismus". Unterzeichnet wurde der Brief vom kaufmännischen Direktor der Salzburger Festspiele Hans Landesmann, den Schauspielerinnen Erika Pluhar und Andrea Eckert, Verleger Franz Josef Czernin, Ex-Wissenschaftsminister Rudolf Scholten, der burgenländischen Superintendentin Gertraud Knoll, den Autoren Gerhard Roth, Doron Rabinovici, Elfriede Jelinek und Robert Schindler [sic] sowie von Künstler Andre Heller und Burgtheater-Direktor Klaus Bachler.
Im Offenen Brief an Schüssel heißt es: Er soll mit dem „internationalen Ruf unseres Landes nicht weiter spielen. Wir sehen nicht ein, warum wir und unsere Kinder uns in Zukunft im Ausland vor jedem zivilisierten Wesen für einen Fehler rechtfertigen werden müssen, den einzig Sie zu verantworten hätten." Schüssel wird aufgefordert, „das Wohl Österreichs über einen kurzfristigen Vorteil Ihrer Partei" zu stellen. Und abschließend: „Jeder Mensch hat das Recht auf Irrtümer. Erweisen Sie sich jetzt als Patriot." [...]

APA0423, 1.2.2000

News, 6.10.1999

Demonstration 12.11.1999

Format, 1.11.1999

„Sieg der Geistlosigkeit"

ELFRIEDE JELINEK, *Österreichs wortgewaltige Dichterin und angefeindete Kulturkampfikone, meldet sich nach Jahren politischer Abstinenz wieder öffentlich zu Wort, um Haider zu bekämpfen.*

Am 12.11.1999, dem „Tag der Republik", veranstaltet die „demokratische offensive" unter dem Motto „Keine Koalition mit dem Rassismus!" auf dem Wiener Stephansplatz eine Demonstration gegen eine Regierungsbeteiligung der FPÖ. Protestiert wird gegen die „demagogische Hetze", die „Verächtlichmachung sozial Schwacher", den „dubiosen Umgang mit der Nazivergangenheit" und den „extremistischen Populismus Jörg Haiders". Elfriede Jelinek nimmt an der Demonstration teil und hält auf dem Stephansplatz eine Rede mit dem Titel „Was zu fürchten vorgegeben wird".

Format: Frau Jelinek, warum kehren Sie nach Haiders Wahlerfolg von Ihrem Rückzug der letzten Jahre in die Öffentlichkeit zurück?
Elfriede Jelinek: Ich bin jetzt leider dazu gezwungen, mich zu äußern. Die Situation ist dergestalt, daß ich muß, ob ich will oder nicht. Die letzten Jahre wollte ich schweigen, davor war ich jahrzehntelang engagiert, um genau das zu verhindern, was jetzt eingetreten ist: das Erstarken rechtsradikaler Kräfte. Es hat nichts genützt und wird auch jetzt nichts nützen. Wenn ich mir die politische Entwicklung anschaue in einem Land, das keine Not leidet, muß ich feststellen, daß alles sinnlos ist.
Warum ist der Kampf der Intellektuellen gegen einen Politiker wie Haider gescheitert?
Weil der Erfolg der FPÖ ein absoluter Sieg der Geistlosigkeit ist. Wie Heidegger nicht den Führer führen konnte, weil der Geist nicht den Ungeist führen kann, so kann die Intelligenz nicht die Banausen führen. In Gesprächen kann man heute nichts mehr verhandeln, Sprache ist nicht mehr gefragt. Der Sport ist gefragt, die Unschuldigkeit des Bildes. Ungestraft darf alles gesagt werden. Ich selbst hörte Haider bei der Abschlußkundgebung am Stock-im-Eisen-Platz folgendes sagen: „Der Klima schützt Kinderschänder." Oder zu einem Zuhörer, von dem er sich provoziert fühlte: „Aha, der besoffene Bruder vom Klima ist auch da." Wie soll man da noch einen politischen Dialog führen? Dem kann man nichts entgegensetzen. Da könnte man höchstens antworten: „Halt die Goschen!" – aber das ist kein Dialog.

Da wären die Politiker der anderen Parteien gefordert.
Sie nehmen am 12. November an einem Aktionstag gegen den Rechtsruck teil. Was erwarten Sie sich davon?
Da man mit Haider nicht reden kann, muß man die Straßen besetzen, um gegen ihn aufzubegehren. Ich glaube eigentlich nicht, daß man auf der Straße Politik machen sollte, aber hier ist eine große Demonstration die einzige Chance.
Eine Erneuerung des Lichtermeers?
Nein. Das Lichtermeer war eine betonte Aktion, gut sein zu wollen, und hat überhaupt nichts gebracht. Jetzt werden wir halt nicht gut sein, sondern mit zehntausend Menschen Stärke zeigen und protestieren gegen ein Drittel rechtsradikaler Wähler, die auf tiefste Demagogie und dümmste Volksverhetzung reinfallen. Demonstrieren ist die einzige Sprache, die diese dumpfen, unartikulierten Leute verstehen, die ihrem Führer besoffen grölend zujubeln. Denen möchte ich nicht in die Hände fallen. Die meisten von denen profitieren im Gemeindebau von den Errungenschaften des Roten Wien, wollen aber Denkzettel austeilen. Sobald alle Gemeindebaubewohner rechts wählen, sollte man die Mietpreise freigeben und mit dem geschützten Wohnbau aufhören. Wenn die Sozialdemokratie, die schwere politische Fehler gemacht hat, jetzt noch immer nicht aufwacht, ist es zu spät. Und ich sehe nicht, daß sie aufwacht. Ich sehe nur strategisches und taktisches Verhalten. [...]

Elisabeth Hirschmann-Altzinger: „Sieg der Geistlosigkeit".
Format, 1.11.1999

Kulmination
Demonstration
12.11.1999

Die Aussagen, die die „Staatskünstlerin" Elfriede Jelinek in einem Interview mit einem „fortschrittlichen" Wochenmagazin gemacht hat, richten sich von selbst. Warum [sic] geht es dieser Mitaktionistin beim 2. Lichtermeer am 12. November in Wien wirklich? Nicht um Gemeinsames über Trennendes zu stellen, wie vollmundig angekündigt wird, nein, nur darum, um dem leibhaftigen Gottseibeiuns und seinen 1,3 Millionen Wählern am Zeug zu flicken!

Artur Schranzer
Villach

Leserbrief, Kleine Zeitung (Ausgabe Kärnten), 3.11.1999

Elfriede Jelinek bezeichnet in einem *Format*-Interview eine Million Österreicher als rechtsradikale Wähler, die auf tiefste Demagogie und dümmste Volksverhetzung hereinfallen: „Demonstrieren ist die einzige Sprache, die diese dumpfen, unartikulierten Leute verstehen, die ihrem Führer besoffen grölend zujubeln."
Ich bin einer dieser „dumpfen" Menschen und über diese Art Demokratieverständnis und Toleranz von Fau [sic] Jelinek und Genossen zutiefst betroffen.

Monika Schöberl
Kleinstübing

Leserbrief, Kleine Zeitung, 10.11.1999

Schlaglicht

Staatsdichter wie Elfriede Jelinek, Josef Haslinger oder Peter Turrini waren unter den ersten, die für den 12. November zu einer Demonstration gegen eine Regierungsbeteiligung der FPÖ aufriefen, weil diese „mit einem empörenden, rassistischen Wahlkampf zu einer gefährlichen Größe" geworden sei. Unmittelbar zuvor hatte SPÖ-Vorsitzender Klima die „Meinungsbildner" zu dieser Einmischung aufgefordert, der sie gehorsamst folgten. Unter der Parole „Toleranz" pfiff man eine ÖVP-Politikerin vor dem Parlament aus und bewarf sogar eine SPÖ-Abgeordnete mit Eiern. Unter der Devise „Demokratische Offensive" hetzte man auf dem Wiener Stephansplatz gegen 27 Prozent der Wähler, die von ihrem demokratischen Stimmrecht Gebrauch gemacht hatten. Unter dem stolzen Spruchband „Der Kunst ihre Freiheit - Den Menschen ihre Würde" beschimpfte man unter wüstem Gejohle Bürger, die ihre Heimat gegen Überfremdung verteidigen wollen, als böse Rassisten und forderte ein Verbotsgesetz gegen sogenannte „Diskriminierung" der Ausländer. Schulter an Schulter mit Ostbahn-Kurti verkündete Elfriede Jelinek, die wiederholt ihre Sympathie mit den Kommunisten bekannt hat: „Ich hoffe, wir können die Weichen noch rechtzeitig stellen!" Und SPÖ-Chef Klima klatschte Beifall: „Dieser 12. November wird ein Symbol sein."
Der verstorbene Thomas Bernhard muß derlei geahnt haben, als er vor Jahren schon schrieb: „Ein Staat, in dem die Kabarettisten auf der Seite der Mächtigen stehen und die Mächtigen auf der Seite der Kabarettisten, ist eine europäische Perversität erster Klasse."

Aula, November 1999

In den Wind gereimt

Mit der Frau Jelinek wird heute
marschiert gegen die „dumpfen Leute",
die, ob nun rot, ob schwarz, ob blau,
als Volk verhasst sind jener Frau,
die immer schon, wie wohlbekannt,
gehetzt hat gegen unser Land.
Und ein Herr Ruiss, der tut's ihr gleich.
„Touristen, meidet Österreich!",
so hat der Kummerl ungeniert
in Urlaubsorten plakatiert.
Auch die frustrierte Heide Schmidt
marschiert in diesen Reihen mit,
denn dieses tun auch manche Toren
nur, weil sie jüngst die Wahl verloren.

Wolf Martin

Neue Kronen Zeitung, 12.11.1999

→ Wolf-Martin-Gedichte
Seite 112

demokratische offensive

Keine Koalition mit dem Rassismus!

Demonstration Fr 12 Nov 99
12. November 1918 - Tag der Ausrufung der 1. Republik
Beginn Parlament 16⁰⁰ Kundgebung Stephansplatz 18⁰⁰ anschl. Fest der Republik

Es ist eine Schande. An der Schwelle zum nächsten Jahrtausend, in einem prosperierenden Land sind wir mit demagogischer Hetze konfrontiert, mit Fremdenhaß, mit der Verächtlichmachung sozial Schwacher, für soziale Gerechtigkeit, mit der Nazivergangenheit. Ewiggestriges, Unaufgeklärtes blockiert schon zu lange unsere Zukunft. Die FPÖ wurde mit einem empörenden, rassistischen Wahlkampf zu einer gefährlichen Größe. Mit ihren Plakaten hat sie sich selbst ausgegrenzt. Ihre Regierungsbeteiligung, auch eine indirekte, kann deshalb nicht in Frage kommen. Es wurde und wird zugelassen, daß Ausländer als Sündenböcke für ungelöste gesellschaftliche Probleme mißbraucht werden.

So kann es nicht weiter gehen. Das politische Establishment darf nicht nur ängstlich um den eigenen Machterhalt besorgt bleiben, es muß endlich seine opportunistische Haltung auf Haiders Forderungen ändern.

Jetzt sind wir gefordert. Ein entschiedener Neubeginn ist notwendig, eine breite Reformoffensive für die Verteidigung und den Ausbau der demokratischen Grund- und Menschenrechte, für die Wahrung des Rechtsstaates, für soziale Gerechtigkeit, Mindeststandards und emanzipatorische Gleichstellung. Statt Rechtsruck - Menschenrechtsruck.

Der extremistische Populismus Jörg Haiders ist die falsche Antwort auf das Bedürfnis nach Erneuerung. Dahinter steckt das autoritäre Projekt einer sogenannten „Dritten Republik". Das bedeutet einen totalen Bruch des demokratischen Grundkonsens.

**Schluß mit der Verhaiderung unseres Landes.
Wir sind Österreich.**

Kto Nr. BAWAG 01910866300 BLZ 14000 • Aktuelle Info unter 01/524 99 00 www.sos-mitmensch.at

Flugblatt der demokratischen offensive

Was zu fürchten vorgegeben wird

– Die Rede von Elfriede Jelinek bei der Demonstration „Keine Koalition mit dem Rassismus!" auf dem Wiener Stephansplatz

Was zu fürchten vorgegeben wird, ist eine sogenannte Überfremdung. Ich sage vorgegeben, weil ich nicht glaube, daß die Porschefahrer und Großgrundbesitzer, die Papierbarone und smarten Werbefritzen wirklich etwas wie Überfremdung fürchten. Da sie sehr genau wissen, wer sie sind, können sie das Andere nicht wirklich fürchten. Doch sie kennen ihre Grenzen nicht, denn sie halten sich für die Größten – vielleicht ahnen sie nur wozu sie fähig sind, und was immer es ist, es scheint ihnen große Freude zu machen, denn es ist, das bleuen sie ihrem Anhang ein, gegen ein Anderes gerichtet. Es macht immer Spaß, jemand zu bekämpfen, so lange, bis Verbrechen aus Normalität möglich werden, denn als normal sieht man nur sich selbst und seinesgleichen. Der Papierbaron geht zur Baronin in den Salon und bricht ein paar Lanzen ab für die armen Leute, von denen die unter den Kristallustern keine Ahnung haben. So viele andere, die sich nicht kennen, hängen ihnen an: Da ist nichts, was eine Gefahr wäre für sie, denn ihre Führer fürchten sich ja auch nicht. Sie sind jetzt dran!

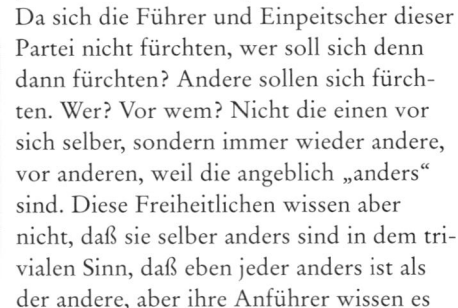

Da sich die Führer und Einpeitscher dieser Partei nicht fürchten, wer soll sich denn dann fürchten? Andere sollen sich fürchten. Wer? Vor wem? Nicht die einen vor sich selber, sondern immer wieder andere, vor anderen, weil die angeblich „anders" sind. Diese Freiheitlichen wissen aber nicht, daß sie selber anders sind in dem trivialen Sinn, daß eben jeder anders ist als der andere, aber ihre Anführer wissen es natürlich schon. Aber das können sie nicht zugeben, sie müssen ihrem Wahlvolk ja immer ein einiges Ganzes suggerieren, ein Volksganzes, das sie bilden sollen, das aber von einer Art Keim des Bösen befallen ist und daher eine „Überfremdung" zu fürchten hat. Gelbe Plakate sprechen, ohne viel sagen zu müssen, davon, was weg gehört. Die Menschen glauben jetzt überall, meist müssen sie aber erst jemanden in einer andren Sprache sprechen hören, um es zu diagnostizieren, das Fremde aufspüren zu können. Sie stellen ihre Diagnose: im ganzen Waggon kein einziger Inländer, der mich versteht! Aber indem der Fahrgast niemanden versteht, versteht er sich selbst naturgemäß auch nicht, denn an sich hat er nichts zu verstehen, er ist ja der Normale. Die anderen sind etwas anderes.

Die nicht sind wie wir, die müssen jetzt weg. Jetzt wird alles anders. Ich habe das neulich sogar einen Passagier in einem Bundesbus zu dem Schaffner sagen hören, der den Fahrschein des Fahrgasts sehen wollte: Jetzt wird alles anders, hat der erwidert, weil er seinen Fahrausweis, den er hatte, nicht vorzeigen wollte. Aber anders sein soll niemand. Eins ist allerdings sicher: Es muß anders werden! Oder nein: Anders sein, das sollen viele, weil viele es angeblich bereits sind, und zwar anders aus keinem anderen Grund als dem, daß wir sie bekämpfen können. Diese anderen bedrohen uns im Gemeindebau und in den öffentlichen Verkehrsmitteln, die nur uns gehören, denn wir haben sie bezahlt. Wie kann dieser Fahrer meinen Fahrschein sehen wollen? Ich bin doch Inländer! Die anderen, die zahlen nicht, nicht für ihre Fahrscheine, ihre Hormone und ihre Kinder, denen wird gezahlt. Jetzt zahlen wir es ihnen heim, denn unser Heim, das gehört uns allein. Und wenn sie anders sind, dann wissen wir gleich wieder, wen wir zu bekämpfen haben. Und wären wir anders als sie, dann müßten wir uns selbst bekämpfen, das kann wirklich kein Mensch von uns verlangen. Überall nur wir. Ein schönes Gefühl. Nie allein, wir alle gemeinsam, gerade indem wir umzingelt sind von den anderen.

Aber vielleicht ist es für die Eingesessenen, die sich automatisch als die „Normalen" sehen, schon wieder

Elfriede Jelinek bei der Demonstration am 12.11.1999
Foto: Sascha Osaka

unerträglich, eben: normal zu sein, und daher: indem aggressive, ausgrenzende Verhaltensweisen, zu denen die Menschen, der Mann von der Straße, gezielt aufgehetzt werden, immer selbstverständlicher und alltäglicher werden, verbünden sich wieder Schrecken und Normalität, der Terror der Normalität und die Normalität des Terrors.
Die Schranken fallen, das Licht springt um auf Rot, aber es hält sie nichts mehr, es ist buchstäblich kein Halten mehr. Der Zug kommt, und sie rennen mit. Ich hoffe, wir können die Weichen noch rechtzeitig stellen und der Zug ist noch nicht abgefahren.

GUT Elfriede JELINEK. Die Schriftstellerin, die eigentlich gerne öffentlichkeitsscheu wäre, ist zu einer Galionsfigur des intellektuellen Österreich geworden. Ihre Rede war der Höhepunkt der Anti-Rassismus-Demo am Stephansplatz.

Falter 46/1999

Das Wahlergebnis der Partei von Jörg Haider machte es dennoch erforderlich, daß Sie sich öffentlich gegen Fremdenhaß und Ausländerfeindlichkeit engagierten. Wie ging es Ihnen, während Sie ihre [sic] Rede anläßlich der ersten großen Anti-Haider-Demo auf dem Stephansplatz hielten? Reagierte die Menge nicht emotional?
Elfriede Jelinek: Ja, das war ursprünglich meine Skepsis, weil Mengen anders reagieren als einzelne Personen oder kleine Gruppen. Aber ich hatte ganz bewußt eine Rede geschrieben, die nicht emotionalisiert, sondern zum Nachdenken anregt, und ich hatte schon das Gefühl, daß die Leute still geworden sind. Sie sind nicht – wie etwa von anderen Rednerinnen und Rednern, die eher politische Agitation gemacht haben, was auch gut und wichtig ist – aufgeladen worden, sondern, obwohl es so viele Leute waren, ruhig und nachdenklich geworden. Das ist das meiste, was man damit erreichen kann.

aus: Elfriede Jelinek, Sabine Treude, Günther Hopfgartner: Ich meine alles ironisch. Ein Gespräch. In: Sprache im technischen Zeitalter 153 (2000), S.21-22

Der Polit-Zirkus
Ironimus: Der Polit-Zirkus. Die Presse, 12.11.1999
Karikatur: Die Presse / Ironimus

Regierungsbildung 2000

Nach Scheitern der Koalitionsverhandlungen zwischen SPÖ und ÖVP bilden ÖVP und FPÖ die neue Bundesregierung. Neuer Bundeskanzler wird ÖVP-Chef Wolfgang Schüssel. Am 4.2.2000 erfolgt die Angelobung der Regierung durch Bundespräsident Thomas Klestil. Wegen der Regierungsbeteiligung der FPÖ verhängen die anderen 14 Mitgliedsstaaten der EU gegen Österreich Sanktionen, die im September 2000 nach einem Bericht von „drei Weisen" wieder aufgehoben werden. Elfriede Jelinek reagiert auf die Regierungsbildung mit dem Essay „Moment! Aufnahme! Folge vom 28.1.2000". In einem Interview mit der „tageszeitung" spricht sie sich für eine internationale Isolierung Österreichs aus, die Sanktionen der EU-14 begrüßt sie.

Moment! Aufnahme! Folge vom 28.1.2000
Haider und die Kitzbühelisierung Österreichs
– Elfriede Jelinek

Die österreichischen Konservativen glauben inzwischen, sich in Grenzen mit der extremen Rechten einlassen zu können, doch diese Grenzen werden nicht sie bestimmen. Sie ketten sich an die politischen Abenteurer der FPÖ, als wollten sie mit Gewalt ihren Wunsch, die Rechte wäre je beherrschbar gewesen, und das ausgerechnet von ihnen, wahr werden lassen. Während sie noch an ihre Fähigkeit zur Kontrolle glauben, reißt es sie schon fort. Indem sie glauben, den neuen Partner zähmen zu können, haben sie sich bereits ausgeliefert. Und so verhandeln sie heute schon über Soziales, als liefen sie bereits seit langem auf Schienen nebeneinander her, miteinander vertraut. Bald werden sie übereinander herfallen und nach einander schnappen, und die Wolfsnatur der Rechten wird dann gewinnen, denn sie hat das geübt und ist keinerlei Moral verpflichtet, sie lacht über die „Moralisten" und die sogenannten Tugendterroristen. Was sagt uns die FPÖ heute? Halten wir es ganz fest, denn morgen wird sie etwas ganz anderes sagen und versprechen und dann auch nicht halten. Sie bietet 5700 Schilling pro Monat für das erste Kind, selbstverständlich nur der Inländerin, oder nein, das haben sie inzwischen, bis zum Abend dieses Tages, doch wieder ändern müssen, jedenfalls gibts für das zweite nur noch die Hälfte, die ÖVP hat dagegen, mit den Sozialdemokraten noch ausverhandelt, 6250 Schilling anzubieten. Sie werden einander noch überbieten, an Pragmatismus und Freundlichkeit und Anteilnahme für die Schwachen, die ihnen in Wirklichkeit so gleichgültig sind wie der Mond. Hauptsache, das „erstarrte politische System" wird endlich aufgebrochen, die verkrustete SPÖ wird endlich abgekratzt von den blinden Scheiben der Macht, wie eine Eisschicht, das fest gefügte System der Sozialpartnerschaft, diese undurchdringliche Mauer, wird mit dem Preßlufthammer zertrümmert. Man hat den Eindruck, Österreich hätte die letzten dreißig Jahre als pharaonische Baustelle dahinvegetiert, mit uns als Sklavenarbeitern an den Geräten, nur darauf bedacht, das Land mit den berühmten „versteinerten Strukturen" endlich zuzubetonieren, jedes Leben zu ersticken. Das will uns die neue Allianz der Rechten mitteilen, indem sie es uns schon seit längerem mitgeteilt hat. Denn daß längst Verhandlungen zur Beendigung der Mitte-Halblinks-Koalition in Gange waren, ist inzwischen unübersehbar. Die Geschichte des Landes wird von anderen Ländern nicht in erster Linie daran gemessen, welche berühmten Persönlichkeiten (Mozart! Schubert! Trakl!) es hervorgebracht hat, die das Land wohl darüber hinwegtrösten sollen, daß viele der heute berühmten Persönlichkeiten es im Inland (siehe die Künstler Nitsch und Kolig) und im Ausland immer nur „beschmutzen"; die österreichische Geschichte ist immer auch eine Leerstelle, die Krieg, Leichen, Trümmer im Übermaß hinterlassen und ihre Schulden nie wirklich zurückgezahlt hat. Aber das ist jetzt alles vergeben und vergessen, Krieg würden wir doch nie wieder führen, höchstens gegen Minderheiten, Kriminelle (in der „Reform", wie sie die Verschärfung nennen, des Strafrechts haben sie sich sehr schnell geeinigt, gestern, Haider hat ja in seiner Abschlußkundgebung auf dem Stock-im-Eisen-Platz, Klima einen Beschützer von Kinderschändern genannt, morgen wird er die belgische Regierung als einen „korrupten" Hilfsverein für Kinderschänder bezeichnen, übermorgen wird er Jacques Chirac faktisch einen Trottel nennen, der immer nur verlieren kann und ihm, dem winner, der jetzt endlich einmal den ganzen Einsatz einstreifen darf, gar nichts zu sagen hat) oder Ausländer, ausgenommen Touristen, ja, kommen Sie nur her zu uns und zahlen Sie

unsere eigens für Sie erhöhten Preise, in den berühmten Fremdenverkehrsgemeinden Kitzbühel oder den Orten am schönen Wörthersee haben die Anwohner sogar ganz besonders für Haider gestimmt. Vielleicht werden Sie dort als Fremder bald so richtig auffallen, weil es, außer Ihnen, keine mehr dort geben wird. Die millionenschweren Hoteliers werden dann selber das Geschirr abwaschen, da bin ich mir sicher.
Und wir, die Künstler, die oft beschworenen Nestbeschmutzer, uns liegt das alles seit Jahrzehnten im Bewußtsein, wie leblose Versatzstücke. Wir setzen sie aneinander, wir erklären, in diesem Land darf nie wieder die extreme Rechte Macht ausüben, wir sagen es, wir schreiben es, wir malen es, wir zeigen es, nie, nie wieder, na ja, so einig sind wir uns auch wieder nicht; Moment, gerade bin ich wieder einmal so weit und schreibe es hier hin, fast routiniert, ich habe es so oft gesagt.
Die Geschichte bewegt sich, sie geht ihren Gang, aber sie geht nicht fort, sie kommt immer wieder, gerade wenn wir sie verabschiedet haben, nie mehr wiedersehen wollen und erleichtert sind, daß sie endlich wirklich vergangen ist, genau dann kommt sie zur Hintertür wieder herein. Nein, nicht zur Hintertür, in Österreich werden ihr jetzt bereitwillig die Flügeltüren weit aufgemacht, und der rote Teppich wird ausgerollt, es ist sicher schon alles längst abgemacht. Bald ist Angelobung. Bald sind sie Partner, die Christlichen mit ihren Werten und Rechte mit ihren Rechten, die den Starken gehören, und wenn nicht, dann nehmen sie sich einfach.
Wie bewegt sie sich, die Geschichte der Schuld, die erst von Bundeskanzler Vranitzky, nach der unseligen Präsidentschaft des Vergeßlichen namens Kurt Waldheim, in Israel zugegeben wurde, so spät, daß man es auch hätte genausogut bleiben lassen können? Gemessen an der Größe der österreichischen Schuld ist es beinahe eine Beleidigung, sie fünfzig Jahre zu spät noch zuzugeben. Wie bewegt sie sich also, ergibt es sich von selbst, daß sie durch die Bildungsgeschichte unsres nationalen Bewußtseins hindurchläuft und zu den richtigen Schlüssen kommt: nie wieder? Kann man aus dem Wissen über etwas das Richtige lernen?
Heute sieht es ganz so aus, als ob man es nicht könnte, weil alles egal ist, die Kitzbühelisierung des Landes wird fortschreiten, die braunen, gesunden, tüchtigen, fleißigen Gesichter werden über den Bildschirm laufen, und dann müssen sie sich von ihrer aufreibenden Tätigkeit, welcher auch immer, wieder erholen, im Winter auf Schiern und im Sommer in schicken Badeanzügen oder rustikalen Dirndln und Lederhosen. Die im Schatten wird man gar nicht mehr sehen, oder man wird sie heimschicken, dort können dann sie in ihrer eigenen Sonne liegen, mehr als die liebe Sonne werden sie nie haben. Selber schuld. Die Ausländerfrage hat angeblich die Wahlen entschieden, hat tiefe Breschen in die Bastion der Sozialdemokraten geschlagen, doch einer der ihren, Innenminister Schlögl, hat dafür seinerseits seiner Partei tiefe Wunden beigebracht, dieser Trachtenjanker-Prophet (das Jopperl hat ihm der Jörg eigenhändig umgehängt, eh nur fürs Zeitungsfoto!) im Zeichen des Klebebands: Ein darunter erstickter Schubhäftling ist diesem tapferen Sozialisten keinen Rücktritt wert gewesen, er persönlich hat ja von nichts etwas gewußt.
Ich glaube, ganz Österreich wird bald zu dem Bild erstarren, das wir jetzt schon auf den Fremdenverkehrsprospekten abgeben, dafür haben wir so lange brav stillgehalten und uns nicht gemuckst. Genau, dieses Land hat sich doch immer, als unschuldiges Bild seiner selbst, das so schön ist, daß es schuldig ja nie gewesen sein konnte, in die Herzen der Welt hineingesungen, was sollte sich daran jetzt ändern? Das, was war, das haben diese smarten Gewinner, die uns jetzt regieren wollen, schon längst von sich weggeschoben, sie halten das bloße Meinen für das Wahre, daher können sie die Wahrheit billig pachten und dann jederzeit für sich in Anspruch nehmen, sie könnten sie sogar selber erzeugen, die Lizenz zu lügen haben sie ja, einmal sagen sie

Kulmination
Regierungsbildung 2000

dies, am nächsten Tag das, ist doch egal. Über sie, die Wahrheit, hinauskommen wird ohnedies keiner mehr, nicht einmal bis zu ihr wird man gelangen, schon gar nicht durch Denken, es reißt sie fort, diese feschen Burschen, die Anhänger der Freiheit, nach der sie sich benannt haben, es reißt sie auf die Gewinnerstraße, auf die Schihänge und in die Lifte, auf die Bergeshöhen und in die Alpenseen, so, jetzt haben wir das Reale endlich erreicht, das wir schon seit langem verkörpern und jetzt geworden sind: Sieger, Gewinner.
Warum nicht Erster werden, fragte Jörg Haider, nachdem er den ehemaligen Abfahrtsstar Patrick Ortlieb zu seinem Abgeordneten gemacht und ins Parlament geschickt hatte. Ich hab das damals für einen blöden Witz von ihm gehalten, denn gute macht er nicht. Humor hat er keinen, das hätte mich warnen müssen.
Wir aber, wir Lächerlichen, was sollen wir noch hier? Warum haben wir vor dem Unaufhaltsamen dieser Bewegung gewarnt, wenn sie jetzt auf einmal wirklich nicht aufzuhalten ist? Wo kommen wir denn da hin, wenn wir Recht behalten? Na, behalten werden wir es nicht lange können, es wird uns aus der Hand genommen werden, denn Recht haben werden nur mehr die Starken, und das sind wir nicht, wir sind die andren. Wir haben das nicht gewollt, aber wahr wird es trotzdem werden, wenn nicht noch ein Wunder geschieht. Und wenn es geschieht, werden wir es nicht uns zu verdanken haben, sondern der EU.
Die Aussicht auf das, was möglich wäre, haben wir schon. Sie wurde uns gegeben von denen, die die Aussicht von unsren Bergen anpreisen und dort auch noch ihre Geburtstage feiern, ebenfalls im Schidress und auf den Brettln. Auf den Bergen, damit man sie besser sieht. Wir sind angerichtet, aber nicht alle haben das angerichtet. Mitgefangen, mitgehangen.
Aber Vorsicht, wir sind für den Verzehr nicht geeignet. Daher sollte man uns nicht mit uns allein lassen, liebe EU, sonst gehen wir uns irgendwann noch gegenseitig an die Kehle. Dabei wäre uns doch viel lieber, daß man uns bald wieder zum Fressen gern haben würde.

Frankfurter Rundschau, 3.2.2000

„ELFRIEDE JELINEK über ihren Roman, die neue Regierung, Haider und die EU: Die EU-Sanktionen müssen noch verstärkt werden!"

News, 3.8.2000

Wien (APA) – 400 Einzelpersönlichkeiten, Künstlerverbände und Kulturinstitutionen aus dem In- und Ausland haben die Deklaration „Kulturnation Österreich" unterzeichnet, die am heutigen Donnerstag international zur Unterschrift aufgelegt wurde. Mit der Deklaration und der Konstituierung des Komitees „Kulturnation Österreich" erklären die Unterzeichner – darunter die Autoren H. C. Artmann und Elfriede Jelinek, der Regisseur Wolfgang Glück, der Berufsverband bildender Künstler und der European Writers Congress – die Sprecher- und Vertreterrechte in der Kunst Kultur im eigenen Auftrag wahrzunehmen.
„Wir sprechen der zwischen FPÖ und ÖVP gebildeten österreichischen Regierung die Fähigkeit ab, sich im Namen der Kunst und Kultur in ihrem Interesse oder für ihre Ziele aussprechen zu können. Nicht erst wegen mangelnder fachlicher Voraussetzungen, sondern wegen der ihr fehlenden moralischen Qualifikationen", heisst es in der Deklaration von „Kulturnation Österreich". „Keine Regierungspartei außerhalb Österreichs und keine österreichische Partei außer der ÖVP hält die FPÖ für eine ‚Normalpartei'. Wir räumen ihr und ihrem politischen Bündnispartner kein Recht ein, sich als Vertretung einer Kulturnation zu begreifen", lautet der Abschluss der Deklaration. [...]

APA0324, 17.2.2000

Wer unserer Frau Elfriede Jelinek noch immer keine skurrile Komik zutraut, muss jetzt strafsweis' nachlesen, was unsere empörte antifaschistische Vorkämpferin Jelinek in mehreren Interviews mit holländischen und belgischen Zeitungen allen Ernstes propagiert hat: Man sollte die speziell in Belgien und Portugal geforderten Maßnahmen gegen den Fremdenverkehr nach Österreich von „differenzierten Boykottaktionen" gegen ihr Heimatland vorantreiben.
Wie das, Jelinek? Hier Frau Elfriedes Ratschlag an Europas Urlauber, die nach Österreich reisen wollen:
„Fahrt nicht mehr in die Skigebiete, in denen die FPÖ stark ist!"
Um ein Beispiel war Frau Elfriede auch nicht verlegen. Kitzbühel etwa! Dort haben ja, pfui gack, gleich vierzig Prozent der Wähler für Haider gestimmt! [...]
Wie arg müßte es laut Jelinek in der kommenden Sommersaison erst dem schönen Pörtschach am Wörther See ergehen! Dort haben ja, Spitzenwert von ganz Österreich, gleich 54 Prozent den Haider gewählt!
Merkwürdig nur, dass mir in Pörtschach, wo ich seit zwanzig Jahren eine Wohnung habe, noch nie ein echter Nazi untergekommen ist.

aus: Staberl: Wie viele Nazis im Urlaubsort?
Neue Kronen Zeitung, 12.2.2000

→ Staberl-Kolumne 10.5.1992
Seite 104

,, Die Sanktionen waren richtig (Beweis: Haider wurde in sein Landschulheim zurückgeschickt). Die Selbstgerechtigkeit, mit der sich die Regierungsmitglieder jetzt gegenseitig auf die Schulter klopfen, kotzt mich an. Aber jetzt kann ich wenigstens in Ruhe meine eigenen Sanktionen gegen Österreich weiterführen, ohne dass mich jemand dabei stört. ``

Elfriede Jelinek nach Aufhebung der
Sanktionen der EU gegen Österreich
(in: Kleine Zeitung, 20.9.2000)

„Es gibt auch andere schöne Länder für Urlaubsreisen"

■ Die österreichische Schriftstellerin Elfriede Jelinek plädiert für die internationale Isolierung der Alpenrepublik

Sie ist Jörg Haiders Lieblingsfeindin: Elfriede Jelinek, 53, österreichische Schriftstellerin, Theaterautorin und Feministin („Lust", „Die Kinder der Toten") warnt seit vielen Jahren vor Haiders FPÖ und deren rassistischen und revanchistischen Tendenzen. Dafür lässt Haider keine Gelegenheit aus, Elfriede Jelinek öffentlich zu schmähen. 1995 zogen die Freiheitlichen mit Slogans wie „Lieben Sie Jelinek und Peymann ... – oder Kunst und Kultur?" in den Wahlkampf. Foto: AP

taz: *Soll man mit Jörg Haider sprechen?*
Elfriede Jelinek: Ich würde nicht mit ihm sprechen, weil es völlig sinnlos ist, weil ich weiß, dass er ein Kommunikationsgenie ist. Ich weiß, dass er reizend wäre, wenn er mit mir spricht. Er würde mir das Gefühl geben, dass er vollkommen meiner Meinung ist und auch alle meine Bedenken versteht und alles tun würde, um Missstände abzustellen, und sich auch auf seine bewährte Weise für alles entschuldigt. Ich könnte ihn von nichts überzeugen. Das habe ich lange genug versucht. Haider ist auf nichts festzulegen. Er ist ein moderner Politiker.
Darf man eine demokratisch gewählte Regierung überhaupt international isolieren?
Bei einer Regierung, in der die extreme politische Rechte sitzt, ist das ein legitimes politisches Mittel. Da wir in der EU sind, haben wir ja zum Glück ein Stück unserer nationalen Identität aufgegeben. Die EU-Staaten haben sogar die Pflicht, Österreich zu isolieren. Isolation ist ein extremes, aber legitimes Mittel.
Dürfen FPÖ-Minister zu Staatsbesuchen eingeladen werden?
Dazu habe ich keine Meinung.
Ist die Aufregung um Haider und die FPÖ übertrieben?
Die Aufregung ist absolut berechtigt. Es gibt ja kein zweites Land mit einer derart starken extremen Rechten an der Regierung. In der Opposition würde ich ja vieles dulden. Aber in der Regierung haben die nichts zu suchen.
Ist die Regierungsbeteiligung der FPÖ ein Tabubruch?
Auf jeden Fall. Es gibt zivilisatorische Standards, hinter die man nicht zurückgehen sollte und hinter die man im Nachkriegseuropa auch noch nicht zurückgegangen ist.

Ja

Befürchten Sie, dass Geschichte sich wiederholen könnte?
Nein. Wenn sie sich wiederholt, wird dies auf ganz andere Weise geschehen. Anders ist die Rechte vor allem deshalb, weil wir es heute mit einer moderne Rechten zu tun haben, einer, die technokratisch und neoliberalistisch ist. Aber das, was sie wollen, ist gleich geblieben.
Was können EU-BürgerInnen jetzt tun? Ist ein Boykott sinnvoll?
Die stärksten Mittel sind angemessen. Die Leute, die gerne hierher auf Urlaub fahren – Österreich ist immerhin das Land, das den höchsten Anteil seines Bruttosozialproduktes mit Fremdenverkehr erwirtschaftet –, sollten wissen, dass gerade Kitzbühler und Wörthersser zu einem hohen Prozentsatz der Rechten gewählt haben. Ich würde die Leute, die hier gern auf Urlaub fahren, vor allem darüber aufklären, wie die Wörthersee-Gemeinden, wohin sie so gerne fahren, abgestimmt haben. Und vielleicht fahren sie dann ja woanders hin und nicht mehr nach Österreich. Woanders ist es auch schön.
Welche Folgen wird das alles für Österreich haben?
Ich nehme an, dass dadurch, dass jetzt politische Abenteurer ans Ruder kommen, Österreich seinen Ruf als stabiles Land verlieren wird. Ich schätze, dass viele Länder jetzt ohnehin nicht mehr so gerne hier investieren werden, und das ist ja auch gut so.
Aber andererseits: Wenn hier die Unternehmens- und Stiftungssteuern noch weiter gesenkt werden, werden sich auch sicher weiterhin finanzstarke Unternehmen und Privatiers hier ansiedeln. Flick und Co. leben ja nicht umsonst in großer Zahl hier im Land. Das internationale Kapital kennt keine Moral. Das habe ich für Sie jetzt sogar gereimt. Interview:
Volker Weidermann

die tageszeitung, 1.2.2000

FPÖ-Kulturpolitik

Österreichische Kulturschaffende protestieren und demonstrieren gegen die Regierungsbeteiligung der FPÖ. Vor allem die Kulturpolitik der FPÖ wird heftig kritisiert.
FPÖ-Klubobmann Peter Westenthaler nimmt in einem Interview für „News" dazu Stellung und fordert eine schrittweise Kürzung der Kultursubventionen. Als Westenthaler am 5.11.2000 in der ORF-Sendung „Betrifft" telefonisch eingespielt wird, protestiert Elfriede Jelinek in Form eines Leserbriefs an den „Standard". FPÖ-Kultursprecher Michael Krüger hingegen berichtet in einem „Format"-Interview von einem „netten Gespräch", das er mit Jelinek geführt hätte.

Westenthaler zur Kulturpolitik. Der FP-Klubobmann über Jelinek, Roth, Mortier, Nitsch, Stermann & Grissemann und Maßnahmen fürs Budget.

„Subventionen schrittweise kürzen"

News:
Wir kommen um die Debatte nicht herum: Die Künstler sind gegen die FPÖ.
Peter Westenthaler: Das stimmt nicht. Es hat auch vernünftige und differenzierte Stimmen gegeben. Andererseits gibt es schon einige politisierende Künstler oder künstelnde Politiker, Politruks, die bewusst gegen uns agitieren.
Meinen Sie Gerhard Roth und Elfriede Jelinek?
Absolut. Oder diese skurrile Vereinigung IG Autoren von Herrn Ruiss, von der ich nicht weiß, was sie tut. Ich bin einer Meinung mit Lotte Ingrisch, die gesagt hat, die Protestaufrufe kämen vor allem von jenen, die jahrelang kassiert haben und jetzt Angst haben, dass der Segen aufhört. Sie hat sogar von Staatskünstlern gesprochen.

aus: Heinz Sichrovsky: „Subventionen schrittweise kürzen". News, 2.3.2000

Abgeordneter Dr. Josef Cap (SPÖ):

Herr Präsident! Hohes Haus! Frau Vizekanzlerin, Sie sollten jetzt zuhören, denn Sie sollten dann vielleicht eine Stellungnahme dazu abgeben. (*Vizekanzlerin Dr. Riess-Passer*: Kein Wort will ich versäumen von deinen Ausführungen!)
Wenn heute Generalsekretär, Klubobmann, Alleskönner Westenthaler in seinen Äußerungen fordert, dass es zu einer schrittweisen Kürzung der Kultursubventionen kommen soll und es dann wiederum gegen die Künstler Jelinek, Roth, Ruiss, Nitsch, Kolig, Mortier vorgeht, dann frage ich mich: Was ist das für ein Kulturverständnis, das sich da breit macht? Und vor allem: Wer hat jetzt das Sagen in der Regierung oder in der FPÖ? Frau Vizekanzlerin, Sie sollten dazu schon Stellung beziehen, denn das ist doch eine gewaltige Attacke, die Westenthaler da führt. Ich würde mir auch wünschen, dass sich Staatssekretär Morak dazu äußert und nicht durch seinen Staatssekretariatssprecher äußern lässt, denn das ist ja auch die übliche Kunst- und Künstlerfeindlichkeit, vor allem gegen zeitgenössische Künstler, die auch dazu geführt hat, dass die zeitgenössische Kunst aus dem blau-schwarzen Regierungsübereinkommen hinausgeflogen ist. Das sollte man einmal in aller Deutlichkeit darstellen. (*Beifall bei der SPÖ.*)

Nationalratssitzung 1.3.2000
(aus dem stenographischen Protokoll)

Abgeordnete Mag. Christine Muttonen (SPÖ):

[...] Wie könnte man die Kulturpolitik der FPÖ bezeichnen? – Vielleicht so, wie es eine Kärntner Tageszeitung getan hat: „Hingehalten, abgewürgt und geplatzt". So wurde die Kulturpolitik der FPÖ in Kärnten von einer Zeitung bezeichnet. Wenn dann das Argument kommt: Lassen Sie Taten sprechen!, dann geb ich Ihnen Recht: Lassen Sie Taten sprechen! Taten haben schon gesprochen, und zwar jede Menge. Nicht ein oder zwei Vorfälle, sondern eine permanente Verhöhnung von Künstlern und Künstlerinnen zieht sich wie ein roter Faden durch die Aussagen der FPÖ-Getreuen: Denken Sie an die Angriffe auf Thomas Bernhard! Denken Sie an die Attacken auf Erich Fried und Elfriede Gerstl! Und auch Claus Peymann und Elfriede Jelinek sollten ihrer Meinung nach das Land verlassen. – Der Schreck und das Entsetzen über menschenverachtende Hetzkampagnen gegen so genannte Fäkalkünstler sitzt noch sehr tief in uns! Und so weiter.
Im Regierungsprogramm nimmt die Kultur einen hohen Stellenwert ein. Offenbar ist der Stellenwert so hoch, dass Künstler und Künstlerinnen Preise ablehnen, sich zurückziehen, das Land verlassen, Verträge kündigen oder auf die Straße gehen. Aber nicht, weil sie Staatskünstler werden wollen, sondern weil sie in einer offenen, demokratischen und multikulturellen Atmosphäre leben und arbeiten wollen. Meine Damen und Herren! Ich sehe schwarz für die Kunst und Kultur in einer blau-schwarzen Regierung! (Beifall bei der SPÖ.)

Nationalratssitzung 9.2.2000
(aus dem stenographischen Protokoll)

„Pflegerl ist ein Wendehals"

MICHAEL KRÜGER: *Welche Künstler der FPÖ-Kulturchef tadelt, welche er lobt. Und seine Ausstellungspläne.*

MICHAEL KRÜGER: „Elfriede Jelinek ist ja och kein Wendehals wie der Dietmar Pflegerl."

FORMAT: Schwarz-Blau scheint fix.
KRÜGER: Rot-Blau wäre ja auch nicht sehr realistisch gewesen. Weil die SPÖ-Granden hätten ihren Wählern doch nicht gut erklären können, wieso sie auf einmal mit einer Partei, die sie jahrelang als faschistoid beschimpft haben, die Zusammenarbeit suchen. Da würden natürlich die Jungen und die Künstler abdriften.
FORMAT: Viele Künstler sind schon gedriftet.
KRÜGER: Ich habe neulich so ein nettes Gespräch mit der Elfriede Jelinek geführt. Allerdings muß ich dazu sagen: Sie konnte nicht aus. Sie hat nicht etwa das Gespräch gesucht, das würde sie sicher nie machen. Die ist kein Wendehals wie der Pflegerl (Anm.: Dietmar Pflegerl ist Intendant des Stadttheaters Klagenfurt). Ich bin mit ihr durch einen Zufall im selben Zug gefahren, und ich habe mich dann vorgestellt, und wir hatten ein irrsinnig gutes Gespräch. Also wirklich: ganz, ganz, ganz, ganz toll. Weil, ich habe mich jetzt natürlich im Rahmen des parlamentarischen Kulturausschusses sehr eingehend mit Materien wie dem „Haus der Geschichte – Haus der Toleranz" beschäftigt ... und ich habe ja da wirklich etwas Beachtliches vor, das ich gern via FORMAT bekanntgebe.
FORMAT: Und zwar?
KRÜGER: 1985 kam eine Forschungsstudie über die Vertreibung des Geistigen aus Österreich heraus. Und die habe ich mir jetzt im Zusammenhang mit Recherchen über den in Auschwitz ermordeten Künstler Robert Kohl, dessen wunderbares Selbstporträt ich mir gekauft habe, ganz genau angesehen. Es ist ja unglaublich, wie viele Künstler da betroffen waren. Man kann sagen, damals ist die ganze künstlerische Intelligenz ausradiert worden. Und da habe ich jetzt vor, eine Art Patronanz für eine entsprechende Ausstellung oder ein Symposion zum Thema „Vertreibung des Geistigen" zu erwirken.
FORMAT: Sie arbeiten gerade die Geschichte des Faschismus auf?
KRÜGER: Eine jüdische Freundin hat mir unlängst gesagt: „Du kannst machen, was du willst, es wird dir immer alles negativ ausgelegt. Wenn du dich für die Aufarbeitung einsetzt, wird man sagen, du bist ein Heuchler. Und wenn du dich nicht dafür einsetzt, wird man sagen, du bist ein Faschist." Das ist leider Gottes die Wahrheit. Übrigens bin ich jetzt von der „Aula" schwer attackiert worden: Der Freiheitliche Krüger hat sich öffentlich zu Arnulf Rainer bekannt, dessen Masche es ja bekanntlich sei, Fotos und alte Kunstwerke kindisch zu überkritzeln.
FORMAT: Ist Ihr Zugehen auf kritische Künstler und Intellektuelle mit der Partei akkordiert?
KRÜGER: Das jedenfalls akkordiert.
FORMAT: Es ist aber noch nicht so lange her, daß Peymann, Jelinek, Scholten & Co auf FPÖ-Plakaten angeprangert wurden.
KRÜGER: Aus heutiger Sicht war es natürlich ein Fehler, daß die Elfriede Jelinek auf diesen Plakaten aufgeschienen ist. Man kann da sicher die Kulturpolitiker mit einbeziehen – einen Scholten und eine Pasterk. Aber man kann niemals einer Jelinek vorwerfen, Staatskünstlerin gewesen zu sein. Weil sie das bei Gott nicht war. Im Zug habe ich mit ihr ganz offen darüber geredet und gesagt: „Wer sich einmal so historisch irrt wie Sie – und Sie waren Mitglied der KPÖ zu einer Zeit, als die KPÖ eine Tochtervereinigung der KPdSU in Moskau war –, der ist natürlich nicht davor gefeit, daß er sich abermals irrt. Und meiner Meinung nach irren Sie sich jetzt auch wieder in Ihrer Einschätzung der politischen Lage."

Format, 31.1.2000

Falter: *Der freiheitliche Kultursprecher Michael Krüger (mittlerweile Justizminister) hat neulich ein „ganz, ganz, ganz, ganz tolles" Gespräch mit Ihnen geführt. Was genau war denn so toll daran?*
Elfriede Jelinek: Das müssen Sie schon ihn fragen. Er hat mich in einem Zugabteil geentert, und wir haben ein zivilisiertes Gespräch geführt. Er ist sicher einer von den liberaleren in der Partei und auch glaubhaft ein Antifaschist.
Wird man in nächster Zeit mit weiteren Umarmungsversuchen rechnen müssen?
Mir sollte von denen besser niemand näher als drei Meter kommen, und wer hat schon so lange Arme.

aus: Klaus Nüchtern: „Ein einziges Grinsen". Falter 6/2000

Protestaufruf

Es ist mir ein Bedürfnis, schärfstens gegen die Telefon-Einspielung einer Wortmeldung von Ing. Westenthaler in der Sendung „Betrifft" (Sonntag, 5.11.) zu protestieren.

Selbstverständlich gilt Redefreiheit für jeden, und als Mitdiskutant hätte Ing. Westenthaler seine Meinung darlegen können so ausführlich er nur gewollt hätte. Allerdings sieht es katastrophal aus, wenn irgendein Politiker ex cathedra, wie der heilige Geist aus dem Tabernakel heraus, zu den Ungläubigen sprechen darf, sozusagen als Zunge (Pfingstwunder!) über jedem Haupt schwebend, das er unwidersprochen herunterputzen und abqualifizieren darf, denn Diskussion gibt's dann ja keine mehr über den Herrn Ingenieur.

Fischers Rechtfertigung, er habe der FPÖ, von der dauernd die Rede sei, Gelegenheit zur Stellungnahme geben wollen, ist lächerlich. Er hätte jederzeit einen oder mehrere FPÖ-Politiker einladen können. Ich kann dem Kollegen von der SZ nur Recht geben, wenn er meint, dass in Österreich wohl keiner merke, wie sehr sich die Spielregeln im ORF inzwischen geändert haben: Interventionen werden öffentlich und wehleidig beklagt, andrerseits werden sie, als Live-Interventionen, zum Prinzip erhoben. (...)

Wie gesagt, ich habe das dringende Bedürfnis, das Verhalten des Kollegen Fischer in dieser Angelegenheit schärfstens zu verurteilen und würde eigentlich erwarten, dass sich die ORF-Kollegen Fischers einem solchen Protest auch öffentlich anschließen.

Elfriede Jelinek
Schriftstellerin

Der Standard, 7.11.2000

→
FPÖ-Wahlkampf 1995
Seite 88

Debatten

Nach Bildung der neuen Regierung kritisieren österreichische Philosophen wie Rudolf Burger und Konrad Paul Liessmann den „Alarmismus" der regierungskritischen Intellektuellen. Ist Liessmann der Meinung, die österreichischen Kulturschaffenden wären in den letzten Jahren Haider nicht gewachsen gewesen, so behauptet Burger, die aktuellen Reaktionen des Auslands würden sich nicht nur Jörg Haider verdanken, sondern auch den „monströsen Verzerrungen der politischen und gesellschaftlichen Verhältnisse in Österreich" durch österreichische Intellektuelle, unter ihnen auch Elfriede Jelinek.

Falter: Der zwangsjuvenile, athletische Haider ist tatsächlich die realpolitische Projektionsfigur jener Typen, die in Ihren Büchern über die Pisten fegen und nur eines verfolgen: möglichst Spaß mit sich selbst zu haben. Glauben Sie, dass es einen Generationskonflikt gibt, in dem gut ausgebildete und gut verdienende Yuppies die Restbestände von Solidarität hinwegfegen werden?

Elfriede Jelinek: Ja, sicher, aber dazu kommt natürlich eine seit langem anhaltende Desolidarisierung unter Intellektuellen, sodass man sich auch gegenüber vielen dieser Kollegen und Kolleginnen alt vorgekommen ist. Das ist ja genau der Punkt: Dieser Diskurs eines moralischen Engagements ist ja aus den eigenen Reihen immer wieder desavouiert worden, und zwar mit einer stolzen – und stolz zur Schau gestellten, als wäre sie ein Verdienst! – Amoralität, die durchaus der Amoralität dieser solariumsgebräunten Yuppies entsprochen hat, nur dass sie noch erbärmlicher war. Man musste sozusagen einen permanenten Zweifrontenkrieg führen, und zumindest mir war das irgendwann zu blöd.

aus: Klaus Nüchtern: „Ein einziges Grinsen". Falter 6/2000

Die haiderkritische Rhetorik war der Verwandlungsfähigkeit dieses Politikers nicht gewachsen. Der immer wieder erhobene Nazi-Vorwurf griff ebenso zu kurz wie die kindischen Versuche alternativer Medien, über den freiheitlichen Politiker ein Bilderverbot zu verhängen oder ihn durch dümmliche Beinamen wie minimo líder oder Prinz Porsche zu diskreditieren: Das war Polemik auf dem Niveau einer Maturazeitung, die in seltsamen Widerspruch stand zu dem Dämon, den man damit bannen wollte. Oft und oft hat die kritische Intelligenz nur das betrieben, was Peter Sloterdijk mit einem zutreffenden Begriff „Alarmismus" nennt. Anstatt der Tendenz der modernen Medienkultur, alles sofort zu hysterisieren, mit Skepsis zu begegnen, haben viele Intellektuelle nur allzu genüsslich beim pausenlosen Alarmschlagen mitgemacht und versucht davon zu profitieren. Fatal war auch die damit verbundene Strategie der moralischen Erpressung: dass man für etwas sein musste, nur weil Haider dagegen war, und vice versa.

aus: Konrad Paul Liessmann: Die Intellektuellen und ihr Volk. Der Standard, 30.10.1999

Rechtfertigt dieses Ergebnis das Faschismus-Geschrei des letzten Jahres? Rechtfertigt diese schwache Mitte-rechts-Regierung (und mehr ist das nicht) die monatelange diplomatische Ächtung des Landes, die, notabene, unter dem Applaus vieler meiner und wohl auch Ihrer Freunde stattgefunden hat? Glauben Sie nicht, dass die monströsen Verzerrungen der politischen und gesellschaftlichen Verhältnisse in Österreich, die seit Jahren von der österreichischen Kulturszene betrieben wurden, wesentlich zu diesen grotesken in- und ausländischen Reaktionen beigetragen haben?
Das Bild Österreichs als Anus Mundi, wie es vor allem in der französischen Presse gezeichnet wurde, verdankt sich nicht nur Haider, sondern auch jenen, die, ohne jeden Sinn für Proportionen, jahrelang publizistisch von ihm lebten und von der wohlfeilen Denunziation Österreichs als Naziland: den Bernhards und Peymanns und Jelineks, wie sie alle heißen, und jenen SP-Ministern, die ihnen die Stange hielten, solchen Sektoral-Populisten (denn auch die gibt es) wie den Einems und den Scholtens; jetzt fallen sie auch noch auf ihre eigene Propaganda hinein, stellen sich auf den Heldenplatz und rufen: „Wir sind das Volk!" Sie sind es nicht.

aus: Rudolf Burger: „Kann nur hoffen, dass Schüssel bald intelligentere Gegner bekommt". Der Standard, 27.1.2001

Mein verkehrtes Jahr 2000
So kann man sich täuschen – Gesammelte Merkwürdigkeiten aus der „Wende"-Republik
– Karl-Markus Gauß

[...] Als ich vor bald dreißig Jahren Geschichte zu studieren begann, war es gerade üblich geworden, „Anschluss" statt Anschluss zu schreiben und damit zu bekräftigen, dass sich 1938 nicht zwei Staaten freiwillig und friedlich vereint hatten, sondern der eine vom anderen überfallen worden war.

So haben das, ungeachtet der vielen Österreicher, die Nazi waren, auch all die Exilanten gesehen, die überall, wo sie an Land gehen durften, sogleich österreichische Kulturvereine zu gründen und sich auf die demokratischen Traditionen Österreichs zu berufen begannen; und ebenso war das die feste Überzeugung der Widerstandskämpfer gewesen, die sich als Patrioten verstanden und von denen nachweislich viele mit der Anrufung eines freien und unabhängigen Österreich den Gang zum Schafott antraten.

Das freilich braucht heute niemanden, der auf seine kritische Reputation Wert legt, mehr zu scheren, und dass sie sich für das widerspenstige, widerständige Österreich nicht interessieren, eint jedenfalls die alten Faschisten der meisten ihrer nachgeborenen Kritiker, die sich ihr Bild von einem geschlossen nazistischen Land nicht mit der Wirklichkeit verpatzen lassen wollen.

Nicht mehr viel fehlt, und sie werden uns erzählen, es hätte ein anderes als das nazistische Österreich gar nie gegeben, sondern es wäre 1945 von dieser unmoralischen Regierung nur erfunden worden.

Weil sich Österreich opportunistisch im Status des Opfers eingerichtet hat, drehen sie die Sache, blind vor Selbsthass und verlogen aus echter Empörung, heute um, und siehe, wo allzu lange nur Opfer, nichts als Opfer zu sehen waren, sind jetzt einzig Täter zu entdecken. Diese Kritik ist weder links noch kritisch, wie manche meinen, sondern schlicht konformistisch.

Der neue Konformismus, der das geistige Leben in Österreich versteppt, tritt gerne mit kritischer Attitüde auf. Doch zählt in der medialen Unterhaltungsgesellschaft nur die Geste der Kritik, die marktgängige Inszenierung von Widerstand, die Selbstpräsentation von Meinung, die originell, auffällig und hinreichend plump zu sein hat, damit sie skandalfähig wird. Folglich ist die konformistische Kritik zur Manier der Übertrumpfung verkommen, und sie kann nicht anders, als sich sukzessive immer weiter selbst zu überbieten, um noch wahrgenommen zu werden. Die Krone dem, der am Ende stringent nachzuweisen weiß, dass er selbst der einzige Antifaschist war, ist und bleiben wird. Dieser letzte Antifaschist hasst zwar den Faschismus, liebt aber nur sich, und die Opfer, die er fortwährend beschwört, sind ihm nur teuer, sofern er sie für seine Bilanzen des Schreckens benötigt.

So entledigt sich der letzte Antifaschist den Antifaschismus der humanistischen Kraft, die diesen auszeichnete, und was er, von der Zuneigung zu den Menschen gründlich geheilt, stattdessen praktiziert, ist die Menschenverachtung aus reiner Gesinnung.

Am Ende des Jahres, zu dessen Beginn Österreich in einem Wirtshaus von Sarajewo den Ersten Weltkrieg begann, hat Österreich also den Zweiten verursacht, indem es Deutschland überfiel und nötigte, an seiner Seite gegen die Völker zu ziehen. So drastisch hätte ich es am Anfang des Jahres nicht vermutet, wiewohl ich bisher durchaus für einen kritischen Kopf gehalten wurde. Aber in diesem Jahr lernte ich eben, dass es keine Gewissheiten mehr gibt: Fortwährend reagierten alle genau umgekehrt, als ich es erwarten zu müssen glaubte.

Heimgekehrt aus Sarajewo, sah ich beispielsweise, dass aus dem, der bei den Urnen dritte Wahl war, der Erste in der Regierung geworden war. Das hatte ich nicht erwartet, weder, dass er Dritter wird, noch dass er just dann Erster wird, wenn er nur mehr Dritter ist. Und seine Partei, die ÖVP, hatte ausgerechnet aus der größten Niederlage, die sie je erlitt, den größten Triumph zu schlagen gewusst. Nie hat die ÖVP solche Macht besessen wie jetzt, da sie so wenig Rückhalt in der Bevölkerung hat wie nie zuvor. Mir kommt das merkwürdig, ja durchaus verkehrt vor, nicht aber illegal oder wenigstens illegitim, wie Isolde Charim es nannte.

Illegal war hingegen sicher, wie die zweite Partei der Regierung versuchte, einen Staat im Staate aufzubauen, sodass jetzt durch das Gewand des Rechtsstaates unverkennbar die Umrisse des Totalitarismus schimmern. Dass Totalitarismus nicht mehr bedeuten muss, das Parlament aufzulösen, Parteien zu verbieten, die Presse gleichzuschalten, sondern sich mit den neuen Technologien in den Besitz von Informationen zu setzen, wäre aus der Spitzelaffäre zu lernen gewesen. [...]

Wo sich so vieles verkehrt, fallen einem die kleinen Ungereimtheiten erst gar nicht mehr auf. Dass aus einer deutschnationalen Partei, in der die österreichische Nation als Missgeburt angeschrieben ist, der neue österreichische Patriotismus sprang; oder dass eine Bewegung, die mit dem Vernadern groß geworden ist und den vagen Verdacht zur politischen Waffe schärfte, den Kampf gegen die Vernaderer auf ihre Fahnen geschrieben hat und gegen Vorverurteilungen wettert – was soll's? Ein verkehrtes Jahr eben. Niederlage wird Sieg, die FPÖ patriotisch, der Antifaschismus, dessen Wurzeln patriotisch und humanistisch waren, kommt ohne Sympathie für Land und Leute aus, dafür wird aus Oberservation Kult und aus Kritik Reklame.

Ja, ich fand mich nur schwer zurecht, in diesem Jahr 2000, bis ich begriff, dass es eben mein verkehrtes Jahr war.

Der Standard, 30.12.2000

Kulmination
Debatten
133

Am 30.12.2000 veröffentlicht Karl-Markus Gauß im „Standard" den Essay „Mein verkehrtes Jahr 2000", in dem er über die Veränderungen in Österreich seit der „Wende" reflektiert und den „neuen Konformismus" der RegierungsgegnerInnen kritisiert.
Auf seine Kritik an der Widerstandsrhetorik der RegierungsgegnerInnen reagiert Elfriede Jelinek am 5.1.2001 mit dem Beitrag „Rote Wangen, stramme Waden", in dem sie Gauß „Antifaschisten-Bashing" vorwirft. Gauß repliziert am 9.1.2001 mit dem Essay „Alpenkönigin und Menschenfeind". Walter Wippersberg, Klaus Nüchtern und Andreas Mölzer mischen sich in die Debatte ein, in Leserbriefen an den „Standard" wird die Auseinandersetzung kommentiert.

Rote Wangen, stramme Waden
Erwiderung auf Karl-Markus Gauß' Wendejahr-Bilanz – Elfriede Jelinek

Aha, ich sehe, Karl-Markus Gauß hat sein „verkehrtes Jahr", der neuen Ordnung gemäß, mit Antifaschisten-Bashing beendet. Er macht das schon recht gut, er hat ja auch gute Vorbilder dafür, im elegantesten Fall redet man eine Faschismuskeule herbei, die man dann anderen auf den Kopf fallen lässt.

Das Prügeln von antifaschistischen Hysterikern macht außerdem stramme Waden und beschäftigt ordentlich die Bizeps, und es macht rote Wangen. Irgendwas darf schon noch ein bisserl rot sein.

Ordentlich auch seine Diskurs-Ethik, an die man sich schon durch die Schriften Mölzers, Höbelts und anderer bereits gewöhnen durfte und die einen nicht mehr vom Stockerl haut.

Nein, ihre Namen müssen wir nicht nennen, wenn wir Gauß heißen und die Namen selbstverständlich kennen, die Namen jener Kolleginnen und Kollegen, die „das widerspenstige, widerständige Österreich nicht interessiert" und die damit auf anmutige, wenn auch nicht mutige Weise als „nachgeborene Kritiker, die sich ihr Bild von einem geschlossen nazistischen Land nicht von der Wirklichkeit verpatzen lassen wollen", mit den „alten Faschisten" „geeint" sind. Na, ich gehöre halt auch dazu (da es sich, laut Gauß, um die Blüte der Kulturschaffenden zu handeln scheint, will ich da unbedingt auch dabei sein!) und ein paar Kolleginnen und Kollegen mehr, ihre Namen sollen verschwiegen sein, zumindest von Gauß, obwohl wir ja ständig antifaschistischen Blödsinn von ihnen hören, und obwohl man in der Öffentlichkeit leider ständig auf sie hört, wie unangenehm für die Allgemeinheit. Sie sind leider von jeder Stelle des Landes aus unüberhörbar, diese hysterisch sich überschlagenden Stimmen.

Gauß beklagt, wenn er zwischen zwei Schienbeintritten gegen unpatriotische Antifaschisten einmal dazu Zeit findet, dass sich die Kritikerinnen und Kritiker der derzeit herrschenden Koalition der Rechten nicht an den Exilanten der Nazizeit ein Beispiel nehmen, die überall, wo es ihnen möglich war, „österreichische Kulturvereine" gründeten und sich auf die „demokratischen Traditionen Österreichs" zu besinnen suchten, ich bin selber gern auch besinnlich und wäre manchmal sogar lieber besinnungslos, wenn es sein muss, besonders zur Weihnachtszeit und zum Jahreswechsel. Aber auf welches Österreich haben sich die Exilanten besonnen? Auf eins, dessen demokratische und vor allem: humanistische Traditionen ihnen noch präsent waren, ein Österreich des Geistes, von dem sie gedacht hatten, es wäre das auch wirklich (und nicht von allen guten Geistern verlassen, schon damals), das Land Sigmund Freuds, Schnitzlers, Mahlers und andrer Großer in Burgtheater, Oper und Musikverein, die diesen Emigranten noch so sehr Gegenwart waren, dass sie sich danach zurücksehnten und bis heute zurücksehnen, wenn man sie auch nie eingeladen hat zurückzukommen. Wir haben eh genug eigene Leute, und was die erst gelitten haben, davon redet keiner!

Dieses wunderbare geistige Traumland Österreich will auch ich gerne anbeten, es macht mir gar nichts aus, dafür den Mutterboden zu küssen und es anschließend kräftig auszupreisen, habe vergessen, was die geklauten Schieles und Klimts jetzt wert sind, wenig ist es nicht. Aber was haben wir Nachkriegsgeborenen vorgefunden? Ich will es nicht endlos wiederholen, auch wir antifaschistischen Hysteriker werden, notfalls durch eine Dosis ordentlich arbeitender Psychopharmaka, ruhig gestellt und müssen nicht immer alles sagen, was wir wissen, und was den Herrn Gauß und Kollegen schon so anödet, dass sie offenkundig ununterbrochen Artikel gegen diese antifaschistischen Phantomreiter schreiben müssen.

Ich will nicht wiederholen, dass die wahren Täter, aber auch jene, die, ohne wirklich Täter gewesen zu sein, nach dem Krieg sehr schnell freigesprochen worden sind (und vielleicht war es ja auch eine narzisstische Kränkung, endlos freigesprochen zu werden, ohne wirklich Täter gewesen zu sein, ähnlich wie es jetzt eine narzisstische Kränkung zu sein scheint, beschuldigt zu werden, ohne je die Gelegenheit zur Schuld gehabt zu haben, jedenfalls Herr Gauß ist nie beschuldigt worden, scheint sich aber um so lieber in die Lage derer zu versetzen, die er als endlos Pauschalbeschuldigte ansieht, im Dutzend billiger), nachher, als es für die wirklich Schuldigen ungefährlich geworden war, als Unschuldige hier zu leben, Anwalt zu sein, als Arzt wieder zu praktizieren, in Museen die von ihnen bestellten Moulagen der Gesichter von eigens dafür getöteten Juden auszustellen (ach nein, ich will nicht hysterischer sein als nötig, der dafür Verantwortliche wurde ordnungsgemäß pensioniert, mit vollen Bezügen, versteht sich), nachher, als auch die wirklich und echt Unschuldigen dafür waren, „die Sache in die Länge zu ziehen" (Nachkriegs-Sozialdemokraten haben das gesagt!), bis heute und länger geht's immer, wie wir sehen, dass also diese wirklich und echt Unschuldigen, nachträglich noch, von den Schuldigen zu ihren Komplizen gemacht worden sind.

Sie streiten ja immer noch (viele echt Schuldige sind nicht mehr unter ihnen, aber die Unschuldigen streiten auch mit) ums Geld, das ja nur einen Bruchteil des Geraubten ausmacht. Bitte, vielleicht war es für Gauß die derzeit herrschende katholisch-heidnische Bruderschaft, die (der katholische Teil, der dafür eigentlich zuständig wäre) einen hingerichteten Jägerstätter in ihren eigenen Reihen hochgehalten und in ihr Sitzungszimmer als katholischen Märtyrer hoch, nein, höher gehängt hat (nein, da hängt leider schon ein andrer Märtyrer, das erste Opfer der Nazis in Österreich, nur das erste zählt, tut uns leid, da ist kein Platz mehr übrig), und gewiss doch haben unsere vorbildlichen Wiener Nachkriegs-Sozialisten dafür gesorgt, dass eine Widerstandskämpferin wie die (kommunistische) Architektin Grete Schütte-Lihotzky ihr Lebenswerk nach dem Krieg fortsetzen und bauen und bauen durfte, nachdem sie eben erst knapp mit dem Leben davongekommen war, und wie sehr haben sie sich auch bemüht, dem vielfachen Kindermords mehr als verdächtigen Gutachter Gross die Gerechtigkeit widerfahren zu lassen, die er anderen bereitet hatte, und man hat ja auch wirklich versucht, ihn vor Gericht zu stellen, alles was Recht ist. Gut, die Kommunisten, die haben im Fall Gross wegen der Dissidenten in sowjetischen Irrenhäusern zwar beim Weißwaschen mitgemacht, aber in der Nazizeit haben sie halt doch ein paar Leute mehr verloren als die anderen, diese antifaschistischen Patrioten, die aber nur selten als solche benannt wurden, vielleicht weil sie zu wenig hysterisch waren, oder weil wir uns sonst am Antifaschismus hätten anstecken können.

Ich will mich, vor allem in diesem Winter, den wir haben, nicht anstecken lassen und nicht noch mehr sagen, damit ich dem Kollegen Gauß nicht noch mehr missfalle als unbedingt nötig.

Der Standard, 5.1.2001

Erwiderung auf Karl-Markus Gauß' Wendejahr-Bilanz
Rote Wangen, stramme Waden

Der Standard, 5.1.2001

Alpenkönigin und Menschenfeind
Oder degeneriert der kritische Diskurs zum l'art pour l'art?
– Karl-Markus Gauß

Elfriede Jelinek hat einen Artikel geschrieben, in dem zwar fortwährend ein „Herr Gauß" auftaucht, doch hat dieser mit mir nichts zu tun, wie sich „Frau Jelinek" auch gegen einen Text empört, bei dem es sich um den handeln kann, den der Standard von mir in seiner Sylvesternummer abgedruckt hat. Darin hatte ich unter anderem zweierlei behauptet. Erstens, dass sich des geistigen Lebens in Österreich ein neuer Konformismus bemächtigt, der dazu zwingt, dass alle überall immer dasselbe sagen und jene, die es unterlassen – sei es, dass sie es für falsch halten oder es ihnen zu langweilig ist, immer wieder bei der Erfindung des antifaschistischen Rades anzufangen – aus der Gemeinschaft der Aufrechten und Wissenden ausgestoßen werden.
Elfriede Jelinek liefert gleich eine deprimierende Bestätigung dafür und stellt mich, weil ich es wage, Leute zu kritisieren, mit denen ich in der Ablehnung unserer Regierung durchaus einig bin, ausdrücklich mit Andreas Mölzer und Lothar Höbelt in eine Reihe. Natürlich weiß Elfriede Jelinek, dass das eine Sauerei ist, aber wenn es der guten Sache dient, wird aus ihr eine Gabriele D'Enunzio und die Sauerei zur Tugend.
Ich bin ja nicht der Einzige, dem solches widerfährt. Ich erinnere mich an einen (nicht von der Jelinek geschriebenen) Artikel im *Falter*, in dem vor einigen Wochen Michael Scharang gleich als gemeinsamer Nenner von Andreas Mölzer und Josef Stalin bezeichnet wurde. Mein Gott, so geht's halt zu, wenn jene, die fortwährend den Mangel an geistiger Auseinandersetzung in Österreich beklagen, einmal in eine solche eintreten!

Zweitens hatte ich behauptet, dass gerade viele der so g. kritischen Intellektuellen heute im unbedachten, wenn auch nicht unverständlichen Überschwang der Kritik nahe daran sind, den „Anschluss" wieder ohne Anführungszeichen zu schreiben, die Leistungen des österreichischen Widerstands und Exils gering zu achten und die alte österreichische Opferlegende einfach umzudrehen und daraus eine Täterlegende zu machen. Das Gegenteil einer Lüge ist aber bekanntlich nicht die Wahrheit, sondern nur eine andere Lüge.
Auf all das ist Elfriede Jelinek nicht eingegangen, sieht man davon ab, dass sie meinen Hinweis auf Widerstand und Exil höhnisch mit der Bemerkung abtat, auch sie würde zu Weihnachten manchmal gerne besinnlich werden. Leider beweist sie damit, wie gleichgültig ihr die ist, die sie fallweise zur Legitimierung ihrer eigenen Position beschwört, und wie verlockend es in Österreich geworden ist, beides zu sein: Antifaschist und Misanthrop, oder in ihrem Falle: Alpenkönigin und Menschenfeind.
Statt sich mit dem, was ich tatsächlich gesagt habe und das möglicherweise ja falsch ist, auseinander zu setzen, hat Elfriede Jelinek mir und den Lesern des *Standard* einen Kurzlehrgang über österreichische Opfer und Täter des Nationalsozialismus dargetan, wie ich ihn so oberflächlich von ihr nicht erwarten zu müssen glaubte.
Dass sie gerade mir diese Belehrung angedeihen lässt, ist nicht ohne Pikanterie, habe ich doch mein halbes berufliches Leben nach den Biografien und den Werken der ermordeten, vertriebenen, totgeschwiegenen Österreicher geforscht. Sie hat die Bücher, die ich zu diesem Thema in den Achtzigerjahren zu veröffentlichen begann, nicht gelesen, das muss sie auch nicht, denn als Großschriftstellerin braucht sie nicht darauf zu achten, wen sie gerade zufällig unter ihren rhetorischen Knüppel bekommt: Tut nichts zur Sache, ob die Schläge sitzen, das Schöne an ihnen ist mein eleganter Armschwung!
Ich fürchte, Frau Jelinek hat aber auch meinen Artikel, der sie so empört, gar nicht gelesen. Vielmehr hat sie sich gleich am Anfang in das – allerdings unbedacht gesetzte – Wort „Hysteriker" festgebissen; das hat sie dann einen ganzen verwirrenden Artikel lang kräftig durchgekaut und endlich doch verächtlich ausgespien.
Auffällig, wie beliebig die Anlässe sind, mit denen sich die Empörung routiniert in Schwung bringt, und wie sehr sich die kritische Debatte, frei von Argumenten, als l'art pour l'art der Meinungsbekundung führen lässt! Die Jelineksche Empörungsmaschine scheint bereits völlig selbsttätig zu arbeiten und, Fluch der Virtuosität, ihre rhetorischen Fertigteile in Serie auszuwerfen. So bringt sie es zuwege, eine ganze Seite über einen Artikel von mir zu wettern, in dem dieser substanziell überhaupt nicht kritisiert und folglich auch nicht diskutiert wird, was in ihm behauptet wurde: dass das österreichische Geistesleben konformistisch versteppt und sich der Antifaschismus, den ich, bitte schön, weiterhin auch gerne für mich beanspruchen möchte, jener humanistischen Kraft entledigt, die ihn früher ausmachte. Hingegen gibt der Text von Elfriede Jelinek reichlich Anschauung für etwas, das ich in meinem Jahresrückblick nebenbei auch noch vermutet hatte: dass nämlich in der medialen Unterhaltungsgesellschaft Kritik zur Reklame zu werden droht und Protest eine gute Gelegenheit bietet, sich selbst zu inszenieren.

Der Standard, 9.1.2001

Der Standard, 10.1.2001

LESERSTIMMEN

JELINEK, JA, ABER DIESE FRISUR... UND DEM GAUß SEINE SCHNECKERL?

Gauß versus Jelinek

Ich schlage also vor, Antifaschismus als historisches Phänomen zu sehen, wie eben auch Faschismus und Nationalsozialismus historische Phänomene sind. Was nicht bedeutet, dass nicht der Schoß, aus dem dies alles kroch, noch fruchtbar wäre. Aber es verschleiert mehr, als dass es etwas erhellte, wenn wir das Etikett Faschismus auf all das kleben, was wir heute an antidemokratischen Tendenzen konstatieren müssen, und den Widerstand dagegen mit dem Etikett Antifaschismus versehen. Der Verzicht auf die Verwendung des Begriffes Antifaschismus in der aktuellen politischen Debatte würde uns zwingen, genau zu sagen, was wir eigentlich meinen, und – vielleicht – vorher sogar darüber nachzudenken.

aus: Walter Wippersberg: Freundliche Einladung, auf den Begriff Antifaschismus zu verzichten.
Der Standard, 9.1.2001

„Hysterischer Antifaschismus" macht offenbar blind: Worauf immer Frau Jelinek eine „Erwiderung" geschrieben hat, der profunde Gastkommentar des „Kollegen" Gauß kann es nicht gewesen sein, oder Frau Jelinek hat hier schlichtweg etwas nicht verstanden. Sich selbst als Hysterikerin ins Spiel zu bringen, nur weil sie vom „Kollegen" Gauß nicht namentlich genannt wird, grenzt schon an künstliche Selbstverstümmelung. Wäre das bloß Eitelkeit, könnte man das ja noch irgendwie durchgehen lassen, doch in Jelineks auch noch schwulstiger Antwort offenbart sich genau jener österreichische Realitätsverlust, den K.-M. Gauß in seinem Beitrag trefflich moniert.

Gerhard Zeillinger
3300 Amstetten

Leserbrief, Der Standard, 10.1.2001

Erfrischend und unbestechlich in ihrer Geisteshaltung: Elfriede Jelinek. Hingegen verwundert das Einschwenken des geschätzten Karl-Markus Gauß auf den gegenwärtig unter Österreichs Intellektuellen offenbar angesagten „Appeasement-Kurs" an die neuen Machthaber und deren Geschichtsverständnis. [...]

Reinhold Puttinger
1090 Wien

Leserbrief, Der Standard, 10.1.2001

Elfriede Jelinek wiederum fügt sich lustvoll ins Kollektiv der Verhöhnten und Gebashten („wir antifaschistischen Hysteriker"), nachdem sie nur einen schmalen Absatz davor die Stimme jener erhoben hat, die die einst aus dem Land Getriebenen auch nach dem Krieg nicht zurückhaben wollten („Wir haben eh genug eigene Leute").
Ich weiß schon, das hat mit Perspektivenwechsel, Rollenprosa, ironischer Brechung zu tun. Mir wäre freilich wesentlich leichter, würden die Kollektiva der Anständigen und Unanständigen nicht ständig aufgerufen und neu gruppiert werden. Stattdessen könnte man ja zur Abwechslung mal wieder die eigene Position und die der jeweiligen Kontrahenten radikal ernst nehmen: „Ich: Jelinek, du: Gauß!"

aus: Klaus Nüchtern: „Ich: Jelinek, du: Gauß".
Der Standard, 13.1.2001

Karl-Markus Gauß' differenzierte Ausführungen sprechen mir aus der Seele! Frau Jelinek soll endlich aufhören, uns ihre neurotische Weltsicht (wie übrigens in einer Zeit-Rezension treffend bemerkt wurde) aufzudrängen! Dem Vorschlag von Walter Wippersberg, den Begriff Antifaschismus derzeit nicht zu verwenden, kann ich nur zustimmen.

Dr. Elfriede Haglmüller
5020 Salzburg

Leserbrief, Der Standard,
10.1.2001

Wenn dann „Großschriftstellerin" (so Karl Markus Gauss [sic]) Elfriede Jelinek zur Feder greift und eine Philippika gegen die Abweicher loslässt, die darin gipfelt, jene „in eine Reihe mit Andreas Mölzer und Lothar Höbelt" zu stellen, ist ja beinahe so etwas wie ein publizistisch-medialer Schauprozeß eröffnet. Da dürfen sich die Gescholtenen denunziert fühlen und bei gleichzeitiger Betonung, wie sehr sie doch ohnedies brave Antifaschisten seien und eine Regierungsbeteiligung der bösen Rechtspopulisten ablehnten, darüber empören, daß sie mit einer Mischung aus Mölzer und Josef Dschugaschwili verglichen würden. Und wenn Gauss von Jelinek dann „stramme Waden" zugemessen bekommt, revanchiert er sich dafür mit dem Titular „Gabriele D'Enunzio".

Das schlechthin Böse, weil den ehernen Gesetzen der political correctness, des Prinzips Heuchelei widersprechend, personifiziert in den Namen Mölzer und Höbelt, wird bei diesem Streit nur als Negativ-Schablone benutzt. Definiert muß es längst nicht mehr werden. Im Zuge der Inszenierung publizistischer Schauprozesse der Mainstream-Intelligentsia im Kreise eben dieser Mainstream-Intelligentsia ist sein verwerflicher Charakter gewissermaßen längst gerichtsnotorisch.
Doch ist dies ja nur Nebenkriegsschauplatz [sic] am Rande einer Debatte, die gegenwärtig von der Ernüchterung der „Blüte der heimischen Intelligenz" in Sachen Widerstand gegen die blau-schwarze Wenderegierung geprägt ist. Ernüchterung deshalb, da die offenbar für viele berauschende Hoffnung, hier würde endlich die häßliche Fratze des Faschismus ihr neues Gesicht zeigen, enttäuscht wurde.

aus: Andreas Mölzer: Antifaschismus als NS-Verharmlosung? Eine Replik auf Karl Markus Gauss [sic] und Elfriede Jelinek. Zur Zeit, 26.1.2001

Aufführungsverbot 2000

Am 28.1.2000 meldet die dpa, daß Elfriede Jelinek Österreich verlassen wolle, falls es zu einer Regierungsbeteiligung der FPÖ kommen sollte. Am 1.2. bezeichnet Jelinek im „Standard" diese Meldung als „Missverständnis". Nach Angelobung der ÖVP-FPÖ-Regierung (4.2.) verlautbart der ARD-Kulturweltspiegel, daß Jelinek ein Aufführungsverbot für ihre Stücke in Österreich verhängt, solange die FPÖ in der Regierung ist. Am 7.2. argumentiert Jelinek ihr Aufführungsverbot in einem Gastkommentar für den „Standard", der den Titel „Meine Art des Protests" trägt. In der Folge wird das Verbot von Jelinek differenziert: Es gelte nur für die Staatstheater, nicht aber für politische Aktionen und Lesungen.

←
Boykott 1996
Seite 113

Wien (dpa) – Die österreichische Schriftstellerin Elfriede Jelinek möchte nach eigenen Angaben Österreich verlassen, wenn es zu einer Regierungsbeteiligung der FPÖ kommen sollte. „Dann möchte ich hier nicht mehr leben", sagte die erfolgreiche Autorin am Freitag der dpa in Wien. „Ich bin verzweifelt, denn ich habe durch meine Arbeit lange versucht, das zu verhindern, was jetzt eingetreten ist. Und ich sehe, dass die Opposition nicht möglich ist. Alles, was wir als Künstler versucht haben, hat Haider nur stärker gemacht." Deshalb sei Weggehen „sicher das stärkere Signal, wenn die extreme Rechte an die Macht kommt." Die 53-Jährige hat sich in ihrem Werk mit Themen wie Ausländerhass und Rassismus in Österreich auseinander gesetzt und war 1995 in einer Plakatserie der Freiheitlichen persönlich attackiert worden.

dpa 0519, 28.1.2000

Der Standard, 29.1.2000

**Bei FP-VP:
Jelinek geht,
Muliar gelassen**

... eines Missverständnisses

Weil das jetzt überall falsch kolportiert wird (vielleicht habe ich mich unklar ausgedrückt), möchte ich doch gern richtig stellen: Ich habe gesagt, dass in dieser politischen Lage für mich Weggehen das stärkere Signal wäre als Bleiben und Weitermachen und zur Berufsopposition zu werden, vor allem deshalb, weil bisher politische Gegnerschaft der Intellektuellen gegen die extreme Rechte offensichtlich keinerlei Erfolg gehabt hat, aber ich habe nicht gesagt, dass ich selbst vorhabe wegzugehen. Ich könnte es auch aus familiären Gründen gar nicht.
Natürlich wird eine Emigration von Künstlern nicht nötig werden. So etwas an die Wand zu malen wäre eine Verhöhnung jener, die in der Nazizeit wirklich flüchten

Elfriede Jelinek: Will gehen, es geht aber nicht.
F.: Reuters

mussten (auch ein Teil meiner Familie!), aber warum soll es ein Verbrechen oder gar etwas wie „Fahnenflucht" sein, weggehen zu wollen? In einem freien Europa kann man sich seinen Wohnsitz immer noch frei wählen, und es gibt jetzt sicher bald angenehmere Orte als Österreich. Etliche Kollegen sind aus steuerlichen Gründen nach Irland gegangen, warum sollte man nicht aus politischen Gründen lieber woanders leben wollen als hier? **Elfriede Jelinek**

Der Standard, 1.2.2000

Ambivalenz ist ein wichtiger Begriff in der Lehre des jüdischen Österreichers Freud. Zweideutigkeit ist unser Wesen. Der Protest unserer Künstler gegen Haider, den Banausen, reicht in den Himmel des Absurden, wo die Kunst daheim ist. Elfriede Jelinek, unsere Größte, rief auf, alle Fremden mögen fortbleiben, und alle Österreicher mögen auswandern. Sie selber muß dableiben aus familiären Gründen, sagte sie.

aus: Günther Nenning:
Österreich ist unschuldig.
Die Presse, 16.2.2000

Köln/ Wien (APA, dpa) - Die österreichische Schriftstellerin und Theaterautorin Elfriede Jelinek will die Aufführung ihrer Stücke in Österreich künftig verbieten. Nach einem Bericht des „ARD-Kulturweltspiegel" reagierte die prominente Autorin damit auf die Regierungsbeteiligung der von Jörg Haider geführten FPÖ. Jelinek will keines ihrer Stücke auf einer Bühne ihres Heimatlandes aufführen lassen, solange die FPÖ mit in der Regierung sitzt.
Dies sei die einzige Möglichkeit für sie, auf die von ihr als „ekelhaft" empfundenen aktuellen politischen Verhältnisse in Österreich zu reagieren, sagte sie in der am Sonntag ausgestrahlten Sendung. [...]

APA0209, 5.2.2000

> Die Elfriede Jelinek, die mag uns einfach nicht, die sagt auch viel Grausliches über die FPÖ. Das soll so sein. Wenn sie's nicht mehr aufführen lassen will, dann wird sie's nicht mehr aufführen. Das ist auch ihre sehr persönliche Entscheidung.

Jörg Haider über Elfriede Jelineks Aufführungsverbot in der „Pressestunde" (ORF 2) am 6.2.2000

Meine Art des Protests

Elfriede Jelinek

Wie ich schon öfter gesagt habe, scheint es mir, als könnte sich die Sprache, eine differenzierende, literarische Sprache, gegen diese bedrohliche, selbstgewisse, von keinem Selbstzweifel angekränkelte Sprache der feschen Technokraten und Rechthaber, die uns jetzt von überall her überschwemmen, nicht mehr durchsetzen.

Die Sprache der Literatur wird, wie es die extreme Rechte immer tut, von der brutalen Eindeutigkeit ihrer inzwischen sattsam bekannten Aussprüche, die das gesunde Volksempfinden hinter sich wissen oder zu wissen glauben, sozusagen niedergeknüppelt. Man kann sich nicht mehr mit Worten zwischen die Macht und die Wirklichkeit schieben, da ist kein Platz mehr für die Literatur. Ich habe es jetzt lange genug versucht, aber jetzt, scheint mir, werden die letzten Gatter geschlossen; man spricht davon, Kritik, Literatur ganz besonders frei zu halten von den staatlichen Machtmechanismen und weiß doch gar nicht, womit man es überhaupt zu tun hat. Sie haben es auch gar nicht nötig, sich damit zu beschäftigen.

Die Sprache kann aber nicht einfach selbst und von selbst auftreten, sie braucht dafür Platz. Von diesen Leuten will ich mir meinen Platz nicht zuweisen lassen, auch wenn die Theater unabhängig sind, sie bewegen sich ja doch im öffentlichen Raum.

Weshalb soll ich mir noch weiter die Mühe einer Auseinandersetzung mit diesen Leuten machen, wenn ich doch alle Mühe brauche, um meine Arbeit halbwegs in ihren Gleisen zu halten? Die neuen Machthaber sind mit ihrer Prüfung der Wirklichkeit schon fertig, wissen alles und werfen es uns auch gleich aus dem Fernsehen als Wahrheit hin, ohne es überhaupt für nötig zu halten, was sie da verkünden auch vorher zu prüfen. Heute dies, morgen wieder was andres, sie sagen es und wenn sie es sagen, ist darin schon jeder Einspruch erstickt.

Es ist ihnen ja auch die Selbstprüfung grundsätzlich fremd. Was sie als absolut setzen, davon haben sie nicht einmal einen Begriff, nicht einmal eine Ahnung. Ich kann ihnen also auch meine Sprache als Objekt des Konsums und auch der Repräsentation (Theater, das ist ja im Allgemeinen ein Ort, wo der Staat sich repräsentiert) nicht länger lassen. Ich muss sie ihnen entziehen, um sie erhalten zu können. Das klingt sicher pathetisch, aber: Da ich also nicht gehen kann, können wenigstens meine Stücke weggehen, um woanders (hoffentlich) irgendwie zu wirken. Anders gesagt: Sie können nur wirken, gerade indem sie weggehen.

Der Standard, 7.2.2000

Kulmination
Aufführungsverbot 2000

Andrea Breth findet die Auswanderungs- und Rückzugsüberlegungen österreichischer Künstler „etwas eitel", Luc Bondy hält dies für „narzistisch" [sic], was er Elfriede Jelinek gegenüber später zurücknahm. Nur Andreas Kriegenburg wollte auf die „seismographischen" Qualitäten von Elfriede Jelineks Wahrnehmung nicht verzichten.

aus: Uwe Matheiss: Wie einst im Mai. Süddeutsche Zeitung, 14.2.2000 (Bericht über die Matinee des Wiener Burgtheaters mit dem Titel „Gehen oder Bleiben?" am 13.2.2000)

News: *Elfriede Jelinek hat ihr Aufführungsverbot nicht zurückgezogen. Was sagen Sie dazu?*
Gert Voss: Ich würde mir nie anmaßen, ihr etwas zu raten. Als Bewunderer ihrer Sprache kann ich nur sagen: Schade, dass sie der Opposition in diesem Land aus dem Weg gegangen ist. Das jetzt in Berlin uraufgeführte Haider-Stück gehört doch offenbar hierher! In der Demokratie kann man nur durch aktive Opposition etwas bewirken, nicht durch Boykott.
Franz Morak: Ich könnte das nicht treffender sagen.

aus: H. Sichrovsky, K. Beck, A. Pascher: Das Streitgespräch. News, 21.12.2000

„Wir müssen alles tun, dass es zu keiner neuerlichen Vertreibung des Geistigen kommt. Wir müssen den Künstlern, die eine Absage überlegen, vermitteln, dass es verheerend wäre, wenn man das Feld jetzt räumen würde. Der Politik kommt man nicht bei, wenn man sich vertreiben lässt. Ich verstehe zwar die Reaktion von Elfriede Jelinek: Sie war die erste Künstlerin, die als personifiziertes Feindbild an der Plakatwand hing, die herausgegriffen wurde, um sie der massenmedialen Vernichtung preiszugeben. Aber ansonsten sollen die Künstler sich artikulieren – ehe sie ihre Koffer packen."

Peter Oswald (in: Der Standard, 12.2.2000)

Wenn etwa Elfriede Jelinek erklärt, dass sie, aller [sic] pekuniären Interessen zum Trotz, ihre Stücke nicht mehr in Österreich aufführen möchte, wird ihr mit Unverständnis begegnet, als gäbe es eine nationale Pflicht, die eigenen Werke dem Heimatland gefälligst zur Verfügung zu stellen. Muss denn die Dramatikerin nicht vor allem jenen Raum finden, wo sie ihre konsequente Arbeit an der Sprache vorantreiben kann?

aus: Doron Rabinovici: Bleibt der Großglockner? Österreich leidet an Bunkerstimmung. Frankfurter Allgemeine Zeitung, 14.2.2000

Werner Schneyder: [...] Die halben Abgangsankündigungen der Frau Jelinek und anderer Österreicher empfinde ich aber als eine Mischung aus feig und blöd.
Michael Krüger: Zum einen finde ich maßlos aufgebauscht, wie diese Diskussion geführt wird. Und dann hat Frau Jelinek schon vor Jahren angekündigt, dass sie aus Unzufriedenheit mit der rotschwarzen Regierung in die innere Emigration geht.

aus: Alfred Worm, Heinz Sichrovsky: Der Aufstand der Künstler. News, 3.2.2000

Brief an Rita Thiele, Dramaturgin am Berliner Ensemble – *Elfriede Jelinek*

Liebe Rita! Du weißt ja, wie es hier zugeht. Mein Theater-Boykott ist jedenfalls nicht gut aufgenommen worden, das kann ich dir flüstern. Ich hab ja erklärt, warum ich es mache, und auch differenziert, daß ich ja nur mit meinen Stücken das Theater nicht mehr beliefern will, weil diese ekelhafte Verlautbarungssprache eben nicht mehr zu bekämpfen ist mit einer, meiner literarischen Sprache. Und der Beweis dafür ist ja umgehend erbracht worden, indem nämlich auch die Gegner dieser Regierung oft nicht mehr differenzieren wollen oder können. Ich hab wirklich erklärt, daß ich jede Art von Aktion am Theater mitmache, jederzeit, jeden Protest, auch z.B. eine geplante „Stecken, Stab und Stangl"-Aufführung in Oberwart erlaube ich natürlich, aber irgendwie scheine ich den Schwarzen Peter gezogen zu haben, während die anderen jetzt erst recht dichten und speiben, singen und schreiben wollen, und das alles gegen Rechts. Haben wir das nicht seinerzeit gelernt? Niemals neuen Wein in alte Schläuche? Nicht das System beliefern, sondern es unterwandern und, nein, wie haben wir gesagt, umfunktionieren haben wir gesagt? Also jetzt einfach Stücke zusammenstückeln und dann spielen, Opas Opern, Musik musizieren, das geht nicht. Das ist wie mit einem Staubtuch das Land abwischen und fertig. Es ist darunter nur neuer geworden oder wie neu, und das ist ja der Eindruck, den sie offenbar erwecken wollen: Wir machen weiter, und die Kunst macht auch weiter. Jetzt erst recht. Klar ist vielleicht der Fiesco jetzt ein brisantes

Kulmination
Aufführungsverbot 2000

Stück, eben durch die Interaktion mit der Wirklichkeit, in die man es wie einen Puzzlestein einsetzen kann. Paßt! Fertig. Sie können jetzt gehen! Aber das wird doch konsumiert wie alles andre auch. Na, vielleicht kann Kunst ja nicht mehr bewirken als das, aber irgendwie will ich es ihr nicht erlauben. Daß sie nicht mehr bewirkt. Ein schneller Text zur Lage, wenn ich den hätte, ja, den würde ich sofort aufführen lassen. Aber so… es ist besser zu schweigen, was im Zweifelsfall immer besser ist, aber nur, wenn das Schweigen dann lauter ist als das Sprechen. Ich hoffe, wenigstens das kann ich mit meiner Verweigerung erreichen. Und wenn ich mir die täglichen Drohbriefe anschaue, die seit Jahren nicht mehr gekommen sind, glaub ich fast, das hab ich schon erreicht, wenn auch natürlich nicht so wie ich es mir vorgestellt hatte. Mein Fehler. Aber vielleicht nur ein halber. Alles Liebe von Elfriede.

abgedruckt auf einer Fahne des Berliner Ensembles, publiziert in: Die Sprache des Widerstandes ist alt wie die Welt und ihr Wunsch. Frauen in Österreich schreiben gegen rechts. Wien: Milena 2000, S.61-62

Kann es wahr sein, dass die Geschichte Österreichs, wenn wir heute von Österreich sprechen, mit Hitler begann und systematisch zu einem angeblichen Wiedergänger führte? Kann es, zum Beispiel, wahr sein, dass eine österreichische Dichterin wirklich nur Schulterklopfen erntet, wenn sie seit über Jahre ihr literarisches Werk auf der eigentümlichen These aufbaut: „Österreich ist faschistisch. Der Sport ist faschistisch. Alles ist faschistisch!" – und just im Moment, da ein solches Werk sich gegenüber der Realität behaupten könnte, ja müsste, eine Erklärung veröffentlicht, der wörtlich zu entnehmen ist: „Die Aufführung meiner Stücke in Österreich zu verbieten, ist die letzte Freiheit, die mir noch geblieben ist."
„Die letzte Freiheit, die mir noch geblieben ist" – seltsam: ich habe etwas übersehen, versäumt, nicht wahrhaben wollen. Ich gehe unbehelligt demonstrieren. Ich kann sagen, schreiben, publizieren, was ich will. Ich kann mich versammeln mit Freunden, mit Gleichgesinnten, Pläne schmieden, kann versuchen, diese Pläne umzusetzen, und scheitere, wenn ich scheitere, nur an mir selbst und nicht an der Staatsgewalt. Ich kann in die Synagoge gehen und sie unbelästigt wieder verlassen, ich kann aus- und wieder einreisen, ich kann sogar auf der Staatsbühne, dem Burgtheater, politisch diskutieren, ich kann dort erleben, wie ein Regierungsmitglied gnadenlos ausgebuht wird, aber dennoch scheinen, von mir unbemerkt, in Österreich die bürgerlichen Freiheitsrechte aufgehoben worden zu sein – bis auf ein einziges: Es ist niemandem verboten, die Aufführung seiner Stücke zu verbieten ...

aus: Robert Menasse: In achtzig Tagen gegen die Welt. Der Standard, 13.5.2000

Nun, ich kann Robert Menasse versichern, Jelinek erntet für ihren Entschluss, keine Stücke mehr spielen zu lassen, keineswegs nur „Schulterklopfen". Vom plakatierten und gereimten Schulterklopfen für ihre Literatur ganz zu schweigen. Dass ihr Werk insgesamt auf der besagten „eigentümlichen These" aufbaue, ist eines jener Schnellurteile Menasses, das nicht nur nicht zutrifft, sondern ausnahmsweise jeden Witzes entbehrt.
Nicht nur ich halte den Entschluss, ihre Stücke gerade jetzt nicht spielen zu lassen, für falsch. Aber ich verstehe auch, dass „die letzte Freiheit, die mir noch geblieben ist" nicht irgendwelche zivilbürgerlichen Freiheiten der Schriftstellerin meint, sondern ihre Freiheit, als Person der Literatur öffentlich einzugreifen. Denn ihre – nicht-literarischen, möchte ich ausdrücklich ergänzen – Interventionen, den Haiderismus zu verhindern, betrachtet sie als gescheitert.

aus: Armin Thurnher: Antifaschismus. Falter 20/2000

Van der Bellen appellierte auch an Künstler wie Elfriede Jelinek, von Publikations- und Aufführungsverboten ihrer Werke abzusehen: „Wir brauchen alle, gerade jetzt."

aus: kob: Vereinte grüne Offensive gegen „rechtsradikale FP". Der Standard, 15.2.2000

Dass Elfriede Jelinek ihre Stücke nicht mehr in Österreich aufführen lassen will, zeigt, dass ihr das Theater im Grunde wesensfremd ist.

aus: Wolfgang Kralicek: Jetzt no „Heldenplatz", dann sans wach. Falter 8/2000

News: Elfriede Jelinek zieht ihre Stücke zurück.
Gérard Mortier: Das finde ich richtig. Die Menschen, die gegen Haider sind, kennen ihre Stücke ohnehin. Wenn sie aber weiter aufgeführt werden, können Leute wie Schüssel und Haider daran immer ihre Liberalität demonstrieren. Faschisten können sich mit ihr schmücken.

aus: Heinz Sichrovsky: Letzte Grüße. News, 17.2.2000

Kulmination
Aufführungsverbot 2000

Tatsächlich hätte Elfriede Jelinek vieles von dem, was sie in den letzten Jahren diversen Journalisten bekannt gegeben hat, besser für sich behalten, zum Beispiel die Ankündigung, die Aufführung ihrer Stücke in Österreich zu verbieten, die mir, als ich sie las, weniger ein Akt des Protests, gar Widerstands zu sein schien als vorauseilender Gehorsam, die auf unzulässige Weise herbeigeführte Erfüllung eines masochistischen Wunschtraums. Elfriede Jelinek ist für derlei Äußerungen von vielen öffentlich kritisiert worden. Dagegen ist nichts einzuwenden. Zum Problem wird solche Kritik erst, wenn sie von einem Schriftsteller kommt, der einem reinen Schreiben das Wort redet, das, um sich nicht zu infizieren, nicht in Berührung kommen soll mit dem Schmutz des Tages; dem es zwar davor graust, es dazu zu verwenden, um etwas gegen Jörg Haider zu sagen, nicht aber davor, es gegen eine Schriftstellerkollegin einzusetzen, die, wie ihm trotz seiner Abneigung gegen das Aktuelle nicht entgangen sein kann, seit längerer Zeit auch ganz anderen Attacken ausgesetzt ist, vor allem seitens der Freiheitlichen Partei, die ihren Namen immerhin nennt und als Feindnamen auf Plakate drucken lässt, und der *Kronen Zeitung*, des Zentralorgans einer heraufdämmernden Volksgemeinschaft, deren In-den-Wind-Reimer Wolfgang Martinek entdeckt hat, dass sich ihr Name genauso prächtig auf „Dreck" reimt wie sein eigener, weswegen er diesen rechtzeitig in Wolf Martin verändert hat.

aus: Antonio Fian: Der feige Polemiker. Der Standard, 23.9.2000

Man muß schon eine gehörige Portion Eitelkeit aufbringen, um ankündigen zu können, man verbiete die Aufführung seiner Stücke im Land, wie es eine der Hauptaktivistinnen getan hat, ohne sich zu fragen, was eine solche Ankündigung bedeutet, wie weit man dafür gekommen sein muß in seinem erstarrten Selbstbewußtsein als Repräsentantin wovon auch immer, nicht mit der Möglichkeit zu rechnen, daß das vielleicht keinen Menschen interessiert. So fragwürdig der Akt an sich war, so absurd die Begründung, die sie dafür hatte, eine bestimmte politische Partei lasse ihrer Sprache keinen Platz, als gäbe es ein geordnetes Gehege dafür, als hätte sich die literarische Sprache nicht immer erst ihren Platz schaffen müssen, als wäre sie nicht gerade da manchmal am stärksten gewesen, wo sie auf Widerstand gestoßen ist.

aus: Norbert Gstrein: Die feurigen Feuermelder. Eine österreichische Autoren-Farce. Frankfurter Allgemeine Zeitung, 9.9.2000

KOMMENTAR II

„Wie eine Schlange zustoßen"

ELFRIEDE JELINEK, *Österreichs Sprachkünstlerin, über die blau-schwarze Koalition: „Die Zensur hat schon begonnen."*

Ich wurde oft dafür beschimpft, daß ich die Wähler beschimpfe. Ich nehme zur Kenntnis, daß zwei Drittel der Österreicher nicht FPÖ gewählt haben, aber auch die ÖVP-Wähler hätten mit der Möglichkeit einer blau-schwarzen Koalition rechnen müssen. Und ich höre nichts von ÖVP-Wählern, die jetzt ihre Parteibücher zurückschicken. Diese Partei ist genauso abscheulich wie die Haider-Partei, vor denen kann man nur ausspucken. Zum Kotzen. Die ÖVP hat uns diese Situation eingebrockt, und es ist traurig, daß wir nicht ohne Hilfe der EU und der USA damit fertig werden. Wir hätten allein dafür sorgen müssen, daß es nicht dazu kommt, daß eine rechtsextreme Partei bei uns in der Regierung sitzt.

Aus persönlichen Gründen kann ich Österreich nicht verlassen, weil ich eine alte Mutter habe, die ich betreuen muß. Ich scheue mich auch sehr zu sagen, ich gehe weg, weil ein großer Teil meiner Familie emigrieren mußte und umgebracht wurde. Aber ich würde auf jeden Fall lieber woanders leben.

GENUG GEKÄMPFT. Ich habe ja schon vor längerer Zeit beschlossen, daß ich in Österreich keine Uraufführungen meiner Theaterstücke mehr mache. Das hat sich als richtige Entscheidung erwiesen, weil ich das Desaster schon kommen gesehen habe. Alle Personen außer Häupl, die seinerzeit auf dem FPÖ-Wahlplakat an den Pranger gestellt wurden, sind verschwunden. Die FPÖ hat bekommen, was sie wollte, also ziehe auch ich mich zurück. Ich gestatte ab sofort in Österreich keine Neuinszenierungen meiner Stücke mehr. Bestehende Produktionen können weiter gespielt werden, aber es wird keine neuen Aufführungen geben.

Es werden viele Kollegen sagen, daß man gerade jetzt kämpfen muß, aber ich habe genug gekämpft. Seit Jahrzehnten beschäftigt der Kampf gegen den Rechtsradikalismus meine Arbeit und den Großteil meiner privaten Existenz. Dieser Kampf ist aussichtslos, wenn die Mehrheit der Wähler so abstumpft ist. Außerdem bin ich keine Kämpfernatur, literarisch vielleicht, aber nicht als Mensch. Ich scheue Konflikte, ich lebe sie nur in der Arbeit aus.

Im Ausland wird man mich weiter hören, im Inland werde ich schweigen, weil hier man mir nie zugehört. Es hat keinen Sinn, und ich habe keine Lust, sinnlos gegen rechtsextreme Kräfte anzurennen. Ich habe keine Kraft mehr, jetzt muß ich die Quarantäne versuchen. Ich habe seit langem resigniert, will aber wie eine Schlange zustoßen, wenn die Demagogen es am wenigsten erwarten, in den Medien des Auslands. Ich werde mit Wonne mein Nest beschmutzen.

Ich bin sehr froh über die Reaktionen des Auslands und schließe mich diesen Protesten an. Ich habe gerade einen Aufsatz für „Le Monde" geschrieben, und es wenden sich fast nur ausländische Medien an mich. Im ORF sieht man die Zensur schon ganz deutlich. Von der ersten großen Demonstration letzten Dienstag vor der ÖVP-Zentrale wurde in den Abendnachrichten des ZDF berichtet. Keine Spur davon im ORF. Wahrscheinlich hatte man Angst, jemand könnte die Demo noch unterstützen. Das ist eindeutig Zensur, sonst wird doch über jeden Furz berichtet. Die Herrschaft des Herrn Westenthaler im ORF hat begonnen. Künstler sind in Österreich Negativfiguren, Schmarotzer, die nichts arbeiten, hier herrscht die absolute Geist- und Kunstfeindlichkeit. Das ist mein Thema seit zwanzig Jahren: die Sportvergötzung und die „Kronen Zeitung". Die haben den Haider gemacht, jetzt sind sie ratlos, weil sie ihn nicht beherrschen können. Ein Führer wie Haider ist unberechenbar.

FÜHRERPARTEI. Die FPÖ ist eine Führerpartei, dem Führer völlig ausgeliefert. Haider ist die Integrationsfigur, der Motor. Er kann Funktionäre beliebig absetzen, ohne demokratisch dazu legitimiert zu sein. Es gibt keine innerparteiliche Demokratie, auch wenn sie ständig behauptet wird. Haider läßt sich von nichts beeindrucken, nicht einmal von einem fahrenden D-Zug.

Manchmal wird er Kreide essen, dann wird sie ihm aus dem Mund fallen, weil er sich nicht einbremsen kann. Seine Frechheiten quellen ihm aus dem Mund wie Kotze. Er kommt damit immer wieder durch. Er wird ein bißchen gerügt, entschuldigt sich halbherzig, um gleich die nächste Unverschämtheit zu begehen.

Die Leute hinter ihm sind beinahe noch schlimmer. Mit Westenthaler möchte ich nicht in einem Raum sein, da würde ich mich körperlich fürchten.

Der Bundespräsident hatte keine Chance gegen eine stabile blau-schwarze Mehrheit, die sich einig ist. Der Wählerwille ist deutlich, die Freiheitlichen sind am meisten gestärkt worden, und Klestil hat sich dieser Koalition lange genug entgegengestellt. Ich denke schon, daß er getan hat, was er konnte. Um noch weiter zu opponieren, hätte es eines anderen Charakters bedurft. General de Gaulle wäre unbeirrt, seinen Überzeugungen gehorchend, seinen Weg gegangen. Politiker vom Schlag de Gaulles oder Willy Brandts gibt es nicht so oft in einem Jahrhundert. Das kann man vielleicht gar nicht verlangen von Klestil. Als Diplomat hat er einen anderen Background. Es ist ohnehin respektabel, wie er sich geschlagen hat, er ist über sich hinausgewachsen.

Wie lang sich die Koalition halten wird, ist fraglich. Ich denke, die werden sich wie Wölfe gegenseitig an die Kehle springen. Der Schüssel wird ins Nichts katapultiert werden. Der nächste Kanzler ist Haider.

ELFRIEDE JELINEK: „Ich gestatte ab sofort in Österreich keine Neuinszenierungen meiner Stücke mehr."

Kulmination
Aufführungsverbot
2000

Staberl

Frau Elfriede, die Schlange!

Jeder kennt die anschauliche Redewendung von dem Kaninchen, das wie gebannt reglos auf die mörderische Schlange starrt, die es gar bald verschlingen wird.

Das Bild hat jetzt eine erhebliche Erweiterung erfahren, denn die unter den Auspizien einer ganz neuen Regierung gewissermaßen pensionierte Ex-Staatsdichterin Elfriede Jelinek hat sich eben, wie sagt man's doch geschwind auf schick Neudeutsch: als Schlange „geoutet". Nach der lebhaften Klage darüber, dass wegen der „Zensur im ORF" auf den heimischen Bildschirmen fast schon gar nix von der „ersten großen Demonstration" zu sehen war, während doch die „Abendnachrichten des ZDF" davon „berichtet" hätten, richtete sich Frau Elfriede aus den Niederungen des Schlangendaseins zu ihrer ganzen furchterregenden Größe auf, um in der Zeitschrift „Format" die folgende Drohung auszusprechen, vor der seither das gesamte österreichische Vaterland schier wie Espenlaub zittert:

„ICH HABE SEIT LANGEM RESIGNIERT, WILL ABER WIE EINE SCHLANGE ZUSTOSSEN, WENN DIE DEMAGOGEN ES AM WENIGSTEN ERWARTEN, IN DEN MEDIEN DES AUSLANDS. ICH WERDE MIT WONNE MEIN NEST BESCHMUTZEN."

Nicht birte, Frau Elfriede! Nicht das auch noch! Sind wir nicht schon genug gestraft worden, als Sie alle Aufführungen Ihrer unsterblichen Werke auf österreichischen Bühnen verboten haben, wodurch also, wie es uns der Professor und Oberstudienrat Ernst Gams geschrieben hat, „im Burgtheater auf offener Bühne nicht mehr gepischt und geschissen wird"? Müssen wir jetzt zur Strafverschärfung auch noch vor Ihrem Schlangenbiss zittern?

Hier mag es uns aber angebracht sein, selbst in Sachen Elfriede Jelinek noch zumindest den Ansatz einer seriösen Erörterung zu wagen. Nämlich: Wenn Frau Elfriede wirklich meinen sollte, dass ein Aufführungsverbot ihrer Stücke außerhalb ihres eigenen Klüngels irgendjemanden in Österreich beeindrucken könnte, dann liegt hier wohl eine Realitätsferne vor, die alle Chancen hätte, ins Guinness-Buch der Rekorde zu kommen. Ob Jelineks Werke bei uns gespielt werden oder nicht, ist für uns ähnlich bedeutungsschwer wie das Umfallen eines Fahrrads in Peking. Das erregt hierzulande äußerstenfalls ein ähnliches Interesse wie die kürzlich publik gewordene Pleite des Kickervereins St. Pölten aus der unteren hiesigen Liga. Da sich Frau Elfriede auch einmal ein „Sportstück" abgequält hat, müsste sie sich hier eventuell auskennen.

Amüsiert dürfen wir vermerken, wie Frau Elfriede unabsichtlich das Eingeständnis ihrer Unwichtigkeit für Österreich ausgekommen ist. Jelinek im Originalton:

„Im Ausland wird man mich weiter hören, im Inland werde ich schweigen, weil hier hat man mir nie zugehört."

Wir halten hier Frau Elfriedes Zusage fest, künftig im Inland den Mund zu halten. Dazu sei ihr ein herzliches Vergelt's Gott gesagt. Für das Eingeständnis aber, dass man ihr im Inland doch „nie zugehört" hat, ein dankbares küss d' Hand. Da sind wir mit Frau Elfriede ganz einer Meinung, wollen aber hinzufügen: Es wird ihr auch künftig niemand zuhören.

Neue Kronen Zeitung, 3.3.2000

Staatskünstlerisches „Triumvirat": Hrdlicka, Nitsch, Jelinek. Letztere ließ unlängst in der Zeitschrift „Format" verlauten: „Ich habe seit langem resigniert, will aber wie eine Schlange zustoßen, wenn die Demagogen es am wenigsten erwarten, in den Medien des Auslands. Ich werde mit Wonne mein Nest beschmutzen" und weiter: „Im Ausland wird man mich weiter hören, im Inland werde ich schweigen, weil hier hat man mir nie zugehört." Ja warum bloß, so kann man sich fragen, hat man der guten Elfriede nie zugehört? Bleibt zu hoffen, daß wenigstens die Besucher des Staatstheaters in Havanna, wo man ihre Stücke in Zukunft vielleicht noch zu sehen kriegt, nicht so schamlos ignorant sind wie die Österreicher.

Aula, März 2000

Abgeordneter Mag. Karl Schweitzer (Freiheitliche):

Herr Präsident! Herr Bundeskanzler! Meine sehr geehrten Damen und Herren! Eine Galionsfigur dieser neuen Opposition ist Elfriede Jelinek. Sie sagt – ich zitiere –: „Ich habe seit langem resigniert, will aber wie eine Schlange zustoßen, wenn die Demagogen es am wenigsten erwarten, vor allem in den Medien des Auslands. Ich werde mit Wonne mein Nest beschmutzen." – So Elfriede Jelinek.

Und das, was Elfriede Jelinek hier sagt, das machen auch viele Kollegen von der Opposition. (*Beifall bei den Freiheitlichen.*)

Meine Damen und Herren! Zum Teil tun Sie das mit Wonne und ergötzen sich an den Schlagzeilen, die dann im Ausland in den Zeitungen zu lesen sind, die aber Gott sei Dank immer weniger werden. Wie die Bevölkerung darüber denkt, das hat Kollege Haigermoser bereits auf den Punkt gebracht.

Diese Fundamental-Opposition, meine Damen und Herren, mit Schaum vor dem Mund – von einigen mit Schaum vor dem Mund – betrieben, ist nicht im Interesse des Landes, wie Kollege Zernatto ausgeführt hat, ist nicht im Interesse dieser Bevölkerung. Der Schmerz über den Machtverlust muss irgendwann einmal ein Ende haben! Es kann ja nicht sein, dass Sie auf diese Art und Weise blindwütig, zum Nachteil des Landes weiteragieren! [...]

Nationalratssitzung 2.3.2000
(aus dem stenographischen Protokoll)

Kulmination
Schlingensief-Aktion

Im Rahmen der Wiener Festwochen 2000, in der Zeit der EU-Sanktionen gegen Österreich, findet Christoph Schlingensiefs Aktion „Bitte liebt Österreich! Erste europäische Koalitionswoche" statt.

Neben der Wiener Staatsoper wird ein Container mit der Aufschrift „Ausländer raus", einem Transparent der „Neuen Kronen Zeitung" und einer FPÖ-Fahne errichtet. Im Container werden zwölf AsylwerberInnen rund um die Uhr von Kameras beobachtet, die das Geschehen ins Internet übertragen. Per TED können ZuseherInnen entscheiden, welche InsassInnen abgeschoben werden. Die Aktion provoziert Proteste. Elfriede Jelinek ist an einem Tag im Container zu Gast. Aus Texten der AsylantInnen montiert sie das Kasperltheaterstück „Ich liebe Österreich", das im Container von den AsylantInnen aufgeführt wird. Für die Tageszeitung „Der Standard" schreibt Jelinek den Essay „Interferenzen im E-Werk".

Interferenzen im E-Werk
– Elfriede Jelinek

Der Container sieht aus, als wäre er einfach, was er ist und daher leicht zu entschlüsseln: Am Dach das Transparent: *Ausländer raus*. Und schon haben wir ein Denkmal unserer eigenen Schande hergestellt bekommen. Es wird jeden Tag den Leuten gezeigt, damit auf uns auch deutlich angeschrieben steht (als wüsste es inzwischen nicht jeder), was wir sind, wenn wir partout etwas anderes nicht gewesen sein wollen.
Jeder weiß also von uns, was wir sind, in ganz Europa, und Europa hat auch schon darauf geantwortet, wir haben es aber ohnedies schon vorher gewusst. Und wir haben das auch schon oft gesagt, zumindest die Künstler unter uns. [...]
Aber, ich kann es auch nicht ganz genau fassen, hier wird nicht nur alles gebündelt, was mit der grauenerregenden Vergangenheit dieses Landes, seiner schandbaren Regierung und dem ekelerregenden Wiener Wahlkampf der FPÖ zu tun hat, nein, hier kommt noch mehr dazu: das Medienexperiment „Big Brother" und alles, was es im Kopf jedes Einzelnen, der es im Fernsehen oder im Internet gesehen

News, 21.6.2000

„Schluss mit der Patriotismusscheiße!"
Elfriede Jelinek und Christoph Schlingensief im Bilanz-Gespräch über den Container

Provokationsprofi Schlingensief hat sich prominente Gäste in den Container eingeladen. Darunter auch die Schriftstellerin Elfriede Jelinek. NEWS lud die beiden Aktionisten zum Gespräch.

Schlingensief: Dass es für die Wiener Provokation pur ist, wenn ich als Deutscher zum fröhlichen Asylantenabschieben einlade, habe ich nicht erst gemerkt, als eine geballte Faust auf mein Gesicht zukam …

Jelinek: … das war nicht zu übersehen.

Schlingensief: Die Österreicher an sich, so wie sie vor dem Container standen, sind in meinen Augen latent schizophren – hochgradig aggressiv, aber dann plötzlich doch wieder versöhnlich. Vielleicht bin ich hier so was wie ein Therapeut? In diesem Land ist eine unglaubliche Zerrissenheit und Angst zu spüren. Einige gehen ganz laut vor, andere stehen ängstlich daneben, gucken, ob jemand guckt.

Jelinek: In Deutschland stehen die Neonazis außerhalb der gesellschaftlichen Norm und tun alles, um diese Norm zu verschieben. In Österreich muss niemand so aggressiv werden, weil sich hier die gesellschaftlichen Normen nur sehr langsam, wirklich schleichend, zu verschieben beginnen. Das ist das Gefährliche an einem Faschistisierungsprozess. Christoph, da können wir wirklich etwas von dir lernen. Du bist jemand, der alles unglaublich schnell erkennt, abtastet und umsetzt, wie dieses intellektuell äußerst komplizierte Container-Projekt zeigt.

Schlingensief: Diese soziale Skulptur ist wie ein osmotischer Schwamm, der alles aufsaugt und die unterschiedlichsten Zaungäste anlockt, von alten Männern bis zu typischen Demo-Gängern, von den Punks bis zu den Promis.

Jelinek: Für mich war sofort klar, dass ich mitmache. Obwohl ich sehr schüchtern, zurückhaltend und auch noch klaustrophobisch bin. Für mich ist es eine große Überwindung, mich Menschenmassen auszusetzen. Aber ich habe mich getarnt, mit Hut und ohne Zöpfe. Kaum im Container, habe ich mich gleich in die Arbeit gestürzt und mit den Abschiebekandidaten ein Stück geschrieben. Verwerten will ich es aber nicht. Es ist, was es ist: Kunst! Es hat Spaß gemacht, es waren sehr nette Leute – und ich wollte nicht aufdringlich wirken oder wie eine Stiftstante betrachtet werden, die Socken strickt für die Armen. Ich weiß, dass ich eine Luxusexistenz führe.

Schlingensief: Das Projekt wird sicher in einigen Zeitungen nachher als Gag abgetan. Wenn ich nun lauthals verkünden würde: „Das ist jetzt Kunst!", würde das Projekt zu einem Ghetto, und Feierabend.

Jelinek: Es kann gar nicht zum Ghetto werden. Es ist, was es ist! Das da ist nicht einfach ein Container, sondern da tut sich ja was, es trägt seine Geschichte in sich. Ich verstehe nicht, weshalb die „Kronen Zeitung" klagen will. Du hast doch sogar Werbung für die gemacht. Christoph, vielleicht solltest du den Spieß umdrehen und von ihnen Geld verlangen. Und wenn sich dieser lächerliche Kärntner Provinzpolitiker und seine Partei aufregen und mit Klagen drohen – für mich ist der Container eine intellektuelle Simulation und nicht ein soziales Experiment. Es ist doch keine Versuchsanordnung, sondern Kunst. Die Leute regen sich doch nur auf, dass sie Geld für etwas bekommt, das sie nicht als Kunst verstehen.

Schlingensief: Witzig ist doch, dass sich manche fragen, ob unsere Asylanten nun echt sind oder nicht. Sie sind echt! Und im Theater durch einen Bereich geschützt, den man auch benutzen sollte. Das ganze Projekt ist aus unseren Ängsten heraus geboren – ich selbst habe auch immer die latente Angst, ob ich mich dabei nicht selber falsch verhalte …

Jelinek: … oder dass ganz Österreich sich abschottet und wir alle in einem großen Container sitzen.

Schlingensief: Es gibt ja einen Zauberschlüssel, dass das nicht passiert – wenn Herr Schüssel sagt, er löst die Koalition auf. Ich kann ihm garantieren, dass er dann zwar nicht mehr Bundeskanzler von Österreich wäre, dafür aber der König von Europa.

Jelinek: Wenn er es nicht macht, ist er erledigt. Er ist zwar machtgierig und verlogen – aber er ist nicht blöd. Am meisten haben schon die bilateralen Maßnahmen der vierzehn EU-Partnerstaaten bewirkt. Ich sollte jetzt wirklich langsam einen „Verein der Freunde der Maßnahmen" gründen, denn die ganze Patriotismusscheiße und das Schulterschlussgewäsch gehen mir jetzt langsam auf den Geist.

> „In diesem Land ist eine unglaubliche Zerrissenheit und Angst zu spüren."
> **CH. SCHLINGENSIEF**

> „Für mich ist der Container eine intellektuelle Simulation und nicht nur ein Experiment."
> **ELFRIEDE JELINEK**

Duett. Schlingensief und Jelinek bilanzieren für NEWS die Aktion.

hat, hergestellt hat, also in den Köpfen der Rezipienten dieser Aktion im Container, und da entstehen Interferenzen zwischen dem, was der Zuseher sieht, dem, was er in der Fernsehsendung gesehen hat und dem, was er sowieso immer schon gewusst oder später vielleicht dazugelernt hat. Und zwar unzählige Interferenzen. Natürlich ist jedes Kunstwerk für jeden etwas anderes. Aber hier würde man ein Oszilloskop brauchen, um die vielen Bedeutungs-, Bewusstseins- und Informationsebenen irgendwie zusammenzubringen.

Schlingensief ist ein Generator. Wir betreten das E-Werk. Er legt uns ein Feld an, und die Elektronen erheben sich von ihren Plätzen, sie müssen wandern, immer nur wandern, da ist ein Platz frei geworden von einem, das gewandert ist, schon setzt ein andres sich hin, und weiter geht's, zum nächsten freien Platz. Es wird mit dem Container-E-Werk bewirkt, dass das Licht an den verschiedensten Stellen an- und an andren wieder ausgeht. Wir gehen selber gern aus, aber andre müssen immer nur: wandern. Wir sind ihre Leiter. Wir sind die Herren, die Hirten, uns wird nichts mangeln, anderen aber schon.

Das alles geschieht auf einmal. Und irgendwann einmal, wir ahnen es vorher nicht, geht auch uns ein Licht auf. Mir ist es aufgegangen, als der US-Regisseur Peter Sellars, der in L.A. lebt, mit einem Mitarbeiter im Container vorbeigeschaut hat. Die beiden leben in einer der Weltgegenden, die man Schmelztiegel nennt, weil man Vergleiche mit Essen ja so gern hat: die beiden leben also an einer der schwerst bewachten Grenzen, wo Arm von Reich dauerhaft geschieden werden soll, und sie haben die Versuchsanordnung Schlingensiefs sofort verstanden, ohne dass man ihnen hätte irgendwas erklären müssen.

Sie haben gesagt, überall sollen solche Container stehen, und damit hat dieser berühmte Regisseur uns Ösis wieder dorthin zurückverbannt, wo wir immer schon waren und wo diese Regierung möglich geworden ist: in die finsterste Provinz, wo die Leute sich weigern, sich vom Denken rufen zu lassen, und dem Denken immer schon ihre patzigen Antworten geben, bevor sie es noch eingeschaltet haben, das schöne Denken, das auch nach fünfzig Jahren noch wie neu ausschauen kann, wenn man es ordentlich beschäftigt und danach wieder ordentlich sauber macht. Bevor sie das Denken noch befragt haben, plappern sie schon die Antworten, diese nagelneuen Politikerinnen und Politiker. Dabei könnte das Denken uns beschützen. Aber die derzeit Herrschenden wollen das nicht, sie wollen uns immer nur vor den anderen beschützen, egal wer die überhaupt sind. Würden wir denken wollen, gäbe es genug zu bedenken, keine Sorge. Aber die Damen und Herren mit den gelben Überfremdungsplakaten, die wollen sich mit ihren vorgefertigten Meinungen, die sie sich als Bedienerinnen halten, eben immer nur: bedienen lassen mit dem, was sie schon wissen.

Was ich im Container gemacht habe? Egal, ich hätte auch was ganz anderes machen können, aber zum Glück durfte ich wenigstens hinein. Ich habe die Insassen alle deutschen Sätze aufschreiben lassen, die sie kannten, und ich habe draus ein kleines Kasperlstück gebastelt, das dann am Abend, gespielt von den Autorinnen und Autoren, aufgeführt wurde.

Der häufigst gebrauchte Satz, den wir alle sicher noch gut brauchen werden, lautete: Helfen Sie mir!

Der Standard, 16.6.2000

Die Ausländer-Beschwörung

Süddeutsche Zeitung, 16.6.2000

In den Wind gereimt

Der Mob, der die Regierung hasst,
terrorisiert, was ihm nicht passt,
und schädigt unser Land massiv,
vereint mit jenem Schlingensief.
Natürlich, wo sie solches pflegen,
ist auch Frau Jelinek zugegen.
Seht sie aus dem Container winken –
Verona Feldbusch unsrer Linken!
Dem Stadtrat Marboe liegt's am Herzen,
es sich mit niemand zu verscherzen.
Doch der sich nichts zu sagen traut,
ist mittlerweile längst durchschaut.
So dringend braucht Kultur solch Schwarze
wie auf dem Podex eine Warze.

Wolf Martin

Neue Kronen Zeitung, 18.6.2000

Dieser sogenannte Kunstgenuß des Herrn Schlingensief vor der Staatsoper in Wien ist eine Nestbeschmutzung sondergleichen an uns Österreichern, die endlich auch Konsequenzen haben muß. Wenn die Initiatoren der Wiener Festwochen, die Herrn Luc Bondy, Schlingensief, der rote Bürgermeister Häupl, der schwarze Kulturstadtrat Marboe und Groer, sowie Frau Jelinek, diesen „Kunstgenuß" aus ihrer Privatschatulle bezahlen müßten, wäre uns diese ekelhafte Nestbeschmutzung sicher zur Gänze erspart geblieben.

S. Leitgeb
Leopoldsdorf

Leserbrief, Zur Zeit, 7.7.2000

Kulmination
Schlingensief-Aktion

Ich liebe Österreich
montiert von Elfriede Jelinek aus Texten der Asylanten von „Bitte liebt Österreich!" mit Hilfe von Mario Rauter

Krokodil: Ich bin Frau Magister Heidemarie Unterreiner. Morgen komme ich und esse Menschen.
Gretl: Bitte helfen Sie mir, ich liebe österreichische Menschen.
Krokodil: Ich bin Frau Magister Heidemarie Unterreiner. Ich wollen einen schönen Tag. Und alles österreichische Menschen.
Gretl: Ich will sein frei weil das Welt ist und alle haben recht.
Krokodil: Ich bin Frau Magister Heidemarie Unterreiner. Mein Ein und Alles, mein Jörg, hat rechts.
Kasperl: Ich bin endlich Bundeskanzler. Ich liebe Menschen – fürchtet euch nicht. Ich möchte ein Schauspieler werden, jetzt bin ich schon ein Schauspieler.
Gretl: Bitte helfen Sie mir, ich liebe Österreich.
Kasperl: Ich bin Bundeskanzler. *(aggressiv)* Bitte nichts als raus.
Gretl: Ich lebe gern alles. Das ist ein schöner Tag. Bitte helfen Sie mir, ich liebe Österreich.
Krokodil: Ich möchte positiv leben in Österreich. Ich wollen nicht raus, *Sie* müssen raus. Alles raus! Alles raus! Ich bin idealistisch.
Gretl: Ich will nicht negativ Kampf, wir haben viel Schmerzen mit alles, das wir hier haben in Österreich.
Kasperl: Ich bin kein Ausländer. Ich habe eine schöne Frau geheiratet. Bitte helfen Sie mir nicht.
Gretl: Ich helfe Ihnen schon, denn ich nix wollen Krieg – wir sind alles Menschen.
Krokodil: Ich bin Frau Magister Heidemarie Unterreiner. Guten Morgen. Bitte kommen Sie zum Essen. Bitte seien Sie mein Essen. Ich möchte bitte Mann!
Gretl: Meine Heimat ist eine Welt. Ich komme aus der Welt.
Kasperl: Aber nicht aus meiner.
Gretl: Ich brauche einen Reisepaß von einer Welt. Ich will Arbeit.
Teufel: Ich bin Bundesländerchef. Sie können nicht arbeiten.
Gretl: Ich kann kein Essen kaufen.
Teufel: Sie müssen nicht essen. Sie sind nicht aus China.
Gretl: Ich möchte in Österreich bleiben. Ich möchte Arbeit.
Krokodil: Bitte, danke! Bitte, danke! Bitte, danke! *(frißt Gretl)*
Kasperl: Ich liebe Österreich.
Gretl: *(aus dem Off)* Bitte helfen Sie mir!
König: Ich bin euer Bundestommy. Ich liebe österreichische Menschen. Ich wollen nichts Krieg. Alles Menschen, nichts Lärm. Alles österreichische Menschen. Ich wolle sie gut Wetter, gut, schön Tag.
Kasperl und Krokodil: Wir brauchen nichts als Menschen. Wir leben in Europa mit Europäern. Unser größter Wunsch ist, Schauspieler zu werden. Bitte helfen Sie uns zu dieser Möglichkeit. Danke!
Teufel: Bitte kommen Sie in die Hölle zum Essen. Ich möchte Arbeitsbewilligung. Ich bin ein junger Mann. Ich habe Hände und kann arbeiten.
Krokodil: Ich will nicht denken, Caritas mir immer helfen. Ich will nicht denken. Ich habe Essen. Ich habe gutes Schlafen.
Teufel: Ich habe gute Helfer, aber ich brauche sie nicht.
Polizist: Ich habe Hände, ich will arbeiten. *(führt sie ab)*
Alle gemeinsam: Mein Gott, der arme Wolfgang!
(bis keiner mehr Lust hat)

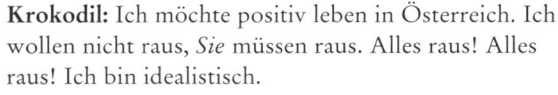

Matthias Lilenthal, Claus Philipp (Hgg.): Schlingensiefs AUSLÄNDER RAUS. Bitte liebt Österreich. Frankfurt am Main Suhrkamp 2000, S.151-152

„Das Lebewohl"

Der Sprecher: [...] Ich gehe Hand in Hand, mit allen, bin absolut zufrieden, diesen Minister ausgewählt zu haben und diesen auch, nur mit dem und dem bin noch nicht ganz zufrieden: ach, da hab einen Fehlgriff getan nach dem Falschen: ich. Den hat zu früh ein Schmerz umwunden, und schon war er weg, trotz ehrlicher Worte. Auch wenn die Hauptlast tragen muß: ich, und die haßerfüllte Linke weltweit zum Dämon gemacht hat: mich, rückblickend würde wieder es so machen: ich. So und nicht anders. Nicht weiter zeugen, nicht weiter Sohn sein, nicht weiter Sonne sein, Schuld – ebenfalls: genug! Kinderkram wird bleiben, die Schuld: sie. Kinderlos wird ab sofort Frau bleiben: keine. Du aber du aber, großer Mund: ich selbst, bewache das Land und dieses Tor, durch das eh mehr darf: keiner. Ich sind: alle. Mit dem klaren Blick des vom Vater niemals Entwöhnten sehs jetzt: ich. Die Freiheit vertreib: ich, das Dunkel seh gar nicht: ich. An die Stürme gebunden fühl mich: ich. Mit der Zeit wieder heiter sein will: ich. Was verborgen ist sichtbar machen will: ich. Der Schatten sein will auch: ich, falls mal passiert: was. Mache das alles ich für: euch. Vor euren Sorgen befrein kann euch: ich. Damit hätten beschämt euch jene: wir, jene, die unter dem Eindruck des Machtverlusts bereit waren, im Ausland zu denunzieren: uns. In den Spiegel schauen können will: ich auch mich. Zögern will nicht auch: ich. Mein Vater sein will auch: ich. Sag nicht Mutter! Sag Vater! Sag nicht Mutter! Sag Vater! Und zieh dein Schwert! Die Toten sein will auch: ich. Mutiger Helfer sein will auch: ich. Das Tuch vor Augen, um die Gemordeten nicht zu sehen, brauche nicht: ich. Alle niedermachen will auch: ich. Alle sein will auch: ich. Kein Stein auf dem andern sein will auch: ich. Die Freiheit sein will auch: ich. Vaters Kind sein will auch: ich. Sags Mutter, sags Vater, sags Mutter, sags Vater. Sag ich. Sag doch: ich! Die ganze: Zeit!

Elfriede Jelinek: Das Lebewohl. Berlin: Berlin Verlag 2000, S.34-35 (Schluß des Monologs)

Ich bin zufrieden, einen Finanzminister ausgewählt zu haben, der von Steuerzahlern trotz ehrlicher Worte begeistert akklamiert wird. Auch wenn ich die Hauptlast der Wende zu tragen habe und mich eine haßerfüllte Linke weltweit zum Dämon gemacht hat, ich würde es, rückblickend gesehen, wieder so machen.

aus: Jörg Haider: Glücksgefühl nach bangen Stunden. News, 9.3.2000

News, 9.3.2000

Glücksgefühl nach bangen Stunden

HAIDER SCHREIBT. Für die „Welt am Sonntag" schrieb der FPÖ-Chef über die bitteren Stunden seines Rücktritts. NEWS bringt den ganzen Text.

Die Frage, ob ich den Rücktritt von der Parteispitze vollziehen sollte, hat mich lange gequält. Mir war klar, daß eine Regierungsbildung in Wien ohne meine Teilnahme auch bei mir Konsequenzen haben müsse.

ELFRIEDE JELINEK
„Das Lebewohl"
ein Haider-Monolog
vorgetragen von
Martin Wuttke
als künstlerischer Auftakt der Donnerstagsdemonstration
22. Juni 2000, 18 Uhr
auf dem Ballhausplatz

Flugblatt

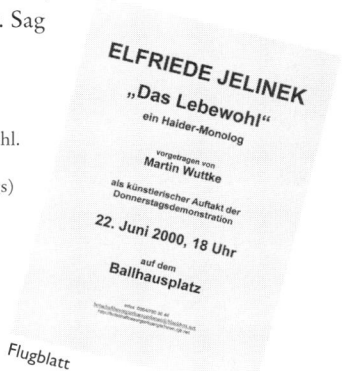

Am 22.6.2000 wird Elfriede Jelineks Haider-Monolog „Das Lebewohl. Les Adieux" auf dem Wiener Ballhausplatz als Auftakt der wöchentlichen regierungskritischen Donnerstagsdemonstration uraufgeführt. Organisiert wird die Aktion von Elfriede Jelinek, Pia Janke und der Botschaft besorgter Bürgerinnen und Bürger, einer im Februar 2000 auf dem Ballhausplatz eingerichteten Anlaufstelle für alle mit der neuen Regierung Unzufriedenen. Sprecher des Monologs ist Martin Wuttke. Der Monolog basiert auf einem in „News" unter dem Titel „Glücksgefühl nach bangen Stunden" veröffentlichten Originaltext von Jörg Haider anläßlich seines Rückzugs nach Kärnten und der „Orestie" des Aischylos. Rund 2000 ZuschauerInnen verfolgen die Aufführung, die mit Kärntner Liedern eingeleitet wird. Im Anschluß erfolgt der gemeinsame Aufbruch zur Donnerstagsdemonstration.

Tragödie und Farce in einem – *Pia Janke*

Der Standard: *Das Lebewohl ist ein Theatertext zur aktuellen politischen Lage Österreichs. […]*
Elfriede Jelinek: Ich schreibe alle meine Texte immer sehr schnell. Es ist eine Methode, mit raschen Strichen etwas von außen zu umkreisen und einzufangen. Dieser spezielle Text ist keine politische Stellungnahme, sondern, wie immer bei mir, weil ich unfähig bin, etwas sozusagen „auf den Punkt zu bringen", wie es z.B. Antonio Fian mit seinen Dramoletten tut, eine Zustandsschilderung. Wir können da natürlich keine Realismusdebatte führen, aber ich bemühe mich schon, für bestimmte Inhalte auch spezifische ästhetische Methoden zu finden, die aber immer von der Sprache selbst ausgehen. Etwas „beim Genick" zu fassen, also gedanklich zuzuspitzen, das kann ich nicht. Ich muss es aus der Sprache selber entstehen lassen, und mit diesen Aufzeichnungen Haiders hat sich mir die Sprache ja wirklich in die Hand gegeben, ein Geschenk des Himmels, so etwas bekommt man nicht oft. […]
Es scheint, als würde es in Ihrem neuen Theatertext, im Gegensatz zu anderen, eine wirkliche, greifbare Figur geben. Lässt sich dieses „Ich" als Jörg Haider definieren?
Notgedrungen kann man dieses Ich als Haider definieren, er hat ja die eine Sprachebene vorgegeben, er läuft sozusagen als Orgelpunkt immer mit, egal, was gesagt wird. Vielleicht ist das ja ein echter Bühnenmonolog, im Gegensatz zu meinen andren Monologen, die meist viel künstlicher sind, abstrakter, und bei denen das Denken führt, oft in Form von Montagefetzen – ich literarisiere sozusagen Theorie – aber nicht das wirkliche Nachdenken über etwas.
Der Text markiert eine Zeitenwende. Sehen Sie die Situation in Österreich heute als Anbruch einer neuen Zeit? […]
Ja, Zeitenwende es ist vielleicht ein hochtrabender Ausdruck, zu pathetisch, aber es ist etwas geschehen, dass niemand von uns für möglich gehalten hätte. Dass gerade in einem der Täterländer die extreme Rechte wieder an die Macht kommt. Es ist zumindest mir unvorstellbar erschienen, dass das möglich sein könnte. Aber gerade indem man es mit der Zeitenwende, die Aischylos' Atridendrama markiert, zusammenbringt, entfaltet es seine ganze Lächerlichkeit und Banalität und dadurch vielleicht noch mehr Schrecken, als wenn man es in der Banalität beließe. Es ist, frei nach Marx, Tragödie und Farce in einem. Man greift zu kurz, wenn man es nur eine Farce nennt, weil es natürlich auf den ersten Blick danach aussieht, aber es ist eben auch eine Tragödie.
Sie verarbeiten in Das Lebewohl *neben einem Text Jörg Haiders auch die Orestie des Aischylos in der Nachdichtung von Walter Jens, einen Text, der auf den ersten Blick nur als Kontrast fungieren kann. Aber wird nicht in der Kombination mit dem Haider-Text auch das Pathos der Orestie fragwürdig?*
Es entsteht eine Art dialektischer Wechselwirkung, denn natürlich wird wiederum das kalte Pathos der Nachdichtung von Jens, der sich die Rolle des geschichtsverändernden Individuums anmaßt, durch die Anmaßung Haiders kenntlich gemacht. Es ist, als ob sich die beiden gegenseitig aufschaukeln würden. Die Tragödie besteht ja auch darin, dass eine im Grunde lächerliche Figur, ein Mann, der, wenn er einmal wirklich von sich selbst spricht, nur Klischees und Pappe von sich gibt, eben auch einer ist, der die ganze Gesellschaft jetzt seit über zehn Jahren politisch vor sich hertreibt, sicher auch in dem Bestreben, seinen (schuldiggesprochenen) Vater zu rächen, den eine Mänade, das demokratische Nachkriegsösterreich, zur Strecke bringen, zur Verantwortung ziehen wollte für die „Ideale", die er in seiner Jugend gehabt hat, und Ideale sind doch was Schönes, oder?, ähnlich wie Ehre und Treue. Das wissen wir doch alle, dass es nett ist, wenn man ehrlich ist und treu. […]

Der Standard, 17.6.2000

„Verläßlich sind wir wie der Tod"

Elfriede Jelineks jüngstes Werk, „Das Lebewohl. Ein Haidermonolog" wurde zu Fronleichnam am Ballhausplatz uraufgeführt.

Fronleichnam, Wiener Ballhausplatz, 36 Grad Hitze. Vor der Botschaft besorgter Bürgerinnen und Bürger haben sich 1.200 Menschen versammelt, Kärntner Volksmusik erklingt aus den Lautsprechern. Auf die Bühne mit Blick auf Bundeskanzleramt und Hofburg treten acht Burschen in Lederhosen, jeder mit Ähren und Kornblumen in der Hand, den Blumen der illegalen Nazis.

„Verläßlich sind wir wie der Tod, jetzt sind wir da", hallt eine dunkle Stimme über den geschichtsträchtigen Heldenplatz. „Das Land gehört uns, nach langer, glücklicher Reise." Der Berliner Bühnenstar Martin Wuttke, der für seine Hitler-Darstellung in Brechts „Der aufhaltsame Aufstieg des Arturo Ui" am Berliner Ensemble 1995 zum Schauspieler des Jahres gekürt wurde, spielt wieder einen österreichischen Diktator. „Ich bin der bekannteste Diktatoren- und Hundedarsteller deutscher Zunge", sagt Wuttke grinsend zu FORMAT. „In dieser Funktion bin ich hier auch eingeladen worden."

WIR WARENS NICHT. Mit blonder Perücke, Sonnenbrille, schwarzem Anzug und T-Shirt spricht er zu den schönen Knaben: „Wir warens nicht, und unsre Väter warens auch nicht. Sie können nicht gewesen sein." Gelächter im Publikum. „Ach! Unsere Väter warens vielleicht doch, aber es hat nichts gemacht. Es hat ihnen nicht geschadet."

Elfriede Jelineks neues Theaterstück „Das Lebewohl. Ein Haidermonolog" erlebt am Ballhausplatz vor der wöchentlichen Donnerstagdemo seine Uraufführung. Die wortmächtige Autorin, die das Aufführungsverbot ihrer Stücke in Österreich für die Dauer der FPÖ-Regierungsbeteiligung bestätigt, steht unbeweglich im Publikum: groß, schmal, blaß, wie eine Glasfigur, mit langen Zöpfen und Sonnenbrille. Um sie großes Mediengetöse. Internationale Journalisten und TV-Teams stehen Schlange, um einen wohlformulierten Satz von Österreichs gnadenloser Moralistin zu erhaschen.

Ihr kunstvoller Text, der Monolog eines Politikers, in dem Jelinek „erbärmliche" Haider-Zitate mit „historisch und pathetisch aufgeladenen" Passagen aus der „Orestie" des Aischylos „in einer musikalischen Verfahrensweise" verknüpft, hat das Ziel, so Jelinek,

„Haider lächerlich zu machen". Dieses Ziel wird am Ballhausplatz erreicht, denn gelacht und geklatscht wird viel an diesem Abend.

Jelinek: „Es ist toll, daß hier trotz Donauinselfest und brütender Hitze 1.200 Leute diesem Stück gefolgt sind, ein volles Burgtheater! Dieser ironische, künstliche Text ist kein vordergründiges Agitpropstück, sondern ein Sprachkunststück. Ich kann nur mit meiner Sprache protestieren. Ich bewundere den Schlingensief, der sich hinstellt und wie ein Katalysator chemische Reaktionen hervorruft. Sprache kann nicht in dieser Weise polarisieren, weil sie Abstraktionsfähigkeit fordert, ein Dekodieren von Zitaten, Tonhöhen."

Elfriede Jelinek: *Warteliste für Journalisten.*

Von Wuttkes Performance ist sie hingerissen: „Er hat die sehr künstliche Sprache noch einmal verfremdet durch Brechungen, einen eigenwilligen Rhythmus und gerissenen, zackigen Vortrag." Und der Schauspieler, der das Stück im September auch am Berliner Ensemble spielen wird: „Ich finde die politische Situation nicht nur in Österreich Scheiße, denn das, wofür Haider steht, gibt es überall in Europa. Eigentlich interessiert mich das Phänomen Haider nur als mediales Ereignis."

„ALLE NIEDERMACHEN WILL AUCH ICH". Am Schluß brüllt Wuttke die schaurige Botschaft des Diktators über den Wiener Heldenplatz: „Die Freiheit vertreib: ich. Von euren Sorgen befreien kann euch: ich. Alle niedermachen will auch: ich. Alle sein will auch: ich. Die Freiheit sein will auch: ich."

– ELISABETH HIRSCHMANN-ALTZINGER

Format, 26.6.2000

Spielt Arturo Ui in Berlin, Jörg Haider in Wien: Martin Wuttke. *Foto: Dreissinger*

Kritisches Theater ohne staatliche Vereinnahmung: Elfriede Jelinek. *Foto: dpa/Pilick*

Jelinek-Uraufführung bei Donnerstags-Demo

Der Standard, 19.5.2000

Salzburger Nachrichten, 24.6.2000

Was das Ereignis dieser Lesung, an einem der heißesten Tage des Jahres, betrifft, so war es wirklich unwiederholbar, weil es eben nichts anderes sein durfte. Es war ein wahres Ereignis insofern, als es notwendig war und auch in gewisser Weise, über den Abgrund der herrschenden Verhältnisse hinweg, die Wahrheit gesagt hat, die man vielleicht wirklich nur ein einziges Mal auf eine so simple Weise sagen kann, daß man einfach etwas benennt. Daher rührt auch die seltsame Entrücktheit, vielleicht sogar Verrücktheit, die das ganze in mir hervorgerufen hat. Zeit und Raum hängen ja zusammen, aber in diesem Fall hat die Zeit einen gewissen Spielraum gehabt, und den hat sie für dieses eine Spiel genutzt. Mehr war nicht möglich.

Elfriede Jelinek über die Aufführung des „Lebewohl" auf dem Wiener Ballhausplatz (in: booklet zur CD „Das Lebewohl")

Kulmination "Das Lebewohl"

"Jetzt sind wir da"
Martin Wuttke mit Elfriede Jelineks Haider-Monolog auf dem Ballhausplatz
– Cornelia Niedermeier

[...] Fast unbemerkt von den Medien hatte hier für alle Öffentlichkeit eines der intelligentesten, spannendsten, ästhetisch wie politisch bedeutendsten Theaterereignisse der letzten Zeit stattgefunden – mit Sicherheit das interessanteste neben Christoph Schlingensiefs Container-Projekt *Bitte liebt Österreich!*.
Es ist kein Zufall, dass beide Projekte die hermetische Geschlossenheit der Theater flohen und die Öffentlichkeit suchten, beide im Zentrum der Republik, vor den steinernen Toren der Macht. Und es ist kein Zufall, dass genau diese beiden Projekte sich – wie es gerne versucht wird – als simple Agitprop mit einfach zu benennender Gegnerschaft subsumieren lassen.
In beiden Fällen handelt es sich um hoch artifizielle Texturen, die sich jeglicher Vereinnahmung entziehen – weit mehr, als dies viele andere Darbietungen auf den Bühnen des Landes tun. Und ein weiteres Mal offenbart Jelineks Entscheidung, ihren Text den offiziellen Institutionen und ihrem Repräsentationsgestus zu entziehen, wie sich gegenwärtig in politisch hoch brisanten Zeiten die Sensibilität für falsche Töne auf dem Theater und im Theater stärkt. [...]

Der Standard, 24.6.2000

„Das Lebewohl" – CD-booklet-Seiten, Fotos: Botschaft besorgter Bürgerinnen und Bürger, Grafik: ?land Baurecker

Kulmination „Das Lebewohl"

INTERVIEW

„Nicht regierungsfähig"

Exakt ein Jahr nach dem Start von Schwarz-Blau bringt Elfriede Jelinek ihren Haidermonolog „Das Lebewohl" auf CD heraus.

INTERVIEW:
ELISABETH HIRSCHMANN-ALTZINGER

FORMAT: *Warum haben Sie sich entschlossen, den Mitschnitt der Leseaufführung Ihres Haidermonologs „Das Lebewohl" auf CD herauszubringen?*
JELINEK: Das Ereignis dieser Lesung von Martin Wuttke an einem der heißesten Tage des vergangenen Jahres war besonders und unwiederholbar. Wuttke hat die sehr künstliche Sprache des Textes noch einmal verfremdet durch Brechungen und einen eigenwilligen, zerrissenen, zerhackten Vortrag. Die Stimmung im Publikum war toll. Ich wollte mich bei den jungen Leuten, die jeden Donnerstag brav mitgehen auf den Demonstrationen, mit der Lesung und jetzt mit der Dokumentation auf CD bedanken.
FORMAT: *Die CD erscheint in limitierter Auflage und ist bei der „Botschaft besorgter Bürgerinnen und Bürger" am Ballhausplatz gegen eine Spende erhältlich. Sie verdienen nichts daran?*
JELINEK: Also diese CD sollte kein kommerzielles Unternehmen werden, sondern, wie auch die Aufführung selbst, eine private oder halbprivate Angelegenheit, die der „Botschaft besorgter Bürgerinnen und Bürger" zugutekommen sollte. Das ist eine Benefizaktion, ich werde selbstverständlich nichts daran verdienen, ebensowenig wie Martin Wuttke oder sonst jemand von den Beteiligten. Profit darf man damit keinen anstreben, das versteht sich wohl von selbst.
FORMAT: *Wie sinnvoll sind die Demonstrationen heute? Gehen Sie noch mit?*
JELINEK: Ich finde die Donnerstagsdemonstrationen großartig – eines der wenigen Zeichen von Bürgertugend in diesem Land. Da ich bekennen muß, daß mein Marschiereifer etwas nachgelassen hat, wofür ich mich schäme, bin ich doppelt froh, daß ich den Demonstrantinnen und Demonstranten wenigstens diese Lesung mitsamt der CD als kleines kulturelles Beiprogramm stiften konnte.

Widerstand: Jelinek und Wuttke gegen Haider.

ELFRIEDE JELINEKS HAIDERMONOLOG AUF CD

DAS LEBEWOHL, Elfriede Jelineks im März 2000 entstandenes Sprachkunststück, das einen „kläglichen" Text von Jörg Haider mit der „Orestie" des Aischylos verknüpft, wurde am 22. Juni 2000 vom Berliner Bühnenstar Martin Wuttke in einer halbszenischen Aufführung am Wiener Ballhausplatz vor 1.200 Zuhörern rezitiert. Mit der von der „Botschaft besorgter Bürgerinnen und Bürger" zum Auftakt der Donnerstagsdemo organisierten Widerstandslesung, deren Mitschnitt auf CD Jelinek am 8. 2. in ihrem Zelt am Ballhausplatz präsentiert, durchbrach die Autorin für einen Tag ihr Österreich-Aufführungsverbot.

FORMAT: *Die schwarz-blaue Regierung, die „Botschaft", die Demos und Ihr Aufführungsverbot sind ein Jahr alt. Was haben Sie erreicht?*
JELINEK: Für mich ist diese Regierung immer noch ein Bruch mit einer zivilisatorischen Errungenschaft, nämlich daß die extreme, populistische Rechte in einer europäischen Regierung nichts verloren hat, was insbesondere für die ehemaligen Täterländer Deutschland und Österreich gilt. Daß diese Rechte nicht wirklich regierungsfähig ist, wie man sieht, kann ich mir leider nicht auf mein kleines Boykottfähnlein heften, das war von Anfang an klar, denke ich. Umso verwerflicher von einer sich christlich nennenden Partei, daß sie, bei absehbarem Ergebnis, diesen Schritt in die Koalition getan hat.
FORMAT: *Hat sich am Haider-Bild, das Sie in Ihrem Stück entwerfen, etwas geändert?*
JELINEK: Warum sollte sich an einem Haider-Bild etwas geändert haben, das zum überwiegenden Teil aus seinen eigenen Aussagen besteht? Außerdem ist ja das letzte Wort der Geschichte noch nicht gesprochen. Aber da man der Geschichte bis jetzt nicht zugehört hat, wird man vielleicht auch ihre letzten Worte nicht rechtzeitig hören.
FORMAT: *Ihr Haidermonolog wird derzeit am Berliner Ensemble gespielt. Glauben Sie, daß das Publikum in Berlin diesen Text versteht?*
JELINEK: Natürlich versteht man diesen Text in Österreich besser, weil man hier auch die kleinsten Nuancen, falls es welche gibt, deuten kann. Allerdings hat Ulrike Ottinger in Berlin das Stück schon im Hinblick auf allgemeine Tendenzen der Rechten inszeniert, die es ja leider auch außerhalb Österreichs gibt, obwohl sie nirgendwo sonst dermaßen aufgewertet werden und „salonfähig" sind.
FORMAT: *Wenn bei der Wiener Wahl Rot-Grün gewinnt, werden Sie dann Ihr Aufführungsverbot für Österreich aufheben?*
JELINEK: Die eventuelle Aufhebung meines Aufführungsverbots hätte sicher nichts mit irgendwelchen Wahlergebnissen zu tun, sondern ausschließlich damit, daß das ganze nicht immer mehr zu einer leeren pathetischen Erstarrung werden könnte, die irgendwann keinen Sinn mehr hat. Ich würde dieses Verbot aufheben, wenn mir ein Text einfiele, der in Österreich von solcher Relevanz wäre, daß man ihn hier aufführen müßte. Und wenn eine Aufführung zustande käme, mit der ich mich wirklich identifizieren könnte.

Elfriede Jelinek: Sprachkünstlerin und Widerstandskämpferin.

Die Botschaft besorgter Bürgerinnen und Bürger produziert von der Aufführung von „Das Lebewohl" auf dem Wiener Ballhausplatz eine CD. Der Verkauf der CD ist eine Benefizaktion: Die Beteiligten verzichten auf jedes Honorar, der Erlös kommt ausschließlich der Botschaft zugute. Am 8.2.2001 wird die CD zur Feier des einjährigen Bestehens der Botschaft auf dem Wiener Heldenplatz präsentiert. In weiterer Folge findet am 1.3.2001 bei der Botschaft auf dem Ballhausplatz ein Gespräch zwischen Elfriede Jelinek und Pia Janke zum Thema „Jörg Haider – eine Theaterfigur?" statt.

CD-Präsentation am 8.2.2001, Fotos: BBB

Format, 29.1.2001

Kulmination „Das Lebewohl"

CD „Das Lebewohl"
Grafik: ?land Baurecker

Elfriede Jelinek,
Pia Janke,
1.3.2001

Martin Wuttke als Sprecher
des „Lebewohls", Fotos: BBB

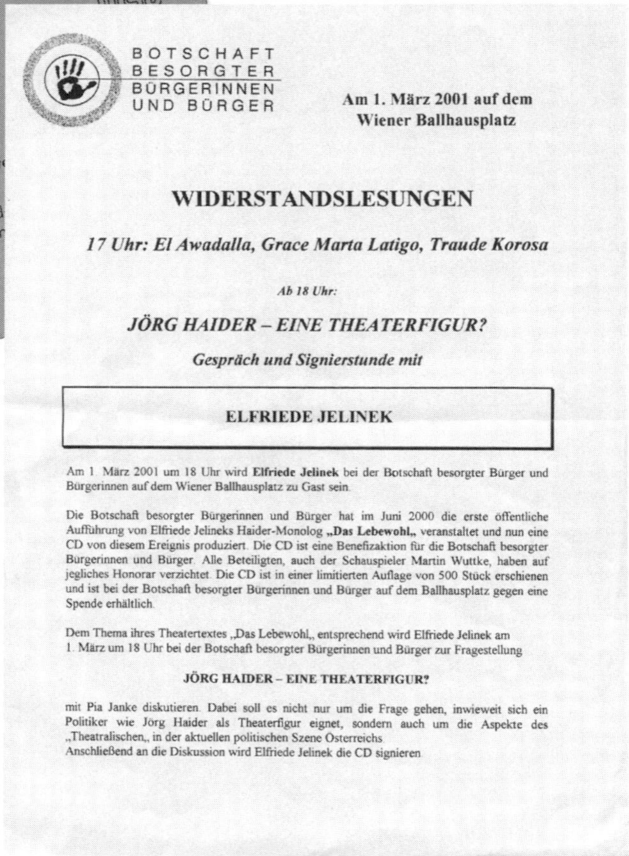

Flugblatt der Botschaft besorgter Bürgerinnen und Bürger

Elfriede Jelinek: „Haider ist eine Luftblase"

Autorin diskutierte am Ballhausplatz vor 100 Zuhörern die Frage „Jörg Haider – eine Theaterfigur?"

Wien – Am 22. Juni 2000 hatte die Autorin Elfriede Jelinek ihren Haider-Monolog „Das Lebewohl" von Martin Wuttke auf dem Wiener Ballhausplatz erstmals vortragen lassen. Donnerstag Abend bat die Autorin am gleichen Ort zur Signierstunde der daraus entstandenen CD und diskutierte mit der Germanistin Pia Janke die Frage „Jörg Haider – eine Theaterfigur?" Trotz abendlicher Kälte wurde die Veranstaltung der „Botschaft besorgter BürgerInnen", einer Informations-Drehscheibe der Regierungsgegner, von rund 100 Personen interessiert verfolgt.

Einen Tag nach der Aschermittwochrede des Kärntner Landeshauptmanns war gerade die Frage nach der Theatralik des realen Jörg Haider durchaus aktuell. Doch vor allem ging das Gespräch um die monologisierende Figur in Jelineks Stück, in dem Haider-Zitate mit Auszügen der Orestie verwoben wurden.

„Mein Problem war, jemanden sprechen zu lassen, der immer über andere spricht", meinte die Autorin, „der Diskurs Haiders ist einer über andere. Es gibt sehr wenige Aussagen von ihm über sich selbst". Deswegen, so Jelinek, sehe sie zwar das Schauspielerische an ihm, „aber ich sehe auch seine Ich-Losigkeit. Er ist eine riesige Leerstelle, die aufgebläht worden ist. Es gibt ihn eigentlich nicht. Er ist eine Luftblase, die nur existiert, wenn andere da sind."

Haider erinnere sie nicht an klassische Theaterfiguren, so Jelinek, sondern an die im katholischen Österreich so wichtige Erlöser-Figur: „Natürlich soll er hinwegnehmen die Sünden der Welt." Doch es bereite ihr Unbehagen, über Haider zu sprechen, schließlich wäre er erst durch das andauernde Reden über ihn groß geworden. Jelinek: „Er wird Leuten wie mir immer überlegen sein. Der Brutalität seiner Rede hat Kunst nichts entgegenzusetzen." (APA)

www.derStandard.at, 1.3.2001

Der Standard, 2.8.2001

Kicher, grins, neues Perlenketterl

Elfriede Jelinek

Berlusconi musste also den Protesten aus dem Ausland nachgeben und den Vorwürfen von Gesetzesverstößen gegen die Demonstranten von Genua (Den Mann erschießen wir jetzt mal und dann rollen wir langsam einmal vor, einmal zurück, über ihn drüber, und dann schauen wir, ob er auch wirklich ganz tot ist!) nachgehen. Der selbstverständlichen Pflicht, sich um ihre Staatsbürger im Ausland zu kümmern, kommen natürlich zahlreiche europäische Regierungen nach und intervenieren. Die inhaftierten Demonstranten aus diesen Ländern werden freigelassen. Und Österreich hält sich also zurück. Interessant. „Die dürfen sich nicht wundern, dass sie von der Polizei festgenommen werden, sei es in Italien oder sonstwo", kicher, grins, neues Perlenketterl. Und wenn wir sie nicht kriegen, diese ekelhafte VolxTheater-KulturKarawane, dann kriegen sie eben die Italiener, lächel, gschwind aufs Foto, bevors wieder weg is, und hopp, neues Kostümerl. Das sind ja unsere besten Verbündeten gegen diese Anarcho-Verbrecher, die Italiener, und am Donnerstag gehn diese gewalttätigen oder zumindest gewaltbereiten Terroristen doch sicher auch immer mit, na, nicht mit uns, kicherkicher, fesches Bluserl, rauf aufs Foto, runter vom Foto. Unterstützung vom Institut für Theaterwissenschaften, von der IG Kultur Österreich, von der Akademie der bildenden Künste, etc.?

Alles Verbrecherorganisationen! Tun Gewalttäter decken! Da tun wir doch viel lieber ein ganz liebes Deckerl drauf, gell, wie schaut denn das sonst aus!, die Verletzungen am Hinterkopf haben sie sich sicher gegenseitig gehaut, macht ja nix, müssen wir es nicht machen. Und kriegen nicht wir sie, kriegen die Italiener sie, recht so, nein, noch viel besser; die Verletzungen „können auch von den Krawallen stammen", nein, ganz sicher stammen sie von diesen, da brauchen mir keine Untersuchung nicht, kicher kicher, smile, neues Ketterl, und dann werden mir ein nettes Bundespräsidenterl werden, gell?!

Frau Dr. Benita Ferrero-Waldner treten Sie zurück!!

„...dass einige Inhaftierte offenbar bereits einschlägig aufgefallen und polizeilich vorgemerkt sind. Diese Personen dürfen sich also nicht wundern, dass sie von der Polizei untersucht werden." Das war das Gegenteil einer Unterstützung der in Italien inhaftierten und z.T. misshandelten Mitglieder der VolxTheaterKarawane, eine explizite Schuld-Vermutung, entgegen Art. 48 der Grundrechtscharta der EU: „Jede angeklagte Person gilt bis zum rechtsförmlich erbrachten Beweis ihrer Schuld als unschuldig." Sie haben deren Ansehen in der Öffentlichkeit geschädigt und ihre Situation gegenüber den italienischen Behörden deutlich verschlechtert. Alle anderen Staaten haben sich bei der italienischen Regierung unverzüglich für eine korrekte Behandlung bzw. Freilassung ihrer Staatsbürger eingesetzt.

„Wenn man heute mit einer Spielzeugpistole einen Banküberfall fingiert, darf man sich auch nicht wundern, dass man dann einmal von der Polizei festgenommen wird." Ihr Vergleich ist mehr als unpassend, denn was sich tatsächlich ereignet hat, wäre höchstens in einem ordnungsgemäßen Gerichtsverfahren zu klären. Art. 13 der EU-Charta heißt jedenfalls: „Kunst und Forschung sind frei." In Ihrer Äußerung findet sich keinerlei Hinweis auf dieses Grundrecht. Sie klingt vielmehr wie eine Verhöhnung von ÖsterreicherInnen, die von ihrer obersten Auslandsvertretung im Stich gelassen werden.

In Genua haben Polizisten - im TV zu sehen - am Boden liegenden Menschen auf den Kopf getreten, anderen wurde mit Holzknüppeln in den Bauch geschlagen. Und Mitglieder der VolxTheater-Karawane wurden bei der Verhaftung misshandelt. Zu den eklatanten Verstößen gegen Art. 4 der EU-Charta („Niemand darf der Folter oder unmenschlicher oder erniedrigender Strafe oder Behandlung unterworfen werden") haben Sie in der Öffentlichkeit lange beredt geschwiegen.

Wir machen uns ernsthafte Sorgen um ÖsterreicherInnen, die im Ausland in Schwierigkeiten sind. Offenbar ist der Schutz durch die österreichische Außenministerin nicht gewährleistet, der bei anderen westlichen Staaten Standard ist. Deshalb fordern wir Sie auf:

Frau Bundesministerin treten Sie zurück!

Otto Affenzeller, Juliane Alton, Michael Amon, Peter Androsch, Friedbert Aspetsberger, Asyl in Not, Rudolf Bachmann, Neda Bei, BEIGEWUM, Ernst Berger, Gabriele Boleloucky-Bolen, Eva Brenner, Eva Brückner, Swantje Cooper, Jacqueline Csuss, Andreas Dallinger, Georg Danzer, Nicole Delle Karth, Evelyne Dittrich, Johanna Dohnal, Susanne Feigl, Waltraud Finster, Kilian Franer, Georg Friedler, Judith Frisch-Wurth, Helmut Gahleitner, Michael Genner, Gustav Glaser, Christa Gottwald, Thomas Gratzer, Sonja und Heli Gröbner, Katharina Gsöllpointner, Hans Hauf, Hendrich Hermann, Elisabeth Hlavac, Peter Holubar, Karin Horn, Rainer Husty, Grita Insam, Elfriede Jelinek, Katja Kolnhofer, Michael Koling, Hubsi Kramar, Monika Krecek, Eva Kreisky, Peter Kreisky, Alice Krotky, Friederike Kulcsar, Franz Rupert Kurz, Roland Marcon, Herbert Maurer, Christine Muttonen, Gernot Paul Lechner, Silvio Lehmann, Siegi Lindenmayr, Chris Marsh, Monika Marzoch, Ingrid Moritz, Lisa Ndokwu, Maria Ostermeier, Ronald J Pohoryles, Hermann Popprath, Christoph Plutzar, RATAPLAN, Thomas Reindl, Angelika M. Rohrbacher, Eva Rossmann, Lena Rothstein, Gerhard Ruiss, Clemens Ruthner, Stefan Schandl, Norbert Scheed, Michael Scheidl, Andreas Schieder, A. W. Schiesser, Robert Schindel, Elisabeth Schmidt, Gilda Schrems, Alexander Schürmann-Emanuely, Harald Schweighofer, Ruth Seliger, Helga Smerhovsky, Claudia Sommer-Smolik, Erwin Steinhauer, Albert Steinhauser, Mary Steinhauser, Willi Stelzhammer, Margit Straka, Hans-Jürgen Tempelmayr, Stefan Teichgräber, Martina Thomasberger, Ernst Tiefenthaler, Elisabeth Vykoukal, Mella Waldstein, Vladimir Wakounig, Martin Wassermaier, Michael Weinzierl, Hans Winkler, Theodora Winkler, Günter Wimmer, WochenKlausur, Nurten Yilmaz, Marietta Zeug, Meinrad Ziegler, Thomas Zotter, Maria Zugerstorfer

Weitere Unterstützungserklärungen an:
Republikanischer Club, Rockhgasse 1, 1010 Wien
Email: repclub@repclub.at. Fax: 01 535 99 63
Kostenbeitrag mind. S 400,-: Kto: 610.620.502 bei BA 20151

Hinweis: Auf Ersuchen geben wir die Kontonummer für die Anwaltskosten der Inhaftierten bekannt: 78.653.843 bei der PSK, Zweck: „noborder"

Bezahlte Anzeige

Der Standard, 11.8.2001

Aktion der VolxTheater-Karawane in Genua
Fotos: VolxTheaterKarawane

Bei Demonstrationen von Globalisierungsgeg-nerInnen beim G-8-Gipfel in Genua am 21.7.2001 werden 17 Mitglieder der österreichischen „NOBorder NONation"-Theatergruppe „Volx-TheaterKarawane" verhaftet.
In der Folge werfen österreichische Kulturschaffende Außenministerin Benita Ferrero-Waldner vor, sich nicht für die Freilassung der Inhaftierten einzusetzen und Entlastungsdaten bewußt zurückzuhalten. Elfriede Jelinek reagiert auf die Ereignisse mit einem Text, der am 2.8.2001 im „Standard" unter dem Titel „Kicher, grins, neues Perlenketterl" publiziert wird. Außerdem unterzeichnet sie eine von André Heller verfaßte Petition, in der der Rücktritt der Außenministerin gefordert wird.

Kundgebung 16.3.2001

Anläßlich der bevorstehenden Wiener Gemeinderatswahl veranstalten die „Demokratische Offensive" und die „WienerWahlPartie" am 16.3.2001 auf dem Wiener Stephansplatz eine Anti-Regierungs-Kundgebung, die unter dem Motto „Gesicht zeigen! Stimme erheben!" steht. Protestiert wird gegen Ausgrenzung und Rassismus, gefordert werden mehr Demokratie und soziale Gerechtigkeit. Elfriede Jelinek nimmt an der Kundgebung teil und hält eine Rede, die den Titel „Rotz" trägt. In der „Presse" wird berichtet, daß bei der Kundgebung mehrere Plakate mit der Aufschrift „Tötet Haider" zu sehen gewesen wären. Mitglieder der FPÖ übernehmen diese Meldung. In der Folge veröffentlicht „News" ein Foto, auf dem der tatsächliche Wortlaut des Plakats zu lesen ist: „Tötet Haiders (M)-Wortspiele".

Rotz – *Die Rede Elfriede Jelineks bei der Kundgebung auf dem Wiener Stephansplatz*

Wir müssen hier wieder einmal ein kleines Stück unsrer Lebenszeit hergeben, um für etwas einzustehen oder, mehr noch, gegen etwas zu stehen, das anderen wie brauner Schleim, einfach so, ganz natürlich, wie es in den Körpern, den bierseligen wie den Hochmütigen an der Kreissäge, im Kreißsaal oder in der Vorstandsetage, die jetzt auch dazugehören und sich für vieles zu fein sind, von dem sie profitieren, aus den Mündern quillt. Sie müssen nicht nachdenken, wir aber müssen es, leider, und zwar um auf sie zu reagieren. Wir sind daher die Schwächeren, weil wir eine Art Vermittlungsarbeit leisten müssen, weg von den ungefügten Äußerungen der Vorzivilisation, in der sich eine Rotte von sich eingeweiht Fühlenden in Kürzeln von Ostküste und Waschmitteln miteinander auf ein Einverständnis zusammenrotzt, bis der Haufen groß genug ist, hin zur Nachdenkarbeit, was gegen das Anwachsen der ökonomisch-sozialen Ungleichheiten und deren Begleiter (Ausgrenzung, Fremdenfeindlichkeit etc.) zu tun wäre. Wir sind andrerseits auch wieder die Stärkeren, indem wir auf etwas bestehen, und zwar auf einem anerkannten Wertekanon von Gleichheit und Gerechtigkeit, der inzwischen zum Glück universell ist und selbst von konservativen Parteien international anerkannt wird. Die sogenannten Freiheitlichen wollen diese Gleichberechtigung den sogenannten Ausländern aber offenkundig nicht gewähren, weil sie ihre eigenen Rechte durch sie eingeschränkt sehen, und zwar das Recht auf freie Fahrt, also das Recht, nicht in der Kolonne fahren zu müssen, das Recht auf einen Sitzplatz in den Öffis, das Recht auf das Eigentum am Gemeindebau, das Recht auf Alkohol und Nikotin sowie das Recht des Rechthabens an sich. Jedenfalls meinen sie niemals, wenn sie überhaupt etwas zugestehen würden, das Recht der Partizipation der anderen an ihren eigenen kostbaren Rechten: Auf dem Bankerl sitzen und nicht gestört werden. Ich persönlich stehe also wieder einmal hier, nicht weil ich ein ab und zu fälliges Ritual abspulen möchte, damit mir selber für eine halbe Stunde besser geht, sondern weil ich eben glaube, daß für diesen Wertekanon einzutreten ist. Ich denke, von dieser Regierung ist nichts mehr zu erwarten, und es ist auch nicht auf sie zu setzen, und selbst wenn die extreme Rechte bei diesen Wiener Wahlen ein wenig zurückgedrängt würde, die Schande ihrer bloßen Existenz, die Schande ihres Erfolgs bleibt, auch wenn die gemäßigt fortschrittlichen Gruppierungen gestärkt würden. Sie wirkt, diese Regierung, mitsamt der sogenannten stärkeren Regierungspartei, indem sie einfach da ist, sie wirkt, die FPÖ mit ihren Sprüchen, weil sie aufgrund dieser Sprüche nicht denken muß, aber immer etwas zu sagen hat. Sie kotzt uns ihre antisemitischen und menschenfeindlichen Sprüche vor die Füße und geht anschließend woanders hin, wo sie es genauso macht. Ich habe keine Lust mehr, einen Fetzen zu nehmen und dauernd hinter ihnen herzurennen. Aber auch einfach nur da zu sein, nachdem wir schon so oft dagewesen sind, müßte mir, müßte uns eigentlich zuwenig sein, obwohl es auch wieder genügen müßte gegenüber dem Geheul und dem einverständnisinnigen Gegröle und Gegrinse und Gefeixe in ihren Bierzelten und Kurhallen (eine Einrichtung, wo eigentlich etwas gebessert werden sollte, oder?).

Frederick Baker, Elisabeth Boyer (Hgg.): Wiener Wandertage.
Klagenfurt / Celovec: Wieser 2002, S.382-384

Wien – „Ich denke, von dieser Regierung haben wir nichts mehr zu erwarten!": Eine Woche vor den Wiener Wahlen drücken Elfriede Jelineks Worte den Wunsch nach umsetzbaren Alternativen auf Landesebene aus.

Ein Wunsch, der die Schriftstellerin mit – laut Veranstaltungsorganisatoren 13.000, laut Polizeiangaben 6000 – Teilnehmenden der Anti-Rassismus-Kundgebung am Stephansplatz eint: Großteils junge Gesichter im Licht der Auslagen, der Straßenbeleuchtung und der Scheinwerfer auf der Bühne. Motto: „Gesicht zeigen! Stimme erheben!" Die Polizei hielt sich im Hintergrund. Weniger Beamte waren noch auf keiner regierungskritischen Kundgebung des letzten Jahres gesichtet worden. Die Veranstaltung – ein Abend besorgter Worte und Aufrufe zu demokratischen Taten – verlief ohne Zwischenfälle.

aus: Irene Brickner: Viele Stimmen und laute Pfiffe „gegen die Dumpfheit". Tausende bei Anti-Regierungs-Kundgebung eine Woche vor der Wien-Wahl. Der Standard, 17.3.2001

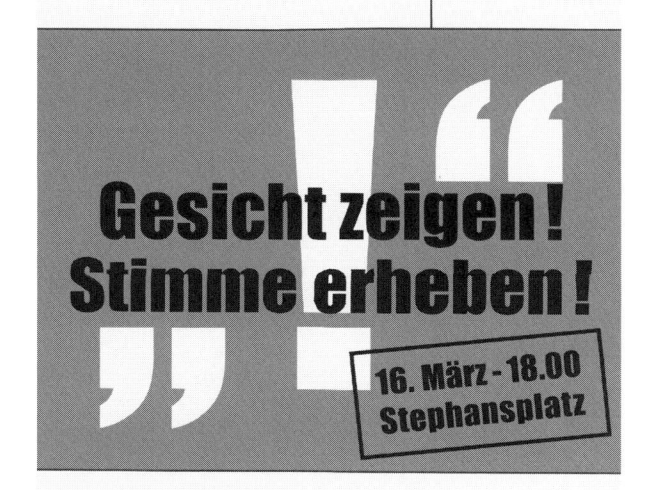

Plakat der Demokratischen Offensive

Abgeordnete Dr. Helene Partik-Pablé (Freiheitliche):

[...] Herr Abgeordneter Öllinger! Folgendes, damit ich gleich mit meinen Vorrednern ins Reine komme. (*Abg. Schwemlein*: Ins „Reine"!) Sie haben heute auch zu der Demonstration am Stephansplatz Stellung genommen und erklärt, dass keine Parolen, wie die Frau Vizekanzlerin gesagt hat, verstreut worden sind. Jetzt möchte ich wissen, ob Sie auch abstreiten, dass die Parole „Tötet Haider" mehrfach am Stephansplatz affichiert worden ist. Auch diese Demonstration ist unter Ihrem Schutz, unter dem der SPÖ, gestanden. Die Teilnehmer waren: André Heller, Frau Jelinek, „SOS-Mitmensch", Herr Kabarettist Hirschal, lauter Leute, mit denen Sie auch immer korrespondieren. Also bleiben Sie endlich einmal bei der Wahrheit und gestehen Sie einmal zu, dass es bei diesen Demonstrationen gewalttätig zugeht und dass es solche Parolen gibt! (*Beifall bei den Freiheitlichen und bei Abgeordneten der ÖVP.*)

Nationalratssitzung 20.3.2001 (aus dem stenographischen Protokoll)

Plakate mit „Tötet Haider" bei Demo

WIEN (stög.). 6000 Personen laut Polizei, 13.000 laut Veranstalter nahmen Freitag abend auf dem Stephansplatz an einer Kundgebung der „Demokratischen Offensive" und „SOS Mitmensch" gegen Rassismus teil. Die Veranstaltung sei eine „Reaktion auf die extremen Tabubrüche der FPÖ", so die Veranstalter. Verlesen wurden unter anderem Texte von Josef Haslinger, Robert Schindel und Peter Turrini. Burgschauspielerin Elisabeth Orth verlas eine Grußbotschaft von Ariel Muzicant.

Unter den Transparenten waren mehrere „Tötet Haider"-Plakate zu sehen. Sicherheitswache und Stapo hielten sich im Hintergrund, die Kundgebung endete gegen 21 Uhr.

Die Presse, 17.3.2001

Kulmination „In den Alpen"

„In den Alpen"

Im Februar 2002 erscheint Elfriede Jelineks Trilogie „In den Alpen". Während das Mittelstück „Der Tod und das Mädchen III" eine Paraphrase auf Schuberts „Rosamunde" ist, beschäftigen sich die beiden anderen Theatertexte mit Kaprun.

„In den Alpen" bezieht sich auf das Kapruner Seilbahnunglück im Jahr 2000, „Das Werk", das dem verstorbenen Einar Schleef gewidmet ist, auf den Kraftwerksbau in der Nachkriegszeit, der eine Art Gründungsmythos der Zweiten Republik darstellt. Klaus Bachler kündigt für die Spielzeit 2002/03 die Uraufführung von „Das Werk" am Wiener Burgtheater an. Elfriede Jelinek beendet damit den Aufführungsboykott ihrer Stücke für Österreich.

← Elfriede Jelinek und Einar Schleef: „Ein Sportstück" Seite 199

Elfriede Jelinek *beendet die Blockade mit zwei „Burg"-Stücken*

Heimkehr in die Fremde

Bei Ausbruch der blau-schwarzen Koalition untersagte Elfriede Jelinek jegliche Aufführung ihrer Stücke an österreichischen Bühnen. Nun endet die Blockade:
● Mit Premierendatum Dezember 2001 inszeniert Peter Zadek an der „Burg" „Der Jude von Malta" mit Gert Voss – ein wüstes, als antisemitisch geltendes Stück des Shakespeare-Zeitgenossen Christopher Marlowe. Jelinek arbeitet mit Karin Rausch an der Übersetzung von eigenständigem literarischem Profil. Jelinek: „Die Übersetzung legt den Akzent darauf, dass das kein antisemitisches Stück ist, sondern eines über den Antisemitismus als Spiegel der Niedrigkeiten des Christentums."

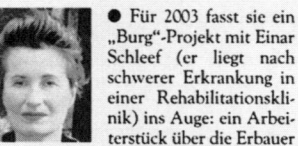

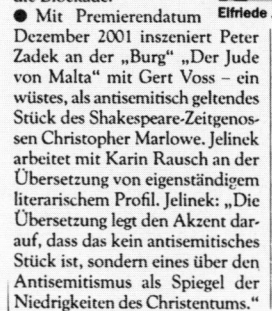

● Für 2003 fasst sie ein „Burg"-Projekt mit Einar Schleef (er liegt nach schwerer Erkrankung in einer Rehabilitationsklinik) ins Auge: ein Arbeiterstück über die Erbauer des Staudamms von Kaprun. Damals gab es mehr Tote als bei der jüngsten Gletscherbahnkatastrophe am selben Ort. Über letztgenanntes Ereignis schreibt sie für Frank Baumbauers Münchner Kammerspiele das Pendant zum Wiener Kaprun-Stück (UA 2002).
● 2006 kommt in Wien oder Salzburg eine Oper von Olga Neuwirth mit Jelinek-Libretto.
Jelinek: „Die Blockade war ein Zeichen. Jetzt hat ihren Sinn verloren, ist nur noch plakativ." ■

News, 8.3.2001

Abgeordneter Dr. Gerhard Kurzmann (Freiheitliche):

[...] Ich möchte aber auch auf falsche Aussagen mancher Oppositionsredner zu sprechen kommen, die behauptet haben, viele Kulturschaffende würden Österreich den Rücken kehren oder gar auswandern. Meine Damen und Herren! Wer die Wirklichkeit kennt, der weiß, dass das reine Propagandaphrasen sind, die jeder wirklichen Grundlage entbehren. So hat etwa Frau Jelinek, die bei Amtsantritt der blau-schwarzen Regierung noch die Aufführung ihrer Stücke untersagt hat, diese Blockade aufgegeben. Ich entnehme das einer Meldung der APA vom 6. März dieses Jahres, wo sie gesagt hat:
„Die Blockade war ein Zeichen. Jetzt hat sie ihren Sinn verloren und ist nur noch plakativ."
Sie sehen also, so schnell geht die Rückkehr zur Normalität. Sie ist schneller erfolgt, als vielleicht manchem Redner der Opposition lieb ist.
Die Regierung, meine Damen und Herren, betreibt eine äußerst liberale Kulturpolitik.

Nationalratssitzung 2.4.2001 (aus dem stenographischen Protokoll)

Jelinek beendet Österreich-Boykott: „Regierung bald ein Furz im Wind"

Für die kommende Saison am Wiener Burgtheater hat Direktor Klaus Bachler die Uraufführung eines neuen Stücks von Elfriede Jelinek angekündigt. Damit rückt die Autorin von ihrem Boykott österreichischer Bühnen ab. Das Stück mit dem Titel „Das Werk" über den Staudammbau Kaprun behandle „ein Stück österreichischer Nachkriegsidentität, und das kann leider nirgendwo anders als in Österreich uraufgeführt werden", sagt Jelinek. Mit der Sperre ihrer Stücke für österreichische Bühnen hatte Elfriede Jelinek im Februar 2000 gegen die Regierungsbeteiligung der rechtsgerichteten Freiheitlichen Partei protestiert. Die Haider-Partei hatte die Autorin über Jahre hinweg immer wieder wegen ihrer politisch und gesellschaftskritisch pointierten Theaterarbeit angegriffen. „Inzwischen hat mein Boykott seinen Sinn verloren, er wäre nur noch leere Geste", erklärte die Dramatikerin: „Man ist leider in das, was man ablehnt, meist mehr verkrallt, als in das, was man liebt", begründete die vielfach ausgezeichnete Autorin. „Jedenfalls hoffe ich, dass, wenn das Stück aufgeführt wird, diese Regierung bald ein Furz im Wind sein wird, aber kein gereimter. Das wäre schon zuviel der Ehre."

Der Tagesspiegel, 12.4.2002

Kulmination „In den Alpen" 157

„ Die Chronik von Kaprun, eine Chronik nimmermüder, hingebender Arbeit, wird eines Tages geschrieben werden müssen, um kommenden Geschlechtern zu zeigen, was zäher Arbeitswille und ein Mut zu vollbringen imstande ist, der jeder Gefahr ins Auge blickt. Freuen wir uns der vollbrachten Tat, wünschen wir jener, die noch bevorsteht, Glück und Gelingen. Es lebe das Werk Kaprun, der Stolz Österreich. "

Bundespräsident Theodor Körner anläßlich der
Fertigstellung der Limbergsperre 1951
(Zitat aus Elfriede Jelineks Arbeitsmaterialien)

Elfriede Jelinek: In den Alpen. Berlin: Berlin Verlag 2002, Cover

Die Geißenpeter: Heidi. Gestern bekam ich schon wieder den Eilbefehl, mir etwas einzubilden, je nach meinem Geschmack. Also mein Wunschtraum war doch immer eine Gewölbemauer im Rahmen des Wasserkraftausbaus in den Alpen. Erinnerst du dich, wie oft ich mir selbst dafür die Erlaubnis gab? Und jedes Mal wieder: nichts. Das Unvollendete ist nicht unvollendbar. Im Gegenteil: es muß doch gehen! Es muß einfach! In drei Jahren ist es fertig, würde ich mal sagen. Daß nur das Wissen um dieses Werk keine Drohnen züchtet, die noch nachträglich auf die Königin aufspringen wollen! Ich habe nie am Sinn meiner Bemühungen gezweifelt, und schau, da laufen sie auch schon dahin, in die Landschaft hinein, meine Mauern für den Plumpssspeicher, ich meine Pumpspeicherbetrieb. Dann sagt schon die Notwendigkeit: Österreich ist frei! Österreich wird ab sofort noch viel freier werden! Österreich blutet, aber Österreich baut auch! Österreich baut an! Österreich baut weiter, viel viel weiter! Es baut auf und dann baut es an das Aufgebaute an. Aber die Baustelle ist ein Kampfplatz, beinahe ein Krieg. Kein Krieg zwischen Menschen und Menschen, wie er uns eine liebe Gewohnheit geworden war, nein, hier greift der Mensch die Natur an! Die Bergwelt. Das harte Gestein. Heute: die Werbewelt, eine Welt für sich, kommen Sie her und schauen Sie sie die Natur als solche an und dann schauen Sie an, wie sich die Technik an, wie sie über die Natur siegt! Aber letzten Endes siegt immer die Natur, und auch dafür ist Österreich der Beweis. Seine Natur hat auch diesmal gesiegt! Na bravo. Seine Natur wird immer siegen. Pausenlos steht dieses Land im Angriff und dringt vor, aber es kommt über seine Grenzen nicht mehr hinaus. Aufpassen, daß andre nicht in seine Grenzen hineinkommen, nein, keine Gefahr, das passiert uns nicht noch einmal, denn österreich als Idee ist grenzenlos. Freilich, manchmal schlagen die Berge zurück und töten und verwunden. Aber zum Glück tun das nur die Berge, nicht wir. Nicht wir. Es ist ein Kampf, aber es ist kein sinnloser Kampf. Österreich hat eine großartige technische Leistung erbracht. Es hat auf dieser Baustelle die Gewalten bezähmt, dieses kleine Land, welches die Gewalt kennt und daher sofort erkennt, wenn sie

2

Elfriede Jelinek: Das Werk – Typoskriptseite (Beginn)

Kulmination „In den Alpen"

Kleiner Krieg der Berge gegen den Menschen
Dramen von Elfriede Jelinek: „In den Alpen"

Die Presse, 9.2.2002

Elfriede Jelinek. Natur, Technik und Arbeit thematisiert Elfriede Jelinek in drei dramatisierten Textströmen, die der Band „In den Alpen" versammelt: das Gebirge als Wallfahrtsort des Todes. *Im Literaturteil*

Die Presse, 9.2.2002

BELLETRISTIK
IN DEN ALPEN von Elfriede Jelinek. Berlin-Verlag. 19,60 Euro.
★★★★☆

News, 14.2.2002

„Das Werk": In Kaprun steht auch eins der größten Speicherkraftwerke der Welt, eine fast beispiellose Herausforderung der Natur an die Technik, sich über sie zu setzen, die Wasser in drei gigantischen Stauseen zu fassen und in die Turbinen zu werfen, damit das „Land am Strome" (Bundeshymne) mit Strom versorgt werden kann. Die Herausforderung des Gebirges, es zu melken, um Maschinen anzutreiben und die Technik voranzubringen. Schon in den zwanziger Jahren wurde mit dem Bau begonnen, in der Nazizeit wurde (Spatenstich: Hermann Göring) intensiv weitergebaut, zuerst mit Freiwilligen, dann mit Zwangsarbeitern und schließlich auch mit Kriegsgefangenen, vor allem Russen. Die Zwangsrekrutierten wurden in allen besetzten Gebieten und im Protektorat zusammengefangen (in „Fangaktionen"), zum Teil im Osten buchstäblich aus ihren Alltagsbeschäftigungen herausgerissen oder von ihren Dorfältesten, die eine vorgegebene Quote zu erfüllen hatten, ausgeliefert und zum Bau gezwungen. Unter extremen Bedingungen, wie sie im Gebirge herrschen, mit unzureichender Ernährung und Ausrüstung. Die offizielle Todeszahl bei diesem Kraftwerksbau ist 160. Das sind aber nur die Toten der Nachkriegszeit, und da waren die Arbeiter, darunter damals auch viele ehemalige Nazis, die nirgendwo sonst Arbeit gefunden hätten, schon besser ausgerüstet. Die Zahl der Toten liegt insgesamt sehr viel höher. Ich habe in diesem Stück, das dem verstorbenen Einar Schleef gewidmet ist, versucht, etwas über „den" Arbeiter zu schreiben. Der Sportler wie der Arbeiter sieht in den Bergen einerseits Herausforderung, andrerseits Arbeitsgerät. Die einen betätigen sich zum Spaß an den Bergen (und können schrecklich scheitern), die anderen vollbringen ein monströs-gigantisches Aufbauwerk. Ein Gutteil der österreichischen Identität nach dem Krieg, als das Land rasch wieder für frei und unschuldig erklärt wurde, beruhte auf dieser technischen Großleistung. Kaprun wurde mit Geldern des Marshall-Plans im Jahr des Staatsvertrags 1955 fertiggestellt und zog einen langen Rattenschwanz an nationalen Mythen hinter sich her, die aber buchstäblich auf den Gebeinen und der Ausbeutung von Getöteten beruhten, und die Getöteten wurden der Natur geopfert, sehr viele starben ja durch Lawinen. Sie starben direkt wie indirekt durch die Natur, während die Gletscherbahntouristen durch die Technik in der Natur starben. Es ist, als wollten sie alle Heidegger illustrieren („Das Wesen der Technik ist als ein Geschick des Entbergens die Gefahr" und: „Die Bedrohung des Menschen kommt nicht erst von den möglicherweise tödlich wirkenden Maschinen und Apparaturen der Technik. Die eigentliche Bedrohung hat den Menschen bereits in seinem Wesen angegangen"). Wie auch immer, die Menschen können in das, was vielleicht ursprünglich für sie vorgesehen und wofür sie vorgesehen waren, nicht mehr zurück. Sie wollen sich und ihre schönen Werke zeigen und werden dabei zunichte gemacht. Die Arbeiter im Stück „Das Werk" treten zum Teil schon in parodistischer, allegorisierender Form auf, als Hänsel und Tretel, als Geißenpeters und Heidis, als Heer der Bäume, als Schneeflöckchen und Weißröckchen (die Besessenheit vom Unschuldigen, Reinen, „Weißen", das ja nie lange hält, wie jede Hausfrau weiß. Das sind Projektionen, die aber immer noch sehr beliebt sind. Alles will in den Schnee, um dort Spaß zu haben, und was haben die Insassen der Bahn bekommen? Sie wurden selber zu Ruß, verbrannt, bevor sie das Weiße des Gletscherfirns erreichen konnten).

Aus der Nachbemerkung Elfriede Jelineks zu „In den Alpen".
Elfriede Jelinek: In den Alpen. Berlin: Berlin Verlag 2002, S.257-259

Die Rezeption von Elfriede Jelineks Werken in Österreich wird von Beginn an von Skandalisierung und Personalisierung bestimmt. Das erste Jelinek-Werk, das in Österreich einen Skandal hervorruft, ist „Die Ramsau am Dachstein" (1976), ein ORF-Dokumentarfilm, zu dem Jelinek das Drehbuch schreibt. Im folgenden sind es vor allem ihre Theaterstücke, die Anlaß für großinszenierte Skandale geben. Nach frühen Auseinandersetzungen anläßlich der Uraufführung von „Nora" (1979) und der Verhinderung von „Clara S." (1981) begründet „Burgtheater" (1985) Jelineks Ruf als österreichische „Nestbeschmutzerin", wobei dieses Stück, das von Jelinek in „Macht nichts" (2001) fortgeschrieben wird, bis heute nicht in Österreich aufgeführt wurde. Die Burgtheater-Uraufführung von „Raststätte" (1994) ist ein weiterer Höhepunkt einer Skandalisierung, die bis zu einer parlamentarischen Anfrage führt, während die Uraufführung von „Ein Sportstück" (1998) am Burgtheater in der Inszenierung von Einar Schleef zu einem großen Event wird. Zwar scheint die Rezeption von Jelineks Romanen ruhiger zu verlaufen, doch haben sich, was Person und Schreiben anbelangt, in den österreichischen Medien auch hier Stereotype festgesetzt.

Rezeption

160 | Rezeption „Die Ramsau am Dachstein"

„Die Ramsau am Dachstein"

Am 21.5.1976 wird im österreichischen Fernsehen der Film „Die Ramsau am Dachstein" gezeigt. Regisseur des Films, der Teil der Serie „Vielgeliebtes Österreich" ist, ist Claus Homschak, das Drehbuch stammt von Elfriede Jelinek. Der Film, der den Fremdenverkehr in der Region ankurbeln sollte, wird zu einer kritischen Auseinandersetzung mit dem Tourismus und seinen Folgen. Nach Ausstrahlung des Films protestiert nicht nur die Ramsauer Bevölkerung, sondern auch die ÖVP. Elfriede Jelinek verarbeitet die Themen und Materialien des Films zu zwei Hörspielen, zu „Portrait einer verfilmten Landschaft" (1977) und „Die Jubilarin" (1978).

„ In feuilletonistischer Form haben wir versucht, den Hintergrund dieser Idylle aufzuzeigen. Dabei war uns immer bewußt, daß wir diesen Film für die Menschen der Ramsau machen müssen. "

Der Regisseur Claus Homschak über den Film „Die Ramsau am Dachstein" (in: Volksstimme, 21.5.1976)

„ Dieser Film will die Wahrheit sagen, nicht bloß mythologisieren. Wir wollten Probleme aufzeigen, die auch in anderen Fremdenverkehrsgebieten existieren: Frauenarbeit, Umstrukturierung von bäuerlicher Gesellschaft auf Fremdenverkehr. "

Elfriede Jelinek über den Film „Die Ramsau am Dachstein" (in: Volksstimme, 21.5.1976)

Handschriftliche Notizen Elfriede Jelineks zum Drehbuch „Die Ramsau am Dachstein". Der Satz „Das ist eine schöne Landschaft" bildet eine Art Leitmotiv und wird im Film in immer neuen Varianten von Elfriede Jelinek gesprochen

Rezeption „Die Ramsau am Dachstein"

elfriede jelinek

DIE RAMSAU AM DACHSTEIN
(musik: gustav mahler, sinfonie nr. 4, 2.satz)

I

landschaftsbilder, in einzelbilder zerlegt wie postkarten, wechseln einander ab.

II

kirche. kirchgänger am sonntag.

friedhof und alte inschriften auf grabsteinen.

kriegerdenkmal mit den vulgo-namen der bauern darauf.

katholische kulmkirche (romanisch) mit den serkratsten banknoteln der evangelischen bauern.

III

von kirche auf landschaft.

was Sie hier sehen, ist die schönheit einer landschaft. schönere landschaften können aus ihrer schönheit eher profit schlagen als weniger schöne. diese landschaft hat das rechtzeitig erkannt.

diese landschaft hat außerdem eine geschichte erlebt. sie ist eine der wenigen protestantischen toleranzgemeinden in österreich. den protestantismus wieder kann man nicht losgelöst sehen von dem kampf der bauern gegen ihre grundherren, gegen zehent und abgaben. früher gehörte nämlich diese schöne landschaft denen noch nicht, denen sie heute gehört.

(konfirmationsschüler erzählen eventuell details aus der geschichte und der reformationsgeschichte. anekdoten über nischehen und andre zusammenstöße mit katholiken.)

auf diesen grund, der nicht der grund der bauern war, fiel die saat martin luthers. dieser grund durfte nicht durch erbteilung aufgesplittert werden, daher rührt die heutige besitzstruktur der höfe. die unfreien bauern durften nicht zusammenrücken, verkauf war ausgeschlossen. sogar das personal wurde beschränkt damit der profit der grundherren möglichst hoch ausfiele. auf diese ungeteilten gründe sollte später die saat des fremdenverkehrs fallen. bei dem alle diejenigen investieren konnten, die solche grundstücke ihr eigen nannten.

Elfriede Jelinek: „Die Ramsau am Dachstein" – Typoskriptseite des Drehbuchs (Beginn)

Elfriede Jelinek

Die Jubilarin

Sprecher: (Im Hintergrund ländliche Musik) Guten Tag, meine Damen und Herren. Heute sind wir zu Gast bei einer ganz besondren Jubilarin, Sie werden vielleicht schon erraten haben, wen wir meinen, richtig, es ist eine der ältestenBewohnerinnnen von Ramshofen im schönen Wettersteiner Land! Jeder im Ort kennt sie, unsre Seferl, wie wir sie alle nennen, unsre liebe Frau... na, sagen Sie's selber: Unsre liebe Frau ...
Jos: Josefa Tetschner. (lacht verlegen)
Spr: Liebe Frau Tetschner`erst einmal die herzlichsten Glückwünsche zu Ihrem Wiegenfeste! Wer Sie so ansieht, der könnte Sie glatt für 4o, was sage ich, für ein junges Mädchen halten! Aber sagen Sie unsren Hörerinnen und Hörern doch, wie viele Jahre Sie wirklich auf dem Buckel haben!
Jos: Ich bin 85 Jahre.
Spr: Na, ist das zu glauben? Wer hätte das gedacht? Meine Damen und Herren, Sie können Frau Tetschner zwar jetzt nicht sehen, wie sie so dasitzt, mit ihren roten Backen und den erwartungsvoll glänzenden Augen, aber ich sage Ihnen, keinen Tag mehr als 4o würde man ihr geben!
Jos. (lacht verlegen)
Spr: Wenn man sie beobachtet, wie sie im Winter das Bergerl zu ihrem kleinen hübschen Haus hinaufklettert, mit ihrer Milchkanne und dem schweren Rucksack, oder wie sie im Sommer in die Berge geht, wie eine Junge .....
(jos unterbricht, noch immer lachend):Na!Dös is net mei Haus. I hab da nur a Zimmer gmietet. Des Haus ghört an Bauern. Der hat dort drübn a großes Sporthotel.
Spr.: ..... wie sie also schwer bepackt, mit lustig blitzenden Augen und kältegeröteten Wangen, immer fröhlich den steilen Pfad heraufkommt, würde sie manche junge Frau drum beneiden , und mancher verweichlichte Städter würde sich heimlich ein Beispiel nehmen, ist er doch sicher lange nicht so gelenkig wie unsre Sefa, wie wir sie hier oben alle nennen, unsre Sefa, die frühlings, sommers, herbstens und winters unverzagt von der Last der Jahre .....
Jos. (unterbricht lachend) ein bisserl schwer wird's halt langsam scho ...
Spr!: Also, liebe Frau Tetschner, heute kommen wir als Gratulanten zu Ihnen, wir bringen Ihnen auch etwas mit, nämlich die Grüße unsrs Herrn

Elfriede Jelinek: „Die Jubilarin" – Typoskriptseite des Hörspiels (Beginn)

Blimp: *Vor langer Zeit hast Du einmal selbst einen Film gemacht, für's Fernsehen. Kannst Du das beschreiben: Konzept und Echo?*

Elfriede Jelinek: Es muß jetzt ungefähr 10 Jahre her sein – das war in der Serie „Vielgeliebtes Österreich", wo man offenbar aus Prestige-Gründen einige österreichische Schriftsteller, Berufsschriftsteller, die eigentlich mit elektronischen Medien nichts zu tun hatten, zusammengefangen hat und sie Drehbücher schreiben ließ. Bezeichnenderweise wurde ja sehr bald nach meinem Film die Reihe eingestellt, es wurden, glaube ich, noch zwei Beiträge, die aber schon fertig waren, gesendet. Sie haben eben etwas unter einen Hut bringen wollen, was sich nicht unter einen Hut bringen läßt: kritische Künstler und Fremdenverkehrs-Interessen…

Also die Reaktionen werde ich nie vergessen, solange ich lebe: In einem Wirtshaus saßen 500 entmenschte Bauern, die mich steinigen wollten.

In dem Fall war's so, daß der Fremdenverkehr in der Ramsau im Winter angehoben werden sollte, denn im Sommer hatten sie schon ihre Kontingente ausgelastet. Meine Aufgabe wäre es gewesen, dem Winter-Fremdenverkehr in der Ramsau auf die Sprünge zu helfen, was ich als „kommunistischer Idiot" natürlich nicht begriffen hatte. Ich hab' wirklich gedacht, ich soll einen kritischen Film über eine Landschaft machen. Dementsprechend ist natürlich auch das Drehbuch ausgefallen. Ich habe also „die glücklichen Schifahrer", die man schon sieht, wirklich nur als Kontrapunkt verwendet; was ich gezeigt habe, waren die Leute, die von dem Boom, vom Hotel- und Pensionsbau, vom Pisten- und Schleppliftbau oben in der Gegend eben nicht profitiert haben. Das sind genau die Leute, die auch den Bauern – das waren ja alles ehemalige Bauern dort – ihre Höfe aufgebaut haben, wofür sie dann irgendwann im Altersheim gelandet sind, wenn sie nicht mehr arbeiten konnten – das waren also die ehemaligen Mägde und Knechte. Eine uralte Bauernmagd, die aber mit 86 Jahren immer noch im Hotel Geschirr abwaschen muß, um sich ihre Rente aufzubessern, die war eigentlich die Haupt-Figur. Ich habe also gezeigt, auf wessen Kosten dieser Boom ging. Man sieht ja mittlerweile, auf wessen Kosten er wirklich geht, denn diese Dachstein-Tauern-Region ist eine der zerstörtesten Regionen der Alpen, weiß man inzwischen. Vor allem ist durch den exzessiven Schilauf, der dort betrieben wird, der Mutterboden zerstört. Die Ramsau und der Dachstein sind neulich im „Spiegel", in einer Serie über die Zerstörung der Alpen, wirklich im Spitzenfeld gelandet.

Ich habe ihnen im Grunde ja was Gutes getan, daß ich nicht den Winter-Fremdenverkehr propagiert hab'. Mir hat das aber natürlich nichts genützt, denn dieses Drehbuch ist auf wütende Proteststürme gestoßen, nicht nur dort in der Gegend, sondern auch hier beim ORF. Ich hab' gekämpft um jeden Take, aber es wurde eigentlich auf Unkenntlichkeit zusammengestrichen und verändert. Dann hat man mir noch einen ÖVP-Werbefilm-Regisseur gegeben. Ich will nicht sagen, daß das ein schlechter Regisseur ist – ich will niemanden diskriminieren – aber es war halt ein fürchterliches Arbeiten. Es war für mich auch das erste Kennenlernen einer Branche, in der, wie sich übrigens jetzt immer mehr zeigt – auch im ZDF z.B., im deutschen Fernsehen –, eine ganz enge Verquickung zwischen der Fremdenverkehrsindustrie und der öffentlich-rechtlichen Anstalt existiert. Das war also ganz gesund, daß ich da mit diesem Idealismus, den ich gehabt hab', auch in meinem vermeintlichen politischen Auftrag, so furchtbar aufgelaufen bin und sofort mit der total steinernen Realität dieses Mediums und seiner Verkommenheit konfrontiert worden bin. Seither habe ich nie wieder einen Fernsehfilm gemacht und werde auch keinen mehr machen in meinem Leben. (lacht) [...]

Heinz Trenczak, Renate Kehldorfer: Achtzig Prozent der Filmarbeit sind Geldbeschaffung. Blimp, Sommer 1985

Rezeption "Die Ramsau am Dachstein"

VP übt weiter Druck aus
– F. H. Wendl

Die VP hetzt weiter vehement gegen "Linkstendenzen" im ORF. Der Hauptzweck dieser Aktionen ist nach wie vor, innerhalb des ORF ein Klima der Selbstzensur zu schaffen und zu versuchen, Berufsverbote für fortschrittliche Kulturschaffende zu erzwingen.

So ist es kein Zufall, daß der ÖVP-Pressedienst jüngst in einer Überschrift zu Erklärungen des VP-Medienspechers Steinbauer mit der Behauptung "Anti-Bauernwelle im ORF geht weiter" an die Bauernbund-Attacken gegen die "Alpensaga" von Turrini-Pevny anknüpfte. Auch das nunmehrige VP-Geschrei richtet sich nämlich gegen einen Unterzeichner von Wahlaufrufen für die KPÖ, gegen die bekannte Autorin Elfriede Jelinek und deren vor zehn Tagen ausgestrahlten Film über die Ramsau. Steinbauer fand es besonders empörend, daß "ein Film über eine österreichische Region angekündigt und in Wirklichkeit ein kritischer Magazinbeitrag über ein Arbeitnehmerschicksal gedreht" wurde.

Diverse steirische Zeitungen und VP-Kreise hatten, schon bevor sie den Film kannten, versucht, ein Kesseltreiben gegen ihn zu entfachen. Da aber nach seiner Ausstrahlung Elfriede Jelinek, der Regisseur Claus Homschak sowie einige ORF-Vertreter in Ramsau mit der dortigen Bevölkerung diskutierten und es nicht zu dem von der VP erhofften "Entrüstungssturm" gekommen war – und das, obwohl Jelinek offen erklärte, Kommunistin zu sein –, glaubte Steinbauer wohl, von sich aus allgemeinen Krach schlagen zu müssen. Und da er schon gerade wieder einmal beim ORF stürmen war, prangerte er auch gleich "die systematische, aber unterschwellige Linksorientierung vor allem in Jugendsendungen" an. Daß ihm, als er zum letztenmal ähnliches von sich gab, vom ORF seine Vorwürfe klar widerlegt wurden und auch festgestellt wurde, wie traurig es sei, daß die VP in ihrer wüsten Polemik auch vor Jugendsendungen nicht haltmache, hinderte Steinbauer nicht, abermals mit pauschalem Ärger auf "Ohne Maulkorb" und die Hörfunksendung "Minibox" loszugehen.

Daß die VP-Attacken bisher noch nicht die gewünschten Effekte hatten, liegt nicht zuletzt daran, daß es selbst bei intensiver Suche schwierig ist, im bürgerlichen Lager Kulturschaffende zu finden, die auch nur annähernd gleichwertige Qualität wie Jelinek, Pevny, Turrini & Co. zu bieten haben. Und daß die unfreiwillige Komik der VP-Spitzenfunktionäre allein nicht ausreicht, die ORF-Programme zu füllen, ist selbst den VP-freundlichsten ORF-Mitarbeitern klar.

Volkswille, 30.5.1976

Ferngesehen

Es ist eine Erholung, in der Serie "Vielgeliebtes Österreich" einmal nicht heimatkundliche Klischees oder den Abklatsch von Fremdenverkehrsprospekten zu finden.

In der Freitag abend ausgestrahlten Folge "Ramsau am Dachstein" bemühen sich Buchautorin Elfriede Jelinek und Regisseur Claus Homschack, die arbeitenden Menschen des Fremdenverkehrsortes zu zeigen: Jene, die sich ein Leben lang plagen, um dann im Alter sich als glücklich zu erklären, weil sie sich nun wenigstens sattessen können, und jene, als "Erfolgreichen" und "Geschickten" bezeichnet, die sich von früh bis in die Nacht sich als Pensionswirte und Gasthofinhaber plagen dürfen.

So schön die Bilder und so anständig der Text sind, liegt die Aussage ein wenig schief. Denn arme Bauern und "geschickte" Wirte, der "Unternehmer-Lodenwalker" und schon gar erholungsuchende Touristen sind nicht Gegner im Klassenkampf, sondern alle Opfer der unsichtbaren "Großen", die die einen wie die anderen ausbeuten.

E. P.

Volksstimme, 23.5.1976

wenn sie mich fragen

Freitag war nun die Ramsau am Dachstein dran in "Vielgeliebtes Österreich", und da wird sich nun haargenau dasselbe abspielen wie damals nach dem Film über Freistadt: Helle Empörung bei der betroffenen Bevölkerung, die ihre schöne Heimat geschändet fühlt, und auch politischer Druck gegen den ORF, daß dieser das wieder gutmacht mit einer Gegensendung: nämlich einem Fremdenverkehrswerbefilm mit idyllischen Postkartenaufnahmen. Der Film am Freitag ist dieses nicht gewesen. Er hat einen Blick hinter die Kulissen getan und hat insbesondere die Nichtbesitzenden zu Hauptfiguren gemacht, die Kleinen am Rand des Wohlstands. Es ist dabei die Ramsau, die ich kenne und liebe, ohnehin noch relativ gut weggekommen, weil etwa die Hitlerzeit, in der meine Ramsauer eine nicht unstramme Haltung eingenommen haben, nicht erwähnt wurde. Freilich, dem TV ist ein Vorwurf nicht zu ersparen: Vor solchen Filmen muß man darauf hinweisen, daß sie mit einer anderen Optik arbeiten, als die sozialkritisch sind. Und meinen Freunden in der Ramsau möchte ich versichern, daß solche Filme ihnen wirklich mehr nützen als die üblichen Klischees.

Poidinger

Arbeiter Zeitung, 23.5.1976

Standbilder von "Die Ramsau am Dachstein"

Vom ORF (Ö1) gesendete Hörspiele

Hörspiele von Elfriede Jelinek

wenn die sonne sinkt, ist für manche auch noch büroschluß
produziert vom ORF: gesendet am 11. und 12.5.1975
produziert vom SDR/BR: gesendet am 8. und 12.6.1984
sowie am 4.8.1990

Was geschah, nachdem Nora ihren Mann verlassen hatte oder Stützen der Gesellschaft
produziert vom SDR/HR/RB: gesendet am 18.3.1980

Frauenliebe – Männerleben
produziert vom SWF/HR: gesendet am 17.8.1984

Erziehung eines Vampirs
produziert vom SDR/BR/NDR: gesendet am 24.3.1984

Wien-West
produziert vom NDR/WDR: gesendet am 29.8.1992

Präsident Abendwind
produziert vom BR: gesendet am 23.6.1993 und am 8.12.2001

Die Ausgesperrten
produziert vom SDR: gesendet am 4.8.1998

Todesraten
produziert vom BR: gesendet am 13.8.1998

Er nicht als er
produziert vom BR: gesendet am 24.4.1999

Die Bienenkönige
produziert vom SDR/RIAS: gesendet am 4.6.2002

Zu Hörspielen umgearbeitete Werke Elfriede Jelineks

Die Klavierspielerin
produziert vom SWF: gesendet am 8.3.1990

Burgteatta
produziert vom BR/ORF: gesendet am 17.9.1991

Stecken! Stab! Und Stangl! – Eine Leichenrede
produziert vom ORF/BR/NDR: gesendet am 8.10.1996, am 6.1.1998 sowie am 24.7.1999

RADIOTIP

Präsident Abendwind. Eine Hörspiel-Premiere von Elfriede Jelinek. Der Herrscher einer südseeinsularen Hochkultur und seine Tochter Ottilie haben eine Eßkultur entwickelt: möglichst viele Einheimische und Ausländer zu verschlingen.
Di. 22.6.; Ö 1, 20.31

Der Standard, 17.6.1993

Autorenkooperative: Wieviele deiner Hörspiele sind bisher in Österreich und in Deutschland produziert worden?
Elfriede Jelinek: In Österreich eines und in Deutschland bis jetzt glaube ich neun. Aber in Österreich war es die Neuproduktion eines schon früher in Deutschland inszenierten Hörspiels. Ich kann es mir auch gar nicht leisten, in diesem Land eine Ursendung zu machen, weil hier erstens zu wenig bezahlt wird und dann Übernahmen ausländischer Anstalten kaum forciert werden. In Deutschland wird hingegen sehr viel wiederholt und übernommen. Es ist auch für jeden anderen Autor völlig unrealistisch, Hörspiele ausschließlich in Österreich zu machen.
Übernahmen von anderen deiner in Deutschland produzierten Hörspiele hat es aber schon auch gegeben?
Ja, viele.
Auch Wiederholungen?
Das hier produzierte Hörspiel wurde zwei Tage später wiederholt, aber ich habe nicht einmal ein Wiederholungshonorar bekommen. Soviel ich weiß, gibt es Wiederholungshonorare nur, wenn da eine längere Zeit zwischen der Erstsendung und der Wiederholung ist, innerhalb einer gewissen Frist bekommt man anscheinend nichts.
Warst du bei der Produktion in Österreich dabei?
Nein, ich war nicht dabei. Das hat schon bei Studio Oberösterreich damit angefangen, daß ich vom Ferry Bauer einen ungeheuer unverschämten Brief bekommen habe – den zeige ich dir einmal, ich werde ihn suchen –, weil ich gefragt habe, ob ich dabeisein dürfte ... so in dem Ton: Nein, liebe Dame, so nicht ... Sie sind schließlich keine Regisseurin und wissen nicht Bescheid darüber, das ist völlig ausgeschlossen. Dazu muß ich sagen, daß ich bei fast allen deutschen Produktionen dabeigewesen bin – die bieten einem das schon von sich aus an und bezahlen alle Spesen, die Fahrt, alles. Beim Studio Oberösterreich haben sie in der Folge überhaupt auf die

Produktion verzichtet, obwohl ich gar nicht die Bedingung gestellt habe, dabeisein zu dürfen. Schließlich hat es Studio Vorarlberg produziert, aber da habe ich gar nicht mehr gefragt, ob ich dabeisein kann. Sie haben mich auch nicht verständigt, sondern erst, als es schon produziert worden ist ... und schlecht produziert.

In diesem Zusammenhang muß ich noch etwas sagen, was unglaublich ist: Bei unserer Hörspieltagung, die die Grazer Autorenversammlung gemacht hat, waren von wirklich sämtlichen deutschen Rundfunkanstalten namhafte Leute da, und von den ORF-Studios ist ein einziger gekommen, und das auch mehr zufällig ... ich glaube, das war ohnehin der Hörspielleiter von Vorarlberg. Das ist die Mentalität in diesem Land, diese Provinzialität, zu glauben, man wüßte sowieso alles besser und hat es gar nicht notwendig, sich zu informieren. [...]

Interview mit Elfriede Jelinek. Gerhard Ruiss, J. A. Vyoral (Hgg.): Dokumentation zur Situation junger österreichischer Autoren. Wien: Autorenkooperative 1978, S.188-189

> **TIP DES TAGES**
>
> GEDANKEN: ELFRIEDE JELINEK (22.15 Uhr, Ö 3). Die Steirerin Elfriede Jelinek ist vielen ein rotes Tuch: den Kommunistenfressern und den Machos, den Althazis und den Jungreps. Weil sich bei ihr Denken und Dichten, Werk und Wort wie bei wenigen Autoren decken, ecken Texte und Frau an.

Kleine Zeitung (Ausgabe Steiermark), 20.4.1990

> **Literatur** Aus dem Hörspiel-Repertoire *Wien West*. Von Elfriede Jelinek. Im Zentrum dieses ironischen Spiels steht der Kampf um ein Wirtshausmonopol. Unsympathische Burschen sind vollmotorisiert und werden durch die Liebe korrumpiert. Um Erni, die Wirtshaustochter, zu besitzen, werden sie Ernis Vater zuliebe den Nagl-Wirt ruinieren. Aber glücklicherweise gibt es auch Fahrradfahrer, die sympathisch sind und Sachbeschädigungen, wenn es sich um motorisierte Fahrzeuge handelt, nicht scheuen. Ö 1, 14.00

Der Standard, 29.8.1992

> Ö 1, 20 Uhr:
>
> **„Frauenliebe — Männerleben"**
>
> Hörspiel von Elfriede Jelinek
>
> Die fortschrittliche Schriftstellerin Elfriede Jelinek — auch heuer wieder Mitwirkende beim „Linken Wort" am „Volksstimme"-Fest — schrieb ein Hörspiel mit dem Titel „Frauenliebe — Männerleben", das auf den Titel des Liederzyklus „Frauenliebe und -leben" von Robert Schumann anspielt. Dieses Hörspiel wird heute um 20 Uhr in Ö 1 ausgestrahlt.
> Produzent des Hörspiels ist aber nicht der ORF, sondern es stammt aus den Studios zweier westdeutscher Radioanstalten. Regie führte dabei Hans-Gerd Krogmann.
> Es geht darin um die bedeutende Pianistin Clara Schumann, die man heute fast nur mehr als Frau von Robert Schumann kennt. Diese Problematik behandelte Jelinek auch in ihrem Theaterstück „Clara S." ab, das zuletzt am Schauspielhaus Wien aufgeführt wurde.
>
> Ö 1, 9.05 Uhr:
> **Objektivität?**
> In der Radiosendung „Wissen auf Abruf" geht es heute um die Frage, ob sportliche Leistungen objektiviert werden können. Die Seehöhe der Kampfstätte, das Klima und Wetter sowie Zufälligkeiten spielen eine nicht unwesentliche Rolle.

Volksstimme, 17.8.1984

> **Hörspiel von Elfriede Jelinek**
>
> In der Reihe „Welt der Literatur" ist heute das Hörspiel „Wenn die Sonne sinkt, ist für manche auch noch Büroschluß" nach einem Text der fortschrittlichen Autorin Elfriede Jelinek zu hören. Dieses Hörspiel ist keine ORF-Produktion, sondern es wurde von der bundesdeutschen Anstalt SDR übernommen.
> Es geht darin um den Zusammenhang zwischen der Realität und den Stoffen, die die Regenbogenpresse aufbereitet. Klischees und aufgesetzte Illusionen werden durchleuchtet und analysiert.
> ORF-Eigenproduktionen von Arbeiten Elfriede Jelineks gehören mittlerweile schon der Geschichte an. Die aktuelle österreichische Literatur stößt beim ORF auf recht geringes Interesse, bedenkt man beispielsweise die Entwicklung der letzten Jahre im Bereich des Fernsehspiels. Und mit der Installierung der sogenannten Funktionslösung beim Fernsehen wird die Situation für die österreichischen Kulturschaffenden noch trister aussehen.

Volksstimme, 8.6.1984

> **Kunstradio — Radiokunst** *Die Klavierspielerin*. Anläßlich des *internationalen Frauentages* ist die Komponistin Patricia Jünger zu hören: sie hat nach dem Roman *Die Klavierspielerin* von Elfriede Jelinek ein Melodram komponiert, das „das Zeremonielle des Romans kompositorisch beim Wort nehmen" will und konsequent ins Ritual weiterzuführen versucht. Ö 1, 22.15

Der Standard, 8.3.1990

In Österreich aufgeführte Werke Elfriede Jelineks

Theaterstücke

Was geschah, nachdem Nora ihren Mann verlassen hatte oder Stützen der Gesellschaft
UA: 6.10.1979 Vereinigte Bühnen Graz (im Rahmen des steirischen herbstes), Regie: Kurt Joseph Schildknecht
w. Prod.: 8.3.1992 Volkstheater Wien,
Regie: Emmy Werner

Clara S. musikalische Tragödie
ÖE: 27.2.1984 Schauspielhaus Wien, Regie: Hans Gratzer
w. Prod.: 2.4.1986 Studiobühne Villach,
Regie: Dieter Kaufmann
9.3.1994 Tiroler Landestheater Innsbruck,
Regie: Dietrich W. Hübsch
27.3.1994 Volkstheater Wien, Regie: Beverly Blankenship
16.11.1996 Elisabethbühne Salzburg, Regie: Karin Koller

Begierde und Fahrerlaubnis
UA: 20.9.1986 Vereinigte Bühnen Graz (im Rahmen der Eröffnung des steirischen herbstes),
Regie: Ulrike Ottinger
w. Prod.: 27.5.1999 Broadway Bar, Regie: Meret Barz

Krankheit oder Moderne Frauen
ÖE: 22.4.1990 Volkstheater Wien, Regie: Piet Drescher

Präsident Abendwind
ÖE: 20.11.1992 Tiroler Landestheater Innsbruck,
Regie: Johanna Liebeneiner

Wolken.Heim.
ÖE: 5.4.1993 Volkstheater Wien, Regie: Michael Wallner
w. Prod.: 28.4.1994 Theater Phönix Linz,
Regie: Georg Schmiedleitner
10.10.1994 WUK, Regie: Eva Brenner

Totenauberg
UA: 18.9.1992 Akademietheater Wien,
Regie: Manfred Karge

Raststätte oder Sie machens alle
UA: 5.11.1994 Akademietheater Wien,
Regie: Claus Peymann

Stecken, Stab und Stangl
ÖE: 20.9.1997 Kasino am Schwarzenbergplatz (Burgtheater Wien), Regie: George Tabori
w. Prod.: 11.5.2000 Versteigerungshalle des Burgenländer Schweinezuchtverbandes Oberwart,
Regie: Angelika Messner

Ein Sportstück
UA: 23.1.1998 Burgtheater Wien, Regie: Einar Schleef

er nicht als er
UA: 1.8.1998 Elisabethbühne Salzburg (im Rahmen der Salzburger Festspiele), Regie: Jossi Wieler
w. Prod.: 14.11.1999 Volkstheater Wien,
Regie: Bernd R. Bienert

Ich liebe Österreich
UA: 14.6.2000 Container vor der Wiener Staatsoper (im Rahmen der Schlingensief-Aktion „Bitte liebt Österreich!")

Das Lebewohl
UA: 22.6.2000 Ballhausplatz Wien,
Sprecher: Martin Wuttke

bisher noch keine österreichische Produktion von:

Burgtheater, Macht nichts, Das Schweigen, In den Alpen, Das Werk, Der Tod und das Mädchen I-V

Libretti, Opern- und Ballettexte

Robert, der Teufel
Musik: Hansjörg Arndt, Daniel Kügerl, Hartmut Kleindienst, Max Koch, Olga Neuwirth, Victor Rieß, Arno Steinwider
UA: 27.10.1985 Koramhalle Deutschlandsberg (im Rahmen des 2. Jugendmusikfests Deutschlandsberg), Regie: Brigitta Trommler

Körperliche Veränderungen / Der Wald
Musik: Olga Neuwirth
UA: 18.5.1991 Theater im Künstlerhaus (im Rahmen der Wiener Festwochen), Regie: Brian Michaels

Unruhiges Wohnen
Musik: Roman Haubenstock-Ramati
UA: 12.9.1991 Linzer Posthof (im Rahmen der ars electronica), Choreographie: Berd R. Bienert

Bählamms Fest
Musik: Olga Neuwirth
UA: 19.6.1999 Sofiensäle Wien (im Rahmen der Wiener Festwochen), Regie: Nicholas Broadhurst

UA = Uraufführung
ÖE = österreichische Erstaufführung
w. Prod. = weitere Produktionen in Österreich

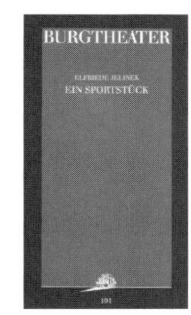

Rezeption „Nora"

„Was geschah, nachdem Nora ihren Mann verlassen hatte"

Elfriede Jelineks erstes Theaterstück „Was geschah, nachdem Nora ihren Mann verlassen hatte oder Stützen der Gesellschaft" (1977) wird am 6.10.1979 im Rahmen des „steirischen herbstes" am Grazer Schauspielhaus uraufgeführt.
Das österreichische Fernsehen überträgt die Aufführung zur Hauptabendzeit. Regisseur Kurt Joseph Schildknecht nimmt Veränderungen an Jelineks Text vor. Als die „Neue Kronen Zeitung" von einem offenen Brief Jelineks schreibt, in dem diese gegen die Inszenierung protestieren würde, gibt Jelinek in der „Volksstimme" eine „Erklärung" ab. Der Uraufführung bleibt sie fern.

← Elfriede Jelinek beim „steirischen herbst"
Seite 51

Erklärung – *Elfriede Jelinek*
„In der österreichischen Presse (zum Beispiel „Kronen-Zeitung", Anm. d. Red.) wurde in letzter Zeit wiederholt aus einem von mir geschriebenen offenen Brief an das Ensemble meines Stückes ‚Was geschah, nachdem Nora …' zitiert. Ich möchte dazu feststellen, daß dieser Brief ausschließlich für den theaterinternen Gebrauch bestimmt war und nicht für die breite Öffentlichkeit. Ich sah mich genötigt, den Leuten, mit denen ich lange zusammengearbeitet hatte, mein Mich-Zurückziehen zu erklären. Ich spreche von grundsätzlichen Kommunikationsschwierigkeiten zwischen dem Regisseur und mir, für die auch ich (wie ich mehrmals betonte) meinen Teil der ‚Schuld' trage. Ich habe viel zu spät erkannt, daß die Inszenierung nicht in meinem Sinne geschieht, und so mußte der Regisseur annehmen, in meinem Einverständnis zu handeln. Außerdem soll nicht das Mißverständnis entstehen, ich wäre bei dieser Inszenierung mit nichts einverstanden, was nicht zutrifft. Es gibt auch Stellen, die ich gut finde. Jedenfalls danke ich allen Beteiligten für den großen Einsatz (grundsätzlich werde ich mich auch niemals in einem Theater vor Publikum verbeugen)."

Volksstimme, 19.10.1979

Protest gegen „Nora"-Regie

Minikrach um die „steirische herbst"-Uraufführung des Stücks „Was geschah mit Nora, nachdem sie ihren Mann verlassen hatte?" Samstag im Grazer Schauspielhaus: Die Wiener Autorin Elfriede Jelinek protestiert jetzt in einem offenen Brief gegen die Aufführung. „Es ist nicht gelungen, eine Atmosphäre des Vertrauens zwischen Autorin und Schauspielern aufzubauen!" Regisseur Schildknechts Konzept sei eine „Denunziation", die Figuren des Stücks seien gegen Jelineks Intentionen „karikiert". Zurückgezogen hat sie das Stück allerdings nicht. Jelinek: „Auch mich trifft ein Teil der Schuld, diese Probleme nicht früher erkannt zu haben!"

PROTESTIERT: „Nora"-Autorin Jelinek

Neue Kronen Zeitung, 9.10.1979

Die Fairneß einer Autorin gegenüber dem Theater

VON EVA SCHÄFFER

In einem Schreiben, das uns via Grazer Theaterleitung erreichte, hat sich die österreichische Autorin Elfriede Jelinek jetzt noch einmal zu der Uraufführungsinszenierung ihres Stücks „Was geschah, nachdem Nora ihren Mann verlassen hatte oder Stützen der Gesellschaften" am hiesigen Schauspielhaus geäußert. Schon vor der Premiere war Frau Jelineks Unzufriedenheit mit dem Ergebnis wochenlanger Probenarbeit kein Geheimnis gewesen. Die rigorose Beschimpfung des Textes, der unnotwendige technische Aufwand hatten u.a. auch, wie sich bei der ersten öffentlichen Aufführung herausstellte, zu einer Verharmlosung des brisanten Stücks geführt – bei aller Anerkennung der schauspielerischen Leistungen der Rolleninterpreten.

Aber Elfriede Jelinek schlug nicht Krach. Weder verlangte sie einen anderen Regisseur noch distanzierte sie sich öffentlich von der Aufführung, obwohl sie wußte, daß diese ihrem guten Namen als Autorin mehr schaden als nützen würde (in einer Grazer Tageszeitung beglückwünschte sich ein Rezensent der Inszenierung dazu, daß ihm nur der auf der Bühne gesprochene Text bekannt sei, brüstete sich also buchstäblich damit, das Stück – obwohl er darüber öffentlich urteilen sollte – nicht gelesen zu haben).

Elfriede Jelinek schreibt in dem oben erwähnten Brief von „grundsätzlichen Kommunikationsschwierigkeiten" zwischen dem Regisseur und ihr, für die „auch ich meinen Teil der ‚Schuld' trage", davon, viel zu spät erkannt zu haben, „daß die Inszenierung nicht in meinem Sinn geschieht, und so mußte der Regisseur annehmen, in meinem Einverständnis zu handeln". Außerdem solle nicht „das Mißverständnis entstehen, ich wäre bei dieser Inszenierung mit nichts einverstanden, was nicht zutrifft. Es gibt auch Stellen, die ich gut finde".

Solche Fairneß nötigt Bewunderung ab, darf aber von einer Tatsache nicht ablenken: daß die Leitung des Grazer Schauspielhauses, sich sonnend im Bewußtsein ihrer Aufgeschlossenheit für die steirischen Stückeschreiber, deren Texte brav spielen läßt. Aber offenbar weniger aus ehrlicher Begeisterung für das Stück als aus purer Angst, nicht als aufgeschlossen, als modern zu gelten.

Neue Zeit, 20.10.1979

„Clara S."

Offener Brief des Forums Stadtpark

Der Grazer Schauspieldirektor hat in einem Brief an das Präsidium und das Direktorium des „steirischen herbstes" die Stücke „Clara S." von Elfriede Jelinek und Wolfgang Bauers „Wer sind wir? Woher kommen wir? Wohin gehen wir?" (Anmerkung: richtiger Titel: „Woher kommen wir? Was sind wir? Wohin gehen wir?") mit der Begründung abgelehnt, sie bedienten „sich der Genital- und Fäkalsphäre, oft in perverser und sadomasochistischer Art". Diese Formulierungen erinnern in äußerst bedenklicher Weise an „Kunsturteile", wie sie in der Nazizeit zur Mobilisierung des sogenannten „gesunden Volksempfindens" gegen die moderne Kunst angewendet wurden, um sie als „entartet" unterdrücken zu können. Es ist nicht einzusehen, daß die Aufführung von Theaterstücken, für die der „steirische herbst" eine entsprechende Öffentlichkeit zu schaffen bereit ist, von den persönlichen Ängsten und Profilierungsvorstellungen eines Theaterdirektors abhängig sein soll. Wir fordern den Intendanten der Vereinigten Bühnen auf, zu den Äußerungen seines Schauspieldirektors öffentlich Stellung zu nehmen. Gleichzeitig fordern wir das Präsidium und das Direktorium des „steirischen herbstes" auf, nach diesen unqualifizierten Äußerungen des Herrn Dr. Hauer zu prüfen, ob eine weitere Zusammenarbeit zwischen dem „steirischen herbst" und dem derzeitigen Schauspieldirektor überhaupt möglich ist.

Der Vorstand des Forums Stadtpark

Südost Tagespost, 10.4.1981

Die klaren Antworten auf offene Briefe

Die leidige Affäre um das vom Direktorium des „steirischen herbstes" vorgeschlagene Jelinek-Stück findet noch immer kein Ende. Bekanntlich hatte Schauspieldirektor Dr. Rainer Hauer den Vorschlag, dieses Stück im Herbst aufzuführen, zurückgewiesen (siehe unseren gestrigen Bericht). Der „offene Brief" des Forums Stadtpark, der den Intendanten der Vereinigten Bühnen auffordert, zu den Äußerungen seines Schauspieldirektors öffentlich Stellung zu nehmen, findet in einem weiteren „offenen Brief" von seiten des Schauspieldirektors eine entsprechende Replik, die wir im folgenden vollinhaltlich abdrucken:

An das Präsidium des „steirischen herbstes", Landhaus, 8010 Graz

Der offene Brief des Vorstandes vom Forum Stadtpark mit Datum des 7. April 1981 zeigt, daß zwei Direktoriumsmitglieder des „steirischen herbstes" meinen internen Bericht (oder einen Teil desselben) über ein internes Beratungsgespräch an den Vorstand des Forums Stadtpark weitergegeben haben und daraus öffentlich zitieren ließen. Abgesehen davon, daß dies ein Vertrauensbruch ist, wie er unter Beratungspartnern nach Treu und Glauben nicht üblich ist,

wird ein Satzteil aus einem großen Gesamtzusammenhang gerissen und diesem Satzteil dadurch in krasser Verfälschung der Vorgänge Ausschließlichkeitscharakter unterstellt,

wird weiterhin ein Teil-Einwand gegen eine bestimmte Art von Stücken zu einer Totalablehnung umfunktioniert,

wird die Tatsache unterschlagen, daß ich, wie meine bisherige Spielplanpraxis zeigt, keineswegs Stücke scheue, die aus einer gewissen Perspektive „anstößig" genannt werden könnten,

wird weiterhin unterschlagen, daß eine Aufführung von Jelineks „Clara S." im „steirischen herbst 81" aus dispositionellen und finanziellen Gründen nicht möglich ist (erstmalig gibt der „steirische herbst" keinen Schilling Zuschuß!),

und wird schließlich sachliche Argumentation durch persönliche Diffamierung ersetzt. Dr. Rainer Hauer

Südost Tagespost, 12.4.1981

Auch die Uraufführung von Elfriede Jelineks zweitem Theaterstück „Clara S." ist 1981 für den „steirischen herbst" geplant. Im Mai 1981 sagt Schauspieldirektor Rainer Hauer das Projekt wegen der TV-Aufzeichnung von Goethes „Faust" aus Termingründen ab.

Das Direktorium des „steirischen herbstes" protestiert. Als Hauer in einem Brief an das Präsidium und Direktorium seine Absage damit gründet, daß sich das Stück einer „Genital- und Fäkalsphäre, oft in perverser und sadomasochistischer Art" bediene, reagiert das Forum Stadtpark mit einem offenen Brief. Hauer antwortet in einem weiteren offenen Brief, in dem er feststellt, daß seine Behauptungen aus dem Zusammenhang gerissen worden seien. Auch der Präsident des „steirischen herbstes", Kulturlandesrat Kurt Jungwirth, schaltet sich ein. Die Uraufführung von „Clara S." findet 1982 in Bonn statt.

Klärendes Gespräch zwischen „herbst" und Grazer Theater?

In den Streit zwischen dem Direktorium des „steirischen herbstes" mit der Leitung des Grazer Schauspielhauses (Ursache war, wie mehrfach berichtet, die Absage der für den „herbst 1981" vorgesehenen Uraufführung des Stückes „Clara S." der aus Mürzzuschlag gebürtigen, in Wien und München lebenden Schriftstellerin Elfriede Jelinek) hat sich nun auch der Präsident des „herbstes", Kulturlandesrat Kurt Jungwirth, eingeschaltet.

Jungwirth, offenbar bemüht um österlichen Frieden zwischen den Kampfhähnen, hat gestern in einer Aussendung mitgeteilt, er habe „die Diskussion über das Jelinek-Stück verfolgt" und sei über die diversen „öffentlichen Äußerungen" nicht besonders glücklich. „Darüber", so Jungwirth weiter, „richte ich nicht. Aber ich wünsche ein konstruktives Gespräch zwischen dem Direktorium und der Direktor des Schauspielhauses, Dr. Hauer, in dem wenigstens für die Zukunft ein faires Verhältnis zwischen dem ‚steirischen herbst' und dem Schauspielhaus, das für diesen ‚steirischen herbst' im Laufe der Jahre Beachtliches geleistet hat, gesorgt wird." Besagtes Gespräch soll, wurde mitgeteilt, „unmittelbar nach Ostern stattfinden".

Ausgebrochen war dieser Streit nicht zuletzt wegen eines offenen Briefes des Vorstandes des Grazer Forum Stadtpark (wir berichteten), in dem Schauspieldirektor Hauer beschuldigt worden war, das Jelinek-Stück aus „äußerst bedenklichen" Gründen abgelehnt zu haben. Hauer hatte (wie berichtet) diese Vorwürfe in einem offenen Brief an das „herbst"-Präsidium scharf zurückgewiesen.

Neue Zeit, 17.4.1981

Nachspiel zur Grazer Absage der Elfriede-Jelinek-Uraufführung:

Ein Skandal wird noch skandalöser

Ein Skandal wird noch skandalöser
– *a.w.*

[...] Als wäre nicht skandalös genug, daß von den Vereinigten Bühnen ein vom „herbst"-Direktorium vorgeschlagenes Werk zurückgewiesen, die Autorin (und im selben Atemzug auch Wolfgang Bauer) zudem diffamiert wurde und dazu politisch höchst anrüchige Anschuldigungen (wie „Heranziehung der Genital- und Analsphäre") herhielten, wird die Sache nun noch ärger: Der Grazer Schauspieldirektor Dr. R. Hauer geruhte nämlich – nach mehr als fünfwöchiger „Bedenkzeit"! – der GAV eine „Antwort" zukommen zu lassen. Und die hat es in sich.

Zunächst beschuldigt Dr. Hauer die GAV, der Grund ihrer Protestresolution könne „nur in einer einseitigen und falschen Information zu sehen sein", bestätigt dann aber selber den Sachverhalt: „Meine Motivationen sind nicht fadenscheinig, sondern wohlüberlegt ..." Das Direktorium des „steirischen herbst" hat „ausschließlich und zu einem sehr späten Zeitpunkt Jelineks ‚Clara S.' ohne Alternative (!) vorgeschlagen, obwohl es Alternativen gab und gibt."
In Klartext: Der Herr Schauspieldirektor hat sich als Totalzensor der „Clara S." betätigt – denn alle von Dr. Hauer behaupteten spielplantechnischen „Verhinderungsgründe" hätte es für eine „Alternative" offenbar gar nicht gegeben!

Daß er gegen das Jelinek-Stück „gewisse Einwände" hätte, gibt Dr. Hauer zu; sie seien „aber nicht der Grund für das Nichtzustandekommen der Aufführung", und überdies habe er sie „ausschließlich intern" geäußert. „Intern", Herr Doktor Bauer, das war immerhin – ein Brief an Präsidium und Direktorium des „steirischen herbst". Und wie steht's um das Vokabular aus der Zeit des „völkischen Kampfes gegen entartete Kunst"?
In Dr. Hauers nunmehriger Stellungnahme bekommen auch die damaligen Adressaten etwas ab: Diese „herbst"-Direktoren „tun sich sehr leicht, am grünen Tisch und ohne Rücksicht auf Theatergegebenheiten Empfehlungen auszusprechen ..." Sie mögen sich also gefälligst mäßigen, diese Grüntischler ...
Doch was wiegt deren Diskreditierung gegen jene, die Dr. Hauer den zeitgenössischen Autoren insgesamt aufpelzt, indem er in seinem Schreiben die Aufführung ihrer Arbeiten pauschalierend (und vorbeugend) als – „Risikoprojekte" brandmarkt? Auf daß „Clara S." als Opfer und Herr Dr. Hauer als Zensor nicht Einzelfälle bleiben ...
[...]

Volksstimme, 31.5.1981

„Burgtheater"

Leute, heimkommen werden wir bestimmt. Denkt daran, wie schön es dann sein wird, wenn alles um uns herum wieder deutsch sein wird! Wenn ihr in ein Geschäft geht, hört ihr niemals mehr Jiddisch oder Polnisch, nur noch Deutsch. Und nicht nur das Dorf, in dem wir leben, wird deutsch sein, alles, alles! Wir werden im Herzen Deutschlands leben! Auf der guten alten warmen Erde Deutschlands werden wir wohnen. Daheim und zu Hause. Und ringsum, da schlagen Millionen deutsche Herzen. Es wird uns ganz wunderlich sein ums Herz, daß die Krume des Ackers und der Felsstein und das zitternde Gras und der schwankende Halm der Haselnußstaude und die Bäume, daß dies alles deutsch ist. Weils ja gewachsen ist aus den Millionen Herzen der Deutschen, die eingegangen sind in die Erde und zur deutschen Erde geworden sind. Denn wir leben nicht nur ein deutsches Leben, wir sterben auch einen deutschen Tod. Und tot bleiben wir auch deutsch und sind ein Stück von Deutschland. Und ringsum singen die Vögel und alles ist deutsch.

Textpassage aus dem Film „Heimkehr", 1941, gesprochen von Paula Wessely

Elfriede Jelinek: „Burgtheater" – Typoskriptseite

Elfriede Jelineks Posse mit Gesang „Burgtheater" wird erstmals 1982 in der Literaturzeitschrift „manuskripte" veröffentlicht.
Das Stück thematisiert die Kontinuitäten des Faschismus in der österreichischen Kunstproduktion anhand des opportunistischen Verhaltens einer österreichischen Schauspielerfamilie im Dritten Reich. Die Uraufführung findet am 10.11.1985 in Bonn unter der Regie von Horst Zankl statt. Die österreichischen Medien berichten. In der Folge wird Jelinek von PolitikerInnen, JournalistInnen, Theaterleuten und LeserbriefschreiberInnen attackiert und das Schauspielerehepaar Paula Wessely – Attila Hörbiger, dessen Verhalten Jelinek im Text verarbeitet, gegen Jelineks Stück in Schutz genommen. Der „Burgtheater"-Skandal begründet in Österreich Jelineks Ruf als „Nestbeschmutzerin". Jelinek sperrt in der Folge das Stück für Österreich.

→
Schwerpunkt-Bibliographie zu „Burgtheater"
Seite 247

Rezeption „Burgtheater"

Was mein letztes Stück, „Burgtheater", betrifft, so habe ich lange am Schneidetisch Kitschfilme, aber auch reine Propagandafilme („Heimkehr") der Nazi-Ära angeschaut und Dialoge und Monologe mitgeschrieben. Es ging mir darum, mit den Mitteln der Sprache zu zeigen, wie wenig sich die Propagandasprache der Blut-und-Boden-Mythologie in der Nazikunst vom Kitsch der Heimatfilmsprache in den fünfziger Jahren, einer Zeit der Restauration, unterscheidet. Dieser Sumpf aus Liebe, Patriotismus, Deutschtümelei, Festlegung der Frau auf die Dienerin, Mutter, Gebärerin und tapfere Gefährtin von Helden, auf die stets sich selbst Verneinende, dem Mann Gehorchende – ein Matsch, der nach dem Krieg nie richtig trockengelegt worden ist, war mein Material, das ich zu einer Art Kunstsprache zusammengefügt habe, weil es in seiner Kitschigkeit und Verlogenheit nicht mehr zu überbieten ist. Diese Sprache ist nicht parodierbar. Sie „spricht für sich selbst", und daher mußte ich nicht mehr sprechen. Ich arbeitete gewissermaßen linguistisch am Text, indem ich die Wörter, die schleimig und verwaschen die faschistische Ideologie transportierten, zu Wortneuschöpfungen umwandelte, Neologismen, die die ganze Brutalität des Faschismus enthüllen, ohne daß das einzelne Wort im Zusammenhang etwas bedeuten muß, zum Beispiel „Saubertöte" statt „Zauberflöte", „Sauschlitzerin" statt „Schauspielerin". Das Stück ist an realen Personen orientiert, die in der Zeit des Faschismus berühmte Schauspieler waren (und es heute genauso wären), aber nicht die Personen als solche sind mir wichtig gewesen, sondern das, wofür sie standen, was sie repräsentierten, wofür sie sich zum Werkzeug machten. Ähnlich wie im „Mephisto" von Klaus Mann, in dem auch Gründgens als Person weniger wichtig ist als die Figur eines Aufsteigers in der Nazizeit, die eben bestimmte Züge eines bestimmten Menschen trägt.

aus: Elfriede Jelinek: „Ich schlage sozusagen mit der Axt drein".
TheaterZeitSchrift 7 (1984)

„Das wird der größte Theaterskandal"
Burgtheater will Elfriede Jelineks „Burgtheater" mit Erika Pluhar spielen – Renate Ritter

„Wenn man das in Wien aufführt, wird's sicher der größte Theaterskandal der Zweiten Republik!": Die Wiener Autorin Elfriede Jelinek meint ihr brandneues Stück „Burgtheater". Eine „ganz böse Posse", für die sich das Burgtheater trotz allem Skandalrisiko interessiert zeigt.
Ja, es schwirren sogar schon Namen wie Erika Pluhar und Rudolf Buczolich als mögliche Besetzung in der Burg-Dramaturgie durch die Luft. Und die Autorin, die bereits mit ihrer feministischen Fortsetzung von Ibsens „Nora" beim „steirischen herbst" Aufsehen erregte, würde sich für „Burgtheater" unbedingt auch den Burg-Liliputaner Fritz Hackl wünschen. Weil das neue Stück „ganz absurd und grotesk" ist, obwohl es sich auf bekannte Tatsachen bezieht. Welche Tatsachen das sind, will und kann Elfriede Jelinek freilich noch nicht verraten, schließlich handelt es sich um eine berühmt-beliebte Wiener Schauspielerfamilie: „Ich glaube nicht, daß man das Stück in Wien oder sonstwo in Österreich spielen kann." [...]

Neue Kronen Zeitung, 31.3.1981

Elfriede Jelineks „Burgtheater": „Damit kein Gras mehr wächst"

„Oh Vaterland, erhalte Gott dir Deinen Ludersinn", erschallt es im „Burgtheater", dem jüngsten Bühnenwerk der Österreicherin Elfriede Jelinek, das von den Bühnen der Stadt Bonn in der Werkstatt am Sonntagabend uraufgeführt wurde.

Elfriede Jelinek

Die „Posse mit Gesang" spielt in Wien in der Nazizeit. Sie karikiert eine berühmte Schauspielerfamilie — die Ähnlichkeit mit dem Clan Hörbiger/Wessely ist unverkennbar — und stellt in sarkastisch überspitzter Typenzeichnung bloß, wie sich Starkomödianten der „Burg" 1941 mit grotesken Verrenkungen dem braunen Kulturdrill anzupassen suchten, den sie vier Jahre später, beim Einmarsch der Russen, dann schleunigst wieder loswerden wollten.

Dabei teilt die Autorin gnadenlos Rundumschläge aus gegen professionelle wie allgemein anpasserische Theaterspielerei. Ihre Technik ist die Montage, ihr Personal sind „Popanze", die in einer alpenländischen Kunstsprache den Kitsch von Schnulzen-, Polit- und Heimatfilmen der Nazi-Ära im Munde führen.

Aus dem theatralischen Burgtheaterton, dessen sich Frau Käthe, Istvan und Schwager Schorschi plus Anhang befleißigen, fallen die Personen regelmäßig zurück in eine unflätige Sudelsprache, die von brutalen Prügeleien und Obszönitäten begleitet wird.

Burgtheater — wie es klingt und kracht! Horst Zankl arrangiert die von Bosheit glitzernde Klischee-Collage mit wendigem Geschick zu einer irren Familientheaterparodie. Wenn die Autorin vorschreibt, daß sich Tochter Mitzi an dem von Küchenresi vor der Ausmerzung geretteten Theater-Zwerg zu schaffen macht, dann krönt hier die Regie das Geschmuse mit einem keuchenden Begattungsakt, bei dem das Wiener Maderl eine fesche Lustpartie auf dem Kleinwüchsigen abreitet.

Und wenn die wilde Kati ihrem Gatten mit Wucht in die Lenden tritt, dann knirscht es so grausig, daß die Autorin ihre Freude dran haben muß, denn sie sagt im Vorwort: „Ich schlage sozusagen mit der Axt drein, damit kein Gras mehr wächst, wo meine Figuren hingetreten sind!"

Arbeiter Zeitung, 12.11.1985

Er lasse sich „moralisch nix vortrompeten", meint Benning [Direktor des Wiener Burgtheaters, Anm.], er bekenne sich „zu humanen Umgangsformen", er mißbillige das Jelinek-Stück, „aus inhaltlichen wie ästhetischen Gründen". Es sei Demagogie, das Stück „Burgtheater" zu nennen, wo doch weder die Wessely noch der Hörbiger zu Hitlers Zeiten an der Burg engagiert gewesen seien. Im übrigen brauche es nicht erst eine Bonner „Posse mit Gesang", damit sich das Burgtheater auf seine eigene verdrängte Vergangenheit besinnt.

aus: Sigrid Löffler: „Was habe ich gewußt – nichts". profil, 25.11.1985

Geschmackloses „Burgtheater" in Bonn uraufgeführt

„Oh Vaterland, erhalte Gott dir deinen Ludersinn" erschallt es im Burgthea-

Die Uraufführung in Bonn (Regie: Horst Zankl) bewies nur, daß „Burgtheater" in der deutschen Bundeshauptstadt fehl am Platz ist. Der Produktion fehlt dort der Resonanzboden. Die deutschen Kritiker bei der Premiere kapitulierten bereits vor der Sprache, deren Assoziationsfelder ihnen fremd und unverständlich bleiben mußten. Das Publikum nahm's als Exotikum, als österreichische Hetz.

„Burgtheater" *muß* in Wien, muß am Burgtheater gespielt werden. „Burgtheater" *kann* in Wien, kann am Burgtheater *nicht* gespielt werden. Jedenfalls jetzt nicht. Nicht, wenn Attila Hörbiger im nächsten April neunzig Jahre alt wird. Nicht, wenn seine und Paula Wesselys Goldene Hochzeit Ende November bevorsteht. Jetzt nicht, auch wenn ORF und Zeitungen, offen skandallüstern, auf eine Aufführung, ein Gastspiel drängen.

Daß „Burgtheater" von Elfriede Jelinek das gegenwärtig wichtigste österreichische Theaterstück ist, steht dennoch außer Zweifel.

aus: Sigrid Löffler: Erhalte Gott dir deinen Ludersinn. profil, 18.11.1985

Wiener Zeitung, 12.11.1985

Adolf-Ernst Meyer: *In Ihrer Sprachkritik der Burgtheater [sic] liegt die Gefahr, daß der Normalzuhörer nicht mehr ganz begreift, wohin Ihr Angriff zielt. Daß also das Denunziatorische und der Biß, den Sie sonst haben, in der sprachreplizierenden Verballhornung verschwinden.*
Elfriede Jelinek: Ich hoffe nicht, denn die Texte, die ich dafür verwendet habe, sind ja zum Teil Zitate aus den Nazifilmen, die die heute so bewunderten Burgtheatergrößen damals gedreht haben und die ich am Schneidetisch mitgeschrieben habe. Vor allem aus „Heimkehr", dem schlimmsten Nazipropagandaspielfilm der Filmgeschichte, der bis heute nicht öffentlich gezeigt werden darf.
Schlimmer als „Hitlerjunge Quex"?
Schlimmer. Schlimmer auch als „Jud Süß". Dieser Film „Heimkehr" ist 1941 gedreht worden, um den deutschen Überfall von 1939 auf Polen nachträglich zu rechtfertigen. Und da hat eine Paula Wessely, da haben alle mitgespielt. Und wenn sie heute sagt, sie wußte nicht, woran sie mitgewirkt hat, dann kann man das ja zeigen. Sie sagt in diesem Film deutlich: „Sie wissen doch, wir kaufen nicht bei Juden." Ein Schauspieler, der so etwas in einer Rolle ausspricht und dann sagt, er hätte nicht gewußt, was er getan hätte, ist nicht vorstellbar. Es geht dabei um diejenigen, die sich rechtzeitig aus der Geschichte herausgestohlen haben und denen es gelungen ist, sich als Unschuldige vor der Welt zu präsentieren. Es geht um die Verlogenen, die sich selber freigesprochen haben. Die Deutschen haben zumindest im Kulturbereich ununterbrochen Buße getan, zwar nicht innerhalb der Justiz und der Medizin, wo die entscheidenden Täter ein friedliches Alter genießen konnten, aber im Kulturbereich haben sie viele kritische Filme, Fernsehspiele, Hörspiele etc. gemacht. In Österreich ist das alles ganz schnell unter den Teppich gekehrt worden. Dieser Ucicky, der Regisseur von „Heimkehr", hat schon in den fünfziger Jahren wieder einen erklärtermaßen pazifistischen Film mit denselben Schauspielern, denselben Machern gedreht, also alles umgepolt. Diese ganz besonders widerwärtige österreichische Variante von Verlogenheit meine ich. Paula Wessely hat schon 1947, glaube ich, vor GIs in Salzburg aus Max Reinhardts „Rede an die Schauspieler" gelesen – und geweint dabei! Diese Verlogenheit: Eine Frau, die einerseits einem jüdischen Regisseur [sic], der emigrieren mußte, ihre Karriere verdankt, und andererseits sofort nach Ende des Krieges sich ihm heulend wieder anverwandelt. Gegen diese Verlogenheit habe ich das Stück geschrieben. Ich habe ihre eigenen Worte gegen sie gekehrt, denn die österreichische Variante war immer schon die Verharmlosung der Folklore.

aus: Jutta Heinrich, Elfriede Jelinek, Adolf-Ernst Meyer: Sturm und Drang. Schreiben als Geschlechterkampf. Hamburg: Klein 1995, S.46-47

Wochenpresse, 26.11.1985

profil, 26.11.1985

Kurier, 17.11.1985

Peter Michael LINGENS

Der Versuch, ein unerquickliches Amalgam von Fragen aufzulösen und dabei zu einem Schluß zu kommen.

WIEWEIT VERDIENT PAULA WESSELY ELFRIEDE JELINEK?

[...] Elfriede Jelinek gestattet Paula Wessely zu Recht nicht den Rückzug auf die Position des Künstlers, der sich um die Folgen seines Agierens nicht zu kümmern braucht. Wie bringt Frau Jelinek es fertig, zugleich selbst so zu agieren, als fände die Aufführung ihres Stückes im luftleeren Raum statt?

Sie muß wissen, daß zumindest die kaum zu erhärtende Darstellung des Paul Hörbiger als eines üblen Opportunisten für dessen Kinder – die es gibt und von denen die Jelinek wissen muß, daß es sie gibt – eine schwere Kränkung darstellt. Sie muß wissen, daß Attila Hörbiger 90 Jahre alt und von brüchiger Gesundheit ist; daß die so gnadenlose Darstellung seines weit zurückliegenden und wohl auch läßlichen politischen Versagens ihn in einem Maß erregen könnte, das zu einem Versagen seines Herzens führt.

Und wie stellt sich Elfriede Jelinek vor, daß es auf die Töchter der Paula Wessely wirkt, wenn sie sich mit der Möglichkeit konfrontiert sehen, daß ihre Mutter versucht haben könnte, sie umzubringen? Obwohl daran wohl höchstens dies wahr ist: daß Paula Wessely irgendwann nach dem Krieg, erklärlich auch aus ihrer psychischen Struktur, Selbstmordgedanken hegte. Daß sie vielleicht wirklich einem Freund gesagt hat, sie wollte sich umbringen und, als der sie auf das Schicksal ihrer Kinder aufmerksam machte, hinzugefügt haben könnte: „Die nehme ich mit."

Nicht, daß es wirklich so gewesen sein muß, aber so, wie die Jelinek es in ihrem Stück darstellt, war es ganz sicher nicht. [...]

Als ich Elisabeth Orth gefragt habe, ob sie es für richtig hielte, das Stück zu verbieten, hat sie denn auch mit einem klaren „Nein" geantwortet: Die Schuld, die die Jelinek wegen solcher überflüssiger Verletzungen verantworte, sei vernachlässigbar klein neben der Schuld, die die Eltern durch ihr Überflüssiges [sic] Sich-zur-Verfügung-Stellen während des Dritten Reiches auf sich geladen haben. Die Diskussion des Stückes sei wichtiger als die Kritik des Stückes.

Das ist in etwa auch meine Haltung zu „Burgtheater": Ich hätte mir ein weniger voyeuristisches und damit in seiner Wirkung allgemeingültigeres Stück zu diesem Thema gewünscht. Oder aber eine präzisere und damit unanfechtbare Biographie. Aber ehe es gar nichts gibt, ehe ein so wichtiges Thema wie das Verhalten von Künstlern im Dritten Reich einfach verdrängt wird, ist mir auch dieser Anlaß zur Diskussion lieber als gar keiner.

Die Wessely scheint derzeit auf dem Standpunkt zu stehen, sie sei sich zu gut, sich mit der Jelinek auseinanderzusetzen. Sie würde ein Stück wie dieses einfach ignorieren. Das erscheint mir (noch) nicht die richtige Haltung: Ich wünschte mir, daß sie es, im Sinne ihrer Tochter, fertigbrächte zu sagen: „Ich habe damals Schuld auf mich geladen – an diesem Stück mögen andere Kritik üben, mir steht sie nicht zu."

Ich übernähme es dann gerne, alles zu sagen, was sich zur Milderung dieser ihrer Schuld vortragen läßt. Und das ist eine ganze Menge.

Da gilt es, zuerst einmal die richtigen Relationen herzustellen: Paula Wessely war ja nicht wie Friedrich Peter Mitglied einer mit Massenmord an der Zivilbevölkerung befaßten Kompanie, sie hat ja nicht wie Primarius Gross Anteil an der Tötung kranker Kinder gehabt oder ihre Kollegen bei der Gestapo verraten. Sondern sie hat sich wie Millionen andere mit einem unmenschlichen Regime höchst menschlich arrangiert. [...]

*

Die positive Nachricht am Ende dieses Leitartikels: Er war schon fertiggeschrieben, als sich Frau Wessely doch noch davon überzeugen ließ, daß sie zu diesem Thema etwas sagen müsse. Was sie sagte, ist jedenfalls für mich oder für meine Mutter in jeder Weise ausreichend. Im Wortlaut: „Ich will mich nicht mit dem Stück der Frau Jelinek auseinandersetzen, werde es aber sicher nicht verbieten lassen. Wohl aber setze ich mich mit der Rolle auseinander, die ich damals in der NS-Zeit gespielt habe: Ja, es tut mir leid, daß ich damals nicht den Mut gefunden habe, zurückzuweisen, daß sich dieses Regime mit mir brüstet; daß ich nicht den Mut gefunden habe, die Dreharbeiten zu ‚Heimkehr' einfach abzubrechen. Vielleicht habe ich aber doch einiges von dem wiedergutgemacht, indem ich konkreten Menschen, jüdischen Kollegen und Freunden, in dieser Zeit konkret geholfen habe."

profil, 25.11.1985

Basta, November 1985

Das durch Ihr Zureden von Frau Wessely herausgewürgte Bedauern über ihre Bütteldienste für das Dritte Reich kommt um 40 Jahre zu spät. Es ist 1945 leider versäumt worden, mit den Hörbigers und überhaupt mit den Künstlern im Dritten Reich abzurechnen.

Karl Hans Heinz
Wien

Leserbrief, profil, 2.12.1985

Die Jelinek, eine Mörderin?

„profil"-Chef Lingens denunziert die „Burgtheater"-Autorin Elfriede Jelinek

Wie viele Jahre ist es nun schon her, daß Elfriede Jelineks Stück „Burgtheater" im Grazer Literaturmagazin „manuskripte" erstveröffentlicht wurde. Nachdem nun im fernen Bonn die Erstaufführung über die Bühne ging, ist der Teufel los.

Der Spezialist für alles mögliche der „Kronen-Zeitung", ein gewisser Herr Reimann — genau der, der die berüchtigte Judenserie geschrieben hat —, beschimpfte Elfriede Jelinek. Nun hat Reimann einen Bündnispartner bekommen in der Gestalt des „profil"-Chefs Lingens.

Seit Jahren liegt das Stück auf dem Tisch, die öffentliche Erörterung wurde unterbunden. Nun, da doch eine Aufführung zustande kam, wird abgerechnet: Aber nicht etwa mit der braunen Vergangenheit weiter Kreise österreichischer Künstler, sondern mit der Schriftstellerin Jelinek.

Da wird beispielsweise die Besorgnis geäußert, Elfriede Jelinek könnte an einem eventuellen Herzversagen von Attila Hörbiger schuld sein, weil dieser sich so über „Burgtheater" aufregen könnte. Als ob's im „Burgtheater" über die Rolle der Hörbigers und der Paula Wessely während der Nazizeit ginge. Lingens versucht die Schriftstellerin als potentielle Hörbiger-Mörderin hinzustellen, und er läßt fragen, ob sich Paula Wessely eine Elfriede Jelinek verdient hat.

Nach „profil"-Chef Lingens eine potentielle Mörderin: Elfriede Jelinek.
Photo: Archiv

In „Burgtheater" geht es wahrlich nicht um Individuen, es geht um ein System der Vergangenheitsverdrängung. Höchst artifiziell abgehandelt. Um nichts weiter.

Jetzt wird darauf herumgeritten, es sei ein Schlüssellochstück über Hörbiger-Wessely. Das wirft Elisabeth Orth, deren Tochter, der Jelinek auch vor. Orth selbst hat vor etlichen Jahren ein Buch über ihre Eltern geschrieben, ein Musterbeispiel für Geschichtsklitterung. Orth gesteht sie heute wenigstens ein. Bleiben wir weiter bei der Geschichtsklitterung: Mir fällt die Dissertation über Attila Hörbiger einer bekannten Fernsehansagerin ein, die nun als Hörfunkredakteurin arbeitet.

Der jetzige Aufschrei über das Jelinek-Stück, das in Österreich nicht aufgeführt wurde, scheint eine weitere Form der Verdrängung zu sein, verbunden mit dem Versuch, die Autorin Jelinek unmöglich zu machen. Diskutiert wird nicht über das Stück selbst, sondern über Äußerlichkeiten. Und eine Schriftstellerin öffentlich als mögliche Mörderin hingestellt.

Reinhold Leitner

Volksstimme, 26.11.1985

Meine persönliche Anerkennung für den ehrlichen Versuch einer objektiven und kritischen Betrachtung. Zu Frau Orth: Was für ein Mensch, was für eine Frau, was für eine Tochter ihrer Eltern! Meine tiefe und aufrichtige Bewunderung.

Karlheinz Böhm
Baldham

Leserbrief, profil, 9.12.1985

Ich habe „Burgtheater" gelesen. Ganz. Habe mich über weite Strecken interessanterweise dabei gelangweilt. Zog neidvollst meinen Hut vor der Sprachbehandlung. Ich bin nicht dagegen, daß diese Posse mit Gesang auch auf Wiener Boden zur allgemeinen Volksbelustigung zugelassen wird. Auch die skandallüsternen Damen und Herren der Presse und des ORF sollen um Himmels willen nichts verdrängen müssen. Was ich der Elfriede Jelinek im Grunde am meisten nachtrage: Sie hat sich um die Chance geschrieben, nein gewütet, ein wirklich wichtiges österreichisches Theaterstück zustande zu bringen. Mit dem man sich ernsthaft auseinanderzusetzen hätte. [...]

Es stehen in dieser Republik schwerwiegendere Verdrängungen zur Bewältigung an als das Versagen meiner Eltern in der NS-Zeit. Eine Menge befreiender Sätze wäre ausständig. Das Warten darauf verdrießt schon bald die dritte Generation.

Um es an für mich im Moment geeignetster Stelle und möglichst deutlich zu sagen: Ich leide nicht an Profilierungsneurose. Ich verspüre keinerlei Drang, auf der jetzt aufbrandenden Medienwelle ein Tänzchen mitzuwagen. Ich weiß meine Zeit an erquicklichere Unternehmungen zu verschwenden. Die eklatante Verfälschung der Biographie Paul Hörbigers in Jelineks Stück sollte ein gerichtliches Nachspiel haben. Der Rest der betroffenen Familie verzichtet auf gerichtliche Schritte. Die Wiener Theaterszene ist frei für „Burgtheater". Schade. Verdammt schade. Was hätte das für ein Theaterstück werden können! Für ernstgemeinte Fragen stehe ich zur Verfügung. Um des Klimas in dieser Stadt und diesem Land willen. Die Haltung meiner beiden Schwestern und meine zur NS-Zeit, zum Nationalsozialismus, zum Faschismus, zu jedweder Diktatur ist klar und eindeutig und ist auch *unseren* jüdischen Freunden bekannt.

Der Elfriede Jelinek stehe ich auch zur Verfügung.

aus: Elisabeth Orth: Was hätte das für ein Theaterstück werden können. profil, 25.11.1985

Rezeption „Burgtheater"

Miese Hetzjagd!

MICHAEL JEANNÉE

Kleine Bräunlinge, gestandene Braune, mörderische Ultra-Braune: Simon Wiesenthal, der Eichmann-Jäger, kennt sie alle. Die ersten verachtet er, die zweiten beobachtet er, die dritten verfolgt er. Kurz: Simon ist Nazi-Experte. Der Nazi-Experte. Gnadenlos, allwissend und unversöhnlich, wie sich's für einen Braunbrut-Bekämpfer gehört.

Zu ihm bin ich am Ende dieser beschämenden Woche gegangen. Von ihm, und nur von ihm, wollte ich Antwort haben. Antwort auf die Fragen:
● Paula Wessely und Attila Hörbiger: alte, verdammenswerte, niederzumachende Nazis?
● Schuldbeladene Krypto-Faschisten, die uns vierzig Jahre lang getäuscht haben?
● Und geschieht, was dem Künstlerehepaar zur Zeit geschieht in dieser Stadt, in diesem Land, geschieht es also zu Recht?

Lange, gründlich und schwer hat Simon Wiesenthal überlegt, bevor er Antwort gab. Und ganz still ist es gewesen in seinem kleinen, überladenen Büro mit der furchtbaren KZ-Karte an der einen und dem riesigen Bücherbord an der anderen Wand. Und seine weisen Rabbi-Augen widerspiegelten eine Pein, die nur er kennt. Dann aber sagte er dies:

„Zum Unterschied zu anderen Ländern hat es in Österreich nach dem Kriege keine Stunde Null gegeben – der Übergang in die neue Zeit war ein fließender. Das eine allgemeine Anmerkung in das Erinnerungsbuch jener, die jetzt schreien. Konkret zu Paula Wessely und Attila Hörbiger: In den ersten drei Jahren nach 1945 war Zeit, Platz und Wissen, reinen Tisch zu machen, ein für allemal. Das wäre damals eine Frage der gesellschaftlichen Hygiene gewesen. Heute aber, nach vierzig Jahren, diese beiden Menschen zu ächten, ist – deplaziert. Zumal Herr Hörbiger und Frau Wessely hinlänglich bewiesen haben, daß sich von der Nazi-Ideologie gelöst haben. Und Verbrecher sind sie schließlich nie gewesen..."

Soweit der Unbestechliche. Und so gut. Denn für mich bedeutet Wiesenthals Statement die moralische Legitimation für das, was ich mir jetzt von der Seele schreibe.

Elfriede Jelinek, steirische Dichterin, Jahrgang 1946, verfaßt ein Bühnenstück und nennt es „Burgtheater". Ihr Thema: Schauspieler, die sich mit dem Hitler-Regime arrangieren. Nun ist die Dame aber leider nicht halb so begabt wie Klaus Mann, dessen Roman „Mephisto" Ähnliches zum Inhalt hat. Das Resultat die Folge einer Minderbegabung: Ein widerliches Machwerk, in dessen Mittelpunkt eine perverse, sabbernde, brutale und exzessive Schauspielerfamilie steht: die Hörbigers.

„Burgtheater" wird in Bonn uraufgeführt, und Lothar Schmidt-Mühlisch, einer von vielen entsetzten deutschen Kritikern, schreibt:

„Hier formuliert sich unter dem Schutzschild der Vergangenheitsbewältigung ein wahrhaft faschistischer Geist. Wenn man Judenvernichtung und Bänkelsang-Melodramatik in einen Darstellungszusammenhang bringt, dann hat man meines Erachtens nach seine moralische Position aufgegeben..."

Damit wäre eigentlich alles gesagt und man könnte Jelinek samt „Burgtheater" abhaken. Wenn nicht, tja, wenn es da nicht noch die heimischen, die österreichischen, die Wiener Kritiker, Moralisten und Beckmesser gäbe.

Jene selbsternannten Selbstgerechten, die da triefen und schmieren und schmieren und triefen. Die da vorgeben, zu enthüllen, aufzuarbeiten, anzuklagen. Die da aber in Wahrheit nichts anderes tun, als auf einen gottverdammten Zug mit großen Namen aufzuspringen, um eine gottverdammte Auflage zu machen. Die da heißen Peter Michael Lingens („profil"), Klaus Kittl („Wochenpresse"), Sigrid Löffler („profil").

Lingens berauscht sich leitartikelnd an seiner eigenen Moral: „Wenn Elfriede Jelinek (in ihrem Stück) einen realen Mordversuch der Paula Wessely an ihrer Tochter

Verachtet, beobachtet und verfolgt alles, was braun war und ist: Nazi-Jäger Simon Wiesenthal. Der Unbestechliche zum „Fall" Hörbiger: „Paula Wessely und Attila Hörbiger haben ihre persönliche Integrität hinlänglich bewiesen. Die Achtung des Ehepaares nach vierzig Jahren ist völlig deplaziert..."

Neue Kronen Zeitung, 1.12.1985

Neue Kronen Zeitung, 1.12.1985

Es darf vorausgesetzt werden, daß Jeannée das Jelinek-Stück „Burgtheater" (dessen Buchausgabe in jeder besseren Buchhandlung zu haben ist) nicht kennt. Schon der junge „Express"-Nachwuchsreporter Jeannée brillierte mit „Tatsachenberichten" über Ereignisse, deren Tatsachen ihm völlig unbekannt waren. So einer läßt sich nämlich seine reaktionären Vorurteile nicht von der schnöden Wahrheit vermasseln. Er hat schließlich ein Ziel vor Augen – jetzt geht es darum, eine fortschrittliche Schriftstellerin stellvertretend für ihre Kolleginnen und Kollegen zu vernichten. Rufmord braucht keine andere Legitimation als die eines selbstgebastelten „gesunden Volksempfindens". Das hat Jeannée spätestens in der Springer-Giftküche gelernt.

aus: Kilian Hupka: Aus Springers Giftküche. Volksstimme, 13.12.1985

So ein Stück wie „Burgtheater" ist doch unerhört. Die Autorin ist jung und hat keine Ahnung, was die Familie Wessely-Hörbiger für uns geleistet hat. Wir lieben sie.

Hilde Totter
1160 Wien

Leserbrief, Kurier, 13.11.1985

Noch einmal: Heimkehr! Kaum ein schöneres Bekenntnis zum „Deutschsein" als das von Paula Wessely im Film „Heimkehr" gesprochene ist mir bekannt, es sei das von „König Ottokars Glück und Ende" über Österreich. Nicht ins Nest scheißen, sonst müssen wir eine neue Definition für Verleugner finden. Wo spielt man noch einmal Heimkehr?

Walter Huber-Straßhammer
Wien

Leserbrief, profil, 9.12.1985

178 Rezeption „Burgtheater"

Oh, unsere Mimen! Sind sie doch der Mund der Schriftsteller, zu Schauspiel geronnene Anweisung des Regisseurs! Da wäre es doch höchstens als Zugabe zu verstehen, wenn sie darüber hinaus auch noch selbst dächten. Wer wollte das fordern?

Michael Werderitsch
Wien

Leserbrief, profil, 9.12.1985

Man muß die Welt im Jahre 1938 offenbar selbst erlebt haben, um zu verstehen, was damals vor sich ging und wie die Menschen versuchten, mit den Gegebenheiten fertig zu werden. Frau Wessely hat den betont nationalen Film „Heimkehr" gedreht: Hätte sie nein sagen sollen? Es war ja ihr Beruf, und es war Krieg. Aber selbst wenn man ihr das Spielen in diesem Tendenzfilm vorwerfen will. Sie hat ja nichts anderes getan, als was da viele Millionen Österreicher, die ja leben wollten, taten, nämlich mit den Wölfen zu heulen. [...]

Johannes Eidlitz
Wien

Leserbrief, profil, 2.12.1985

Neue Kronen Zeitung, 12.12.1985

Man schreibt Ihnen, man müsse die Welt von 1938 verstehen?! Millionen Österreicher, die ja „leben" wollten, taten nichts anderes, als mit den Wölfen heulen. Das ist eine ungeheuerliche, typische Geschichtslüge! Und Schönfärberei, denn sie waren selbst die Wölfe!! Die Millionen Österreicher! Einer, der 1938 flüchten konnte, während seine ganze Familie beraubt, geschändet und vernichtet wurde, schreibt Ihnen das.

Dr. Berthold Charuz
Tel Aviv

Leserbrief, profil, 9.12.1985

Bürgermeister Zilk ehrt Paula Wessely und Attila Hörbiger anläßlich ihrer goldenen Hochzeit

„Wien weiß, was es seinen Künstlern schuldet!"

Oberflächlich betrachtet, war es eine Routineehrung, die jedem Ehepaar Wiens zusteht: Nach 50jährigem Bestand des Lebensbundes gratuliert der jeweilige Bürgermeister höchstpersönlich. Bei Paula Wessely und Attila Hörbiger gestern vormittag im Wiener Rathaus aber war es mehr, viel mehr. Es war die richtige Verbeugung des richtigen Mannes zum richtigen Zeitpunkt. Und wenn Helmut Zilk in seiner Laudatio nicht eine Schärfe formulierte: „Diese Stadt weiß, was sie ihren Künstlern schuldig ist!", dann ging das gewiß und gezielt an die Adresse jener selbstgerechten Möchtegernaufklärer, „Dichter" und Beckmesser, die die Hörbigers in den letzten Wochen mit Dreck bewarfen ...

Kultur, Geist und Achtung

Ein erlesener Kulturkreis ist es, der sich um 11.30 Uhr im Roten Salon des Rathauses die Ehre gibt: Opernchef Egon Seefehlner, Ex-Burgtheater-Direktor Paul Hoffmann, Paul Blaha vom Volkstheater, Theater an der Wien-Boß Peter Weck, der legendäre Franz Stoß und Karl Dönch von der Volksoper.

Alle diese Männer kennen das Schauspielerehepaar Hörbiger/Wessely besser als sonstwer in Wien. So, wie die beiden Jubilare diese Männer kennen. Und dieses Einander-Kennen prägt die Atmosphäre.

Wenn Kultur, Geist, Vornehmheit, Respekt und Achtung jemals sichtbar wurden, dann an diesem Mittwoch vormittag in jenem Roten Salon des Wiener Rathauses. Obwohl nicht viel passiert – des Bürgermeisters Rede ist kurz, die Ehrenurkunde schnell übergeben, der Sekt rasch getrunken –, steht dieses halbe Stündchen doch für das ganze Leben dieser beiden großen Schauspieler. Eines Lebens für diese Stadt, für das Theater, für die Kunst. Und alle Hetzer und Jelineks und Schmierer sind gänzlich ohne Bedeutung und Wichtigkeit und Kraft. Und das ist gut so.

Die Welt der Hörbigers

Nur eine Szene, eine kleine winzige Szene möchte ich dem geneigten Leser noch schildern. Weil sie so typisch ist für Haltung und die Welt, die jene der Hörbigers ist. Als Helmut Zilk dem Neunzigjährigen gratuliert, müht sich der alte Mann aus seinem Stuhl hoch. Der Bürgermeister und Paula Wessely wollen es verhindern. Aber Attila schüttelt die Hände, die ihn sanft niederhalten, unwillig ab, steht auf und sagt laut und klar und deutlich: „No, das wär' noch schöner, wenn ich nicht aufstehen möcht'", wenn mir der Herr Bürgermeister gratuliert ..."

Opernchef Egon Seefehlner und Ex-Burgtheater-Direktor Paul Hoffmann gratulieren den Jubilaren. Zwei aus einem erlesenen Kulturkreis, der zu der Feier in den Roten Salon des Wiener Rathauses geladen war.

Theater an der Wien-Direktor Peter Weck und Attila Hörbiger

Neue Kronen Zeitung, 12.12.1985

[...] „Alle Kreter sind Lügner" – sagte ein Kreter. Dieses alte Paradoxon bedurfte sicher schon lange einer Aktualisierung. Also: „Alle Österreicher sind miese Charaktere" – sagt ein(e) Österreicher(in). Aber über die Konsequenzen einer solchen Aussage nachzudenken, dazu reicht es halt bei den klugen Kritikern leider nicht.

Dr. Hans Schmeiser
Wien, IX.

Leserbrief, Die Presse, 11.12.1985

Offener Brief Gerald Graßls an Bürgermeister Zilk:
Gegen „Hetzer" und „Schmierer"?

Die Schriftstellerin Elfriede Jelinek schrieb schon vor mehreren Jahren das Theaterstück „Burgtheater". Es wurde in der Literaturzeitschrift „Manuskripte" abgedruckt und von den heimischen Kulturredaktionen jahrelang ignoriert.

Da „Burgtheater" im Burgtheater nicht aufgeführt werden konnte, kam es zu einer Uraufführung in Bonn. Ein Journalist witterte nun eine Story: Eine Wessely-Hörbiger-Beschimpfung! Und alle braven Kulturredakteure durften nach Bonn fahren und erhielten Platz auf den Titelseiten reserviert. Die Chefredaktionen erwarteten nämlich einen deftigen „Skandal".

Aber wie und was und warum nur — da kamen die Braven wieder heim und berichteten bloß, daß sie ein gutes Theaterstück gesehen hätten — und sonst nichts.

Was nun aber nur mit dem wunderschön freigehaltenen Platz auf der ersten Seite tun? Einmal hätte die „Kultur" die Chance den Aufmacher zu machen und einen Mörder oder VOEST-Manager ins Innere des Blattes zu verbannen und dann so was ...

Also rasch das Skandälchen gemixt.

Und plötzlich diskutierte Österreich über ein Stück, das hier kaum jemand gelesen oder gar gesehen hat. Aber nicht über die Kunst der Jelinek, nicht ihre Anliegen, sondern die guten Personen (Wessely-Hörbiger) gegen die böse Hexe (Jelinek). Wen interessierte es da schon, daß die Autorin betonte, daß es ihr in ihrem Stück nicht darum gegangen sei, irgendwelche Leute zu kränken, sondern daß sie es schrieb „... zu Ehren der vielen Künstler, die freiwillig oder unfreiwillig emigriert sind."

Höhepunkte in dieser geradezu lebensbedrohenden Meuchelkampagne bot die „KZ".

Und nun lese ich auf der Titelseite der „KZ": „Helmut Zilk an die Adresse all jener, die das Schauspielerehepaar (Wessely-Hörbiger) letzthin mit Dreck bewarfen: ‚Wien weiß, was es seinen Künstlern schuldig ist.' "

Also bei der Elfriede Jelinek wußte „Wien" bis heute noch nicht, ob es ihr was „schuldig" sei. Aber es geht ja um die beiden Schauspieler — und da geht es in folgender Weise weiter im Blattinneren: „... des Bürgermeisters Rede ist kurz ... Und alle Hetzer und Jelineks und Schmierer sind gänzlich ohne Bedeutung und Wichtigkeit und Kraft. Und das ist gut so."

Schluß des Zitates eines Ex-Chefreporters von „Bild am Sonntag".

Unterschwellig wird nun hier der Eindruck den „KZ"-Lesern vermittelt, als hätten S i e mit der Gratulation Wessely-Hörbiger gleichzeitig einen demonstrativen Akt gegen die Schriftstellerin Elfriede Jelinek setzen wollen; mehr noch — als ob auch Sie diese großartige Autorin unseres Landes als eine „Hetzer(in) ... und Schmierer(in)" einschätzen.

Sehr geehrter Herr Bürgermeister Zilk! Sie ahnen nicht, wie arg das kesseltreiben derzeit gegen Elfriede Jelinek ist. Ich ersuche Sie dringend, rasch und deutlich klar zu stellen, daß Sie sich mit den Aussagen des Michael Jeanée nicht identifizieren wollen. Bitte, demonstrieren Sie in dieser angespannten Situation (auch) klar Ihre Solidarität mit der Dichterin Elfriede Jelinek — auch in der „KZ"!

Mit freundlichen Grüßen
Gerald G r a ß l

Volksstimme, 17.12.1985

Gegenwärtig ist es das Drama „Burgtheater" der Wiener Autorin Elfriede Jelinek, das für Aufregung sorgt. In Bonn uraufgeführt, prangert das Schlüsselstück mehr oder weniger offen das angebliche Mitläufertum des Schauspielerclans Hörbiger/Wessely während der NS-Zeit an. Ohne nun die literarische Qualität des Stückes – Burgschauspieler Fritz Muliar nannte es (in der „Wochenpresse") „unappetitlich" und „geschmacklos" – beurteilen zu wollen, stellt sich dabei doch die Frage, woher sich zeitgenössische Literaten das moralische Recht nehmen, eine leid- und schicksalsgeprüfte Generation derart abzuqualifizieren. Ohne die Problematik des für Österreich so typischen Opportunismus – und den gab es vor 1938 und nach 1945 sehr wohl auch – zu verniedlichen, erscheint es doch mehr als fragwürdig, aus der Sicherheit unserer heutigen liberalen Demokratie über den Weg unserer Väter- und Großvätergeneration zu urteilen.

Noch bedenklicher wird dies, bedenkt man, daß es in unseren Tagen geradezu zur Pflichtübung für jeden Angehörigen der Kulturschickeria gehört, sich kritisch und empört über die Gefahr des Faschismus zu äußern. Der Verdacht läßt sich dabei kaum von der Hand weisen, daß jenes Mitläufertum, das sich heute modisch antifaschistisch gibt, eben auch den politisch-ideologischen Moden der dreißiger und vierziger Jahre angepaßt hätte.

aus: Andreas Mölzer: Freiheit der Kunst. Aula, Jänner 1986

Rezeption „Burgtheater"

[...] Frau Jelinek hat die NS-Zeit nicht persönlich erlebt, aber vielleicht hätte sie nach einigen Recherchen im Verwandten- oder Bekanntenkreis auch eine Reihe von „Mitläufern" gefunden ...? Diese hätten sich allerdings gewiß nicht so PR-trächtig vermarkten lassen wie die Familie Hörbiger-Wessely. Woraus man schließen kann, daß Frau Jelineks Stück ohne diesen schlau gewählten „Aufhänger" wahrscheinlich auch nicht angenommen worden wäre. Nicht einmal vom Stadttheater Bonn. Wert oder Unwert von Frau Jelineks Stück als theatralisches Kunstwerk entzieht sich meiner Beurteilung, nicht aber der Ton, in dem es abgefaßt ist. Er war den TV-Ausschnitten deutlich zu entnehmen, und zumindest in ihm scheint sich die Autorin gewaltig vergriffen zu haben. Sollten sich Paula Wessely und Attila Hörbiger ein solches Stück verdient haben (was ich zu bezweifeln wage), eine dermaßen ordinäre und unwürdige Beschimpfungsorgie haben sie sich gewiß nicht verdient.

Dr. Ursula Tamussino
Wien, V.

Leserbrief, Die Presse, 7.12.1985

[...] Bitte, zum besseren Verständnis meiner Betrachtung: Ich war und wurde kein Anhänger dieser Partei, hatte daher manchen unangenehmen Nachteil während dieser Zeit in Kauf zu nehmen.
Wer nicht die Atmosphäre des Einmarsches der deutschen Armee und die daran geknüpften Erwartungen der Österreicher erlebt hat, kann nicht verstehen, daß sich viele Menschen zur Hitler-Partei zugehörig fühlten. Man erwartete eben einen Wirtschaftsaufschwung.
Besonders arg aber war die Zeit nach dem Zusammenbruch Deutschlands und damit auch der Hitler-Partei in Österreich.
Bedenkt man, wie viele Menschen damals gewaltsam oder, um solchem Schicksal zu entgehen, freiwillig den Tod erlitten haben, erscheint es verständlich, wie besonders emotionsstark diese Zeit für uns verlaufen ist. Hat man diese Zeit nicht erlebt, soll und darf man nicht über die damals echt um ihr Leben bangenden Menschen schreiben und damit über sie völlig falsch urteilen.
Das hätte sich auch Frau Jelinek überlegen sollen, ehe sie zu schreiben begann. Von diesem Gesichtspunkt aus muß man daher ihr „Werk" beurteilen. Dies gilt auch für alle, die für eine Verbreitung dieses „Werkes", in welcher Form immer, gesorgt haben.

Dipl.-Ing. Robert Lattermann
Wien, XIX.

Leserbrief, Die Presse, 30.11.1985

[...] Kritik ist unerläßlich, sowohl für den einzelnen wie für die Allgemeinheit. Sie ist ein wesentlicher Bestandteil unserer Kultur. Wer Kritik nicht ertragen kann, der flüchte in die Wüste. Selbst dort könnte er Gefahr laufen, einem Sonderling zu begegnen, der ihm seine unreine Gangart zum Vorwurf machen könnte. Also nicht wehleidig, nicht zimperlich sein! Spaß muß man verstehen, Kritik ertragen. Doch Spaß und Kritik hören auf, wo der Rufmord beginnt. Und Rufmord ist es, was einige unserer schreibenden Mitbürger und -bürgerinnen unter dem Deckmantel der Besorgnis um unser moralisches Heil an uns verüben. So wird demokratische Freiheit, für die wir insgesamt eintreten, Verhöhnung, Gesellschaftskritik eine wüste Schimpforgie. Darf ein Volk es gelassen hinnehmen, daß seine eigenen Landsleute ihm die niedrigsten Instinkte, die schändlichsten Regungen als Volkscharakter andichten? Gerade wir, die noch den jüngsten Holocaust in lebendiger Erinnerung haben, sollten uns vor solcher Selbstanklage hüten. Sie könnte nur allzu leicht auf willige Ohren stoßen, insbesondere dort, wo wir Vergebung und Versöhnung dringend suchen.
Weiß Gott, wir sind keine Engel und unser Land ist kein Paradies. Aber es darf auch kein Schlachthaus für unsere Selbstabschlachtung sein. Oder wollen wir unseren Schlächtern recht geben, indem wir ihr Gemetzel mit masochistischem Beifall über uns ergehen lassen?

Hans Jaray
Wien, III.

Leserbrief, Die Presse, 30.11.1985

[...] Das Fernsehen hatte kurz zuvor einige frivole Szenen aus Jelineks Machwerk gezeigt, das sie frech „Burgtheater" betitelt. Effekthascherei! Schlüsselstücke haben immer ihr Publikum, so fand sich denn auch ein Theaterdirektor für diese „Posse". [...]

Gertrud Kraus
Marxergasse 30
1030 Wien

Leserbrief, Die Wochenpresse, 7.1.1986

Angehörige von Generationen, die zu jener Zeit noch gar nicht gelebt haben, haben kein Recht, Menschen jener Generation, die den Krieg erlebt und überlebt haben und sich nichts zuschulden kommen ließen, ob ihrer damaligen zeitbedingten Gesinnung zu verurteilen und zu brandmarken. Die gehässige, verzerrende und extrem geschmacklose Darstellung der großen Schauspielerin Paula Wessely und ihrer Familie und das Aufzeigen nicht erwiesener Gerüchte in dem Theaterstück „Burgtheater" der Schriftstellerin Jelinek ist empörend. Sie als zeternde Nazi-Geiferer zu den tragenden Leuten des Nazi-Systems zu zählen, ist geradezu lächerlich. Wir, die wir damals gelebt haben und Paula Wessely bewundert haben, wußten überhaupt nichts von ihrer Nazi-Zugehörigkeit. Sie hat diese jedenfalls nicht zu [sic] Schau getragen. Die Wiener Schriftstellerin Jelinek hat ihrer Heimat keinen guten Dienst erwiesen.

Erich Leinweber
Wien

Leserbrief, profil, 2.12.1985

KÜNSTLER IM DRITTEN REICH

„Was habe ich gewußt – nichts"

Die Posse „Burgtheater" von Elfriede Jelinek hat die Frage nach der verdrängten Vergangenheit der Dynastie Hörbiger-Wessely wieder virulent ge[macht]... [Die Vorwürf]ten betreffen nicht nur zwei Wiener [Schauspieler, sondern] uns alle.

profil, 25.11.1985

Gemma denkmalzertrümmern!

VON THOMAS CHORHERR

Die Presse, 30.11.1985

Nach 40 Jahren eine Familie anzuprangern, die, immer im Rampenlicht stehend, in den Sog einer bösen Zeit geraten ist, finde ich ungerecht. Diese Künstler haben für ihre Heimat Österreich weit mehr geleistet, als es vielleicht einer Frau Jelinek je gelingen wird. Ich halte diese Dame für viel zu jung und vielleicht auch aus irgendwelchen persönlichen Gründen für zu befangen, um über diese Zeit gerecht urteilen zu können.

Wenn wir alle schönen, wertvollen Stunden, welche uns die Familie Wessely-Hörbiger geschenkt hat, mit ihrem sogenannten „Verschulden" vergleichen, dann müssen wir ihr nach wie vor mit großer Verehrung und Bewunderung begegnen.

Friederike Sykora
Wien, XVI.

Leserbrief, Die Presse, 30.11.1985

Ich habe das Stück „Burgtheater" weder gesehen noch gelesen. Was jedoch die Medien darüber berichtet haben, genügt mir, es als ein banales, politisches Spektakel zu qualifizieren, das nur alte Wunden aufreißt und ein geniales Künstlerehepaar zu diffamieren versucht. Wenn man zusätzlich erfährt, daß die Autorin Elfriede Jelinek eingeschriebenes Mitglied der Kommunistischen Partei ist, dann weiß man zur Gänze, woher der Wind weht und wo die Hintermänner zu suchen sind. Also ist die ganze Sache literarisch wertlos.

Wir haben jedoch die tröstliche Gewißheit, daß eine Elfriede Jelinek längst vergessen sein wird, während sich die Verehrer großer Kunst noch lange an die unvergeßlichen Theater- und Filmabende dankbar erinnern werden, die uns Paula Wessely und Attila Hörbiger geschenkt haben.

Dr. Fritz Potyka
Wien, XVIII.

Leserbrief, Die Presse, 7.12.1985

[...] Nehmen wir zur Kenntnis: Schauspieler waren und sind meist opportunistische Egozentriker. Die kreativ Schaffenden aber hatten und haben die Pflicht aus der Masse auszubrechen, neue Wege, neue Ziele aufzuzeigen. Diese Verantwortung tragen vor allem die schriftstellerisch Tätigen. Um so mehr wundert mich das Verhalten Elfriede Jelineks. Aus den Berichten von Amnesty International wissen wir von täglichen Greueln in West und Ost, begangen von totalitären Regimen an der Kreatur Mensch. Und so frage ich, wie verantwortet die deklarierte Kommunistin Jelinek, obwohl in einer freien Gesellschaft lebend und, Demokratie sei Dank, ungehindert in ihrer Tätigkeit, ihre geistige Kollaboration mit der Knechtung der Menschenwürde durch die Machthaber des Ostblocks? Die Dramatikerin Jelinek ist zwar noch nicht am verhöhnten Burgtheater, dafür aber längst im Glashaus gelandet.

Felix Dvorak
Marchegg

Leserbrief, profil, 2.12.1985

[...] Ich selbst bin Paula Wessely unendlich dankbar für ihr wunderbares ergreifendes Spiel und für jede Stunde, die ich sie auf der Bühne und im Film erleben durfte. Wie arm wäre doch das Wiener Theater damals ohne sie gewesen, wenn sie nicht hiergeblieben wäre und ihrem Publikum – das ja auch nicht auswandern konnte – geholfen hätte, wenigstens für kurze Zeit Angst, Elend und Verzweiflung zu vergessen. Und wie arm muß jetzt die Theaterszene sein, wenn sich heutzutage Autoren nichts Besseres einfallen lassen müssen, als sich an ihr die Schuhe abzuputzen. *Das hat die* Wessely wirklich nicht verdient! Deshalb steige ich für sie auf die Barrikaden und hoffe, daß das auch viele andere Österreicher tun.

Dr. Liselotte Würzburger
Wels-Thalheim

Leserbrief, profil, 9.12.1985

Rezeption „Burgtheater"

Am 5.2.1986 veranstaltet der Kommunistische Kulturkreis einen Abend zu Elfriede Jelineks „Burgtheater". Waltraud Kutschera liest aus dem Stück, Marie-Thérèse Kerschbaumer interpretiert es, Lutz Holzinger analysiert den Skandal. Zum Abschluß findet eine Diskussion mit Elfriede Jelinek statt.

← Elfriede Jelinek und die KPÖ
Seite 20

Von der nahtlosen Kontinuität
Elfriede Jelinek über ihr Stück „Burgtheater" im Kommunistischen Kulturkreis.
– Gerhard Moser

[...] Die Diskussion selbst kreiste um mehrere Themen: Zum einen ist da der „Skandal", dessen Inszenierungsmechanismen und Funktionen entlarvt werden. Die Rolle, die die bürgerliche Presse dabei spielt, allen voran das Kleinformat „Krone", das nicht nur „Bild am Sonntag"-Reporter, sondern auch deren Methoden übernommen hat, aber auch „das intellektuelle Gewissen der Nation" in Gestalt des „profil". Plötzlich war die Autorin eine potentielle Mörderin, eine Hetzerin und Schmiererin, ein wahrhaft faschistischer Geist (Zitate). Unverantwortliche Journalisten aus dem Sumpf der im [sic] „Gewissenhaftigkeit und Aufklärung" bemühten bürgerlichen Presse entfesselten ein unmenschliches Kesseltreiben, in dem gerade noch die Anleitung zur Lynchjustiz gefehlt hatte.

Das „Exempel Jelinek", so in der Diskussion, sollte der Einschüchterung anderer fortschrittlicher Kulturschaffender dienen, sollte mithelfen, eine Atmosphäre zu schaffen, in der solche Angriffe eine erhöhte Wirksamkeit haben. Ebenso diente die Skandalisierung, die Personalisierung der thematisierten Mißstände mit den Namen des Wessely-Hörbiger-Clans dazu, in der Öffentlichkeit gerade das zu verhindern, was die Autorin beabsichtigt hatte: Eine unbedingt zu führende Auseinandersetzung mit der Nazi-Vergangenheit österreichischer Künstler und mit dem Tatbestand ihrer nahtlosen Übernahme in den „demokratischen Kulturbetrieb", der eigenartige Modus von Geschichtsklitterung und Vergangenheitsverdrängung, wie man ihn in diversen Wessely-Biographien finden kann.

Doch die Diskussion blieb nicht beim „Skandal" stehen; und die Frage der Solidarität mit der angegriffenen Autorin wurde diskutiert, einer Solidarität, die – so schätzte das Publikum ein – im aktuellen Fall nicht immer geklappt habe, obwohl ein generelles Anwachsen derselben unter den Kulturschaffenden aber auch außerhalb festgestellt wurde.

Ebenso näherte sich die Diskussion einer fruchtbaren Auseinandersetzung mit dem Schaffen der Autorin, Schwierigkeiten der Aneignung des Verständnisses werden angesprochen. Elfriede Jelinek erläutert die Vorarbeiten zu ihrem Stück – die Verwendung verfremdeter Zitate aus den nazistischen „Blut und Boden"-Machwerken der Nazi-Filmindustrie, aber auch aus den Grillparzer-Feiern des Burgtheaters zur Zeit des Hitlerfaschismus, erklärt den Verlauf der Posse und gibt Einblick in die Verwendung literarischer Gestaltungsmittel. Auf die Frage, ob man das Stück nicht in Österreich aufführen könnte, antwortete sie: „Wenn, dann nur im Burgtheater. Es muß dorthin, wo es weh tut." [...]

Volksstimme, 9.2.1986

C. Bernd Sucher: *Ihr Theaterstück „Burgtheater" wurde in Bonn aufgeführt, aber es gehörte ja eigentlich ans Burgtheater ...*
Elfriede Jelinek: Ja. Die haben auch die besten Schauspieler dafür. Aber mit Peymann kann überhaupt nichts funktionieren. Abgesehen davon, daß er sich nie mit mir in Verbindung setzen würde oder mit mir mal sprechen würde, obwohl er in Bochum das Stück in einer Lese-Aufführung vorstellen wollte. Aber als er in Wien anfing, sagte er halt, daß es ein schlechtes Stück ist. Das bleibt ihm ja unbenommen. Darum geht's ja nicht.

aus: Hermann Beil, Jutta Ferbers, Claus Peymann, Rita Thiele (Hgg.): Weltkomödie Österreich. 13 Jahre Burgtheater 1986-1999. Band II. Chronik. Wien 1999, S.46

KKK
Mittwoch, 5. Februar, 19 Uhr; Wien IV, Gußhausstraße 14
Zum „Skandal" um Elfriede Jelineks „Burgtheater"
• Einleitung Lutz Holzinger
• Waltraud Kutschera liest aus dem Stück
• Marie-Thérèse Kerschbaumer interpretiert die Textstruktur
• Statement der Autorin und Diskussion (Regiebeitrag)

Volksstimme, 4.2.1986

„Erlkönigin"

Erlkönigin – *Elfriede Jelinek*
Eine berühmte Burgschauspielerin, die tot ist, wird soeben dreimal um das Burgtheater herumgetragen. Sie sitzt im Sarg. Die Knochen stehen ihr überall heraus. Ab und zu schneidet sie sich ein Stück Fleisch heraus und wirft es ins Publikum. Hinter ihr, auf die Fassade des Burgtheaters, die mit einer riesigen Leinwand verhängt ist, werden, ebenso riesig, Amateur-Ferienfilme aus dem ländlichen Raum, mit fröhlichen Menschen in Tracht oder Badekleidung, projiziert.

Ja, da hab ichs mir gemütlich gemacht. Bitte schaukeln Sie nicht so mit meinem Haus! Ich gebe nur heute, nur dieses eine Mal, anläßlich dieser eingeschobenen Vorstellung, bei der einmal ich herumgeschoben werde, das letzte. Sie können es ruhig nehmen, mehr kriegen Sie nicht. Obwohl ich alles davor jahrzehntelang angespart hatte. Bald wird es wieder vorbei sein. Der Tod ist doch normalerweise das größte Ereignis, alles ist klein im Vergleich zu ihm, sagt der Dichter mit Worten, die mir viel geben, aber nichts sagen. Na, ich habe schon größere Ereignisse erlebt. Meine Premieren in Anwesenheit der höchsten Uniformierten, dieser Vormieter der Ewigkeit. Leute mit Armbinden, Ordner, die den Schlüssel zu dieser Ewigkeit hatten und Millionen durchwinkten. Ordnung muß sein. [...]
Ja, ich stand mit beiden Beinen fest auf der Bühne. Dort war ich die Gastgeberin, der die Gesellschaft große Aufgaben gegeben hatte. Inzwischen werden die Menschen nur mehr im Fernsehen sympathisch, wie meine Töchter längst wissen. Ich hatte die Macht, die ich über Sie hatte, mir nur geliehen, während meine Töchter sie mit vollen Pausbacken ausgeben. Obwohl sie ihnen gar nicht

Nach dem Tod von Paula Wessely sind manche Fragen offen, etwa: Wie geht das Begräbnis vor sich, und wird es wieder eine Doyenne des Burgtheaters geben? Am 22. Mai wird die vergangenen Donnerstag im Hartmann-Spital verstorbene große Schauspielerin Paula Wessely auf dem Grinzinger Friedhof begraben. Im Prinzip sollte es auch eine Zeremonie im Burgtheater geben, die Ehrenmitgliedern des Hauses vorbehalten ist. Dieses Ritual gibt es erst seit dem Ende der Monarchie. Dabei wird nach einer Würdigung auf der Feststiege der Sarg um das Burgtheater getragen. Die Wessely habe diese Trauerfeier nicht gewünscht, wußte die „Krone" zu berichten, doch scheinen die Angaben widersprüchlich. In einem Gespräch mit Burgtheaterdirektor Bachler und dem Anwalt der Wessely dürfte die Causa geklärt werden. Die Familie – die Entscheidung liegt vor allem bei den Töchtern Elisabeth Orth, Christiane und Maresa Hörbiger – scheint uneinig, manche Mitglieder meinen, man sollte sich dieser symbolträchtigen Zeremonie nicht entziehen. Die Wessely habe auch mehrfach mündlich zugestimmt, Briefe von ihr sagen indes das Gegenteil.

aus: N. N.: Paula Wessely, das Begräbnis, die Doyenne.
Die Presse, 16.5.2000

Abschied von Paula Wessely am 24. Mai

Wien – Die Beisetzungsfeierlichkeiten für die am vergangenen Donnerstag im 93. Lebensjahr verstorbene Burg-Doyenne Paula Wessely finden nun doch nicht, wie ursprünglich kolportiert, am 22., sondern am 24. Mai am Grinzinger Friedhof statt. Das gab das Burgtheater bekannt. Die Einsegnung erfolgt nach testamentarischer Verfügung um 15.00 Uhr in der Pfarrkirche Grinzing. Hingegen wird es tatsächlich keine traditionelle Trauerfeier des Burgtheaters geben. Üblicherweise wird ein verstorbenes Ehrenmitglied nach der Aufbahrung auf der Feststiege einmal um das Burgtheater getragen, ehe die eigentliche Beisetzung beginnt. Noch unklar sind laut Auskunft des Burg-Büros Gestaltung wie Ablauf der Trauerfeierlichkeit, möchte man doch den Wünschen der Familie willfahren. (poh)

Der Standard, 17.5.2000

Ein Jahr vor Paula Wesselys Tod schreibt Elfriede Jelinek 1999 den Monolog „Erlkönigin", der den ersten Teil der Trilogie „Macht nichts" bildet.
In der „Erlkönigin" greift Jelinek das Thema von „Burgtheater" auf und zeigt eine an der Macht partizipierende Burgschauspielerin, die bis in ihren Tod hinein über ihr Publikum Macht ausübt. Als Paula Wessely im Mai 2000 stirbt, äußert sich Jelinek gegenüber „Format" unter dem Titel „Die Kriegsgewinnlerin" noch einmal kritisch über den Mythos der Wessely. Als Teil von „Macht nichts" wird „Erlkönigin" im April 2001 am Zürcher Schauspielhaus uraufgeführt (Regie: Jossi Wieler).

Oder lieben Sie...?

Elfriede Jelineks „Macht nichts" sei, wie uns die Staatsdichterin selbst verrät, ein Text, der zwar für das Theater, aber nicht für eine Theateraufführung gedacht ist. Nun ist er doch in Zürich uraufgeführt worden. „Macht nichts", könnte man meinen, denn es sind auch schon andere Jelinek-Litaneien über die Bühnen gegangen und haben nichts offenbart als das Unvermögen der Autorin, sich verständlich auszudrücken. Sie schwätzt und schwätzt und schwätzt, aber sie sagt nichts und kann sich nicht mitteilen. Ärgerlich ist diesmal nur, daß sie ihre ausufernden Nonsensmonologe einem Weibsstück in den Mund legt, mit dem sie die große Schauspielerin Paula Wessely gehässig an den Pranger stellen will. In den drei Teilen dieses Machwerks – „Die Erlenkönigin", „Der Tod und das Mädchen", Der Wanderer" – keift, kreischt und krächzt eine alte Komödiantin von ihrer Gier nach Macht und Ruhm, die sie zu des Teufels großem Filmstar gemacht hat, der dann, als die Zeiten sich gewendet hatten, wieder die Bühne des Burgtheaters betrat, ohne sich dem Bußritual der Selbstanklage und Zerknirschung zu unterwerfen. Daß die Wessely eine begnadete Schauspielerin war, die von ihren jungen Jahren an bis ins hohe Alter unzählige Menschen mit ihrer Kunst beglückt und begeistert hat, kann jemand wie die Jelinek eben nicht fassen. „Macht nichts", kann man nur sagen. Paula Wessely bleibt den Freunden des Theaters eine unauslöschliche Erinnerung. Den hysterischen Haß der Jelinek wird man bald mitleidig vergessen.

Aula, Mai 2001

gehört. Geliehen. Und zwar von Ihnen! Das wußten Sie nicht, was? Sie hätten wirklich was Besseres damit anfangen können als sie in Gestalt dieser rechten und billigen Kopie von Familienserien ausgerechnet meinen Töchtern zu geben! Die kauen jetzt an Ungerechtigkeiten, die eine darf, die andre nicht. Unter uns gesagt. Da hätten Sie ja gleich mich behalten können! [...] Was für eine Menge Sie sind! So erfülle ich Ihre Gemüter, die früher wie Fleischerhunde nach mir geschnappt und alles von mir verschlungen haben. Das schaffe ich nach wie vor! Immer! Ihre Gemüter sind wie ein Kurhaus, immerzu wollen Sie sich in sich selbst erholen. Was Sie da von mir erwischt haben, lassen Sie mal sehen, das ist nichts als ein Stück Fleisch, Sie haben es bloß nicht erkannt, weil es in Samtkissenform aufgetreten ist.
Das Fleisch ist sozusagen stofflich geworden. Das ist auch der Grund, weshalb es so schwer wegzuräumen ist und Jahre braucht, bis es verrottet ist. Das hätten Sie nicht gedacht, was? Oder haben Sie das etwa so gewollt?
So, nun soll es also eifrig im Fernsehn auferstehen, hat sich aber vorher gar nicht richtig hingesetzt. Daß Sie meine Fülle nicht merken, wenn Sie reinbeißen! Daß Ihnen nur die Füllungen nicht rausfallen, weil ich so klebe! Jedes Mal wurden Sie ein wenig dümmer vor lauter Idealismus, den Sie dem Zarten der Dichtung gewidmet hatten, aber letztlich habe doch immer ich alles bekommen. Was den Dichtern zugedacht war. Ich konnte etwas Tieferes, Besseres damit erzielen! Das Fett tropft mir immer noch vom Kinn. Und Sie haben fürs Wort immer wieder mich heimgezahlt bekommen. Ihr Irrtum, nicht meiner! Ich hatte bessere Verwendung für meine Ideale, wo dieser wunderbare Mann mit den blauen Augen und den bekannt schönen Händen so ruhig hier auf der Menge lag wie Licht von keinem Scheinwerfer. Wen wundert es, daß ich, mit Macht über Menschen ausgestattet, die nicht einmal ihrer selbst mächtig waren, eine stärkere Macht gesucht habe, denn meine war ja auf Sandmännchen wie Sie gebaut. [...]

Elfriede Jelinek: Erlkönigin. In: Elfriede Jelinek: Macht nichts. Reinbek: Rowohlt 1999, S. 7-9, 17-18

„Die Kriegsgewinnlerin" – *Elfriede Jelinek*

Paula Wessely ist der Prototyp der Schauspielerin im Dritten Reich, einer Kriegsgewinnlerin, die das Naziregime massiv propagandistisch unterstützt hat. Gustav Ucickys Machwerk „Heimkehr", in dem sie die Hauptrolle spielte, ist der schlimmste Propagandaspielfilm der Nazis überhaupt.
Ihre Mitwirkung sowohl an ablenkenden Filmen als auch an diesem Propagandaspielfilm wird bis heute unterschätzt. Das Dritte Reich war das erste Regime, das sich mit Hilfe einer gigantischen Ablenkungs- und Propagandaindustrie an der Macht hielt. Und Wesselys Mitwirkung daran ohne Not und an einer dermaßen exponierten Stelle würde ich mit Kriegsverbrechen gleichsetzen. Nicht gezwungen und ohne Not ist das durch nichts zu rechtfertigen.
Man darf nicht vergessen, daß Paula Wessely der höchstbezahlte weibliche Star der Nazizeit war. Das Argument einer „unpolitischen Frau", wie man sie im günstigsten Fall nennen könnte, kann ich nicht akzeptieren. Denn wenn sie in „Heimkehr" sagt, „Wir kaufen nichts bei Juden", hätte sie als erwachsener Mensch wissen müssen, was sie da sagt. Und hätte versuchen müssen, das zu verweigern.

Mit Erscheinungen wie Paula Wessely wurde auch im Nachkriegsösterreich sehr glimpflich verfahren, wie auch mit wirklichen Kriegsverbrechern. Unter ihrem „Heimkehr"-Regisseur spielte sie Anfang der fünfziger Jahre mit der gleichen abstoßenden Inbrunst in einer Wildgans-Verfilmung und stieg nahtlos vom Nazispielfilm in einen kitschigen, pazifistischen Film um. Das spricht weniger gegen Wessely als gegen dieses Nachkriegsösterreich, in dem so etwas möglich war. Die verkitschte Blut-und-Boden-Sprache dieser völkischen Heimatideologie hat in den Heimatfilmen der fünfziger Jahre fortgewirkt und reicht bis heute weiter in die verlogenen Fernsehserien wie „Schloßhotel Orth".

Ich habe Paula Wessely nie für eine große Schauspielerin gehalten. Sie hat nur einen Ton gehabt, und besonders mißfallen hat mir ihr prononciertes Natürlichsein, das nicht aus der Brecht-Tradition kam, aus der Durchdringung eines Inhalts, sondern es war eine Art Natürlichkeitsschleim, den sie über ihr Spielen breitete.

Dieser Natürlichkeitswahn, der etwas Künstliches in Natur verwandeln will, liegt auf einer Linie mit der Naturhaftigkeit der Geburt in Blut und Boden des Vaterlandes. Sie war eine heilige Kuh, übrigens auch für Thomas Bernhard oder Claus Peymann, die sie tief verehrten. Ich konnte von ihrer „Aura" nichts bemerken. Ihre Person ist das genaue Gegenteil von dem, was ich für interessant halte am Theater.

Format, 15.5.2000

Warum muß in *Format* das Andenken Paula Wesselys von der linksextremen Besudlerin Elfriede Jelinek vernichtet werden? Jeder Mensch kann Fehler machen – so hat wohl auch Wessely selbst ihr Auftreten im Film „Heimkehr" gesehen. Nicht allerdings in den Augen der Großinquisitorin Jelinek. Der absoluten Lächerlichkeit gibt sie sich durch den Vergleich übelster Nazipropagandaschinken mit heutigen Seifenopern preis, von denen man halten kann, was immer man will. Ein solcher Vergleich verhöhnt jedoch jeden, der je gegen das Naziregime gekämpft und opponiert hat.

Im übrigen dürfte es blanker Neid sein, der Jelinek zu solchen Ausritten treibt. Denn sie weiß ganz genau, daß nicht einmal ein Funken von ihr und ihrem Geschreibsel in Relation zu einer wahrlich Großen wie Paula Wessely bleiben wird.

Gerald Russow
via E-Mail

Leserbrief, Format, 29.5.2000

und einer politisch." Der anderen reichte dergleichen für jahrelanges Berufsverbot. Die Wessely aber war schon im Dezember 1945 entnazifiziert und setzte, zum Teil mit dem „Heimkehr"-Team, die Karriere fort. 1946 spielte sie an der „Josefstadt" Brechts „Der gute Mensch von Sezuan". Nicht einmal der Protest des in die USA geflüchteten Autors konnte sie am gutmenschlichen Akt hindern.

Weinzierl, Schenk, Heltau. Dermaßen unentbehrlich war sie für die Wiederherstellung der österreichischen Identität, dass namhafteste Emigranten für sie Partei ergriffen. Bis heute wird das Urteil milder, wenn es um die Wessely geht. Zeithistorikerin Erika Weinzierl: „Sie war noch jung und sicher keine Nationalsozialistin, sondern eine zeitweilige Irrläuferin, die sich in Verkennung der Situation mit der Figur in ‚Heimkehr' identifiziert hat. Sie hat dann bemerkt, wofür sie missbraucht wurde, und die Sache nach '45 tief bedauert." Zusatz: „Als Gegnerin der Regierung finde ich aber Jelineks Eintreten gegen jede Form von Opportunismus wichtig." – Otto Schenk, selbst von den Nazis verfolgt: „Man wurde damals schon zum Tod verurteilt, wenn man Radio gehört hat. Ich weiß nicht, was die von mir geschätzte Frau Jelinek damals dem Propagandaministerium geantwortet hätte, wenn man sie zu etwas gezwungen hätte. Was sie über die Wessely schreibt, ist unter ihrem literarischen Niveau." Und Michael Heltau: „Sie war eine große Schauspielerin, die sich missbrauchen ließ, aber kein Propagandaministerium nötig hatte, um eine große Schauspielerin zu werden. Die Jelinek-Sache halte ich für einen beabsichtigten Skandal. Wenn ein Stück etwas taugt, braucht es nicht den Namen der Wessely. Wenn es nichts taugt, hilft auch der Name nichts. Sie hat zu Lebzeiten vielen schwachen Stücken auf die Bühne geholfen. Als Tote kann sie das nicht mehr."

So einfach kann in Österreich alles sein. Man muss nur geliebt werden.

H. SICHROVSKY, A. PASCHER, K. BECK

News, 11.1.2001

Am 5.11.1994 findet unter der Regie von Burgtheaterdirektor Claus Peymann im Akademietheater die Uraufführung von Elfriede Jelineks Theaterstück „Raststätte oder Sie machens alle" statt. Bereits im Vorfeld gibt es eine skandalträchtige Medienberichterstattung, das Stück wird als „Porno-Schwank" angekündigt, Jelinek als „Sexorzistin" bezeichnet. Als bekannt wird, daß Kinder mitwirken sollen, kommt es zu öffentlichen Protesten. KommentatorInnen und LeserbriefschreiberInnen empören sich über die „Geschmacklosigkeit" des Stücks, Jelinek wird persönlich diffamiert. Wegen Äußerungen Peymanns über das Publikum richtet die FPÖ eine parlamentarische Anfrage an den Wissenschaftsminister.

← Jelinek-Aufführungen am Wiener Burgtheater: Aufführungsverzeichnis Seite 166

„Raststätte"

Ernst Grohotolsky: *Wie erleben Sie eigentlich den österreichischen Literaturbetrieb? Nach „Raststätte" hat man Ihnen ja vorgeworfen, Sie hätten den Skandal gesucht, und war dann ganz enttäuscht, daß man diesen Skandal nicht gefunden hat.*

Elfriede Jelinek: Also ich muß sagen, „Raststätte" hat mich ziemlich zerstört. Das hängt mir bis heute nach. Das hab ich nicht verwunden. Nicht, weil ich Kritik nicht vertragen könnte; wenn ich das nicht könnte, wär ich längst einfach in der Versenkung verschwunden, weil ich ja immer sehr hart kritisiert worden bin. Das hat mich ja immer begleitet. Sondern deshalb, weil es so oberflächlich rezipiert worden ist. Es ist wirklich kein einziger auf den Text eingegangen, der ja ein sehr komplizierter und gearbeiteter ist. Das muß einem nicht gefallen, aber man muß sich damit auseinandersetzen. Weil es halt so eine oberflächliche, auf dieses Skandalisieren hin gerichtete Rezeption war. Das war eigentlich ein Schock. Vielleicht habe ich unbewußt daran mitgearbeitet, dadurch, daß ich den Text vorher nicht veröffentlicht hab. Das hätte ich tun sollen, das weiß ich jetzt. Aber damals hab ich das nicht geahnt. Vielleicht hätte das diesen Leuten den Wind aus den Segeln genommen. Aber diese Art von oberflächlichem, ordinärem Gebell und Heruntermachen, davon hab ich mich eigentlich nicht erholt. Das wird mir, glaub ich, auch meine Freude, fürs Theater zu schreiben, endgültig nehmen. – Das hat schon mit dem Medium zu tun. Auch bei „Lust" hats natürlich Geschrei gegeben. Aber das hat nie diese Ordinärheit wie das Geschrei, das öffentlichen Ereignissen wie Theateraufführungen anhaftet. Denn das Theater ist der Ort, wo sich das Bürgertum immer noch feiern will, und wenn man ihm dabei einen Knebel in den Rachen stopft, dann spucken sie ihn halt mir ins Gesicht. Vielleicht ist das auch richtig so, aber ich kann damit nicht gut leben.

aus: Elfriede Jelinek: Mehr Haß als Liebe. In: Ernst Grohotolsky (Hg.): Provinz, sozusagen. Graz: Droschl 1995, S.73-74

Rezeption „Raststätte"

„Falter"-Inserat
Die Presse, 19.10.1994

profil, 31.10.1994

Die ganze Woche, 29.6.1994

Antreten zur Kopulation
– Sigrid Löffler

Bis jetzt hatten wir bei ihr nicht viel zu lachen. Zum Losprusten sind Elfriede Jelineks Theaterstücke ohnehin nicht gemacht. Aufs gemeine Gegacker des Publikums sind nicht einmal ihre schrillsten Polit-Possen angelegt, die böse Farce „Burgtheater" etwa oder der schlimme Anti-Waldheim-Einakter „Präsident Abendwind". Allenfalls auf ein grimmiges Feixen, maliziös und gepeinigt. Oder auf ein verstohlenes Gruselgrinsen, so schadenfroh wie freudlos. Gefriergelächter.

Jetzt aber verspricht sie uns ihre „erste richtige Komödie". Allen Ernstes. Bürgerliches Lachtheater ist angesagt, gebaut als klassischer Dreiakter und inszeniert von Claus Peymann. Der Peymann, sagt sie, sei ja in Wahrheit ein Lustspiel-Regisseur, spätestens bei Peter Handkes „Spiel vom Fragen" am Burgtheater sei ihr das klar geworden. „Denn wer aus einem Handke-Stück Humor herausholt, der ist wirklich komödiantisch begabt."

„Raststätte oder Sie machens alle", ihr neuestes Stück, nennt sie „eine Burleske". Darin gibt sie erstmals nicht bloß den männlichen Lustbetrieb, der immer nur auf Kosten der Frauen funktioniert, dem bösen Gelächter preis, sondern führt zwei Frauen auf eigenen brünstigen Abenteuern vor – „und das wird natürlich noch schrecklicher, noch entsetzlicher". [...]

Eine entrüstete Kurt-Falk-Postille versuchte das Lust-Spiel schon im voraus zu skandalisieren, kreischte „billige Pornographie", „Sodomie", „Obszönitäten", aber keiner kreischte vorerst mit – schon weil Jelinek-Texte, ihrer artifiziellen Machart wegen, gegen plakative Skandalisierungsversuche ziemlich resistent sind: Wer Schweinigeleien sucht, wird an den Künstlichkeiten von Jelineks avantgardistischer Sprachbehandlung abprallen. [...]

Falter 42/1994

Was erwartet uns da? Billige Pornographie, Sodomie, Obszönitäten. Mit diesen Zutaten wurde ein Stück gebraut, das nur ein Ziel hat: einen Skandal und damit Aufsehen zu erregen.

Der Inhalt: zwei Ehefrauen mittleren Alters haben sich über ein Kontaktinserat mit Tieren zum Sex auf dem Klo einer Autobahn-Raststätte verabredet. Von den auf offener Bühne – Peymann soll sich eine schräge Ebene mit vier Klos auf die Burgbühne stellen haben lassen – vollzogenen Sexspielen sind sie enttäuscht. Es waren auch kein fremder Bär und kein Elch zu ihnen gekommen, sondern ihre Ehemänner, die sich die Kostüme von den echten Tieren ausgeliehen hatten. Bei der anschließenden Orgie auf dem Parkplatz, bei dem das WC-Spiel als Videofilm im Auto gezeigt wird, erkennen sie dann ihren Irrtum. (Beim Auto zeigt Jelinek übrigens, wie sehr sie Peymann beim Sparen helfen will. In der Regieanweisung merkt sie an: „Marke egal, je nach Sponsor".)

aus: N. N.: Das Burgtheater als Porno-Peep-Show. Die ganze Woche, 29.6.1994

INTERVIEW

Ein Porno für Peymann

„Clara S."-Autorin Elfriede Jelinek über ihr Porno-Stück, das im Mai unter Peymanns Regie im Akademietheater kommt.

NEWS: Während am Volkstheater Ihre „Clara S." Premiere hat, probt Peymann Ihren Porno „Raststätte" über zwei Paare, die in einer Autobahnstation eine Swinger-Party feiern. Sie unterhalten sich in der Sprache der Sex-Magazine und agieren auch fleischlich. Peymann meint, er müsse nach der Uraufführung auswandern.

Jelinek: Ja, am besten, wir verlassen Hand in Hand dieses Land. Ich weiß natürlich nicht, wie deutlich der Peymann die Sex-Szenen inszeniert. Aber die Situation ist so aufgeladen und die Kombination Peymann-Jelinek so hassenswürdig, daß man die Gelegenheit, beide mitsammen zu erschlagen, gern wahrnehmen wird.

Elfriede Jelinek

News, 24.3.1994

Erstmals kommt es zum Theatergipfel zwischen Elfriede Jelinek und Claus Peymann. Das Verhältnis begann krisenreich: Kaum war der geniale Großbochumer in Wien angetreten, titulierte er Jelineks Paula-Wessely-Farce „Burgtheater" als „besonders schlechtes und schauderbares Stück". Und Elfriede Jelinek nannte ihn gar einen „armseligen Feigling", weil er Achternbuschs Waldheim-Drama „Linz" nicht ins Programm nehmen wollte.

Jahre später fanden einander die beiden mit erfreulichsten Folgen. Jelinek, charmiert über Peymann: „Wir haben eine gemeinsame Art von sarkastischem Humor aneinander entdeckt." Und: „Ich finde die zunehmend rassistischen und nationalistischen Anwürfe und Ausfälligkeiten gegen ihn gerade zu einem Zeitpunkt, zu dem wir ‚Europäer' werden wollen, degoutant." Dennoch zierte sich Peymann lang, bei „Raststätte" persönlich Hand anzulegen. „Ich weiß nicht, ob ich hart genug bin für diese Art von Literatur", errötete er noch vor einem Jahr im *News*-Gespräch. Und: „Nach dieser Uraufführung muß ich auswandern."

aus: Heinz Sichrovsky, Dagmar Kaindl: Extremistisch. News, 27.11.1994

Sehr geehrter Herr Minister! Ich habe mit Entsetzen gehört, daß das skandalöse Stück „Die Raststätte oder Sie machens alle" [sic] von Elfriede Jelinek im Burgtheater aufgeführt werden soll. Haben Sie keine Möglichkeit, das Absinken dieses Theaters in die absolute Niveaulosigkeit zu verhindern? Ich kann mir nicht vorstellen, daß Ihnen diese Programmgestaltung gleichgültig sein kann. Im Interesse des Rufes dieses Theaters und der „Kulturstadt" Wien wäre es angebracht, eine Meinungsumfrage zu veranlassen, um festzustellen, ob die Wiener mit solch einer Programmgestaltung einverstanden sind. Ich habe mich großräumig umgehört und bin nur auf Empörung gestoßen! Sollte dieses Stück wirklich ins Burgtheater gebracht werden, welche Möglichkeit habe ich, daß dieses niveaulose Werk nicht mit meinen Steuergeldern subventioniert wird?

Margaretha W., 17.8.1994

Sehr geehrte Frau W.! In Ihrer Beschwerde über Elfriede Jelineks neues Theaterstück äußern Sie sich über ein Theaterstück, das noch nicht uraufgeführt ist und das deswegen auch der Öffentlichkeit noch gar nicht bekannt sein kann. Polemische und absolut unzulässig diffamierende Behauptungen einer Wiener Boulevardzeitung über dieses noch unbekannte Stück können doch wohl nicht Grundlage einer Diskussion über eine in ganz Europa anerkannte, bedeutende österreichische Schriftstellerin sein!
Ich darf an die beispiellose Kampagne gegen Thomas Bernhards Stück „Heldenplatz" erinnern, die vor sechs Jahren ebenfalls in purer Unkenntnis des Stückes ganz bewußt entfacht worden ist. Ein Stück, das in seiner Bedeutung und Ernsthaftigkeit heute von niemandem mehr bestritten werden kann.
Die Bundesverfassung der Republik Österreich garantiert, daß in unserem Staat Theater ohne jede Zensur stattfinden kann – ein hoher Wert, den ich als zuständiger Bundesminister nicht nur zu respektieren, sondern auch zu verteidigen habe. Wir alle können also auf die Freiheit des Theaters und die Freiheit der Diskussion über Theater stolz sein. Im übrigen wird ja über jede Theateraufführung allabendlich abgestimmt. Das Publikum bildet sich seine eigene freie Meinung, und diese Meinungsbildung ist nur möglich, wenn der Zuschauer auch die Freiheit und Möglichkeit hat, Elfriede Jelineks Theaterstück kennenzulernen. Bisher kennt es noch niemand …

Rudolf Scholten, 16.10.1994

aus: Hermann Beil, Jutta Ferbers, Claus Peymann, Rita Thiele (Hgg.): Weltkomödie Österreich. 13 Jahre Burgtheater 1986-1999. Band II. Chronik. Wien 1999, S.310

„Nutztier Kind" auf der Staats-Pornobühne

Schulpflichtige Kinder wirken in Elfriede Jelineks Obszönitäten-Stück „Raststätte" mit, das am 5. November in der Regie Claus Peymanns im Akademietheater seine Uraufführung haben soll. Wußten die Eltern, die Schulen, was auf den Nachwuchs zukommt? Das Jugendamt wurde umgangen.

Die Kinder, für die am Freitag ein Probenende um 18 Uhr angesagt war, sind elf bis vierzehn Jahre alt. Die Szenen sind eindeutig. „Obszöne Neon-Nackte in allen Farbschattierungen und Stellungen stroboskopieren, Plakate, überdimensional große Poster von Titelseiten von Pornomagazinen werden hochgezogen wie Fronleichnamsfahnen in der Kirche" schreibt die Dramatikerin Elfriede Jelinek vor. Ein „Swinger" in Unterhose jammert: „Da bietet man ihnen die schönste Aussicht auf mindestens dreiundzwanzig komma sieben Zentimeter, doch sie flüchten wie Kinder vor dem Prügel."

Die Kinder spielen auf der Bühne Kinder, die sich fürchten und flüchten. „Jagen sie mich nicht", schreit eins, „Nicht flammen!" ein anderes. Eines „wehrt sich gegen einen Mann namens Herbert („Wollen auch das Geschlecht des Kindes für uns nutzen, damit wir glücklicher werden"), der es zu greifen versucht: „Passen Sie auf, daß Sie nicht von einem Rinderbraten verschlungen werden!" Herbert versucht das Kind an sich zu reißen, das kann sich aber losmachen, er schreit ihm nach: „Hallo Kind, Du Nutztier, Du mußt mich einfach ertragen!" Ein anderer Mann darauf: „Isolde gönnt diesem Kind meinen großen Körper einfach nicht!"

Dr. Kurt Scholz, Präsident des Wiener Stadtschulrats, hat nach einer Anfrage der „Presse" gestern, Freitag, Erhebungen eingeleitet. Erstes Ergebnis: Die Eltern haben ihre Zustimmung erteilt. Scholz wandte sich ans Jugendamt, wo solche Produktionen sechs Wochen im voraus angemeldet werden müssen. Doch eine „Raststätte"-Anmeldung ist „bis heute nicht erfolgt".

Der Leiter der Rechtsabteilung des Bundestheaters, Dr. Josef Kirchberger, beteuerte der „Presse", keinerlei Information über die Kinderbeschäftigung zu haben. Bundestheater-Generalsekretär Dr. Georg Springer erklärte diese Informationslücke selbstbewußter: „Es handelt sich um ein *künstlerisches* und kein rechtliches Problem!"

Hat Peymann die Folgen geahnt? Schon heute, Samstag, warf er in der spektakulärsten Karten-Verkaufsaktion seiner Direktion sämtliche Eintrittskarten für alle 17 Vorstellungen von „Raststätte oder Sie machens alle" im November auf den Markt.

Dr. Rudolf Scholten, für die Bundestheater, Schulen und Kultusangelegenheiten zuständig, betonte, daß er „zu Stücken, die er noch nicht gesehen hat und deren Inszenierung er nicht kennt, keine Stellungnahme abgibt". Er versicherte, „daß sowohl das Burgtheater als auch der Bundestheaterverband sicherstellen, daß selbstverständlich die rechtlichen Bestimmungen eingehalten und die notwendigen Vorkehrungen getroffen sind, die dem Alter der mitwirkenden Kinder Rechnung tragen." Diese Erklärung übermittelte Scholten am Freitag um 14.18 Uhr der „Presse" und um 14.27 Uhr auch der Burgtheaterdirektion. hai

Die Presse, 29.10.1994

---

profil, 31.10.1994

Die Nackten und die Zoten

Elfriede Jelinek hat ihre erste Komö[die] geschrieben. Der Porno-Sch[...] „Raststätte oder Si[e ...] von Claus P[...]

DIE PRESSE-MEINUNG

Kindergastspiel der Gewalt

VON HANS HAIDER

Die Presse, 29.10.1994

Selbst wenn Peymanns Theaterkinder-Eltern sich einverstanden, vielleicht sogar glücklich und geehrt erklären: Die kleinen Menschen sollten verschont bleiben, sobald die Kunst meint, mit dem allergröbsten Hammer Kultur- und Gesellschaftskritik treiben zu müssen.

„Alles geht!": Gegen die bestialischen Nutznießer dieser Formel der siebziger und achtziger Jahre hat die Dichterin Elfriede Jelinek ihr Stück mit jeder Menge Tabuverletzung munitioniert. Sie läßt sich als Heroine der Aufklärung und des feministischen Kampfs feiern – und arbeitet doch den „Alles geht!"-Hedonisten emsig zu.

Die *ultima ratio* enttäuschter, durch die Selbstentblößung des „Realsozialismus" um ihre Legitimation gebrachter Kommunisten scheint der Zynismus zu sein. Die – kinderlose – KPÖ-Lady Jelinek hat begriffen, an welchen Schwächen auch unsere freie Gesellschaft zugrundegehen kann. Sie tritt im cleanen Ärztinnenkittel auf – aber füttert den Bazillus Gewalt.

aus: Hans Haider: Kindergastspiel der Gewalt.
Die Presse, 29.10.1994

In der letzten Probenwoche vor der Uraufführung von Elfriede Jelineks „Raststätte oder Sie machens alle" am 5. November hat das Burgtheater die mitwirkenden elf- bis vierzehnjährigen Kinder durch Tänzerinnen ersetzt. Claus Peymann, der Regie führt, hat mit dieser Umbesetzung rasch auf Ermittlungen des Wiener Jugendamts und Stadtschulrats reagiert.

aus: hai: Es geht auch anders an der „Burg": Nun Tänzerinnen statt Schulkinder. Die Presse, 2.11.1994

Rezeption "Raststätte"

Jetzt haben wir es erlebt, wie Burgschauspielerinnen vor allen Leuten ins Flascherl wischerln, und was sich dann, wenn die Klotüren geschlossen sind, auf den Muscheln tut, ist einfach tierisch. Zwei Frauen geben sich Männern hin, die als Elch und Bär verkleidet sind, und wie die Dramaturgie so spielt, sind es sowieso die Ehemänner.

Elfriede Jelinek ist von der Idee besessen, daß alle Menschen sexbesessen sind, und da ihre Obsessionen gern etwas Triviales haben, gerät die Uraufführung im Akademietheater recht trivial und vordergründig.

aus: Kurt Kahl: Die kleine Notdurft auf der Bühne. "Raststätte oder Sie machens alle" von Elfriede Jelinek.
Kurier, 5.11.1994

„Raststätte oder sie machen's alle" [sic] ist eine obszöne, von Zoten überquellende Komödie, in der die Autorin keine Scheußlichkeit ausläßt, um ihrer Empörung über den Zustand der Welt Ausdruck zu geben, in der die Natur geschändet, alles Fremde ausgegrenzt und eine nur auf ihr eigenes Wohl bedachte Gesellschaft lediglich auf „Fressen, Saufen und Vögeln" aus ist. Man hört die Botschaft nur höchst fragmentarisch durch Unflat und Lustgestöhn, und es fehlt der Glaube, daß durch solche Art Literatur mehr bewirkt werden soll als spekulative Provokation.

aus: I. Steiner: „Raststätte" in Peymann-Regie im Wiener Akademietheater uraufgeführt. Die Jelinek im Pornoladen.
Neues Volksblatt, 7.11.1994

Viel mehr braucht man nicht zu erzählen. Auf jeden Fall wird viel masturbiert, koitiert, phallusophiert und endlich, endlich, auch auf offener Bühne wieder uriniert. Die von Karl-Ernst Herrmann mit viel Neonlicht gestylte Raststätte verwandelt sich alsbald in ein Riesenpuff. Stripperinnen, Playboy-Häschen und Dickbäuche in Tiger- und Tangahöschen wuseln herum – ach, Scherz, wo ist dein Kondom? [...]

Mit der „Raststätte" bewegt das Duo Jelinek/Peymann sich thematisch und stilistisch auf der Kriechspur zurück in die 70er Jahre. Sexbesessenheit, Konsumrausch – und als Folge Gehirnerweichung, das hatten wir doch schon einmal?

aus: Werner Krause: Ein Platz für „Nurmi".
Kleine Zeitung (Ausgabe Steiermark), 7.11.1994

Ein mephistofelischer Kellner (Traugott Buhre) wirft mit verdrehten Weisheiten und Bohneneintopf um sich, garniert letzteren gar mit eilig abgezapftem Harn; vor und hinter der Scheibe produzieren sich Pornographen, polymorph Perverse, Popanze und Päderasten. Kann „Unzucht" denn gar langweilig sein? Sie kann. Peymann, der sein und seiner (durchaus virtuosen) Mimen Heil im gemäßigten Parlando sucht, kitzelt nichts hoch, spürt hinter Jelineks Sprach-Masken nichts auf, hat bloß alle Hände voll zu tun, das Getriebe am Laufen zu halten. Und so stottert und sprotzt der Komödien-Motor vor sich hin – von Kolben- und anderen Reibereien hinter manchmal verschlossenen Klosettüren einmal abgesehen.

aus: Ronald Pohl: Vehikel der Lust mit stotterndem Motor.
Der Standard, 7.11.1994

„Raststätte" – Szenenfoto (Kirsten Dene, Maria Happel), Foto: Oliver Herrmann

Der Standard, 8.11.1994

Rezeption „Raststätte"

Am 5. November 1994 haben sich Elfriede Jelinek, Claus Peymann und die Institution Burgtheater selber demontiert. Vor den Augen weniger zahlender Zuschauer, aber von dafür mitverantwortlichen Parteikunstfunktionären wie Minister Rudolf Scholten und dessen Vorgängerin Hilde Hawlicek (sie sitzt schon wieder als Kultursprecherin der SPÖ im Parlament!). Elfriede Jelinek, sonst bekannt heikel in der Legitimation von Regiearbeit, verbeugte sich persönlich an Peymanns Hand vor dem Publikum. Kein Theaterskandal – nur laute Protestrufe. Nach fünf Minuten war das *erste* Nachbeben nach der Kunstkatastrophe vorbei.

aus: Hans Haider: Jelinek, Peymann, Burgtheater: Dreifache Selbstverstümmelung. Die Presse, 7.11.1994

Schnell, witzig, ordinär aber treffend werden häusliches Bettmißvergnügen und weibliche Begehrlichkeit zur Sprache gebracht. Dann trudeln die ehelichen Langeweiler ein, überhebliche Upper-Class mit Golfausrüstung der eine, sportiv-flapsig und auf jung gestylt der andere. Die Sex-Club-Atmosphäre der Raststätte läßt auch die Männer neu- und begierig werden. [...]
Ein Abend, der nachdenklich macht, auch wenn manche dies durch vorzeitigen Abgang vermeiden.

aus: Leonore Rambosek: Weibliche Begehrlichkeit am WC.
Die Furche, 10.11.1994

Keine Angst. Claus Peymann bleibt uns erhalten. Er muß nicht, wie er kokett vor Probenbeginn meinte, aus Wien emigrieren, der Skandal findet nicht statt. Elfriede Jelinek kassierte einige Buhrufe, im übrigen lief die Uraufführung von „Raststätte oder Sie machens alle" ernüchternd normal ab. Die Empörung war gemäßigt, aber auch die Begeisterung hielt sich in dürftigen Grenzen. Wozu die Geheimhaltung des Textes, die monatelangen Proben bei diesem Ergebnis?
Wahrscheinlich liegt dies daran, daß Regisseur Claus Peymann und Sprachartistin Elfriede Jelinek nur in begrenztem Maß zueinander finden können. Beide sind sich und ihrer Methode auch einander fremd geblieben. Peymann und Jelinek: kein Traumpaar. Jeder knüpft dort an, wo wir ihn zuletzt gesehen haben. Elfriede Jelinek setzt ihre wortgewaltigen, monomanischen Sprachverdrehungen von „Lust" fort, Claus Peymann serviert wieder seinen heiteren, komödiantischen Realismus à la „Peer Gynt".

Je länger der Abend, desto weniger geht's auch den Regisseur was an, desto hilfloser hoppelt Peymann den genauen Regieanweisungen der Autorin hinterher. Den Text zu erklären (darf man sich das wünschen?), die groteske Jelinek-Phantasie in die Vertrautheit kleinbürgerlichen Miefs zu holen, das gelingt ihm nur in den zwei Lüstlinginnen. Geübte Genauigkeit auf seiten des Bühnenbildners Karl-Ernst Herrmann, beim Schmutz und Schund läßt dieser ebenso wie Peymann aus. Dieser Regisseur wird nie an Theater-Syphilis erkranken.

aus: Roland Koberg: Es hat nicht wollen sein. Falter 45/1994

Die Kulturauguren prognostizierten seit längerem ein skandalträchtiges Großereignis. Nicht von ungefähr heizte die strenge Geheimhaltung des (angeblich pornographieverdächtigen) Textes von Elfriede Jelineks Stück „Die Raststätte oder Sie machens alle" [sic] bis zur Premiere sensationsgierige Spekulationen um noch nie dagewesene Obszönitäten zusätzlich an. Nichts dergleichen traf ein. Trotzdem endete die mehrfach verschobene Uraufführung der von Mozarts „Cosi fan tutte" inspirierten Komödie im Akademietheater schließlich mit Höflichkeitsapplaus für die Darsteller und einem durchaus gesitteten, naturgemäß auch von Gegenstimmen begleiteten Buhkonzert für die Autorin und ihren Regisseur Claus Peymann. Die beabsichtigte Radikalabrechnung mit der heutigen, nur an materiellen Werten orientierten österreichischen Wohlstandsgesellschaft – und wohl nicht nur mit dieser – löste weder schockierte Empörung, noch jenes sich gegen eigene Getroffenheit wehrende Gelächter aus.

aus: Hilde Haider-Pregler: Eine Enttäuschung für Voyeure. Akademietheater: Uraufführung von Jelineks „Raststätte".
Wiener Zeitung, 8.11.1994

aus: Alfred Pfoser: Sich selber treu und somit einander fremd geblieben.
Salzburger Nachrichten, 7.11.1994

Das große Theater
Karikatur: „Die Presse"/Ironimus
Ironimus: Das große Theater. Die Presse, 8.11.1994

192 | Rezeption „Raststätte"

① Akademietheater: Uraufführung von Jelineks „Raststätte"
Eine Enttäuschung für Voyeure

② Jelinek-Premiere: Der „programmierte Skandal"
Und jetzt geht Peymann?

„Raststätte" in Peymann-Regie im Wiener Akademietheater

③ Jelinek, Peymann, Burgtheater:
Dreifache Selbstverstümmelung

④ # Die Jelinek im Pornoladen

⑤ # Ein Platz für „Nurmi"

Elfriede Jelineks „Raststätte" ist endlich eröffnet. Warum eigentlich?
Eine Gedenkstunde für frei flanierende Bären hätte es auch getan.

⑥ JELINEK-PREMIERE
Weibliche Begehrlichkeiten am WC

Die Akademietheater-Uraufführung von Elfriede Jelineks Komödie „Raststätte oder Sie
machens alle" zeigt Stärken und Schwächen der umstrittenen Autorin.

⑦ # Sich selber treu und somit einander fremd geblieben

Elfriede Jelinek und Claus Peymann, kein Traumpaar

⑧ Mißglückte Uraufführung von Elfriede Jelineks „Raststätte" am Akademietheater
Vehikel der Lust mit stotterndem Motor

⑨ Wiener Akademietheater: Jelineks „Raststätte"
Beifall und Mißfallen

⑩ # Remmidemmi auf dem Damenklo

Zur Uraufführung von Elfriede Jelineks „Raststätte oder Sie machens alle" im Akademietheater

⑪ Falter 45/94
Es hat nicht wollen sein

THEATER Elfriede Jelineks „Raststätte oder Sie machens alle" wurde in der Regie von Claus Peymann im Akademietheater uraufgeführt. Der in Bühnensex unerfahrene Peymann setzte seine Jungfräulichkeit aufs Spiel – und behielt sie. ROLAND KOBERG

⑫ Womit Wiens Bühnen um ihr Publikum kämpfen
Das Barometer der Theaterpremieren
Zwischenhoch für Peymann, ermüdete Josefstadt

Raststätte	↑	*Akademietheater.* Elfriede Jelineks grausam-brillante Satire gegen Männerwahn und Spießerbrunft. Perfekte Vor-PR, Peymann inszenierte selbst.
Cosi fan tutte	↑	*Theater an der Wien.* Eine der schönsten Opernaufführungen der letzten Jahre, dirigiert von Riccardo Muti. Mozart am idealen Spielort.
Vermischte Gefühle	↔	*Josefstadt.* Eine lähmend geschwätzige Boulevardkomödie zum Thema „Rentnersex", immerhin durch Fritz Muliar und Elfriede Ott veredelt.
Verlängertes Wochenende	↓	*Kammerspiele.* Drittrangiger Konfektions-Boulevard von Curth Flatow in langweiliger Darbietung. Einzig erträglich: Götz Kauffmann als Tierarzt.

45/94 NEWS

Elfriede Jelinek

Nachweise Seite 192:
 1: Wiener Zeitung, 8.11.1994
 2: Kurier, 6.11.1994
 3: Die Presse, 7.11.1994
 4: Neues Volksblatt, 7.11.1994
 5: Kleine Zeitung, 7.11.1994
 6: Die Furche, 10.11.1994
 7: Salzburger Nachrichten, 7.11.1994
 8: Der Standard, 7.11.1194
 9: Neue Kronen Zeitung, 7.11.1994
10: Kurier, 7.11.1994
11: Falter 45/1994
12: News, 10.11.1994

Schatten

Elfriede Jelineks „Raststätte oder Sie machens alle" in Peymanns Schmiere, vormals Wiener Akademietheater, war ein Flop. Die Kritik zerzauste das Machwerk so, daß Peymann bei der nächsten Pressekonferenz die Kulturjournalisten wütend beschimpfte. Nicht das Stück sei durchgefallen, höhnte er, sondern die Kritiker. Dann sind wohl auch die Zuschauer durchgefallen, denn sie empfingen Jelinek und Peymann nach der Premiere mit lautstarkem Buh. Aber nicht einmal ein Skandal wurde daraus. Man hat die infantilen Peymanniaden schon satt.

Jelinek borgt die Fabel des Stücks bei „Cosi fan tutte" und die Verkleidung der sich selbst unfreiwillig betrügenden Ehemänner in Tiergestalten bei den „Lustigen Weibern von Windsor". Original Jelinek hingegen sind die unappetitlichen Einlagen. Die „Damen" setzen sich „unten ohne" auf die Klomuscheln, ein schmieriger Ober besprenzt, bevor er serviert, einen Fleischbrei. Über den Text der Jelinek mokiert sich sogar die Peymann-Anhängerin Sigrid Löffler in der „Süddeutschen": „verquere Syntax und dissonant montierte Kunstsprache in entgleisenden Metaphern und verstolperten Kalauern". Weder Kritik noch Publikum sind durchgefallen, sondern die Jelinek und der von Zilk aus Bochum nach Wien importierte Claus Peymann.

Aula, Dezember 1994

Gerd Leitgeb Fenstergucker
Wie Minister Scholtens Freund weiterhin Millionen verludert

Seit Jahren ist an unserem Burgtheater bekanntlich ein gewisser Herr Claus Peymann tätig, unter dessen Leitung die einst bedeutendste Sprechtheaterbühne des deutschen Sprachraumes auf das Niveau eines durchschnittlichen Komödiantenstadels heruntergekommen ist.

Dieser Peymann erfreute sich vormals der Protektion des seinerzeitigen Unterrichtsministers Helmut Zilk und danach jener dessen Nachfolgerin Hilde Hawlicek. Und seit geraumer Zeit wird der Deutsche Peymann von unserem unsäglichen Kulturminister Scholten verhätschelt, der wieder ein Liebkind der bekanntlich parteilosen Kanzlergattin Christine Vranitzky ist.

Wegen Peymanns Organisationsschwäche gibt es, seit der Deutsche am Burgtheater tätig ist, dort immer mehr sogenannte „Schließtage" ohne Vorstellungen, weil es zu Probenverzögerungen kommt. Auch die Tatsache, daß mit hohem Millionenaufwand an Steuergeldern eine neue „Probebühne" gebaut wurde, um diese Einnahmenausfälle zu verhindern, hat an der Mißwirtschaft nichts geändert. Diese ist inzwischen sogar derart angewachsen, daß jede einzelne am Burgtheater verkaufte Eintrittskarte mit 1.000 Schilling Steuergeld subventioniert werden muß.

Dazu kommt auch noch dramatischer Zuschauerschwund, der auf teils miserable Aufführungen zurückzuführen ist: So ließ Peymann beispielsweise ein unsäglich schlechtes Spektakel des selbsternannten Poeten Franz (André) Heller zu und ein miefiges Stück des Kerzerlmarschierers Turrini.

Nun hat der Burg-Chef ein Stück der Elfriede Jelinek mit dem Titel „Die Raststätte" inszeniert, das sich hauptsächlich zwischen Klo-Türen und WC-Muscheln abspielt und von Kulturkritikern als derart letztklassig eingestuft wurde, daß es sich nicht einmal lohnt, es als „Skandal" zu bezeichnen.

Ein echter Skandal dagegen ist allerdings die Tatsache, daß Kulturminister Scholten der Peymann-Millionenverschwendung von Steuergeldern weiterhin Vorschub leistet.

Täglich Alles, 8.11.1994

Zwischen dem Ergebnis der Nationalratswahlen und der Aufführung von „Raststätte" in einem Staatstheater gibt es eine erschreckende Parallele, die durch einen Fernsehkommentar der Autorin unmittelbar nach der Premiere noch unterstrichen wurde. Die von Elfriede Jelinek gewählte unappetitliche Metapher der Genußsucht und der hemmungslosen sexuellen Begierde sollte die beängstigenden menschlichen Defizite einer Gesellschaft „bloßstellen", in der die herrschende Klasse jedes Engagement für große Ziele verliert und den schrankenlosen Egoismus dominieren läßt. Die aus dem linken Lager kommende und ihm zweifellos noch nachtrauernde Autorin verwendet das alte klassenkämpferische Klischee von der „Dekadenz der herrschenden Bourgeoisie", aber die derzeitigen österreichischen Verhältnisse, die von der maßlosen Besitzgier vieler Macht- und Amtsinhaber und zugleich durch einen beängstigenden Mangel an großen Visionen verursacht wurden, lassen durchaus Parallelen zu.

Gottfried Pratschke
Wien

Leserbrief, Neue Zeit, 9.11.1994

In Wien erhofft, in Graz passiert
– Staberl

Dem Wiener Burgtheaterdirektor Claus Peymann, der als eine Art kommissarischer Verwalter unredlich bemüht ist, aus der traditionsreichen Bühne endlich ein weiteres linksfortschrittliches Wischi-Waschi-Theater zu machen: dem Bochumer Peymann ist unlängst eine herbe Enttäuschung bereitet worden. So inbrünstig hatte er gehofft, daß das von ihm höchstpersönlich inszenierte Stück „Raststätte" einer gewissen Elfriede Jelinek endlich einmal zum großen Wiener Theaterskandal werden möge. Wie schön wäre Peymann dann weithin in deutschen Landen als Märtyrer und als Opfer der doofen Wiener dagestanden. Wie hätte er doch, seines unlängst verlängerten Vertrages ohnehin gewiß, die allgemeine Empörung genossen.
Doch die Aufführung, von der man sagt, sie sei seinerzeit wohlweislich auf die Zeit nach den Wahlen vom 9. Oktober verschoben worden, wollte partout nicht zum Theaterskandal geraten. Wie sollte sie auch? Daß zwei Damen auf offener Bühne das Scheißhaus frequentieren, ist ja weit weniger ein Skandal als vielmehr eine dumme Geschmacklosigkeit. Dumm und schlecht geschrieben war das ganze Machwerk überdies, so daß sich am Ende statt der von Peymann erhofften Empörung rückständiger österreichischer Zuschauer allgemeine Langeweile breitmachte. Kurzum, ein Skandal fand nicht statt. [...]
Der Peymann aber, der statt eines Skandals nur einen ganz gewöhnlichen Durchfall einfahren konnte, beschimpfte nachher auch noch seine spärliche Kundschaft als „Lemurenfraktion" und stellte trotzig fest: „Nicht das Stück, das Publikum ist durchgefallen".
Aber vielleicht geht' nächstens – wenn etwa Wilhelm Tell, Don Carlo und Faust zu dritt und im Faschingsgewand auf dem Häusl sitzen.

Neue Kronen Zeitung, 2.12.1994

Der Spaziergänger
Günther Allinger

Der Schließ-Tag

Der Peymann Claus, der
schaut aus dem Hosentürl raus,
denn heute spielt er einen Dreck
von Frau Elfriede Jelinek.
„Raststätte" heißt des Stückes Ort,
zwei Damen sitzen am Abort.
Die Häuslfrau, die staunt nicht schlecht,
die Damen von der Burg sind echt;
doch werden sie mit ihren Hintern
in dem Lokal nicht überwintern,
sie warten nur auf zwei Getiere,
damit ihnen die Lust nicht friere.
Das eine ist ein Elch mit Horn,
das andre hat sein Pimperl vorn;
es ist ein Bär, ein riesenhafter,
ein jeder denkt, jaja, die schafft er.
Im Publikum ruft laut ein Surmi,
das ist doch unser Petz, der Nurmi.
Nein, der ist nicht vom Weidleif Fand
drum fährt er blitzschnell aus dem Gwand;
die Ehemänner sind die Tiere,
das haut die Damen gar nicht vire,
denn diese Herren, muß man wissen,
sind selbst zu schwach,
die Frau'n zu küssen.
Die Kritiker, die schrieben frei:
die Sache freilich sei nicht neu,
ein solches Sexy-Kuttl-Muttl
gabs in dem Werk „Cosi van Tuttl",
drum heißen auch die Damen-Mugeln,
nach Amadeus: Mozart-Kugeln.
Herr Peymann wurde ganz schal,
weil ausgeblieben der Skandal,
da half auch nicht, daß andre pissten,
die Namen stehn in Peymanns Listen.
Das Publikum schaut auf die Uhr,
so gut gefiel ihm die Kult-hur.
Herr Claus bekam gleich einen Gachen,
auf jene, die ihm nicht entsprachen,
und rief erregt in seinem Zurn,
das sind doch wirklich nur Lemurn.
Die Affen, klein, mit großen Schwänzen:
da müssen manche Neidertrenzen.
Das Publikum macht sich nichts draus:
Hauptsache ist, es bleibt der Claus.
Doch Peymann muß jetzt selbst lulu
und schließt sein Hosentürl zu.

Nr. 46/94

Die ganze Woche, 16.11.1994

Ich begreife – trotz intensivsten Nachdenkens – noch immer nicht, worin sich Elfriede Jelinek (in ihren Sexual- und Gewaltphantasien, ihren Zoten und Vorurteilen) von geilen, reaktionär-chauvinistischen Machos unterscheidet. Wahrscheinlich aber liegt die Schuld bei mir selber, bin ich doch ein Mann und daher naturgemäß unsensibel, frauenverachtend und gewaltbereit, unfähig, zwischen maskuliner Schweinerei und feministischer Aufklärung zu unterscheiden.

Robert Geist
Wien

Leserbrief, profil, 14.11.1994

Der Grad der Ablehnung durch einen Großteil des Publikums kann nicht als Erfolgsnachweis und Kriterium für vermeintliche künstlerische Qualität herangezogen werden. Das Publikum hat ein Recht auf Ablehnung, und es wird genützt, um bestimmte „Kunststücke" für verzichtbar zu erklären, ohne postwendend als Lemuren bezeichnet zu werden.

Mag. Karl Schweitzer
Nationalratsabg.
1010 Wien

Leserbrief, News, 17.11.1994

Nachdem ich dieses extrem langweilige und von skurrilen Banalitäten strotzende Stück, das zwischenmenschliche Probleme bestenfalls oberflächlich berührt, gesehen habe, denke ich, daß es nicht nur aus psychiatrischer Sicht kaum etwas zu bieten hat. Aus psychiatrischer Sicht wäre es allenfalls interessant herauszufinden, was sich die Damen und Herren, die die Unverfrorenheit hatten, dieses Stück zu schreiben, auszuwählen, zu inszenieren und aufzuführen, dabei gedacht haben.

Peter Fischhof
Wien

Leserbrief, profil, 14.11.1994

Wenn Frau Jelinek Sexualprobleme hat, sollte sie diese nicht durch öffentliche Kulturschweinerei unter die Leute bringen. Wenn dies die Kunst ist, die Herr Peymann im Akademietheater höchstpersönlich inszeniert, sollte er schnellstens seinen Hut nehmen und allerhöchstpersönlich verschwinden.

Mag. T. M. Hamburger-Trautengold
Wien

Leserbrief, profil, 14.11.1994

Das Theater als Anstalt

Auch die Tatsache, daß das neue Stück „Raststätte", das am Akademietheater zur Aufführung gelangt, nach dem Urteil der meisten Kritiker langweilig ist, ändert nichts daran, daß die Aufführung dieses neuesten Machwerkes von Elfriede Jelinek einen Skandal und Tiefpunkt der Theaterpolitik Claus Peymanns darstellt. Der Umstand, daß sich die Autorin in der Rolle der Moralistin gefällt, um umso ungehemmter provozieren zu können, tut der Unmoral dieses Werkes keinen Abbruch. Auch die Tatsache, daß das von Peymann als „Lemuren" beschimpfte Publikum bereits zu abgestumpft ist, um mit einem handfesten Theaterskandal, wie wir ihn bald nur mehr aus der Geschichte kennen, zu reagieren, bedeutet nicht, daß die Sache, um die es hier geht und die von Jelinek und Peymann angerichtet wurde, weniger arg ist. Was in einem Keller- und Experimentiertheater allenfalls noch angängig wäre und unter dem Banner der Freiheit der Kunst, die für alle Verletzungen des guten Geschmackes bemüht wird, passieren könnte, darf und soll auf einem Staatstheater, das ein Kulturgut zu pflegen und Maßstäbe zu setzen hat, keinen Platz finden.

Es ist von symptomatischem Wert, beziehungsweise Unwert, daß das Theater, das Schiller noch als „moralische Anstalt" verstand, im übertragenen und wörtlichen Sinn zu einer Bedürfnisanstalt erniedrigt wird. Darf es einen wundern, wenn die Verrohung der Sprache und Sitten um sich greift, wenn sie von einem Haus, das als deutsches Nationaltheater galt und für Generationen eine Art Weihestätte war, gefördert und in die Gesellschaft getragen wird? Die Verantwortlichen sollten die Geduld des Publikums, das ja auch aus Wählern besteht, nicht überstrapazieren, wenn man nicht Gefahr laufen will, durch weitere Entscheidungen der so Provozierten noch unangenehmere Überraschungen als bisher zu erleben.

Norbert Leser: Das Theater als Anstalt. Die Furche, 17.11.1994

Jelinek-Stück: Porno oder hohe Kunst?

Schon die Tatsache, daß dieses (im Grunde genommen sehr geschmacklose marxistische) Tendenzstück in einem Staatstheater, das aus Steuergeldern subventioniert wird, aufgeführt werden konnte, läßt für unser Land demnächst nicht nur den Beginn einer weiteren Komödie, sondern den ersten Akt einer Tragödie befürchten.

Dir. Gottfried Pratschke
Wien

Leserbrief, profil, 14.11.1994

← Wolf-Martin-Gedichte
Seite 112

In den Wind gereimt
Wohin nur, ach, bist du entflohn,
o wahre Provokation?
Die alten Achtundsechz'ger-Damen,
die machen nur noch fade Dramen
und meinen, Sex kann heut noch schocken.
Das haut doch niemand aus den Socken!
Wolf Martin

Neue Kronen Zeitung, 9.11.1994

In den Wind gereimt
Einst stand's auf Toiletten nur –
Heut nennt der Peymann es Kultur.
Einst putzte es die Klofrau weg –
Heut feiert man Frau Jelinek.
Einst galt so manch Genie als Lümmel –
Heut hebt man Lümmel in den Himmel
und preist dieselben, weil sie mies,
schon eo ipso als Genies.
Wolf Martin

Neue Kronen Zeitung, 12.11.1994

Franz Stoss, Schauspieler

„Ich habe nichts gegen Provokation. Auch Ödon von Horváth hat in den *Geschichten aus dem Wiener Wald* die Untaten der Menschen treffend dargestellt. Aber das muß man können. Das Jelinek-Stück ist grauenvoll. Das sind keine lebendigen Figuren, sondern grob verzerrte Karikaturen. Für mich der Versuch einer Alt-Kommunistin, ihrem Unmut über das Ende des Kommunismus Ausdruck zu verleihen. Schon *Burgtheater* war ja ein schäbiges Pamphlet. Freilich kann man kritisieren, daß sich Schauspieler zur Hitler-Zeit nicht im Widerstand betätigt haben. Sicher ist es fürchterlich, daß sich Leute per Kontaktanzeigen Sex-Partner suchen. Was Frau Jelinek daraus gemacht hat, ist jedoch eine läppische, unappetitliche Ansammlung von Geschmacklosigkeiten. Das zeigt auch ihre dichterische Hilflosigkeit. Möglich ist das, weil ein in meinen Augen schlechter Direktor Peymann von einem Minister Scholten gehalten wird, der das Kulturressort als Spielwiese seiner Links-Ideologie betrachtet."

Die ganze Woche, 9.11.1994

Dolores Schmidinger, Schauspielerin

„Ich stehe dem neuen Jelinek-Stück absolut positiv gegenüber. In diesen Dingen leben wir hier in Österreich ohnehin hinter dem Mond. Ich kenne die Bücher der Elfriede Jelinek und bin wirklich ein Fan dieser Schriftstellerin. Das heißt nicht, daß ich alles Neue kritiklos in mich hineinfresse. Aber das, was die Jelinek macht, gefällt mir ganz einfach. Und warum sollte man so ein Stück nicht auch am Burgtheater spielen? Wir müssen uns endlich befreien von dem verstaubten Theaterbegriff, dem manche Leute hierzulande anscheinend immer noch nachhängen. Ich bin auch wirklich froh, daß wir Kulturpolitiker haben, die ein Klima schaffen, in dem Stücke wie *Raststätte* aufgeführt werden können. Deshalb hoffe ich sehr, daß sich an dieser Situation nichts ändert und Leute wie Elfriede Jelinek eines Tages womöglich tatsächlich noch vertrieben werden. In einem Land, wo sich der Hitler-Muff ohnehin schon widerwärtig lange hält, muß man auf solche Dinge ganz besonders aufpassen."

Das Publikum ist durchgefallen!
– *Heinz Sichrovsky*

News: [...] *Sie haben das Premierenpublikum in der Sendung „K 1" als Lemuren bezeichnet.*
Claus Peymann: Damit meinte ich nur zwei Personen, die leider regelmäßig in meine Premieren kommen und alles beschissen finden – unter ihnen ein ehemaliger Theaterdirektor (gemeint ist Franz Stoß, Anm.). Vielleicht brauchen die das für ihren Stoffwechsel. Daß ausgerechnet solche Kronzeugen für „K 1" ausgesucht wurden, halte ich für manipulativ. Darüber habe ich mich geärgert und ausdrücklich nur die beiden als Lemuren bezeichnet.
Das Publikum war eher unanimiert.
Das wußte ich schon vor der Premiere, das wußten auch die Schauspieler. 50 bis 60 Theaterkritiker mit Anhang, dazu besserwissende Regiekollegen und Schauspieler, und dann die Lemurenfraktion, die nur kommt, um den Kopf zu schütteln – das war doch ein großer Teil des Publikums in diesem kleinen Haus. Einige behaupten, die Premiere sei durchgefallen. Aber nicht das Stück, das Publikum ist durchgefallen! Da war die falsche Erwartungshaltung an das Stück. Man war auf Skandal und Porno programmiert. Ich kann nur festhalten: Wer Pornographie sehen will, und das wollen ja offensichtlich ein paar Theaterkritiker, der sollte doch auf den Gürtel gehen, aber nicht ins Theater.
Was ist also passiert?
Das Publikum hat sich selber um das Vergnügen gebracht, war am Premierenabend leider unmusikalisch und nicht bereit, die wunderbare Sprache der Jelinek zu hören. Wenn ich durch den Wienerwald spazierengehe, kriege ich zweierlei Proteste ab: Diejenigen, die nicht drinnen waren, beschimpfen mich wegen der Pornoszenen, die angeblich vorkommen. Und diejenigen, die drinnen waren, beschimpfen mich wegen der Pornoszenen, die angeblich vorkommen. Aber es geht in dem Stück ja um etwas vollkommen anderes. Die Jelinek hat eine wunderschöne geradezu klassische Komödie geschrieben. In 20 Jahren werden auf dem Welttheater die Jelineks, Turrinis und Bernhards gespielt werden als die neuen Nestroys. An der falschen Vorpropaganda war ich jedenfalls schuldlos. [...] Jeder Theaterkritiker ist sein eigener Pornograph – die „Presse" hat mich denunziatorisch ja sogar als Kinderschänder angeschwärzt, weil ein paar Kinder über die Szene gehen sollten. Die Erregung der Kritiker hat wohl mit Enttäuschung zu tun. Die haben gedacht, sie können sich erregen, und da sie sich nicht erregen konnten, hat das dann zu Hause der Computer abbekommen.

News, 10.11.1994

profil-Cover 44/94
Die Sexorzistin
Vielleicht will uns Elfriede Jelinek mit ihrem radikal-fäkalen Duktus nur provozieren und auf falsche Fährten locken, vor allem, wenn sie über „Raststätte" sagt: „Das ist ein Stück, in dem es um nichts mehr geht als um den Lustgewinn. Mein lustigstes und zugleich mein verzweifeltestes." Vielleicht sollten wir uns nur an den letzten Teil ihrer Aussage halten – und über die Verzweiflung, die in diesem Text steckt, nachdenken, ehe wir uns über das – zwei Seelen wohnen ach in ihrer Brust – wohl auch von Elfriede Jelinek intendierte – und verkaufsfördernde – Urteil: ein Pornostück! hermachen und es hinausschmettern in die Welt, die darauf nur gewartet hat, schlecht – und gut vorbereitet –, wie sie ist.

Mag. Gerhard Leis
Wien

profil, 7.11.1994

„ Ich habe große Probleme, wenn Menschen die Versuche der Kompensation ihrer privaten Probleme zur Heilslehre machen. Wir alle leiden mehr oder weniger unter der Sexualität. Doch wenn jemand sein Privatleben zur gesellschaftlichen Behauptung hochrechnet, stinkt mir das. – In Wien muß man leider für einen Autor sein oder gegen ihn. Das ist schade. Ich bin jederzeit bereit zu glauben, daß die Frau Autorin diese oder jene phantastische Prosa-Passage geschrieben hat – ich habe sie nur vielleicht irrtümlich nicht gelesen. Aber ‚Raststätte' ist ein aufgelegter Dreck. "

Werner Schneyder
(in: News, 6.10.1994)

Schweinderlfarm

Mut zum Ordinärsein, das haben sie. Kirsten Dene und Maria Hampel als die auf einen Seitensprung hoffenden Freundinnen. Martin Schwab und Hans Dieter Knebel als deren Ehemänner. Alle die anderen ungustiös-grotesken Figuren, die in Slips und mit nackten Brüsten in der Raststätte-Toilettenanlage wild gestikulierend herumhuschen. Auch wenn Karl-Ernst Herrmann das schickste aller Bühnenbilder hingestellt hat: Der Besucher fühlt sich wie in einer Schweinderlfarm.

Täglich Alles, 7.11.1994

Was aber sagt der Herr Kunst- und Wissenschaftsminister eigentlich dazu, daß in Jelineks „Raststätte" auf Peymanns Staatsbühne zwei Schauspielerinnen „unten ohne" auf Abortmuscheln sitzen? Man sollte ihn im Parlament einmal befragen, ob das nicht auch eine ganz besondere Geschmacklosigkeit ist.

aus: N. N.: Kulturscheinwerfer.
Aula, Jänner 1995

Peymann-Vernaderer sind durchgefallen

„Nicht das Stück, das Publikum ist durchgefallen". Mit dieser Aussage wurde Burgtheaterdirektor Claus Peymann anläßlich der Erstaufführung von Elfriede Jelineks Stück „Raststätte" in der ORF-Kultursendung „K 1" zitiert. Peymann-Kritiker und Politiker der Freiheitlichen sahen in diesem und weiteren Statements eine „Verunglimpfung des Publikums" und richteten im Dezember eine Parlamentarische Anfrage an den Bundesminister für Wissenschaft, Forschung und Kunst mit der Aufforderung „disziplinäre und arbeitsrechtliche Maßnahmen gegen den Burgtheaterdirektor" zu ergreifen. Nun reagieren die Grünen auf diese Forderungen: „Diese permanenten Vernaderungsversuche sind Teil einer kultur- und diskussionsfeindlichen Politik von Freiheitlichen, die sich offenbar nur mehr unter Bauchschmerzen mit demokratischen Verhältnissen abfinden können", kritisiert Kultursprecher Willi Gföhler. Die Grünen rechnen es Kunstminister Rudolf Scholten hoch an, daß er sich von solchen Polemiken nicht unter Druck setzen läßt und die Äußerungen des Burgtheaterdirektors klar als dessen persönliches und verfassungsrechtliches Recht auf Meinungsfreiheit einstuft.

Der Kultursprecher der Grünen hofft in Zukunft auf einen „breiten Konsens in der österreichischen Kulturpolitik, um den Vernaderungsversuchen demokratiefeindlicher F-Politiker gemeinsam entgegenzutreten."

Wiener Zeitung, 1.2.1995

Hitzige Kulturdebatte

Ersatz-Kriegsschauplatz. Im Parlament einte bei einer Kulturdebatte am Donnerstag die Abwehrschlacht gegen die Freiheitlichen alle anderen Fraktionen.

Eine Serie von Sticheleien seit November ging der turbulenten ersten Kulturdebatte im Parlament in der neuen Legislaturperiode voraus: Zuerst schimpfte Claus Peymann kritische „Raststätten"-Premierengäste, konkret auch Ex-Josefstadtdirektor Franz Stoß, via Fernsehen „Lemuren". Die Freiheitlichen drängten in einer parlamentarischen Anfrage Minister Scholten, den Burgchef zur Ordnung zu rufen. Dieser versteckte sich hinter Formalismen, meinte „daß Äußerungen von Künstlern auch von der Öffentlichkeit in einem *milden* Licht gesehen werden", und lehnte jede Maßnahme ab.

Donnerstag darum ein Nachstoß der Freiheitlichen im Plenum. Peymann saß in einer Loge, auch beim politischen Eklat (Bericht Seite 8). „Banalität" nannte der SP-Abgeordnete Posch den Debattenvorwand, Minister Scholten ortete Mißbrauch parlamentarischer Mittel. „Es geht um Destabilisierung", rief der neue grüne Kultursprecher Willibald Gföhler, ehe er Jörg Haider in die Nähe Adolf Hitlers rückte. Josef Cap (SP) konnte nach einer mißglückten Verknüpfung von Richard-Wagner-Pflege und F-Opposition komisch rhetorisch punkten. Er drehte die blauen Fragen an den Minister um: Aus „Wie weit darf der Direktor eines Staatstheaters bei der Verunglimpfung seines Publikums gehen?" wurde „Wie weit darf nach Ihrer Ansicht Haider bei der Verunglimpfung der Republik und deren Institutionen gehen?" Applaus („Zugabe!") auch bei der ÖVP.

Burgschauspieler Franz Morak, der neue Kultursprecher der ÖVP, hielt seine erste Rede zum Heimatthema „Burg" mit einer Distanzierung von den Freiheitlichen und einem konkreten Problemkatalog – auf den Scholten aber nicht einging. Morak: Wird das Burgtheater überhaupt noch in der Öffentlichkeit angenommen als ein eigenständiges, unverwechselbares, geographisch dem Platz Mitteleuropa und seinem Publikum verpflichtetes Theater? Wie schaut die Ensemblestruktur nach neun Jahren Peymann aus? Stehen wir vor einer Insuffizienz des Spielbetriebes, der Verwahrlosung einer zeitgemäßen Wiener Dramaturgie? Wie retten wir vor lauter Bürokratie die Theaterkunst im Zeitalter der knappen Budgets, der Einsparungen? Was macht die Staatsbühne zum Ereignis „50 Jahre Zweite Republik"? Für die Freiheitlichen sprachen Michael Krüger und John Gudenus gegen Peymanns Verhalten – enthielten sich aber jeder Aussage zum Jelinek-Stück. *hai*

Die Presse, 10.2.1995

„Ein Sportstück"

"Ein Sportstück" – Szenenfoto, Foto: Andreas Pohlmann

Am 23.1.1998 findet im Wiener Burgtheater die Uraufführung von Elfriede Jelineks „Ein Sportstück" statt, Einar Schleef inszeniert. Die Aufführung wird aus gewerkschaftlichen Gründen um 23 Uhr abgebrochen. Burgtheaterdirektor Peymann gibt aus seiner Loge die Zustimmung für das Weiterspielen bis kurz vor Mitternacht. Die Inszenierung wird in einer Kurz- und einer Langfassung (zum ersten Mal am 14.3.1998) gezeigt. Die Aufführung des Stücks wird zu einem Event, über den sich auch Politiker des konservativen Lagers begeistert äußern. Für Einar Schleef entwirft Jelinek 2001 das Theaterstück „Ein Werk", das sie ihm nach seinem Tod (21.7.2001) widmet.

Die Autorin gibt nicht viele Anweisungen, das hat sie inzwischen gelernt. Machen Sie was Sie wollen. Das einzige, was unbedingt sein muß, ist: griechische Chöre, einzelne, Massen [...].

Aus der einleitenden Regiebemerkung Elfriede Jelineks zu „Ein Sportstück".
Elfriede Jelinek: Ein Sportstück. Reinbek: Rowohlt 1998, S.7

→
Elfriede Jelineks „Das Werk"
Seite 156

200 | Rezeption
„Ein Sportstück"

> „ Ich bin erschöpft und glücklich, daß mir so etwas passiert ist. Man sagt mir, daß es das in der Geschichte des Hauses noch nicht gegeben hätte. Ich finde die Inszenierung grandios. Es ist in jeder Weise eine Zumutung, was Schleef macht, und diese Zumutung muß angenommen werden. Was ich nur angerissen habe, hat er ausgearbeitet. Ich habe noch nie jemanden so arbeiten gesehen, mit einer vollkommenen Besessenheit und einem vollkommenen Ernst. "

Elfriede Jelinek über die Uraufführung von „Ein Sportstück" (in: News, 29.1.1998)

Spielplanfahne des Wiener Burgtheaters

News, 29.1.1998

„Ein Sportstück" – Szenenfoto (Elfriede Jelinek, Einar Schleef), Foto: Andreas Pohlmann

Andreas Khol: „Ein eklatanter Kunstgenuß"

profil: Ihre Aussagen im ORF zu Elfriede Jelineks „Sportstück" haben viele verblüfft. Der konservative Klubobmann der ÖVP singt eine Eloge auf die linke Schriftstellerin und spricht von einem „eklatanten Kunstgenuß". Ist der Kunstkonsument Khol ein anderer als der Politiker Khol?
Khol: Wenn ich ins Theater gehe, möchte ich mich mit Kunst auseinandersetzen. Das ist kein politischer Akt. Außerdem: Je älter die Menschen werden, desto vernünftiger werden sie. Das gilt auch für eine g'standene Kommunistin wie die Jelinek. Ihre Botschaft im „Sportstück" ist: Zurück zu konservativen Werten! Auch mit der „Raststätte" hatte ich keine Schwierigkeiten. Die Abrechnung mit unverantwortetem Sex ist ja eine klassisch-konservative Botschaft. Probleme hatte ich nur mit „Stecken, Stab und Stangl", das ich als pure Agitation empfand.
profil: Woher kommt, jenseits der Begeisterung über die konservativen Botschaften der Jelinek, Ihre Theaterbegeisterung?
Khol: Ich komme aus einer Theaterfamilie. Mein Großvater, Karl Credè, hat engagierte sozialdemokratische Stücke und Hörspiele geschrieben. Auch meine Mutter. Meine Schwester, Barbara Petritsch, ist Schauspielerin. Meine Nichte geht zur Schauspielschule. Theater und Politik sind meine beiden Leidenschaften.
profil: Gehören Diskussionen über das Theater auch innerhalb der ÖVP zum Alltag?
Khol: Wir setzen uns ständig damit auseinander. Denn es gibt kein Leben ohne Kunst und Kultur. Und ich bin stolz, daß eine solche Aufführung am Burgtheater stattfindet, weil damit der Ruf der ersten deutschsprachigen Bühne als Kulturträgerin und Identitätsstifterin bestätigt wird.
profil: Ein Ruf, den die gewerkschaftliche Unflexibilität beim „Sportstück" gerade zu unterlaufen droht.
Khol: Mit Verhandlungen ist auch so ein Problem zu lösen. Auch die Gewerkschafter an der Burg sind Künstler.
profil: Jelinek klagt in ihrem Stück nicht zuletzt über die politische Wirkungslosigkeit ihrer Arbeit. Hat Sie je ein Theaterstück dazu veranlaßt, Ihren politischen Standpunkt zu überdenken?
Khol: Ich gehe ins Theater, um meine Vorurteile zu überprüfen. „Kabale und Liebe" oder „Die Räuber" zum Beispiel haben mich immer wieder daran gemahnt, eine redliche Politik zu machen.

„Jelineks Botschaft im Stück ist: Zurück zu konservativen Werten! Damit habe ich kein Problem"
ÖVP-Klubobmann und Theaterfan Khol

profil, 2.2.1998

Wien, 1998-02-03 (fpd) – Als weiteren Fettnapf und gewaltige Ohrfeige gegenüber den letzten der ÖVP verbliebenen katholischen Stammwählern wies der geschäftsführende FPÖ-Klubobmann Mag. Ewald Stadler die Kritik von VP-Klubobmann Khol an seinen Aussagen zum Verhalten des pensionierten Innsbrucker Altbischofs Reinhold Stecher zurück.
Trotz des jüngsten Grazer ÖVP-Debakels führe der einst als konservativ verkannte Khol den Kampf um die Gunst der linken Schickeria, erklärte Stadler. Dies sei nicht nur in Khols jüngstem Loblied auf die kommunistische Theatermacherin Elfriede Jelinek, sondern auch in seiner Sympathiebekundung gegenüber romfeindlichen „Kirchenvolksbegehrern" und dem Rom desavouierenden Altbischof Stecher erneut klar zum Ausdruck gekommen. [...]

OTS0156, 3.2.1998

„Die Wiener", ist Streeruwitz überzeugt, „lassen sich gerne quälen, sie fallen gerne in die Emotionalgrube und glauben, das ist dann Kunst." Unabhängig davon, daß man solche Theaterevents natürlich „als toll empfinden kann", müßte es aber auch möglich sein, „darüber einen Diskurs zu führen, statt sich davon bloß vollständig einnehmen zu lassen." Der Diskurs aber finde nicht statt. „Die Leute ergeben sich nur dem reinen, kindlichen, sinnlichen Vergnügen." Und wenn sogar „der Erzkatholik Andreas Khol" dabei einen „eklatanten Kunstgenuß" erfährt (siehe Interview), dann „verrät er nicht nur seine Religion", dann müßten sich doch auch alle, die wissen, „was dieser Mann sonst behauptet und tut, sich sagen: Da muß was falsch sein an der Sache." Das zeige sich auch darin, wie schnell sich das Publikum Einar Schleef – „dem Gegenmodell zu Peymann" – in die Arme geworfen hätte.

aus: Wolfgang Reiter: Nachbeben an der Burg. profil, 2.2.1998

→
Marlene Streeruwitz über Elfriede Jelinek
Seite 214, 218

Halt halbe-halbe!

Jelineks „Sportstück" verursachte bei der Uraufführung 60.000 Schilling Mehrkosten: Der Burg-Abend dauerte – im voraus bekannt! – länger als bis 23 Uhr. Um die Zahlung brach noch in der Vorstellung ein perfekt inszeniertes Kabarett aus. Und wer zahlt jetzt wirklich? Regisseur Einar Schleef, der vor Peymann herumstotternd, selbst die Kosten übernehmen wollte? Oder Peymann, aus der eigenen Tasche?
Jetzt macht der Bundestheaterverband mit der Burg halbe-halbe. „Kostendisziplin"! Der Theaterbesucher staunt. Ein Jelinek-Kabarett-Gag? Oder sollten sechzig Blaue in der 430-Millionen-Budget der Burg und bei Viel-Millionen-Kosten des „Sportstücks" wirklich Probleme auslösen? Die Montag-Aufführung war übrigens trotz allem Jelinek-Rummel nur zu 38 Prozent ausgelastet! **KHR**

Neue Kronen Zeitung, 28.1.1998

Claudius Baumann: 1955–1998

Wien/Bregenz – Claudius Baumann, Leiter der Kulturredaktion der *Neuen Vorarlberger Tageszeitung*, ist in der Nacht auf Sonntag einem Herzversagen erlegen. Der gebürtige Grazer, Sproß einer Industriellenfamilie aus dem Schwarzwald, erlitt drei Tage vor seinem 42. Geburtstag nach dem Besuch der Langfassung von Elfriede Jelineks *Sportstück* am Wiener Burgtheater in einem Taxi eine Herzattacke. Er starb noch vor Eintreffen des Notarztes.
Der wegen seiner scharfzüngigen Kolumnen umstrittene Baumann war nicht zuletzt durch seinen öffentlichen Schlagabtausch mit Robert Schneider bekannt geworden. Der Kulturkritiker „Egmont Nigg", eine Figur aus Schneiders Roman *Die Luftgängerin*, weist teilweise eindeutige Parallelen zu Baumanns Vita auf. (schach)

Der Standard, 17.3.1998

Durchtauchen, Anpfeifen, Preisen

Im Burgtheater geriet die Langfassung von Elfriede Jelineks „Sportstück" zu einem Maskenball: Um in den Genuß verbilligter Karten zu kommen, harrten manche sieben Stunden lang im Bademantel oder im Taucheranzug aus.

VON BETTINA STEINER

Badehauben, Skibrillen, Boxerhandschuhe und Zipfelmützen, Bergschuhe, Knickerbocker und Reiterstiefel: Wer bei der Langfassung von Elfriede Jelineks „Sportstück" nicht zumindest ein entsprechendes Accessoire aus dem Kleiderschrank gekramt hatte, kam sich ob des samstäglichen Maskenballs in der Burg fehl am (Sport-)Platz vor. Oder erntete, wie das Berichterstatterin, sanften Tadel. Denn ehe die eigentliche Aufführung zur Bejubelung anstand, kritisierte und beklatschte das Publikum im Foyer erst einmal sich selbst: Elegante Kostüme wie das einer Reiterin fanden Bewunderer, skurrile, wie das des Tennis-Schwimmer-Skifahrers, ernteten Gelächter. Eine schöne Schwimmerin strich ihre körperlichen Vorzüge heraus. Ein Rapid-Fan schwang die Fahne. Wie immer: Im (Sprach) Kostüm entlarvt sich der Träger, in ihren Werbephrasen die Gesellschaft. Mechanismen, wie sie Elfriede Jelinek in „Michael. Tagebuch einer Infantilgesellschaft" schon vor 25 Jahren beschrieben hat.

Auch Einar Schleef spielt mit

Wo das Publikum zum Teil der Vorstellung wird, darf der Regisseur nicht fehlen. Einar Schleef pfiff höchstpersönlich die Vorstellung an, zeigte sich höchst unzufrieden mit dem Verlauf der Proben und drohte mit dem Einsatz der Trillerpfeife bei jedem Schnitzer. Er verkürzte dann, durchaus liebenswert, mit seinen Kommentaren die Pausen, ärgerte sich über die vielen Fehler oder scheuchte säumige Zuschauer auf die Plätze, auf daß das Spiel nicht in die von Claus Peymann zu bezahlende Verlängerung gehen muß.

Die Langfassung nun zeigte sich gegenüber der Premiere vor allem um Filme „bereichert", die Schleef im Burgtheater drehen ließ. Da spielten mit roter Farbe beschmierte Akteure auf der Feststiege Nitsch-Orgie, da flüchtete ein nackter Mann im Getümmel von riesigen Bulldoggen durch Kellergänge und Pausenräume. Und wer im Publikum darob noch nicht Beklemmung spürte, den versetzte die verwackelte Kameraführung in Schwindel. Daß diese für sich durchaus bannenden Sequenzen dem „Sportstück" wesentliches hinzufügen, daß der in der Kurzfassung zusammengestrichene Elektra-Komplex so ausgespielt uns mehr über „Elfi Elektra Bregenz" verrät, ist allerdings ein Trugschluß. Nach dem von Schleef und Jelinek – in Adidas-Jacke – gesprochenen Schlußmonolog: 25minütige Ovationen, Zugaben und noch kein Ende um 23 Uhr. Es folgte die Verleihung der Preise für die besten Kostüme. Ein Taucher gewann – und knüpfte an die Annahme des Preises die Forderung, in der letzten Spielzeit Peymanns keine Inszenierungen Karin Henkels sehen zu müssen. Ein Wunsch, der erfüllt werden könne, so Peymann. Der Preis sei ein *Wahl*abo. Leer aber ging jener maskierte Faulpelz aus, der als Sportgerät einzig seine TV-Fernbedienung mitführte – und so jene Sportfreunde vertrat, die vor dem Bildschirm sitzend anderen beim Sporteln zusehen. Doch immerhin wurde auch er zum Ermäßigungspreis von 50 Schilling eingelassen.

Die Presse, 16.3.1998

> Es kommen noch ganz andere Zeiten für diese Fleißigen, Anständigen und Tüchtigen, die auch einmal die Macht übernehmen wollen, lang genug haben sie drauf gewartet und sich in einer Bewegung gesammelt, die, wie als Spiegelei an der Luft erstarrt, sich endlich uns, jawohl, ausgerechnet UNS! als Spielzeug, als fette Beilage zu einem noch fetteren Braten zulegen möchte.
>
> Elfriede Jelinek: Gier. Reinbek: Rowohlt 2000, S.30

Elfriede Jelineks *Unterhaltungsroman „Gier"* erscheint im Herbst 2000. Er wird in Österreich, wie es bei Jelinek-Romanen üblich ist, von allen großen Zeitungen und Zeitschriften rezensiert.

In den verschiedenen Kritiken finden sich fast identische Formulierungen. Bestimmte Schlagworte und Reizbegriffe, was Thema, Gattungszuordnung, sprachliche Gestaltung und die Position der Autorin betrifft, kehren immer wieder. Die Rezeption von Jelinek-Romanen in Österreich ist durch Stereotype festgelegt.

Von den Anständigen und Tüchtigen...
Elfriede Jelineks neuer, großer Roman: „Gier". Ein drastisches Sittenbild aus der österreichischen Provinz

Kurier, 2.9.2000

Wir befinden uns im „Menschenfresserland" der Anständigen, Fleißigen und Tüchtigen, die eine Macht geworden sind: „Das Land heißt: Österreich. Lernen Sie es ordentlich kennen oder schleichen Sie sich!"

Dagmar Kaindl: Aus der Hölle Österreichs. News, 3.8.2000

Die Geschichte führt ins „Menschenfresserland" der Anständigen, Fleißigen und Tüchtigen, die „heute eine Macht geworden sind".

N. N.: Alles über die neue Jelinek. News, 7.9.2000

Mit dem kalten Furor der Moralistin und unnachahmlicher Sprachartistik erzählt Jelinek die Geschichte des „Marathonmannes", des sportlichen, feschen Dorfgendarmen Kurt Janisch, Anhänger des Jörg H. aus Bad Goisern, dessen Partei der „Fleißigen, Anständigen und Tüchtigen" im „Menschenfresserland" Flüchtlingen „in die Fresse haut".

Elisabeth Hirschmann: Im Menschenfresserland. Format, 28.8.2000

Sie webt damit weiter an ihrer Ästhetik des Widerstands, die dem Österreich der „Anständigen, Fleißigen und Tüchtigen" einen schaurigen Spiegel vorhält.

N. N.: Dem Land der Tüchtigen. Bühne, Dezember 2000

Denn der gesellschaftliche und politische Alltag, auf den Jelinek beziehungsreich anspielt, ist ihr unerschöpflicher Fundus. Die Macht der Anständigen, Fleißigen und Tüchtigen ...

Anita Pollak: Von den Anständigen und Tüchtigen ... Kurier, 2.9.2000

204 | Rezeption „Gier"

Parodie, Porno, Kriminalstück und Abrechnung mit dem Österreich der Anständigen, Fleißigen und Feschen: »Gier«, der neue »Unterhaltungsroman« von **Elfriede Jelinek**. Für eine Zeit, in der das Gespräch über die Börse das über die Bäume ersetzt.

Rowohlt

Werbung des Rowohlt-Verlags. Die Zeit, 14.9.2000

„Gier" ist eine Mischung aus Kolportage, Krimi und Seelenporno, die Elfriede Jelinek mit nicht weniger als der von ihr gewohnten Brillanz zu einem „Unterhaltungsroman", so der zynische Untertitel, fügt.

Irene Heisz: Verkrüppelte Seelen im Eigenheim. Tiroler Tageszeitung, 30.9.2000

[...], eine in ihrer Aktualität hochbrisante Realsatire auf das Land und seine Führer und eine düstere Prognose seiner Zukunft. Eine explosive Mischung aus experimenteller Avantgardeliteratur, Politthriller und Krimi, die mit Versatzstücken des Porno und der Trivialliteratur arbeitet.

Dagmar Kaindl: Aus der Hölle Österreichs. News, 3.8.2000

Diesen Trivial-Reißer verfremdet Elfriede Jelinek nun zu einem sprachlichen Vexierspiel, in dem sie Krimi-, Porno- und Kitscherzählmuster raffiniert collagiert.

N. N.: Dem Land der Tüchtigen. Bühne, Dezember 2000

„Gier", Elfriede Jelineks neuer Anti-Porno über einen gewalttätigen Kleinbürger, dürfte die Buchsensation des Herbstes werden (ab 12.9. bei Rowohlt). [...] Ihre vernichtende Diagnose Österreichs in eine Kriminalgeschichte zu packen lag auf der Hand, sagt die Autorin.

Elisabeth Hirschmann: Im Menschenfresserland. Format, 28.8.2000

Eine Kriminalgeschichte könnte der Roman sein, wäre nicht der Mörder von Anfang an bekannt und läge die Spannung tatsächlich im Geschehen. Jelinek jedoch nutzt lediglich die Folie des Kriminalromans und kombiniert sie mit Anleihen aus Porno- und Trivialliteratur zu einer vielschichtigen, virtuosen Analyse.

N. N.: „Krimi" als Gesellschaftsporträt. Vorarlberger Nachrichten, 16.9.2000

Ist dieses Buch, gebaut nach dem Schema des Kriminalromans, ein Politkrimi? Befriedigt es endlich die Gier nach dem Schlüsselroman über Schüssel? Liefert diese differenzierte Intellektuelle, diese experimentierende Analytikerin von Trivialmythen nun den undifferenzierten Kommentar zum trivialmythischen Zeitgeschehen?

Richard Reichensperger: Die Kraft des Beweglichen. Der Standard, 26.8.2000

ELFRIEDE JELINEK
Die Sprachkünstlerin

Format, 18.12.2000

In jedem Fall ist „Gier" das Buch zur Lage und das Buch der Stunde: Seit neun Wochen verharrt das hochkomplizierte Sprachkunstwerk in allen hiesigen Bestsellerlisten (also nach allen Erhebungsmethoden) auf dem ersten Platz.

Heinz Sichrovsky, Karin Beck: Haiders letzter Akt. News, 23.11.2000

Es scheint aber, dass die zweifellos sprachmächtigste unter den zeitgenössischen Literatinnen des Landes ihre Virtuosität mit wachsender Ungeduld einsetzt, um die verstörende und zerstörerische gesellschaftliche Gewalt hinter der letztlich banalen Gewalttätigkeit einer einzelnen Figur zu analysieren.

Irene Heisz: Verkrüppelte Seelen im Eigenheim. Tiroler Tageszeitung, 30.9.2000

Wie bei allen großen Sprachkünstlern, die gleichzeitig große Moralisten und sensible Zeitgenossen sind, ist es die Tragik der Jelinek, dass sie ihre geniale Sprachbeherrschung, ihre wunderbare Ironie, ihre so feinen Wortmittel auf ein so grobes Material wie die Wirklichkeit anwenden muss.

Anita Pollak: Von den Anständigen und Tüchtigen ... Kurier, 2.9.2000

In *Format* spricht die Sprachkünstlerin über Pornographie, Faschismus und verlorene Unschuld. [...] In ihrer sich überstürzenden Sprache assoziiert und montiert die Büchnerpreisträgerin Kalauer, Sprachmüll, Werbespots und triviale Zitate mit großer Musikalität, erzählt auf verschiedenen Sprachebenen und in verschiedenen Sprecherpositionen.

Elisabeth Hirschmann: Im Menschenfresserland. Format, 28.8.2000

Und so explodiert ein Kalauer nach dem anderen, eine ungewöhnliche Wendung folgt auf die andere.

Karin Fleischanderl: Elfriede Jelinek. Gier. Ein Unterhaltungsroman. Kolik 12/2000

Wie hatschert und plump schließlich darf der Text einer Büchnerpreisträgerin daherkommen, um als hatschert und plump erkannt und nicht zur großen Kunst um- und überinterpretiert zu werden?

Christian Seiler: Ruhe. Jetzt spreche ICH. profil, 11.9.2000

Die überraschend logische Komik sprachlicher Kalauer treibt die Geschichte voran und knüpft subtile Zusammenhänge.

N. N.: „Krimi" als Gesellschaftsporträt. Vorarlberger Nachrichten, 16.9.2000

Rezeption „Gier"

„Ich kann nicht anders"

Interview. *Elfriede Jelinek über „Gier", das Grauen hinter alltäglichen Existenzen und ihre Lebensunfähigkeit.*

profil, 11.9.2000

Warum tut sie sich das an? Warum tut sie uns das an? Warum versetzt sich Elfriede Jelinek in einen Taumel des Unglücks, des Ekels, der Hoffnungslosigkeit, der sie dazu befähigt (oder zwingt?), einen Roman wie „Gier" zu schreiben, der in dieser Woche ausgeliefert wird?

Christian Seiler: Ruhe. Jetzt spreche ICH.
profil, 11.9.2000

Was sollte sich auch jemand um Stilfragen kümmern, der von Haß getrieben ist und dessen Haß in dieser Gegend autobiographisch verbürgt ist.

Klaus Kastberger: Gelee und Gallert.
Die Presse, 9.9.2000

Elfriede Jelinek macht sich zur Stimme des Bösen, der Niedertracht, sie wischt die dünne Decke der Sublimierung weg und stellt die Menschen in ihrer Niedrigkeit bloß. [...] Konsequenterweise hat die Erzählerin Elfriede Jelinek kein Mitleid, weder mit den Tätern, noch mit den Opfern. Ob sie nun in Seen versenkt, mit ihrer eigenen Unterwäsche erwürgt oder von Lawinen begraben werden, sie werden alle in gleicher Weise vom Strudel der Negativität in den Abgrund gezogen.

Karin Fleischanderl: Elfriede Jelinek. Gier. Ein Unterhaltungsroman.
Kolik 12/2000

Es sind sprachgewandte Hassausbrüche mit (selbst-) ironischen Brechungen einer Erzählerin, die das Geschehen in resignativem Grundton kommentiert. Allerdings nimmt die Befürchtung, dass alles Sagen und Schreiben nichts nützen, ihr nichts von der Lust am Widerspruch, der sich der typisch Jelinekschen Stilprinzipien bedient.

Sabine Schmidt: Elfriede Jelinek zwischen Lust und Gier. Die Presse, 25.8.2000

Neben Hass, Ingrimm und Sarkasmus klingt ein neuer Ton von Trauer, von Müdigkeit, aber auch von tiefem Mitgefühl an, der vor der Schablone dieses rabenschwarzen Menschenbilds seine Wirkung umso kraftvoller entfaltet. Einer Verzweiflung, die um die Vergeblichkeit aller Auflehnung, aller Erkenntnis weiß und es trotzdem nicht lassen kann, die Demütigung des intelligiblen Menschen durch die Sexualität, die Hässlichkeit der Geschlechtsteile und die Primitivität des Geschlechtsakts mit immer neuen Wortkreationen zu brandmarken.

Kirstin Breitenfellner: Elfriede Jelinek: Gier. Ein Unterhaltungsroman.
wespennest 3/2001

Aber: Elfriede Jelinek ist nicht so „negativ" wie man sie – eben auch mythisierend – hinstellt.

Richard Reichensperger: Die Kraft des Beweglichen.
Der Standard, 26.8.2000

Elfriede Jelinek, die in Österreich vor allem als „Nestbeschmutzerin" und „Staatsfeindin" gilt, wird von staatlichen Einrichtungen, wissenschaftlichen und künstlerischen Institutionen erst in den letzten Jahren gewürdigt. Erhält Jelinek auch einige österreichische Preise, so fehlt bei kaum einer Preisverleihung der Hinweis auf ihr kritisches Verhältnis zu Österreich. Eine substantielle wissenschaftliche Auseinandersetzung, die auch öffentliche Resonanz hat, findet erst zu Jelineks 50. Geburtstag (1996) in Graz statt. Die verschiedenen Rezeptionsformen wie auch der voyeuristische Blick auf die Autorin sind hier Thema der begleitenden Ausstellung „Echos und Masken", die nach Graz auch in Wien und Salzburg zu sehen ist. Der große Jelinek-Schwerpunkt bei den Salzburger Festspielen 1998, bei dem Jelinek mehrere Abende gestaltet, ist von öffentlichen Konflikten und Protesten begleitet. Klischeebilder bestimmen die mediale Präsentation von Elfriede Jelinek in Österreich, wobei die Person Jelinek hinter Masken und (Selbst-)Inszenierungen zu verschwinden scheint.

Präsentation

Österreichische Preise und Stipendien für Elfriede Jelinek

Elfriede Jelinek wird in Österreich mit einigen Preisen ausgezeichnet. Ihre ersten Preise erhält sie beim Lyrikwettbewerb der Österreichischen Hochschülerschaft und bei der Österreichischen Jugendkulturwoche in Innsbruck (beides 1969). Bei den Würdigungen durch Staat, Länder oder Kulturinstitutionen wird immer wieder auf ihre kritische Haltung gegenüber dem österreichischen Staat und der österreichischen Gesellschaft hingewiesen, während Jelinek selbst in ihren Dankesworten die Situation der Kulturschaffenden in Österreich und ihr eigenes Verhältnis zu ihrer Heimat thematisiert.

1969 Preis des Lyrikwettbewerbs der Österreichischen Hochschülerschaft
es hat keine Verleihung stattgefunden

1969 Preise der Österreichischen Jugendkulturwoche Innsbruck für Lyrik und Prosa
dotiert mit je 5.000 Schilling
verliehen auf der 20. Jugendkulturwoche in Innsbruck (29.4.-9.5.1969)

1972/73 Staatsstipendium für Literatur
dotiert mit 5.000 Schilling monatlich
verliehen am 30.6.1972 im Forum Stadtpark Graz

1983 Würdigungspreis für Literatur des Bundesministeriums für Unterricht und Kunst
dotiert mit 75.000 Schilling
verliehen am 12.4.1984 im Audienzsaal des Bundesministeriums für Unterricht und Kunst
Laudatio: Reinhard Urbach

1987 Literaturpreis des Landes Steiermark
dotiert mit 50.000 Schilling
verliehen am 24.3.1987 im Weißen Saal der Grazer Burg
Laudatio: Gisela Bartens

1989 Preis der Stadt Wien (Literatur)
dotiert mit 75.000 Schilling
verliehen am 6.10.1989 im Stadtsenatssitzungssaal des Wiener Rathauses

2000 „manuskripte"-Preis des Landes Steiermark
dotiert mit 150.000 Schilling
verliehen am 12.11.2000 im Schauspielhaus Graz
Laudatio: Michael Scharang

Margarete Lamb-Faffelberger: *Wie stand es mit Ihren Arbeitsmöglichkeiten in Österreich, mit Aufträgen und Engagements?*
Elfriede Jelinek: Keine. Also, ich muß mir meine Steuererklärungen anschauen, an denen ich sehe, was ich verdiene. Von dem, was ich in Österreich verdiene, könnte ich auch heute noch, glaube ich, nicht einmal einen Monat im Jahr leben; abgesehen jetzt von einigen Literaturpreisen, die man mir gegeben hat, als man es nicht mehr vermeiden konnte, wie den Preis der Stadt Wien (1989) oder den Würdigungspreis für Literatur. Aber es ist mir z.B. nicht gelungen, irgendwelche Stipendien zu bekommen. Einmal habe ich ein Staatsstipendium erhalten, das aber wirklich alle bekommen. Da kann man wirklich niemanden davon ausschließen. Aber Stipendien wie das Carnetti-Stipendium [sic] und ähnliche waren mir nicht möglich zu bekommen. Ich nehme an, daß ich sie heute natürlich erhalten würde. Denn es ist in Österreich üblich, sich im Ausland einen Namen zu machen und dann zurückzukommen, und dann wird man hier hoffiert. Heute würde ich aber nicht mehr darum ansuchen.

aus: Margarete Lamb-Faffelberger: Valie Export und Elfriede Jelinek im Spiegel der Presse. Frankfurt am Main: Lang 1992, S.183-184

Preis-Urkunden

Österreichs junge Autoren schreiben originelle Bühnenstücke
– Krista Hauser

Vor ihnen lagen Stapel von Manuskripten: rund 2000 Gedichte, über 200 Prosatexte und 70 dramatische Werke. Durch diesen literarischen Dschungel mußten sich die Juroren in drei Tagen durchkämpfen, um die Preisträger für die 20. Österreichische Jugendkulturwoche zu nominieren. [...]
Auch der Lyrikpreis schwankte. „Ein Aha-Erlebnis stellte sich nicht ein", wie Gerald Bisinger das lyrische Angebot lakonisch kommentierte. Hilde Domin, die gemeinsam mit Bisinger und Dr. Dieter Hasselblatt nach neuen Begabungen suchte, formulierte es exakter: „Es wurden keine Neuheiten für das aktuelle literarische Bewußtsein geliefert." Die poetischen Produkte aus der Feder der 145 Autoren waren meist bedeutungsschwer wie das Kennwort, das die einzelnen Einsendungen trugen. „Lebenslüge" und „Rote Rosen", „Lebenskampf" und „Harmonie" stand da verschlüsselt auf dem Umschlag. Und in den meisten Gedichten ist viel von Einsamkeit die Rede, allerlei Emotionen werden in uralte Metaphern gezwängt, verbrauchte Symbole noch einmal beschworen. Lyrische Ergüsse, die man ebensogut vor Jahrzehnten hätte schreiben können. „Elfriede Jelineks Lyrik ist mit Abstand die stärkste eigene Schöpfung, und dafür wurde ihr der Lyrikpreis zuerkannt ... Auch sie bietet nichts unbedingt Neues, aber als Variante ist sie schöpferisch ... ihre Texte gehen über Formspiele hinaus", so die bekannte Lyrikerin Hilde Domin über die 23jährige Preisträgerin aus Wien. [...]
Die Prosaeinsendungen bzw. langen Texte gaben einen repräsentativen Querschnitt zeitgenössischer Prosa. Und Dr. Alfred Kolleritsch, Peter O. Chotjewitz und Nikolaus Klocke bescheinigten immerhin einem Zehntel der Beiträge Niveau. Drei bis vier seien sogar druckverdächtig. Der Text Elfriede Jelineks etwa, der mit dem Prosapreis der Jugendkulturwoche ausgezeichnet wurde, ebenso der Beitrag Michael Scharangs, der übrigens der Elfriede Jelineks gleichgestellt wurde. Die Begründung der Jury wanderte im berühmten „circulus vitiosus", denn „die Jury ist sich darüber im klaren, daß beide Arbeiten das Niveau der zeitgenössischen Literatur nicht völlig erreichen, andererseits aber vom Bemühen der Autoren gekennzeichnet sind, anders als die meisten vorgelegten Arbeiten, die Konventionen und das alte Niveau der literarischen Entwicklung zu überwinden". Dr. Kolleritsch erläuterte näher: „Jelinek und Scharang, wie auch eine Reihe anderer, schreiben keine Sprache die sich selbst schreibt. Sie reflektieren über Sprache ... Und am verwendeten Material sieht man, daß sie wenig Muster übernehmen." Gerade das „Über-Sprache-Reflektieren" hebt diese Arbeiten von den übrigen Einsendungen, vom „alten Niveau" ab. [...]

Tiroler Tageszeitung, 30.1.1969

„Pop ist gut!"
Gespräch mit der neuen Kulturpreisträgerin Elfriede Jelinek

Elfriede Jelinek, Preisträgerin der 20. Österreichischen Jugendkulturwoche in Innsbruck, ist 22 Jahre jung. Dabei schreibt sie schon „mindestens sechs Jahre lang". Zuerst natürlich Lyrik, Ausdruckslyrik insbesondere. Die aber hat sie, seit sie zwanzig ist, überwunden. Sodann hat sie sich an einem Hörspiel versucht und zwei Filmdrehbücher verfaßt, darunter auch ein „lustiges für eine Beatsache". („Eigentlich sind auch die Gedichte so was wie Filmbeschreibungen gewesen.")

Nun schreibt sie ausschließlich Prosa. Den Innsbrucker Prosapreis hat sie gegen scharfe Konkurrenz gewonnen. Zum Beispiel hatten unter anderen auch die Jungautoren Gert F. Jonke und Barbara Frischmuth mitgehalten, die ihr trotzdem den doppelten Preis gern gönnen. Spätestens seit Innsbruck gehört die 22jährige Wienerin Elfriede Jelinek mit dazu.

Wie das am Ende der sechziger Jahre so ist, gibt es mit der Verwendung ihrer Prosa keine Schwierigkeiten. Für ihren ersten längeren Versuch hat sich schon ein prominenter Verlag gefunden. Ein bundesdeutscher, versteht sich (in Innsbruck glänzten die vaterländischen literarischen Verlage durch Abwesenheit, während man deutscherseits gleich mehrfach am Ball gewesen war).

Eben jetzt ist sie bei etwas Komplexem (worauf sich gleichfalls ein ausländischer Verlag vorangemeldet hat). Ein „Illustriertenroman" ist zu zwei Dritteln „so gut wie fertig". Es soll ein ungezwungenes kunterbuntes Buch werden. Klischees aus Comics, Fortsetzungsreportagen und Werbung werden, aufs unwahrscheinlichste übertrieben, persifliert und durch die sehr gepfefferte literarische Sauce gezogen.

Von diesem Illustriertenroman hat man zunächst in Innsbruck gemunkelt, daß er ein literarisch aufgewerteter Oswald Kolle sei. Elfriede Jelinek dichte „ganz von unten herauf", so hieß es dann nach der Innsbrucker Preisträgerlesung ein wenig enttäuscht.

Die junge Wienerin bedient sich nämlich des Klischees Erotik, mit dem man die Konsumliteratur neuerdings so gern verseift, kritisch und also im Grunde distanziert. Was die allgemein fortschreitende Enttabuisierung angeht, so hat Elfriede Jelinek davon eigene Vorstellungen. Dergleichen Tabuabbau sei zu scheinbarer, indem er im Grunde nicht viel mehr bewirkt als nur die Illusion von Freizügigkeit, aber das, worauf es dabei ankommt, weiter im Ungutem beläßt. Wie auch sonst, geht es in dem Illustriertenroman Elfriede Jelineks um Vorstellungsklischees und Klischeeverhältnisse, die lediglich an der Oberfläche zusammenhängen. Indem sie zum Beispiel so präpariert werden, daß die eingespielten Handlungselemente und Motivationen recht unsinnig auseinanderklaffen, werden sie in solcher Neumontage mit all ihrer Funktionslosigkeit auch für den dickhäutigsten Leser klar- und bloßgestellt.

Elfriede Jelinek möchte die Manipulation übertreffen, indem sie ihre literarische Supermontage mit all den Abziehbildercharakteren der Illustriertenromane und beliebten Bildergeschichten unzimperlich pflastert. Damit soll eine kritische Bewußtseinslage fixiert werden (darum auch psalmodiert und zerhackt Elfriede Jelinek ihre Texte, wenn sie vortragen muß). Sie will die vermeintliche Unterhaltung als verdächtigen Vorwand und die Pseudoinformation als eine Form von Ausrede oder Lüge entlarven.

Pläne? Ein paar, auf die sie sich sogar freut, wenn der „Roman" einmal unter Dach und Fach ist. Natürlich wieder Prosa. Vielleicht ein Hörspiel.

Und ob das, was sie schreibt und demnächst schreiben wird, gar eine Art Pop-Literatur wäre. „Ja, wahrscheinlich", meint sie (und ist kein bißchen böse): „Pop ist gut."   *Otto Breicha*

Elfriede Jelinek (Photo Breicha)

Kurier, 17.5.1969

Programm der 20. Österreichischen Jugendkulturwoche Innsbruck, 1969

210 Präsentation
Österreichische Preise

Helmut Zilk überreicht Elfriede Jelinek den Würdigungspreis für Literatur 1983, Foto: Willibald Haslinger

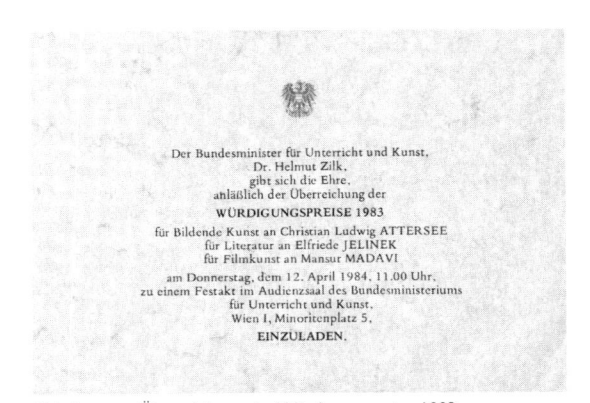

Einladung zur Überreichung der Würdigungspreise 1983

Rede Elfriede Jelineks zum Würdigungspreis für Literatur 1983
Foto: Willibald Haslinger

Elfriede Jelinek:
Dank — im Zeichen der Solidarität

Ein im prunkvollen Audienzsaal des Unterrichtsministeriums gewiß reichlich ungewohnter Akzent aufrechter und wissender Solidarität wurde Donnerstag durch die österreichische Schriftstellerin Elfriede Jelinek gesetzt. Ihr war dort durch Minister Zilk im Rahmen einer Feier der österreichische Würdigungspreis für Literatur überreicht worden, und in ihren auch im Namen der Preisträger für bildende Kunst und Film (Christin Ludwig Attersee und Mansur Madavi) gesprochenen Dankesworten sagte Elfriede Jelinek weit über bei derlei Anlässen übliches hinaus:

„Kulturschaffende einer Avantgarde haben es in Österreich ja keineswegs immer leicht gehabt. Es gab Anfeindungen und Schmähungen — es kam zu Emigration, es kam zu Selbstmorden. Und es gab erst kürzlich wieder das Verbot eines Achternbusch-Films... Wir werden sehr genau aufzupassen haben, was derzeit etwa im ORF vor sich geht."

Und weiter:

„Ich muß auch daran erinnern, daß heute sehr viele meiner Kollegen an der Grenze des Existenzminimums leben. Ihnen wünsche ich, wünschen wir endlich würdige Bezahlung ihrer Arbeit — und echte Arbeitsmöglichkeiten in Österreich."

Volksstimme, 13.4.1984

Elfriede Jelinek, meine Damen und Herren! „In den Waldheimen und auf den Haidern dieses schönen Landes brennen die kleinen Lichter und geben einen schönen Schein ab, und der schönste Schein sind wir. Wir sind nichts, wir sind nur, was wir scheinen: Land der Musik und der weißen Pferde. Tiere sehen dich an: Sie sind weiß wie unsere Westen" – so sprach Elfriede Jelinek unter anderem am 2. Dezember 1986 im Historischen Rathaus der Stadt Köln über Österreich, als sie den Heinrich Böll-Preis entgegennahm. Was würde sie heute erst sagen? Was schreibt sie vielleicht schon? Denn Elfriede Jelinek ist eine politisch engagierte Autorin, wie es sie in diesem „bildschönen" Österreich nur selten gibt. Sie schreibt, was ist. Und fragt auch nach den Ursachen danach. Das ist unbequem. Noch dazu ist sie eine Frau. Daher kennt sie die wahren Machtverhältnisse noch besser. [...]

Wie reagiert das Land, das, wie sie sagt, inzwischen „zu seinem eigenen Bild geworden" ist, das die Mächtigen und noch einige mehr verbissen hüten, auf Systemkritik, konsequenten Feminismus und einen seit ihren Schreibanfängen hellwachen Antifaschismus? In dem zuletzt erschienenen Band Prosa „Oh Wildnis, oh Schutz vor ihr" schreibt die Autorin: „Das ist eine Haltung gegenüber der wahrheitsgemäßen Kunst: daß sie lieber wahrheitsgemäßigt stattfinden sollte." Diese Mäßigung hat sich Elfriede Jelinek nie aufzwingen lassen. Fast alles, was sie schreibt, wird daher notwendig zum Skandal. Ja, es stimmt, sie wurde 1984 mit dem Würdigungspreis für Österreichische Literatur ausgezeichnet und die gebürtige Mürzzuschlagerin erhält auch heute hier einen Preis. Doch diese Anerkennungen im Toleranzbereich des politisch gerade noch Geduldeten kommen verzögert.

Aus der Laudatio Gisela Bartens' zur Verleihung des Literaturpreises des Landes Steiermark 1987 an Elfriede Jelinek
(Elfriede Jelinek Privatarchiv)

„ Ich verdanke der Steiermark alles für mein Schreiben. Ich habe die ärmsten Menschen hier kennengelernt. Hier habe ich gelernt, wie die Klassengesellschaft funktioniert. "

Aus den Dankesworten Elfriede Jelineks zur Verleihung des Literaturpreises des Landes Steiermark
(in: Volksstimme, 25.3.1988)

Einladung zur Verleihung des Literaturpreises des Landes Steiermark 1987

Literaturpreis für Elfriede Jelinek

In Anerkennung ihres literarischen Schaffens wurde der in Mürzzuschlag geborenen Schriftstellerin Elfriede Jelinek gestern der Literaturpreis der steiermärkischen Landesregierung in Graz verliehen. „Sie schreibt, was ist, noch dazu ist sie eine Frau und kennt daher die Machtverhältnisse noch besser. Doch diese Anerkennung des gerade noch Geduldeten kommt verzögert", eröffnete Gisela Bartens die Laudatio.

Volksstimme, 25.3.1988

ELFRIEDE JELINEK erhält den Literaturpreis 1987 des Landes Steiermark. Dies beschloß gestern eine Jury, die mit dieser Auszeichnung das „umfangreiche, vielfältige und auch im Ausland vielbeachtete Werk" der gebürtigen steirischen Literatin würdigen möchte und ob all dieser Beachtung offenbar den Namen der Preisträgerin aus den Augen verlor. Denn ausgerechnet in der offiziellen Aussendung der Landesregierung wird die Autorin beharrlich mit zwei „l" geschrieben. Bis zur Preisverleihung heißt es also „Üben, üben!" Dotiert ist der Literaturpreis mit 50.000 Schilling. Zwei Stipendien wurden ebenfalls vergeben: An Peter Pessl und Franz Weinzettl. **WK**

Kleine Zeitung (Ausgabe Steiermark), 30.9.1987

212 Präsentation
Österreichische Preise

Einladung zur Überreichung der Preise der Stadt Wien 1989

Elfriede Jelineks schriftstellerisches Schaffen wurde nun mit dem Preis der Stadt Wien für Literatur '89 in der Höhe von 75.000 Schilling honoriert. Die Preise der Stadt für Musik und Publizistik wurden von Kulturstadträtin Ursula Pasterk an den Wiener Komponisten Heinz-Karl Gruber und dem Publizisten Ulrich Weinzierl vergeben.

Volksstimme, 8.10.1989

Wenn es finster ist auf dem Weg, holt man einfach Sterne vom Himmel. Das ist Elfriede Jelinek. Das war von Anbeginn ihre Existenzweise, literarisch, politisch, privat. Selbstverständlich geht es Jelinek nicht darum, die Sterne zu erhaschen, sondern die Arme nach ihnen auszustrecken und das Sternenlicht auf den Weg zu lenken. Bewegt man sich dieserart durchs Leben, hat man den aufrechten Gang, ohne ihn mimen zu müssen. Und man weiß, wohin man den Fuß setzt, wenn man es auch immer nur für den nächsten Schritt weiß. Mehr Licht gibt es nicht auf dem Weg. Mehr braucht es auch nicht.

Aus der Laudatio Michael Scharangs zur Verleihung des „manuskripte"-Preises an Elfriede Jelinek. In: hai: Kolleritsch und seine Dichterfreunde feiern. Die Presse, 14.11.2000

Die Presse, 14.11.2000

Einladung zur Überreichung des „manuskripte"-Preises des Landes Steiermark 2000

"Echos und Masken"

Präsentation "Echos und Masken"

Das Symposium zur internationalen Rezeption Elfriede Jelineks setzt sich zum Ziel, einerseits rezeptionssteuernde Klischees, die in den Medien zu Werk und Person Elfriede Jelineks verbreitet werden, mit der tatsächlichen Wirkung und der wissenschaftlich erschließbaren Intention der Texte zu vergleichen sowie in Interviews geäußerte Selbstbilder und medial vermittelte Fremdbilder gegeneinanderzuhalten und deren wechselseitige Einflußnahmen zu untersuchen. Zum anderen soll die Frage gestellt werden, inwieweit die Aufnahme des Werks etwa in Frankreich, Italien, den USA etc. durch die spezifischen Erwartungshorizonte der jeweiligen Länder geprägt ist, welche Konstanten bzw. länderspezifischen Unterschiede in der Rezeption der Texte auftauchen. Das heißt auch, die Vermittlungsfunktion der österreichischen Auslandskulturpolitik zu hinterfragen und die oft verschlungenen Wege der internationalen Anerkennung eines Autors jenseits der offiziellen Kulturpolitik nachzuzeichnen. Für das Werk Elfriede Jelineks muß dabei wohl die rezeptionssteuernde Wirkung gewisser thematischer Werkkonstanten wie Österreichkritik, Patriarchats- und Kapitalismuskritik etc. im jeweiligen Land untersucht werden.

aus: Daniela Bartens: Elfriede Jelinek. Echos und Masken. Konzept der Gesamtveranstaltung

Im Oktober 1996 organisieren das **Franz Nabl Institut für Literaturforschung** und der **„steirische herbst"** in **Graz einen Veranstaltungsschwerpunkt zu Elfriede Jelinek.**
Unter dem Titel „Echos und Masken" finden ein viertägiges Symposion an der Grazer Universität sowie eine Ausstellung im Grazer Kulturhaus statt. Das Symposion befaßt sich mit der internationalen Rezeption Elfriede Jelineks. Es gibt Vorträge und Diskussionen mit WissenschaftlerInnen und ÜbersetzerInnen, Werkstattgespräche zur künstlerischen Rezeption und Diskussionen mit Film- und Theaterleuten. Den Eröffnungsvortrag hält Marlene Streeruwitz.

Folder von „Echos und Masken", Graz 1996

Präsentation "Echos und Masken"

"Stecken, Stab und Stangl"
Seite 100

Neue Zeit, 19.10.1996

Archäologie des Unterbewußten
Elfriede Jelineks Besonderheit

Eindrucksvoller Auftakt zum Symposion „Elfriede Jelinek: Echos und Masken" Donnerstag abend im vollen Mehrzwecksaal des Wallzentrums der Grazer Universität: Keine Geringere als die österreichische Schriftstellerin Marlene Streeruwitz, deren Theaterstücke – in Deutschland – hoch im Kurs stehen, sprach zur

Eröffnungsvortrag zum Jelinek-Symposion: die in Deutschland erfolgreiche österreichische Dramatikerin Marlene Streeruwitz. (Foto: Binder)

Österreich ist ein künstliches Konstrukt. Projektion. Wahrscheinlich nur eine Diaschau. Und dann. Die Dekonstruktion dieser Projektion. Ein Stück wie „Stecken, Stab und Stangl", das in der Umkehrung aller Theatermittel das Unterste an die Oberfläche hievt und die letzte Illusion raubt, nämlich die, daß mit Grausamkeit etwas Dramatisches verknüpft wäre. Wie mann sich das nun ein Jahrhundert lang im Burgtheater vorgaukeln ließ. Nichts damit. Ein Fleischer residiert. Ein Hohepriester. Ein Fleischer eben. Der ist auch ein Redakteur und sagt Sätze. Sät Sätze. Bis Schluß sein muß. Das weitere ist bekannt. [...]
Es geht also um Selbst-Dekonstruktion. Es geht darum, die so geprägten Teile von sich abzustoßen. Das ist schmerzhaft und wirft in Verzweiflung. Die eigene Demaskierung ist ein erniedrigender Prozeß. Aber die einzige Möglichkeit. Und zwar für Frauen wie für Männer. Wenn wir uns der eingeflüsterten Feme-Aufträge des Patriarchats nicht entledigen, wird es weiter nur Krieg geben können. Es wäre ja nichts anderes bekannt.
Wenn in „Stecken, Stab und Stangl" am Ende alles rosarot überhäkelt ist. Alles vom Brei der zerrissenen Leiber überzogen. Und nur noch Kommissar Rex unverstümmelt vom Bildschirm schaut. Dann steht das Ergebnis der vielen, vor sich hingesagten, aneinandergereihten Sätze vor uns. Es könnten unsere sein. Und das Ergebnis könnte jederzeit wiederholt werden. Klarer kann es nicht gezeigt werden. Beunruhigender nicht. Aber. Zur Beruhigung ist Kunst nicht da. Das ist nicht ihre Aufgabe. [...]
Aber. Zurück zur Sachertorte: So sieht also ein neues Rezept aus. Literatur, die nicht die Befehlskette des Patriarchats verlängert, sondern zu einer Archäologie des Unterbewußten führt. Die die Person auf sich zurückführt. In die Selbstbetrachtung und damit in die Möglichkeit, einen anderen Gedanken zu fassen als den, der überliefert ist. Etwas, was hier wie anderswo nötig ist denn je.

aus: Marlene Streeruwitz: 3000 Jahre Sachertorte (Rede zur Eröffnung des Symposions „Echos und Masken" in Graz). Falter 43/1996

Das Objekt des gelehrten Diskurses ist als Subjekt während der Gesamtdauer der Veranstaltung anwesend – geduldig, schweigsam, freundlich interessiert, sitzt Elfriede Jelinek in den hinteren Reihen. Rund um sie herrscht huldigend schwesterliches Zeremoniell, gewürzt mit einer Prise Andächtigkeit. Binnen Kürze fühlt sich der Reisende sehr fehl am Platz, als Eindringling in einen geschlossenen Kreis. Die Gattung Mann tritt darin vornehmlich in untergeordneter Funktion auf: sei's als Fotograf, Tontechniker, Interviewer, Stichwortlieferant oder als diskreter Prinzgemahl. Naturgemäß ist der Hofstaat der Königin rein weiblich. Die Rollen und ihre erstklassigen Darstellerinnen: die literarische Konkurrentin im bösen Blick (Marlene Streeruwitz), die führende Germanistin (Marlies Janz), die kgl. privilegierte Philosophin (Eva Meyer), die Leibregisseurin (Ulrike Ottinger) und nicht zuletzt die rechtens geförderte jugendliche Komponistin (Olga Neuwirth). Der Posten des Hofnarren scheint noch frei zu sein, doch schon das Eröffnungsreferat von Madame Streeruwitz schüchtert den ohnehin schreckhaften Reisenden ein. [...]
Unangefochten dominiert in der Folge eine „Semiotik des Weiblichen". Schade, daß die wundersam kluge Eva Meyer diesmal Anti-Heidegger-Essayistik im raunenden Heidegger-Ton betreibt. Marlies Janz hingegen legt eine vorzügliche, ideologiekritisch-philologische Deutung von Elfriede Jelineks Zerstörungsarbeit am Mythos historischer Unschuld in deutsch-österreichischen Landen vor. Weshalb, um der unbekannten Göttin willen, muß sie später den friedfertigen Moderator in Ordinarienmanier auf dem Altar des hermeneutischen Absolutismus opfern, einen offensichtlich Unschuldigen symbolisch kastrieren und blenden? Auch das schmerzt, wie jeder Justizmord. Unergründlich ist selbst die Seele der Emanzipation. Vielleicht liegt's am gesellschaftlichen Klima. Ahnungslos stolpert ein hochschulfremder, rundlicher Herr herein und möchte vom Reisenden erfahren, was im Auditorium verhandelt werde. Die Auskunft „Elfriede Jelinek" erregt Neugier: „Wer ist der Mann?"

aus: Ulrich Weinzierl: Schnabel auf für eine Dichterin. Schwesterliches Zeremoniell: Graz huldigt seiner Tochter Elfriede Jelinek. Frankfurter Allgemeine Zeitung, 22.10.1996

Unsere Ausstellung verfolgt also zwei Ziele: Zum einen wird Material aus diversen Rezeptionsbereichen präsentiert, darüberhinaus wollten wir die Subjektivität und Perspektiviertheit jeglicher Rezeption thematisieren. Einerseits, indem unterschiedliche Rezeptionsweisen ein und desselben Texts – etwa anhand von Inszenierungsvergleichen – gezeigt werden, andererseits soll der Ausstellungsbesucher in vielfältiger Weise zur Selbsttätigkeit angeregt werden. Er blättert in Mappen und Karteikästen, blickt zwischen Texten hindurch, öffnet Fenster, horcht als Lauscher an Wänden, spielt am Computer sein Spiel, und immer bestimmt seine Aktivität mit, was er sieht oder hört. Der Text stellt sich ihm in den Weg, zwischen dem Betrachter und der bunten Welt seiner bildhaften Vorstellungen steht flächig-zweidimensional der Text, der die Wahrnehmung strukturiert. Betrachtet er ihn aus einer neuen Perspektive, so öffnen sich ihm andere Bildwelten hinter dem Text. Zugleich spiegelt der Blick auf die Worte dem Betrachter aber auch sein eigenes Bild zurück. Grundlegendes Gestaltungsprinzip der Ausstellung ist daher die Gucklochperspektive. Der Blick zwischen den Zeilen des Texts hindurch entlarvt den Betrachter als Voyeur.

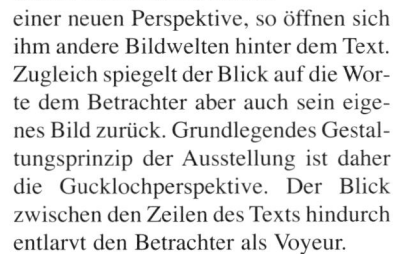

aus: Daniela Bartens: Elfriede Jelinek.
Echos und Masken. Einleitungsrede mit Konzept der Ausstellung

Austellung „Echos und Masken"
Foto: Gerhard Fuchs

Elfriede Jelinek mit gestaltendem Ehemann Gottfried Hüngsberg

Voyeur und Lauscher: Ein Guckloch auf die Jelinek

„Echos und Masken": Eine Literatur-Ausstellung

Voyeurismus ist das stärkste Motiv ihrer Leser. Davon ist Elfriede Jelinek überzeugt und hat mit Romanen wie „Die Klavierspielerin" oder „Lust" die Probe auf ihre Theorie gemacht. Vom Zuschauer zum Voyeur ist im Theater der Weg noch kürzer – Stücke wie „Raststätte" arbeiten mit diesem Motiv.

In Österreich hat's die Jelinek mit Jörg Haiders Hilfe nicht nur auf Plakatwände gebracht, sondern anläßlich ihres 50. Geburtstags in Graz auch zu einer Ausstellung, die nun im Wiener Literaturhaus Station macht. Zum Voyeur und zum Lauscher wird hier der Besucher. Durch Guckkästen und Sehschlitze, zwischen Sprachbalken und Buchstabenbarrieren muß er durchblinzeln, muß sein Ohr an die Wand pressen, um einen O-Ton, einen Gesprächsfetzen mitzuhören. Oder er folgt der Aufforderung „Trigger Your Text" und wird zum interaktiven Mitspieler einer von Jelineks Ehemann installierten Computeranimation. Auch eine E-Mail an die Dichterin ist durchaus drin.

„Echos und Masken" ist der Titel der multimedialen Jelinek-Schau, die die vielfältigen Rezeptionsweisen, Verständnisse und Mißverständnisse, Klischees und Folien, die den Zugang zum Werk steuern und überlagern, präsentieren möchte. Klischees und Mißverständnisse - Masken, die die Autorin zuweilen auch lustvoll trägt, die sie wechselt wie die Frisuren, Hüte und Stile – von der dämonischen Mondänen bis zum bezopften Alt-Gretchen. (Zur Ausstellungseröffnung ist der Star offenbar von der häuslichen Arbeit im Trainingswesterl weggerufen worden – oder ist das schon der New Look der angebrochenen 60er Jahre?) Inszenierungen, Darstellungen, Selbstdarstellungen im engeren, weiteren und weitesten Sinn sind das Thema dieser Personality-Show, die von konventionellen Objekten wie Büchern, Manuskripten, Plakaten und Bildern zu schrägeren wie dem Toiletten-Schauplatz der „Raststätte" oder von Jelinek exemplarisch selbst gestrickten Woll-Häschen reicht.

„Ich möchte seicht sein." Das Triviale ist eine der entlarvendsten Lieblingsmasken der Verkleidungskünstlerin. **Anita Pollak**

Bis 19. September im Literaturhaus

Kurier, 23.7.1997

Die multimediale Ausstellung „Echos und Masken", die von Gerhard Melzer und Daniela Bartens parallel zum Symposion 1996 für Graz konzipiert wird, befaßt sich mit der Rezeption von Werk und Person Elfriede Jelineks und thematisiert den voyeuristischen Blick auf die Autorin.

Präsentiert werden Beispiele aus dem journalistischen, audiovisuellen und künstlerischen Bereich. Zentrum ist eine Video-Installation, die Jelinek bei der Lektüre von „Begierde und Fahrerlaubnis" zeigt. Die BesucherInnen schauen durch Guckkästen und Sehschlitze und können zu MitspielerInnen einer Computeranimation werden. Ausstellungsobjekte sind Manuskripte, Fotos, Plakate, Regiebücher, Kostümentwürfe, Worttapeten, rekonstruierte Jelinek-Frisuren in Perückenform sowie der Toiletten-Schauplatz von „Raststätte".

216 Präsentation
„Echos und Masken"

Austellung „Echos und Masken", Foto: Fritz Lorber

Ins Gästebuch des Literaturhauses hat Elfriede Jelinek übrigens geschrieben „ich: nicht als Plüschtier gekauft". Sie selbst hat Objekte wie bestrickte Kinderhasen oder -bären beigesteuert. Man nehme sich Zeit für die Ausstellung, man nehme sich auch Zeit für die Lektüre.

aus: Ernst P. Strobl: Echos und Masken. Salzburger Volkszeitung, 13.7.1998

Austellung „Echos und Masken"
Foto: Franz Nabl Institut für Literaturforschung

Austellung „Echos und Masken", Foto: Fritz Lorber

Präsentation
„Echos und Masken" **217**

Literaturhaus: Finissage und Saisoneröffnung

Lockvögel im Fünfziger-Jahre-Look

Wer schmückt sich nicht gerne mit fremden Federn, maskiert sich gemäß dem Echo der Mode – „Wir sind Lockvögel, Baby" – Der „Kleiderflug" kann beginnen!

Doch zuvor noch eine kurze „Gebrauchsanweisung" für den Ablauf des Abends. Pop Art von Elfriede Jelinek, vorgetragen von Herbert J. Wimmer: „sie sollen dieses buch sofort eigenmächtig verändern. sie sollen die untertitel auswechseln. sie sollen hergehen & sich überhaupt zu veränderungen hinreissen lassen." Sie sollen bei Mode nicht an Lack und Leder, sondern an Nylon und Naphthalin denken. Wir sind in die fünfziger Jahre zurückversetzt und befinden uns trotzdem im Literaturhaus, feiern die Eröffnung der Herbstsaison '97, gleichzeitig die Finissage zur Jelinek-Ausstellung „Echos und Masken".

Wie das „unter einen Hut" paßt? Man vertraue auf den Kleiderfundus und auf die Energie von Elfriede Gerstl. Die Wiener Literatin stellte eine Modeschau mit Originalen aus den fünfziger, sechziger und siebziger Jahren auf KünstlerInnenbeine: u. a. Bodo Hell, Gerhard Ruiss (IG-Autoren) und Raja Schwahn-Reichmann in ungewohnter Funktion als Dressman und Spacegirl. Allenfalls ein schönes, herübergerettetes Stück Zeitgeschichte.

Topaktuell das Herbstprogramm vom Literaturhaus. Ab 9. Oktober gibt es eine Ausstellung des Schweizerischen Literaturarchivs zu Leben und Werk des Schriftstellers Friedrich Glauser zu sehen. Freunde von neuer experimenteller österreichischer Literatur sollten den 2. Oktober vormerken: Bachmann-Preisträger Franzobel, Judith Fischer, Christian Loidl u. v. m. versprechen eine spannende Expedition in die Zwischenräume der Sprache. *C. D.*

Wiener Zeitung, 23.9.1997

Von 22.7. bis 19.9.1997 ist die Ausstellung „Echos und Masken" im Wiener Literaturhaus zu sehen.
Am 18.9.1997 findet als Finissage eine Modeschau mit Kleidern aus dem Fundus von Elfriede Gerstl statt. Herbert Wimmer liest aus Elfriede Jelineks „wir sind lockvögel baby!".

Finissage im Wiener Literaturhaus (Modeschau), im Publikum Elfriede Jelinek
Foto: petra paul

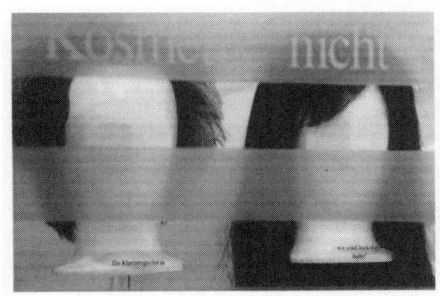

Austellung „Echos und Masken". Frisuren von Elfriede Jelinek aus verschiedenen Werkphasen
Fotos: Gerhard Fuchs

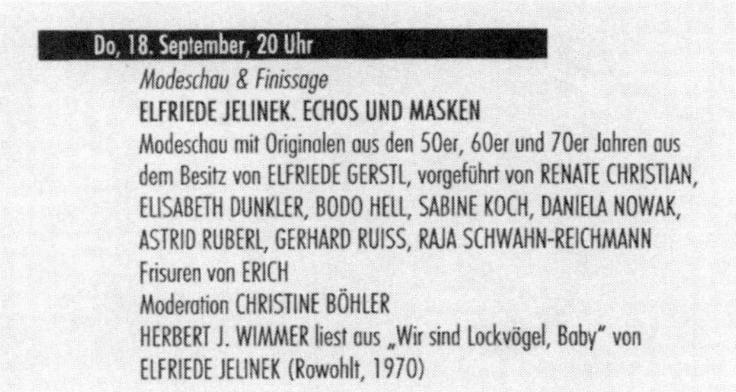

Do, 18. September, 20 Uhr
Modeschau & Finissage
ELFRIEDE JELINEK. ECHOS UND MASKEN
Modeschau mit Originalen aus den 50er, 60er und 70er Jahren aus dem Besitz von ELFRIEDE GERSTL, vorgeführt von RENATE CHRISTIAN, ELISABETH DUNKLER, BODO HELL, SABINE KOCH, DANIELA NOWAK, ASTRID RUBERL, GERHARD RUISS, RAJA SCHWAHN-REICHMANN
Frisuren von ERICH
Moderation CHRISTINE BÖHLER
HERBERT J. WIMMER liest aus „Wir sind Lockvögel, Baby" von ELFRIEDE JELINEK (Rowohlt, 1970)

aus dem Folder des Wiener Literaturhauses, September/Oktober 1997

Präsentation "Echos und Masken"

Anläßlich des Jelinek-Schwerpunktes bei den Salzburger Festspielen 1998 wird die Ausstellung „Echos und Masken" von 4.7. bis 28.8.1998 im Salzburger Literaturhaus gezeigt. Bei der Eröffnung am 3.7. kommt es zu einem Eklat. Marlene Streeruwitz, die die Eröffnungsrede hält, greift Festspielpräsidentin Helga Rabl-Stadler an, weil diese sich über Jelinek kritisch geäußert habe. Rabl-Stadler kontert mit dem Hinweis, daß sie als Präsidentin die Ausstellung mit ermöglicht habe.

Was aber tun. In dieser Landschaft österreichischer Bodenlosigkeit, deren überwältigend nonchalante Grausamkeit historische Realität nicht begreifbaren Ausmaßes hinterlassen hat.
In einer Sprachumgebung, in der sehr schwer auszunehmen ist, wo der Feind sich verschanzt hat. Wenn in der Verwirrung der Autoritäten kein Verlaß auf Grammatik oder Lexikalik ist, muß es darum gehen, die diese Bodenlosigkeit und diese Verwirrung verbergende Oberfläche aufzureißen. Ich halte die den österreichischen Literaturvorhaben zugrunde liegende Sprachskepsis für eine der größten kulturellen Leistungen überhaupt.
In einer solchen heilenden Verunsicherung der Unsicherheit stellt das Werk von Elfriede Jelinek in der aufdeckenden Verfremdung der Paronomasie in Grammatik und Lexikalik und Textstruktur eine politische, eine politisch-ästhetische und ästhetische Besonderheit dar. Die Erkundung dieser Dimensionen wird in der Ausstellung „Echos und Masken" möglich gemacht. Diese Dimensionen werden Gegenstand der ausführlichen Laudatio zum Büchner-Preis sein, zu dem ich hier noch einmal herzlich gratulieren möchte.
Ich will Ihnen aber die ästhetische Dimension noch besonders ans Herz legen. Die politische und die politisch-ästhetische Dimension sind integrierende, ja konstituierende Bestandteile der Literatur von Elfriede Jelinek. Sie entspringen dem Impetus und dem Wissen zur Äußerung. Alles Vermögen und alle Arbeit strömen jedoch in der ästhetischen Dimension zusammen, die dann unabtrennbarer Ausdruck der beiden zugrunde liegenden Strukturen wird. So unausschmelzbar das Ästhetische ist, so ist es dann die Struktur, die die Literaturhaftigkeit begründet.

Aus der Rede von Marlene Streeruwitz zur Eröffnung der Ausstellung „Echos und Masken" im Salzburger Literaturhaus

Marlene Streeruwitz bei der Ausstellungseröffnung am 3.7.1998 (im Hintergrund: Elfriede Jelinek)
Foto: Fritz Lorber

Helga Rabl-Stadler bei der Ausstellungseröffnung am 3.7.1998 (im Hintergrund: Elfriede Jelinek, Marlene Streeruwitz), Foto: Fritz Lorber

Auf den Spuren Jelineks: „Echos und Masken"
Eine Ausstellung im Salzburger Literaturhaus

Karin Kathrein

Die Annäherung an Elfriede Jelineks Literatur ist nicht einfach, eine Literatur-Ausstellung immer eine problematische Sache. Der Ausstellung „Elfriede Jelinek: Echos und Masken", mit der das Literaturhaus Salzburg auf den Jelinek-Schwerpunkt der Salzburger Festspiele eingeht, ist immerhin zu attestieren, daß sie optisch gut wirkt, und vielleicht sogar neugierig auf Jelineks Literatur machen könnte.

Man muß freilich, wie der Leiter des Literaturhauses bei der Eröffnung anmerkte, „genau hinblicken und hinhören können". Denn tatsächlich erschließt sich die Ausstellung nur dem, der bereit ist, sich genauer mit den ausgestellten Texten oder den über Video zu hörenden Interviews zu beschäftigen. Der interessante Ausgangspunkt dabei ist die Beobachtung der vielfältigen Maskierungen der Jelinek in ihren Texten wie in ihrem eigenen Äußeren. Inszenierungen, Selbstdarstellungen sind ebenso Thema wie die Reaktionen, die sie mit ihrer Literatur auslöst. Wer sich interessiert, wie sie einen Vers von Celan in eines ihrer Stücke integriert, der wird an der Schau seine Freude haben.

Im übrigen scheint eine Veranstaltung mit und für Elfriede Jelinek nicht so leicht ohne Kontroversen abzugehen. Marlene Streeruwitz, die bei der Eröffnung über die Versuche des Verächtlich- und Lächerlichmachens der Dichterin durch Politiker und Medien sprach, griff auch die Präsidentin der Salzburger Festspiele an, die sich über Jelineks Literatur abfällig geäußert habe: als Frau, die im Männerspiel mitmische.

Helga Rabl-Stadler konterte energisch, daß sie angeregt habe, diese Ausstellung in Salzburg zu ermöglichen und als Präsidentin das Programm der Festspiele mittrage. Im übrigen stellte sie zur Diskussion, ob es richtig sei, in diesem Zusammenhang wieder eine Frau an den Pranger zu stellen.

Kurier, 8.7.1998

Salzburg-Schwerpunkt 1998

Bühne: *Warum haben Sie Jelinek ausgewählt?*
Ivan Nagel: Meine erste Entscheidung für die Saison 1998 hieß: Das gesamte Literaturprogramm wird nicht von mir entworfen, auch nicht von einem Dramaturgen, sondern von einem Dichter dieser Zeit. Der erstaunliche künstlerische Mut, die Entschiedenheit und Dichte der Prosaarbeiten Elfriede Jelineks hat den Ausschlag gegeben, sie als erste zu bitten. Selbstverständlich wußte ich, daß unser artistisches Engagement auch ein politisches bedeutete – und ich stand dazu. Jelinek hat zunächst zweimal abgelehnt – damals tief bedrückt durch die unsäglichen Angriffe Jörg Haiders und der *Kronen Zeitung*. Bedenken Sie: Im Februar 1997 gab es weder die monumentale *Sportstück*-Aufführung am Burgtheater noch den Büchner-Preis. Endlich sagte sie zu. Ich spürte, wie die Arbeit an *Jelineks Wahl* ihr half, aus der Trauer und Angst herauszukommen.
Wie weit hat Elfriede Jelinek tatsächlich dieses Programm beeinflußt?
Alle Texte der Lesungen sind von ihr ausgewählt, von ihr strukturiert mit Beistand der Dramaturgin Brigitte Landes. Die zwölf Stunden der *Reise durch Jelineks Kopf* sind der Versuch, anhand ihrer eigenen Auswahl ein Innenbild ihres gesellschaftlichen, ästhetischen und persönlichen Bewußtseins zu zeichnen. Ihr befreundete Dichter und Künstler sind dabei; bedeutende SchauspielerInnen lesen neue und alte Texte; Horrorfilme, ja eine Modenschau werden vorgeführt. Nur ein einziges Programm der Reihe stammt von mir: die *Hommage an Jelinek*. Tabori, Turrini und ich werden da reden, drei wunderbare Schauspielerinnen aus drei Generationen lesen Anfangskapitel aus Jelineks Romanen: Annemarie Düringer, Therese Affolter, Annette Paulmann. [...]
Was haben Sie von Frau Jelinek gelernt?
Radikalität in dem Versuch, etwas so zu sagen, wie es eine innere Erkenntnis verlangt – nicht steckenzubleiben in den Gemeinplätzen und Routinen, die im Rahmen eines zivilisierten Umgangs von einem erwartet werden. Jelinek ist sicher unbequem; das Salzburger Publikum mit Jelinek zu konfrontieren ist sicher unhöflich. Aber Kunst ist weder eine Tanzschule noch eine Konditorei.
Manche Salzburger Politiker sollen über Ihren Jelinek-Schwerpunkt nicht gerade begeistert gewesen sein?
Ich muß leider annehmen, daß eine Intrige gegen das Jelinek-Programm stattgefunden und beinahe Erfolg gehabt hat. Ein Vorschlag an das Kuratorium, die Kernpunkte des Jelinek-Programms wegzustreichen, fiel genau mit der falschen Nachricht an den ORF zusammen, das Schauspiel (allein das Schauspiel) habe ein schweres Defizit. Dieser Intrige nachzugehen wäre eine Halbjahresaufgabe für Sherlock Holmes – für mich nur Zeit- und Energieverschwendung. Direktorium und Kuratorium haben schließlich dem vollen Jelinek-Programm zugestimmt; und ich habe mit der Undurchsichtigkeit der Salzburger Entscheidungsstrukturen, mit deren Einbindung in Politik und Fremdenverkehr, ab 1. September nichts zu tun.

aus: Wolfgang Huber-Lang: Bilanz eines Unbequemen. Bühne, Juli/August 1998

DICHTERIN ZU GAST '98
ELFRIEDE JELINEK

Cover des Programmschubers zum Jelinek-Schwerpunkt der Salzburger Festspiele 1998

1998 lädt Ivan Nagel, der neue Schauspielchef der Salzburger Festspiele, Elfriede Jelinek als „Dichterin zu Gast" ein. Jelinek gestaltet im Rahmen der Festspiele für das Salzburger Landestheater vier Lesungen („Jelineks Wahl I–IV"), für die sie Werke anderer DichterInnen auswählt, und die Großveranstaltung „Reise durch Jelineks Kopf", die von 11 Uhr vormittag bis 23 Uhr abend dauert. Ihr Robert-Walser-Stück „er nicht als er" wird in der Salzburger Elisabethbühne uraufgeführt (Regie: Jossi Wieler). Die Veranstaltungsreihe wird mit einer „Hommage an Elfriede Jelinek" eingeleitet und von einer Filmnacht mit Horrorfilmen, der Ausstellung „Echos und Masken" im Literaturhaus und einem eintägigen Symposion begleitet. Im Vorfeld gibt es Kritik am Jelinek-Schwerpunkt in Salzburg. Nach nur einem Jahr Amtszeit verläßt Ivan Nagel die Festspiele.

220 Präsentation
Salzburg 1998

Folder zum Schauspiel-Programm der Salzburger Festspiele 1998

News, 16.7.1998

Mir scheint an den Dichtern, die ich versammeln möchte, die Nichtsgewißheit das Gemeinsame zu sein. Die Dichtung dieser Nichtsgewissen kann den Anschein des Unwirklichen erwecken oder den der beruhigendsten, sichersten Wirklichkeit, nur daß im letzten Fall der Dichter zwar der Wirklichkeit, aber seiner selbst nicht sicher ist. Jedenfalls ist er nicht heimisch und weiß auch nicht, wo sonst er es sein sollte. Und auch in sich ist er nie zu Hause. Dichter, die, wenn sie ich sagen, nicht sich selbst meinen, auch wenn sie unaufhörlich um ihr Ich kreisen mögen. In der Musik („Verdämmern ohne sich zu meinen") z. B. der späte Schumann, auch Schubert. [...]
Mich interessieren also Dichter, die abseits gehen und fremd bleiben, auch sich selbst fremd, Verstörte, die aber besessen sind von der Präzision des Ausdrucks, als wollten sie sich bis zuletzt an etwas festhalten, bevor sie ihr eigenes Denken in den Verfall führt und sie den Verstorbenen nachsterben müssen.

aus: Elfriede Jelinek: Nicht bei sich und doch zu Hause. Die Presse (Spectrum), 13.6.1998

Zeit	Marionettentheater	Kammerspiele	Großes Haus	Chorsaal	Foyer Kammerspiele	Ballettsaal	Zeit
11.00					Es lesen: Elfriede Jelinek, Imogen Kogge, Uwe Preuß, Jossie Wieler, Annette Paulmann, Wolfgang Maria Bauer, Matthias Günther, Wenka von Mikulicz, Wolfgang Siuda, Tilman Raabke, Stefan Bachmann, Josef Ostendorf, Jasper Brandis, Axel Werner und andere.		11.00
11.15		NON STOP HORROR FILME NON STOP SPLATTER MOVIES	Fritz Lichtenhahn: **Der Spaziergang** von Robert Walser				11.15
11.30							11.30
11.45							11.45
12.00							12.00
12.15			am fenster, stück für eine sängerin von Annette Schmuck, Gesang: Elisabeth Tölfes, Akkordeon: Maria Pareza				12.15
12.30				Sprechstunde beim Entzifferer Bernhard Echte: **Reise durch Robert Walsers Mikrogramme in 50 Beispielen**	DIE KINDER DER TOTEN		12.30
12.45	Therese Affolter: **LUST** von Elfriede Jelinek Szenische Lesung Eine Produktion des Burgtheaters Wien						12.45
13.00							13.00
13.15			**WIE GESAGT. EIN VERSATZSTÜCK** Dokumentarfilm, Dir./Phot./Text: Eva Meyer & Eran Schaerf				13.15
13.30							13.30
13.45			Brigitta Falkner: **PRINZIP I + TOBREVIERSCHREIVERBOT** mit Rainer Stelzig				13.45
14.00	Wolf Haas: **Komm, süßer Tod** KRIMI		Heribert J. Wimmer: **UNSICHTBARE FILME + DAS OFFENE SCHLOSS**				14.00
14.15							14.15
14.30							14.30
14.45							14.45
15.00			Verlosung von Eintrittskarten für die Vorstellung er nicht als er in der Elisabethbühne (18.00 Uhr)*				15.00
15.15							15.15
15.30	Hermann Lause: **Beichte in der Nacht** von Friedrich Glauser		am fenster (Wiederholung)	Heimrad Bäcker: **Nachschrift I**		Sibylle Canonica: **Das Weiße mit dem roten Punkt** von Unica Zürn	15.30
15.45			Sophie Rois: **Città Dolente** von Daniela Hodrová				15.45
16.00	Jürg Laederach: **Mister Thelonious** mit Isabelle Menke						16.00
16.15			Annette Paulmann: **Frankenstein** von Mary Wollstonecraft-Shelley				16.15
16.30						Sissi Tax: **3 texte und mehr texte**	16.30
16.45			Martin Wuttke: **der 6. sinn** von konrad bayer				16.45
17.00	Peter Matejka: **Reise durch Jelineks Kopf: Musik**		Anselm Glück: **Performance**	Heimrad Bäcker: **Nachschrift II**			17.00
17.15							17.15
17.30						Margarita Broich: **Drei Briefe** von Božena Němcová	17.30
17.45							17.45
18.00							18.00
18.15			friedrich achleitner: **die plotteggs kommen + veränderungen**				18.15
18.30	Heidi Pataki: **Der Schrei aus der Tiefe**			Reise durch Glausers Leben und Werk in 90 Minuten Textcollage von und mit Bernhard Echte		Elfriede Gerstl: **Gedichte**	18.30
18.45							18.45
19.00	Marianne Fritz: **Naturgemäß** mit Elfriede Jelinek und Klaus Kastberger		gerhard rühm mit monika lichtenfeld **SPRECHGEDICHTE, MELODRAMEN, CHANSONS**				19.00
19.15							19.15
19.30						Neda Bei: **anagramme**	19.30
19.45							19.45
20.00			Schuldt: **Lustrufe im Garten, Schlagzeilen auf Oxford Deutsch**				20.00
20.15							20.15
20.30							20.30
20.45							20.45
21.00	Raucherfoyer 1. Stock: von		Zeit zu Zeit: **WALTER SERNER**		von Elfriede Jelinek		21.00
21.15							21.15
21.30			Lisa D. **Ladies Only** Modenschau, Musik: Klaus Wagner				21.30
21.45							21.45
22.00							22.00
22.15							22.15
22.30							22.30
22.45							22.45
23.00							23.00

* Kostenloser Bustransfer

Gesamtplan der Großveranstaltung „Reise durch Jelineks Kopf" am 2.8.1998 im Salzburger Landestheater

Bitte, vernetzen Sie sich jetzt!

Elfriede Jelineks Horrornacht

Im Rahmen der „Hommage an Elfriede Jelinek" fand im Salzburger „Das Kino" die Filmnacht „Horror- und Zukunftsphantasien" statt. In der gemeinsam mit den Festspielen veranstalteten Reihe „on screen" wurden bis in die frühen Morgenstunden Streifen dieses Genres aus acht Jahrzehnten präsentiert, welche sich die Dichterin gewünscht hatte.

Von Murnaus Stummfilmklassiker „Nosferatu" (1921) bis zu Michael Verhoevens „Starship Troopers" führte der Horrornacht-Cocktail. Weiters wurden gezeigt: „The Addiction", „Alien 4" und „Mimic".

Vorher konnte das Publikum Blut spenden. Wer dem nachkam und auch den Nachweis dafür erbrachte, konnte sich bei der Filmnacht preislich ermäßigt vergnügen.

Wiener Zeitung, 18.8.1998

Von Samstag elf Uhr in der Früh bis 22.30 Uhr am Abend: Es war ein Tag voller Texte, Bilder und Klänge, programmiert von der „Dichterin zu Gast" Elfriede Jelinek durch ihren eigenen Kopf.

Von Karin Cerny

Fast zwölf Stunden Non-Stop-Lesungen, Horror-Filme, eine Einführung in Robert Walsers winzige handgeschriebene Texte, Musikdarbietungen und am Schluß eine extravagante Modenschau; über 40 Veranstaltungen an einem Tag in allen Räumen des Landestheaters und der Kammerspiele, vom Keller bis zum Dachboden. Die „Reise durch Jelineks Kopf", zusammengestellt von Elfriede Jelinek selbst, war vieles in einem: eine Antwort auf Ivan Nagels Einladung, jene deutschen Dichter vorzustellen, die für Jelinek so etwas wie Ahnen, Geschwister, Kinder sind.

Daß Jelineks Programm aber auch offen war für Vernetzungen anderer Art, zeigte der Kurzauftritt Christoph Schlingensiefs. Von der nun selbstfinanzierten Chance 2000-Aktion in St. Gilgen am Wolfgangsee gleich als Überraschungsgast zur Dauerlesung von Jelineks „Kinder der Toten" (gemeinsam mit Stefan Bachmann): Schlingensief omnipräsent, eben hat er noch im Wasser stehend gerufen „Dr. Helmut Kohl ist soeben gestorben", umringt von gut 50 Reportern und Kamerateams, schon ist er mitten im nächsten Event. Auch Martin Wuttke ließ sich entschuldigen für sein Zuspätkommen: „Ich mußte für die Arbeitslosen schwimmen", bevor er aus Konrad Bayers „der 6. sinn" vortrug.

Die beste Einführung in Robert Walsers Werk

Das Interessante an diesem Tag war wohl auch, was vernetzt man selbst, was formt sich im eigenen Kopf, welche Verbindungen stellt man her zwischen dem Gesehenen und Gehörten. Insofern war die wichtigste Achse dieses langen Tages jene [...] nek. Fritz [...] esung in [...] r die beste [...] es Autors, [...] n konnte. [...] den wich- [...] nit seinen [...] n, der ver- [...] h der Um- [...] gleich aufs [...] wehmütig [...] rung und [...] dem Ge- [...] zuzugehö- [...] ieks neuen [...] ntspre- [...]

det zu einem Text, der beim Lesen noch ganz schwer zugänglich ist.

Sicher eines der wesentlichsten Verdienste Jelineks in diesem Rahmen als Dramaturgin einer Dichterauswahl: die Wiederentdeckung Robert Walsers, die Anregung zur Lektüre. Wer spätestens zu diesem Zeitpunkt nicht Feuer gefangen hatte, dem ist nicht zu helfen.

Der Abschluß führte in eine ganz andere Welt. Lisa D.'s Modenschauen sind nicht einfach nur Modenschauen, sie überhöhen das Genre, treiben es an seine Grenzen. Etwa in Graz eine Militärmäntelschau mit Models, die versuchen, um jeden Preis grazil auf Eisblöcken zu gehen. Auf der Reise durch Jelineks Kopf allerdings bewegten sich die Models auf der Landesbühne. S[...]

Ein ganzer Tag im Zeichen Elfriede Jelineks: Sie lud ihr nahestehende Schriftstellerinnen und Schriftsteller ein und engagierte sich selbst für Marianne Fritz, deren Werk bis jetzt von der literarischen Öffentlichkeit viel zu wenig wahrgenommen wird.
Bilder: Oswald (2)

gehüllt, Typ Chefetage mit Laptop, außerdem eine young collection (Hippielook, H&M, Cheerleader).

Im Laufe der Show wurden die Kombinationen immer aberwitziger; ein Fallschirm als Rock, ein Bauarbeiterhelm mit Schleier, eine Gehschiene um einen Fuß, High Heels am anderen, ein Kleid mit Teilen aus Plastikhühnerhaut, dazu ein Pferdeschweif wie wildwucherndes Schamhaar, gut für lasziv-ironische Macho-Gesten.

Und am Ende vernetzt man sich mit Freunden

Lisa D.'s Kreation[...]
Kreativit[...]

Salzburger Nachrichten, 4.8.1998

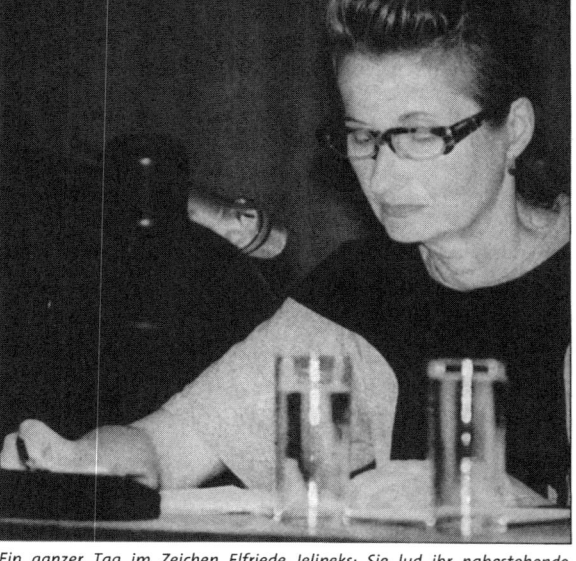

News: *Elfriede Jelinek als Gegenstand der Zelebration seitens des elitärsten Festivals der Welt – ist das für Sie nicht ein perverser Zustand?*

Elfriede Jelinek: Ich habe mir selbst die Frage gestellt, wie ich das aushalten soll. Es ist ja fast noch schlimmer, gefeiert als angepinkelt zu werden. Andererseits kommt es darauf an, wer einen feiert. Und das sind, Gott sei Dank, nicht die falschen Leute, sondern solche, von denen ich gern gemocht werden möchte. Wenn mich ein Ivan Nagel dafür auswählt, lasse ich mich feiern und stehe es hoffentlich sogar durch. Obwohl ich nicht wissen werde, wohin ich schauen soll, wenn sie mich zu feiern beginnen. Das Schlimme ist ja, daß ich auch noch mitwirken muß.

aus: Heinz Sichrovsky: Reise durch Jelineks Kopf. News, 16.7.1998

Ich gehe vom Kapitelplatz über den Domplatz zum alten [sic] Markt. Wo bin ich? In Salzburg? Natürlich, mitten im Weltkulturerbe. Nur: auf dem Kapitelplatz werfen ein paar wenige Jugendliche auf einen Basketballkorb, andere üben auf einer Anlage für Rollerblades. Traurig gehe ich weiter und stoße auf dem Domplatz auf die Vorbereitung eines Rockkonzerts. Der Lärm („Musik" zu schreiben, verbietet mir der Gedanke an Mozart) wird durch die Arkaden hinausquellen und weite Teile der Innenstadt akustisch verschmutzen. Daß ich nicht dort wohne, ist ein schwacher Trost.
Ich biege um die Ecke und gehe weiter zum Alten Markt. Aber da verstellt mir den Blick und den Schritt ein vielleicht drei Meter hohes Kunstwerk, das aus nichts anderem besteht als aus Bierkisten. An dieser Stelle meines Spaziergangs reden mich Leute an. Bevor ich etwas sagen kann, machen sie ihrer Empörung Luft und sagen all das, was ich mir gedacht habe. Ich fand niemanden, der widersprach, im Gegenteil!
Eigentlich wollte ich weitergehen, aber am Festspielhaus vorbeigehen – nein, danke, dort würde mich das überlebensgroße Bild von Frau Jelinek an ihre Klosetts auf der Bühne des Burgtheaters erinnern und daran, wie unflätig sie sich über Christen äußert und wie sie über Salzburg schimpft (statt abreist!).
Salzburg wird all die peinlichen Entgleisungen von heute überleben wie Österreich den Herrn Nitsch und so manch andere. Gerade deswegen das „heutige" Salzburg ein Weltkulturerbe? Wirklich nicht!

Weihbischof P. Dr. Andreas Laun
Kapitelplatz 2
5020 Salzburg

Leserbrief, Salzburger Nachrichten, 8.8.1998

Salzburger Festspielhaus-Fassade mit dem Jelinek-Bild
Foto: Gottfried Hüngsberg

[...] Jetzt biegt der untröstliche Bischof um die Ecke und entdeckt auf dem Alten Markt – oh Schreck! – ein modernes Kunstwerk. Empörend! Der fromme Mann weiß nicht mehr wohin, auch vor das Festspielhaus traut er sich nicht, denn dort würde er gar auf ein Poster der Schriftstellerin Elfriede Jelinek stoßen!
Keine Angst. Nur Mut auf Ihrem Weg, Herr Bischof: Kämpfen Sie weiter in Gottes Namen, daß die Jugendlichen aus Salzburg vertrieben werden, daß diese lebenden Künstler verbrannt werden, daß das Todesmuseum endlich Wirklichkeit wird! Verpassen Sie der Stadt die Letzte Ölung! Die Zeit bis dahin können Sie sich mit Lesen vertreiben, z. B. „Die Ursache" von Thomas Bernhard: „Alles in dieser Stadt ist gegen das Schöpferische, ..., die Heuchelei ist ihr Fundament, und ihre größte Leidenschaft ist die Geistlosigkeit, und wo sich in ihr Phantasie auch nur zeigt, wird sie ausgerottet." Amen.

Tomas Friedmann
Literaturhaus Salzburg
Strubergasse 23
5020 Salzburg

Leserbrief, Salzburger Nachrichten, 17.8.1998

[...] Über Christen wie Sie schimpft Frau Jelinek zu recht. Ihre Schreibweise, Herr Bischof, ist kaum zu übertreffen. Ich kenne ähnliche Artikel aus Ihrer Feder, die zur Zeit des beginnenden Volksbegehrens erschienen sind. Vielleicht sollten Sie gelegentlich Matthäus 23 lesen, was die Evangelisten mit Christi großartiger Lehre wohl gemeint haben könnten.
Dabei hätten Sie so gute Vorbilder wie etwa Kardinal Franz König! Der hat sehr viel für den Glauben und die Kirche bewirkt. Darum war es wohl auch der Kardinal, der die Festspiele eröffnet hat. Das muß Ihnen ein einfacher Christ einmal ganz offen sagen dürfen!

Dr. med. vet. Erich Heller
4902 Ottnang 102

Leserbrief, Salzburger Nachrichten, 17.8.1998

Am 8.8.1998 äußert sich der Salzburger Weihbischof Andreas Laun in einem Leserbrief an die „Salzburger Nachrichten" kritisch zum überlebensgroßen Jelinek-Bild, das anläßlich des Jelinek-Schwerpunktes bei den Salzburger Festspielen an der Fassade des Großen Festspielhauses angebracht wurde.
Am 23.8. wird das Jelinek-Bild von der Festspielhausfassade gerissen. In seiner Laudatio anläßlich der Verleihung des Georg-Büchner-Preises an Elfriede Jelinek (17.10.1998) bezieht sich Ivan Nagel noch einmal auf diese Ereignisse.

DOLM DER WOCHE
Andreas Laun

„Wo bin ich?", fragte sich der Salzburger Weihbischof in einem emotionell gefärbten Leserbrief an die Salzburger Nachrichten. „In Salzburg? Natürlich, mitten im Kulturerbe." Ein launiger Spaziergang durch die Innenstadt der Salzach-Metropole stimmte den Kirchenfürsten „traurig". Schuld am episkopalen Tränental waren „ein paar wenige Jugendliche, die auf dem Kapitelplatz auf einen Basketballkorb werfen". Basketballspieler auf dem Kapitelplatz. Sowas. Den Soundcheck für ein Rockkonzert hält der Kirchenmann für akustische Umweltverschmutzung. Tja. Über die Bischofshut-Schnur geht dem Oberhirten aber ein überlebensgroßes Jelinek-Plakat, das in ihm das dringende Verlangen nach „Abreise" der Autorin evoziert. Nicht zu fassen: Überlebensgroße Dichterinnen. „Salzburg wird all die peinlichen Entgleisungen von heute überleben", meint der Soutanenträger. Hoffentlich.

Falter 33/1998

Das Weltkulturerbe Salzburg ist gesäubert von Jugendlichen, Arbeitslosen, Kindern, Frauen und anderen Randgruppen der Gesellschaft, ausgesiedelt in die Außenbezirke. Punker werden nur noch zu dann doch nicht stattfindenden Chaostagen unter 3000facher Polizeibewachung in die Stadt gebracht. [...] An der Wand des Festspielhauses, das nur noch wirklich wertvolle Stücke (Mozart, Mozart und Mozart) bietet, werden groß-formatige Bilder von Jelinek, Bernhard und anderen Nestbeschmutzern an den Pranger gestellt, damit allen Bürgern vor Augen gehalten wird, welche Auswüchse die Kunst haben kann. Endlich ist das Ziel erreicht: Eine Stadt, still und seiner Verantwortung als Weltkulturerbe bewußt, ohne das bunte Treiben, das „Leben" heißt. Laun braucht nicht mehr traurig durch die Stadt zu spazieren.

Martin Herzog
Mag. Doris Herzog
Friedrich Rücker
Bayernstraße 23
5020 Salzburg

Leserbrief, Salzburger Nachrichten, 12.8.1998

[...] Welch weihevolle sperrige, verstakste Stimmung wünschen sich denn nur die Herren hinter den Gemäuern des Domkapitels? Vielleicht fliegt einmal ein Kinderball auf einen erzbischöflichen Schreibtisch. Das depressive Ghetto der katholischen Kirche, ist es noch für Menschen da, wer soll denn alles, außer Frau Jelinek, in die Verbannung geschickt werden? Vielleicht geht man sich wirklich besser aus dem Weg.

Dr. Lisa Bock
Waagplatz 1
5020 Salzburg

Leserbrief, Salzburger Nachrichten, 17.8.1998

Wenn ein Vertreter der katholischen Kirche in Argumentationsweisen dümmlicher Boulevardzeitungen bzw. neofaschistoider Parteilogik verfällt, indem er die sehr ehrenwerte Frau Jelinek und den sehr ehrenwerten Herrn Nitsch verbal beschmutzt, zeigt das großes Unvermögen bzw. die Unfähigkeit, die Freiheit der Kunst zu akzeptieren.

Mag. Raimund Stadlmair
Strubergasse 45/12
5020 Salzburg

Leserbrief, Salzburger Nachrichten, 17.8.1998

---

wer wo warum

Andreas Laun, Salzburger Weihbischof, kann nun wieder am Festspielhaus vorbeigehen. Wochenlang, so teilte er am 8. August den „Salzburger Nachrichten" mit, sei ihm dieser Weg nämlich mental versperrt gewesen. Denn dort hätte ihn „das überlebensgroße Bild von Frau Jelinek an ihre Klosetts" erinnert und daran, „wie sie über Salzburg schimpft (statt abreist!)". In der Nacht vom 23. August wurde des Bischofs öffentliches Stoßgebet – das in den Wochen darauf in den Leserbriefspalten der „SN" heftig diskutiert wurde – endlich erhört. Die „Dichterin zu Gast" der diesjährigen Festspiele reiste zwar nicht ab, ihr bedrohlich großes Bild jedoch wurde von der Festspielfassade gerissen. Wenn da nicht übereifrige Laun-Jünger am Werk waren, dann hat der Himmel zumindest einen launigen Sturm durch die Hofstallgasse geschickt, der sich zielgenau in Jelineks-Porträt verfangen hat. In Salzburg geschehen halt noch Wunder.

profil, 31.8.1998

In der Mitte bebt und zuckt die Lüge
– Aus der Rede Ivan Nagels zur Verleihung des Georg-Büchner-Preises an Elfriede Jelinek

[...] Mehr Feindschaft hat wohl, außer den deklarierten Staatsfeinden totalitärer Regime, kein Schriftsteller dieser zweiten Jahrhunderthälfte auf sich gezogen. Als Kunst- und Kulturschänderin wurde Elfriede Jelinek auf einem Wahlplakat Jörg Haiders angeprangert. Die „Kronen Zeitung", Österreichs größtes Blatt, griff sie zweimal im Monat, manchmal zweimal in der Woche als rote Pornographin an. Als ich sie bat, in diesem Sommer das Literaturprogramm der Salzburger Festspiele zu gestalten, wurde dem Rundfunk und den Zeitungen das Gerücht von einem schweren Defizit des Schauspiels zugesteckt, das nur durch die Streichung des Jelinek-Programms (vor allem der Uraufführung ihres Stückes „er nicht als er") eingeholt werden könnte. Das Seltsamste, Erzählwürdigste geschah aber erst während der Festspiele. Seit ihrer Eröffnung am 25. Juli hingen an der Fassade des Festspielhauses, je vier Meter hoch, dreizehn Bilder zu den aufgeführten Opern, Theaterstücken und ihren Verfassern, darunter das Porträt Elfriede Jelineks. Am 8. August erschien nun in den „Salzburger Nachrichten" ein Leserbrief des Salzburger Weihbischofs Dr. Andreas Laun: „Am Festspielhaus vorbeigehen, nein, danke, dort würde mich das überlebensgroße Bild von Frau Jelinek an ihre Klosetts auf der Bühne des Burgtheaters erinnern und daran, wie unflätig sie sich über Christen äußert und wie sie über Salzburg schimpft (statt abreist!)." Eine heftige Debatte brach los vom 12. bis zum 22. August: Manche Leser priesen den Weihbischof, manche warfen ihm Herrschsucht und Intoleranz vor. Dann wurde die Debatte von höherer Stelle entschieden.
Am Sonntagmorgen, dem 23. August, hing das Jelinek-Porträt zu Streifen zerfetzt an seinen eisernen Befestigungsstangen. Als ich erst gegen Mittag die Nachricht bekam und zum Festspielhaus eilte, war nichts mehr davon zu sehen. Die Festspielleitung hatte beschlossen, daß das Bild von einem Sturm in der Samstagnacht abgerissen worden sei; die Arbeiter der Bühnentechnik beseitigten sofort die Reste. Ich bedaure aus zwei Gründen, daß keine Anzeige gegen Unbekannt erstattet wurde und nun auch nicht mehr erstattet werden konnte. Wenn es nicht der Sturm war (der sonst nirgends in der Stadt Schaden anrichtete), hätte man einen guten Anlaß gehabt, über das Verhältnis zwischen rechtsradikalen [sic] Rowdytum und klerikalem Konservatismus in Österreich nachzudenken.
Wenn es aber der Sturm war, der einzig am Max-Reinhardt-Platz unter dreizehn gleich großen Bildern, die an der gleichen Fassade nebeneinander hingen, nur das Bild der Jelinek abriß – dann war in Salzburg in jener Nacht ein Wunder geschehen. Die vorschnelle Spurenbeseitigung hätte dann nicht Elfriede Jelinek und nicht den Festspielen geschadet, sondern dem Weihbischof Dr. Laun, dem genau dieses Wunder dereinst zur Heiligsprechung fehlen wird. Jene oberste Stelle, die sogar im Fall Rushdie noch vermittelnde Instanzen einspannt, hätte direkt gesprochen. Ihre Einmischung hätte erst klar gemacht, welche ungeheure Breite die negative Jelinek-Rezeption für sich beanspruchen darf: vom Himmel bis zur „Kronen Zeitung".
Weshalb der Haß, die Einmischung von politischen und theologischen Potentaten? Mit Jelineks blutig selbstironischen Worten: „Weil ich das Menschliche meide, wo ich kann, es ausrotte, wo ich es finde." [...]

Frankfurter Allgemeine Zeitung, 19.10.1998

Elfriede Jelinek vor dem Festspielhaus - das Bild fehlt
Foto: Gottfried Hüngsberg

Präsentation Styling | **Styling**

Präsentation
Styling | **227**

Fotos Seite 226:
1: Renate von Mangoldt
2: Karin Rocholl/STERN
3: Sascha Manowicz
4: Brigitte Friedrich
5: Isolde Ohlbaum
6: Manfred Klimek
7: Franz Nabl Institut für Literaturforschung
8: peterrigaud.com
9: Martin Vukovits
10: Nikolaus Korab

Fotos Seite 227:
1, 9: Karin Rocholl/STERN
2, 4, 7: Sepp Dreissinger
3, 6, 8: Martin Vukovits
5: Erich Reismann

Präsentation
Styling

Mode
– Elfriede Jelinek

Elfriede Jelinek ist eine der meistfotografierten AutorInnen Österreichs. Sie selbst scheint jedoch in den unterschiedlichen, zum Teil gegensätzlichen Abbildern zu verschwinden; die streng stilisierten Fotos zeigen Masken, mit denen Jelinek zu spielen bzw. hinter denen sie sich zu verstecken scheint. Jelineks Leidenschaft für Mode hat ähnliche Beweggründe. Ihr Interesse an Mode ist auch eines an unterschiedlichen Formen der öffentlichen Selbstinszenierung. Sie, die bei Modeschauen mitwirkt und sich für österreichische Zeitschriften als Model fotografieren läßt, benutzt Kleidung – wie sie es in ihrem Essay „Mode" formuliert – auch dazu, ihre „Spur" zu „verlieren".

Ist die Mode für mich ein Halt, mit dem ich mich auf der Erde fixieren kann, weil ich sonst nichts verstehe? Von wenig Dingen verstehe ich so viel wie von Kleidern. Ich weiß wenig von mir, interessiere mich auch nicht sehr für mich, aber mir kommt vor, daß meine Leidenschaft für Mode mir mich selbst ersetzen kann, deshalb bohre ich mich ja förmlich hinein in die Kleider, mit einer seltsamen Gier, die aber viel mehr mit dem Gegenteil von Gier zu tun hat, dem sofortigen Loslassen, Auslassen von etwas. Ich beschäftige mich mit Kleidung, damit ich mich nicht mit mir beschäftigen muß, denn mich würde ich sofort fallen lassen, kaum daß ich mich einmal in der Hand hätte. Roland Barthes nennt es ein Wunder, daß der Körper in die Kleidung hineinschlüpft, ohne daß von dieser Durchquerung auch nur eine Spur zurückbliebe. Andrerseits weicht die Kleidung vor dem Körper auch zurück, um schöne Durchblicke zu lassen, auf die Beine, die Brüste, die Arme, etc. Aber ich sehe doch gerade das nicht, was ich sehen möchte und ich zeige nichts, was andre vielleicht sehen möchten, na, die meisten eh nicht; ich trage immer hochgeschlossene, sehr verhüllende Sachen, weil ich diese Spur ziehen und sie anschließend hinter mir sofort wieder zusammenschlagen sehen und fühlen (mehr fühlen als sehen!) möchte, ähnlich einem Schwimmer, der sich durchs Wasser furcht, das sich hinter ihm, nur leicht aufgewühlt und sich bald glättend, wieder schließt, als wäre gar keiner je drinnen gewesen. Ja. Als wäre er gar nicht da gewesen, der Schwimmer, das gefällt mir gut. Schiebe ich die Kleidung zwischen mich und das Nichts, damit ich dableiben kann, ohne daß man merkt, daß ich da war? Soll die Spur schon alles gewesen sein, die ja darin besteht, daß sie sofort wieder verschwinden muß? Bin ich so versessen auf Kleidung, die mir gefällt, weil ich dahinter meine Spur, nein, nicht verwischen, das wäre ja eine aktive Tätigkeit, sondern möglichst gründlich: verlieren möchte, damit auch niemand andrer sie findet? Vielleicht. Sonst könnte ich ja anziehen, was alle anziehen, total normal, dann wäre ich ja auch in gewisser Weise „unsichtbar", aber dann bestünde die Gefahr, daß man dann auf mich schaut. Daß der Blick an meinen Jeans, meinem Pulli abgleitet und auf mich fällt, und dann falle ich womöglich hin. Ich ziehe mich ja nicht an, damit die Leute mich anstarren sollen, weil ich mir wieder sowas Schönes gekauft habe, ich ziehe die Kleidung an, damit die Leute auf sie schauen, nicht auf mich. Denn diese Kleidung ist nicht einfach da und fertig, sie zeigt sich, indem sie auf sich selber zeigt, ja, das ist was für mich. Oder indem sie verschwindet, um Teile des Körpers dafür hervortreten zu lassen, das ist eher nichts für mich.

> **Montag, 27. 3.**
> **VIP-Modeschau**
> 20 VIPs gehen für die Boutique „Emis" über den Laufsteg: Top-Prominenz (Elfriede Jelinek, Vladimir Malakhov...) präsentiert die Mode japanischer Spitzendesigner. 20 Uhr, MAK.
>
> *Elfriede Jelinek*
>
> News, 23.3.1995

Außerdem sind es meine Einzelteile wahrscheinlich nicht wert, daß man sie besonders hervorhebt. In dem Moment, da ich mir das überlege, habe ich schon eine Abschätzigkeit für mich, also meine Arme sind ganz gut, der Rücken, die Schultern sinds auch, aber den Rest sollte ich doch lieber für mich behalten. Ich will aber im Grunde alles, wirklich alles für mich behalten, deswegen hänge ich was vor, eine Art Vorhang, hinter der dieses Alles vermutet werden könnte. Zerbrechen Sie sich aber nicht den Kopf, dieses Alles ist Nichts. Also Kleidung hat für mich auch etwas mit Selbstvergessenheit zu tun, denn, habe ich sie ausgezogen, bleibt von mir nichts in ihr drinnen, keine Spur, außer vielleicht Haaren oder ein leichter Parfümgeruch, wenn ich eins verwendet habe. Auch manchmal Flecken, aber die müssen dann auch bald raus. Die

Mode ist ihr Gegenteil: Daß einfach nichts da ist, indem möglichst viel da ist. Ohne mich! Ihr Sinn ist ja, ohne jemanden auch noch was zu sein, vielleicht nur ohne jemanden wirklich: was zu sein. Und ich bin das, was am liebsten eben: ohne sich selbst ist. So haben wir uns gefunden, indem wir uns permanent verlieren. Nein, nicht verlieren, indem wir da sind, aber nur zu dem Zweck, ohne uns zu sein. Die Mode und ich.

Süddeutsche Zeitung, 24.3.2000

ANGELIKA STEINEGG
„Wenn schon *Untergang*, dann Un-tergang in *Schönheit*."

Mode '85

DIE BESTEN 100.
Österreichs Mode-Trendsetter von A – Z:

Auer Christl (Tortenecken)
Bacher Christine (Tigers Gattin)
Bardorff Elisabeth (Boutique Ines)
Bonengl Elisabeth (Lauda Air)
Bourbon Parma Marie Christine
Brauer Timna (Sängerin)
Campregher Brigitte (BC-Ind.-Montage)
Charim Miriam (Kuratorin)
Damm von Helene (Consulting)
Demner Marika (Textil-Einkäuferin)
Denzel Anita (BMW)
Dichand Johanna (Galerie Würthle)
Dogudan Rieke (Do & Co)
Drescher Guggi (Konsulsgattin)
Durst Traude (Baumeistersgattin)
Ecker Ulrike (Designerin)
Fallenberg Elisabeth (Visagistin)
Favro del Gigi (Königsbacher Beisel)
Fekter Maria Dr. (Staatssekretärin)
Feltrinelli Sybilla (Gräfin)
Fürstenberg Victoria (Hausfrau)
Freisleben Cornelia (Fischer-Ski)
Gafko Hilde (Elizabeth Arden)
Gibiser Gerlinde (Wirtin)
Gilhofer Astrid Dr. (Adlmüller)
Goess Pilar (Bellhouse & Goess)
Grablovitz Doris (Dermatologin)
Gürtler Elisabeth Dr. (Hotel Sacher)
Habsburg Isabella (Restauratorin)
Hämmerle Hildegard (Boutique Gigi)
Hartlauer Renate (Foto Hartlauer)
Haumer Andrea (Bankiersgattin)
Heinzl Renate (K & K-Theater)
Herberstein Andrea (Schloßherrin)
Herzl Thelma (Möbeldesignerin)
Höpfner-Tabori Ursula (Schauspielerin)
Hörbiger Christiane (Schauspielerin)
Husslein Agnes Dr. (Sotheby's)
Jelinek Elfriede (Autorin)
Jurkovic Hildegard Dr. (Ärztin)
Kaindl Helga (Hartwaren Kaindl)
Kammerer Cornelia (Neutor-Film)
Karajan Eliette (Witwe)
Kaufmann Christine (Schauspielerin)
Kerbler Beatrix (Saatchi & Saatchi)
Kern Michaela (Estee Lauder)
Kirchberger Sonja (Schauspielerin)
Kirchner Andrea (Stoffdesignerin)
Klein Rosa (Almdudler)
Kohl Ursula (Immobilien)
Koppenwallner Ilse (Juwelen)
Kranjcar Elvira (Zizo-Kindermoden)
Kreuzspiegel Sabine (Semi Dei)
Krinzinger Ursula Dr. (Galeristin)

News, 15.10.1992

Warum ist das Schminken für Sie wichtig, Frau Jelinek?

Ein Interview von Agnes

Frankfurter Allgemeine Magazin, 31.10.1986

Selbstverständlich

Jeans und schwarz und Edelstahl

Wienerin, November 1986

230 | Präsentation
Styling

Das öffentliche Interesse an Elfriede Jelinek gilt in Österreich vor allem auch ihrer Person. Jelinek, die sich in Interviews für die unterschiedlichsten Medien ausführlich über ihr Privatleben äußert, wird porträtiert, fotografiert, inszeniert.
Ihre Biographie wird aufbereitet, ihre Intimsphäre durchleuchtet. Seitenblicke-Rubriken beschäftigen sich mit ihr, ihr Bild erscheint auf Covers, ihr Name ist ein fixer Bestandteil von rankings und votings. Nicht um das Werk geht es mehr, sondern um die (inszenierte) Person.

Covers:
profil, 31.10.1994
profil, 28.3.1989
Falter 43/1996
Buchkultur, Oktober 1992
Falter 36/2000
manuskripte 72 (1981)
Falter 31/1998
Bühne, Juli/August 1998

Elfriede JELINEK sprach mit Sigrid Löffler über Pornographie und Anti-Pornographie, die Sprache des Obszönen, den Haß und das Altern.

„ICH MAG MÄNNER NICHT, ABER ICH BIN SEXUELL AUF SIE ANGEWIESEN"

profil, 28.3.1989

Elfriede Jelinek, Jahrgang 1946, geboren in Mürzzuschlag und ansässig abwechselnd in Wien und in München, einzige Tochter eines Chemikers und einer Ökonomin, wurde von ihrer Mutter zum Wunderkind erzogen. Sie lernte als Zwei-, Dreijährige „fast gleichzeitig Ballett tanzen wie gehen", studierte Geige, Klavier, Orgel und Komposition (Orgeldiplom am Wiener Konservatorium 1970), dazu Sprachen, Theaterwissenschaft und Kunstgeschichte. Nach einem „schizoiden Schub" mit 18 Jahren lernte sie familiäre Neurosen in Kunstproduktion umzusetzen und literarisch produktiv zu machen. Nach experimentellen Anfängen („wir sind lockvögel baby!") schrieb sie Romane („Die Liebhaberinnen", „Die Ausgesperrten", „Die Klavierspielerin", „Oh Wildnis, oh Schutz vor ihr") und Theaterstücke („Clara S.", „Krankheit oder Moderne Frauen", die 1985 in Bonn uraufgeführte und in Österreich unbekannterweise skandalisierte Farce „Burgtheater"). Elfriede Jelinek ist verheiratet, Radikalfeministin, KP-Mitglied, Hundebesitzerin und Liebhaberin bunter Lidschatten und königlicher Frauenmode.

profil, 28.3.1989

„Das ist der Fluch, der über uns Frauen liegt, daß wir nicht wirklich ernst genommen werden. Wer würde je einen männlichen Autor unter Erwähnung seiner Kleidung und seiner körperlichen Beschaffenheit kritisieren?" sagte Elfriede Jelinek einmal in einem älteren Interview. Dieser Fluch wird perpetuiert, indem die Autorin Jelinek in einem Aufwaschen als „Radikalfeministin, KP-Mitglied, Hundebesitzerin und Liebhaberin bunter Lidschatten und königlicher Frauenmode" bezeichnet wird. Es tut umso mehr weh, wenn darunter nicht Jeannee, sondern Sigrid Löffler steht.

Sabine Brecht
Wien

Leserbrief, profil, 10.4.1989

André Müller: *Wollen Sie von Ihren eigenen sexuellen Erfahrungen sprechen?*
Elfriede Jelinek: Ungern.
Sie haben sich öffentlich als Masochistin bezeichnet.
Schrecklich! Ich habe mich von Journalisten so oft ausziehen lassen.
Der Journalistin Sigrid Löffler gegenüber haben Sie es bedauert, dass Sie nicht lesbisch sind.
Ja, das stelle ich mir angenehm vor. Ich würde in der Sexualität gern das Vertraute suchen, nicht immer den Gegensatz.
Für eine „Stern"-Fotografin haben Sie sich an ein Bett fesseln lassen.
Furchtbar, wenn mir eine Frau etwas sagt, tue ich das. Bei einem Mann hätte ich mich gewehrt.
Bekannt ist auch Ihre Vorliebe, sich im Prostituiertenmilieu aufzuhalten.
Nein, also das ist stark übertrieben. Ich gehe ab und zu in diese Cafés, weil es mich beruhigt, völlig allein in eine andere Welt einzutauchen. Aber ich bleibe auch dort Zuschauerin. Ich bin nicht jemand, der sich einläßt auf etwas. Ich sitze in diesen Bars als Touristin, die sich verirrt hat. Andere Frauen, die ich kenne, gehen dorthin, um sich von Zuhältern schlagen zu lassen. Das tue ich nicht, weil ich im Grund asketisch lebe. Ich gehöre nirgends wirklich dazu. [...]
Wie reagieren Sie, wenn ein Mann sagt, er findet Sie liebenswert?
Man freut sich natürlich. Aber man weiß im Grunde, daß es nicht stimmt.
Sie würden ihm auf keinen Fall glauben?
Nein. Denn ich arbeite seit zwanzig Jahren mit Worten und weiß, daß sie alle gelogen sind. Wenn mir jemand so etwas sagt, beruhigt es mich kurz, so als hätte ich Valium eingenommen. Falls es der erotischen Situation nützlich ist, wird es mich meine Wertlosigkeit eine Zeitlang vergessen machen.

Eben sagten Sie noch, daß Sie asketisch leben.
Jetzt sage ich gar nichts mehr.
Haben Sie das Gefühl, daß ich Sie zu Sätzen verleite, die Sie nicht sagen wollen?
Ich komme mir vor wie auf dem Eislaufplatz. Ich schlittere ununterbrochen.
In früheren Interviews haben Sie sich über Privates sehr offen geäußert.
Ja, aber das waren Äußerungen, aus denen man trotzdem über mich nichts erfuhr. Was ich sonst sage, sind Stilisierungen. Ich ziehe mir Kleider an in Ermangelung eines eigenen Lebens. Ich trage die Sätze vor mir her wie Plakate, hinter denen ich mich verstecken kann. Aber das geht nicht mit Ihnen. Sie durchbrechen die Deckung.

aus: André Müller: „Das kommt in jedem Porno vor". profil, 25.6.1990

Ich möchte meinen Widerwillen zum Ausdruck bringen über die Art und Weise, wie Herr André Müller im Interview mit E. Jelinek es offensichtlich ausnützt, Frau Jelinek in schlechtester psychischer Verfassung anzutreffen, um sie dann mit gezielten Fragen in die Enge zu treiben. Für mich gibt es eine Schmerzgrenze, und die ist sicherlich dort, wo ein hochgradig verwirrter, zerstörter und selbstzerstörerischer Mensch im Interview kaltblütig dazu gebracht wird, sich weiter zu zerstören.

Elisabeth Spiegl
Bischofshofen

Leserbrief, profil, 16.7.1990

profil hat sich kein Ruhmesblatt erworben, Frau Elfriede Jelinek einen Journalisten vom Schlage eines André Müller an den Hals zu hetzen. Ich finde die Interviewführung dumm, überheblich, absolut unakzeptabel! Hätten Sie der Schriftstellerin mit einem sensibleren und gescheiteren Gesprächsführer nicht mehr gedient? P.S.: Mein Vorschlag: Send Müller to Moik!

Gerhard Glattauer
Langenzersdorf

Leserbrief, profil, 2.7.1990

ZITATE DES TAGES...

Niemand, der meine Arbeit kennt, glaubt, daß ich so schüchtern bin.
Autorin Elfriede Jelinek

Kärntner Tageszeitung, 17.11.1994

232 Präsentation
Styling

IHR HOROSKOP

Sonntag, 20. Oktober 1991

STEINBOCK (22. 12. bis 20. 1.): Ihnen fällt es jetzt schwer, sich mit jemandem zu einigen. Immer wieder gibt es Differenzen. Sie sollten versuchen, nachgiebiger zu sein.

WASSERMANN (21. 1. bis 19. 2.): Ihre Vorgangsweise ist für die anderen nicht immer ganz verständlich.

Alles Gute!
Geburtstagskind von heute: ELFRIEDE JELINEK, Schriftstellerin. Die Skorpionsonne und die Venus im Schützezeichen lassen sie stets niederschreiben, was sie sich denkt. Ihr Stil imponiert.

Allzu extravagant sollten Sie nicht sein. Das könnte Ihren Erfolg noch in Frage stellen.

FISCHE (20. 2. bis 20. 3.):

KREBS (22. 6. Mit einer Idee vielleicht nicht gle wünschten Erfolge – aber letztlich doch s ankommen. Mehr G

LÖWE (23. 7. Sie haben s schwierigen Angele engagiert – und S folg. Ruhen Sie si auf Ihren Lorbeere noch mehr für Sie

JUNGFRAU 9.): Immer den Sie jetzt von quält. Kämpfen S gen Ihre Unsicher ben doch ohnedi schöne Erfolge.

WAAGE (10.): Sie n immer das groß Sie können gewiß trächtliche Vortei Sie einmal in alle deren zuhören.

SKORPION 22. 11.): I partner gegenüb viel toleranter s ihm doch nic schriften ma Ihnen einm

Kurier, 20.10.1991

Die Waage als Partner: Ein geborener Sieger

Er kommt, sieht und siegt. Niemand kann dem Charme eines Waage-Geborenen widerstehen. Er liebt Schönheit und Harmonie – Alltagsprobleme und Derbheit sind ihm zuwider. Immer sein Interesse zu erwecken und ihn glücklich zu machen erfordert viel Fingerspitzengefühl. Besitzen Sie es, dann werden Sie ein wunderschönes Leben an der Seite dieser faszinierenden, hochgebildeten und interessanten Persönlichkeit genießen.

Der Umwelt bleiben seine Vorzüge nicht verborgen. Da könnten Sie schon einmal eifersüchtig werden. Er braucht Bewunderung und Bestätigung, auch von anderen. Letztlich fühlt er sich aber bei Ihnen wohl, das beweist er immer wieder. Die Waage untersteht der Venus – dem Planeten der Liebe. Er versteht es, Sie glücklich zu machen!

Kurier, 7.12.1988

Bild: Teutopress
Schriftstellerin Elfriede Jelinek

DIE MEKI - FRISUR VON ELFRIEDE JELINEK
Die Schriftstellerin Jelinek trägt ihr kurz geschnittenes Haar gerne frech aufgestellt. Für Dr. Rotraud Perner ist sie eine Königin – das merkt man an ihrer Haar-Krone.

Magazin Österreich, September 1991

Top 100: Frauen, die Österreich bewegen

1 Susanne Riess-Passer
40, Vizekanzlerin
Aufstieg von der kleinen Pressesekretärin zur ersten Chefin der Haider-Partei FPÖ. Extrem strapazfähig als Vizekanzlerin. Könnte die erste Kanzlerin des Landes werden.

2 Elisabeth Gürtler
51, Hotel Sacher
Souveräne Leitfigur. Möbelte nach dem Sacher Wien auch die Dependance in Salzburg auf. Grande Dame des Opernballs.

3 Cordula Reyer
39, Topmodel
Einziges internationales Topmodel aus Österreich. Und das seit Jahrzehnten.

4 Danielle Spera
44, ZiB-1-Moderatorin
Wehrt sich als Redakteurssprecherin vehement gegen politische Einflußnahmen.

5 Benita Ferrero-Waldner
53, Außenministerin
Beliebtestes Lächeln der Republik und nachdrückliches Auftreten. Gute Chancen, zur ersten Bundespräsidentin gewählt zu werden.

6 Elisabeth Bleyleben-Koren
53, Erste Bank
Erste Frau im Vorstand der Erste Bank. Steigerte den Jahresüberschuss um 16 Prozent.

7 Waltraud Klasnic
56, Frau Landeshauptmann
Omnipräsente Landesmutter der Steiermark. Ihr Wort hat in der ÖVP Gewicht.

8 Margot Klestil-Löffler
47, First Lady und Top-Diplomatin
Steile Diplomatenkarriere. Beeindruckt durch Ehrgeiz, Geschick und Ausdauer.

9 Christiane Hörbiger
63, Schauspielerin
Charakterdarstellerin. Neue Serie als Detektivin in „Sofie und ihre Mörder".

10 Martina Pecher
44, Inzersdorfer-Chefin
Erste Managerin des Jahres. Politisch für die ÖVP im Nationalrat aktiv.

11 Ruth Iwonski-Bozo
41, Bank Privat
Elegante, strategische Herrin über ein operatives Volumen von öS 48 Milliarden.

12 Elfriede Jelinek
55, Schriftstellerin
Verehrt und gehasst. Lässt immer wieder tief in die österreichische Seele blicken.

13 Kathrin Zechner
38, ORF-Programmintendantin
Hält sich als harte Verhandlerin seit 1994 geschickt auf einem Schleudersitz.

Woman, 9.11.2001

62 Rudolf Leopold. Die ganze Welt beneidet den Augenarzt um seine Kunstsammlung.

63 Hans Haumer. Wichtiger Banker, mit Minister-Chancen.

64 Elfriede Jelinek. First Lady der Literatur. Erobert das Ausland.

65 Arnulf Rainer. Malender Weltstar mit Weltmarktpreisen.

66 Heide Schmidt. Liberaler Restposten im Haider-Laden.

67 Fritz Verzetnitsch. Vorgänger Benya wäre besser gereiht.

68 Kurt Krenn. Gegenreformator, eloquenter Fundamentalist.

News, 22.10.1992

55 Hans Schmid. Wichtigster Werber Österreichs mit größter Agentur (GGK). **(39)**

56 Christian Konrad. Raiffeisen-Boß, bekam noch mehr Macht im grünen Riesen. **(60)**

57 Helmut Schüller. Caritas-Chef, engagiert für Flüchtlinge – SOS Mitmensch. **(58)**

58 Elfriede Jelinek. Alles wartet auf Burgtheater-Porno „Raststätte". **(62)**

59 Alexander Kahane. Milliardenerbe, der zurückgezogen agiert. **(61)**

60 Karl Krammer. Der Kabinettschef des Kanzlers. Konstant einflußreich. **(74)**

61 Andreas Rudas. Wird vom ORF-Pressesprecher zum Generalsekretär befördert.

News, 22.8.1994

News, 22.12.1994

News, 3.8.1995

50 Helmut Kramer. Der WIFO-Chef sagt, wie es um die heimische Wirtschaft steht. **(75)**

51 Karl Krammer. Als rechte Hand von Nummer 2 offensichtlich unverzichtbar. **(60)**

52 Johann Weber. Neuer Vorsitzender der Bischofskonferenz als Kirchen-Signal. **(neu)**

53 Elfriede Jelinek. Eine der wichtigsten Mahnerinnen der Republik. **(58)**

54 Alexander Kahane. Schweigsamer und erfolgreicher Erbe seines Vaters. **(59)**

55 Patrick Ortlieb. Österreichs mächtigster und reichster Abfahrer. **(183)**

56 Peter Alexander. Der Star-Entertainer überzeugte Millionen im Weihnachtszauber. **(53)**

News, 4.1.1996

37 Simon Wiesenthal. Nimmermüder Kämpfer gegen das kollektive Verdrängen und Vergessen. **(33)**

38 Elfriede Jelinek. Kultfigur & Aufregerin (z. B.: „Raststätte"). Demnächst wieder in diesem Theater (ab 23. 1. „Sportstück"). **(53)**

39 Veit Schalle. „Billa"-Boß. Nach Wlascheks Abtritt Österreichs wichtigster Manager im Handel. **(36)**

40 Peter Handke. Sein Serbien-Ausflug hat ihm nur leicht geschadet. **(29)**

41 Herbert Schimetschek. Der starke Mann im Hintergrund der Erste Bank und Chef des BARC-Versicherungsriesen. **(17)**

42 Hugo Portisch. Evergreen des Journalismus. Legte nach seinem China-Erfolg mit Brasilien-Report wieder einen Hit nach. **(40)**

News, 8.1.1998

61 Brigitte Ederer. Die Wiener Finanzchefin ist immer für einen Ministerposten gut. **(209)**

62 H. Peter Haselsteiner. Bietet in seinen Baufirmen 35.000 Jobs. Weniger Zeit für Politik. **(8)**

63 Andreas Khol. Die schwarze Eminenz seiner Partei. Hält den VP-Flohzirkus zusammen. **(23)**

64 Elfriede Jelinek. Nach großem Jahr schöpft sie 2000 kreativen Atem. Evtl. neuer Roman. **(42)**

65 Hans Mahr. Ösi-RTL-Chefredakteur. Leistet mit Nr. 7 Medien-Entwicklungshilfe. **(64)**

News, 13.1.2000

94 Peter Handke. Abenteuerlustiger Literatur-Genius. Society-Tratsch mit Katja Flint. **(98)**

95 Hanno & Erwin Soravia. Ersteigerten „Dorotheum" und ziehen im „Hilton" ein. **(neu)**

96 Elfriede Jelinek. Literatur-Grande-Dame wird im März mit Kaprun-Text erregen. **(43)**

97 Franz Fiedler. Oberster Rechnungsprüfer der Republik. Genau & unbestechlich. **(81)**

98 Eduard Zehentner. Von „ONE" zu „Jet2Web". Zeigt sich künftig mit RHI feuerfest. **(93)**

99 Nikolaus Harnoncourt. Grammy-nominierter Weltklasse-Dirigent. Neujahrskonzert '03. **(29)**

News, 10.1.2002

234 Präsentation
Styling

Bergrettung Österreich – Jahresbericht 1991/92

Bibliographie

I. Kleine Texte Elfriede Jelineks mit Österreich-Bezug

Verzeichnet sind essayistische und publizistische Texte Elfriede Jelineks, die einen Österreich-Bezug aufweisen (*Essays, Gastkommentare und Leserbriefe*), und Texte, die für die österreichische Öffentlichkeit bestimmt waren und veröffentlicht bzw. vorgetragen wurden (*offene Briefe, Demo-Reden, Reden*). Darüber hinaus sind Statements zu aktuellen Ereignissen in Österreich und Antworten auf Österreich-bezogene Umfragen angeführt (*Stellungnahmen, Zitate und Umfragen*). Der jeweilige Anlaß ist den Texten stichwortartig vorangestellt, bei manchen Texten werden Zusatzinformationen in Klammern beigefügt. Die Texte sind innerhalb der einzelnen Textgruppen chronologisch angeordnet, wobei Texte, die einen gemeinsamen Anlaß haben, zusammengefaßt sind. Zu Texten, die Debatten ausgelöst haben oder die im Kontext einer Debatte entstanden sind, sind die Bezugs- bzw. Anlaßtexte angeführt. Alle Titel von Jelinek-Texten sind kursiv gesetzt. In der Kategorie *Stellungnahmen, Zitate und Umfragen* gibt es fließende Übergänge zwischen eigentlichen Texten, Statements und Interviews.

1. Essays

Über Peter Turrini
Der Peter Turrini. In: Theater heute 21 (1981), S.40.
Unbekannte Bekanntheiten. Peter Turrini sagt, was alle wissen, sodaß alle erfahren, daß sie dasselbe wissen.
   In: Der Standard, 29.8.1995.

Über Ingeborg Bachmann
Der Krieg mit anderen Mitteln. Über Ingeborg Bachmann. In: Die schwarze Botin 21 (1983), S.149-153.
   auch in: Koschel, Christine / Weidenbaum, Inge von (Hgg.): Kein objektives Urteil – nur ein lebendiges. Texte zum Werk von Ingeborg Bachmann. München: Piper 1989, S.311-319.
Jelinek über Bachmann. In: Emma 2/1991, S.21-23.

Theaterästhetik / „Burgtheater"
„Ich schlage sozusagen mit der Axt drein".
   In: TheaterZeitSchrift 7 (1984), S.14-16.

Mordprozeß Günther Lorenz 1984
Der Täter, der Opfer sein will. In: Wiener, April 1984.

Tod von Thomas Bernhard
Der Einzige und wir, sein Eigentum. In: profil, 20.2.1989.

Über Elfriede Gerstl
Die fünfziger Jahre. In: Falter 19/1983.
Jelinek über Elfriede Gerstl. In: Volksstimme, 28.5.1989.
Unter dem Haar des Filzes. In: profil, 25.5.1993.
Ein- und Aussperrung. In: Frankfurter Allgemeine Zeitung, 26.6.1993.

Tod von Wilhelm Zobl
Über einen toten Freund. In: Informationen der Gesellschaft der Musikfreunde in Wien, Mai/Juni 1991.

Wahlsieg der FPÖ in Wien am 10.11.1991
Infelix Austria. In: La Repubblica, 14.11.1991.
 auch in: Libération, 2.12.1991 (Titel: *De l'Autrichien comme seigneur de la mort*).

Reaktionen auf *De l'Autrichien comme seigneur de la mort* und weitere Debatte:
N., N.: Elfriede Jelinek analysiert Haider.
 In: Neue Kronen Zeitung, 13.12.1991.
Clément, Catherine: Österreich als Sündenbock Europas.
 In: Der Standard, 13.1.1992.
N., N.: Mutige Stimme zum Thema Österreich-Beschimpfung. In: Neue Kronen Zeitung, 19.1.1992.
Kellner, Birgit: Presseschau. In: Falter 4/1992.

Weitere Fassungen:
Die Österreicher als Herren der Toten. In: Literaturmagazin 29 (1992), S.23-26.
Wir, Herren der Toten. In: Das jüdische Echo 10/1993, S.41-43.
Wir Herren der Toten. In: Arnold, Heinz Ludwig (Hg.): O Österreich! Göttingen: Wallstein-Verlag 1995, S.7-9.
Die Österreicher als Herren der Toten. In: Ich bin ich, weil du du bist. Isotopia 12/1998, S.58-67.

Zu Michael Scharangs „Auf nach Amerika"
Wir sind hier die Fremden. In: Konkret 6/1992, S.50-51.

Ausländervolksbegehren der FPÖ im Jänner 1993
Volksvernichtungsbegehren. In: profil, 25.1.1993.
An den, den's angeht. In: wespennest 91 (1993), S.35-36.
 (=Epilog zur Wiener Volkstheater-Inszenierung von „Wolken.Heim." 1993; mit einer minimalen Änderung unter dem Titel *Vom Volksbegehren zum Volk der Wahl* als Vorrede zur „Wolken.Heim."-Lesung bei der Volkstheater-Matinee am 26.10.1999)

Wien, Achter Bezirk
Mein Achter Bezirk im Erfahren. In: Vorfreude Wien. Literarische Warnungen 1945-1995. Frankfurt am Main: Fischer 1995, S.150-153.

Benefizauktion der AIDS-Hilfe Wien, 1995
Leerstellen. In: Dorotheum (Hg.): Heft zur Benefizauktion der Aidshilfe Wien, 1995.

Über Peter Handke
Geblähte Brust. In: Der Spiegel, 29.1.1996.
 auch in: Deichmann, Thomas (Hg.): Noch einmal für Jugoslawien: Peter Handke. Frankfurt am Main: Suhrkamp 1999, S.40.

Jubliläumsausstellung zum 200. Geburtstag Franz Schuberts im Historischen Museum der Stadt Wien
Ungebärdige Wege, zu spätes Begehen. In: Brusatti, Otto (Hg.): Schubert 97: Aus Heliopolis – Nachtviolen – Wasserfluth. Katalog zur Jubiläumsaustellung 200. Geburtstag Franz Schubert. Köln / Weimar / Wien: Böhlau 1997, S.156-157.

Wien und Kaffeehäuser
Huschhusch ins Korb. In: Neumann, Petra (Hg.): Wien und seine Kaffeehäuser: ein literarischer Streifzug durch die berühmtesten Cafés der Donaumetropole. München: Heyne 1997, S.243-245.

Als „Dichterin zu Gast" bei den Salzburger Festspielen 1998
Nicht bei sich und doch zu Hause.
 In: Die Presse (Spectrum), 13.6.1998.

Jörg Haiders Wahlsieg in Kärnten am 7.3.1999
Ein Volk. Ein Fest. In: Die Zeit, 18.3.1999.
 auch in: Programmheft der Salzburger Festspiele zu Ödön von Horváths „Zur schönen Aussicht", 1999.

Nationalratswahl am 3.10.1999 und Regierungsbildung
Moment! Aufnahme! 5.10.99. In: Falter 42/1999.
Moment! Aufnahme! Folge vom 28.1.2000. Haider und die Kitzbühelisierung Österreichs. In: Frankfurter Rundschau, 3.2.2000.
Moment! Aufnahme! 5.10.99. 28.1.2000. In: Charim, Isolde / Rabinovici, Doron (Hgg.): Österreich. Berichte aus Quarantanien. Frankfurt am Main: Suhrkamp 2000. S.100-109.
Innocente Autriche … In: Le Monde, 6.2.2000.
 (=zwei *Moment! Aufnahme!*-Texte gekürzt und kombiniert)

Anlaß zu *Moment! Aufnahme!* 5.10.99:
Mattheiss, Uwe: Haider weiter. Österreichs Intelligenzija schweigt und leidet. In: Süddeutsche Zeitung, 5.10.1999.

**Schlingensief-Aktion
bei den Wiener Festwochen 2000**
Interferenzen im E-Werk. In: Der Standard, 16.6.2000.
 auch in: Lilienthal, Mathias / Philipp, Claus (Hgg.): Schlingensiefs AUSLÄNDER RAUS. Bitte liebt Österreich. Frankfurt am Main: Suhrkamp 2000, S.163-166.
Der Raum im Raum. In: ebenda, S.159-162.

Über Ernst Jandl
Alles, was nicht recht ist! Elfriede Jelinek über Ernst Jandls Darstellung der Scheinhaftigkeit des jeweils „Wahren". In: Der Standard, 28.6.2000.

Premiere der „Fledermaus" an der Pariser Oper im Dezember 2000
Die verfolgte Unschuld. In: Programmheft der Pariser Oper zu Johann Strauß' „Die Fledermaus", 2000.

Über Michael Scharang
Auf dem Tier der Sprache. In: Die Presse, 3.2.2001.

Zeitfluß-Festival der Salzburger Festspiele
Der Fluß-Galopp. In: Landesmann, Hans / Rohde, Gerhard (Hgg.): Das neue Ungesagte. Salzburger Festspiele 1992-2001. Wien: Zsolnay 2001, S.144-147. Vorabdruck in: Format, 16.7.2001 (Titel: *Ich hielt es für Heuchelei*).

Über Johann Nestroy
Sich mit der Sprache spielen. In: Programmheft des Wiener Burgtheaters zu Johann Nestroys „Der Zerrissene", 2001.

Autobiographisches
Oh mein Papa. In: 50 Jahre Das jüdische Echo (Jubiläumsausgabe), Oktober 2001, S.295-297.

Über die „Neue Kronen Zeitung"
Hier sitz' ich, forme ein Menschenpaket nach meinem Bilde. In: Süddeutsche Zeitung, 9.3.2002.

2. Gastkommentare und Leserbriefe

Frauenbewegung
Frauenbewegung und Frauenkultur. In: Volksstimme, 22.7.1978. (=Diskussionsbeitrag für das Kulturpolitische Forum der KPÖ)

Differenzen mit dem Regisseur von „Nora" beim „steirischen herbst" 1979
Erklärung. In: Volksstimme, 19.10.1979.

Nationalratswahl am 6.5.1979
o.T. In: Extrablatt, Mai 1979.

3. Österreichgespräch (Literatur) im April 1980
Kommentar zum 3. Österreichgespräch. In: Literatur – vom Schreiben und vom Lesen. 3. Österreichgespräch. Wiener Schriften (Nr. 47), Wien / München: Jugend und Volk 1980, S.167-177.

Parteiliteratur
o. T. In: Bio-Technik, Mai 1983.

Verbot von Herbert Achternbuschs Film „Das Gespenst" in Österreich
Über einen Fall von Zensur. In: Volksstimme, 29.1.1984.

Ingeborg-Bachmann-Preis 1985
zus. mit Elfriede Gerstl: *Ausstrahlung – aber welche?* In: Volksstimme, 7.7.1985.

Nationalratswahl am 23.11.1986
o. T. In: Volksstimme (Sonderbeilage zur Nationalratswahl 1986), 23.11.1986.

Entlassung der Universitätsassistentin Neda Bei
Wehr spricht? In: Falter 12/1987.

Zusammenarbeit mit dem Experimentalfilmer Hans Scheugl
Über das Sprechen im Film. In: Falter 39/1987.

Über den „Totalverweigerer" Helmut Hejtmanek
Kriegsbeute des Männerwahns. Für die Entkriminalisierung des „Totalverweigerers" Helmut Hejtmanek. In: Der Standard, 31.3.1993.

„Das Böse lauert in Disneyworld" (In: Der Standard, 24.4.1993)
Vision Ozean. In: Der Standard, 26.4.1993.
  (=Leserbrief zu Thomas Klestils Reise nach Washington statt zur Expo 1993)

Schülerjury zum Weilheimer Literaturpreis 1993 für Gertrud Fussenegger
Ein paar symbolische Dachteln. In: die tageszeitung, 26.11.1993.

Sozialdienst für Mädchen
Gastkommentar. In: Wiener Revue, Mai/Juni 1994.

Vor 10 Jahren im „Falter": Das Beste
Das Beste! In: Falter 41/1994.

Roma-Morde in Oberwart, Briefbombenermittlungen 1995
Die Schweigenden. In: Der Standard, 16.2.1995.
Das Phantom. In: profil, 26.6.1995.
  (=Leserbrief zur Coverstory: Das Phantom. In: profil, 19.6.1995)

„profil"-Gespräch zwischen Rudolf Scholten und Jörg Haider
o. T. In: profil, 6.11.1995.
  (=Leserbrief wegen einer falschen Zitierung von „Die Kinder der Toten")

Soziale Absicherung von KünstlerInnen – Olga Neuwirth
Rund, handlich, einfach zum Reinbeißen – so will man hierzulande Mozart. In: Die Presse, 1.12.1995.

Leserbrief von Grete Schurz zur Wehrmachtsausstellung (Vom Wert des kleinen Wörtchens „in". In: Der Standard, 2.12.1997)
Besser ohne „in". In: Der Standard, 6.12.1997.

Abdruck des Essays *Nicht bei sich und doch zu Hause* in der „Presse" (In: Die Presse [Spectrum], 13.6.1998)
o. T. In: Die Presse, 18.6.1998.
  (Richtigstellung des Anlasses)

„Spiegel"-Beitrag über Sigmund Freud (Tragische Gestalt Freud. In: Der Spiegel, 15.6.1998)
Tragische Gestalt Freud. In: Der Spiegel, 29.6.1998.
  (=Leserbrief)

KPÖ-Mitgliedschaft
„Wir waren nützliche Idioten". In: Falter 42/1998.

Friedenspreis des Deutschen Buchhandels 1998 für Martin Walser
Die Instrumente stimmen. Zu Martin Walsers Friedenspreis-Rede. In: Die Gemeinde 12/1998.

Leserbrief von Christian Rainer (In: Falter 18/1999)
Danke. In: Falter 19/1999.

Asylpraxis-Debatte in Österreich
Wer weiß, was wer über wen wo sagt ... Aufnehmen und wieder wegschicken: Über den „Anstand" österreichischer Asylpraxis. In: Der Standard, 26.7.1999.

„Falter"-Bericht über die Razzia im Gesellenheim Zohmanngasse (In: Falter 41/1999)
Nichts gehört. In: Falter 42/1999. (=Leserbrief)

Würdigung der Zeitschrift „Mit der Ziehharmonika" der Theodor Kramer Gesellschaft
... eine leise Stimme, aber sie behauptet sich ... Elfriede Jelinek und Ruth Klüger über uns. In: Zwischenwelt (vorm. Mit der Ziehharmonika) 1/2000.

Aufführungsverbot nach der Regierungsbildung im Februar 2000
... eines Missverständnisses. In: Der Standard, 1.2.2000.
Meine Art des Protests. In: Der Standard, 7.2.2000.

Aufhebung der EU-Sanktionen im September 2000
o. T. In: Kleine Zeitung, 10.9.2000.

Telefon-Einspielung Peter Westenthalers in der ORF-Sendung „Betrifft" am 5.11.2000
Protestaufruf. In: Der Standard, 7.11.2000.

Verhandlungen über eine Künstlersozialversicherung mit Franz Morak 2000
Moraks Hände. In: Format, 4.12.2000. (=Leserbrief)

Rätselhafte Behauptungen. In: Frankfurter Allgemeine
   Zeitung, 3.3.2001. (=Leserbrief)

**Karl-Markus Gauß: Mein verkehrtes Jahr 2000
(In: Der Standard, 30.12.2000)**
Rote Wangen, stramme Waden. In: Der Standard, 5.1.2001.

Debatte:
Gauß, Karl-Markus: Alpenkönigin und Menschenfeind.
   In: Der Standard, 9.1.2001.
Wippersperg, Walter: Freundliche Einladung, auf den Begriff
   Antifaschismus zu verzichten. In: Der Standard, 9.1.2001.
Gauß versus Jelinek. Reaktionen auf eine Kontroverse.
   In: Der Standard, 10.1.2001.
Nüchtern, Klaus: Ich: Jelinek, du: Gauß. In: Der Standard,
   13.1.2001.
Rabinovici, Doron: Ein österreichisches Paradoxon.
   In: Der Standard, 20.1.2001.
Tanzer, Christian: Hoppala. In: Der Standard, 20.1.2001.
Scharang, Michael: Der Schauder des Spießers vor der
   Polemik. In: Die Presse, 23.1.2001.
Mölzer, Andreas: Antifaschismus als NS-Verharmlosung?
   Eine Replik auf Karl Markus Gauss [sic] und Elfriede
   Jelinek. In: Zur Zeit, 26.1.2001.

**Peter Vujica: Traurige Miene zum bösen Spiel
(In: Der Standard, 9.2.2001)**
o. T. In: Der Standard, 10.2.2001. (=Leserbrief)

Künstlersozialversicherung
Rätselhaft. In: Der Standard, 27.2.2001.

**Uraufführung von „Das Lebewohl" auf dem Wiener
Ballhausplatz am 22.6.2000**
o. T. In: booklet zur CD „Das Lebewohl", 2001.

**Verhaftung der VolxTheaterKarawane in Genua im
Juli/August 2001**
Kicher, grins, neues Perlenketterl. In: Der Standard, 2.8.2001.

Aktuelle Regierungspolitik
Momentaufnahmen, die einen schaudern machen.
   In: Der Standard, 20.4.2002.

**Interview mit Susanne Riess-Passer
(In: Format, 26.4.2002)**
Unverschämt? In: Format, 3.5.2002. (=Leserbrief)

3. Offene Briefe

„manuskripte"-Streit 1969
zus. mit Wilhelm Zobl: *Offener Brief an Alfred Kolleritsch und
   Peter Handke.* In: manuskripte 27 (1969), S.3-4.

Brief für die Anthologie „Die Feder, ein Schwert?"
Ein Brief. In: Seuter, Harald (Hg.): Die Feder, ein Schwert?
   Literatur und Politik in Österreich. Graz: Leykam 1981,
   S.86-90.

Wiener Festwochen 1981
Meine lieben Anarchisten-Putzerln! In: Freibord (Beilage)
   24/1981.

Offener Brief an Bundeskanzler Fred Sinowatz
o. T. In: profil, 4.6.1984.

**Protest gegen die Eröffnung des „steirischen herb-
stes" durch Bundespräsident Kurt Waldheim**
„steirischer herbst": Waldheim-Proteste. In: Arbeiterzei-
   tung, 18.9.1986.
„herbst": Proteste gegen Waldheim. In: Kurier, 18.9.1986.
Künstler des steirischen herbst protestieren gegen Waldheim. In: Die Presse, 18.9.1986.

Über die katholische Kirche
o. T. In: Holl, Adolf (Hg.): Taufschein katholisch. Frankfurt:
   Eichborn 1989, S.25-26.

Offener Brief an Franz Vranitzky und Alois Mock
o. T. In: Volksstimme, 25.4.1989.
(gegen den EG-Beitritt Österreichs)

**Offener Brief an Sozialministerin Eleonore
Hostasch**
Milch unfrommer Denkungsart. In: Der Standard, 22.10.1997.
   (Künstlersozialversicherungsdebatte)

Offener Brief an Bundeskanzler Viktor Klima
o. T. In: Der Standard, 17.8.1999.
   (Rückgabe arisierter Klimt-Gemälde)

Absage von „Bählamms Fest" an der Straßburger Oper
Künstlerische Stilllegungsprämien in Strasbourg?
In: ÖMZ 12/1999, S.4-5.

Aufführungsverbot 2000
Brief an Rita Thiele, Dramaturgin am Berliner Ensemble.
   (abgedruckt auf einer Fahne des Berliner Ensembles)
   In: Die Sprache des Widerstandes ist alt wie die Welt und ihr Wunsch. Frauen in Österreich schreiben gegen rechts. Wien: Milena 2000, S.61-62.

4. Demo-Reden

Rede bei der Demonstration gegen Fremdenhaß am 8.11.1991
An uns selbst haben wir nichts. In: Salto, 22.11.1991.

Rede beim „Umzug der Maroden" am 1.7.1998
Perfid verhöhnt. In: Autorensolidarität 3/1998, S.5-6.

Rede bei der Demonstration „Keine Koalition mit dem Rassismus" am 12.11.1999
Was zu fürchten vorgegeben wird. Unveröffentlicht.

Rede vor der Wächterin zum „Frauenauftakt" der Donnerstagsdemonstration am 4.5.2000
Frauen. In: Bulletin des Republikanischen Clubs Neues Österreich 3/2000, S.2.

Rede bei der Kundgebung „Gesicht zeigen! Stimme erheben!" am 16.3.2001
Rotz. In: Baker, Frederick / Boyer, Elisabeth (Hgg.): Wiener Wandertage. Klagenfurt / Celovec: Wieser 2002, S.382-384.

5. Reden und vorgetragene Texte

Rede zur Verleihung des Würdigungspreises für Literatur 1983 am 12.4.1984
Dank – im Zeichen der Solidarität. In: Volksstimme, 13.4.1984.

Rede zur Verleihung des Heinrich-Böll-Preises der Stadt Köln am 2.12.1986
In den Waldheimen und auf den Haidern. In: Die Zeit, 5.12.1986.
   auch in: Illustrierte Neue Welt, Oktober 1987
   (Titel: *Gedanken über Kunst und Politik in Österreich*).

Reaktionen auf die Böll-Preis-Rede und Debatte:
Fink, Humbert: Die Beschimpfung. In: Neue Kronen Zeitung, 9.12.1986.
Leitner, Sebastian: Das Gespeibsel der Elfriede Jelinek. In: Kurier, 12.12.1986.
Moser, Gerhard: Herr Leitner, Sie tun mir leid! In: Volksstimme, 14.12.1986.
Scharang, Michael: Herzblut contra Pisse. In: profil, 22.12.1986.
Leitner, Sebastian: Die Kunst der Hinterlist. In: Kurier, 23.12.1986.
we., u.: Miesmacher. In: Frankfurter Allgemeine Zeitung, 8.1.1987.
Hupka, Kilian: Befinkung. In: Volksstimme, 19.1.1987.
Gerstl, Elfriede: Gelobt sei der Kolumnist. In: Falter 4/1987.
Stadler, Ernst: Künstler gegen die „Demolierung Österreichs", Wortmeldungen gegen Stickluft. In: Volksstimme, 23.3.1987.

Rede bei der Präsentation von „Essig gegen den Durst" von Mali Fritz am 25.2.1987
Als menschliches Verhalten Widerstand war. In: Volksstimme, 20.3.1987.

Rede zur Verleihung des Peter-Weiss-Preises 1994 am 27.11.1994
Unveröffentlicht.

Eröffnungsrede zur Ausstellung „Masken" im Jüdischen Museum am 24.7.1997
Masken. Versuche über die Schoa. In: Illustrierte neue Welt, 1.8.1997.

Laudatio für Alfred Kolleritsch anläßlich der Verleihung des Österreichischen Ehrenkreuzes für Wissenschaft und Kunst I. Klasse am 2.4.1997
Im Schock des Positiven. In: Die Presse, 3.3.1997.
    auch in: Frankfurter Rundschau, 5.4.1997
    (Titel: *Unter dem Schock der Wirklichkeit. Über den Sprachkünstler Alfred Kolleritsch*).

Rede zur Verleihung des Georg-Büchner-Preises am 17.10.1998
Was uns vorliegt. Was uns vorgelegt wurde. In: Der Standard, 19.10.1998.
    auch in: Text und Kritik 117 (1999), 2., erweiterte Auflage, S.3-7.

Rede zur Wilhelm-Pevny-Werkschau am 12.12.1998
Unveröffentlicht.

Rede zur Eröffnung des psychoanalytischen Ambulatoriums Wien am 12.10.1999
Unveröffentlicht.

Laudatio für Elfriede Gerstl anläßlich der Verleihung des Erich Fried Preises am 28.11.1999
Unveröffentlicht.

„Frei will ich sein im Denken und Dichten" im Salzburger Literaturhaus am 20.3.2000
Gehalten von Marlene Streeruwitz, unveröffentlicht.

Rede zur Eröffnung des „kosmos.frauenraum" am 15.5.2000
Frauenraum. Unveröffentlicht.

6. Stellungnahmen, Zitate und Umfragen

Umfrage (Österreich, Medien) 1976
o. T. In: stern magazin, 22.-29.5.1976.
    auch in: Baum, Georgina / Links, Roland / Simon, Dietrich (Hgg.): Österreich heute. Ein Lesebuch. Berlin: Volk und Welt 1978, S.199-200.

Wahlaufruf für die KPÖ bei der Nationalratswahl am 6.5.1979
Ohne Angst in die Zukunft. In: Volksstimme (Wochenend Panorama), 27.4.1979.
    auch in: Wiener Neustädter Nachrichten mit Sport, 4.5.1979.

Wahlaufruf für die KPÖ bei der Nationalratswahl am 23.11.1986
Eiszeit. „Was wählen Sie am 23. November?" fragt Emma sechs Österreicherinnen. In: Emma 11/1986.
Freuen Sie sich darauf! In: Volksstimme, 1.11.1986.

Soll Charly Blecha gehen?
o. T. In: Der neue Express, 5.3.1987.

Tod von Erich Fried
o. T. In: Arbeiter Zeitung, 24.11.1988.

Umfrage über Zensur
Literary Censorship in the German-Speaking Countries. In: The Germanic Review, Spring 1990.

GAV-Austritt im November 1992
o. T. In: Salto, 13.11.1992.
    (aus dem Austrittsbrief an die Grazer Autorenversammlung)

Diskussion zum Ausländervolksbegehren
o. T. In: Falter 49/1992.

EG-Beitritt Österreichs
o. T. In: News, 21.1.1993.

Gegen Bundespräsident Thomas Klestil
o. T. In: Basta, September 1993.

„Falter"-Spendenaktion zur Bosnienhilfe 1993
o. T. In: Falter 50/1993.

Kündigung von „profil"-Kulturchefin Sigrid Löffler
o. T. In: Der Standard, 24.12.1993.

Trauermarsch zum Asyl- und Aufenthaltsgesetz am 1.7.1994
Stellungnahme zur Asyl- und Aufenthaltsgesetzgebung in Österreich. In: Broschüre zum Trauermarsch zum Asyl- und Aufenthaltsgesetz.

Nachspannkürzungen im ORF im April 1995
Zeichen von Unkultur – wundert mich nicht. In: Der Standard, 2.4.1995.

Kritik an der österreichischen Polizei wegen der Ermittlungen gegen Briefbombenattentäter
o. T. In: profil, 26.6.1995.

Staberl-Reaktion auf eine Äußerung Gerhard Roths
„Staberl-verkleistertes Land". In: News, 17.8.1995.

Rundruf: Haider-Angst?
o. T. In: News, 12.10.1995.

Bestellung Peter Wittmanns zum Kunst-Staatssekretär
o. T. In: Oberösterreichische Nachrichten, 3.3.1997.

Neue Sozialversicherungsregelung für AutorInnen
Aufregung. In: Kleine Zeitung (Ausgabe Kärnten), 24.10.1997.

Aktion „Frischluft für Kärnten"
Text für die Dose zur Aktion „Frischluft für Kärnten" im Mai 1998 (zum Start von Radio AGORA im April 1998).

LINK.*-FrauenRaum
o. T. In: Konzept LINK.*-FrauenRaum, Juni 1998.

Kulturpolitik der FPÖ
„Mobbing". In: profil, 17.8.1998.

Rücknahme einer Aussage bezüglich Kaiserin Elisabeth und Kaiser Franz Josef
Erklärung. In: News, 21.1.1999.

Wird Haider noch einmal Landeshauptmann in Kärnten?
Haider kann stampfen, soviel er will. In: Format, 22.1.1999.

Jörg Haider als Landeshauptmann in Kärnten
Wer hat Angst vor Jörg Haider? Widerstand oder Exil? Wie die Künstler mit Haider leben. In: News, 18.3.1999.

Verteidigung von Peter Handke
Gerechtigkeit! Turrini, Jelinek, Mortier: Laßt Handke in Ruhe! In: News, 6.5.1999.

Thomas Klestils Rede zur Eröffnung der Salzburger Festspiele 1999
o. T. In: Format, 2.8.1999.

Nationalratswahl am 3.10.1999
Nummer sicher: SPÖ. In: News, 23.9.1999.
Das Volk will nach rechts. In: Falter 40/1999.
Die Wahlbilanz. Wohin geht Österreich? Prominente aus Politik, Kunst und Wirtschaft über die Folgen des 3. Oktober. In: News, 6.10.1999.
Es ist Zeit, eine Grenze zu ziehen. In: Falter 45/1999.

Ministerposten für Heide Schmidt
o. T.: In: Kärntner Tageszeitung, 6.11.1999.

Regierungsbildung im Jänner/Februar 2000
o. T. In: profil, 24.1.2000.
o. T. In: Der Standard, 14.2.2000.

Über den Begriff „Heimat"
o. T. In: Programmheft des Wiener Burgtheaters zu Karl Schönherrs „Glaube und Heimat", 2000.

Über Peter Marboe
o. T. In: News, 1.2.2001.

Wiener Gemeinderatswahl am 25.3.2001
Antworten auf die Umfrage „Sag uns, was Du wählst!" zur Wien-Wahl 2001. In: Falter 12/2001.

Jörg Haider
o. T. In: Kärntner Tageszeitung, 8.2.2002.
o. T. In: Kärntner Tageszeitung, 24.2.2002.

II. Interviews mit Elfriede Jelinek zu Österreich (in Auswahl)

Verzeichnet sind ausgewählte Interviews mit Elfriede Jelinek, in denen Österreich in seinen verschiedenen Aspekten zur Sprache kommt. Die Interviews sind nach thematischen Schwerpunkten gegliedert und innerhalb dieser Gliederung chronologisch angeordnet. Alle Titel sind hier (wie auch in den folgenden Abschnitten der Bibliographie) kursiv gesetzt.

1. Über die österreichische Politik

Ehlers, Kai: *Über den Wahnsinn der Normalität oder Die Unaushaltbarkeit des Kapitalismus.* In: Arbeiterkampf, 12.1.1987.

Ehlers, Kai: *Über höhere Kulturstufen – Gespräch mit Böll-Preisträgerin Elfriede Jelinek, Teil 2.* In: Arbeiterkampf, 9.2.1987.

N., N.: *Sie ist nicht nach Österreich geflohen.* In: Deutsche Volkszeitung, 17.2.1989.

Sichrovsky, Heinz: *Watchlist der Verachtung.* In: Basta, Dezember 1989.

N., N.: *Ob es sie gibt, wird man sehen.* In: Grazer Stadtblatt 1/1990, S.5.

Sichrovsky, Heinz: *Elfriede Jelinek. Wir haben verloren.* In: Basta, April 1990.

Brenner, Eva: *Die Toten kommen zurück.* In: Salto, 19.2.1993.

Mertl, Monika: „Wir tanzen auf den Knochen der Toten". In: Kurier, 7.3.1993.

Scheller, Wolf: „Mit einem Kopfsprung nach Europa". In: Stuttgarter Zeitung, 11.6.1994.

Lau, Jörg: *Eine unglaubliche Schrecklichkeit.* In: die tageszeitung, 15.12.1994.

Panic, Ira: *Demokratie – Farce à la Österreich.* In: Hamburger Morgenpost, 2.11.1995.

Sichrovsky, Heinz: *Österreichs Öffentlichkeit ist krank.* In: News, 16.11.1995.

Löffler, Sigrid: *Vom Gefühl, am Pranger zu stehen.* In: Die Woche, 15.12.1995.

Carp, Stefanie: „Ich bin im Grunde ständig tobsüchtig über die Verharmlosung". In: Programmheft des Deutschen Schauspielhauses Hamburg zu „Stecken, Stab und Stangl", 1996.

Sichrovsky, Heinz: *Auf den Spuren des Bösen.* In: News, 11.9.1997.

N., N.: *Die Wahlbilanz.* In: News, 6.10.1999.

Hirschmann-Altzinger, Elisabeth: „Sieg der Geistlosigkeit". In: Format, 1.11.1999.

N., N.: *Fight Club.* In: profil, 24.1.2000.

Weidermann, Volker: „Es gibt auch andere schöne Länder für Urlaubsreisen". In: die tageszeitung, 1.2.2000.

Jelinek, Elfriede: „Wie eine Schlange zustoßen". In: Format, 7.2.2000.

Nüchtern, Klaus: „Ein einziges Grinsen". In: Falter 6/2000.

N., N.: *Haider spielt mit homoerotischen Reizen.* In: Der Spiegel, 27.2.2000.

Oesterreich, Volker: *Ironie unter der Straßenwalze.* In: Berliner Morgenpost, 27.2.2000.

Hirschmann-Altzinger, Elisabeth: *Wir hören auf die Heimat.* In: Format, 22.5.2000.

Hopkinson, Amanda: *Elfriede Jelinek. Viennese whirl.* In: Index on Censorship 5/2000, S.170-174.

N., N.: „Schluss mit der Patriotismusscheiße!". In: News, 21.6.2000.

Thuswaldner, Anton: *Grauen des Alltags fassen.* In: Salzburger Nachrichten, 18.10.2000.

Hirschmann-Altzinger, Elisabeth: „Die Regierung: lauter tote Männer". In: Format, 6.11.2000.

Beck, Karin / Sichrovsky, Heinz: *Haiders letzter Akt.* In: News, 23.11.2000.

Beck, Karin / Sichrovsky, Heinz: „Haider ist wie ein Soufflé". In: News, 23.11.2000.

Jelinek, Elfriede / Treude, Sabine / Hopfgartner, Günther: *Ich meine alles ironisch.* In: Sprache im technischen Zeitalter 153 (2000), S.21-31.

Hirschmann-Altzinger, Elisabeth: *„Nicht regierungsfähig"*.
In: Format, 29.1.2001.
Baier, Walter: *Widerstand und Identität*. In: Volksstimme,
8.2.2001.
Jansen, Alexander / de Raulino, Violanta: *Das liebe kleine
schlafende Land*. In: Programmheft des Saarländischen
Staatstheaters Saarbrücken zu „Der Tod und das
Mädchen II", 2001.

2. Über die österreichische Mentalität

Honickel, Thomas: *Ich habe mich nie mit Weiblichkeit
identifiziert*. In: Buch Magazin 42 (1985), S.12-16.
N., N.: *Den Sprachlosen eine Sprache geben*.
In: Stimme der Frau 2/1986, S.8-10.
Hartmann, Rainer: *Schreiben in der Männerwelt*.
In: Kölner Stadt Anzeiger, 2.12.1986.
Andrist, Marlien: *Heimat mir grauts vor dir*.
In: manager magazin 9/1992, S.292-293.
Sichrovsky, Heinz: *Frauen Gipfel*. In: News, 1.4.1993.
Meyer, Adolf-Ernst: *Elfriede Jelinek im Gespräch*. In: Heinrich,
Jutta / Jelinek, Elfriede / Meyer, Adolf-Ernst: Sturm und
Zwang. Schreiben als Geschlechterkampf. Hamburg:
Klein 1995, S.7-74.
Moser, Gerhard: *„Die Frau ist die Todesstrafe des Mannes"*.
In: ORF-Nachlese, September 1995, S.43-45.
N., N.: *Gespräch in Wien*, 16.12.1995. In: Identität 1995/1996.
Hintermeier, Hannes: *Ich bin doch keine Männerhasserin*.
In: Abendzeitung, 24.8.1996.

3. Über die österreichische Kultur- und Medienszene

Holzinger, Lutz / Jelinek, Elfriede / Szeiler, Josef: *Die Komödiantenställe*. In: Das Magazin 9/1984, S.74-77.
Palm, Kurt: *Elfriede Jelinek*. In: Palm, Kurt (Hg.): Burgtheater.
Zwölfeläuten. Deutsche Besuchszeit. Vier österreichische Stücke. Berlin: Henschel 1986, S.227-333.
Bandhauer, Dieter: *„Ich bin kein Theaterschwein"*.
In: Falter 16/1990.
Becker, Peter: *„Wir leben auf einem Berg von Leichen und
Schmerz"*. In: Theater heute 9/1992, S.1-9.
N., N.: *Stunde der Wichtelmänner*. In: Der Spiegel, 3.1.1994.

Casanova, Pascale: *Nicht wirklich eine Österreicherin*.
In: Arnold, Heinz Ludwig (Hg.): O Österreich.
Göttingen: Wallstein 1995, S.59-63.
Korte, Ralf B.: *Elfriede Jelinek. Die internationale Rezeption*.
In: Bartens, Daniela / Pechmann, Paul (Hgg.): Elfriede
Jelinek. Die internationale Rezeption. Graz: Droschl
1997, S.273-299.
Sichrovsky, Heinz: *Reise durch Jelineks Kopf*. In: News,
16.7.1998.
Jelinek, Elfriede: *„Die Kriegsgewinnlerin"*. In: Format,
15.5.2000.
Dobretsberger, Christine: *Künstler als Zielscheibe des Hasses*.
In: Wiener Zeitung, 25.7.2000.
Dobretsberger, Christine: *Schreiben als permanente
Überschreitung*. In: Wiener Zeitung, 1.8.2000.

4. Über eigene Werke und deren Rezeption in Österreich

N., N.: *Das Beste gerade gut genug. Romanautorin Elfriede
Jelinek*. In: Volksstimme, 5.9.1976.
N., N.: *Interview mit Elfriede Jelinek*. In: Ruiss, Gerhard /
Vyoral, J. A.(Hgg.): Dokumentation zur Situation junger
österreichischer Autoren. Wien: Autorenkooperative
1978, S.188-189.
Trenczak, Heinz / Kehldorfer, Renate: *Achtzig Prozent der
Filmarbeit sind Geldbeschaffung*. In: Blimp, Sommer 1985,
S.12-17.
Stadler, Franz: *Mit sozialem Blick und scharfer Zunge*.
In: Volksstimme, 24.8.1986.
Löffler, Sigrid: *„Ich mag Männer nicht, aber ich bin sexuell auf
sie angewiesen"*. In: profil, 28.3.1989.
Kathrein, Karin: *Der Autor ist heute am Theater das Letzte*.
In: Bühne, Mai 1991.
Lamb-Faffelberger, Margarete: *Interview mit Elfriede Jelinek
am 21. Juni 1990*. In: Lamb-Faffelberger, Margarete: Valie
Export und Elfriede Jelinek im Spiegel der Presse.
Frankfurt am Main: Lang 1992, S.183-200.
Reiter, Wolfgang: *„Ästhetische Innovationen haben sich am
Theater kaum etabliert"*. In: Wiener Theatergespräche.
Wien: Falter Verlag 1993, S.15-27.
Schneider, Helmut: *Hoffentlich kein Anlaß für bloße Greuelberichterstattung*. In: Salzburger Nachrichten, 21.4.1994.

Fend, Franz / Huber-Lang, Wolfgang: *Eine lautlose Implosion.* In: Zeitung für dramatische Kultur 73 (1994), S.4-5.
Löffler, Sigrid: *Mordlust auf Männer.* In: Die Woche, 4.11.1994.
Bartens, Gisela: *Das ist meine Lebenskatastrophe.* In: Kleine Zeitung, 18.12.1994.
N., N.: *Elfriede Jelinek. Mehr Haß als Liebe.* In: Grohotolsky, Ernst (Hg.): Provinz, sozusagen. Graz: Droschl 1995, S.63-76.
Sichrovsky, Heinz: *„Ich halte den Hass psychisch nicht mehr aus".* In: News, 11.4.1996.
Carp, Stefanie: *Beim Schreiben bin ich Triebtäterin.* In: Freitag, 19.4.1996.
Hammerthaler, Ralph: *Ich gebe mein Äußerstes, aber das bin nicht ich.* In: Süddeutsche Zeitung, 10.3.1998.
Janke, Pia: *Tragödie und Farce in einem.* In: Der Standard, 17.6.2000.
Nüchtern, Klaus: *Erlösung gibt es nicht.* In: Falter 36/2000.
Kospach, Julia: *Ich kann nicht anders.* In: profil, 11.9.2000.

III. Schwerpunkt-Bibliographie zu Elfriede Jelineks „Burgtheater"

Der Skandal um Elfriede Jelineks Posse mit Gesang „Burgtheater" (s. Kapitel Rezeption, S.171-182) begründete Jelineks Ruf als österreichische „Nestbeschmutzerin". In einer Schwerpunkt-Bibliographie werden die Publikationen zu „Burgtheater" verzeichnet. Die Bibliographie ist zweigeteilt. Der erste Abschnitt verzeichnet chronologisch die Vorankündigungen, Beiträge und Artikel anläßlich des „Burgtheater"-Skandals in Österreich in Zusammenhang mit der Uraufführung des Stücks in Bonn (10.11.1985). Der zweite Abschnitt erfaßt, alphabetisch geordnet, die wissenschaftliche Sekundärliteratur zum Stück.

1. Die Chronologie des Skandals

Ritter, Renate: *„Das wird der größte Theaterskandal". Burgtheater will Elfriede Jelineks „Burgtheater" mit Erika Pluhar spielen.* In: Kurier, 31.1.1981.
Löffler, Sigrid: *Majestätsbeleidigung: Käthe, Istvan, Schorsch.* In: profil, 19.7.1982.
R., R.: *Eine Jelinek in Graz?* In: Südost Tagespost, 19.5.1983.
N., N.: *Jelinek in Bonn.* In: Arbeiter Zeitung, 25.4.1985.
N., N.: *Kultur in Kürze: „Burgtheater".* In: Neue Zeit, 25.4.1985.
N., N.: *Jelinek-Uraufführung.* In: Neue Volkszeitung, 10.5.1985.
Sichrovsky, Heinz: *Paula Wessely: Der letzte Skandal?* In: Basta, November 1985.
N., N.: *„Burgtheater" von Jelinek.* In: Arbeiter Zeitung, 6.11.1985.
Löffler, Sigrid: *„Erhalte Gott dir deinen Ludersinn." In der Posse „Burgtheater" rechnet Elfriede Jelinek nicht nur mit den Hörbigers ab.* In: profil, 8.11.1985.
R., R.: *Noch ein Skandal? Bonn: Elfriede Jelineks „Burgtheater".* In: Südost Tagespost, 10.11.1985.
K., K.: *Der blutige Mord an der Traumfabrik. Zur Uraufführung von Elfriede Jelineks „Burgtheater" in Bonn.* In: Die Presse, 12.11.1985.

N., N.: *Verrenkungen von Theaterstars. Elfriede Jelineks „Burgtheater" in Bonn uraufgeführt.* In: Oberösterreichisches Tagblatt, 12.11.1985.

N., N.: *Geschmackloses „Burgtheater" in Bonn uraufgeführt.* In: Wiener Zeitung, 12.11.1985.

N., N.: *„Burgtheater" uraufgeführt.* In: Volksstimme, 12.11.1985.

N., N.: *Luderland? Buh für die Jelinek in Bonn.* In: Südost Tagespost, 12.11.1985.

N., N.: *Elfriede Jellineks [sic] „Burgtheater": „Damit kein Gras mehr wächst".* In: Arbeiter Zeitung, 12.11.1985.

Schader, Ingeborg: *Bonn: Jelineks „Burgtheater".* In: Kleine Zeitung, 12.11.1985.

Köper, Carmen Renate: *Der üble Nazi-Mief zieht durch das edle Burgtheater.* In: Kurier, 12.11.1985.

Roschitz, Karlheinz: *Jelinek-Schocker für Festwochen?* In: Neue Kronen Zeitung, 14.11.1985.

N., N.: *Satire auf den braunen Clan.* In: Oberösterreichische Nachrichten, 14.11.1985.

N., N.: *Ein Griss ums „Burgtheater".* In: Neue Kronen Zeitung, 15.11.1985.

Baumann, Gunther: *Heilig ist ihr nur der Zorn. Elfriede Jelinek: Die Autorin, die das Denkmal Wessely-Hörbiger zerstört.* In: Kurier, 17.11.1985.

Kaufmann, Erika: *Nudeln und Blut.* In: Wochenpresse, 19.11.1985.

Colberg, Klaus: *Hiebe auf Schauspieler-Dynastie.* In: Neues Volksblatt, 21.11.1985.

Orth, Elisabeth: *Liebe Eltern.* In: Die Furche, 22.11.1985.

Elisabeth Orth zu „Burgtheater". In: Arbeiter Zeitung, 23.11.1985.

Orth, Elisabeth: *Was hätte das für ein Theaterstück werden können.* profil, 25.11.1985.

Lingens, Peter Michael: *Wieweit verdient Paula Wessely Elfriede Jelinek?* In: profil, 25.11.1985.

Löffler, Sigrid: *„Was habe ich gewußt – nichts". Künstler im Dritten Reich.* In: profil, 25.11.1985.

Khittl, Klaus: *Die Wandlungen der Wessely. Legenden und Wirklichkeit.* In: Wochenpresse, 26.11.1985.

Leitner, Reinhold: *Die Jelinek, eine Mörderin?* In: Volksstimme, 26.11.1985.

Hahnl, Hans Heinz: *Ein Stück gegen den Hörbiger-Clan? Der Schauspieler als Hülse seiner Rollen.* In: Arbeiter Zeitung, 27.11.1985.

Weinzierl, Ulrich: *Sauberes Theater. Die Wesselys und andere.* In: Frankfurter Allgemeine Zeitung, 27.11.1985.

Chorherr, Thomas: *Gemma denkmalzertrümmern!* In: Die Presse, 30.11.1985.

Jeannée, Michael: *Miese Hetzjagd!* In: Neue Kronen Zeitung, 1.12.1985.

N., N.: *Skandale?* In: Kulturkontakte 27 (1985).

Perthold, Sabine: *Bonntheater. Eine Posse in Originalzitaten zur Uraufführung von Elfriede Jelineks „Burgtheater" in Bonn.* In: Wiener, Dezember 1985.

Hupka, Kilian: *Voyeur als Zensor.* In: Volksstimme, 6.12.1985.

Jeannée, Michael: *Wien weiß, was es seinen Künstlern schuldet! Bürgermeister Zilk ehrt Paula Wessely und Attila Hörbiger anläßlich ihrer goldenen Hochzeit.* In: Neue Kronen Zeitung, 12.12.1985.

Hupka, Kilian: *Aus Springers Giftküche. Der Fall des Michael Jeannée.* In: Volksstimme, 13.12.1985.

L., R.: *Karlheinz Martin?* In: Volksstimme, 13.12.1985.

Graßl, Gerald: *Gegen „Hetzer" und „Schmierer"? Offener Brief Gerald Graßls an Bürgermeister Zilk.* In: Volksstimme, 17.12.1985.

N., N.: *„Burgtheater"-Diskussion mit Elfriede Jelinek.* In: Volksstimme, 31.1.1986.

N., N.: *Zum „Skandal" um Elfriede Jelineks „Burgtheater".* In: Volksstimme, 4.2.1986.

Graßl, Gerald: *„Ich reib' mich auf". Jelineks Burgtheater – gelesen.* In: Arbeiter Zeitung, 7.2.1986.

Moser, Gerhard: *Von der nahtlosen Kontinuität. Elfriede Jelinek über ihr Stück „Burgtheater" im Kommunistischen Kulturkreis.* In: Volksstimme, 9.2.1986.

N., N.: *Drei Österreicher bei den Mühlheimer Theatertagen.* In: Die Presse, 5.4.1986.

N., N.: *Lebenszeichen.* In: Kleine Zeitung, 18.4.1986.

N., N.: *Kulturnotizen. Berner Theaterwochen.* In: Volksstimme, 23.4.1986.

N., N.: *„Gust" schlägt „Burgtheater" nur knapp in Müllheim.* In: Die Presse, 26.4.1986.

Schlögl, Albert: *Die theatralische Wirksamkeit. Jelineks „Burgtheater" beim Westberliner Theatertreffen.* In: Volksstimme, 3.5.1986.

Schäffer, Eva: *Berliner Theatertreffen: Diesmal mehr neue Namen und neue Stücke.* In: Neue Zeit, 18.5.1986.

Weber, Annemarie: *Theatertreffen des Mißvergnügens.* In: Die Presse, 22.5.1986.

Schäffer, Eva: *Kunst der Empfindsamkeit. Paula Wessely wird 80.* In: Neue Zeit, 14.1.1987.

N., N.: *„Bekenntnis zum volksdeutschen Reich". Wesselys Vergangenheit heute kein Thema?* In: Oberösterreichisches Tagblatt, 26.1.1987.

2. Sekundärliteratur

Caduff, Corina: *Jelinek: Fluchtpunkt Körper.* In: Caduff, Corina (Hg.): Das Geschlecht der Künste. Köln, Wien: Böhlau 1996, S.162-163.

Finney, Gail: *The Politics of Violence on the Comic Stage. Elfriede Jelinek's „Burgtheater".* In: Cocalis, Susan L. (Hg.): Thalia's Daughters. German women dramatists from the eighteenth century to the present. Tübingen: Francke 1996, S.239-251.

Friedl, Harald (Hg.): *„Elfriede Jelinek." Die Tiefe der Tinte.* Salzburg: Grauwerte 1990, S.27-51.

Kerschbaumer, Marie-Thérèse: *Bemerkungen zu Elfriede Jelineks Burgtheater. Posse mit Gesang.* In: Frischfleisch & Löwenmaul 39 (1983), S.42-47.

Larndorfer, Erwin: *Weibliche Geschichtserfahrung - das Erinnern an den Faschismus als Thema in ausgewählten Texten österreichischer Autorinnen. Marie-Thérèse Kerschbaumer: Der weibliche Name des Widerstands. Sieben Berichte. Elfriede Jelinek: Burgtheater. Posse mit Gesang. Elisabeth Reichart: Februarschatten.* Salzburg, Dipl. 1990.

Lengauer, Hubert: *Jenseits vom Volk. Elfriede Jelineks „Posse mit Gesang" Burgtheater.* In: Hassel, Ursula (Hg.): Das zeitgenössische deutschsprachige Volksstück. Akten des internationalen Symposions, University College Dublin, 28. Februar-2. März 1991. Tübingen: Stauffenburg 1992, S.217-228.

Löffler, Sigrid: *„Erhalte Gott dir deinen Ludersinn.".* In: Bartsch, Kurt / Höfler, Günther A. (Hgg.): Elfriede Jelinek. Dossier 2. Graz: Droschl 1991, S.218-222.

Löffler, Sigrid: *Elfriede Jelinek und ihr „Burgtheater".* In: Löffler, Sigrid: Kritiken, Portraits, Glossen. Wien: Deuticke 1995, S.235-250.

Pabisch, Peter: *Anti-Heimatdichtung im Dialekt.* Wien: Schendl 1978.

Palm, Kurt (Hg.): *Vier österreichische Stücke.* Wien: Frischfleisch & Löwenmaul 1987.

Rathkolb, Oliver: *„... Für die Kunst gelebt". Anmerkungen zur Metaphorik österreichischer Kulturschaffender im Musik- und Sprechtheater nach dem Nationalsozialismus.* In: Pelinka, Anton / Weinzierl, Erika (Hgg.): Das große Tabu. Österreichs Umgang mit seiner Vergangenheit. Wien: Verlag der Österr. Staatsdruckerei 1987, S.60-84.

Reinhardt, George: *Elfriede Jelinek's „Burgtheater": Language as Exorcism.* In: Kuhn, Anna K. / Wright, Barbara D. (Hgg.): Playing for stakes. German language drama in social context. Essays in honor of Herbert Lederer. Oxford: Berg 1994, S.225-247.

Roessler, Peter: *Vom Bau der Schweigemauer. Überlegungen zu den „Reaktionen" auf Elfriede Jelineks Stück „Burgtheater".* In: TheaterZeitSchrift 2/1982, S.85-91.

Sagmeister, H.: *Die Problematisierung der Heimat in der modernen österreichischen Literatur.* In: Carr, G. J. / Sagarra, E. (Hgg.): Irish Studies in Modern Austrian Literature. Proceedings of the first Irish Symposium in Austrian Studies. 19.-20.2.1982. Dublin: Trinity College 1982, S.94-121.

Scheit, Gerhard: *Scheinland. Eine Anmerkung über das österreichische Bewusstsein, deutsch zu sein.* In: Ästhetik & Kommunikation 107 (1999), S.39-44.

Steiner, Maria: *Paula Wessely. Die verdrängten Jahre.* Wien: Verlag f. Gesellschaftskritik 1996.

Wickham, C.: *Heimatdichter as „Nestbeschmutzer".* In: Seliger, H.W. (Hg.): The Concept of „Heimat" in contemporary German literature. München: Iudicium Verlag 1987, S.183-197.

IV. Sekundärliteratur zum Thema *Elfriede Jelinek und Österreich* (in Auswahl)

Verzeichnet sind wissenschaftliche Aufsätze und Publikationen, die sich mit dem Thema *Elfriede Jelinek und Österreich* befassen bzw. die die Österreich-bezogenen Texte Elfriede Jelineks behandeln.

1. Monographien und Sammelbände

Arens, Katherine / Johns, Jorun B. (Hgg.): *Elfriede Jelinek. Framed by Language.* Riverside / CA: Ariadne Press 1994.

Arnold, Heinz Ludwig (Hg.): *Elfriede Jelinek.* Text + Kritik 117 (1999), 2., erweiterte Auflage.

Bartens, Daniela / Pechmann, Paul (Hgg.): *Elfriede Jelinek. Die internationale Rezeption.* Graz: Droschl 1997.

Bartsch, Kurt / Höfler, Günther A. (Hgg.): *Elfriede Jelinek. Dossier 2.* Graz: Droschl 1991.

Caduff, Corina: *Ich gedeihe inmitten von Seuchen. Elfriede Jelinek – Theatertexte.* Frankfurt am Main: Lang 1991.

Doll, Annette: *Mythos, Natur und Geschichte bei Elfriede Jelinek. Eine Untersuchung ihrer literarischen Intentionen.* Stuttgart: M u P Verlag 1994.

Elfriede Jelinek. Schreiben. Fremd bleiben. Du 700 (1999).

Fiddler, Allyson: *Rewriting Reality. An Introduction to Elfriede Jelinek.* Oxford: Berg 1994.

Gürtler, Christa (Hg.): *Gegen den schönen Schein. Texte zu Elfriede Jelinek.* Frankfurt am Main: Neue Kritik 1990.

Hoffmann, Yasmin: *Elfriede Jelinek. Sprach- und Kulturkritik im Erzählwerk.* Opladen: Westdeutscher Verlag 1999.

Janz, Marlies: *Elfriede Jelinek.* Stuttgart: Metzler 1995.

Kleiser, Christina: *Kulturelle Erinnerungsarbeit in Österreich nach 1945. Am Beispiel einer szenischen Lesung des Theaterstücks WOLKEN.HEIM. von Elfriede Jelinek anläßlich des österreichischen Nationalfeiertages 1999 am VOLKSTHEATER WIEN.* Wien, Dipl. 2000.

Koch, Martina: *Die Sprache beim Wort genommen. Sprachkritik als Gesellschaftskritik bei Elfriede Jelinek.* Wien, Dipl. 1986.

Konzett, Matthias: *Slow Homecoming: Cultural Dissent in Thomas Bernhard, Peter Handke, Elfriede Jelinek.* Chicago: UMI 1995.

Lachinger, Renate: *Der österreichische Anti-Heimatroman. Eine Untersuchung am Beispiel von Franz Innerhofer, Gernot Wolfgruber, Michael Scharang und Elfriede Jelinek.* Salzburg, Phil. Diss. 1986.

Lamb-Faffelberger, Margarete: *Valie Export und Elfriede Jelinek im Spiegel der Presse.* Frankfurt am Main: Lang 1992.

Levin, Tobe Joyce: *Political Ideology and Aesthetics in Neo-Feminist German Fiction: Verena Stefan, Elfriede Jelinek, Margot Schroeder.* Cornell Univ., Diss. 1979.

Mattis, Anita Maria: *Sprechen als theatralisches Handeln? Studien zur Dramaturgie der Theaterstücke Elfriede Jelineks.* Wien, Diss. 1987.

Meyer, Anja: *Elfriede Jelinek in der Geschlechterpresse. „Die Klavierspielerin" und „Lust" im printmedialen Diskurs.* Hildesheim / New York: Olms 1994.

Perthold, Sabine: *Elfriede Jelineks dramatisches Werk. Theater jenseits konventioneller Gattungsbegriffe.* Wien, Diss. 1991.

Prinzjakowitsch, Sylvia: *Städtebilder in der Literatur. Räumliche Wahrnehmung und Großstadtwirklichkeit am Beispiel von Wien in den Romanen „Malina" von Ingeborg Bachmann und „Die Ausgesperrten" von Elfriede Jelinek.* Wien, Dipl. 1989.

Spanlang, Elisabeth: *Elfriede Jelinek: Studien zum Frühwerk.* Wien: VWGÖ 1992.

Szczepaniak, Monika: *Dekonstruktion des Mythos in ausgewählten Prosawerken von Elfriede Jelinek.* Frankfurt am Main: Lang 1998.

Tertschnig, Margit: *Das Erscheinungsbild des „Österreichischen" in der Auseinandersetzung mit dem Nationalsozialismus. Dargestellt an vier Theaterstücken von U. Becher, H. Qualtinger, H. R. Unger und E. Jelinek.* Klagenfurt, Dipl. 1990.

2. Beiträge in Zeitschriften und Sammelbänden

Amon, Michael: *... meist aufreizend, immer entlarvend. Elfriede Jelinek und die österreichische Kulturkritik.* In: Wiener Journal 63/64 (1985/1986), S. 27.

Bartens, Daniela: *Cutting. Schnittmuster weiblicher Avantgarde.* In: Eder, Thomas / Kastberger, Klaus (Hgg.): Schluss mit dem Abendland. Der lange Atem der österreichischen Avantgarde. Wien: Zsolnay 2000, S. 110-132.

Beth, Hanno: *Elfriede Jelinek.* In: Puknus, Heinz (Hg.): Neue Literatur der Frauen. Deutschsprachige Autorinnen der Gegenwart. München: Beck 1980, S.133-137.

Bormann, Alexander von: *„Von den Dingen, die sich in den Begriffen einnisten." Zur Stilform Elfriede Jelineks.* In: Kleiber, Carine / Tunner, Erika (Hgg.): Frauenliteratur in Österreich von 1945 bis heute. Beiträge des Internationalen Kolloquiums vom 21.-23.2.1985 in Mulhouse. Frankfurt am Main: Lang 1986, S.27-54.

Fiddler, Allyson L.: *Demythologizing the Austrian „Heimat". Elfriede Jelinek as „Nestbeschmutzerin".* In: McGowan, Moray / Schmidt, Ricarda (Hgg.): From High Priests to Desecrators. Contemporary Austrian Writers. Sheffield: Sheffield Academic Press 1993, S.25-44.

Fliedl, Konstanze: *Natur und Kunst. Zu neueren Texten Elfriede Jelineks.* In: Das Schreiben der Frauen in Österreich seit 1950. Wien, Köln: Böhlau 1991, S.95-104.

Gruber, Marianne: *Leidenschaftlicher Widerstand.* In: Rendezvous Wien 1/1987, S.2.

Gürtler, Christa: *Der böse Blick der Elfriede Jelinek. Dürfen Frauen so schreiben?* In: Gürtler, Christa (Hg.): Frauenbilder – Frauenrollen – Frauenforschung. Wien: Geyer 1987, S.50-62.

Gürtler, Christa: *Unheimliche Heimat. Zu neueren Texten von Elfriede Jelinek.* In: Informationen zur Deutschdidaktik 2/1993, S.79-82.

Harpprecht, Klaus: *So ein großer Haß und so ein kleines Land.* In: Titel 2/1985, S.64-67. Haß, Ulrike: *Peinliche Verhältnisse. Zu den Theaterstücken Elfriede Jelineks.* In: Dramaturgische Gesellschaft Berlin (Hg.): Frauen im Theater, Dokumentation 1986/87. Berlin 1988, S.86-94.

Janke, Pia: *Das hohle Pathos des Winners* (Über „Das Lebewohl"). In: Der Standard, 17.6.2000.

Janke, Pia: *Die „Nestbeschmutzerin". Elfriede Jelinek und Österreich.* In: Ritter, Michael (Hg.): praesent 2002. Das literarische Geschehen in Österreich von Jänner 2000 bis Juni 2001. Wien: Edition Praesens 2001, S.80-87.

Janz, Marlies: *Das Verschwinden des Autors. Die Celan-Zitate in Elfriede Jelineks Stück „Stecken, Stab und Stangl".* In: Speier, Hans-Michael (Hg.): Celan-Jahrbuch 7 (1999), S.279-292.

Klier, Walter: *„In der Liebe schon ist die Frau nicht voll auf ihre Kosten gekommen, jetzt will sie nicht auch noch ermordet werden". Über die Schriftstellerin Elfriede Jelinek.* In: Merkur 41 (1987), S.423-427.

Koppensteiner, Jürgen: *Anti-Heimatliteratur in Österreich. Zur literarischen Heimatwelle der siebziger Jahre.* In: Modern Austrian Literature 2/1982, S.1-11.

Lamb-Faffelberger, Margarete: *Zur Repräsentation der feministischen Avantgarde Österreichs. Valie Export und Elfriede Jelinek im Spiegel der Tagespresse.* In: Schmidt-Dengler, Wendelin / Sonnleitner, Johann / Zeyringer, Klaus (Hgg.): Die einen raus – die anderen rein. Kanon und Literatur: Vorüberlegungen zu einer Literaturgeschichte Österreichs. Berlin: Schmidt 1994, S.193-203.

Landes, Brigitte: *Kunst aus Kakanien. Über Elfriede Jelinek.* In: Theater heute 1/1986, S.7-8.

Perthold, Sabine: *In den Waldheimen.* In: Stimme der Frau, 5/1992, S.18-19.

Schmölzer, Hilde: *Elfriede Jelinek: Ich funktioniere nur im Beschreiben von Wut.* In: Schmölzer, Hilde (Hg.): Frau sein & schreiben. Österreichische Schriftstellerinnen definieren sich selbst. Wien: Österreichischer Bundesverlag 1982, S.83-90.

Treude, Sabine: *Keiner wusste davon, bleiben wir bei dieser offiziellen Version.* In: female sequences 2/2001, S.22-25.

Wagner, Karl: *Österreich – eine S(t)imulation. Zu Elfriede Jelineks Österreich-Kritik.* In: Schmidt-Dengler, Wendelin (Hg.): verLOCKERUNGEN. Österreichische Avantgarde im 20. Jahrhundert. Wien: Edition Praesens 1994, S.129-141.

Wigmore, Juliet: *Power, Politics and Pornography. Elfriede Jelinek's Satirical Exposés.* In: Parkes, Stuart / Smith, Roland / Williams, Arthur (Hgg.): Literature on the Threshold. The German Novel in the 1980s. New York / Oxford / München: Berg 1990, S.209-219.

Wilke, Sabine: *Zerrspiegel imaginierter Weiblichkeit. Eine Analyse zeitgenössischer Texte von Elfriede Jelinek, Ginka Steinwachs und Gisela von Wysocki.* In: TheaterZeitSchrift, 33/34 (1993), S.181-203.

Wille, Franz: *Farewell, my lovely? An den Grenzen der Aufklärung. Über die neuen Stücke von Elfriede Jelinek u.a.* In: Theater heute Jahrbuch 1993, S.30-49.

Dank

Besonders danken wir Elfriede Jelinek für die großzügige Versorgung mit Materialien und die stets geduldige und hilfsbereite Unterstützung.

Für die freundliche finanzielle Unterstützung danken wir:
Studienrichtungsvertretung/Institutsgruppe Germanistik Wien
Fakultätsvertretung für Human- und Sozialwissenschaften an der Universität Wien
Fakultätsvertretung für Geistes- und Kulturwissenschaften an der Universität Wien

Für die freundliche Unterstützung bei der Recherche danken wir:
Alfred Klahr Gesellschaft Archiv- und Bibliothekverein
APA OTS Originaltext-Service GmbH
Archiv der Salzburger Festspiele
Archiv des Presse- und Informationsdienstes der Stadt Wien
Wilrun Arrich
Botschaft besorgter Bürgerinnen und Bürger
Alain Brillon (Libération)
Corinna Brocher (Rowohlt Theater Verlag)
Burgtheater Wien
demokratische offensive
Dokumentationsarchiv des österreichischen Widerstandes
Elisabethbühne. schauspielhaus salzburg
Fachbibliothek des Instituts für Germanistik der Universität Wien
Forum Stadtpark
Franz Nabl Institut für Literaturforschung
Michael Genner (Asyl in Not)
Grazer Autorenversammlung
Josef Hartmann (Echoraum)
Gottfried Hüngsberg
Konstantin Kaiser (Theodor Kramer Gesellschaft)
Kommunistische Partei Österreichs, Bundesvorstand
kosmos.frauenraum
Literarisches Quartier / Alte Schmiede
Literarisches Forum der Katholischen Aktion
Literaturhaus Salzburg
Literaturhaus Wien
Martin Loew-Cadonna
manuskripte. Zeitschrift für Literatur
Esther Martínez García (El País)
Ute Nyssen
Österreichische Musikzeitschrift
Österreichische Nationalbibliothek
Österreichischer Friedensrat, Friedensbüro Wien
Helmut Peissl (Radio AGORA)
Wilhelm Pevny
Anita Pollak (Kurier)
Die Presse
La Repubblica
Republikanischer Club
Gerhard Ruiss (IG Autorinnen Autoren)
Delf Schmidt
Maria Stadlmann (Offenes Haus Oberwart)
Der Standard
steirischer herbst
Marlene Streeruwitz
Tatblatt
Theater Phönix Linz
Universitätsbibliothek Wien
Volkstheater Wien
Wiener Psychoanalytische Vereinigung
Wiener Stadt- und Landesarchiv
Konrad Zobl (Ö1)

?land Baurecker: In den Waldheimen und auf den Haidern

Textnachweise

Alle Typoskripte und Manuskripte von Elfriede Jelinek: Elfriede Jelinek Privatarchiv. Alle kleinen Texte von Elfriede Jelinek (Essays, Gastkommentare, Leserbriefe, offene Briefe, Demo-Reden, Reden, vorgetragene Texte und Stellungnahmen):
© Elfriede Jelinek.
Die Wiedergabe von Jelinek-Texten weicht gegenüber den Erstabdrucken an folgenden Stellen ab: S.27, li. Sp., Z.4: Erstabdruck: „[...] in diese studentische K-Gruppen [...]"; S.32, li. Sp., Z.21/22: „[...] von er täglichen [...]"; S.61, li. Sp., Z.18: „[...] Anhebung [...]"; S.72, li. Sp., Z.13: „[...] und nicht nicht mehr [...]"; re. Sp., Z.16: „[...] ökonomischen [...]"; S.75, re. Sp., Z.8: „[...] wissenschaftlichem [...]"; Z.14: „[...] Umvolkungsbegehren [...]"; S.79, li. Sp., Z.12: „[...] Ober [...]"; Z.16: „[...] übehaupt [...]"; S.84, kl. Text, Z.6/7: „[...] denkenden [...]"; S.109, li. Sp., Z.17: „[...] dass sie die Hetze [...]";
S.172, Z.8: „[...] Heitmatfilmsprache [...]".

Fotonachweise

Botschaft besorgter Bürgerinnen und Bürger (S.150,151, 152), Sepp Dreissinger (S.227), Franz Nabl Institut für Literaturforschung (S.216, 226), Brigitte Friedrich (S.226), Gerhard Fuchs (S.215, 217), Jacqueline Godany (S.37), Willibald Haslinger (S.210), Heidi Heide (S.22, 23, 81), Oliver Herrmann (S.190), Gottfried Hüngsberg (S.5, 88, 223, 225), Manfred Klimek (S.226), Nikolaus Korab (S.226), Fritz Lorber (S.216, 218), Renate von Mangoldt (S.226), Sascha Manowicz (S.226), Isolde Ohlbaum (S.226), Sascha Osaka (S.124), petra paul (S.217), Andreas Pohlmann (S.199, 200), Erich Reismann (S.227), peterrigaud.com (S.226), Karin Rocholl/STERN (S.226, 227), Manuela Schreibmaier (S.85), VolxTheaterKarawane (S.153), Martin Vukovits (S.5, 6, 34, 48, 226, 227), Herbert J. Wimmer (S.46), www.sonjapriller.com (S.5, 80).
Alle Foto-Rechtsinhaber, die nicht ausfindig gemacht bzw. nicht kontaktiert werden konnten, werden gebeten, sich wegen der Abgeltung des Foto-Abdrucks mit dem Verlag in Verbindung zu setzen.